UPPSC

उत्तर प्रदेश लोक सेवा आयोग

सम्मिलित राज्य कृषि सेवा

चयन परीक्षा-2021

20 प्रैक्टिस सेट्स

नरेश सक्सेना

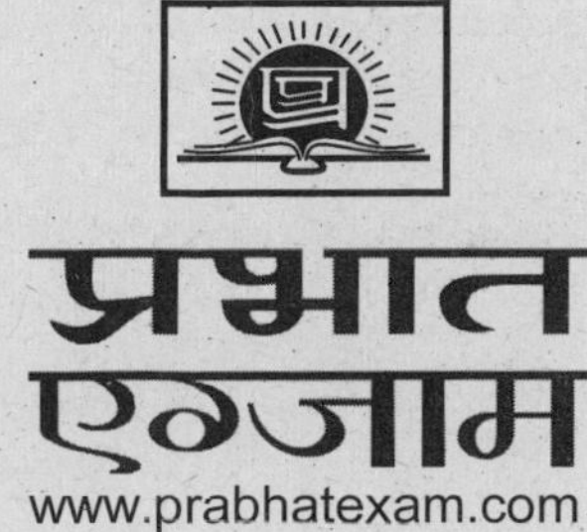

प्रभात एग्जाम

www.prabhatexam.com

प्रकाशक

प्रभात एग्जाम

4/19 आसफ अली रोड, नई दिल्ली-110002

फोन— 23289555 • 23289666 • 23289777 • हेल्पलाइन/ 7827007777

इ-मेल : prabhatbooks@gmail.com ❖ वेब ठिकाना : www.prabhatexam.com

मूल्य

एक सौ पचहत्तर रुपए

अ.मा.पु.स. 978-93-90389-92-6

मुद्रक

मुद्रण, दिल्ली

UTTAR PRADESH LOK SEVA AYOG
SAMMILIT RAJYA KRISHI SEVA CHAYAN PARIKSHA-2021

20 PRACTICE SETS
by Naresh Saxena

Published by **PRABHAT EXAM**
4/19 Asaf Ali Road, New Delhi-110002

ISBN 978-93-90389-92-6

₹ 175.00

विषय-सूची

प्रैक्टिस सेट्स

प्रैक्टिस सेट-1

भाग-1: सामान्य अध्ययन

1. प्रेशर कुकरों का हैण्डल प्लास्टिक का बना होता है, क्योंकि इसको ऊष्मा का कुचालक बनाया जाना चाहिए। इसमें कौन-सा प्लास्टिक प्रयुक्त होता है, जोकि प्रथम मानव-निर्मित प्लास्टिक है?
(a) पॉलिथीन (b) टैरीलीन
(c) नायलॉन (d) बेकेलाइट

2. मिथाइल आइसोसायनेट गैस, जिसके कारण दिसम्बर, 1984 में भोपाल में आपदा हुई थी, यूनियन कार्बाइड फैक्ट्री में किसके उत्पादन के लिए प्रयुक्त होती थी?
(a) रंजक (डाई)
(b) अपमार्जक (डिटर्जेंट)
(c) विस्फोटक
(d) पीड़कनाशी

3. यान्त्रिक ऊर्जा की SI इकाई क्या है?
(a) जूल (b) वाट
(c) न्यूटन-सेकेण्ड (d) जूल-सेकेण्ड

4. दो निकाय तापीय साम्य में कहे जाते हैं, यदि और केवल यदि–
(a) उनके विभिन्न तापमानों पर होने पर भी उनके बीच ऊष्मा प्रवाह हो सकता है
(b) उनके विभिन्न तापमानों पर होने पर भी उनके बीच ऊष्मा प्रवाह नहीं हो सकता है
(c) उनके बीच कोई ऊष्मा प्रवाह न हो
(d) उनके तापमान थोड़े भिन्न हों

5. सूची-I (विटामिन) को सूची-II (उनकी कमी से होने वाली बीमारियाँ) के साथ सुमेलित कीजिए और सूचियों के नीचे दिए गए कूट का प्रयोग कर सही उत्तर चुनिए-

सूची-I (विटामिन)	सूची-II (उनकी कमी से होने वाली बीमारियाँ)
A. विटामिन A	1. रतौंधी
B. विटामिन B_1	2. स्कर्वी
C. विटामिन C	3. बेरी-बेरी
D. विटामिन D	4. रिकेट्स

कूट :

	A	B	C	D
(a)	2	3	1	4
(b)	1	4	2	3
(c)	2	4	1	3
(d)	1	3	2	4

6. सिख संघ के 12 राज्यों को क्या कहा जाता था?
(a) मिस्ल (b) गुरमत
(c) सरदारी (d) राखी

7. निम्नलिखित में से भारत के संविधान के किस एक अनुच्छेद/अनुसूची का सम्बन्ध स्वशासी जिला परिषदों से है?
(a) आठवीं अनुसूची
(b) अनुच्छेद-370
(c) छठी अनुसूची
(d) अनुच्छेद-250

8. विश्व स्तर पर प्रत्येक वर्ष की मानव विकास रिपोर्ट किसके द्वारा प्रकाशित की जाती है?
(a) डब्ल्यूटीओ (b) विश्व बैंक
(c) यूएनडीपी (d) आईएमएफ

9. प्रारम्भिक भारत में 'अग्रहार' क्या था?
(a) ब्राह्मणों को अनुदत्त गाँव या भूमि का नाम।
(b) अगर के फूलों की माला।
(c) अधिकारियों और सैनिकों को भूमि अनुदान।
(d) वैश्य कृषकों द्वारा बसाया हुआ गाँव या भूमि।

10. भारत के सर्वोच्च न्यायालय की संवैधानिक न्यायपीठ के निम्नलिखित में से किस एक निर्णय में मृत्युदण्ड अधिनिर्णीत करने के लिए 'विरलों में विरलतम' सिद्धान्त को पहली बार अधिकथित किया गया?
(a) बचन सिंह बनाम पंजाब राज्य (1980)
(b) गोपालनचारी बनाम केरल राज्य (1980)
(c) डॉ. उपेन्द्र बख्शी बनाम उत्तर प्रदेश राज्य (1983)
(d) तुकाराम बनाम महाराष्ट्र राज्य (1979)

11. 'शिशु', 'किशोर' और 'तरुण' किसकी योजनाएँ हैं?
(a) क्षेत्रीय ग्रामीण बैंकों की
(b) माइक्रो यूनिट्स डेवलपमेण्ट एण्ड रीफाइनेन्स एजेन्सी लि. (मुद्रा) की
(c) भारतीय लघु उद्योग विकास बैंक की
(d) भारतीय औद्योगिक विकास बैंक की

12. निम्नलिखित में से कौन-सा एक, 'प्रयाग प्रशस्ति' में वर्णित समुद्रगुप्त का गुण नहीं था?
(a) तीक्ष्ण और परिष्कृत बुद्धि
(b) निपुण मूर्तिकार
(c) उत्कृष्ट संगीत प्रस्तुतियाँ
(d) प्रतिभाशाली काव्य-निपुणता

13. कामन्दक के 'नीतिसार' का योगदान किस विषय में है?
(a) तर्कशास्त्र और दर्शन
(b) गणित
(c) राजनीतिक नैतिकता
(d) व्याकरण

14. भास्कर का 'लीलावती' किस विषय का मानक मूलग्रन्थ है?
(a) गणित (b) शल्यविज्ञान
(c) काव्यशास्त्र (d) भाषाविज्ञान

15. निम्नलिखित में से भारत के कौन-से प्रधानमन्त्री अविश्वास मत से पराजित हुए?
1. मोरारजी देसाई
2. विश्वनाथ प्रताप सिंह
3. एच.डी. देवगौड़ा
4. अटल बिहारी वाजपेयी
नीचे दिए गए कूट का प्रयोग कर सही उत्तर चुनिए-
(a) 1, 2, 3 और 4
(b) 1, 2 और 3
(c) 2, 3 और 4
(d) 1 और 4

16. गोरखनाथ के अनुयायियों को क्या कहा जाता था?
(a) जोगी (b) नाथ-पन्थी
(c) तान्त्रिक (d) संन्यासी

17. गौतम बुद्ध ने परिनिर्वाण कहाँ प्राप्त किया?
(a) लुम्बिनी (b) सारनाथ
(c) कुशीनगर (d) बोधगया

18. निम्नलिखित में से कौन कनिष्क के समय में थे?
1. बुद्धघोष 2. नागार्जुन
3. बसुमित्र 4. अश्वघोष
नीचे दिए गए कूट का प्रयोग कर सही उत्तर चुनिए-
(a) 2, 3 और 4 (b) 1, 2 और 3
(c) 1, 3 और 4 (d) 1 और 4

19. वायुमण्डल की जो परत रेडियो संचार को सम्भव बनाती है, वह है-
(a) क्षोभमण्डल (b) क्षोभसीमा
(c) आयनमण्डल (d) समतापमण्डल

20. भारतीय रिजर्व बैंक एक-
(a) वाणिज्यिक बैंक है
(b) केन्द्रीय बैंक है
(c) सहकारी बैंक है
(d) अग्रणी बैंक है

21. उच्च वायुमण्डल में स्थित ओजोन परत किन्हें रोकती है?
(a) सूर्य से आने वाली ऊष्मा किरणों को
(b) सूर्य से आने वाली पराबैंगनी किरणों को
(c) अंतरिक्ष से आने वाली ब्रह्माण्ड किरणों को
(d) सूर्य से आने वाली अवरक्त किरणों को

22. ऐसी स्थिति, जिसमें स्फीति के साथ बेरोजगारी में वृद्धि हो रही है, कहलाती है-
(a) अति-स्फीति (b) द्रुत स्फीति
(c) गतिहीन स्फीति (d) प्रत्यव स्फीति

23. एक औपचारिक संगठन की आधारभूत विशेषता है-
(a) मान तथा प्रतिष्ठा
(b) भूमिकाएँ तथा कर्त्तव्य
(c) प्रभुत्व तथा आधिपत्य
(d) नियम तथा विनियम

24. सुमेलित कीजिए–

सूची-I (महत्त्वपूर्ण दिवस)	सूची-II (दिनांक)
A. विश्व पर्यावरण दिवस	1. 20 मार्च
B. विश्व वानिकी दिवस	2. 5 जून
C. विश्व पर्यावास दिवस	3. 16 सितम्बर
D. विश्व ओजोन दिवस	4. 3 अक्टूबर
	5. 10 दिसम्बर

कूट:

	A	B	C	D
(a)	2	1	4	5
(b)	1	2	4	3
(c)	1	2	3	4
(d)	2	1	4	3

25. भारत के निम्नलिखित प्राणियों पर विचार कीजिए–
1. मगरमच्छ 2. हाथी
उपरोक्त में से कौन-सी संकटापन्न जाति/ जातियाँ है/हैं?
(a) केवल 1 (b) केवल 2
(c) 1 और 2 (d) इनमें से कोई नहीं

26. सुमेलित कीजिए–

सूची-I (जैव-मण्डलीय आरक्षित क्षेत्र)	सूची-II (राज्य)
A. सिमलीपाल	1. सिक्किम
B. दिहांग-दिबांग	2. उत्तराखण्ड
C. नॉकरेक	3. अरुणाचल प्रदेश
D. कंचनजंगा	4. ओडिशा
	3. मेघालय

कूट:

	A	B	C	D
(a)	1	3	5	4
(b)	4	5	2	1
(c)	1	5	2	4
(d)	4	3	5	1

27. निम्नलिखित में से कौन-सा एक सार्वजनिक क्षेत्र का रक्षा उपक्रम नहीं है?
(a) भारत डायनेमिक्स लि.
(b) मिश्रधातु निगम लि.
(c) भारत अर्थ मूवर्स लि.
(d) हिन्दुस्तान शिपयार्ड लि.

28. भारत में जब क्रिप्स शिष्टमण्डल आया, उस समय भारत का वायसराय निम्नलिखित में से कौन था?
(a) लॉर्ड इरविन (b) लॉर्ड लिनलिथगो
(c) लॉर्ड वेवेल (d) लॉर्ड विलिंगटन

29. निम्नलिखित में से कौन-सा एक संयुक्त राष्ट्र संघ का प्रमुख अंग नहीं है?
(a) अन्तर्राष्ट्रीय न्यायालय
(b) आर्थिक एवं सामाजिक परिषद्
(c) न्यास परिषद्
(d) खाद्य एवं कृषि संगठन

30. भारत के संविधान के निम्नलिखित संशोधनों में से किसके द्वारा भारतीय नागरिकों के मूल कर्तव्य निर्धारित किए गए?
(a) 40वाँ संशोधन (b) 41वाँ संशोधन
(c) 42वाँ संशोधन (d) 43वाँ संशोधन

31. निम्नलिखित कथनों पर विचार कीजिए-
1. भारत के राष्ट्रपति किसी भी समय अध्यादेश प्रख्यापित कर सकते हैं, यदि उनको यह ज्ञात हो जाता है कि ऐसी परिस्थितियाँ विद्यमान हैं, जिनके कारण तुरन्त कार्यवाही करना उनके लिए आवश्यक हो गया है।
2. भारत के उपराष्ट्रपति को उनके पद के लिए पुनः भी चुना जा सकता है।
उपरोक्त में से कौन-सा/से कथन सही है/ हैं?
(a) केवल 1
(b) केवल 2
(c) दोनों 1 और 2
(d) न तो 1 और न ही 2

32. सूची को सुमेलित कीजिए-

सूची-I (मेले)	सूची-II (आयोजन स्थल)
A. बटेश्वर	1. बाराबंकी
B. देवा	2. मेरठ
C. हरिदास जयन्ती	3. आगरा
D. नौचन्दी	4. वृदान्वन

कूट :

	A	B	C	D
(a)	3	2	1	4
(b)	2	1	4	3
(c)	1	4	2	3
(d)	3	1	4	2

33. उत्तर प्रदेश के किस जिले में यूरेनियम के सीमित भण्डार की खोज की गई है?
(a) बांदा (b) ललितपुर
(c) सोनभद्र (d) हमीरपुर

34. चरकुला प्रमुख लोक नृत्य है-
(a) बुन्देलखण्ड का
(b) बृज भूमि का
(c) अवध का
(d) इनमें से कहीं का नहीं

35. A, B, C, D और E एक पंक्ति में उत्तर की ओर मुँह करके खड़े हैं। E, B से बाईं ओर 40 मी. की दूरी पर खड़ा है। A, C के बाईं ओर 20 मी. की दूरी पर खड़ा है। D, E के दाईं ओर 20 मी. की दूरी पर और C के दाईं ओर 50 मी. की दूरी पर खड़ा है। B, D से कितनी दूर और किधर खड़ा है?
(a) 20 मी. दाईं ओर
(b) 30 मी. दाईं ओर
(c) 40 मी. दाईं ओर
(d) 40 मी. बाईं ओर

36. नीचे एक शब्द दिया गया है, जिसके नीचे चार विकल्प दिए गए हैं। वह विकल्प चुनिए, जो दिए गए शब्द के अक्षरों का प्रयोग कर नहीं बनाया जा सकता है।

INTERNATIONAL

(a) ALONE (b) NOTE
(c) LATER (d) RADIO

37. I, J, K, L और M पाँच दोस्त हैं। K की आय L की आय से ज्यादा है, किन्तु M की आय से कम है। J की आय सबसे कम है। I की आय K की आय से कम है। किसकी आय सबसे अधिक है?

(a) L (b) I
(c) K (d) M

38. एक ऑटो व्यापारी, जो कार के अंकित मूल्य पर 12% छूट देता है तथा 10% लाभ अर्जित करता है। यदि सूची मूल्य ₹ 1,26,000 हो, तो कार का क्रय मूल्य क्या होगा?

(a) ₹ 1,00,800 (b) ₹ 1,01,800
(c) ₹ 1,02,800 (d) ₹ 1,03,800

39. एक रेलगाड़ी की लम्बाई 125 मी. है यह रेलगाड़ी प्लेटफार्म पर लगे एक सिग्नल को 30 सेकण्ड में पार कर जाती है, तो रेलगाड़ी की चाल किमी./घंटा में क्या होगी?

(a) 18 किमी./घंटा (b) 20 किमी./घंटा
(c) 25 किमी./घंटा (d) इनमें से कोई नहीं।

40. यदि समीकरण $y^2 - q(1 + y) - r = 0$ के मूल α और β हों, तो $(1 + \alpha)(1 + \beta)$ किसके बराबर है?

(a) $1 - r$ (b) $q - r$
(c) $1 + r$ (d) $q + r$

भाग-2: कृषि

41. कौन-सा युग्म सही सुमेलित नहीं है?

	फसल	खरपतवार
(a)	धान	इकाइनोक्लोआ कोलोना
(b)	गेहूँ	फैलेरिस माइनर
(c)	तम्बाकू	चिकोरियम इनटाइबस
(d)	मक्का	ट्रायनथीमा मोनोगाइना

42. फास्फेटिक एवं पोटैशिक उर्वरकों का प्रयोग करते हैं-

(a) बुआई के समय मूल खाद के रूप में
(b) खड़ी फसल में बिखेरकर
(c) फसल में कई बार देकर
(d) पर्णाव छिड़काव के रूप में

43. भदावरी भैंस का उत्पत्ति स्थान है-

(a) पंजाब (b) हरियाणा
(c) गुजरात (d) उत्तर प्रदेश

44. हरी खाद विस्थापित कर सकता है-

(a) 60 कि.ग्रा. नाइट्रोजन प्रति हे.
(b) 100 कि.ग्रा. नाइट्रोजन प्रति हे.
(c) 150 कि.ग्रा. नाइट्रोजन प्रति हे.
(d) 200 कि.ग्रा. नाइट्रोजन प्रति हे.

45. भारत के गोवंशीय पशुओं में सर्वोत्तम द्विकाजी नस्ल है-

(a) थारपारकर (b) अमृतमहल
(c) हरियाणा (d) कांकरेज

46. मशरूम सम्बन्धित है-

(a) विषाणु से (b) जीवाणु से
(c) फफूँद से (d) शैवाल से

47. पशुओं में चीचड़ी बुखार का रोग होता है-

(a) विषाणु द्वारा
(b) जीवाणु द्वारा
(c) प्रोटोजोआ द्वारा
(d) इनमें से किसी के भी द्वारा नहीं

48. नील-हरित शैवाल काम करते हैं, इस फसल में-

(a) गेहूँ (b) मक्का
(c) धान (d) मटर

49. निम्नलिखित में से कौन-सा रोग पशुओं में विषाणु द्वारा उत्पन्न होता है?

(a) गलघोटू (b) पोकनी
(c) क्षय रोग (d) थनैला

50. सरसों के तेल में तीखापन का कारण होता है-

(a) अमीनी एसिड (b) इरुसिक एसिड
(c) ग्लूकोसिलेट्स (d) इनमें से कोई नहीं

51. अरहर में दाना एवं लकड़ी का औसत अनुपात होता है-

(a) 1 : 2 (b) 1 : 3-4
(c) 1 : 6-8 (d) 1 : 10-12

52. निम्न में से कौन-सा खनिज आपूर्ति कारक है?

(a) मास का चूर्ण
(b) रक्त का चूर्ण
(c) सोयाबीन का चूर्ण
(d) सुपरमिन्डफ

53. एक दुधारू गाय को उसके शरीर-रक्षा के लिए निम्न में से कितना दाना-आहार दिया जाता है?

(a) 1-1.5 कि.ग्रा.
(b) 2-2.5 कि.ग्रा.
(c) 3-3.5 कि.ग्रा.
(d) उपरोक्त में से कोई नहीं

54. निम्नलिखित में कौन-सा राज्य मूँगफली उत्पादन में अग्रणी है?

(a) गुजरात (b) हरियाणा
(c) महाराष्ट्र (d) राजस्थान

55. एक संकर बछिया की प्रथम ब्यांँत की आयु होती है-

(a) 20 से 24 माह
(b) 24 से 30 माह
(c) 36 से 40 माह
(d) उपरोक्त में से कोई नहीं

56. निम्नांकित में से कौन अन्तर्वर्ती फसल है?

(a) कपास (b) मूँग
(c) धान (d) गेहूँ

57. गन्ने में लाल गूदा सड़न होता है-

(a) कौलीटोट्राइकम फलकेटम द्वारा
(b) फ्यूजेरियम उडम द्वारा
(c) फ्यूजेरियम ऑक्सीस्पोरम द्वारा
(d) मैक्रोफोमिन फैसियोलाई द्वारा

58. 'स्ट्रिप-कप' जाँच की जाती है-

(a) गर्भाशय शोथ रोग में
(b) थनैला रोग में
(c) अफारा रोग में
(d) कॉक्सीडिओसिस रोग में

59. धान में 'हौपर बर्न' होता है-

(a) ब्राउन प्लाण्ट हौपर्स द्वारा
(b) ग्रीन लीफ हौपर्स द्वारा
(c) ग्रास हौपर्स द्वारा
(d) राइस गन्धी बग द्वारा

60. दुग्ध-ज्वर बीमारी पशुओं में होती है-

(a) जीवाणु द्वारा
(b) कैल्शियम की कमी से
(c) सोडियम की कमी से
(d) प्रोटोजोआ द्वारा

61. नर्सरी उगाने की 'डैगोप विधि' सम्बन्धित है-

(a) गोभी (b) प्याज
(c) धान (d) तम्बाकू

62. 'ट्रिटिकेल' क्रॉस है-

(a) गेहूँ और जौ का
(b) जौ और राई का
(c) गेहूँ और राई का
(d) गेहूँ और जई का

63. निम्नलिखित में कौन मौलिक ग्रामीण संस्थान नहीं है?

(a) ग्राम पंचायत
(b) ग्रामीण पाठशाला
(c) ग्रामीण सहकारी समिति
(d) जिला परिषद

64. निम्नलिखित में कौन-सा सही सुमेलित नहीं है?

(a) कम्पोस्ट - जीवांश खाद
(b) एलगी - बायोफर्टिलाइजर
(c) डाइअमोनियम फास्फेट - जटिल उर्वरक
(d) यूरिया - संपूर्ण उर्वरक

65. समाकलित भोज्य तत्व प्रबंधन समाकलित प्रयोग है-

(a) एन.पी.के. का
(b) एन.पी.के. + द्वितीयक और सूक्ष्म भोज्य तत्वों का
(c) उर्वरकों + जीवांश पदार्थों + जैविक उर्वरकों का
(d) उर्वरकों + पेस्टीसाइडस का

66. जड़ों की वृद्धि में कौन-सा पोषक तत्व सहायक है?

(a) नाइट्रोजन (b) पोटाश
(c) वोरॉन (d) फॉस्फोरस

67. प्रकाश-संश्लेषण के लिए आवश्यक दशाएँ हैं-

(a) रोशनी और उपयुक्त तापक्रम
(b) क्लोरोफिल और पानी
(c) कार्बन डाईऑक्साइड
(d) उपर्युक्त सभी

68. निम्नलिखित में कौन-सा समूह 'खरीफ फसलों' का है?

(a) धान, ज्वार, बाजरा, चना
(b) मसूर, जौ, ज्वार, मूँगफली
(c) मक्का, तिल, कपास, बाजरा
(d) अलसी, तिल, मसूर, मूँगफली

69. ढालू खेत में जुताई की जानी चाहिए-

(a) ढाल के समानान्तर
(b) ढाल के विपरीत
(c) दोनों तरफ से
(d) उपर्युक्त सभी सत्य है

70. धान का 'खैरा रोग' किसके छिड़काव से नियंत्रित किया जा सकता है-

(a) कॉपर सल्फेट (b) मैंगनीज सल्फेट
(c) बोरेक्स (d) जिंक सल्फेट

71. एक हरे चारे को बिना इसके तत्वों एवं मूल हरे रंग के ह्रास के सुखाया गया है, इसको निम्न में से किस नाम से जाना जाता है?

(a) स्वायलेंज (b) हे
(c) साइलेज (d) सूखा चारा

72. निम्न खलियों में से कौन-सी दुधारू पशुओं के लिए सबसे अच्छी समझी जाती है?

(a) साल-सीड खली
(b) नीम की खली
(c) सरसों की खली
(d) मूँगफली की खली

73. रोग जनकों के आधार पर 'कण्डुवा रोग' इस वर्ग का रोग है-

(a) फफूँदी (b) विषाणु
(c) जीवाणु (d) इनमें से कोई नहीं

74. एच.टी.एस.टी. दुग्ध पाश्चुरीकरण की विधि में दूध को गर्म करते हैं-

(a) 63°C पर 30 मि. के लिए
(b) 72°C पर 20 मि. के लिए
(c) 72°C पर 15 सेकेण्ड के लिए
(d) 72°C पर 20 सेकेण्ड के लिए

75. एक ही खेत में एक ही समय में एक से अधिक फसलें उगाने को कहते हैं-

(a) बहुफसली खेती
(b) विशिष्ट खेती
(c) मिश्रित फसलों की खेती
(d) इनमें से कोई नहीं

76. भारत सरकार के पौध-संरक्षण सलाहकार का मुख्यालय कहाँ स्थित है?

(a) नई दिल्ली में (b) कोलकाता में
(c) चेन्नई में (d) फरीदाबाद में

77. यूरिया में बाईयूरेट का मानक स्तर है-

(a) 2.5% (b) 2.0%
(c) 1.5% (d) 1.0

78. क्षारीय ऊसर भूमि में धान के पौधों की रोपाई के लिये उचित उम्र होती है-

(a) 21-25 दिन (b) 25-30 दिन
(c) 35-40 दिन (d) 40-50 दिन

79. अच्छे साइलेज का pH (पी.एच.) मान होना चाहिए-

(a) 3.5 से 4.2 (b) 4.2 से 4.5
(c) 4.5 से 5.0 (d) 5.0 से 5.5

80. 'अन्त्योदय योजना' का मुख्य उद्देश्य क्या था?

(a) शहरी गरीबी दूर करना
(b) अनुसूचित जातियों के स्तर में सुधार लाना
(c) अल्पसंख्यकों को उन्नत करना
(d) गरीबों में सबसे अधिक गरीबों की मदद करना

81. घी को दानेदार बनाने के लिए पशुओं को कौन-सी खली खिलायी जाती है?

(a) बिनौले की खली
(b) अलसी की खली
(c) नारियल की खली
(d) सरसों की खली

82. गाभिन गाय को झुण्ड से अलग रखना चाहिए-

(a) गर्भधारण के तुरन्त बाद
(b) गर्भधारण के 3 माह बाद
(c) गर्भधारण के 4 माह बाद
(d) गर्भधारण के 7 माह बाद

83. बकरी के झुण्ड को कहते हैं-

(a) हर्ड (b) स्टॉक
(c) फ्लॉक (d) इनमें से कोई नहीं

84. अमोनियम सल्फेट में गंधक पाया जाता है-

(a) 20% (b) 24%
(c) 28% (d) 32%

85. एक गाभिन गाय को गर्भाधान के कितने माह बाद गर्भकालीन आहार देना चाहिए?

(a) 3 माह बाद (b) 4 माह बाद
(c) 6 माह बाद (d) 8 माह बाद

86. पौधे में वृद्धि को नापा जा सकता है-

(a) फोटोमीटर द्वारा
(b) अब्जैनोमीटर द्वारा
(c) साधारण सूक्ष्मदर्शी द्वारा
(d) कैलोरीमीटर द्वारा

87. निम्न में विदेशी नस्ल की गाय कौन-सी है?

(a) जर्सी (b) ओंगोले
(c) गाओलाओ (d) कांगायाम

88. मृदा, जिसमें उपलब्ध नाइट्रोजन की मात्रा 250-500 कि.ग्रा.होती है, उसे इस वर्ग में रखते हैं-

(a) अधिक न्यून (b) न्यून
(c) मध्यम (d) उच्च

89. जनसाधारण क्षमता अधिक होती है इस मृदा में-

(a) बलुयी दोमट (b) सिल्टी दोमट
(c) क्ले दोमट (d) दोमट

90. 'तरल विष-प्रलोभिका' किसके नियंत्रण हेतु प्रयोग की जाती है-

(a) कटुआ कीट (b) फल चूषक शलभ
(c) दीमक (d) तिलचट्टा

91. 'आधार बीज' तैयार किया जाता है-

(a) नाभिक बीज से
(b) प्रजनक बीज से
(c) क्वालिटी बीज से
(d) प्रमाणित बीज से

92. यदि वार्षिक वर्षा 750 मि.मि. से कम हो, तो सम्पन्न होने वाली कृषि पद्धति को जाना जाता है-
(a) शुष्क खेती
(b) शुष्क भूमि कृषि
(c) वर्षाधीन खेती
(d) उपर्युक्त में से कोई भी नहीं

93. एक बीमारी एक पशु से दूसरे पशु में फैल गई है वह क्या है?
(a) संक्रामक रोग (b) संसर्गिक रोग
(c) परजीवी रोग (d) न्यूनता रोग

94. मक्का-आलू-गन्ना फसल चक्र की सही अवधि कौन-सी है?
(a) एक साल (b) दो साल
(c) तीन साल (d) चार साल

95. आवरण फसलें कौन-सी हैं?
(a) प्याज (b) लहसुन
(c) अलसी (d) लोबिया

96. रबी की फसलों के विकास के लिए अनुकूलतम तापक्रम क्या होगा?
(a) 16°C–26°C (b) 26°C–30°C
(c) 30°C–35°C (d) 35°C–40°C

97. निम्न में से कौन-सा कथन सत्य है?
(a) भारतवर्ष की सबसे ऊँची भेंड़ बेल्लारी है
(b) भारतवर्ष की सबसे ऊँची भेंड़ नेल्लोर है
(c) भारतवर्ष की सबसे ऊँची भेंड़ मान्डया है
(d) भारतवर्ष की सबसे ऊँची भेंड़ बीकानेरी है

98. हवा का वेग नापा जाता है-
(a) बैरोमीटर से
(b) हाइड्रोमीटर से
(c) ऐनेमोमीटर से
(d) टेनशियोमीटर से

99. सूक्ष्म भोज्य तत्व हैं-
(a) नाइट्रोजन फास्फोरस, पोटैशियम
(b) कैल्सियम, मैग्नीशियम, गंधक
(c) फास्फोरस, मैग्नीशियम, गंधक
(d) जस्ता, मैंगनीज, कॉपर

100. 'टिक्का रोग' किस फसल से सम्बन्धित है?
(a) चना (b) मटर
(c) मूँगफली (d) जौ

101. कौन-सा उर्वरक ऐमाइड रूप में नत्रजन मिश्रित होता है?
(a) अमोनियम सल्फेट नाइट्रेट
(b) यूरिया
(c) कैल्शियम अमोनियम नाइट्रेट
(d) अमोनियम क्लोराइड

102. निम्नलिखित में 'ट्रैप' फसल कौन-सी है?
(a) सनई (b) बाजरा
(c) भिण्डी (d) मक्का

103. मूँगफली की गुच्छेदार प्रजाति कौन-सी है?
(a) टी-28
(b) कौशल
(c) चन्द्रा
(d) चित्रा

104. अपरदित मृदा में किस फसल की खेती अधिक लाभदायक होती है?
(a) अनाज वाली फसलें
(b) दलहनी
(c) तिलहनी फसलें
(d) इनमें से कोई नहीं

105. कौन-सा नन-सिम्बीयॉटिक जीवाणु है?
(a) स्यूडोमोनास स्ट्रेयटा
(b) राजोबियम स्पीसीज
(c) एजोटोबैक्टर
(d) पैरस्पोनिया

106. मुरझान बिन्दु पर (पी.एफ.) होता है-
(a) 3.5 (b) 4.18
(c) 4.5 (d) 5.0

107. सूखे की दशा में पेड़ों की पत्तियों तथा झाड़ियों को गौवंश को खिलाया जाता है, इन चारों को कहा जाता है-
(a) रक्षित चारे
(b) सूखे चारे
(c) रसीले चारे
(d) आपातकालीन चारे

108. 'दियारा' भूमि (क्षेत्र) होते हैं-
(a) समुद्री बाढ़ ग्रस्त क्षेत्र
(b) नहर के दोनों किनारे वाले क्षेत्र
(c) नदी के किनारे वाले क्षेत्र जहाँ प्रतिवर्ष बाढ़ जाती है
(d) इनमें से कोई नहीं

109. भण्डारित 'हे' में नमी की मात्रा/होनी ही चाहिए-
(a) 15.0% (b) 22.0%
(c) 25.0% (d) 28.0%

110. पशुओं में छूत की बीमारी निम्न में से कौन-सी है?
(a) घेंघा
(b) दुग्ध ज्वर
(c) टिटेनस
(d) खुरपका-मुंहपका रोग

111. कच्चे दूध में 2 लाख प्रति मि.ली. से कम जीवाणु दूध की क्वालिटी को प्रदर्शित करते हैं-
(a) बहुत अच्छा (b) अच्छा
(c) संतोषजनक (d) खराब

112. 400 कि.ग्रा. शरीर भार वाली एक गाय को प्रति दिन कितना शुष्क पदार्थ दिया जाना चाहिए?
(a) 12 कि.ग्रा. (b) 10 कि.ग्रा.
(c) 8 कि.ग्रा. (d) 6 कि.ग्रा.

113. निम्न में से कौन-सी भारवाही गाय की नस्ल है?
(a) कॉकरेज (b) देवनी
(c) खिल्लारी (d) गिर

114. 'एपीकल्चर' सम्बन्धित है-
(a) रेशम पालन से
(b) मधुमक्खी पालन से
(c) मछली पालन से
(d) इनमें से किसी से भी नहीं

115. निम्नलिखित में से कौन खरपतवार नाशी है?
(a) कार्बोफ्यूरान (b) डाईफ्लूबेजुरॉन
(c) आईसोप्रोट्यूरान (d) डाईमेक्रान

116. पानी की वह मात्रा जो एक घन मीटर प्रति सेकेण्ड की गति से एक निश्चित बिन्दु से बह रही है, को कहते हैं-
(a) क्यूमेक
(b) क्यूसेक
(c) एकड़ इंच
(d) इनमें से कोई नहीं

117. गन्ने का मूल-वेधक क्षति पहुँचाता है-
(a) जड़ को (b) तने को
(c) पत्ती को (d) बीज को

118. फसल, जिसका प्रयोग हरी खाद के रूप में नहीं किया जाता है-
(a) ढेंचा (b) सनई
(c) मूँग (d) जौ

119. गेहूँ की बुवाई के लिये उचित तापक्रम है-
(a) 10°–15°C
(b) 15°–20°C
(c) 20°–25°C
(d) 25°–30°C

120. निम्न में से कौन-सी दुधारू नस्ल की गाय है?
(a) मेवाती
(b) साहीवाल
(c) मालवी
(d) डाँगी

व्याख्या सहित उत्तर

1. (d) बेकेलाइट जो पूर्णतया मानव निर्मित प्लास्टिक है, यह फार्मिक अम्ल (HCOOH) एवं फेनोल (Phenol) की अम्लीय अथवा क्षारीय माध्यम में अभिक्रिया के फलस्वरूप बनता है।

2. (d) मिथाइल आइसोसायनेट गैस का उपयोग कीटनाशक के निर्माण के लिए अग्रगामी के रूप में किया गया।

3. (c) गतिज ऊर्जा एवं स्थितिज ऊर्जा के योग को यान्त्रिक ऊर्जा कहा जाता है। किसी योगफल की इकाई वही होती है, जिनके योग से वह आया है। अत: यान्त्रिक ऊर्जा की SI इकाई वही होगी, जो गतिज एवं स्थितिज ऊर्जा की है, जोकि जूल है।

4. (c) अगर दो निकायों को परस्पर ऊष्मीय सम्पर्क में लाया जाता है और उनमें किसी भी मात्रा में ऊष्मा का संचार नहीं होता है, तो ऐसे निकायों को ऊष्मीय सन्तुलित निकाय कहा जाता है। अगर उनके तापमान में अन्तर होता है, तो समान ताप होने तक अधिक तापमान वाले निकाय से कम तापमान वाले निकाय की तरफ ऊष्मा का प्रवाह होगा।

5. (d) विटामिन A (रेटिनॉल) का रासायनिक नाम सेक्सेरोफाइटॉल तथा इसका अणुसूत्र $C_2OH_{29}OH$ होता है। दूध, मछली का तेल, अण्डे की जर्दी, गाजर, पालक में यह सर्वाधिक मात्रा में पाया जाता है। विटामिन B (बायमिन) जल से घुलनशील है। इसकी कमी से बेरीबेरी नामक रोग होता है। खमीर, गाजर, गेहूँ, चावल आदि इसका सर्वोत्तम स्रोत है। विटामिन C का रासायनिक नाम एसकार्बिक एसिड तथा अणुसूत्र $C_6H_8O_6$ होता है। इसकी कमी से स्कर्वी नामक रोग होता है। खट्टे रसदार फल, पत्तेदार सब्जियाँ एवं अंकुरित अनाज इसका सर्वोत्तम स्रोत है। विटामिन D का रासायनिक कैल्सिफेरॉल है। यह वसा से घुलनशील है। इसकी कमी से रिकेट्स नामक रोग होता है। मक्खन, घी, अण्डा, मछली का तेल, सूर्य की धूप इसका सर्वोत्तम स्रोत है।

6. (a) सिख संघ के 12 राज्यों के संघ को 'मिस्ल' कहा जाता था। मिस्लों का संविधान बिलकुल सरल था। मिस्ल के सरदार के नीचे पट्टीदार होते थे, जो अपने अनुयायियों के भरण-पोषण के लिए सरदार के साथ गाँवों और भूमि का प्रबन्ध करते थे।

7. (c) भारतीय संविधान की छठी अनुसूची में असम, मेघालय, त्रिपुरा, मिजोरम राज्यों के जनजाति क्षेत्रों के स्वशासी जिला परिषदों के प्रशासन के सम्बन्ध में उपबन्ध शामिल किए हैं। इसमें अनुच्छेद-242(2) व 275(1) सम्मिलित हैं।

8. (c) संयुक्त राष्ट्र विकास कार्यक्रम (यूएनडीपी) द्वारा वर्ष 1990 से लगातार वार्षिक आधार पर 'मानव विकास रिपोर्ट एचडीआर' का प्रकाशन किया जाता है, जिसमें विभिन्न राष्ट्रों द्वारा विकास के विभिन्न मानकों के सापेक्ष किए गए प्रयासों का एक वैश्विक विश्लेषण प्रस्तुत किया जाता है।

9. (a) 'अग्रहारम' या 'अग्रहार' उस ग्राम को कहा जाता था, जिसके वासी पूर्णत: ब्राह्मण हों। विभिन्न जाति वाले गाँवों के उस भाग को भी अग्रहारम कहते थे, जिसमें ब्राह्मण रहते थे। इन्हें 'चतुर्वेदीमंगलम' भी कहा जाता था।

10. (a) भारत के सर्वोच्च न्यायालय की 11 जजों की संवैधानिक न्यायपीठ ने वर्ष 1980 में 'बच्चन सिंह बनाम पंजाब' बाद में मृत्युदण्ड अधिनिर्णीत करने के लिए विरलों में विरलतम सिद्धान्त का प्रतिपादन किया। इसमें बहुमत यह था कि उन कारक तत्वों पर विचार करना जरूरी है, जो अपराध की बर्बरता को बढ़ाते या घटाते हैं।

11. (b) 'प्रधानमन्त्री मुद्रा योजना' मुद्रा बैंक के तहत एक भारतीय योजना है, जिसकी शुरुआत भारत के प्रधानमन्त्री नरेन्द्र मोदी ने अप्रैल, 2015 में नई दिल्ली में की थी। मुद्रा बैंक के तहत इसमें तीन श्रेणियाँ हैं-शिशु, किशोर और तरुण। ये तीनों श्रेणियाँ लाभार्थियों के विकास और वृद्धि में मदद करेंगी।

12. (b) इलाहाबाद में हरिषेण द्वारा रचित प्रयाग प्रशस्ति से समुद्रगुप्त के राज्यारोहण, विजय, साम्राज्य विस्तार के सम्बन्ध में जानकारी प्राप्त होती है। इस प्रशस्ति के अनुसार, कुशाग्र बुद्धि और संगीत कला के ज्ञान तथा प्रयोग से उसने ऐसे उत्कृष्ट काव्य का सृजन किया था कि लोक 'कविराज' कहकर उसका सम्मान करते थे।

13. (c) कामन्दकीय 'नीतिसार' राज्यशास्त्र का एक संस्कृत ग्रन्थ है। इसके रचयिता का नाम 'कामन्दकि' अथवा 'कामन्दक' है, जिससे यह साधारणत: 'कामन्दकीय' नाम से प्रसिद्ध है। वास्तव में यह ग्रन्थ कौटिल्य के अर्थशास्त्र के सारभूत सिद्धान्तों (मुख्यत: राजनीति विद्या) का प्रतिपादन करता है। यह श्लोकों के रूप में है। इसकी भाषा अत्यन्त सरल है।

14. (a) 'लीलावती', भारतीय गणितज्ञ भास्कर द्वितीय द्वारा 1150 ई. में संस्कृत में रचित गणित और खगोलशास्त्र का प्राचीन ग्रन्थ है। साथ ही यह सिद्धान्त शिरोमणि का एक अंग भी है। लीलावती में अंकगणित का विवेचन किया गया है। इस ग्रन्थ में पाटीगणित (अंकगणित), बीजगणित और ज्यामिति के प्रश्न एवं उनके उत्तर है। प्रश्न प्राय: लीलावती को सम्बोधित करके पूछे गए हैं, जो भास्कराचार्य की पुत्री थी।

15. (c) भारत में वर्ष 2018 तक तीन प्रधानमन्त्रियों के विरुद्ध अविश्वास प्रस्ताव पास किए जा चुके हैं। ये प्रधानमन्त्री हैं-विश्वनाथ प्रताप सिंह (1990), एच. डी. देवगौड़ा (1997) तथा अटल बिहारी वाजपेयी (1999)। हालांकि अभी तक 7 प्रधानमन्त्रियों के विरुद्ध अविश्वास प्रस्ताव लाया जा चुका है।

16. (a) गोरखनाथ के अनुयायी को योगी (जोगी) कहा जाता है। इसका अधिक प्रभाव भारत के मैदानी भाग और उनसे लगे नेपाल के भागों में देखने को मिलता है।

17. (c) महात्मा बुद्ध अपने जीवन के अन्तिम पड़ाव में हिरण्यवती नदी के तट पर स्थित कुशीनारा (कुशीनगर) पहुँचे। जहाँ पर 483 ई.पू. में 80 वर्ष की आयु में उनकी मृत्यु हो गई। इसे बौद्ध परम्परा में 'महापरिनिर्वाण' के नाम से जाना जाता है।

18. (a) कनिष्क के दरबार में पार्श्व, वसुमित्र, अश्वघोष जैसे बौद्ध दार्शनिक, नागार्जुन जैसे विद्वान और चरक जैसे चिकित्सक विद्यमान थे।

19. (c) आयनमण्डल की ऊँचाई पृथ्वी से 80-640 किमी के मध्य होती है। इसमें विद्युत आवेशित कणों की अधिकता होती है एवं ऊँचाई के साथ तापमान बढ़ने लगता है। वायुमण्डल की इसी परत में रेडियो की तरंगें परावर्तित होती हैं।

20. (b) भारतीय रिजर्व बैंक एक केन्द्रीय बैंक है, जिसकी स्थापना 1 अप्रैल, 1935 में की गई थी और इसका राष्ट्रीयकरण 1 जनवरी, 1949 को किया गया था। देश में एक रुपए के सिक्कों/नोटों और छोटे सिक्कों को छोड़कर अन्य सभी मुद्रा जारी करने का अधिकार रिजर्व बैंक को ही प्राप्त है।

21. (b) वायुमण्डल में ओजोन की स्थिति पृथ्वी से 15-50 किमी के मध्य होती है, परन्तु 15 से 35 किमी की ऊँचाई पर यह सघनता से पाई जाती है। यह एक छननी की भाँति कार्य करती है और सूर्य से आने वाली पराबैंगनी किरणों को पृथ्वी पर आने से रोकती है।

22. (c) मुद्रास्फीति वह स्थिति है, जिसमें वस्तुओं के मूल्य बढ़ते हैं तथा मुद्रा की क्रय शक्ति घटती है। मुद्रास्फीति की ऐसी स्थिति, जिसमें स्फीति के साथ बेरोजगारी भी बढ़ती है, तो ऐसी मुद्रास्फीति को गतिहीन स्फीति (Stagfilation) कहते हैं।

23. (d) औपचारिक संगठन से तात्पर्य वैसे संगठन से होता है, जहाँ पर लिखित पहलुओं को ज्यादा महत्व दिया जाता है। ऐसे संगठन में भाईचारा, भाई-भतीजावाद और अपनेपन का कोई स्थान नहीं होता है। इसमें प्रत्येक स्तर पर प्राधिकार और दायित्व का स्पष्ट विभाजन होता है। दूसरे शब्दों में ऐसे संगठन में जो भी कार्य किया जाता है, वह लिखित नियम और विनियम के अनुरूप होता है। इसके विपरीत संगठन को अनौपचारिक संगठन कहा जाता है।

24. (d)

क्र. सं.	महत्त्वपूर्ण विवस	दिनांक
1.	विश्व पर्यावरण दिवस	5 जून
2.	विश्व वानिकी दिवस	20 मार्च
3.	विश्व पर्यावास दिवस	3 अक्टूबर
4.	विश्व ओजोन दिवस	16 सितम्बर

25. (c) भारत में हाथी परियोजना वर्ष 1992 से तथा मगरमच्छ प्रजनन परियोजना वर्ष 1975 से शुरू की गई। IUCN की लाल सूची के आधार पर भारत की 47 प्रजातियाँ संकटापन्न हैं। अर्थात् उस जाति की तीन पीढ़ियों के सदस्यों में से 70% का ह्रास हो गया है, वह संकटापन्न प्रजाति कहलाती हैं। भारत में मगरमच्छ एवं हाथी के अलावा पक्षी, मछली, सरीसृप, स्तनपायी आदि की प्रजातियाँ भी संकटापन्न हैं।

26. (d)

- कंचनजंगा जैव-मण्डलीय आरक्षित क्षेत्र सिक्किम में स्थित है। जिसे वर्ष 2016 में यूनेस्को की 'मिश्रित श्रेणी' की सूची में शामिल किया गया था।
- नॉकरेक जैव-मण्डलीय आरक्षित क्षेत्र मेघालय के पश्चिमी गारो हिल जिले के तूरा शिखर के निकट स्थित है। इसे वर्ष 2009 में यूनेस्को की सूची में शामिल किया गया था।
- दिहांग-दिबांग जैव-मण्डलीय आरक्षित क्षेत्र अरुणाचल प्रदेश में स्थित है। यह मिश्मी ताकिन, लाल गोरल, कस्तूरी मृग, लाल पाण्डा आदि का निवास स्थल है।
- सिमलीपाल जैव-मण्डलीय आरक्षित क्षेत्र ओडिशा के मयूरभंज जिले में स्थित है जिसे वर्ष 2009 में यूनेस्को की सूची में शामिल किया गया था।

27. (d) भारत में सार्वजनिक क्षेत्र के निम्नलिखित आठ रक्षा उपक्रम हैं-हिन्दुस्तान एयरोनॉटिक्स लि. (बंगलुरु), भारत इलेक्ट्रॉनिक्स लि. (बंगलुरु), भारत अर्थ मूवर्स लि. गार्डनरीच शिपबिल्डर्स एण्ड इंजीनियर्स लि. (कोलकाता), मझगाँव डॉक लि. (मुम्बई), गोवा शिपयार्ड लि. (वास्कोडिगामा), भारत डायनेमिक्स लि. (हैदराबाद) और मिश्रधातु निगम लि. (हैदराबाद)।

28. (b) द्वितीय महायुद्ध में मित्र राष्ट्रों की कमजोर हो रही स्थिति के कारण, ब्रिटेन पर इस बात का दबाव बढ़ने लगा कि वह भारत की जनता से न्यायपूर्ण व्यवहार करे और भारतीयों को युद्ध में शामिल किए जाने की बातचीत करे। परिणामस्वरूप ब्रिटेन के प्रधानमन्त्री चर्चिल ने स्टैफर्ड क्रिप्स के नेतृत्व में एक दल 22 मार्च, 1942 को भारत भेजा। इस समय भारत का वायसराय लॉर्ड लिनलिथगो था।

29. (d) खाद्य एवं कृषि संगठन, संयुक्त राष्ट्र संघ का प्रमुख संगठन नहीं बल्कि विशिष्ट संगठन है। संयुक्त राष्ट्र संघ का प्रमुख संगठन-महासभा, सुरक्षा परिषद्, आर्थिक और सामाजिक परिषद्, न्यासी परिषद्, अन्तर्राष्ट्रीय न्यायालय और सचिवालय है।

30. (c) स्वर्ण सिंह समिति की सिफारिश के आधार पर 42वें संविधान संशोधन अधिनियम, 1976 द्वारा एक प्रतितुलक प्रविष्टि की गई अर्थात् संविधान के भाग-4 (क) के अनुच्छेद-51(क) में मूल कर्तव्य प्रविष्ट किए गए।

31. (c) अनुच्छेद-123 के अनुसार राष्ट्रपति को उस समय अध्यादेश द्वारा विधान बनाने की शक्ति है, जब उस समय, उस विषय पर तुरन्त संसदीय अधिनियम बनाना सम्भव नहीं है। दूसरे शब्दों में राष्ट्रपति तब अध्यादेश जारी कर सकता है, जब दोनों सदनों में से किसी एक का सत्रावसान हो गया हो या वह सत्र में नहीं हो। लेकिन अध्यादेश का जीवन काल मात्र 6 सप्ताह का होता है इसके भीतर इसे संसद का अनुमोदन मिल जाना चाहिए अन्यथा यह समाप्त हो जाता है। यद्यपि अनुच्छेद-57 में उपराष्ट्रपति के पुनर्निर्वाचन के लिए कोई उपबन्ध नहीं है। लेकिन अनुच्छेद-66 के परन्तुक से यह प्रतीत होता है कि उपराष्ट्रपति पुनर्निर्वाचन के लिए पात्र है। डॉ. राधाकृष्णन 1957 में इस पद के लिए दोबारा निर्वाचित हुए थे।

32. (d) उपरोक्त प्रश्न का सही सुमेलन इस प्रकार है-

उत्तर प्रदेश में आयोजित होने वाले मेले	आयोजन स्थल
A. बटेश्वर	3. आगरा
B. देवा मेला	1. बाराबंकी
C. हरिदास जयन्ती मेला	4. वृंदावन
D. नौचन्दी मेला	2. मेरठ

33. (b) उत्तर प्रदेश के ललितपुर जिले में यूरेनियम के सीमित भण्डारों की खोज की गई है। ललितपुर के इकौना क्षेत्र में प्लेटिनम, पैलेडियम एवं बहुमूल्य धातुओं की खोज के अन्वेषण कार्य के दौरान एकत्र नमूनों का भारतीय खान ब्यूरो से प्राप्त विश्लेषण रिपोर्ट में प्लेटिनम एवं पैलेडियम के उत्साहवर्द्धक संकेत प्राप्त हुए हैं।

34. (b) चरकुला (Charkula) एक घड़ा नृत्य है, जो ब्रजभूमि क्षेत्र से सम्बन्धित है। यह नृत्य सिर पर रखे रथ के पहिए पर कई घड़ों को रखकर किया जाता है।

35. (a) प्रश्नानुसार,

बाएँ　　　　　　　　　　दाएँ

A　　C　　E　　D　　B

20 मी　30 मी　20 मी　20 मी

D के दाएँ 20 मी. की दूरी पर B है।

36. (d) प्रश्नानुसार, दिए गए मूल शब्द के अक्षरों का प्रयोग कर शब्द RADIO नहीं बनाया जा सकता है, क्योंकि मूल शब्द में D नहीं है।

37. (d) M > K > L / I > J

अतः M की आय सबसे अधिक है।

38. (a) कुल छूट = ₹ $\left(126000\frac{12}{100}\right)$

= ₹ 15120

∴ कार का विक्रय मूल्य

= ₹ (126000 – 15120) = ₹ 110880

∴ कार का क्रय मूल्य

= ₹ $\left(110880 \times \frac{100}{110}\right)$ = ₹ 100800

39. (d) रेलगाड़ी की चाल = $\left(\frac{125}{30} \times \frac{18}{5}\right)$

= 75 किमी./घंटा

40. (a) α तथा β द्विघात समीकरण

$y^2 - q(1 + y) - r = 0$, अर्थात्

$y^2 - qy - (q + r) = 0$ के मूल हैं

∴ $\alpha + \beta = q$ तथा $\alpha\beta = -(q + r)$

$(1 + \alpha)(1 + \beta) = 1 + (\alpha + \beta) + \alpha\beta$

$= 1 + q - (q + r) = 1 - r$

41. (c) चिकोरियम इनटाइबस (कासनी) खरपतवार बरसीम की फसल में उगता है।

42. (a)

43. (d) भदावरी भैंस का मूल स्थान

नर-इटावा, बाह (आगरा)

मादा-भिण्ड ग्वालियर (म.प्र.)

44. (a)

45. (d) **कांकरेज**-भारतीय नस्लों में सबसे भारी, शक्तिशाली शरीर वाली है। इस नस्ल के बैल शक्तिशाली, गाड़ी और हल खींचने के लिए उपयुक्त होते हैं।

46. (c) 'मशरूम' एक फफूँद है (Fungi) है, जो स्वादिष्ट एवं पौष्टिक भोज्य होने के कारण इसे सब्जी रूप में प्रयोग किया जाता है।

47. (c) चिचड़ी बुखार (Tick Fever) (अन्य नाम-रक्त मूत्र रोग, पाइरोप्लाज्मोसिस, टेक्सास फीवर, बैबीसिआसिस आदि)-चीचड़ी ज्वर एक प्रोटोजोन परजीवी कीट (Protozoan) द्वारा प्रकोप करने वाला छुतदार रोग है, जो विशेष तौर पर गौ तथा भैंस वंशज पशुओं में किलनियों द्वारा फैलता है।

48. (c)

49. (b) विषाणु (Virus) द्वारा फैलने वाला रोग-पोकनी (Rinderpest) है जबकि गलघोंटू, क्षय रोग तथा थैनैला जीवाणु द्वारा उत्पन्न होते हैं।

50. (c) सरसों के तेल में ग्लूकोसिलेटस (ग्लूकोसाइड सनाग्रिन) ($C_{10}H_{60}NS_2K$) के कारण तीखापन (Pungency) होता है।

51. (c) अरहर में दाने एवं लकड़ी में 1 : -8 का अनुपात होता है।

52. (d) खनिज पूर्ति (Mineral supplement) बट्स प्योर ड्रग कम्पनी द्वारा बनाये गये सुपरममिन्डक खनिज मिश्रण में 23.6% C, 11.4% P, 510 PPM Ca, 500PPMCO 1800PPM Mn. 0.025% आयोडीन आदि।

53. (a) दुधारू गाय को निर्वाह आवश्यकता के लिए दाने की मात्रा-1 किलोग्राम।

54. (a) मूंगफली उत्पदक शीर्ष राज्य (2003-04 में)

प्रथम	-	गुजरात (53.1%)
द्वितीय	-	तमिलनाडु (13.4%)
तृतीय	-	आन्ध्र प्रदेश (11.7%)
चतुर्थ	-	कर्नाटक

55. (b) संकर गायें बहुत ही कम उम्र (24-25 माह) में प्रथम बच्चा देती हैं, जबकि देशी गायें लगभग 40-58 माह में प्रथम बच्चा देती हैं।

56. (b)

57. (a) गन्ने में लाल गूदा सड़न (Red rot) का कारण कोलेटोट्राइकम फलकेटम नामक फफूंद है।

58. (b) 'स्ट्रिकप जांच' 'Strip cup test' थनैला रोग (Mastitis) की जाँच की जाती है।

59. (a) धान में 'होपर बर्न' का कारण ब्राउन प्लाण्ट हौपर्स है।

60. (b) पशुओं में दुग्ध ज्वर (Milk Fever) कैल्शियम लवण की कमी के कारण होता है।

61. (c)

62. (c) ट्रिटिकेल-गेहूँ × राई

63. (d) ग्रामीण संस्थायें पंचायत (Village Panchyat), ग्रामीण सहकारी समिति (Village-Co-Operative) तथा ग्रामीण पाठशाला (Village School) समाजशास्त्र के दृष्टिकोण से बेसिक संस्थायें परिवार, जाति व विवाह आदि है। परन्तु सामुदायिक विकास व प्रसार कार्यों के दृष्टिकोण से बेसिक संस्थायें पंचायत, सहकारी समिति तथा ग्रामीण पाठशाला है।

64. (d) यूरिया एक अपूर्ण-उर्वरक (Incomplete fertilizes) है जिसमें केवल Nitrogen पाया जाता है।

65. (c)

66. (d) फास्फोरस पौधों की पार्श्व तथा रेशेदार जड़ों के निर्माण में सहायक होता है।

67. (d)

68. (c) खरीफ फसल-मक्का, तिल, कपास, बाजरा।

69. (b) **70.** (d)

71. (b) हे (Hay) 'हे' उस सूखी घास को कहते हैं, जिसमें की हरी, घास उसमें उपस्थित आवश्यक तत्वों के ह्रास के बिना ही पशुओं को खिलाने के लिए संरक्षित करके भण्डारित की जाती है।

72. (d) **73.** (a)

74. (c) H.T.S.T. (High Temperature Short Time Process) विधि में दूध को 71.7°C (161°F) तापक्रम पर गर्म करते हैं और इसी तापक्रम पर 15 सेकेण्ड के लिए स्थिर रखते हैं इसके तुरन्त पश्चात दूध को ठण्डा होने के लिए शीतकों पर भेज देते हैं।

75. (c) मिश्रित खेती-'बैगर किसी निश्चित बतौर व्यवस्थापन के एक ही खेत में, एक साथ दो या दो से अधिक फसलों का उगाना ही मिश्रित फसल कहलाता है।'

76. (a)

77. (c) यूरिया का उर्वरक (नियन्त्रण) अध्यादेश 1957 में निर्धारित-बाइयूरेट (Biuret), कुल भार का प्रतिशत अधिकतम, 1.5% व्यापारिक यूरिया में 1.2% बाइयूरेट होता है।

78. (c) ऊसर भूमि में धान की रोपाई हेतु कम से कम 35 दिन की उम्र की पौध रोपाई के लिए प्रयोग करें।

79. (b) अच्छी साइलेज (good silage) का pH-4.2 से 4.5 होता है-

Kind of Silage	pH
Very good Silage	3.5–4.2
Good Silage	4.2-4.5
Fair Silage	4.5-4.8
Bad Silage	4.8 से अधिक

80. (d) 25 दिसम्बर, 2000 को निर्धनों का खाद्य सुरक्षा उपलब्ध कराने के उद्देश्य से अंत्योदय अन्न योजना के नाम से प्रारम्भ की गई। इसके तहत देश के एक करोड़ निर्धनतम परिवारों को प्रति माह 25 किग्रा. खाद्यान्न प्रदान किया जाता था। 1 अप्रैल, 2002 से बढ़ाकर प्रति परिवार 35 किलो/माह कर दिया गया।

81. (c) **82.** (c)

83. (d) बकरी के समूह (झुण्ड-Group) को ट्रीप (Trip) कहा जाता है।

वर्ड (Herd) - गाय, भैंस, सुअर के समूह

प्लॉक (Flot) - भेड़, मुर्गी, टर्की के समूह

Trip - बकरी के समूह

Kennel - कुत्ता के समूह

Colony/Kitten - खरगोश/चूहा के समूह

84. (b) शुद्ध अमोनियम सल्फेट में 21.2 प्रतिशत नाइट्रोजन तथा 27.5% गन्धक होती है। व्यापारिक अमोनियम सल्फेट में 20.6% नाइट्रोजन और 24% गन्धक होती है।

85. (c) गर्भवती मादाओं को गर्भकाल के 6 माह पूरे होने के बाद से ही ½ से 1 कि.ग्रा. अतिरिक्त दाना गर्भ रक्षा के लिये देना चाहिये जिसे धीरे-धीरे बढ़ाकर ब्याने के समय तक 1 से 2 किलो कर दें।

गर्भकाल में अन्तिम एक-तिहाई समय में यानि गर्भित गाय को 5 या 6 माह बाद 0.14Kg, पाचक प्रोटीन (D.C.P.), 0.7 किलो सम्पूर्ण पाचक तत्व (T.D.N.), 12 ग्राम कैल्शियम, 7 ग्राम फास्फोरस तथा 30 Mg, विटामिन A नित्य ही उसकी निर्वाह एवं उत्पादन आवश्यकता के ऊपर, भ्रूण के विकास हेतु मिलना चाहिये।

86. (b)

87. (a) विदेशी नस्ल (गाय की)-दुधारू-होल्स्टॉन फ्रीजियन, ब्राउन स्विश, आयरशायर, गर्नशी, जर्सी, रेडडेन।

88. (c) भारत में मृदा परीक्षण आंकड़ों के लिए क्रम निर्धारण

उपलब्ध नाइट्रोजन (Kg/ha)	
280 से कम	- निम्न
260-560	- मध्यम
560 से अधिक	- उच्च

89. (b) प्राप्य जल क्षमता

बलुई दोमट (Sandy loam)	- 7.9%
सिल्टी दोमट (Silty loam)	- 11.9%
दोमट (loam)	- 11.3%
क्ले दोमट (Clay loam)	- 11.3%

90. (b)

91. (b) आधार बीज (Foundation seed) यह बीज प्रजनक बीज (Breeder seed) से उत्पन्न किया जाता है। और इसका उत्पादन इस प्रकार किया जाता है कि विशेष मानकों के अनुसार इसमें आनुवंशिक गुण और शुद्धता बनी रहे।

92. (a) वार्षिक वर्षा — कृषि पद्धति

750 मि.मि. से कम-शुष्क खेती (Dry Farming)

750-1150 किमी. - शुष्क भूमि खेती (Dryland Farming)

1150 मि.मी. से अधिक-वर्षा प्रधान खेती (Rainfed Farming)

93. (b) संक्रामक रोग (Infections) पशु प्लेग, धनुर्वात (tetanus) जैसे रोग जो बैक्टीरिया, वाइस तथा प्रोटोजोआ द्वारा फैलते हैं, संक्रामक रोग कहलाते हैं। रोगी पशु से स्वस्थ पशु में ऐसे रोग, जिनके शारीरिक स्पर्श अथवा सम्पर्क में रहने वाले पदार्थों के द्वारा पहुँचते हैं।

संसर्गिक रोग अथवा छूत के रोग (Contagious Disease)-ये वे रोग हैं, जो रोगी से स्वस्थ पशु में सीधे सम्पर्क द्वारा पहुँचते हैं। जैसे पशु प्लेग, गलघोंटू। छूत से फैलने वाले सभी रोग संक्रामक होते हैं।

94. (b) **95.** (d) **96.** (b)

97. (b) **नेल्लोरी**-यह भारत की सबसे ऊँचे कद की बकरियों से मिलती-जुलती जाति है।

98. (c) **99.** (d) **100.** (c)

101. (b)

102. (c) Trap Crops ऐसी फसलों को उगाकर मृदा जनित हानिकारक जीव जैसे परजीवी खरपतवार या कीट पतंगों को फंसाया जाता है। जैसे Cotton red bug को कपास के चारों ओर Bhindi उगाकर फंसाया (Trap) जाता है।

103. (b) कौशल (जी. 201)-गुच्छेदार (Bunch type) टी-28-फैलने वाली (Spreading), चन्द्रा (ए.एच. 114)-अर्ध-गुच्छेदार, चित्रा (एम.ए. 10) अर्ध-प्रसारित

104. (b) **105.** (c)

106. (b) मुरझान बिन्दु (wilting Point) पर PF - 4.2 होता है।

107. (d) **108.** (c)

109. (a) 'हे' के लिये भण्डारित घास में 15% से अधिक नमी नहीं होनी चाहिये।

110. (d) **111.** (b)

112. (d) 400 कि.ग्रा. शरीर भार वाली आय के लिए शुष्क पदार्थ की प्रति दिन मात्रा

निर्वाह आवश्यकताएँ = 5.5 Kg.

निर्वाह + गर्भ रक्षा हेतु = 7.2 Kg.

113. (c) भारवाही - खिल्लारी

दुधारु - गिर, देवनी

द्वि-प्रयोजनीय - कॉलरेज

114. (b) **115.** (c)

116. (a) क्यूमेक (Cumec) - घनमीटर प्रति सेकण्ड (Cumec–Cubic meter Per Second)

117. (b) गन्ने का मूल बेधक (root borer) की सूँडियाँ तने (stems) से छेद करके गन्ने के नीचे की ओर सुरंग बनाती है तथा मुलायम भाग को खाती चली जाती हैं जिसके कारण गोफ तथा अन्य पत्तियाँ भी सूख जाती हैं और पौधा नष्ट हो जाता है। तने पर जमीन के नीचे केवल एक छेद का होना, सूखी हुई गोफ का आसानी से न खिंचना बल्कि टूट जाना आदि इस कीट की पहचान है।

118. (d)

119. (b) गेहूँ की बुवाई का समय विशेष रूप से मृदा ताप पर निर्भर करता है। गेहूँ के अंकुरण के लिये 20°C तापक्रम उचित होता है। मृदा ताप 12°C से कम व 25°C से अधिक नहीं होनी चाहिए।

120. (b)

❑❑❑

प्रैक्टिस सेट-2

भाग-1: सामान्य अध्ययन

1. निम्नलिखित में से किस प्रोटीन के कारण रेशम के तन्तु उजले चमकदार दिखाई देते हैं?

(a) फाइब्रिन (b) सेरिसिन

(c) कोलैजन (d) नेक्टीन

2. सूची-I को सूची-II के साथ सुमेलित कीजिए और सूचियों के नीचे दिए गए कूट का प्रयोग कर सही उत्तर चुनिए-

	सूची-I (कोशिका अंगक)		सूची-II (प्रकार्य)
A.	माइटोकॉन्ड्रिया	1.	प्रकाश-संश्लेषण
B.	क्लोरोप्लास्ट	2.	प्रोटीन संश्लेषण
C.	राइबोसोम	3.	अंतः कोशिकी पाचन
D.	लाइसोसोम	4.	ATP निर्माण (समावास)

कूट :

	A	B	C	D
(a)	3	1	2	4
(b)	3	2	1	4
(c)	4	1	2	3
(d)	4	2	1	3

3. मोती (पर्ल) एक मोलस्क के मृदु ऊतकों में उत्पन्न होने वाला एक कठोर पदार्थ है। निम्नलिखित में से कौन-सा मोती का मुख्य घटक है?

(a) कैल्सियम कार्बोनेट

(b) कैल्सियम ऑक्साइड

(c) कैल्सियम नाइट्रेट

(d) कैल्सियम सल्फेट

4. अपने ही वातावरण में एक जैव समुदाय; जैसे-तालाब, महासागर, वन, यहाँ तक कि एक जलजीवशाला भी, को क्या कहा जाता है?

(a) जीवोम (बायोम)

(b) समुदाय

(c) अजैव वातावरण

(d) पारिस्थितिक तन्त्र

5. निम्नलिखित में से किसके सन्दूषण के कारण ब्लू बेबी सिण्ड्रोम होता है?

(a) नाइट्राइट $H(NO^-_2)$

(b) सल्फाइट $H(SO^{2-}_3)$

(c) नाइट्रेट $H(NO^-_2)$

(d) सल्फेट (SO^{2-}_4)

6. निम्नलिखित में से कौन-सी विशेषताएँ ब्रिटिश संविधान से भारत के संविधान में ली गई थी?

1. कानून का शासन
2. विधि-निर्माण प्रक्रिया
3. न्यायपालिका की स्वतन्त्रता
4. संसदीय व्यवस्था

नीचे दिए गए कूट का प्रयोग कर सही उत्तर चुनिए-

(a) 1 और 2 (b) 2, 3 और 4

(c) 1 और 4 (d) 1, 2 और 4

7. नीचे दिए गए चार भारतीय राज्यों में से किन दो राज्यों में, पंचायत चुनाव लड़ने का पात्र होने के लिए कुछ निश्चित न्यूनतम शैक्षणिक अहर्ताएँ होनी आवश्यक हैं?

1. पंजाब 2. हरियाणा
3. कर्नाटक 4. राजस्थान

कूट :

(a) 1 और 2 (b) 2 और 4

(c) 2 और 3 (d) 1 और 4

8. भारत के संविधान की निम्नलिखित में से किस अनुसूची में प्रत्येक राज्य से निर्वाचित होने वाले राज्यसभा के सदस्यों की संख्या को निर्धारित किया गया है?

(a) पाँचवीं अनुसूची

(b) तीसरी अनुसूची

(c) छठी अनुसूची

(d) चौथी अनुसूची

9. किसी देश के 'जनसांख्यिकीय लाभांश' की घटना किससे सम्बन्धित है?

(a) कुल जनसंख्या में तीव्र पतन (गिरावट)

(b) श्रमजीवी काल (कार्यकारी आयु) वाली जनसंख्या में वृद्धि

(c) शिशु मृत्यु दर में गिरावट

(d) स्त्री-पुरुष अनुपात में वृद्धि

10. निम्नलिखित घटनाओं को भारत में उनके घटने के सुसंगत क्रम में व्यवस्थित कीजिए-

1. महालनोबिस मॉडल
2. योजना अवकाश (प्लान हॉलीडे)
3. आवर्ती योजना (रोलिंग प्लान)

नीचे दिए गए कूट का प्रयोग कर सही उत्तर चुनिए-

(a) 1, 2, 3 (b) 3, 2, 1

(c) 2, 3, 1 (d) 1, 3, 2

11. भारत में मौद्रिक नीति, निम्नलिखित साधनों में से किनका प्रयोग करती है?

1. बैंक दर
2. मुक्त बाजार संक्रियाएँ
3. सरकारी ऋण
4. लोक राजस्व

नीचे दिए गए कूट का प्रयोग कर सही उत्तर चुनिए-

(a) 1 और 2 (b) 2 और 3

(c) 1 और 4 (d) 1, 2, 3 और 4

12. मुद्रा-अवमूल्यन अधिक हितकारी होगा, यदि–

(a) घरेलू सामान के मूल्य स्थिर रहें

(b) आयातकों के लिए निर्यात के मूल्य सस्ते हो जाएँ

(c) आयात के मूल्य स्थिर रहें

(d) निर्यात के मूल्य समानुपाती रूप से बढ़े

13. निम्नलिखित में से कौन-सा किसान संघर्ष, ब्रिटिश अफीम नीति का परिणाम था?

(a) फुलागुरी धेवा (1861)

(b) बिरसाइल उलगुलान (1899-1999)

(c) पाबना विद्रोह (1873)

(d) मराठा किसान विद्रोह (1875)

14. सूची-I को सूची-II के साथ सुमेलित कीजिए और सूचियों के नीचे दिए गए कूट का प्रयोग कर सही उत्तर चुनिए-

सूची-I (दर्रा)		सूची-II (स्थान)
A. जोजिला	1.	हिमाचल प्रदेश
B. शिपकी ला	2.	उत्तराखण्ड
C. लिपुलेख	3.	जम्मू और कश्मीर
D. नाथू ला	4.	सिक्किम

कूट :

	A	B	C	D
(a)	4	2	1	3
(b)	4	1	2	3
(c)	3	1	2	4
(d)	3	2	1	4

15. सूची-I को सूची-II के साथ सुमेलित कीजिए और सूचियों के नीचे दिए गए कूट का प्रयोग कर सही उत्तर चुनिए-

सूची-I (जलडमरूमध्य स्ट्रेट)		सूची-II (देश)
A. बॉस स्ट्रेट	1.	UK तथा फ्रांस
B. डेविस स्ट्रेट	2.	ऑस्ट्रेलिया तथा तस्मानिया
C. डोवर स्ट्रेट	3.	USA तथा क्यूबा
D. फ्लोरिडा स्ट्रेट	4.	कनाडा तथा ग्रीनलैंड

कूट :

	A	B	C	D
(a)	2	4	1	3
(b)	2	1	4	3
(c)	3	4	1	2
(d)	3	1	4	2

16. निम्नलिखित में से किन कारकों के कारण 18वीं सदी में इंग्लैण्ड में औद्योगिक क्रान्ति हुई थी?
 1. कोयले और लोहे के भण्डारों की खोज
 2. वाष्प शक्ति की खोज
 3. रेलवे का आरम्भ
 4. कच्चे माल की नियमित आपूर्ति

 नीचे दिए गए कूट का प्रयोग कर सही उत्तर चुनिए-
 (a) 1 और 2 (b) 2, 3 और 4
 (c) 1 और 3 (d) 1, 2, 3 और 4

17. सूची-I को सूची-II के साथ सुमेलित कीजिए और सूचियों के नीचे दिए गए कूट का प्रयोग कर सही उत्तर चुनिए-

सूची-I (भूमि का प्रकार)		सूची-II (तात्पर्य)
A. उर्वरा	1.	नदी द्वारा सिंचित भूमि
B. मरु	2.	उपजाऊ भूमि
C. नदीमातृका	3.	वर्षा द्वारा सिंचित भूमि
D. देवमातृका	4.	मरुभूमि

कूट :

	A	B	C	D
(a)	2	1	4	3
(b)	3	4	1	2
(c)	3	1	4	2
(d)	2	4	1	3

18. सूची-I (पदार्थ) को सूची-II (संघटक) के साथ सुमेलित कीजिए तथा नीचे दिए गए कूट का प्रयोग करते हुए सही उत्तर चुनिए-

सूची-I (पदार्थ)		सूची-II (संघटक)
A. सफेद पेंट	1.	टाइटेनियम डाइऑक्साइड
B. शीशा	2.	फॉस्फोरस
C. कृत्रिम उर्वरक	3.	सोडियम सिलिकेट
D. दियासलाई-तीली	4.	पोटैशियम सल्फेट
	5.	पोटैशियम क्लोराइड

कूट :

	A	B	C	D
(a)	4	3	5	2
(b)	1	2	4	3
(c)	4	2	5	3
(d)	1	3	4	2

19. निम्नलिखित राज्यों में से कौन-से एक राज्य की सीमाएँ भारत के अधिकतम अन्य राज्यों से मिलती हैं?
 (a) मध्य प्रदेश (b) महाराष्ट्र
 (c) असम (d) बिहार

20. निम्नलिखित में से कौन-सी एक नकदी फसल है?
 (a) गेहूँ (b) बाजरा
 (c) धान (d) रबड़

21. भास्कर नामक राजा द्वारा हर्षवर्द्धन को भेजे गए विभिन्न उपहारों का उल्लेख हर्षचरित में मिलता है। भास्कर किससे सम्बन्धित है?
 (a) मगध का हर्यक राजवंश
 (b) असम का वर्मन राजवंश
 (c) उत्तर भारत का नंद राजवंश
 (d) इनमें से कोई नहीं

22. निम्नलिखित में से किसकी/किनकी स्थापना राजा राममोहन राय द्वारा की गई थी?
 1. आत्मीय सभा 2. ब्रह्म समाज
 3. प्रार्थना समाज 4. आर्य समाज

 नीचे दिए गए कूट का प्रयोग कर सही उत्तर चुनिए-
 (a) 1, 2 और 3 (b) केवल 2
 (c) 1 और 2 (d) 1, 3 और 4

23. सूची-I को सूची-II के साथ सुमेलित कीजिए और सूचियों के नीचे दिए गए कूट का प्रयोग कर सही उत्तर चुनिए-

सूची-I (हड़प्पा स्थल)		सूची-II (आधुनिक नाम)
A. धौलावीरा	1.	सौराष्ट्र
B. राखीगढ़ी	2.	हिसार
C. भिरड़ाना	3.	कादिर टापू (द्वीप)
D. भोगवा	4.	हरियाणा

कूट :

	A	B	C	D
(a)	1	4	2	3
(b)	1	2	4	3
(c)	3	2	4	1
(d)	3	4	2	1

24. निम्नलिखित कथनों पर विचार कीजिए–
 1. भारत में साल (Pangolin) की प्रकार के दन्तरहित स्तनपायी नहीं पाए जाते।
 2. केवल उलक (Gibbon) प्रकार का कपि ही भारत में पाया जाता है।

 उपरोक्त कथनों में से कौन-सा/से कथन सही है/हैं?
 (a) केवल 1
 (b) केवल 2
 (c) 1 और 2
 (d) उपरोक्त में कोई नहीं

25. सुमेलित कीजिए–

सूची-I (राष्ट्रीय वन/अभयवन)		सूची-II (राज्य)
A. कंगेर घाटी राष्ट्रीय वन	1.	छत्तीसगढ़
B. नागरहोल राष्ट्रीय वन	2.	हरियाणा

C. कुगती वन्यजीव अभयवन	3. हिमाचल प्रदेश
D. सुल्तानपुर पक्षी अभयवन	4. कर्नाटक

कूट:

	A	B	C	D
(a)	3	2	1	4
(b)	1	4	3	2
(c)	3	4	1	2
(d)	1	2	3	4

26. निम्नलिखित में से कौन-सा एक जैव-मण्डलीय आरक्षित क्षेत्र (Biosphere reserve) नहीं है?
(a) अगस्त्यमलाई
(b) नल्लामल्ला
(c) नीलगिरि
(d) पंचमढ़ी

27. निम्नलिखित राजवंशों में सबसे प्राचीन कौन-सा है?
(a) पल्लव राजवंश (b) चोल राजवंश
(c) मौर्य राजवंश (d) गुप्त राजवंश

28. वह चालुक्य राजा कौन था, जिसने हर्षवर्धन को नर्मदा के तट पर पराजित किया?
(a) पुलकेशिन II (b) श्रीमुख
(c) मंगलेश (d) कीर्तिवर्मन I

29. राजा राममोहन राय से सम्बन्धित निम्नलिखित कथनों पर विचार कीजिए-
1. उन्होंने विधवा-पुनर्विवाह का समर्थन किया।
2. उन्होंने सती-प्रथा के उन्मूलन का जोरदार समर्थन किया।
3. उन्होंने अंग्रेजी शिक्षा के प्रवर्तन का समर्थन किया।

उपरोक्त कथनों में से कौन-सा/से कथन सही है/हैं?
(a) केवल 1 (b) 1 और 2
(c) 2 और 3 (d) उपरोक्त सभी

30. निम्नांकित में से किस भारतीय नेता ने खिलाफत आन्दोलन का समर्थन नहीं किया था?
(a) जवाहरलाल नेहरू
(b) मदन मोहन मालवीय
(c) मोहम्मद अली
(d) स्वामी श्रद्धानन्द

31. सूची-I को सूची-II से सुमेलित कीजिए-

सूची-I	सूची-II
A. इण्डिया लीग	1. शिशिर कुमार घोष
B. इण्डियन एसोसिएशन	2. आनन्द मोहन बोस
C. भारतीय राष्ट्रीय उदार संघ	3. सैयद अहमद खान
D. यूनाइटेड इण्डिया पैट्रियाटिक	4. सुरेन्द्रनाथ बनर्जी एसोसिएशन

कूट :

	A	B	C	D
(a)	1	3	4	2
(b)	2	1	4	3
(c)	3	2	4	1
(d)	1	2	4	3

32. दामोदर सहायक (Tributary) नदी है-
(a) हुगली की (b) गंगा की
(c) पद्मा की (d) सुवर्णरेखा की

33. उत्तर प्रदेश राज्य पर्यटन विकास निगम लिमिटेड की स्थापना की गई थी-
(a) 1974 में (b) 1978 में
(c) 1984 में (d) 1990 में

34. निम्नलिखित में से कौन-सा अभयारण्य सही सुमेलित नहीं है?

	पक्षी विहार		स्थान
(a)	समसपुर	-	रायबरेली
(b)	नवाबगंज	-	इलाहाबाद
(c)	बखिरा	-	संत कबीर नगर
(d)	सांडी	-	हरदोई

35. निम्नलिखित प्रश्न में दिए गए विकल्पों में से लुप्त संख्या (?) ज्ञात कीजिए-

28	21	51
25	17	44
23	25	?

(a) 54 (b) 60
(c) 50 (d) 52

36. कार्तिक को याद है कि उसकी बहन पूर्वी का जन्मदिन 17 सितम्बर के बाद, लेकिन 20 सितम्बर के पहले है, जबकि उसके पिताजी को याद है कि पूर्वी का जन्मदिन 18 सितम्बर के बाद लेकिन 21 सितम्बर से पहले है। यदि इन दोनों का कथन सत्य है, तो बताइए कि सितम्बर महीने की कितनी तारीख को पूर्वी का जन्मदिन है?
(a) 18 (b) 20
(c) 21 (d) 19

37. कुछ अक्षरों का समूह दिया गया है, जिनमें से प्रत्येक अक्षर का एक अंक निर्धारित किया गया है। इन अक्षरों को इस प्रकार व्यवस्थित करें कि उससे एक अर्थपूर्ण शब्द बन जाए और उनके अंकों के सही क्रम को दिए गए विकल्पों में से दर्शाएँ-

E	R	S	A	N	O
1	2	3	4	5	6

(a) 2, 1, 4, 3, 6, 5
(b) 5, 6, 3, 4, 1, 2
(c) 3, 4, 5, 6, 1, 2
(d) 5, 6, 1, 2, 3, 4

38. चीनी के मूल्य में 20% की वृद्धि हो जाने पर एक गृहिणी चीनी की खपत में कितने प्रतिशत कमी करे कि उसका व्यय यथावत रहे?
(a) $15\frac{1}{5}$ प्रतिशत (b) $16\frac{2}{3}$%
(c) 20% (d) 25%

39. रहीम ने एक टी.वी. उसके सूचीगत मूल्य से 20% छूट पर खरीदा। यदि उसने वही टी.वी. 25% छूट पर खरीदा होता, तो उसमें उसने ₹ 500 और बचा लिए होते। तो रहीम ने वह टी.वी. कितने में खरीदा था?
(a) ₹ 16,000 (b) ₹ 12,000
(c) ₹ 10,000 (d) ₹ 8,000

40. एक समबाहु त्रिभुज तथा एक समषट्भुज के परिमाप समान हैं। त्रिभुज तथा समषट्भुज के क्षेत्रफलों में अनुपात है–
(a) 1 : 1 (b) 1 : 6
(c) 3 : 2 (d) 3 : 4

भाग-2: कृषि

41. भारतीय कृषि अनुसंधान परिषद् की स्थापना हुई-
(a) 1909 में (b) 1919 में
(c) 1929 में (d) 1939 में

42. सी.एस.एस.आर.आई. (CSSRI) स्थित है-
(a) हिसार (b) करनाल
(c) दिल्ली (d) जोधपुर

43. गन्ने से चीनी की औसत मात्रा मिलती है-
(a) 10% (b) 38%
(c) 40% (d) 45%

44. चूना के द्वारा किस भूमि का सुधार किया जाता है-

(a) क्षारीय भूमि (b) अम्लीय भूमि
(c) उदासीन भूमि (d) इनमें से कोई नहीं

45. भारत के प्रथम राष्ट्रपति के नाम पर किस राज्य में कृषि विश्वविद्यालय स्थित है-

(a) बिहार में (b) झारखण्ड में
(c) उत्तर प्रदेश में (d) पंजाब में

46. ज़ोऑनोटिक्स रोग जो पोर्क (Pork) के द्वारा फैलता है, कहलाता है-

(a) ट्रीकाईनेला स्पाइरेलिस्
(b) एस्केरिस स्यूम
(c) एण्टअमीबा हिस्टोलिका
(d) इमेरिया स्केब्रा

47. पौधों में कार्बोहाइड्रेट के स्थानान्तरण (Translocation) प्रोटीन तथा पानी के उपापचयन, कोशिका विभाजन की प्रक्रिया किस पोषक तत्व की कमी होने पर सम्भव नहीं है?

(a) मैंगनीज़ (b) बोरॉन
(c) जिंक (d) आयरन

48. भारत में अग्रणी दूध उत्पादक राज्य है-

(a) पंजाब (b) कर्नाटक
(c) उत्तर प्रदेश (d) गुजरात

49. राइजोबियम के द्वारा मृदा में नत्रजन स्थरीकरण (Ni fixation) किस तत्त्व के कारण बढ़ जाता है?

(a) फॉस्फोरस (b) कैल्शियम
(c) मैग्नीशियम (d) पोटैशियम

50. सामान्यता भारत में फ्लिन्ट कोर्न (Flint Corn) उगाई जाती है, इसका वैज्ञानिक नाम है-

(a) जिया मेज इण्डेनटेटा
(b) जिया मेज इन्डुराटा
(c) जिया मेज एवर्टा
(d) जिया मेज सेक्कराटा

51. गन्ने में सुगर ट्राँसलोकेशन (sugar translocation) के लिये कौन सा तत्त्व आवश्यक है?

(a) P (b) K
(c) B (d) Mo

52. गेहूँ का उद्भव स्थल है-

(a) दक्षिण अमेरिका
(b) मध्य एशिया (टर्की)
(c) दक्षिण पूर्वी एशिया
(d) यूरोप

53. सामान्य मक्का की तुलना में ओपेक-2 मक्का में अधिक मात्रा पाई जाती है-

(a) ट्रिप्टोफेन की
(b) लाइसीन की
(c) ट्रिप्टोफेन व लाइसीन की
(d) प्रोटीन की

54. संतृप्त मृदा (saturated soil) में पानी के बहाव का वर्णन किस नियम से किया जाता है?

(a) पोइसविले लॉ (Poiseuille's law)
(b) डारसी लॉ (Darcy's law)
(c) फिक्स लॉ (Fick's law)
(d) दोनों (a) व (b)

55. यदि एक फार्म 20 एकड़ का है और 15 एकड़ भूमि रबी में, 15 एकड़ खरीफ में एवं 20 एकड़ जायद की ऋतु में फसल उगाते हैं तो उस फार्म की फसल सघनता (cropping intensity) होगी-

(a) 300 प्रतिशत (b) 400 प्रतिशत
(c) 250 प्रतिशत (d) 150 प्रतिशत

56. निम्न में से कौन-सा सी-4 (C) पौधा है-

(a) मक्का (b) गेहूँ
(c) धान (d) जौ

57. पौधों की अन्दरूनी रचना के अध्ययन करने वाले विज्ञान का नाम है-

(a) फिजियोलोजी (b) हिस्टोलोजी
(c) एनाटॉमी (d) टैक्नोनामी

58. यदि एक हेक्टेयर पौधों में कपास के 50 हजार पौधे हों और प्रति पौधे पर 20 डेन्डू हों तो कपास की 20 क्विं. प्रति हेक्टेयर पैदावार लाने के लिए प्रति डेन्डु का औसत वजन होगा-

(a) 2 ग्राम (b) 1 ग्राम
(c) 1.5 ग्राम (d) 2.5 ग्राम

59. बाजरा फसल है-

(a) सेल्फ पोलीनेटेड
(b) क्रास पोलीनेटेड
(c) आफ्टेन क्रॉस पोलीनेटेड
(d) इनमें से कोई नहीं

60. बेक्टीरियल लीफ ब्लाइट किस फसल की बीमारी है-

(a) मक्का (b) कपास
(c) धान (d) आलू

61. पौधों को फॉस्फोरस की प्राप्यता सबसे अधिक प्रभावित होता है-

(a) मिट्टी के पी.एच. से
(b) नमी की कमी से
(c) तापमान से
(d) इनमें से किसी से नहीं

62. अधिकतम ''विटामिन सी'' मिलता है-

(a) सेब (b) आंवले
(c) अमरूद (d) नींबू

63. भारत में सबसे महत्वपूर्ण और सर्वाधिक क्षेत्र है-

(a) लेटेराइट मृदा का
(b) एल्यूवियल मृदा का
(c) लाल (रेड) मृदा का
(d) काली मृदा का

64. मृदा नमी माप की इकाई है-

(a) पी.एच. (pH)
(b) पी.एफ. (PF)
(c) क्यू. से. (Quceck)
(d) ECC

65. मानव दूश में कीटाणुनाशक गुण के लिये कौन-सा कारक मुख्य है-

(a) कॉम्पलिमेन्ट
(b) ल्यूकोसाइट्स
(c) लाइसोजाइम
(d) बाइफिड्स कारक (Fifidus factor)

66. कारथेमस टिनक्टोरियस (Carthamus tinctorius) किसका वानस्पतिक नाम है?

(a) अलसी (b) कुसुम
(c) सूरजमुखी (d) राई

67. आपेक्षिक खरपतवार (Relative weeds) होते हैं-

(a) खेत में एक ही फसल के पौधे परन्तु अलग-अलग किस्मों के
(b) खेत में अलग-अलग फसलों के पौधे
(c) फसल क्षेत्रफल में मौसमी खरपतवार
(d) उपरोक्त सभी

68. मृदा का स्थायी गुण (Permanent soil property) है-

(a) उर्वरता अवस्था (b) पी.एच. मान
(c) मृदा विन्यास (d) संरचना

69. आलू के कन्दों (Tubers) में प्रोटीन बढ़ाने हेतु प्रथम जी.एम. आलू का निर्माण केन्द्रीय आलू अनुसंधान संस्थान शिमला में किया गया, इसमें किस पौधे के जीन डाले गये हैं?

(a) चने के (b) अरहर के
(c) मटर के (d) ग्रेन एमेरेन्थस के

70. गेहूँ की प्रथम किस्म जो कि कम लम्बाई, लोजिंग रेजिस्टेन्स (Lodging resistance) व अधिक उपज देने वाली थी, का नाम है-

(a) डी. जी. वू. जेन (Dee gee woo-gen)
(b) नोरिन-10 (Norin-10)
(c) लरमा रोजो 64 ए (Lerma Rojo 64A)
(d) सोनारा-64 (Sonara 64)

71. ऊर्जा उपापचय (Energy metabolism) के लिये आवश्यक है-
(a) विटामिन 'ए'
(b) विटामिन 'बी' समूह
(c) विटामिन 'डी'
(d) विटामिन 'के'

72. ह्यूमिक एसिड, ह्यूमस् (Humus) का एक फ्रेक्शन है, जो कि-
(a) क्षार व अम्ल में घुलनशील है
(b) क्षार में घुलनशील व अम्ल में अघुलनशील है
(c) क्षार में अघुलनशील व अम्ल में घुलनशील है
(d) क्षार व अम्ल दोनों में अघुलनशील है

73. खाद्यान्नों का कीर्तिमान उत्पादन (265 मिलियन टन) किस वर्ष में हुआ था?
(a) 1999-2000 (b) 2000-01
(c) 2013-14 (d) 2004-05

74. गोल्डन राइस (Golden rice) किस तत्त्व का अच्छा स्त्रोत है?
(a) विटामिन "ए"
(b) विटामिन "बी"
(c) एस्कोर्बिक अम्ल
(d) विटामिन "के"

75. फूलगोभी का 'व्हिपटेल' रोग निम्न में से किस एक की कमी के कारण होता है?
(a) लौहा (b) क्लोरीन
(c) सोडियम (d) मॉलीब्डेनम

76. 'अर्का नवनीत' एक किस्म है-
(a) बैंगन की (b) प्याज की
(c) बंदगोभी की (d) आलू की

77. निम्नलिखित फसलों में से कौन एक मानव रचित फसल है-
(a) जो (b) ट्रिटिकेल
(c) गेहूँ (d) राई

78. 'गोल्डन एकर' एक प्रजाति है-
(a) फूलगोभी की (b) पातगोभी की
(c) गाजर की (d) प्याज की

79. क्लोरोफिल निर्माण में कौनसे दो तत्त्व आवश्यक होते हैं?
(a) कैल्शियम और पोटैशियम
(b) सोडियम और कॉपर
(c) आयरन और मैग्नेशियम
(d) सल्फर और फॉस्फोरस

80. काली मिट्टी सबसे अधिक उपयुक्त है-
(a) जूट की खेती के लिए
(b) धान की खेती के लिए
(c) कपास की खेती के लिए
(d) गेहूँ की खेती के लिए

81. भारत को कितने कृषि (शस्य) पारिस्थितिकी क्षेत्रों में विभाजित किया गया है?
(a) 15 (b) 8
(c) 20 (d) 25

82. उ. प्र. को कितने शस्य जलवायु क्षेत्रों (Agro-climatic Zones) में बाँटा गया है?
(a) 9 (b) 10
(c) 8 (d) 20

83. संस्थान ग्राम सम्पर्क परियोजना (IVLP) देश में कब शुरू हुई?
(a) 1995 में (b) 1996 में
(c) 1998 में (d) 2000 में

84. राष्ट्रीय कृषि-वानिकी अनुसंधान केन्द्र स्थित है-
(a) झाँसी में (b) जबलपुर में
(c) कानुपर में (d) जयपुर में

85. मक्का की फसल में ग्रासी खरपतवारों को एट्राजीन खरपतवार नाशी के द्वारा नियंत्रित किया जाता है और मक्का के पौधों को इस खरपतवार नाशी से नुकसान नहीं पहुँचता क्योंकि मक्का के पौधे में इस खरपतवार नाशी का निम्नीकरण (degradation) .... एन्जाइम द्वारा किया जात है?
(a) आ-क्यू एन्जाइम
(b) एमाइलेजेज
(c) एरायल एसाइल एमाइडेज
(d) जी. एस. एच. एन्जाइम

86. गन्ने का कृषि क्षेत्रफल व उत्पाद भारत के किस राज्य में सबसे ज्यादा है?
(a) तमिलनाडु (b) कर्नाटक
(c) उत्तर प्रदेश (d) बिहार

87. निम्नलिखित पौधों में से किस पौधे में प्रकाश-श्वसन (Photorespiration) नहीं पाया जाता है?
(a) मटर (b) गेहूँ
(c) धान (d) मक्का

88. जनकों की तुला में संकर (Hybrid) की ओज या वृद्धि में अधिकता कहलाती है-
(a) संकर
(b) साइटोकाइनिन
(c) हेट्रोसिस् (Heterosis)
(d) उपरोक्त सभी

89. एन्टीसिनेसेन्ट पॉलीहार्मोन (Antisenescent polychormone) है-
(a) ऑक्सिन (b) साइटोकाइनिन
(c) जिब्रेलिन्स (d) इथाइलिन

90. हरित क्रांति किस फसलों में सबसे ज्यादा सफल रही?
(a) गेहूँ आलू (b) गेहूँ का चावल
(c) चाय व कॉफी (d) जौ व चावल

91. रन्ध्रों को बन्द रखने की प्रक्रिया को बढ़ावा देने वाला रसायन है-
(a) केओरिन (b) अलसी का तेल
(c) 2, 4-डी (d) पी.एम.ए.

92. अरण्डी (Castor) की उचित बीज दर (किलोग्राम/हेक्टर) है-
(a) 12-15 (b) 18-20
(c) 20-25 (d) 25-30

93. असमतल या उबड़-खावड़ (Undulatin) भूमि में सिंचाई की कौन सी विधि सबसे श्रेष्ठ है-
(a) फ्लड सिंचाई (b) फव्वारा सिंचाई
(c) टपका सिंचाई (d) अधोभूमि सिंचाई

94. रिजका (मेडिकागो सेटाइवा) का उत्पत्ति स्थल है-
(a) पर्सिया (ईरान) (b) भारत
(c) ईराक (d) अफगानिस्तान

95. देश में 'वर्मी-कम्पोस्ट' बनाने की तकनीक सर्वप्रथम किसने विकसित की है?
(a) डॉ. सुल्तान अहमद इस्माइल
(b) डॉ. पंजाब सिंह
(c) डॉ. एन. एस. सुब्बाराव
(d) नारायण देवराय पान्थरी पाण्डे

96. निम्न में से कौन सा कूट सही सुमेल है-

मृदा जल स्थिरांक	तनाव परिसर
A. गुरुत्वाकर्षण जल	1. <0.33
B. नमी तुल्यांक	2. 31.00-10.00
C. मुरझान बिन्दु	3. 0.33-1.00
D. आर्द्रताग्राही जल	4. 15.00

कूट :

	A	B	C	D
(a)	1	3	4	2
(b)	1	4	3	2
(c)	2	4	3	1
(d)	2	3	4	1

97. मृदा कोलाइड का प्रमुख गुण है-
(a) अधिशोषण
(b) ब्राउनी गति
(c) अर्द्धपारगम्य झिल्ली से विसरित न होना
(d) उपर्युक्त सभी

98. गन्धक (सल्फर) है-
(a) एक दीर्घ एवं प्राथमिक तत्व
(b) एक सूक्ष्म एवं प्राथमिक तत्व
(c) एक सूक्ष्म एवं द्वितीयक तत्व
(d) एक दीर्घ एवं द्वितीयक तत्व

99. मृदा द्वारा पौधों को उनके सभी आवश्यक पोषकों को प्राप्य अवस्था में उपलब्ध कराने की क्षमता कहा जाता है-
(a) मृदा उत्पादकता (b) मृद उर्वरता
(c) उपर्युक्त दोनों (d) कोई नहीं

100. भारत में किस प्रदेश में ऊसर मृदाओं का क्षेत्रफल सर्वाधिक है-
(a) मध्य प्रदेश (b) गुजरात
(c) उत्तर प्रदेश (d) महाराष्ट्र

101. निम्नलिखित में कौन-सा असत्य है-

	तत्व की कमी	सूचक पौधा
(a)	नत्रजन (N)	फूलगोभी
(b)	फास्फोरस (P)	राई सरसों
(c)	पोटाश (K)	आलू
(d)	कैल्शियम (Ca)	चुकन्दर

102. ढाल के विपरीत मृद कटाव को रोकने वाली तथा मृदा कटाव (मृदा क्षरण) को बढ़ाने वाली फसलों की पट्टियों में खेती करना कहलाता है-
(a) कन्जरवेशन क्रॉपिंग
(b) कन्टूर क्रॉपिंग
(c) ले फार्मिंग
(d) कन्टूर स्ट्रिप क्रॉपिंग

103. भारतीय सब्जी अनुसंधान संस्थान स्थित है-
(a) वाराणसी में (b) कोच्चि में
(c) मुम्बई में (d) जयपुर में

104. आलू को खेत व भंडारण दोनों में हानि पहुँचाने वाला कीट है-
(a) आलू का शलभ
(b) कटुवा कीट
(c) फुदका
(d) इपीलेक्ना भृंग

105. गेहूँ में ''इयर काकिल बीमारी'' होती है-
(a) जीवाणु से (b) सूत्रकृमि से
(c) फफूंदी से (d) वाइरस से

106. भारत में इनसेक्टीसाइड अधिनियम किस वर्ष पास हुआ था?
(a) 1970 (b) 1971
(c) 1968 (d) 1962

107. ओराइजा ग्लेबेरिमा (Oryza glaberrima) स्पीशीज की किस्में किस जगह पर पाई जाती हैं?
(a) यूरोप (b) एशिया
(c) अमेरिका (d) अफ्रीका

108. अच्छी गुणवत्ता युक्त गोबर की खाद (Manure) का कार्बन : नत्रजन अनुपात (C : N Ratio) ...... से अधिक नहीं होना चाहिए।
(a) 10 : 1 (b) 20 : 1
(c) 30 : 1 (d) 40 : 1

109. मेक्सिकन बौना गेहूँ (Dwarf wheat) भारत में किसके द्वारा लाया गया?
(a) डॉ. एन. ई. बोरलॉग
(b) डॉ. एम. एस.स्वामीनाथन
(c) डॉ. सुब्रमणियम
(d) डॉ. बी. पी. पाल

110. किस रोग में पशु के सभी प्राकृतिक अंगों (Orifices) से खून का स्राव होता है-
(a) काला ज्वर
(b) हेमोरिज सेप्टिसिमिया
(c) एन्थ्रेक्स
(d) टी. बी.

111. इकाइनोकोकस (chinococcus) उदाहरण है-
(a) सेप्रो जुनोसिस् का (Sapro zoonosis)
(b) साइक्लो जुनोसिस् का (Cyclo zoonosis)
(c) मेटा जूनोसिस् का (Meta zoonosis)
(d) निमेटोड् जुनोसिस् का (Nematode zoonosis)

112. आलू की मुख्य फसल की बुवाई का समय है-
(a) 25 सितम्बर से 10 अक्टूबर तक
(b) 15 अक्टूबर से 25 अक्टूबर तक
(c) 25 अक्टूबर से 25 नवम्बर तक
(d) मार्च-अप्रैल में

113. निम्न में से कौन सा संयोग सही नहीं है?
(a) अस्थि-ऑस्टिऑलोजी
(b) मांसपेशियां-एस्थिसियोलोजी
(c) जोड़-आरथ्रोलोजी
(d) डक्टलेसम्लेंडस्-एन्डोक्राइनोलोजी

114. पोषण के अनुसार, अण्डा एक अच्छा स्रोत है-
(a) प्रोटीन का
(b) आयरन और फॉस्फोरस का
(c) असंतृप्त वसीय अम्लों का
(d) उपरोक्त सभी का

115. गेहूँ में प्रथम सिंचाई किस व्यवस्था पर देनी चाहिए?
(a) सी.आर.आई. अवस्था
(b) कल्ले निकलते समय (Tellering)
(c) सन्धि गाँठे बनते समय
(d) दूध पकने पर

116. मृदा वायु में कार्बन डाई-ऑक्साइड का प्रतिशत होता है-
(a) 0.03% (b) 0.003%
(c) 0.25% (d) 0.50%

117. निम्न में कौन-सा सही सुमेलित नहीं है?
(a) अरहर-जाग्रति
(b) उर्द-पन्द उर्द-35
(c) मूंग-राधे
(d) मटर-रचना

118. सूची-I को सूची-II से सुमेलित कीजिए तथा नीचे दिए गए कूट का प्रयोग करके सही उत्तर चुनिए-

	सूची-I		सूची-II
A.	**गेहूँ का कन्डुवा**	**1.**	**सल्फेक्स**
B.	**मटर का चूर्जिल फफूंद**	**2.**	**जिंक सल्फेट**
C.	**पौध सडन**	**3.**	**वाइटावेल्स**
D.	**खैरा**	**4.**	**सूर्य उपचार**

कूट :

	A	B	C	D
(a)	2	1	4	3
(b)	3	1	2	4
(c)	1	2	3	4
(d)	3	1	4	2

119. कृष्णा एक प्रजाति है-
(a) तोरिया की
(b) राई की
(c) पीली सरसों की
(d) भूरी सरसों की

120. 'वी' नोच ('V'-notch) का- प्रयोग किसको मापने में होता है-
(a) मृदा जल-विभव
(b) मृदा लवणता
(c) जल प्रवाह
(d) उपर्युक्त सभी

व्याख्या सहित उत्तर

1. (a) रेशम के तन्तु फाइब्रिन (80% सिल्क) प्रोटीन के कारण इसके तन्तु उजले चमकदार दिखाई देते हैं।

2. (c)

माइटोकॉन्ड्रिया	-	ATP निर्माण (समावास)
क्लोरोप्लास्ट	-	प्रकाश-संश्लेषण
राइबोसोम	-	प्रोटीन संश्लेषण
लाइसोसोम	-	अन्त: कोशिकी पाचन

3. (a) कैल्सियम कार्बोनेट से मोती एक मोलस्क जन्तु द्वारा बनाया जाता है।

4. (a) जैव समुदाय, तालाब, महासागर, वन, जल जीवशाला सभी पारिस्थितिक तन्त्र है। ये सभी मिलकर बायोम बनाते हैं।

5. (a) नाइट्राइट के सन्दूषण के कारण ब्लू बेबी सिण्ड्रोम उत्पन्न होता है। यह नाइट्रोजन उर्वरक के अधिक उपयोग करने से होता है।

6. (d) भारतीय संविधान में ब्रिटिश संविधान से लिए गए प्रमुख भाग हैं-

1. विधि का शासन
2. कानून निर्माण विधि
3. संसदीय व्यवस्था
4. एकल नागरिकता
5. कैबिनेट व्यवस्था
6. द्विसदनीय व्यवस्था

'न्यायपालिका की स्वतन्त्रता/अमेरिकी संविधान से भारतीय संविधान में शामिल किया गया है।

7. (b) पंचायत चुनाव हेतु शैक्षिक योग्यता रखने वाले दो राज्य हैं-हरियाणा एवं राजस्थान। वर्ष 2015 में हरियाणा विधानसभा ने पंचायत चुनाव लड़ने वाले उम्मीदवारों की शैक्षिक योग्यता से सम्बन्धित हरियाणा पंचायती राज (संशोधन) अधिनियम, 2015 पारित कर दिया।

- सामान्य वर्ग उम्मीदवार हेतु, 10वीं पास होना अनिवार्य हो।
- अनुसूचित जाति व महिला उम्मीदवार 8वीं पास हो।
- अनुसूचित जाति की महिला उम्मीदवार 5वीं पास हो।

राजस्थान में भी पंचायती राज संस्थाओं के चुनाव लड़ने के लिए न्यूनतम शैक्षिक योग्यताओं के निर्धारण सम्बन्धी राजस्थान पंचायती राज (द्वितीय संशोधन) वर्ष 2014 में लागू कर दिया गया था। राजस्थान में 8वीं पास सरपंच और 10वीं पास जिला परिषद् पंचायत समिति सदस्य बन सकेंगे। हालांकि अनुसूचित क्षेत्र में पांचवीं पास सरपंच बनने का प्रावधान है।

8. (d) भारतीय संविधान में कुल 12 अनुसूची हैं, जिनमें से कुछ इस प्रकार वर्णित हैं-

1. प्रथम अनुसूची इसमें भारतीय संघ के घटक राज्यों एवं संघ शासित क्षेत्रों का उल्लेख है।

2. द्वितीय अनुसूची इसमें भारत राज-व्यवस्था के विभिन्न पदाधिकारियों को प्राप्त होने वाले वेतन, भत्ते, पेंशन का उल्लेख है।

3. तृतीय अनुसूची इसमें विभिन्न पदाधिकारियों द्वारा पद ग्रहण के समय ली जाने वाली शपथ का उल्लेख है।

4. चौथी अनुसूची इसमें विभिन्न राज्यों तथा संघ शासित प्रदेश से निर्वाचित होने वाले राज्यसभा के सदस्यों की सभा को निर्धारित किया गया है।

5. पाँचवीं अनुसूची इसमें विभिन्न अनुसूचित क्षेत्रों और अनुसूचित जनजाति के प्रशासन और नियन्त्रण का उल्लेख है।

6. छठी अनुसूची इसमें असम, मेघालय, त्रिपुरा, मिजोरम राज्यों के जनजाति क्षेत्रों के प्रशासन के बारे में प्रावधान।

9. (b) **जनसांख्यिकीय लाभांश** अर्थव्यवस्था में मानव संसाधन के सकारात्मक और सतत विकास को दर्शाता है। यह जनसंख्या ढाँचे में बढ़ती युवा एवं कार्यशील जनसंख्या (15 से 16 वर्ष आयु वर्ग) तथा घटते आश्रितता अनुपात के परिणामस्वरूप उत्पादन में बड़ी मात्रा के सृजन को प्रदर्शित करता है। इस स्थिति में जनसंख्या पिरामिड उल्टा बनेगा अर्थात् इसमें कम जनसंख्या आधार से ऊपर की ओर बड़ी जनसंख्या की तरफ बढ़ते हैं।

10. (a) द्वितीय पंचवर्षीय योजना महालनोबिस योजना पर आधारित थी। महालनोबिस योजना एक आर्थिक विकास मॉडल योजना थी, जिसकी खोज भारतीय सांख्यिकी शास्त्री प्रशान्त चन्द्र महालनोबिस ने वर्ष 1953 में की थी। इस मॉडल में तीव्र औद्योगीकरण को अपनाया गया था।

योजना अवकाश (प्लान हॉली डे)

वर्ष 1962 में चीन और 1965 में पाकिस्तान से हुए युद्ध से पैदा हुई स्थिति, दो साल लगातार भीषण सूखा पड़ने, मुद्रा का अवमूल्यन होने, कीमतों में वृद्धि तथा योजना उद्देश्यों के लिए संसाधनों में कमी होने के कारण 'चौथी योजना' को अन्तिम रूप देने में देरी हुई। इसलिए इसके स्थान पर चौथी योजना के प्रारूप को ध्यान में रखते हुए वर्ष 1966 से 1969 तक तीन वार्षिक योजनाएँ बनाई गई। इस अवधि को 'योजना अवकाश' कहा गया है।

रोलिंग प्लान (1978-80)

जनता सरकार ने वर्ष 1978-83 के लिए एक योजना तैयार की। हालांकि, सरकार ने इसे केवल दो वर्षों तक चलाया। वर्ष 1980 में कांग्रेस सरकार सत्ता में लौटी और एक अलग योजना शुरू की।

11. (a) जिस नीति के अनुसार किसी देश का मुद्रा प्राधिकारी मुद्रा की आपूर्ति का नियमन करता है, उसे मौद्रिक नीति कहते हैं। इसका उद्देश्य राज्य का आर्थिक विकास एवं आर्थिक स्थायित्व सुनिश्चित करना होता है।

इसे भारतीय रिजर्व बैंक द्वारा तैयार किया जाता है। मौद्रिक नीति के प्रमुख तत्व हैं-चलनिधि समायोजन सुविधा, रेपो दर, सावधि दर, सावधि प्रत्यावर्तनीय रेपो, सीमान्त स्थायी सुविधा, बैंक दर, सीमान्त स्थायी सुविधा, खुला बाजार परिचालन, बाजार स्थिरीकरण योजना। सार्वजनिक उधारी एवं सार्वजनिक राजस्व के आधार पर मौद्रिक नीति तय की जाती है। यह राजस्व सम्बन्धी मामले केन्द्र सरकार के पास होते हैं।

12. (b) अवमूल्यन आर्थिक शब्दावली का एक महत्वपूर्ण भाग है, जिसका अर्थ होता है जब किसी देश द्वारा मुद्रा की विनिमय दर अन्य देशों की मुद्राओं की तुलना में जान-बूझकर कम कर दिया जाए ताकि निवेश को बढ़ावा मिल सके तो उसे अवमूल्यन कहते हैं।

आधुनिक मौद्रिक नीति, एक अवमूल्यन एक नियत विनिमय प्रणाली के अन्तर्गत देश के मुद्रा के मूल्य का अधिकारिक मूल्य कम है, जिसके द्वारा मौद्रिक प्राधिकरण एक विदेशी सन्दर्भ मुद्रा के सम्बन्ध में एक नई मुद्रा दर निर्धारित की जाती है।

13. (a) फुलागुरी धेवा, असम क्षेत्र में वर्ष 1961 में हुआ। असम क्षेत्र का यह सबसे पहला किसान आन्दोलन था। ब्रिटिश अधिकारियों द्वारा जबरन अफीम की खेती कराना एवं चाय फसल पर भारी मात्रा में करों को लगाने के कारण फुलागुरी गाँव में ब्रिटिश पुलिस अधिकारियों की हत्या कर दी गई। इस झड़प में कई पुलिस कर्मी जख्मी भी हुए। किसानों ने कर भुगतान की मनाही की एवं ब्रिटिश कर नियमों का पूर्णत: उल्लंघन किया है।

14. (c) **जोजिला** जम्मू और कश्मीर में जास्कर श्रेणी में स्थित एक प्रसिद्ध दर्रा है। इसके द्वारा श्रीनगर और लेह सड़क मार्ग से जुड़ते हैं।

शिपकी ला एक संकीर्ण दर्रा है, जो भारत के हिमाचल प्रदेश के किन्नौर जिले को तिब्बत से जोड़ता है। चीन और भारत के बीच व्यापार आदि इसी दर्रे से होता है।

लिपुलेख दर्रा उत्तराखण्ड राज्य के कुमाऊँ क्षेत्र को तिब्बत के तकलाकोट शहर से जोड़ता है। यह दर्रा भारत से कैलाश पर्वत व मानसरोवर जाने वाले यात्रियों द्वारा विशेष रूप से इस्तेमाल होता है।

नाथूला दर्रा भारत के सिक्किम में डोगेक्या श्रेणी में स्थित है। इस दर्रे के द्वारा दार्जिलिंग तथा चुम्बा घाटी से होकर तिब्बत जाने का मार्ग बनता है।

15. (a) सही सुमेलन इस प्रकार है-

जलसन्धि	सम्बन्धित देश
बास जलसन्धि	- ऑस्ट्रेलिया व तस्मानिया
डेविस जलसन्धि	- कनाडा व ग्रीनलैण्ड
डोवर जलसन्धि	- यूनाइटेड किंगडम व फ्रांस
फ्लोरिडा जलसन्धि	- संयुक्त राज्य अमेरिका व क्यूबा

16. (d) 18वीं सदी में इंग्लैण्ड में औद्योगिक क्रान्ति की शुरुआत हुई थी, इस क्रान्ति का सूत्रपात वस्त्र उद्योग के मशीनीकरण के साथ आरम्भ हुआ, इसके साथ लोहा बनाने की तकनीकें आई एवं शोधित कोयले का अधिकाधिक उपयोग होने लगा, वाष्प शक्ति की खोज हुई, रेलवे का आरम्भ हुआ, कच्चे माल के आयात-निर्यात की व्यवस्था शुरू हुई।

17. (b) वर्षा द्वारा सिंचित भूमि से उर्वरा बनती है, मरुभूमि में मरु का निर्माण होता है, नदी द्वारा सिंचित भूमि का नदीमातृका बनती है तथा उपजाऊ भूमि देवमातृका का निर्माण करती है।

18. (d)

19. (c) मध्य प्रदेश पाँच राज्यों को स्पर्श करता है। महाराष्ट्र पाँच राज्यों को स्पर्श करता है। असोम सात राज्यों को स्पर्श करता है। बिहार तीन राज्यों को स्पर्श करता है।

20. (d) नकदी फसल से तात्पर्य व्यापारिक फसलों से होता है, और इसके अन्तर्गत आलू, प्याज, गन्ना, रबड़, कपास, जूट आदि को शामिल किया गया है।

21. (b) प्राचीन भारत के कामरूप (असम) में वर्मन राजवंश के शासकों का वर्चस्व था। इस वंश का महत्त्वपूर्ण शासक पुष्यवर्मन था। कन्नौज के शासक हर्षवर्धन के समकालीन भास्करवर्मन इस वंश का अन्तिम महान् शासक था।

22. (c) राजा राममोहन राय प्रथम भारतीय थे, जिन्होंने सर्वप्रथम भारतीय समाज में व्याप्त मध्ययुगीन बुराइयों के विरोध में आन्दोलन चलाया। 1815 ई. में हिन्दू धर्म के एकेश्वरवादी मत के प्रचार हेतु इन्होंने आत्मीय सभा का गठन किया।

20 अगस्त, 1828 को राजाराम मोहन राय ने ब्रह्म समाज की स्थापना की। इस समाज का मुख्य उद्देश्य एकेश्वरवाद की उपासना, मूर्तिपूजा का विरोध, पुरोहितवाद का विरोध, अवतारवाद का खण्डन आदि था। इनके प्रयासों से ही 1829 ई. में ब्रिटिश सरकार द्वारा सती प्रथा पर प्रतिबन्ध लगा दिया गया।

महादेव गोविन्द राणाडे और डॉ. आत्माराम पाण्डुरंग ने 1867 ई. में बम्बई में 'प्रार्थना समाज' की स्थापना की थी। 1875 ई. में स्वामी दयानन्द सरस्वती ने बम्बई में आर्य समाज की स्थापना की। आर्य समाज स्थापना का मुख्य उद्देश्य वैदिक धर्म को पुन: शुद्ध रूप में स्थापित करना, भारतीय सभ्यता और संस्कृति पर पड़ने वाले पाश्चात्य प्रभाव को रोकना आदि था।

23. (c) गुजरात के कच्छ जिले में स्थित धौलावीरा वर्तमान भारत में खोजे गए हड़प्पा कालीन दो विशालतम नगरों में से एक है। यह हड़प्पा सभ्यता का प्रथम नगर है, जहाँ तीन क्षेत्रों (स्थल) के अवशेष मिले हैं। राखीगढ़ी हड़प्पा सभ्यता की भारतीय प्रदेशों में धौलावीरा के बाद दूसरा विशालतम क्षेत्र है, जिसकी खोज रफीक मुगल ने की थी। यह हरियाणा राज्य में अवस्थित है। भिरड़ाना हरियाणा के फतेहाबाद जिले में स्थित हड़प्पा कालीन प्राचीन स्थल है।

लोथल, अहमदाबाद जिले (गुजरात) में भोगवा नदी के तट पर स्थित है। इस स्थल की सर्वप्रथम खोज डॉ. एस.आर. राव ने वर्ष 1957 में की थी। यह हड़प्पा सभ्यता के सागर तट पर स्थित प्रमुख बन्दरगाह स्थल है।

24. (c) साल (पैन्गोलिन) दन्तरहित स्तनपायी है जो भारत में नहीं पाए जाते हैं। यह ऑस्ट्रेलिया, एशिया व अफ्रीका के उष्ण कटिबन्धीय वनों में पाए जाते हैं। उलक प्रकार कपि ही केवल भारत में पाया जाता है। कपि वर्ग में शामिल चिम्पैन्जी अफ्रीका के विषुवतीय वनों में, गोरिल्ला मध्य अफ्रीकी देशों में तथा ओरेन्गुटान्स दक्षिण-पूर्व में पाए जाते हैं।

25. (b) कंगेर घाटी राष्ट्रीय पार्क छत्तीसगढ़ के बस्तर क्षेत्र में स्थित है, जिसे 1982 में राष्ट्रीय पार्क के रूप में मान्यता दी गई थी। यह छत्तीसगढ़ के राजकीय पक्षी "बस्तर हिल मैना" का आवास स्थल है।

- नागरहोल राष्ट्रीय वन, नीलगिरि बायोस्फीयर रिजर्व का एक भाग है, जो कर्नाटक के कोडगु एवं मैसूर जिले में स्थित है। यह वर्ष 1999 से टाइगर रिजर्व के रूप में घोषित किया गया।
- कुगती वन्यजीव अभयवन हिमाचल प्रदेश का दूसरा सबसे लम्बा अभयवन है जिसमें हिम तेन्दुआ/चीता, हिरण आदि पाए जाते हैं।
- सुल्तानपुर पक्षी अभयवन हरियाणा के गुरूग्राम जिले में स्थित है जिसे वर्ष 1991 में राष्ट्रीय पार्क घोषित कर दिया गया था।

26. (b) भारत में 18 बायोस्फीयर रिजर्व हैं, जिनमें 12 को यूनेस्को के वर्ल्ड नेटवर्क ऑफ बायोस्फीयर रिजर्व के अन्तर्गत मान्यता प्राप्त है।

यूनस्को के अंतर्गत मान्यता प्राप्त भारतीय बायोस्फीयर रिजर्व

नाम	राज्य/संघ शासित क्षेत्र	वर्ष
नीलगिरि बायोस्फीयर रिजर्व	तमिलनाडु, केरल, कर्नाटक	2000
मन्नार की खाड़ी	तमिलनाडु	2001
सुन्दरवन जैवमंडल रिजर्व	पश्चिम बंगाल	2001
नन्दादेवी बायोस्फीयर रिजर्व	उत्तराखण्ड	2004
सिमलीपाल	ओडिशा	2008
नॉकरेक	मेघालय	2009
पंचमढ़ी	मध्य प्रदेश	2009
अचानकमार (अमरकण्टक)	छत्तीसगढ़, मध्य प्रदेश	2012
ग्रेट निकोबार जैवमंडल रिजर्व	बड़ा निकोबार	2013
अगस्त्यमलाई बायोस्फीयर रिवर्ज	केरल व तमिलनाडु	2016
कंचनजगा	सिक्किम	2018
पन्ना	मध्य प्रदेश	2020

भारत के जैवमण्डल संरक्षित क्षेत्रों की सूची

नाम	राज्य	वर्ष
नीलगिरि संरक्षित जैविक क्षेत्र	कर्नाटक, केरल, तमिलनाडु	1986
नन्दादेवी राष्ट्रीय उद्यान	उत्तराखण्ड	1988
नॉकरेक	मेघालय	1988
ग्रेट निकोबार	अण्डमान निकोबार द्वीप	1989
मन्नार की खाड़ी	तमिलनाडु	1989
मानस	असम	1989
सुन्दरवन	पश्चिम बंगाल	1989

27. (c) मौर्य राजवंश - 323 ई. पू. से 184 ई. पूर्व,

गुप्त राजवंश - 300 से 650 ई.

पल्लव राजवंश - 575 से 897 ई.,

चोल राजवंश - 880 से 1267 ई.

28. (a) हर्षवर्धन अपनी शक्ति को नर्मदा के दक्षिण तक बढ़ाना चाहता था, परन्तु यहाँ उसे पुलकेशिन II से युद्ध करना पड़ा और पराजित होना पड़ा। पुलकेशिन II कीर्तिवर्मन प्रथम के पुत्र थे।

29. (d) राजा राममोहन राय प्रथम भारतीय थे, जिन्होंने सबसे पहले भारतीय समाज में व्याप्त बुराइयों के विरोध में आन्दोलन चलाया। वे अपने धार्मिक, दार्शनिक और सामाजिक दृष्टिकोण में इस्लाम के एकेश्वरवाद, सूफीमत के रहस्यवाद, ईसाई धर्म की आचारशास्त्रीय नीति-परक शिक्षा और पश्चिम के आधुनिक देशों के उदावादी बुद्धिवादी सिद्धान्तों से काफी प्रभावित थे। इन्होंने हिन्दू समाज की कुरीतियों तथा सती-प्रथा, बहु-पत्नी प्रथा, वेश्यागमन, जातिवाद आदि के घोर विरोधी थे। विधवा पुनर्विवाह का भी इन्होंने समर्थन किया।

30. (b) खिलाफत आन्दोलन का समर्थन मदनमोहन मालवीय ने नहीं किया था। खिलाफत आन्दोलन भारतीय मुसलमानों का मित्र राष्ट्रों के विरुद्ध विशेषकर ब्रिटेन के खिलाफ टर्की के खलीफा के समर्थन में आन्दोलन था। 19 अक्टूबर, 1919 में समूचे देश में खिलाफत दिवस मनाया गया। 23 नवम्बर, 1919 को हिन्दू और मुसलमानों की एक संयुक्त कॉन्फ्रेंस हुई, जिसकी अध्यक्षता महात्मा गाँधी ने की।

31. (d) उपरोक्त प्रश्न का सही सुमेलन इस प्रकार है-

सूची-I	सूची-II
A. इण्डिया लीग	1. शिशिर कुमार घोष
B. इण्डियन एसोसिएशन	2. आनन्द मोहन बोस
C. भारतीय राष्ट्रीय उदार संघ	3. सुरेन्द्रनाथ बनर्जी
D. यूनाइटेड इण्डिया पैट्रियाटिक एसोसिएशन	4. सैयद अहमद खान

32. (a) हुगली की सहायक नदी दामोदर है। इसकी एक और प्रमुख सहायक नदी जलांगी है।

33. (a) उत्तर प्रदेश राज्य पर्यटन विकास निगम लिमिटेड की स्थापना वर्ष 1974 में की गई थी।

34. (b) नवाबगंज पक्षी अभयारण्य उत्तर प्रदेश के उन्नाव जिले में स्थित है। स्पष्ट है कि विकल्प (b) सही सुमेलित नहीं है।

35. (c) प्रश्नानुसार,

प्रथम पंक्ति से, $28 + 21 + 2 = 51$

द्वितीय पंक्ति से, $25 + 17 + 2 = 44$

तृतीय पंक्ति से, $23 + 25 + 2 = \boxed{50}$

36. (d) प्रश्नानुसार, अभीष्ट तिथि = दोनों तिथियों में, 'के बाद' में प्रयुक्त तिथियों में से 'बड़ी तिथि' + 1 = (18+1)

= 19 सितम्बर

या अभीष्ट तिथि = दोनों तिथियों में, 'के पहले' में प्रयुक्त तिथियों में से छोटी तिथि –1 = (20 – 1) = 19 सितम्बर

अत: कार्तिक की बहन पूर्वी का जन्मदिन 19 सितम्बर को है।

37. (a) विकल्प (a) के प्रयोग से,

R	E	A	S	O	N
↓	↓	↓	↓	↓	↓
2	1	4	3	6	5

38. (b) खपत में अभीष्ट प्रतिशत कमी

$$= \left(\frac{100 \times R}{100 + R}\right)\%$$

$$= \left(\frac{20 \times 100}{120}\right)\% = 16\frac{2}{3}\%$$

39. (d) माना टी.वी. का अंकित मूल्य = ₹ x

तब, $\frac{25}{100}x - \frac{20}{100}x = 500$

$\Rightarrow 5x = 500 \times 100$

$\Rightarrow x =$ ₹ 10,000

$\therefore$ 20% छूट पर टी.वी. का मूल्य

$= \left(10000 \times \frac{80}{100}\right) =$ ₹ 8000

40. (b) माना त्रिभुज की भुजा x तथा समषट्भुज की भुजा y है। तब,

$3x = 6y$

$\Rightarrow x = 2y$

$\therefore$ त्रिभुज का क्षेत्रफल $= \frac{\sqrt{3}}{4}x^2$

समषट्भुज का क्षेत्रफल $= \frac{6 \times \sqrt{3}}{4}x^2$

$= \frac{3\sqrt{3}}{2}x^2$

$\therefore$ अभीष्ट अनुपात $= \frac{\sqrt{3}}{4}x^2 : \frac{3\sqrt{3}}{2}x^2$

$= 1 : 6$

41. (c) भारतीय कृषि अनुसंधान परिषद (ICAR) की स्थापना 23 मई, 1929 ई. में हुई। उस समय यह परिषद् Imperial Council of Agricultural Research के नाम से स्थापित हुआ था। मार्च 1946 में जोगेन्द्र सिंह के नेतृत्व में 'Imperial' शब्द को 'Indian' में बदलने के लिए निर्णय लिया गया। 1966 में ICAR को पूर्ण-स्वायत्ता प्रदान की गई और इसके प्रथम Director-General (Chief Executive) डॉ. बी.पी. पाल बनाये गये।

42. (b)

43. (a) गन्ने में औसतन चीनी की मात्रा 10% पाई जाती है।

44. (b) अम्लीय भूमि का सुधार चूने (CaO, $CaCO_3$ आदि) को मिलाकर किया जाता है।

45. (a) **46.** (a) **47.** (b)
48. (c) **49.** (a) **50.** (b)
51. (b) **52.** (b) **53.** (b)
54. (d) **55.** (c)

56. (a) सी-4 (C_4) पौधा है-मक्का, गन्ना, मिलैट्स, ज्वार, चौलाई। इस प्रकार के पौधे में अधिक जल उपयोग क्षमता WUE एवं अधिक ही प्रकाश संश्लेषण दर, लेकिन कम प्रकाश श्वसन दर होता है।

57. (c) फिजियोलोजी- पौधों की शरीर क्रियात्मक अध्ययन

हिस्टोलोजी- उत्तकों का अध्ययन

एनाटॉमी- शरीर की अन्दरूनी रचना का अध्ययन

टैक्सोनॉमी- वर्गीकरण

58. (a)

59. (b) बाजरा (Bajra-Pennisetum americanum) पर परागणित (cross pollinated) फसल है।

60. (c) बैक्टीरियल लीफ ब्लाइट रोग (Bacterial leaf blight) धान की फसल में लगता है। इसमें पत्तियों नोंक अथवा किनारे से एकदम सूखने लगती है। सूखे हुए किनारे अनियमित एवं टेढ़े-मेढ़े होते हैं

61. (a) पौधों को फास्फोरस प्राप्यता निम्न कारणों से निर्धारित होती है-(i) मृदा पी-एच (ii) विलेय आयरन, एल्युमिनियम तथा मैंगनीज (iii) आयरन, एल्युमिनियम तथा मैंगनीज युक्त खनिजों की उपस्थिति, (iv) प्राप्य कैल्शियम और कैल्शियम युक्त खनिज, (v) कार्बनिक पदार्थ की मात्रा और इसका विच्छेन तथा (vi) सूक्ष्म जीवों की सक्रियता। कारकों में प्रथम चार कारक परस्पर सम्बन्धित हैं, क्योंकि इनके प्रभाव अधिकतर मृदा pH पर निर्भर होते हैं। अत: मृदा विलयन में विभिन्न फॉस्फेट आयन्स की सान्द्रता pH से सम्बन्धित होती है।

62. (c) 'विटामिन सी' की सर्वाधिक मात्रा घटते क्रम में इस प्रकार है-आँवला > अमरूद > नींबू > सेब

63. (b) भारत में सर्वाधिक क्षेत्रफल जलोढ़ मृदा एल्यूवियल स्वायल की है।

64. (b) pF → pF value मृदा नमी माप की इकाई है। P → Poten2 जिसका अर्थ होता है 10 पर घात (Power at 10)|F का मतलब Force से है। इसके द्वारा हम मानते हैं कि मृदा या कोशिका में जल कितने बल से बँधा है। pF value सर्वप्रथम Schofield द्वारा प्रयुक्त तथा परिभाषित की गयी। यह मुक्त ऊर्जा के अंतर का घातांक (Exponential) है। pF मृत नमी का ऋणात्मक दाब का आंकिक मान अर्थात् जल-कॉलम का सेमी. से ऊँचाई का आधार 10 पर Logrithum है।

65. (d) **66.** (b) **67.** (a) **68.** (c)
69. (d) **70.** (b) **71.** (b) **72.** (b)
73. (c) **74.** (a)

75. (d) फूलगोभी का 'व्हिपटेल रोग' मॉलीब्डेनम की कमी के कारण उत्पन्न होती है। इसमें पत्ती पर्ण (Leaf biade) पूरी तरह विकसित नहीं हो पाता तथा सँकरी पत्ती की संरचना (strap like) बन जाती है।

76. (a) 'अर्का नवनीत' बैंगन की गोल फल वाली जाति है।

77. (b) **'ट्रिटिकेल'** मानव रचित (Mano made) प्रथम फसल है। इसका विकास गेहूँ (ट्रिटीकम स्पेशीज) तथा राई (सिकेल सिरियल) के क्रॉस से किया गया है।

78. (b) 'गोल्डन एकड़' पातगोभी की गोल सिर वाली एक किस्म है।

79. (c) क्लोरोफिल के निर्माण में आयरन एवं मैग्नीशियम दो तत्व आवश्यक हैं। मैग्नीशियम क्लोरोफिल का एक अवयव है, अत: इसके बिना कोई पौधा हरा नहीं हो सकता। आयरन भी क्लोरोफिल निर्माण के लिये आवश्यक तत्व है। यद्यपि आयरन क्लोरोफिल का अंग नहीं है।

80. (c) काली मिट्टी कपास की खेती के लिए सर्वाधिक उपयुक्त है।

81. (c) भारत को 20 कृषि (शस्य) पारिस्थितिकी क्षेत्रों (Agro-Ecological Region of India-20) में बाँटा गया है। जबकि भारत को 15 कृषि जलवायु क्षेत्रों (Agro climatic zone) में विभाजित किया गया है।

82. (a) उत्तर प्रदेश को 9 Agro climatic zones में विभाजित किया गया है।

83. (a) संस्थान ग्राम सम्पर्क परियोजना (IVLP) की शुरुआत 1995 में एक अग्रगामी परियोजना के आधार पर हुई, जो देश में ICAR एवं SAU's के 42 केन्द्र चुने गए ताकि संस्थान एवं ग्राम्य सम्पर्क द्वारा प्रौद्योगिकी मूल्यांकन और परिमार्जन किया जा सके।

84. (a) राष्ट्रीय कृषि वानिकी अनुसंधान केन्द्र (NRCA-नेशनल रिसर्च सेन्टर फॉर एग्रो-फोरेस्ट्री) झाँसी (उ.प्र.) में स्थित है। इसकी स्थापना 1988 में हुई थी।

85. (d) **86.** (c) **87.** (d)

88. (c) **89.** (c) **90.** (b)

91. (d) **92.** (b) **93.** (b)

94. (a)

95. (a) वर्मी-कम्पोस्ट तकनीक को डॉ. सुल्तान अहमद इस्माइल ने IRSBB चेन्नई में विकसित किया था।

96. (a)

97. (d) कोलाइड में अधिशोषण ब्राउनियन गति तथा अर्धपारगम्य झिल्ली से विसरित नहीं होने के गुण पाये जाते हैं।

98. (d) गन्धक (सल्फर) एक दीर्घ (Macro element) तथा द्वितीयक तत्व (Secondry element) है।

99. (b) **मृदा उर्वरता (Soil fertility)** मृदा द्वारा पौधों को उनके सभी आवश्यक पोषक तत्वों को प्राप्य अवस्था में उपलब्ध कराने की क्षमता को मृदा उर्वरता कहते हैं।

मृदा उत्पादकता (Soil productivity) - विशेष प्रबन्धन कार्यक्रम के अन्तर्गत मृदा की पौधा उत्पादन क्षमता को मृदा उत्पादकता कहते हैं।

100. (c)

101. (d) कैल्शियम के सूचक पौधा फूलगोभी पातगोभी है। जबकि चुकन्दर सोडियम तथा मैंगनीज के लिए सूचक पौधा है।

102. (d)

103. (a) भारतीय सब्जी अनुसंधान संस्थान (IIVR) इंडियन इंस्टीट्यूट ऑफ वेजीटेविल रिसर्च) वाराणसी (उ.प्र.)

104. (a) आलू का शलभ (Potato Tuber moth) यह कीड़ा आलू को खेत से भण्डारगृह तक हानि पहुँचाता है। इसकी सूड़ियाँ कन्द के भीतर घुस कर उसे खाती हैं। फलस्वरूप आलू खोखला होकर सड़ने लगते हैं।

105. (b) गेहूँ का गेहूँ अर्थात् इयर काकिल (Ear cockel) बीमारी-एग्वीना ट्रिटिसाई नेमेटोड (सूत्रकृमि) के द्वारा होता है।

106. (c) **107.** (d) **108.** (a)

109. (a) **110.** (c) **111.** (c)

112. (b) **113.** (b) **114.** (d)

115. (a) **116.** (c)

117. (c) राधे चना की प्रजाति है।

118. (d)

119.(b) 'कृष्णा'-राई/सरसों (Raya/Rai/Indian Mustard → ब्रेसिका जंसिया) की प्रजाति है।

120. (c) 'वी-नोच' के द्वारा नाली में जल के बहाव की माप की जाती है।

❑❑❑

प्रैक्टिस सेट-3

भाग-1: सामान्य अध्ययन

1. पौधों को संक्रमित करने वाले अधिकांश विषाणुओं में क्या होता है?

(a) एकल तन्तु गुच्छ वाला DNA
(b) एकल तन्तु गुच्छ वाला RNA
(c) दोहरे तन्तु गुच्छ वाला DNA और RNA
(d) केवल दोहरे तन्तु गुच्छ वाला RNA

2. युग्मक-संलयन के परिणामस्वरूप क्या बनता है?

(a) अगुणित युग्मनज
(b) द्विगुणित युग्मनज
(c) अचल पुंयुग्मक
(d) गतिशील पुंयुग्मक

3. मसूड़ों से रक्तस्राव, दांतों का गिरना, अस्थियों का भंगुर होना एवं घाव भरने में देरी निम्नलिखित में से किस विटामिन की कमी से होती है?

(a) विटामिन-C (b) विटामिन-K
(c) विटामिन-D (d) विटामिन-B

4. निम्नलिखित में से कौन-सा एक अर्द्धचालक नहीं है?

(a) सिलिकॉन (b) जर्मेनियम
(c) क्वार्ट्ज (d) गैलियम आर्सेनाइड

5. मानव शरीर में कोशिका वृद्धि एवं विभेदन अतिनियन्त्रित एवं नियमित होते हैं, किन्तु कैंसर कोशिकाओं में–

(a) इन नियामक क्रियाविधियों के खराब हो जाने से सुदम (benign) एवं दुर्दम (malignant) अर्बुद (tumour) बनने लगते हैं।
(b) नियंत्रित कोशिका विभाजन एवं आनुवांशिक पदार्थ का अति उत्पादन होता है।
(c) RNA उत्परिवर्तित होता है एवं अल्प मात्रा में उत्पादित होता है।
(d) DNA उत्परिवर्तित होता है एवं अल्प मात्रा में उत्पादित होता है।

6. वृष्टि प्रस्फोट (बादल फटने) के संबंध में निम्नलिखित में से कौन-सा/से कथन सही है/हैं?

1. इसे बादल गरजने और बिजली चमकने के साथ स्थानीय रूप से अचानक आई बहुत भारी मूसलाधार वर्षा के रूप में परिभाषित किया गया है।
2. ऐसा अधिकांशतया पहाड़ी क्षेत्रों में होता है।
3. इसके परिणामस्वरूप बहुत तीव्र वर्षा (अर्थात् कुछ ही घंटों में 250-300 मिली मीटर तक) होती है।
4. ऐसा केवल दिन के समय में होता है।

नीचे दिए गए कूट का प्रयोग कर सही उत्तर चुनिए-

(a) 1, 2 और 3
(b) 1, 3 और 4
(c) 2 और 3
(d) केवल 2

7. जेट प्रवाह, जो एक ऊपरी स्तर की क्षोभमंडलीय तरंग है, के संदर्भ में निम्नलिखित में से कौन-सा कथन सही नहीं है?

(a) यह उच्च-वेग वायु का एक संकीर्ण बैण्ड है।
(b) यह 8 किमी. से 15 किमी. की ऊंचाई पर क्षोभसीमा के निकट तरंग पथ का अनुसरण करता है।
(c) लम्बी दूरियों पर जेट प्रवाहों में एक विशेष प्रकार की सन्तततता होती है।
(d) ग्रीष्मकाल में ध्रुवीय वाताग्र जेट अपना अधिकतम बल प्राप्त कर लेता है।

8. गल्फ स्ट्रीम, अटलाण्टिक महासागर में एक ध्रुवाभिमुख प्रवाहित धारा है। इस संबंध में निम्नलिखित में से कौन-सा कथन सही नहीं है?

(a) यह उत्तरी प्रशान्त महासागर की कुरोशिओ धारा के समान है।
(b) यह गर्म, उष्णकटिबंधीय जल को ध्रुवीय क्षेत्रों की ओर ले जाती है।
(c) यू एस ए के पूर्वी तट के पास के मौसम के लिए यह धारा एक मुख्य कारक है।
(d) गल्फ स्ट्रीम का उष्ण जल, पश्चिमी प्रशान्त महासागरीय तट की प्रवालभित्तियों को बनाए रखता है।

9. निम्नलिखित में से कौन-सा बन्दरगाह ज्वारनदमुख पर स्थित है?

(a) काण्डला
(b) मोरमुगांव
(c) कोलकाता-हल्दिया
(d) तूतीकोरिन

10. निम्नलिखित में से कौन-सा कथन सही नहीं है?

(a) भारत का राष्ट्रीय पक्षी पैवो क्रिस्टाटस है।
(b) भारत का राष्ट्रीय फूल नेलुम्बो नुसिफेरा गैर्टन है।
(c) भारत का राष्ट्रीय वृक्ष फाइकस बेंगालेन्सिस है।
(d) भारत का राष्ट्रीय पशु मैंगीफेरा इण्डिका है।

11. 'साक्षर भारत' योजना के संबंध में निम्नलिखित में से कौन-से कथन सही हैं?

1. यह एक केन्द्र प्रायोजित योजना है, जिसे 11वीं पंचवर्षीय योजना के दौरान आरम्भ किया गया।
2. यह योजना विशेष रूप से महिलाओं और सामान्यतया वंचित समूहों पर लागू होती है।
3. यह योजना 10 वर्ष से अधिक आयु के व्यक्तियों पर लागू होती है।
4. यह योजना पंचायती राज संस्थाओं और स्थानीय स्वायत्त शासन पर आश्रित है।

नीचे दिए गए कूट का प्रयोग कर सही उत्तर चुनिए-

(a) 1, 2 और 3 (b) 2, 3 और 4
(c) 1, 2 और 4 (d) 1, 3 और 4

12. भारत के राष्ट्रपति की शक्तियों के संबंध में निम्नलिखित में से कौन-सा/से कथन सही है/हैं?

1. संघ की कार्यपालक शक्ति राष्ट्रपति में निहित होगी।
2. राष्ट्रपति द्वारा अपने अधीनस्थ अधिकारियों के माध्यम से ही कार्यपालक शक्ति का प्रयोग किया जाएगा।
3. संघ की रक्षा सेनाओं का सर्वोच्च समादेश राष्ट्रपति में निहित होगा।

नीचे दिए गए कूट का प्रयोग कर सही उत्तर चुनिए-

(a) 1, 2 और 3 (b) 1, और 3
(c) 1 और 3 (d) केवल 3

13. भारत में शिक्षा के अधिकार के बारे में निम्नलिखित में से कौन-सा/से कथन सही है/हैं?

1. 6 से 14 वर्ष की आयु के सभी बच्चों के लिए मुफ्त और अनिवार्य शिक्षा का प्रावधान होना चाहिए।
2. शिक्षा का अधिकार अधिनियम, 2009 के प्रावधान की अनिवार्यता है कि विद्यालयों में योग्य शिक्षक और बुनियादी अवसंरचना अवश्य होनी चाहिए।
3. आर्थिक, सामाजिक और सांस्कृतिक पृष्ठभूमि के आधार पर बिना किसी भेदभाव के गुणवत्तायुक्त शिक्षा प्रदान की जानी चाहिए।

नीचे दिए गए कूट का प्रयोग कर सही उत्तर चुनिए-

(a) 1, 2 और 3 (b) 1 और 2
(c) 1 और 3 (d) केवल 3

14. भारत के संविधान के अनुच्छेद-21 के संबंध में निम्नलिखित में से कौन-सा/से कथन सही है/हैं?

1. अनुच्छेद-21 का अतिक्रमण तब होता है, जब विचाराधीन कैदियों को अनिश्चित अवधि के लिए न्यायिक हिरासत में निरुद्ध किया जाता है।
2. जीवन का अधिकार एक आधारभूत मानवाधिकार है और इस अधिकार के अतिक्रमण की शक्ति राज्य के पास भी नहीं है।
3. अनुच्छेद-21 के अंतर्गत जननात्मक चयन करने का किसी महिला का अधिकार व्यक्तिगत स्वतंत्रता का एक आयाम नहीं है।

नीचे दिए गए कूट का प्रयोग कर सही उत्तर चुनिए-

(a) 1, 2 और 3 (b) 1 और 2
(c) 1 और 3 (d) केवल 2

15. निम्नलिखित में से कौन-सा बौद्धिक सम्पदा अधिकार बिना किसी पंजीकरण के संरक्षित है?

(a) प्रतिलिप्याधिकार (कॉपीराइट)
(b) पेटेण्ट
(c) औद्योगिक डिजाइन
(d) व्यापार चिह्न (ट्रेडमार्क)

16. निम्नलिखित में से कौन-सा सूचकांक भारत में मुद्रास्फीति की दर को मापने के लिए भारतीय रिजर्व बैंक द्वारा अब प्रयोग में लाया जाता है?

(a) NASDAQ सूचकांक
(b) BSE सूचकांक
(c) उपभोक्ता मूल्य सूचकांक
(d) थोक मूल्य सूचकांक

17. WTO शासन-व्यवस्था के अंतर्गत सर्वाधिक पसन्दीदा राष्ट्र (एमएफएन) का प्रावधान किस सिद्धांत पर आधारित है?

(a) राष्ट्रों के बीच गैर-विभेदीकरण
(b) राष्ट्रों के बीच विभेदीकरण
(c) स्थानीय और विदेशियों के बीच विभेदी व्यवहार
(d) वस्तुओं के बीच एकसमान प्रशुल्क (टैरिफ)

18. निम्नलिखित में से कौन-सा भारत में लगाया जाने वाला संभावित माल एवं सेवा कर नहीं है?

(a) सकल मूल्य कर
(b) मूल्य कर
(c) उपभोग कर
(d) गन्तव्य आधारित कर (डेस्टिनेशन बेस्ड टैक्स)

19. अमर्त्य सेन को उनके किस विषय-क्षेत्र में योगदान के लिए नोबेल पुरस्कार प्रदान किया गया था?

(a) मौद्रिक अर्थशास्त्र
(b) कल्याणकारी अर्थशास्त्र
(c) पर्यावरणीय अर्थशास्त्र
(d) विकासात्मक अर्थशास्त्र

20. महात्मा गांधी द्वारा उच्चरित 'स्वराज' के विभिन्न अर्थों के संबंध में निम्नलिखित कथनों पर विचार कीजिए।

1. अहिंसा और सत्याग्रह के साथ स्वराज घनिष्ठता से जुड़ा है।
2. स्वराज के दो अभिप्राय हैं, एक राजनीतिक और एक राजनीति के क्षेत्र से परे (बाहर)।
3. स्वराज कुछ ऐसा है, जिसे प्राप्त करने के लिए समय और धैर्य आवश्यक होता है।
4. संकल्प के साथ स्वराज को सरलता और शीघ्रता से प्राप्त किया जा सकता है।

उपरोक्त कथनों में से कौन-सा/से सही है/हैं?

(a) केवल 1 (b) 1 और 2
(c) 3 और 4 (d) 1, 2 और 3

21. सूची-I को सूची-II के साथ सुमेलित कीजिए और सूचियों के नीचे दिये गये कूट का प्रयोग कर सही उत्तर चुनिए-

सूची-I (अधिनियम/घटना)	सूची-II (वर्ष)
A. रौलेट एक्ट	1. 1922
B. नमक मार्च	2. 1931
C. चौरी-चौरा घटना	3. 1930
D. द्वितीय गोलमेज सम्मेलन	4. 1919

कूट :

	A	B	C	D
(a)	4	3	1	2
(b)	3	1	4	2
(c)	4	3	2	1
(d)	3	4	2	1

22. निम्नलिखित में से कौन-सा/से आर. आई. एन. विद्रोह का भाग नहीं था/थे?

1. इण्डियन नेशनल आर्मी
2. एच. एम. आई. एस. तलवार
3. नेवल रेटिंग्स द्वारा भूख हड़ताल
4. लॉर्ड इरविन

नीचे दिए गए कूट का प्रयोग कर सही उत्तर चुनिए-

(a) 1 और 2 (b) 2 और 3
(c) 1 और 4 (d) कवेल 4

23. बाल गंगाधर तिलक किससे सम्बन्धित थे?

1. पूना सार्वजनिक सभा
2. सहमति की आयु विधेयक (दी एज ऑफ कन्सेण्ट बिल)
3. गौरक्षिणी सभा
4. आत्मीय सभा

नीचे दिए गए कूट का प्रयोग कर सही उत्तर चुनिए-

(a) 1 और 2 (b) 1, 2 और 4
(c) 3 और 4 (d) 2 और 4

24. सुमेलित कीजिए–

सूची-I (राष्ट्रीय पार्क/वन्यजीव अभयारण्य)	सूची-II (राज्य)
A. बोण्डला वन्य जीव अभयारण्य	1. ओडिशा
B. कंगेर घाटी राष्ट्रीय पार्क	2. असम
C. ओरंग अभयारण्य	3. छत्तीसगढ़
D. उषाकोठी वन्यजीव अभयारण्य	4. गोवा
	5. त्रिपुरा

कूट:

	A	B	C	D
(a)	2	1	5	3
(b)	4	3	2	1
(c)	2	3	5	1
(d)	4	1	2	3

25. बुन्दाला (Bundala) जीव-मण्डल आरक्षित क्षेत्र जिसे हाल ही (UNESCO) में मानव तथा जीव-मण्डल (मैन एण्ड बायोस्फीयर-MAB) तन्त्र में सम्मिलित किया गया है, कहाँ स्थित है?
(a) रूस (b) भारत
(c) श्रीलंका (d) बांग्लादेश

26. निम्नलिखित में से कौन-सा एक 'टॉप स्लिप' के नाम से भी जाना जाता है?
(a) सिमलीपाल राष्ट्रीय उद्यान
(b) पेरियार वन्यजीव अभयारण्य
(c) मंजीरा वन्यजीव अभयारण्य
(d) इन्दिरा गाँधी वन्यजीव अभयारण्य और राष्ट्रीय उद्यान

27. सूची-I को सूची-II से सुमेलित कीजिए तथा सूचियों के नीचे दिए गए कूट का प्रयोग कर सही उत्तर चुनिए-

सूची-I (कृषक आन्दोलन)	सूची-II (नेता/अनुयायी)
A. बाकाश्त भूमि आन्दोलन	1. बाबा रामचन्द्र
B. एका आन्दोलन	2. मुहम्मद हाजी
C. मोपला विद्रोह	3. मदारी पासी
D. अवध किसान सभा आन्दोलन	4. कार्यानन्द शर्मा

कूट :

	A	B	C	D
(a)	4	3	2	1
(b)	4	2	3	1
(c)	1	2	3	4
(d)	1	3	2	4

28. सूची-I को सूची-II से सुमेलित कीजिए तथा सूचियों के नीचे दिए गए कूट का प्रयोग कर सही उत्तर चुनिए-

सूची-I (आन्दोलन)	सूची-II (जनाधार/अनुसरण)
A. बारदोली सत्याग्रह	1. बरगदार
B. तिभागा	2. कालीपरज
C. सत्यशोधक समाज	3. मुण्डा
D. उलगुलान	4. कुणबी कृषक

कूट :

	A	B	C	D
(a)	2	4	1	3
(b)	2	1	4	3
(c)	3	4	1	2
(d)	3	1	4	2

29. 1893 में किस/किन विषय/विषयों पर आर्य समाज में विभाजन हुआ?
1. मांसाहार बनाम शाकाहार
2. जाति व्यवस्था तथा विधवा पुनर्विवाह
3. धर्मान्तरित व्यक्तियों की शुद्धि
4. आंग्लीकृत बनाम संस्कृत आधारित शिक्षा

नीचे दिए गए कूट का प्रयोग कर सही उत्तर चुनिए-
(a) 1, 3 और 4 (b) 2 और 4
(c) 1 और 4 (d) केवल 1

30. निम्नलिखित में से कौन-सा एक राष्ट्रीय हरित अधिकरण (नेशनल ग्रीन ट्रिब्यूनल) की प्रधान बैठक का स्थान है?
(a) कोलकाता (b) हैदराबाद
(c) लखनऊ (d) नई दिल्ली

31. निम्नलिखित में से कौन, औपनिवेशिक भारत में स्त्री शिक्षा के/की सुख्यात पक्षधर थे/थीं?
1. सिस्टर सुब्बुलक्ष्मी
2. बेगम रुकय्या सखावत हुसैन
3. केशव चन्द्र सेन
4. आनन्द कुमारस्वामी

नीचे दिए गए कूट का प्रयोग कर सही उत्तर चुनिए-
(a) 1, 2, 3 और 4
(b) 1, 2 और 3
(c) 3 और 4
(d) 1 और 2

32. सूची-I को सूची-II से सुमेलित कीजिए तथा नीचे दिए गए कूट से सही उत्तर चुनिए-

सूची-I (मेला)	सूची-II (स्थान)
A. माघ मेला	1. बाराबंकी
B. झूला मेला	2. बटेश्वर
C. पशु मेला	3. वृंदावन
D. देवां मेला	4. इलाहाबाद

कूट :

	A	B	C	D
(a)	4	3	2	1
(b)	4	2	3	1
(c)	1	3	4	2
(d)	3	1	2	4

33. हिंदू-मुस्लिम एकता का प्रतीक 'सुलहकुल उत्सव' आयोजित किया जाता है-
(a) आगरा में (b) अलीगढ़ में
(c) इटावा में (d) बाराबंकी में

34. निम्नलिखित कौन एक सही सुमेलित नहीं है?
(a) कबीरपंथियों का पवित्र तीर्थ स्थल- मगहर
(b) भगवान बुद्ध का निर्वाण स्थल- कुशीनगर
(c) सूफी संत हाजी वारिस अली शाह- देवां शरीफ की मजार
(d) 88 हजार ऋषियों की तपस्थली- संकीसा

35. एक विशिष्ट कोड भाषा में 'PEPPER' को '@#@@#!' लिखा जाता है और 'AIM' को '^?*' लिखा जाता है। इस कोड भाषा में 'PAMPER' को किस प्रकार लिखा जाएगा?
(a) @^*@#! (b) @*^@#!
(c) @^*#@! (d) @^*@!#

36. स्पर्श अपने भाई से 3 वर्ष छोटा है। उसकी बहन के जन्म के समय उसके पिता की आयु 28 वर्ष और माँ की आयु 26 वर्ष थी। उसके भाई के जन्म के समय उसकी बहन की आयु 4 वर्ष थी, तो स्पर्श के जन्म के समय उसके पिता की आयु बताइए–
(a) 31 (b) 35
(c) 29 (d) 30

37. दिए गए विकल्पों में से सम्बन्धित संख्या को चुनिए-
381 : 160 : : 478 : ?
(a) 347 (b) 357
(c) 247 (d) 257

38. एक वर्ग की भुजा 828 वर्ग सेमी. क्षेत्रफल वाले आयत की लम्बाई से दो गुनी है। आयत का परिमाप 118 सेमी. है। वर्ग का परिमाप कितना है?
(a) 184 सेमी. (b) 288 सेमी.
(c) 144 सेमी. (d) 924 सेमी.

39. एक तम्बू 3 मीटर की ऊँचाई तक लंबवृत्तीय बेलन के आकार का है और फिर जमीन

के ऊपर 13.5 मीटर की अधिकतम ऊँचाई तक लंब वृत्तीय शंकु बन जाता है। यदि आधार की त्रिज्या 44 मीटर हो, तो ₹2 प्रति वर्ग मीटर की दर से तम्बू के भीतरी भाग को पेंट करने की लागत है–

(a) ₹2050 (b) ₹2060
(c) ₹2068 (d) ₹2080

40. यदि $x + 2y = 8$ तथा $xy = 6$ हो, तो $x^3 + 8y^3$ का मान है–

(a) 512
(b) 288
(c) 224
(d) उपरोक्त में से कोई नहीं

भाग-2: कृषि

41. दलहनी फसलें फसल प्रणाली के लिये उपयुक्त होती हैं, वे हैं-

(a) कम समय वाली फसलें
(b) रोगरोधी फसलें
(c) लम्बे समय वाली फसलें
(d) नमी दबावरोधी फसलें

42. गेहूँ है एक–

(a) नगदी फसल
(b) खाद्यान्न फसल
(c) आच्छादित फसल
(d) इनमें से कोई नहीं

43. शरदकालीन गन्ना किस माह में बोया जाता है-

(a) फरवरी-मार्च में (b) जुलाई में
(c) अक्टूबर में (d) दिसम्बर में

44. गेहूँ की समय से बुवाई के लिए बीज दर है-

(a) 75 किलोग्राम/हैक्टेयर
(b) 100 किलोग्राम/हैक्टेयर
(c) 125 किलोग्राम/हैक्टेयर
(d) 150 किलोग्राम/हैक्टेयर

45. इनमें से कौन-सा जोड़ा सही सुमेलित नहीं है?

(a) बाजरा : टिफ्ट 23 डी$_2$ए (Tift 23 D_2A)
(b) मक्का : टी साइटोप्लाज्म (Texas cytoplasm)
(c) गेहूँ : आर एच टी$_1$ आर एच टी$_2$ (Rht_1 Rht_2)
(d) धान : नोरिन-10 (Norin-10)

46. निम्न में से जौ (Barley) की कौन-सी एक किस्म सूत्रकृमि के प्रति रोधी (Resistant) है-

(a) ज्योति
(b) रतना
(c) करण-19
(d) राजकिरण (RD 387)

47. बायोगैस का मुख्य घटक है-

(a) मीथेन
(b) कार्बन डाई ऑक्साइड
(c) सल्फर डाई-ऑक्साइड
(d) कार्बन-मोनोऑक्साइड

48. दलहनी फसलों में एक पैकेट राइजोबियम कल्चर से कितने किलोग्राम बीज का बीजोपचार किया जा सकता है?

(a) 5 (b) 10
(c) 15 (d) 20

49. सबसे अधिक अम्ल उत्पादक (acid producing) उर्वरक है-

(a) यूरिया
(b) अमोनियम नाइट्रेट
(c) अमोनियम सल्फेट
(d) केन (किसान खाद)

50. सुअर में गुणसूत्रों की संख्या होती है-

(a) 64 (b) 78
(c) 28 (d) 38

51. बाजरे के बीज को किस गहराई पर बोना चाहिये?

(a) 1-2 सेमी. (b) 3-4 सेमी.
(c) 4-5 सेमी. (d) 5-6 सेमी.

52. 'चिपसोना' एक किस्म है-

(a) टेपिओका की (b) शकरकन्द की
(c) एलिफेन्ट की (d) आलू की

53. 'अरूणा' किस फसल की उत्परिवर्तित (Mutant) किस्म है-

(a) मटर (b) कपास
(c) अरण्डी (d) सोयाबीन

54. मुर्गी में गुणसूत्रों की संख्या (द्विगुणित) होती है-

(a) 76 (b) 78
(c) 74 (d) 68

55. गेहूँ में सिंचाई के लिए सर्वाधिक क्रांतिक अवस्था है-

(a) सी.आर.आई. (b) पुष्प
(c) दुग्ध (d) दाने पकना

56. फूलगोभी किस परिवार से सम्बन्धित है-

(a) क्रुसीफेरी (b) पोएसी
(c) मालवेसी (d) लेग्यूमिनेसी

57. बीज शोधन बिमारी के नियन्त्रण के लिये किया जाता है-

(a) मृदा जनित (b) वायु जनित
(c) बीज जनित (d) इनमें से कोई नहीं

58. गाँठ गोभी के लिये किस प्रकार की मृदा अच्छी होती है?

(a) दोमट
(b) मटियार दोमट
(c) चिकनी मटियार दोमट
(d) मटियार

59. क्षार रोधी फसल है-

(a) लोविया (b) मटर
(c) लहसुन (d) ककड़ी

60. निम्न में से कौन-सी मृदा लहसुन की खेती के लिये बहुत अच्छी होती है?

(a) दोमट बलुअर (b) बलुअर दोमट
(c) दोमट (d) मटियार

61. निम्न में से कौन गाय की दुग्धशाला प्रजाति नहीं-

(a) साहीवाल (b) सिन्धी
(c) नागौरी (d) गिर

62. अमरूद लगाने की औसत दूरी है-

(a) 5 मी. × 5 मी.
(b) 6 मी. × 6 मी.
(c) 8 मी. × 8 मी.
(d) 10 मी. × 10 मी.

63. भण्डारित अनाज कीटों के नुकसान से बचाया जा सकता, यदि दाना नमी सीमा हो-

(a) $< 10\%$ (b) $> 10\%$
(c) 10% (d) इनमें से कोई नहीं

64. कौन-सी मृदा किस्म अधिकतम क्षेत्र क्षमता रखती है?

(a) दोमट (b) चिकनी दोमट
(c) मटियार दोमट (d) मटियार

65. भारत में निम्न में से किस कीट/रोगनाशी को रोका गया?

(a) रोगार (b) डी.डी.टी.
(c) मेटासिस्टॉक्स (d) डिमेक्रान

66. उत्तर प्रदेश में सर्वप्रिय गेहूँ की प्रजाति का नाम है-

(a) पी.बी.डब्ल्यू.-343
(b) यू.पी.-2338
(c) के-7903
(d) के-9107

67. क्षेत्र क्षमता (Field capacity) पर जल का तनाव होता है-

(a) 0.033 मेगा पास्कल
(b) 0.30 मेगा पास्कल

(c) 3.00 मेगा पास्कल
(d) 30.00 मेगा पास्कल

68. मृदा अपरदन में मिट्टी के कण जो साल्टेशन (saltation) प्रक्रिया द्वारा ले जाए जाते हैं, उनका आकार होता है-
(a) 0.1 से 0.5 मि.मी.
(b) 0.1 से 0.2 मि.मी.
(c) 0.5 से 1.0 मि.मी.
(d) इनमें से कोई नहीं

69. निम्न में से आलू को टी.पी.एस. (True Potato Seed) किस्म है-
(a) जे.एच. 222 (b) एचपीएस = 1/113
(c) पीजे 376 (d) जेआर 5857

70. बेक्टिरियोफेज (Bacteriophage) के कारण दूध के किस उत्पाद की गुणवत्ता प्रभावित होती है-
(a) खोआ (Khoa)
(b) आइसक्रीम
(c) चीज़ (Cheese)
(d) पनीर

71. किसके मध्य संकरण (cross) से ट्रिटिकेल तैयार किया गया है?
(a) गेहूँ × राई (b) जई × जौ
(c) गेहूँ × जौ (d) इनमें से कोई नहीं

72. किस रोग में गर्भावस्था के अंतिम चरण में गर्भपात हो जाता है-
(a) टी.बी. (b) थनैला
(c) एन्थ्रैक्स (d) ब्रूसेलोसिस

73. सर्वश्रेष्ठ उत्पादन हेतु मक्का के पौधों की प्रति हेक्टर संस्तुत संख्या होती है-
(a) 50000 (b) 66000
(c) 80000 (d) 90000

74. विश्व में चावल का सर्वाधिक क्षेत्रफल भारत में है जोकि लगभग है-
(a) 26 मि.हे. (b) 36 मि.हे.
(c) 45 मि.हे. (d) 50 मि.हे.

75. किस फसल (फसलों) में सबसे ज्यादा जीवनाशक (Pesticides) रसायनों का प्रयोग होता है?
(a) धान (b) कपास
(c) तिलहन (d) सब्जियाँ

76. सूरजमुखी की अनुकूल (optimum) बीजदर कि.ग्रा./हेक्टेयर है-
(a) 8-10 (b) 10-15
(c) 18-20 (d) 30-35

77. के.पी.जे.-59 (उदय) प्रजाति है-
(a) मटर की (b) सब्जी मटर की
(c) मसूर की (d) चना की

78. सायनोगैस पम्प है एक
(a) डस्टर (b) फ्यूमीगेटर
(c) स्प्रेयर (d) इमल्सीफायर

79. मैदानी क्षेत्रों में राजमा की खेती की जाती है-
(a) खरीफ में (b) रबी में
(c) जायद में (d) इनमें से कोई नहीं

80. आयरिश अकाल का मुख्य कारण था-
(a) पिछेती ब्लाइट रोग
(b) बैक्टीरियल ब्लाइट रोग
(c) ब्लास्ट रोग
(d) इयर कोकेल रोग

81. उत्तर प्रदेश में कौन-सी फसल जायद मौसम में खेती के लिए हाल में संस्तुत की गयी है?
(a) सब्जी मटर (b) मूँगफली
(c) जौ (d) मसूर

82. एक समय में बीज एवं खाद की बुवाई एक साथ करने वाला यंत्र है-
(a) सीड ड्रिल
(b) डिबलर
(c) हल के पीछे बीज बोना
(d) फर्टी-कम सीड ड्रिल

83. पोटाश का प्रयोग सर्वाधिक कार्यक्षम पूर्ण होता है-
(a) बुवाई के समय बिखेरने से
(b) बुवाई के एक माह बाद बुरकाव से
(c) बुवाई के समय बेसल (मौलिक) से
(d) पत्तियों पर छिड़काव से।

84. 'प्रसार' शब्द का सर्वप्रथम प्रयोग हुआ था-
(a) यू.के. में (b) यू.एस.ए. में
(c) भारत में (d) फ्रांस में

85. फोरेट का व्यापारिक नाम है-
(a) टेमिक (b) थायोडान
(c) फोरटॉक्स (d) मेटासिस्टॉक्स

86. भारत में प्रथम कृषि विज्ञान केन्द्र की स्थापना हुई थी-
(a) बम्बई में (b) पोर्ट ब्लेयर में
(c) पाण्डिचेरी में (d) फ्रांस में

87. स्प्रेयर्स को प्रयोग करने से पहले साफ करते हैं-
(a) 1% क्लोरीन जल से
(b) 1% हाइड्रोक्लोरिक अम्ल से
(c) 1% अमोनिया जल से
(d) 1% ब्रोमीन जल से

88. 'आत्मा' सम्बन्धित है-
(a) एन.ए.आर.पी. से
(b) एन.ए.ए.आर.एम. से
(c) एन.आर.ई.पी. से
(d) इनमें से कोई नहीं

89. अल्बर्ट मेयर का नाम सम्बद्ध है-
(a) नीलोखेरी विकास परियोजना से
(b) फिरका विकास परियोजना से
(c) इटावा अग्रगामी परियोजना से
(d) श्री निकेतन परियोजना से

90. धान की फसल में अकियोची (Akiochi) रोग किसकी विषलता (Toxicity) के कारण होता है?
(a) जस्ता (b) लोहा
(c) फॉस्फोरस (d) हाइड्रोजन सल्फाइड

91. निम्न में से कौन ग्रीन हाऊस गैस है?
(a) ऑक्सीजन (b) अमोनिया
(c) मीथेन (d) क्लोरीन

92. किस पी.एच. मान पर फॉस्फोरस की उपलब्धता मृदा में सर्वाधिक होती है?
(a) 5.5 (b) 6.5
(c) 7.2 (d) 8.5

93. धान में खेरा रोग किस का कारण होता है?
(a) कवक संक्रमण
(b) जस्ते की कमी
(c) पोटाश अधिक देने से
(d) जीवाणु संक्रमण

94. भारत को कितने कृषि जलवायुवीय क्षेत्रों (Agro climatic zones) में बांटा गया है?
(a) 20 (b) 18
(c) 14 (d) 15

95. सूरजमुखी का उद्‌गम स्थल है-
(a) दक्षिण संयुक्त राज्य अमेरिका व मैक्सिको
(b) स्पेन
(c) सोवियत
(d) अर्जेंटीना

96. ज्वार की प्रति हेक्टर आदर्श पौध संख्या होनी चाहिये-
(a) 50000 (b) 100000
(c) 150000 (d) 200000

97. डोलोमाईट का रासायनिक सूत्र है-
(a) $CaCO_3$ (b) $MgSO_4$
(c) $Ca(OH)_2$ (d) $MgCO_3CaCO_3$

98. ....के द्वारा गुणसूत्र शब्द दिया गया।

(a) डब्ल्यू. वाल्डेयर
(b) ग्रे. मेन्डल
(c) डी. विरिज्
(d) लामार्क

99. दूध की कीमत निर्भर करती है-

(a) वसा की मात्रा पर
(b) प्रोटीन की मात्रा पर
(c) लेक्टोज की मात्रा पर
(d) उपरोक्त में से कोई नहीं

100. भारत में सहकारी साख समितियों का अधिनियम पारित हुआ था-

(a) 1902 में (b) 1904 में
(c) 1906 में (d) 1912 में

101. 'थारपारकर' गाय की प्रजाति-

(a) दुधारू नस्ल (b) कामकाजी नस्ल
(c) दुकाजी नस्ल (d) इनमें से कोई नहीं

102. दूध दुहने की सर्वोत्तम विधि है-

(a) नकलिंग विधि (b) फिस्टिंग विधि
(c) स्ट्रिपिंग विधि (d) इनमें से कोई नहीं

103. गाय और भैंस किस परिवार से सम्बन्धित हैं?

(a) बोविडी (b) सुईडी
(c) इक्यूडी (d) कैमेलिडी

104. लाइन ब्रीडिंग एक प्रकार का है-

(a) इनब्रीडिंग (b) आउटब्रीडिंग
(c) नेचुरल ब्रीडिंग (d) इनमें से कोई नहीं

105. प्रकाश संश्लेषण सर्वाधिक होता है-

(a) नीले प्रकाश में
(b) लाल प्रकाश में
(c) बैंगनी प्रकाश में
(d) हरे प्रकाश में

106. सूची-I एवं सूची-II को सुमेलित कीजिए तथा दिए गए कूट से सही उत्तर का चयन कीजिए-

सूची-I	सूची-II
A. श्वेत क्रांति	**1. उर्वरक उत्पादन**
B. भूरी क्रांति	**2. मत्स्य उत्पादन**
C. नीली क्रांति	**3. अनाज उत्पादन**
D. हरित क्रांति	**4. दुग्ध उत्पादन**

कूट :

	A	B	C	D
(a)	4	1	2	3
(b)	1	2	3	4
(c)	2	4	3	1
(d)	1	3	4	2

107. फार्म योजना है-

(a) फार्म बजटिंग
(b) क्रापिंग पैटर्न
(c) टाइप ऑफ इन्टरप्राइजेज
(d) इनमें से कोई नहीं

108. C-3 पौधों में प्रकाश संश्लेषण का प्रथम उत्पाद है-

(a) पायरूविक एसिड
(b) फास्फोग्लिसरिक एसिड
(c) आक्जैलोएसीटिक एसिड
(d) सक्सीनिक एसिड

109. प्रकाश की तरफ पौधों का झुकाव कहलाता है-

(a) फोटोट्रॉपिज्म (b) वर्नालाइजेशन
(c) फोटो-रेस्पिरेशन (d) इनमें से कोई नहीं

110. अंकुरण प्रतिरोधित होता है-

(a) लाल प्रकाश से
(b) नीला प्रकाश से
(c) यू.वी. प्रकाश से
(d) आई.आर. प्रकाश से

111. मेट टाइप नर्सरी किससे सम्बन्धित है?

(a) तम्बाकू से (b) धान की फसल से
(c) प्याज से (d) बैंगन से

112. अमोनिकल उर्वरकों को किस जोन में स्थापित करने से नत्रजन को ह्रास से बचाया जा सकता है?

(a) आक्सीडाइज्ड् जोन
(b) रिड्युज्ड जोन
(c) दोनों
(d) इनमें से कोई नहीं

113. भारत में उगाई जाने वाले चावल की किस्में किस उप-स्पीशीज से सम्बन्धित है?

(a) इन्डिका से
(b) जापोनिका से
(c) जेवेनिका से
(d) एशियाटिका से

114. मृदा में किस तत्त्व की सांद्रता (Concentration of element) सबसे अधिक है?

(a) ऑक्सीजन (b) लोहा
(c) एल्यूमीनियम (d) सिलिका

115. दुग्ध में पाई जाने वाली शर्करा है-

(a) फ्रक्टोज (b) सुक्रोज
(c) लेक्टोज (d) मेनोज

116. फेलेरिस माइनर किस कुल से सम्बन्धित है?

(a) साइप्रेसी (b) ग्रेमिनी
(c) सोलेनेसी (d) मालवेसी

117. निम्नलिखित में से सबसे पहले पकने वाली अरहर की किस्म हैं-

(a) पूसा अगेती
(b) यू.पी.ए.एस.-120
(c) मुक्ता
(d) प्रभात

118. पूसा फाल्गुनी, पूसा बरसाती, पूसा रितुराज एवं पूसा दोफसली किसकी उन्नत किस्में हैं?

(a) मूँग (b) उड़द
(c) मटर (d) लोबिया

119. कपास की एक बेल का वजन (किलोग्राम) होता है-

(a) 160 (b) 170
(c) 180 (d) 178

120. जड़ों की जाइलम वाहिनीयों में लवण ऊपर की ओर किस विधि के द्वारा पहुँचाये जाते हैं?

(a) प्रकाश संश्लेषण
(b) वाष्पोत्सर्जन प्रवाह
(c) श्वसन
(d) गट्टेशन (Guttation)

व्याख्या सहित उत्तर

1. (b) पौधों को संक्रमित करने वाले अधिकांश विषाणुओं में आनुवांशिक पदार्थ के रूप में एकल तन्तु गुच्छ वाला या द्विरज्जुक RNA उपस्थित होता है। उदाहरण TMV विषाणु।

2. (b) दो अगुणित युग्मकों के संलयन से जीवों में द्विगुणित युग्मनज बनता है, जो कोशिका विभाजन (विदलन से) द्वारा भ्रूण का निर्माण करता है।

3. (a) विटामिन-C की कमी के कारण मानव में मसूड़ों से रक्तस्राव, दांतों का गिरना, अस्थियों का भंगुर होना एवं घाव भरने में देरी आदि लक्षण प्रकट होने लगते हैं। ये सभी स्कर्वी रोग के लक्षण हैं।

4. (c) 'क्वाट्र्ज' अर्द्धचालक नहीं है। अर्द्धचालक में चालकों से कम तथा अचालक से अधिक विद्युत चालकता होती है।

5. (a) मानव शरीर में कोशिका वृद्धि एवं विभेदन अति नियंत्रित एवं नियमित होते हैं, किन्तु कैंसर कोशिकाओं में इन नियामक क्रियाविधियों के अनियमित हो जाने से सतत कोशिका विभाजन के कारण सुदम एवं दुर्दम अर्बुद बनने लगते हैं।

6. (a) बादल फटना बारिश की एक चरम अवस्था है। इस घटना में तेज वर्षा के साथ बादलों का गरजना, बिजली का चमकना एवं ओले भी पड़ते हैं। ऐसी घटना सामान्यतया पहाड़ी क्षेत्रों में अधिक होती है। बादल फटने की क्रिया दिन या रात कभी भी हो सकती है। इस दौरान कुछ ही घण्टों में इतनी अधिक बारिश होती है कि बाढ़ जैसी स्थिति उत्पन्न हो जाती है।

7. (d) ठण्डे वाताग्र के साथ अधिक ऊँचाई की हवाएँ जेट प्रवाह कहलाती है। यह घटना क्षोभमण्डल में होती है। जेट प्रवाह एक क्षोभमण्डल तरंग है। जेट प्रवाह उच्च वेग-वायु का एक संकीर्ण बैण्ड है। यह 8 किमी से 15 किमी की ऊँचाई पर क्षोभसीमा के निकट तरंग पथ का अनुसरण करता है तथा लम्बी दूरियों के जेट प्रवाहों में एक विशेष प्रकार की सन्तता होती है। लेकिन ग्रीष्मकाल में ध्रुवीय वाताग्र जेट अपना अधिकतम बल प्राप्त नहीं करता है।

8. (d) गल्फ स्ट्रीम उत्तरी अटलांटिक महासागर में प्रवाहित होने वाली गर्म पानी की एक प्रमुख महासागरीय धारा है। गल्फ स्ट्रीम का उष्ण जल पश्चिमी प्रशान्त महासागर तट की प्रवाल भित्तियों को नहीं बनाए रखता है। इसके अतिरिक्त अन्य सभी विकल्प सही हैं।

9. (b) मोरमुगांव बन्दरगाह जुबेरी मुहाने के प्रवेश द्वार पर स्थित गोवा का एक महत्वपूर्ण बन्दरगाह है। यह बन्दरगाह ज्वारनदमुख पर स्थित है। नदी का जलमग्न मुहाना, जहाँ स्थल से आने वाले जल तथा सागरीय खारे जल का मिलन होता है, ज्वारदनमुख कहलाता है।

10. (d) भारत का राष्ट्रीय पशु बाघ है, जिसका वैज्ञानिक नाम पैनथीरिया टिग्रिस है। मैंगीफेरा इण्डिका आम का वैज्ञानिक नाम है, जो राष्ट्रीय फल है। भारत का राष्ट्रीय पुष्प कमल (नेलुम्बों नुसिफेरा गैर्टन) तथा राष्ट्रीय वृक्ष बरगद (फाइकस बेंगालेन्सिस है।)

11. (c) साक्षर भारत योजना की शुरुआत 11वीं पंचवर्षीय योजना के अन्तर्गत केन्द्र सरकार द्वारा की गई थी। इस योजना के तहत उन महिलाओं एवं सामान्यतया उन वंचित समूहों को शिक्षित करने का प्रयास किया गया, जो शिक्षा जैसी मूलभूत सुविधाओं से वंचित थे। इस योजना के संचालन की जिम्मेदारी पंचायती राज संस्थानों व स्थानीय स्वायत्त शासन को सौंपी गई है। साक्षर भारत योजना का मूल उद्देश्य अच्छी एवं स्तरीय वयस्क शिक्षा एवं साक्षरता के जरिए पूर्णतया साक्षर समाज का निर्माण करना है। बाद में इस योजना को 12वीं पंचवर्षीय योजना में शामिल कर लिया गया था।

12. (c) भारतीय संविधान के अनुच्छेद-53 के तहत संघ की कार्यपालक शक्तियाँ राष्ट्रपति में निहित है। राष्ट्रपति संघ की रक्षा सेनाओं का प्रमुख होता है, इसलिए सेनाओं का सर्वोच्च समादेश राष्ट्रपति में निहित है। राष्ट्रपति कार्यपालक शक्तियों का प्रयोग स्वयं या अपने अधीनस्थों के माध्यम से करेगा।

13. (a) भारत में शिक्षा का अधिकार एक मौलिक अधिकार है। संविधान संशोधन अधिनियम 2002 (86वाँ संशोधन) के तहत शिक्षा के अधिकार को मौलिक अधिकार बनाया गया था। इसके अन्तर्गत राज्य को 6 से 14 वर्ष के सभी बच्चों को नि:शुल्क तथा अनिवार्य शिक्षा उपलब्ध करानी होगी। इसके अलावा एक नए अनुच्छेद-21E को मौलिक अधिकार के तौर पर शामिल किया गया। इसके अलावा शिक्षा का अधिकार अधिनियम 2009 के प्रावधान के अन्तर्गत विद्यालयों में कुशल शिक्षकों व बुनियादी अवसंरचनाओं को भी रेखांकित किया गया, साथ ही यह भी निर्धारित किया गया कि आर्थिक, सामाजिक व सांस्कृतिक पृष्ठभूमि के आधार पर बिना किसी भेदभाव के गुणवत्तापूर्वक शिक्षा की उपयुक्त व्यवस्था की जाएगी।

14. (b) यदि किसी विचारधीन कैदी को अनिश्चित अवधि के लिए न्यायिक हिरासत में निरुद्ध किया जाता है, तो इसे अनुच्छेद-21 का अतिक्रमण माना जाता है। ऐसे व्यक्ति के विरुद्ध बन्दी प्रत्यक्षीकरण रिट दायर कर उसे न्यायालय के समक्ष प्रस्तुत करने के लिए मजबूर किया जा सकता है। अनुच्छेद-21 प्राण व दैहिक स्वतन्त्रता से सम्बन्धित है। जीवन का आधार एक आधारभूत मानवाधिकार है, जिस पर राज्य युक्तिसंगत प्रतिबन्ध लगा सकता है। अत: राज्य को अधिकार के अतिक्रमण की शक्ति प्राप्त है बशर्ते तरीका संवैधानिक हो। अनुच्छेद-21 के अन्तर्गत किसी महिला को जननात्मक चयन करने का अधिकार व्यक्तिगत स्वतन्त्रता एक आयाम नहीं है।

15. (a) कॉपीराइट बौद्धिक अधिकार सम्पदा अधिकार बिना पंजीकरण के संरक्षित होता है। पेटेण्ट, औद्योगिक डिजाइन तथा ट्रेडमार्क के लिए पंजीकरण करवाया जाता है। व्यापार चिह्न एक विशिष्ट चिह्न माना जाता है, जिसका प्रयोग बाजार में उत्पादों के बीच भ्रान्तियों को रोकने के लिए किया जाता है। ट्रिप्स के द्वारा 7 चिह्नों को पंजीकृत किया जाता है। व्यापार चिह्न से सिर्फ उत्पादों के बीच भ्रान्तियाँ पैदा होती हैं, इस कारण व्यापार चिह्न बिना पंजीकरण के संरक्षित है।

16. (c) भारतीय रिजर्व बैंक के पूर्व गवर्नर रघुराम गोविन्द राजन ने यह घोषणा की थी कि केन्द्रीय बैंक मुद्रास्फीति मापने के लिए नवीन उपभोक्ता मूल्य सूचकांक का उपयोग करेगा। मुद्रास्फीति मापने की इस विधि का सुझाव उर्जित पटेल समिति ने दिया था।

17. (a) एम.एफ.एन. अर्थात् सर्वाधिक पसन्दीदा राष्ट्र का अर्थ राष्ट्रों के बीच बिना भेदभाव के विश्व व्यापार संगठन और अन्तर्राष्ट्रीय व्यापार नियमों के आधार पर एम.एल.एन. का दर्जा दिया जाना है। यह कारोबार के क्षेत्र में दिया जाता है। इससे परस्पर आयात-निर्यात में आपस में विशेष छूट (कम आयात शुल्क) मिलती है।

18. (a) वस्तु एवं सेवा कर एक अप्रत्यक्ष कर है, जो वस्तुओं एवं सेवाओं पर आरोपित होगा। जीएसटी के माध्यम से देश में एक समान कर प्रणाली की व्यवस्था होगी। भारत में लगाया जाने वाला सम्भावित वस्तु एवं सेवा कर हैं मूल्यवर्धित कर, उपभोग कर, गन्तव्य आधारित कर। सकल मूल्य कर इसके अन्तर्गत नहीं आते हैं।

19. (b) अमर्त्य सेन प्रसिद्ध भारतीय अर्थशास्त्री हैं। इन्हें वर्ष 1998 में अर्थशास्त्र की शाखा 'कल्याणकारी अर्थशास्त्र' के क्षेत्र में विशेष योगदान के लिए नोबेल पुरस्कार दिया गया।

20. (d) स्वराज का शाब्दिक अर्थ होता है 'स्वशासन' या 'अपना राज्य'। महात्मा गाँधी ने सर्वप्रथम वर्ष 1920 में कहा कि, ''मेरा स्वराज भारत के लिए संसदीय लोकतन्त्र की माँग है, जो वयस्क मताधिकार पर आधारित होगा।'' उन्होंने स्वराज को सत्य, अहिंसा एवं सत्याग्रह के साथ जोड़ा। गाँधीजी के अनुरूप स्वराज का अर्थ केवल राजनीतिक स्तर पर विदेशी शासन ने स्वाधीनता प्राप्त करना ही नहीं, अपितु इसमें सांस्कृतिक एवं नैतिक स्वाधीनता का विचार भी निहित है। उन्होंने 'स्वराज' प्राप्ति के लिए समय एवं धैर्य दोनों पर बल दिया।

21. (a)

रौलेट एक्ट	- 1919
नमक मार्च	- 1930
चौरी-चौरा घटना	- 1922
द्वितीय गोलमेज सम्मेलन	- 1931

22. (c) खराब भोजन एवं नस्लीय भेदभाव के विरोध में नौसैनिक विद्रोह वर्ष 1946 में हुआ था, जिसमें बम्बई के नौसैनिक प्रशिक्षण पोत एच.एम.आई. एस. तलवार पर तैनात गैर-कमीशण्ड अधिकारियों तथा नौसैनिकों (रेटिंग्स) ने भाग लिया था।

इण्डियन नेशनल आर्मी (INA) और लॉर्ड इरविन आर. आई. एन. विद्रोह से सम्बन्धित नहीं थे।

23. (a) बाल गंगाधर तिलक पूना सार्वजनिक सभा के संस्थापक सदस्य थे। यद्यपि तिलक बाल विवाह के विरोधी थे फिर भी उन्होंने 1891 के सहमति की आयु विधेयक का विरोध किया था क्योंकि यह उनके अनुसार अंग्रेजों द्वारा भारतीय संस्कृति में हस्तक्षेप था।

24. (b) बोण्डला वन्यजीव अभयारण्य उत्तरी-पूर्वी गोवा में स्थित है। यह सांभर, हिरण, भारतीय भैंसा, मालाबार बड़ी गिलहरी, भारतीय मोर तथा अनेक प्रकार के साँपों की प्रजातियों के लिए प्रसिद्ध है।

कंगेर घाटी राष्ट्रीय पार्क छत्तीसगढ़ के बस्तर क्षेत्र में स्थित है। जिसे वर्ष 1982 में राष्ट्रीय पार्क घोषित किया गया है। यहाँ बाघ, चीता, माऊस हिरण, चीतल, सांभर, हिरण आदि मुख्य रूप से पाए जाते हैं।

ओरंग अभयारण्य असम के दारंग एवं सोनीतपुर जिले में वर्ष 1985 में स्थापित हुआ था। इसे मिनी कांजीरंगा पार्क भी कहते हैं। यहाँ एकसिंगी गैण्डा पाया जाता है।

उषाकोठी वन्यजीव अभयारण्य ओडिशा में स्थित है, जहाँ मुख्य रूप से बाघ, हाथी, चीता एवं भैंसा पाया जाता है। इसकी स्थापना वर्ष 1962 में की गई थी।

25. (c) बुन्दाला जैव रिजर्व श्रीलंका के दक्षिण-पूर्वी तट पर स्थित है जिसे वर्ष 2005 में यूनेस्को द्वारा जैवमण्डल आरक्षित क्षेत्र के रूप में शामिल किया गया है। यह जैव रिजर्व जल लैगून से घिरी है। इसका सबसे निकटवर्ती कस्बा हम्बनटोटा (Hambantota) है जो एक बंदरगाह के रूप में स्थापित है।

26. (d) तमिलनाडु के पश्चिमी घाट पर्वत की अन्नामलाई श्रेणी में स्थित **इन्दिरा गाँधी वन्यजीव अभयारण्य** और राष्ट्रीय उद्यान को 'टॉप स्लिप' के नाम से भी जाना जाता है। 'टॉप स्लिप', अभयारण्य के छह प्रशासनिक क्षेत्रों में से एक है जिसमें वन विभाग के ऑफिस के अतिरिक्त पर्यटकों के लिए कैण्टीन व अन्य सुविधाएँ भी उपलब्ध हैं।

27. (a) **28.** (c)

29. (c) 1893 ई. में मांसाहार बनाम शाकाहार तथा आंग्लीकृत बनाम संस्कृत आधारित शिक्षा आदि विषयों पर मतभेद होने के कारण आर्य समाज विभाजित हो गया था। हंसराज और लाला लाजपत राय के नेतृत्व में नरमपन्थी 'कॉलेज' गुट ने डी. ए. वी. कॉलेजों की स्थापना पर ध्यान केन्द्रित किया साथ ही गुरुकुल गुट ने गुरुकुलों की स्थापना पर जोर दिया। गुरुकुल गुट के संस्थापक लेखराम और मुन्शीराम थे।

30. (d) राष्ट्रीय हरित अधिकरण अधिनियम, 2010 के अन्तर्गत गठित राष्ट्रीय हरित अधिकरण (नेशनल ग्रीन ट्रिब्युनल) की प्रधान बैठक का स्थान नई दिल्ली में स्थित है। तथा भोपाल, पुणे, कोलकाता और चेन्नई अन्य चार बैठक स्थान बनाए जाएंगे।

31. (a)

32. (a) सही सुमेलन निम्न प्रकार होगा-

सूची-I (मेला)		सूची-II (स्थान)
माघ मेला	-	इलाहाबाद
झूला मेला	-	वृंदावन
पशु मेला	-	बटेश्वर
देवां मेला	-	बाराबंकी

33. (a) हिंदू-मुस्लिम एकता का प्रतीक 'सुलहकुल उत्सव' आगरा में आयोजित किया जाता है।

34. (d) उत्तर प्रदेश के फर्रुखाबाद जिले में स्थित संकिसा बौद्ध धर्म से सम्बन्धित है। अठ्ठासी हजार ऋषियों की तपस्थली नैमिषारण्य को कहा जाता है।

35. (a) प्रश्नानुसार,

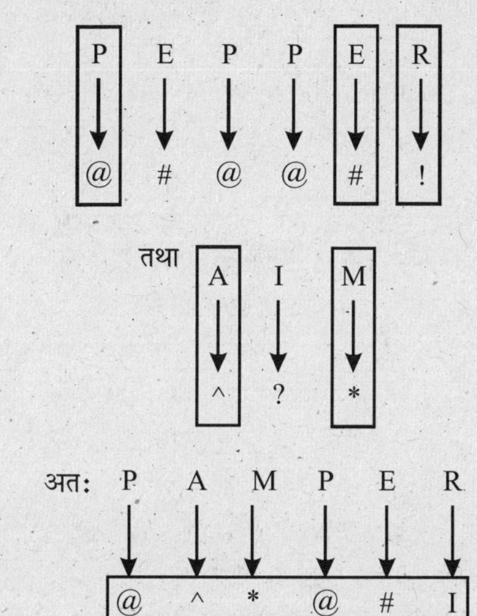

शब्द में प्रयुक्त अक्षरों को सांकेतिक चिन्हों द्वारा कोड किया गया है। समान अक्षर और प्रतीकों के आधार पर PAMPER को '@^*@#!' लिखा जाएगा।

36. (b) प्रश्नानुसार, स्पर्श के भाई के जन्म के समय उसकी बहन की आयु = 4 वर्ष

अत: स्पर्श से उसकी बहन = 4 + 3 = 7 वर्ष बड़ी

स्पर्श के जन्म के समय उसके पिता की आयु = (28 + 7) = 35 वर्ष

37. (d) जिस प्रकार, (381 – 221) = 160

उसी प्रकार, (478 – 221) = 257

अत: प्रश्नवाचक चिह्न (?) के स्थान पर संख्या 257 आएगी।

38. (b) माना आयत की लम्बाई x सेमी. तथा चौड़ाई y सेमी. है, तब प्रश्नानुसार,

आयत का परिमाप $= 2(x+y)$

$\Rightarrow \quad 118 = 2(x+y)$

$\therefore \quad (x+y) = 59$

तथा $xy = 828$

$$\therefore \quad x - y = \sqrt{(x+y)^2 - 4xy}$$

$$= \sqrt{(59)^2 - 4 \times 828}$$

$$= \sqrt{3481 - 3312} = \sqrt{169} = 13$$

$\therefore \quad x = \dfrac{59+13}{2} = \dfrac{72}{2} = 36$ सेमी.

$y = \dfrac{59-13}{2} = \dfrac{46}{2} = 23$ सेमी.

$\therefore$ वर्ग की भुजा $= 2 \times x = (2 \times 36)$ सेमी. $= 72$ सेमी.

$\therefore$ वर्ग का परिमाप $= (4 \times 72)$ सेमी. $= 288$ सेमी.

39. (c) माना तम्बू के ऊपरी भाग की तिरछी ऊँचाई = l मीटर

$\therefore \quad l^2 = (13.5-3)^2 + 14^2$

$l^2 = 110.25 + 196$

$l^2 = 306.25$

$\Rightarrow \quad l = 17.5$ मीटर

तम्बू के भीतरी भाग का क्षेत्रफल

$= \left(2 \times \dfrac{22}{7} \times 14 \times 3 + \dfrac{22}{7} \times 14 \times 17.5\right)$ वर्ग मीटर

= (264 + 770) वर्ग मीटर = 1034 वर्ग मीटर

$\therefore$ अभीष्ट लागत = (2 × 1034) = ₹ 2068

40. (c) $(x+2y)^3 = x^3 + (2y)^3 + 3(x)(2y)(x+2y)$

$= x^3 + 8y^3 + 6xy(x+2y)$

$\therefore \quad x^3 + 8y^3 = (x+2y)^3 - 6xy(x+2y)$

$= (8)^3 - 6.(6)(8) = 512 - 288 = 224$

41. (a) फसल प्रणाली के लिए कम अवधि वाली दलहनी प्रजाति उपयुक्त होती है। जबकि दलहनी फसलों के सफल उत्पादन के लिए रोगरोधी किस्मों को उगाया जाता है।

42. (b) खाद्यान्न फसल-गेहूँ, धान के जौ आदि

नगदी फसल-गन्ना, आलू

आच्छादित फसल-लोबिया

43. (c) शरद कालीन (autum) - अक्टूबर

बसन्त कालीन (Spring) - फरवरी, मार्च

वर्षा कालीन - जुलाई

44. (b) समय से बुआई - 100 Kg/ha

देर से बुआई - 125 Kg/ha

डिबलर से बुआई - 25-30 Kg/ha

45. (d) **46.** (d) **47.** (a)

48. (b) **49.** (c) **50.** (d)

51. (a) **52.** (d) **53.** (c)

54. (b)

55. (a) गेहूँ के लिए पाँच सिंचाई की आवश्यकता होती है-

(i) सी.आर.आई. स्टेज (20-25 दिन)

(ii) किल्ले निकलते समय बुआई से 40-45 दिन बाद

(iii) गाठ बनते समय बुआई के 70-75 दिन बाद

(iv) फूल बनते समय बुआई से 90-95 दिन बाद

(v) दूध बनते समय बुआई से 110-115 दिन बाद

56. (a) (i) क्रूसीफेरी-फूलगोभी, सरसों, गांठ गोभी, फाटगोभी आदि

(ii) पीएसी-धान, गेहूँ, मक्का आदि

(iii) मालवेशी-कपास

(iv) लेक्यूमिनेसी-चना, मटर, अरहर आदि

57. (c) बीज शोधन बीज जनित बीमारियों के लिए किया जाता है। मृदा जनित बीमारियों के लिए मृदा का शोधन किया जाता है।

58. (a) गाँठ गोभी के लिए दो मिट्‌टी सर्वाधिक उपयुक्त होती है, जबकि आलू के लिए बलुई दोमट मिट्‌टी उपयुक्त होती है।

59. (a)

60. (b) लहसुन की खेती के लिए बलुई दोमट मिट्‌टी सर्वाधिक उपयुक्त होती है। मटियार मिट्‌टी में इसकी खेती करने से इसकी पैदावार घट जाती है।

61. (c) साहीवाल - दुधारू प्रजाति
सिन्धी - दुधारू प्रजाति
गिरि - दुधारू प्रजाति
देवनी - दुधारू प्रजाति
नागौरी - दुकाजी प्रजाति

62. (b) अमरूद = 6×6 मी.
अनार, अंजीर = 5×5 मी.
आंवला = 8×8 मी.
आम = 10×10 मी.

63. (a) भण्डारित अनाज कीटों के नुकसान से बचाने के लिए दोनों में 10% से कम नमी होना आवश्यक है इससे कम या अधिक नमी बीज के लिए नुकसान दायक होता है।

64. (d) (i) दोमट - 18.1%
(ii) चिकनी दोमट - 19.6%
(iii) मटियार दोमट - 21.5%
(iv) 1 मटियार - 22.6%

65. (b) डी.डी.टी. मनुष्यों के लिए हानिकारक होने के कारण तथा कीटों द्वारा सहन शील होने के कारण सरकार द्वारा इसके बिक्री पर प्रतिबन्ध लगा दिया गया।

66. (a) उ.प्र. की सर्वाधिक लोकप्रिय प्रजाति पी.वी.डब्लू. 343 है। के-99.3 तथा के-7107 खेती किस्म है।

67. (a) **68.** (a) **69.** (b) **70.** (c)

71. (a) **72.** (d) **73.** (b) **74.** (c)

75. (b) **76.** (a)

77. (d) के.पी.जी. 59 (उदय प्रजाति चना की जो एक पिछेती प्रजाति है। इसे नवम्बर के अन्तिम सप्ताह से दिसम्बर की प्रथम सप्ताह तक की बुआई कर सकते हैं।

78. (b)

79. (a) मैदानी क्षेत्रों में राजमा की खेती खरीफ में की जाती है। जबकि पहाड़ी क्षेत्रों में रबी की खेती की जाती है।

80. (a) आयरिस अकाल का मुख्य कारण लेट ब्लाईट आफ पैडी था जिससे पश्चिमी बंगाल में धान की सारी फसल नष्ट हो गयी थी।

81. (a) (i) सब्जी मटर - जायद
(ii) मूँगफली - खरीफ
(iii) जौ - रबी
(iv) मसूर - रबी

82. (d) सीडड्रिल द्वारा केवल बीज की बुआई की जाती है तथा डिबलर द्वारा 75 सेमी लम्बे बने खूंटी की सहायता से बुआई की जाती हैं

83. (c) पोटाश का प्रयोग बुआई के समय बेसल से किया जाता है तो यह सर्वाधिक कार्यक्षम होता है।

84. (b) प्रसार शब्द का प्रयोग सर्वप्रथम यू.एस.ए. में किया गया। तथा प्रसार शिक्षा का प्रारम्भ सर्वप्रथम यू.के. में किया गया।

85. (a) टेमिक - फोरेट
इन्डो सल्फान - थायोडान
फोरेट - थिमेट
मेटासिस्टाक्स - मेटासिक्टाक्स

86. (c) भारत में लगभग 500 से अधिक कृषि विज्ञान केन्द्र स्थापित हो चुके हैं। सबसे पहले कृषि विज्ञान केन्द्र की स्थापना पाण्डिचेरी में की गयी थी।

87. (b) स्प्रेयर को साफ करने के लिए 1% HCI का प्रयोग करते हैं तथा क्लोरीन का प्रयोग पानी को जीवाणु रहित करने के लिए करते हैं।

88. (d) आत्मा (NATP) से सम्बन्धित है।

89. (c) **90.** (d) **91.** (c) **92.** (b)

93. (b) **94.** (d) **95.** (a) **96.** (c)

97. (d) **98.** (a) **99.** (a)

100. (b) भारत में सहकारी आन्दोलन 1904 में एफ निकल्सन द्वारा शुरू किया गया, जो व्यक्तिगत वित्त पर आधारित था।

101. (c) (i) दुधारू नस्ल - साहीवाल
(ii) कामकाजी नस्ल - नागौरी
(iii) दुकाजी नस्ल - थारपारकर

102. (b) इस दुहने की सर्वोत्तम विधि फिस्टिंग विधि है। नकलिंग विधि तथा स्ट्रिप विधि से पशुओं की दुहाई करने से पशुओं में थनैला रोग हो जाता है।

103. (a) पोखिडी - गाय भैंस
सुइडी - सुअर
केमिलिडी - ऊँट

104. (a) लाइन ब्रीडिंग एक प्रकार की इनब्रीडिंग है इसके अन्तर्गत पशुओं में एक ही पीढ़ी के अन्दर क्रास कराया जाता है।

105. (b) लाल प्रकाश, प्रकाश संश्लेषण के लिए सर्वाधिक उपयुक्त होता है जबकि बैंगनी प्रकाश में प्रकाश संश्लेषण बहुत कम होता है।

106. (a)

सूची-I	सूची-II
A. श्वेत क्रांति	4. दुग्ध उत्पादन
B. भूरी क्रांति	1. उर्वरक उत्पादन
C. नीली क्रांति	2. मत्स्य उत्पादन
D. हरित क्रांति	3. अनाज उत्पादन

107. (a) फार्म योजना एक प्रकार के फार्म बजटिंग है। जिसके द्वारा उपलब्ध संसाधनों के अनुसार योजना बनायी जाती है।

108. (b) C_3 पौधों में फास्फोग्लिसिरिक एसिड का निर्माण होता है जबकि पौधों में अकिजैलो एसिटिक एसिड का निर्माण होता है।

109. (a) प्रकाश की तरफ पौधों का झुकाव फोटोट्रॉपिज्म कहलाता है। वर्नालाइजेशन में पौधों के बीच को एक निश्चित तापक्रम पर रखते हैं। फोटो रेस्पिाइरेशन पौधे में श्वसन को कहते हैं।

110. (c) लाल प्रकाश अंकुरण को बढ़ावा देता है जबकि यू.वी. प्रकाश अंकुरण को प्रतिरोपित करता है।

111. (b) **112.** (b) **113.** (a) **114.** (a)

115. (c) **116.** (b) **117.** (d) **118.** (d)

119. (b) **120.** (b)

❑❑❑

प्रैक्टिस सेट–4

भाग-1: सामान्य अध्ययन

1. यदि किसी अवतल दर्पण द्वारा किसी वस्तु का बना प्रतिबिम्ब आभासी, ऊर्ध्व-शीर्षी तथा आवर्धित है, तब वह वस्तु कहाँ अवस्थित है?

(a) मुख्य फोकस पर
(b) वक्रता केन्द्र पर
(c) वक्रता केन्द्र के परे
(d) दर्पण के ध्रुव (पोल) और मुख्य फोकस के बीच

2. फ्यूज तार में विद्युत धारा का कौन-सा गुणधर्म लागू होता है?

(a) धारा का रासायनिक प्रभाव
(b) धारा का चुम्बकीय प्रभाव
(c) धारा का तापन प्रभाव
(d) धारा का प्रकाशीय गुणधर्म

3. निम्नलिखित क्षेत्रकों में से कौन-सा एक, भारत में ईंधन खपत से कार्बन डाइऑक्साइड उत्सर्जन का सबसे बड़ा योगदानकर्ता है?

(a) विद्युत और ऊष्मा उत्पादन
(b) परिवहन
(c) विनिर्माण उद्योग तथा निर्माण-कार्य
(d) अन्य

4. जीवाणुओं का आनुवांशिक पदार्थ किसमें पाया जाता है?

(a) केन्द्रक (d) कोशिकाद्रव्य
(c) कोशिका-कला (d) राइबोसोम

5. एक पौधे में पीली पत्तियाँ तथा मृत धब्बे (डेड स्पाट) निम्नलिखित में से किसकी कमी के कारण होते हैं?

(a) पोटैशियम (b) मैग्नीशियम
(c) नाइट्रेट (d) फॉस्फेट

6. निम्नलिखित देशों में से किस एक में भूमध्यसागरीय प्रकार का जीवोम पाया जाता है?

(a) चिली (b) केन्या
(c) अर्जेण्टीना (d) बोलीविया

7. नदी और उसकी सहायक नदी के निम्नलिखित युग्मों में से कौन-सा एक सही सुमेलित नहीं है?

(a) गोदावरी–वेनगंगा
(b) कावेरी–भवानी
(c) नर्मदा–अमरावती
(d) कृष्णा–भीमा

8. बौद्धग्रन्थों में उल्लिखित 'धर्मचक्रप्रवर्तन' है–

(a) उनका (बौद्ध का) दर्शन
(b) सारनाथ में दिया गया उनका प्रथम उपदेश
(c) उनके धार्मिक आदर्श
(d) बौद्ध अनुष्ठान

9. निम्नलिखित में से कौन-सा एक, प्रतिव्यक्ति कृषि-योग्य भूमि की उपलब्धता के आधार पर देशों का सही अवरोही अनुक्रम है?

(a) भारत-चीन-ब्राजील
(b) चीन-ब्राजील-भारत
(c) ब्राजील-चीन-भारत
(d) ब्राजील-भारत-चीन

10. सूची-I को सूची-II से सुमेलित कीजिए तथा सूचियों के नीचे दिए गए कूट का प्रयोग कर सही उत्तर चुनिए–

सूची-I (भू-आकृतिक अभिकारक)	सूची-II (अभिलक्षण)
A. भौम-जल	1. प्रपात-कुण्ड
B. प्रवाही जल	2. शृंग (हॉर्न)
C. हिमनद	3. प्लाया
D. पवन	4. लैपीज

कूट:

	A	B	C	D
(a)	4	1	2	3
(b)	3	2	1	4
(c)	3	1	2	4
(d)	4	2	1	3

11. भारत के प्रधानमन्त्री की निम्नलिखित शक्तियों में से कौन-सी एक, भारत के संविधान में ही संहिताबद्ध है?

(a) अन्य मन्त्रियों की नियुक्ति के विषय में राष्ट्रपति को सलाह देने की शक्ति
(b) मन्त्रियों के बीच कार्य बाँटने की शक्ति
(c) मन्त्रिमण्डल की बैठक को बुलाने की शक्ति
(d) किसी मन्त्री को एक विभाग से किसी दूसरे में स्थानान्तरित करने की शक्ति

12. भारत में संघ कार्यपालिका के बारे में निम्नलिखित कथनों में कौन-सा एक सही है?

(a) भारत के संविधान के अनुसार, मन्त्रि-परिषद् के सदस्य की कुल संख्या, लोकसभा के सदस्यों की कुल संख्या के 20% से अधिक नहीं हो सकती।
(b) विभिन्न मन्त्रियों की श्रेणी (रैंक) का निर्धारण राष्ट्रपति द्वारा किया जाता है।
(c) मन्त्रियों की नियुक्ति प्रधानमन्त्री की सलाह पर, राष्ट्रपति द्वारा की जाती है।
(d) संसद के किसी एक सदन के सदन को ही मन्त्री के रूप में नियुक्त किया जा सकता है।

13. धन विधेयक के बारे में निम्नलिखित कथनों में से कौन-सा एक सही है?

(a) किसी विधेयक को धन विधेयक तभी माना जाएगा, जब उसमें अर्थदण्डों अथवा शास्तियों के अधिरोपण का उपबन्ध हो।
(b) धन विधेयक राज्यसभा में पुन:स्थापित किया जाएगा।
(c) राज्यसभा धन विधेयक को नामंजूर कर सकती है।
(d) यदि इसके बारे में कोई विवाद खड़ा हो, तो लोकसभा अध्यक्ष ही अन्तत: निर्णय करता है कि कोई विधेयक धन विधेयक है अथवा नहीं।

14. चोल साम्राज्य को अन्ततः किसने समाप्त किया?
(a) महमूद गजनवी ने
(b) बख्तियार खिलजी ने
(c) मोहम्मद गौरी ने
(d) मलिक काफूर ने

15. निम्नलिखित में से किस अभिलेख में चन्द्रगुप्त और अशोक दोनों का उल्लेख किया गया है?
(a) गौतमीपुत्र शातकर्णी की नासिक प्रशस्ति
(b) महाक्षत्रप रुद्रदामन का जूनागढ़ अभिलेख
(c) अशोक का गिरनार अभिलेख
(d) स्कन्दगुप्त का जूनागढ़ अभिलेख

16. बौद्धग्रन्थों में उल्लिखित 'धर्मचक्रप्रवर्तन' है–
(a) उनका (बौद्ध का) दर्शन
(b) सारनाथ में दिया गया उनका प्रथम उपदेश
(c) उनके धार्मिक आदर्श
(d) बौद्ध अनुष्ठान

17. एलोरा के प्रसिद्ध कैलाश मन्दिर के निर्माण को आप किस शासक वंश से सम्बद्ध करेंगे?
(a) पल्लव (b) चोल
(c) राष्ट्रकूट (d) चालुक्य

18. वर्ष 1946 में आजाद हिन्द फौज के लाल किले में दिल्ली के मुकदमे की पैरवी निम्नलिखित में से किसने नहीं की थी?
(a) भूलाभाई देसाई
(b) पण्डित जवाहरलाल नेहरू
(c) सरदार वल्लभाई पटेल
(d) डॉ. कैलाश नाथ काटजू

19. भारतीय स्वतन्त्रता के लिए फाँसी पाने वाले प्रथम रिकार्डेड मुस्लिम का नाम बताएँ–
(a) मोहम्मद अली
(b) शौकत अली
(c) अशफाक उल्ला खाँ
(d) अजीजुद्दीन

20. निम्नलिखित क्रान्तिकारियों में से कौन काकोरी षड्यन्त्र से जुड़ा नहीं है?
(a) रामप्रसाद बिस्मिल
(b) रोशन सिंह
(c) भगत सिंह
(d) अशफाक उल्ला खाँ

21. भारतीय संविधान के निम्न अनुच्छेदों में से किस एक के अधीन राज्यपाल, राष्ट्रपति के विचार के लिए किसी विधेयक को आरक्षित रख सकता है?
(a) अनुच्छेद 169 (b) अनुच्छेद 200
(c) अनुच्छेद 201 (d) अनुच्छेद 202

22. संविधान के अन्तर्गत मूल अधिकारों का संरक्षक कौन है?
(a) संसद
(b) राष्ट्रपति
(c) सर्वोच्च न्यायालय
(d) मन्त्रिमण्डल

23. निम्नलिखित में से कौन एक सही सुमेलित है?
(a) नागरिकता - संविधान का भाग III
(b) मौलिक अधिकार - संविधान का भाग IV
(c) मौलिक कर्तव्य - संविधान का भाग V
(d) राज्य - संविधान का भाग VI

24. निम्नलिखित कथनों पर विचार कीजिए–
1. भारत में रेड पाण्डा प्राकृतिक रूप में केवल पश्चिमी हिमालय में पाया जाता है।
2. भारत में स्लो लोरिस (Slow Loris) उत्तर-पूर्व के सघन वनों में रहता है।
उपरोक्त कथनों में से कौन-सा/से कथन सही है/हैं?
(a) केवल 1
(b) केवल 2
(c) 1 और 2
(d) न तो 1 और न तो 2

25. निम्नलिखित में से कौन-सा एक बस्तर क्षेत्र में अवस्थित है?
(a) बान्धवगढ़ राष्ट्रीय उद्यान
(b) डाण्डेली अभयारण्य
(c) राजाजी राष्ट्रीय उद्यान
(d) इन्द्रावती राष्ट्रीय उद्यान

26. निम्नलिखित में से किस एक में राष्ट्रीय उद्यानों की संख्या अधिकतम है?
(a) अण्डमान और निकोबार द्वीप समूह
(b) अरुणाचल प्रदेश
(c) असम
(d) मेघालय

27. निम्नलिखित कथनों पर विचार कीजिए–
1. ब्रिटिश उपनिवेशवाद 18वीं और 19वीं शताब्दी में नियमित गति से निरन्तर बढ़ता जा रहा था।
2. ब्रिटेन में औद्योगिक क्रान्ति के दौरान कपड़ा उद्योग के लिए कच्चे सूत का आयात करना पड़ता था।
उपरोक्त में कौन-सा/से कथन सही है/हैं?
(a) केवल 1
(b) केवल 2
(c) 1 और 2 दोनों
(d) न तो 1 और न ही 2

28. 19वीं शताब्दी में जापान के आधुनिक उद्योगों में अधिकांश कामगार कौन थे?
(a) जापानी पुरुष और बच्चे
(b) जापानी महिलाएँ और चीनी पुरुष
(c) महिलाएँ
(d) जापानी और चीनी पुरुष

29. देश का आधे से अधिक उत्पादित चावल जिन चार राज्यों से प्राप्त होता है, वे हैं-
(a) पश्चिम बंगाल, पंजाब, तमिलनाडु और उड़ीसा
(b) पश्चिम बंगाल, उत्तर प्रदेश, पंजाब और आन्ध्र प्रदेश
(c) उत्तर प्रदेश, पश्चिम बंगाल, छत्तीसगढ़ और असोम
(d) पंजाब, आन्ध्र प्रदेश, बिहार और उड़ीसा

30. भारत में दालों का सबसे बड़ा उत्पादक है–
(a) आन्ध्र प्रदेश (b) बिहार
(c) मध्य प्रदेश (d) राजस्थान

31. राष्ट्रीय पर्यावरण अभियान्त्रिकी संस्थान स्थित है–
(a) कटक में (b) जमशेदपुर में
(c) नागपुर में (d) राँची में

32. विन्ध्य शैलों में जिसके वृहद् भण्डार पाए जाते हैं, वह है–
(a) चूना पत्थर (b) बेसाल्ट
(c) लिग्नाइट (d) लौह-अयस्क

33. निम्नलिखित राज्यों में किस एक में सर्वाधिक संख्या में वन्य जीव अभयारण्य (नेशनल पार्क और अभयारण्य) है?
(a) उत्तर प्रदेश (b) राजस्थान
(c) मध्य प्रदेश (d) पश्चिम बंगाल

34. बिसरामपुर, जिसके खनन के लिए प्रसिद्ध है, वह है–
(a) ताम्र-अयस्क (b) लौह-अयस्क
(c) कोयला (d) मैंगनीज

35. निम्नलिखित प्रश्न में दिए गए विकल्पों में से संबंधित अक्षर युग्म को चुनिए–

FOM : CLJ : : ? : ?

(a) RQS : POQ
(b) RAX : OXU
(c) JKN : MNQ
(d) ACD : CEF

36. निम्नलिखित प्रश्न में दिए गए विकल्पों में से संबंधित संख्या को चुनिए–

553 : 551 : : 447 : ?

(a) 443 (b) 445
(c) 441 (d) 451

37. नीचे दिए गए प्रश्न में, चार संख्या युग्म दिए गए हैं। (–) के बायीं ओर दी गयी संख्या (–) के दायीं ओर दी गयी संख्या से तर्क/नियम से संबंधित है। तीन उसी एक तर्क/नियम के आधार पर समान हैं। दिए गए विकल्पों में से भिन्न को चुनिए–

(a) 9 – 81 (b) 8 – 64
(c) 6 – 36 (d) 7 – 47

38. यदि मद A का मूल्य मद B के मूल्य से 25% कम है, तो B का मूल्य A के मूल्य से कितने प्रतिशत अधिक है?

(a) 50 (b) $33\frac{1}{3}$
(c) $16\frac{2}{3}$ (d) 25

39. यदि $x : y = 3 : 4$, तब $\frac{2x + 3y}{3x + 4y}$ का मान है-

(a) $\frac{9}{25}$ (b) $\frac{18}{25}$
(c) $\frac{7}{18}$ (d) $\frac{17}{25}$

40. $0.46 \times 0.46 + 0.54 \times 0.54 + 0.92 \times 0.54$ बराबर है-

(a) 1 (b) 10
(c) 11 (d) 101

भाग-2: कृषि

41. कौन शस्य विज्ञान का मूलभूत सिद्धान्त नहीं है?

(a) बीज एवं बुआई हेतु प्रयुक्त सामग्री का चुनाव करना
(b) भूमि एवं जल प्रबन्ध करना
(c) फसलों के लिए उचित अन्तराकर्षण क्रियाओं का प्रबन्धन करना
(d) कृषि हेतु पशुओं का प्रबन्ध करना।

42. वायुदाब का प्रभावी कारक नहीं है-

(a) तापक्रम
(b) समुद्र तल से ऊँचाई
(c) पृथ्वी का चक्रण
(d) मृदा क्षरण।

43. विश्व मौसम संगठन की स्थापना कहाँ और कब की गई थी?

(a) न्यूयार्क-1980 (b) वाशिंगटन-1978
(c) जेनेवा-1978 (d) रोम-1976

44. निम्न में से कौन असत्य है?

(a) एक्स-किरणें एवं गामा-किरणें - ऊर्जा का 9%
(b) दृश्य प्रकाश किरणें - ऊर्जा का 39-41%
(c) अवरक्त किरणें - ऊर्जा का 50-60%
(d) पराबैंगनी किरणें - ऊर्जा का 1%

45. सूची-I का मिलान सूची-II से कीजिए और दिए गए कूट से सही उत्तर चुनिए-

सूची-I	सूची-II
A. थान	1. 20° से
B. गेहूँ	2. 22° से
C. मक्का	3. 25° से
D. मूँगफली	4. 26° से

कूट :

	A	B	C	D
(a)	4	2	3	1
(b)	2	1	4	3
(c)	3	4	2	1
(d)	1	3	4	2

46. शरीर क्रियात्मक परिपक्वता के समय फसलों का शुष्क भारत कितने प्रतिशत होता है?

(a) 28% (b) 20%
(c) 25% (d) 30%

47. C_3 पौधों का सही क्रम क्या है?

(a) गन्ना-धान-बाजरा-मक्का
(b) मूँगफली-आलू-गेहूँ-सोयाबीन
(c) आलू-धान-बाजरा-गेहूँ
(d) धान-गन्ना-सोयाबीन-बाजरा

48. अब तक पौधों की वृद्धि को प्रभावित करने वाले लगभग कितने कारकों की पहचान की गई है?

(a) 55 (b) 60
(c) 52 (d) 50

49. $C_6H_{12}O_6 + 6O_2 \rightarrow 6CO_2 + 6H_2O$ प्रदर्शित करता है-

(a) प्रकाश संश्लेषण
(b) श्वसन
(c) ऑक्सीकरण
(d) भोज्य पदार्थों का स्थानान्तरण।

50. फसल में आर्द्रता प्रतिबल के कारण कोशिका पर क्या प्रभाव होता है?

(a) कोशिका का विभाजन प्रभावित होता है
(b) कोशिका फैलाव प्रभावित होता है
(c) कोशिका की मृत्यु दर प्रभावित होती है
(d) कोशिका पर कोई प्रभाव नहीं पड़ता है।

51. दानों में नाइट्रोजन की आपूर्ति किससे होती है?

(a) पुरानी पत्तियों से
(b) पौधों की जड़ों से
(c) तना से
(d) प्रकाशसंश्लेषण से

52. खाद्यान्न वर्ग की फसलों में फूल आने के साथ वृद्धि में रुकावट को कहते हैं-

(a) सिग्मायड वृद्धि वक्र
(b) परिमिति वृद्धि
(c) अपरिमिति वृद्धि
(d) सर्वाधिक वृद्धिकाल

53. फसल-खरपतवार प्रतिस्पर्धा को कम करने के लिए किस अवस्था पर शाकनाशी का प्रयोग करते हैं?

(a) अंकुरण के समय
(b) किल्ले निकलते समय
(c) पौधों में बाल आते समय
(d) प्रथम सिंचाई के समय

54. निम्नलिखित समीकरण से किसकी गणना की जा सकती है?

$$A = \frac{\text{जैविक उत्पादन}}{\text{आर्थिक उत्पादन}}$$

(a) पुष्प गुच्छ उद्भव दर
(b) पुष्पन दर
(c) शस्य सूचक
(d) पत्ती उत्पादन दर

55. पौधों पर पड़ने वाले विकिरण ऊर्जा का कितने प्रतिशत भाग प्रकाश संश्लेषण के काम आता है?

(a) 0.50%-2.10% (b) 0.42%-1.66%
(c) 0.25%-0.30% (d) 0.16%-0.24%

56. पौधों में पहले निकली पत्तियों की वृद्धि तेज होती है-

(a) कोशिका विभाजन एवं कोशिका वृद्धि के कारण
(b) पौधों के छोटे होने के कारण
(c) पौधों में प्रकाशसंश्लेषण क्रिया तेज होने के कारण
(d) बाहरी वायुमंडल का कम दाब होने के कारण

57. एजोफिकेशन क्या है?
(a) यह नाइट्रोजन का मिश्र स्थिरीकरण के रूप में भी जाना जाता है
(b) यह नाइट्रोजन का मुक्त स्थिरीकरण के रूप में भी जाना जाता है
(c) यह राइजोबियम बैक्टीरिया द्वारा नाइट्रोजन स्थिरीकृत के रूप में भी जाना जाता है
(d) यह वर्षा अथवा बर्फ द्वारा नाइट्रोजन प्राप्ति भी जाना जाता है।

58. खेती की जाने वाली अधिकतर फसलों के लिए उचित तापक्रम होता है-
(a) 30° से -50° से
(b) 15° से -40° से
(c) 35° से -40° से
(d) 45° से -55° से

59. सनई की रेशे वाली फसल कितने सप्ताह में तैयार हो जाती है?
(a) 12-15 सप्ताह (b) 15-17 सप्ताह
(c) 10-12 सप्ताह (d) 8-10 सप्ताह

60. फसलों को उगाने में कौन pH परास योग्य नहीं है?
(a) जई-5.0-7.5 pH
(b) कपास-6.0-7.5 pH
(c) सेम-6.0-8.0 pH
(d) आलू-4.5-6.5 pH

61. निम्नलिखित में कौन-सा अकार्बनिक पदार्थ नहीं है?
(a) मैग्नीशियम (b) लोहा
(c) वसा (d) आयोडीन

62. निम्नलिखित अदलहनी चारे में सबसे अधिक पाचक प्रोटीन किसमें होती है-
(a) नैपियर (b) मक्का साइलेज
(c) मक्का (d) ज्वार

63. अधिक ज्वार खाने से कौन-सी बीमारी हो जाती है?
(a) सूखा रोग (b) स्कर्वी रोग
(c) रतौंधी (d) पेलाग्रा

64. निम्नलिखित ज्वार प्रजातियों में कौन बहुकटनी नहीं है?
(a) पूसा चरी-2 (b) एम.पी. चरी-2
(c) एम.पी. चरी (d) पूसा चरी-1

65. सूची-I को सूची-II के सुमेलित करें तथा अपने सही उत्तर कूट से दें-

	सूची-I		सूची-II
A.	मैग्नीशियम	1.	कोशिका निर्माण एवं विभाजन
B.	फास्फोरस	2.	विशेष कार्य क्लोरोफील का निर्माण
C.	पोटेशियम	3.	प्राइमोरडिया बनाने में सहायक होना
D.	मैंगनीज	4.	नत्रजन एवं लौहे की जैविक क्रिया को प्रभावित करता है।

कूट :

	A	B	C	D
(a)	2	1	3	4
(b)	2	3	4	1
(c)	3	1	2	4
(d)	2	3	1	4

66. पूसा जाइण्ट नेपियर किसका संकर है?
(a) नेपियर × ज्वार (b) नेपियर × बाजरा
(c) ज्वार × बाजरा (d) बाजरा × ज्वार

67. कपास के सम्बन्ध में क्या सुमेलित नहीं है?
(a) सी-520 - द्विगुणित
(b) जी-27 - द्विगुणित
(c) विकास - अमेरिकी
(d) रानी वन - अमेरिकी

68. इण्डियन जर्नल ऑफ एग्रीकल्चर साइंसेज कहाँ से प्रकाशित होता है?
(a) उपकार (b) आईसीएआर
(c) सीआईएसआर (d) एनबीआरआई

69. गन्ने के सम्बन्ध में क्या सुमेलित नहीं है?
(a) बीजोपचार-एगलाल 3%
(b) बीज हेतु - 6.7 माह पुरानी फसल
(c) बुवाई हेतु - ऊपरी भाग का अधिक प्रयोग
(d) फूल निकलने के बाद - बुवाई करने में प्रयुक्त

70. धान की SRI विधि से बुवाई हेतु एक हेक्टेयर के लिए कितने बीज की आवश्यकता होगी?
(a) 30-35 किग्रा (b) 1-15 किग्रा
(c) 5-6 किग्रा (d) 10-12 किग्रा

71. सैनिक कीट किस फसल को सबसे अधिक क्षति पहुँचाता है?
(a) उरद (b) अरहर
(c) मूँग (d) धान

72. किस फसल का बीजोपचार कैप्टान या सेरासान की 5 ग्राम/किग्रा बीज की दर से करते हैं?
(a) कपास (b) जूट
(c) कुसुम (d) मण्डुआ

73. मक्का की अधिक पैदावार किस मौसम में होती है?
(a) जायद में (b) खरीफ में
(c) रबी में (d) इनमें से सभी में

74. मिस कावी व पूसा विशाल किस फसल की प्रजातियाँ हैं?
(a) कपास (b) जूट
(c) जई (d) बरसीम

75. बाजरा के सम्बन्ध में क्या सत्य नहीं है?
(a) पेन्निसेटम टाइफाइड्स
(b) ग्रामिनी वर्ग
(c) क्रोमोसोम संख्या-20
(d) मूल स्रोत अफ्रीका

76. जौ की कौन-सी प्रजाति छिलका रहित है?
(a) प्रगति (K 508)
(b) ऋतम्भरा (K 551)
(c) गीतांजलि (K 1149)
(d) करन-3

77. आलू से क्या नहीं बनाया जाता है?
(a) फरिना एवं एल्कोहल
(b) कागज
(c) शराब
(d) एसेटिक अम्ल

78. चने के सम्बन्ध में क्या सत्य नहीं है?
(a) उपवर्ग - पैपिलियोनेसी
(b) कोमोसोम संख्या - 24
(c) अम्ल - मैलिक एवं ऑक्जैलिक
(d) मूल स्रोत - उत्तरी अमेरिका

79. आलू के कंद की वृद्धि किस ताप से अधिक बढ़कर रुक जाती है?
(a) 40° से - 42° से
(b) 30° से - 32° से
(c) 35° से - 37° से
(d) 38° से - 40° से

80. भारत में किस राज्य में काफी का क्षेत्रफल सबसे अधिक है?
(a) केरल (b) आन्ध्र प्रदेश
(c) कर्नाटक (d) तमिलनाडु

81. पपीते की कौन-सी प्रजाति में सबसे अधिक पपेन मिलता है?
(a) पूसा डेलिसियस
(b) पूसा मजिस्टी
(c) पूसा जाइन्ट
(d) पूसा ड्वार्फ

82. आलू की सबसे अधिक एवं सबसे कम उत्पादकता वाले कौन-से राज्य हैं?
(a) उत्तर प्रदेश एवं झारखंड
(b) गुजरात एवं असम
(c) उत्तर प्रदेश एवं
(d) बिहार एवं कश्मीर।

83. सेब का फल सेट होते समय कम से कम कितना तापक्रम होना चाहिए?
(a) 10° से
(b) 4.5^o से - 5.5^o से
(c) 8° से - 10° से
(d) 2° से - 3° से

84. ऊर्जा भंडारण, स्थानांतरण एवं आबधन में निम्न में से कौन-से तत्व उपयुक्त हैं?
(a) एन पी के (b) एन एस पी
(c) एन के एस (d) इनमें से कोई नहीं

85. आँवला को नमक के घोल में कितने दिन रखा जा सकता है?
(a) 15 दिन (b) 20 दिन
(c) 60 दिन (d) 75 दिन

86. नाइट्रोजन उपापचय में निम्न में से कौन-सा तत्व महत्वपूर्ण भूमिका रखता है?
(a) मैग्नीशियम (b) मैंगनीज
(c) मालिब्डेनम (d) लोहा

87. गाय एवं भैंस का औसत तापक्रम क्या होता है?
(a) 98.4^o फा. (b) 100° फा.
(c) 101.5^o फा. (d) 102° फा.

88. एक हेक्टेयर क्षेत्र में कितना बैंगन का बीज प्राप्त होता है?
(a) 150-200 किग्रा
(b) 100-150 किग्रा
(c) 200-300 किग्रा
(d) 75-125 किग्रा

89. करन स्विस किसका क्रॉस है?
(a) साहीवाल × ब्राउन स्विस
(b) साहीवाल × होलस्टीन
(c) हरियाणा × ब्राउन स्विस
(d) हरियाणा × जर्सी

90. मधुमक्खी की कौन-सी प्रजाति भारतीय नहीं है?
(a) एपिस फ्लोरिया (b) एपिस डोरसटा
(c) एपिस सेरना (d) एपिस मेल्लिफेरा

91. भेड़ा कितने वर्ष तक प्रजनन योग्य रहती है?
(a) 10 वर्ष (b) 7 वर्ष
(c) 5 वर्ष (d) 12 वर्ष

92. एक हेक्टेयर के लिए लहसुन की कितनी क्लोव्स की आवश्यकता होगी?
(a) 400 किग्रा (b) 500 किग्रा
(c) 600 किग्रा (d) 300 किग्रा

93. एक बकरी को लगभग 0.9-1.0 वर्ग मी. जगह की आवश्यकता होती है।
(a) 0.9-1.0 वर्ग मी.
(b) 1-1.5 वर्ग मी.
(c) 0.75-0.90 वर्ग मी.
(d) 1.5-1.75 वर्ग मी.

94. प्रसार शिक्षा का उद्देश्य है-
(a) किसानों की आय में वृद्धि करना
(b) फसल की आय में वृद्धि करना
(c) नई फसलों का विस्तार करना
(d) वैज्ञानिक दृष्टिकोण की वृद्धि करना

95. मानसूनी हवाएँ देश में सबसे पहले किस तट पर पहुँचती हैं?
(a) उड़ीसा के तटीय क्षेत्र में
(b) बंगाल की खाड़ी क्षेत्र में
(c) दक्षिण भारत के केरल तटीय क्षेत्र में
(d) गुजरात के कच्छ क्षेत्र में

96. गल्ला गोदाम में अनाजों पर लगने वाली प्रमुख फफूँदी कौन-सी है?
(a) म्यूकर (b) राइजोपस
(c) केन्डीडा (d) एस्परजिलस

97. ए डी पी का ए टी पी में परिवर्तन को कहते हैं-
(a) प्रकाशसंश्लेषण (b) फास्फोरिलीकरण
(c) वाष्पोत्सर्जन (d) ऑक्सीकरण

98. 'फेरोमीन ट्रेप' आकर्षित करते हैं-
(a) नर शलभ को
(b) मादा शलभ को
(c) टिड्डा (कैटरपिलर) को
(d) मादा बग्स को

99. C_4 पौधों का क्रम क्या है?
(a) गन्ना-मक्का-सूडान घास-बाजरा
(b) गन्ना-कपास-धान-मक्का
(c) सूडान घास-गन्ना-धान-बाजरा
(d) कपास-मक्का-बाजरा-गन्ना

100. ग्रामीण परियोजनाओं की सफलता निर्भर करती है-
(a) कृषि प्रसार से
(b) प्रबन्ध से
(c) मृदा विज्ञान से
(d) कार्यकर्ताओं के नियमित प्रशिक्षण से

101. सारांशीय जलवायवीय निरीक्षण मृदा तल से किस ऊँचाई पर करते हैं?
(a) 2.0 मीटर
(b) 1.25 मीटर
(c) 2.25 मीटर
(d) 1.0 मीटर से 2.0 मीटर

102. खाद्यान्न फसलों में किस अवस्था पर अधिक पोषक तत्वों की आवश्यकता होती है?
(a) पौधों की वृद्धि के समय
(b) पत्तियों के निर्माण के समय
(c) बालियाँ निकलते समय
(d) पकते समय

103. निम्नलिखित में से कौन एक सुमेलित नहीं है?

	गैस	भार प्रतिशत में
(a)	नाइट्रोजन	- 75.5270
(b)	आक्सीजन	- 23.1340
(c)	आर्गन	- 1.2820
(d)	कार्बन डाइआक्साइड	- 0.0456

104. फसल की किस अवस्था पर प्रकाश, नमी व पोषक तत्वों के लिए प्रतिस्पर्धा नहीं होती है?
(a) गाँठ बनने की अवस्था पर
(b) पौध अवस्था पर
(c) दाना बनाने की अवस्था पर
(d) परिपक्वता के पूर्व की अवस्था पर

105. वाष्पीकरण की माप किस यन्त्र से करते हैं?
(a) बैरोमीटर (b) साइक्रोमीटर
(c) लाइसीमीटर (d) हाइग्रोमीटर

106. निम्नलिखित समीकरण द्वारा किसकी गणना की जाती है?
(a) सापेक्ष वृद्धि दर
(b) फसल वृद्धि दर
(c) विकास का विश्लेषण
(d) पर्ण क्षेत्र सूचकांक

107. निम्नलिखित में से सबसे मोटा (most coarse millet) अनाज है-
(a) पेनीकम मिलिएसियम
(b) इकाइनोक्लोआ फ्ररूमेनेटेसिया
(c) सिटेरिया इटेलिका
(d) पेसपेलम स्क्रोबाइकुलेटम

108. चावल उगाने के अपरम्परागत (Non-traditional area) क्षेत्र कौन से हैं?
(a) पंजाब व हरियाणा
(b) उत्तर प्रदेश व बिहार
(c) पश्चिम बंगाल व ओड़िशा
(d) तमिलनाडु व आन्ध्र प्रदेश

109. मृदा का यांत्रिक (Mechanical analysis) विश्लेषण किस नियम पर आधारित है?
(a) डारसी का नियम (Darcy's law)
(b) स्टोक्स का नियम (Stoke's law)
(c) स्कोफिल्ड का नियम (Schofield's law)
(d) ओम का नियम (Ohm's law)

110. सन् 1904 में बरसीम किस देश में भारत लाई गई?
(a) दक्षिण अफ्रीका (b) आरमेनिया
(c) मिस्र (d) ब्रिटेन

111. चने की फसल में सिंचाई कब करनी चाहिये?
(a) फूल आने की प्रारंभिक एवं पकने की अवस्थाओं पर
(b) फूल आने की अंतिम एवं पकने की अवस्थाओं पर
(c) फूल आने की अंतिम एवं निर्माण की अवस्थाओं पर
(d) फूल आने से पहले एवं फली निर्माण की अवस्थाओं पर

112. एवरग्रीन रिवोल्यूशन (Evergreen revolution) शब्द किसने दिया?
(a) डॉ. ए.एस. फरोदा ने
(b) डॉ. एम.एस. स्वामीनाथन ने
(c) डॉ. वीरेन्द्र लाल चोपड़ा ने
(d) डॉ. राजेन्द्र सिंह परौदा ने

113. चुकन्दर (बीटा वल्गेरिस) की उत्पत्ति भूमध्य सागरीय क्षेत्र में हुई, यह किस कुल से सम्बन्धित है?
(a) ग्रेमीनी (b) कनवोलवुलेसी
(c) चिनोपोडिएसी (d) लिलिऐसी

114. धान के पौधे की प्रारम्भिक वृद्धि अवस्था में केसेक (Kresek) किस रोग के कारण होते हैं?
(a) बेक्टिरियल ब्लाइट (BLB)
(b) बेक्टिरियल लीफ स्ट्रीक (BLS)
(c) टूंग्रो वाइरस
(d) फाल्स स्मट (False smut)

115. धान में बोनेपन गुण (dwarfing charcters in rice) के लिये कौन सा जीन जिम्मेदार है?
(a) टीफ्ट 23-अ (Tift 23-A)
(b) डी जी वू जेन (Dee gee woo gen)
(c) नोरिन-10
(d) ओपेक-2 (Opaque-2)

116. सभी ग्रेन लेग्यूम (Grain legume) में उच्च प्रकाश श्वसन (Photorespiration) का कारण होता है-
(a) C_3 क्रियाविधि
(b) अधिक वानस्पतिक वृद्धि
(c) इन्टरमीडिएट
(d) फली की स्थिति

117. उखटा (wilt) बीमारी के विषाणु किस तापक्रप पर अधिक वृद्धि करते हैं?
(a) 40° से - 45° से
(b) 35° से - 40° से
(c) 24° से - 28° से
(d) 22° से - 26° से

118. उत्तर प्रदेश में कितने फसल क्षेत्र हैं?
(a) 9% (b) 11%
(c) 12% (d) 8%

119. पर्णरन्ध्र का खुलना एवं बन्द होना किस पर निर्भर करता है?
(a) सूर्य प्रकाश पर
(b) पानी के दबाव पर
(c) वाष्पोत्सर्जन पर
(d) तापक्रम पर

120. कौन-सा प्रमुख शाकनाशी रसायन मृदा में सबसे अधिक समय तक रहता है?
(a) क्लोरप्रोफाम (b) लिनूरान
(c) प्रोपाक्लोर (d) सिमैजिन

व्याख्या सहित उत्तर

1. (d) अवतल दर्पण गोले के केन्द्र की ओर वक्रित होता है। अवतल दर्पण द्वारा किसी वस्तु का प्रतिबिम्ब आभासी, ऊर्ध्व-शीर्षी तथा आवर्धित बनना वस्तु का दर्पण के ध्रुव तथा मुख्य फोकस के बीच होने को दर्शाता है।

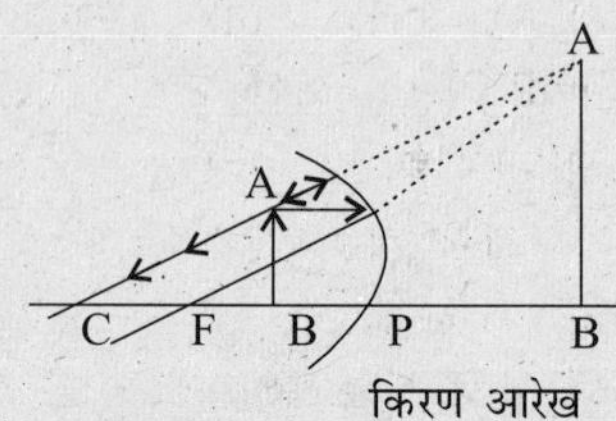

किरण आरेख

2. (c) फ्यूज तार विद्युत उपकरणों में उन पर अंकित निर्धारित धारा से अधिक धारा प्रवाहित होने से रोकने की युक्ति है। यह विद्युत धारा के तापन प्रभाव के गुणधर्म को दर्शाता है। फ्यूज तार ताँबा, टिन और शीशे के मिश्रण से बना होता है। परिपथ की सुरक्षा के लिए संयोजक तारों के श्रेणीक्रम में उचित क्षमता का फ्यूज तार लगाते हैं।

3. (a) भारत में ईंधन खपत से कार्बन डाइऑक्साइड उत्सर्जन सबसे अधिक विद्युत एवं ऊष्मा उत्पादन से होता है। चूँकि कार्बन डाइऑक्साइड जीवाश्म ईंधन (कोयला) के जलते ही सबसे अधिक उत्पन्न होती है, जिसका प्रयोग आज भी भारत में सबसे ज्यादा विद्युत ऊष्मा उत्पादन के लिए किया जाता है।

4. (b) जीवाणुओं का आनुवांशिक पदार्थ डीएनए होता है, जो इसके कोशिकाद्रव्य में बिखरा रहता है। इसके डीएनए में हिस्टोन प्रोटीन का अभाव होता है। यह आनुवंशिक पदार्थ एवं राइबोसोम प्लाज्मा झिल्ली से अवतरित रहता है। जीवाणु कोशिका प्रोकैरियोटिक (पूर्वकेन्द्रीय) होती है, जिसमें आद्य-केन्द्रक तो पाया जाता है, परन्तु केन्द्रक कला का अभाव होता है। सुकेन्द्रकीय कोशिकाओं में आनुवांशिक पदार्थ (डीएनए) केन्द्रक के अन्दर पाया जाता है और केन्द्रक, केन्द्रक कला से घिरा रहता है।

5. (a) पोटैशियम खनिज की कमी के कारण पौधों में पीली पत्तियाँ तथा मृत धब्बे दिखाई देते हैं। मैग्नीशियम की कमी से पर्णहरिमहीनता, ऊतक, क्षय, आदि रोग होते हैं, जबकि फॉस्फेट की कमी से पत्तियाँ समय से पूर्व गिर जाती हैं, हँसियाकार पत्ती रोग हो जाता है। नाइट्रेट की कमी से पुरानी पत्तियों में पर्णहरिमहीनता, लाल व भूरे धब्बे, फल एवं फूलों में देरी या संदमन, शिराओं एवं पर्णवृन्तों में एन्थोसाइनिन वर्णकता का विकास, आदि देखा जाता है।

6. (a) दक्षिणी अमेरिका महाद्वीप में स्थित चिली में भूमध्यसागरीय प्रकार का जीवोम पाया जाता है। यहाँ ग्रीष्म ऋतु शुष्क होती है, जबकि यहाँ शीत ऋतु में ही वर्षा होती है।

7. (c) अमरावती नदी, नर्मदा की नहीं, बल्कि कावेरी की सहायक नदी है। यह तमिलनाडु में बहती है। वेनगंगा-गोदावरी, भवानी-कावेरी तथा भीमा-कृष्णा की सहायक नदियाँ है। तवा नदी, नर्मदा की सहायक नदी है।

8. (c)

9. (d) प्रति व्यक्ति कृषि-योग्य भूमि की उपलब्धता के आधार पर विकल्पों का अवरोही क्रम निम्नलिखित है–

देश	प्रतिव्यक्ति कृषि-योग्य भूमि (प्रति हेक्टेयर)
ब्राजील	0.37
भारत	0.12
चीन	0.08

10. (a) **प्रपात** जब प्रवाही जल ऊँचाई से खड़े ढाल से अत्यधिक वेग से नीचे की ओर गिरता है, तो उसे जल प्रपात कहते हैं।

शृंग (हॉर्न) जब किसी पर्वतीय भाग पर चारों ओर से सर्क बनने लगते हैं, तो बीच का नुकीला शीर्ष हॉर्न कहलाता है।

प्लाया मरुस्थल की अन्त: प्रवाहित नदियाँ वर्षा के बाद अस्थायी झीलों का निर्माण करती हैं, जिन्हें प्लाया कहा जाता है।

लैपीज़ घुलन क्रिया के फलस्वरूप ऊपरी सतह अत्यधिक ऊबड़-खाबड़ तथा पतली शिखरिकाओं वाली हो जाती है। इस तरह की स्थलाकृति को लैपीज कहते हैं।

11. (a) संविधान के अनुच्छेद-75 के अनुसार प्रधानमन्त्री की नियुक्ति राष्ट्रपति करेगा और अन्य मन्त्रियों की नियुक्ति प्रधानमन्त्री की सलाह पर करेगा। मन्त्रियों के बीच कार्य बाँटना, मंन्त्रिमण्डल की बैठक बुलाना, किसी मन्त्री को एक विभाग से किसी दूसरे विभाग में स्थानान्तरित करना प्रधानमन्त्री के स्वविवेक पर निर्भर करता है। इन सबका कोई संवैधानिक प्रावधान नहीं है।

12. (c) संविधान के अनुच्छेद-75 के अनुसार राष्ट्रपति प्रधानमन्त्री की सलाह पर मन्त्रि-परिषद में मन्त्रियों की नियुक्ति करता है। 91वें संविधान संशोधन, 2003 के द्वारा मन्त्रिपरिषद् के आकार को सीमित कर 15% कर दिया गया है। विभिन्न मन्त्रियों की श्रेणी का निर्धारण प्रधानमन्त्री द्वारा किया जाता है। इन मन्त्रियों की नियुक्ति संसद के दोनों सदनों के सदस्यों में से की जाती है।

13. (d) धन विधेयक को अनुच्छेद-110 के अन्तर्गत परिभाषित किया गया है, धन विधेयक केवल लोकसभा में तथा केवल राष्ट्रपति की संस्तुति पर ही प्रस्तावित किया जा सकता है। धन विधेयक को राज्यसभा में प्रस्तावित नहीं किया जा सकता है। इसके अतिरिक्त, किसी विधेयक के बारे में विवाद उठने पर कि वह धन विधेयक है अथवा नहीं, इस सम्बन्ध में लोकसभा के अध्यक्ष का निर्णय अन्तिम होता है।

14. (d) चोल साम्राज्य को अन्ततः अलाउद्दीन खिलजी के सेनानायक मलिक काफूर ने पराजित कर समाप्त किया था।

15. (b) महाक्षत्रप रुद्रदामन के जूनागढ़ अभिलेख में चन्द्रगुप्त और अशोक दोनों का उल्लेख किया गया है।

16. (b) महात्मा बुद्ध ने ज्ञान प्राप्ति के बाद सर्वप्रथम सारनाथ (ऋषिपतनम्) के हिरण्य उद्यान या मृगदान में अपने पाँच शिष्यों को प्रथम उपदेश दिया था। इसी घटना को 'धर्मचक्रप्रवर्तन' कहा जाता है।

17. (b) एलोरा स्थित प्रसिद्ध 'कैलाशनाथ मन्दिर' का निर्माता राष्ट्रकूट वंश का कृष्ण प्रथम था। उसने राजाधिराज, परमेश्वर की उपाधि धारण की थी।

18. (c) आजाद हिन्द फौज (आई.एन.ए.) के आत्मसमर्पण के बाद इसके तीन अफसरों शाहनवाज खान, पी.के. सहगल तथा जी.एस. ढिल्लों पर ब्रिटिश सरकार ने देशद्रोह का अभियोग लगाया और इस मुकदमें की सुनवाई लाल किले में 1946 ई. में सैनिक न्यायालय ने की। भारतीय राष्ट्रीय कांग्रेस ने एफ.आई.एन.ए. रक्षा समिति गठित की। इस मुकदमे की पैरवी भूलाभाई देसाई, पण्डित जवाहरलाल नेहरू तथा डॉ. कैलाश नाथ काटजू जैसे प्रसिद्ध एडवोकेट ने की थी। अन्ततः अंग्रेजी सरकार ने जनता की भावनाओं का सम्मान किया तथा इन तीन अफसरों को छोड़ दिया गया।

19. (c) भारतीय स्वतन्त्रता के लिए फाँसी पाने वाले प्रथम रिकार्डेड मुस्लिम देशभक्त का नाम अशफाक उल्लाह खाँ था। इन्हें काकोरी काण्ड में अभियुक्त बनाकर सरकार ने फाँसी दे दी थी।

20. (c) भगत सिंह काकोरी काण्ड से सम्बन्धित नहीं थे। हिन्दुस्तान रिपब्लिकन एसोसिएशन (एच.आर.ए.) की स्थापना 1929 ई. में क्रांतिकारी युवकों ने कानपुर में की थी। एच.आर.ए. ने धन की पूर्ति के लिए 9 अगस्त, 1925 ई. को काकोरी में '8 डाउन ट्रेन' को रोक कर सरकारी खजाने को लूट लिया। कालान्तर में 'काकोरी काण्ड' के नाम से प्रसिद्ध इस घटना के सभी अभियुक्तों को गिरफ्तार कर लिया गया। इस काण्ड से सम्बद्ध अशफाक उल्लाह खाँ, राम प्रसाद बिस्मिल, रोशन सिंह, राजेन्द्र लाहिड़ी पर मुकदमा चलाकर सरकार ने फाँसी दे दी थी।

21. (c) भारतीय संविधान के अनुच्छेद 201 के अनुसार जब कोई विधेयक राज्यपाल द्वारा राष्ट्रपति के विचार के लिए आरक्षित रख लिया जाता है, तब राष्ट्रपति घोषित करेगा कि वह विधेयक पर अनुमति देता है या अनुमति रोक लेता है।

परन्तु जहाँ विधेयक धन विधेयक नहीं है, वहाँ राष्ट्रपति राज्यपाल को यह निर्देश दे सकेगा कि वह विधेयक को, यथा स्थिति, राज्य के विधान मण्डल के सदन या सदनों को ऐसे सन्देश के साथ, जो अनुच्छेद 200 के पहले परन्तुक में वर्णित है, लौटा दे और जब कोई विधेयक इस प्रकार लौटा दिया जाता है, तब ऐसा सन्देश मिलने की तारीख से छह (6) मास की अवधि के भीतर सदन या सदनों द्वारा उस पर तदनुसार पुनर्विचार किया जाएगा और यदि वह सदन या सदनों द्वारा संशोधन सहित या उसके बिना फिर से पारित कर दिया है, तो उसे राष्ट्रपति के साथ उसके विचार के लिए फिर से प्रस्तुत किया जाएगा।

22. (c) भारतीय संविधान के अनुसार सर्वोच्च न्यायालय, मूल अधिकारों का संरक्षक है। भारतीय संविधान अनुच्छेद 32 के अनुसार सांविधानिक उपचारों का अधिकार है। इसके तहत इस भाग द्वारा प्रदत्त मूल अधिकारों को प्रवर्तित कराने के लिए उपचार का वर्णन है, जिसके अन्तर्गतः

(1) इस भाग द्वारा प्रदत्त मूल अधिकारों को प्रवर्तित कराने के लिए समुचित कार्यवाहियों द्वारा उच्चतम न्यायालय में समावेदन करने का अधिकार प्रत्याभूत किया जाता है।

(2) इस भाग द्वारा प्रदत्त अधिकारों में से किसी को प्रवर्तित कराने के लिए उच्चतम न्यायालय को ऐसे निर्देश या आदेश या रिट, जिसके अन्तर्गत बन्दी प्रत्यक्षीकरण, परमादेश, प्रतिषेध, अधिकारपृच्छा और उत्प्रेषण रिट है, जो भी समुचित हो, निकालने की शक्ति होगी।

(3) उच्चतम न्यायालय को खण्ड (1) और खण्ड (2) द्वारा प्रदत्त शक्तियों पर प्रतिकूल प्रभाव डाले बिना संसद, उच्चतम न्यायालय द्वारा खण्ड (2) के अधीन प्रयोक्तव्य किन्हीं या सभी शक्तियों का किसी अन्य न्यायालय को अपनी अधिकारिता की स्थानीय सीमाओं के भीतर प्रयोग करने के लिए विधि द्वारा सशक्त कर सकेगी।

23. (d) उपरोक्त का सही क्रम इस प्रकार है–

विषय	संविधान का भाग
(a) नागरिकता	संविधान का भाग II
(b) मौलिक अधिकार	संविधान का भाग III
(c) मौलिक कर्त्तव्य	संविधान का भाग IVA
(d) राज्य	संविधान का भाग VI

24. (b) **रेड पाण्डाः** रैकून सदृश 'रेड पाण्डा' को फायर कैट के नाम से भी जाना जाता है। ऐलुरस फल्गेंस इसका जूलॉजिकल नाम है। यह वृक्षों पर निवास करने वाला स्तनधारी है। भारत में रेड पाण्डा सिक्किम, पश्चिम बंगाल तथा अरुणाचल प्रदेश राज्यों में पाया जाता है। भारत के अलावा यह नेपाल, भूटान, चीन, लाओस और म्यांमार में भी पाए जाते हैं।

स्लो लोरिसः भारत में स्लो लोरिस मुख्यतः असम, अरुणाचल प्रदेश, नागालैण्ड, मणिपुर, मिजोरम, त्रिपुरा और मेघालय में पाया जाता है। भारत के अलावा यह बांग्लादेश, ब्रुनेई, कम्बोडिया, इण्डोनेशिया, लाओस, मलेशिया, थाइलैण्ड और वियतनाम में भी निवास करते हैं।

25. (d) **इन्द्रावती राष्ट्रीय उद्यानः** बस्तर (छत्तीसगढ़) क्षेत्र के दन्तेवाड़ा जिले में स्थित है। इसे वर्ष 1981 में राष्ट्रीय उद्यान तथा वर्ष 1983 में टाइगर रिजर्व घोषित किया गया था।

बान्धवगढ़ राष्ट्रीय उद्यान, समरिया (मध्य प्रदेश) में स्थित सफेद बाघों के लिए प्रसिद्ध है। इसे 1968 में राष्ट्रीय उद्यान, घोषित किया गया था।

डाण्डेली अभयारण्य, डाण्डेली (कर्नाटक) में स्थित है।

राजाजी राष्ट्रीय उद्यान का विस्तार उत्तराखण्ड के तीन जिलों में है- देहरादून, हरिद्वार, पौड़ी गढ़वाल।

- इस राष्ट्रीय उद्यान को वर्ष 1983 में तीन अभयारण्यों को मिलाकर बनाया गया था, जिसमें शामिल है-

राजाजी अभयारण्य (वर्ष 1948 में स्थापित), मोतीचूर अभयारण्य (वर्ष 1964 में स्थापित), चिला अभयारण्य (वर्ष 1977 में स्थापित)। इसका नामकरण सी राजगोपालाचारी, जिन्हें 'राजाजी' भी कहा जाता है, के नाम पर किया गया है।

26. (c) असम में सर्वाधिक अभयारण्य स्थापित हैं, जिनमें शामिल हैं-

- काजीरंगा नेशनल पार्क।
- मानस नेशनल पार्क।
- ओरंग नेशरल पार्क।
- नामेरी नेशनल पार्क।
- डिब्रू सैखोवा नेशनल पार्क।
- दिहांग पटकई नेशनल पार्क।

27. (c)

28. (c) जापान में औद्योगीकरण की प्रक्रिया का प्रारम्भ अन्य यूरोपीय देशों के पश्चात् हुआ था। जापान के औद्योगीकरण में अधिकांश उद्योगों में महिला और बच्चे कामगार के रूप में कार्य करते थे। जापान के उद्योगों में कार्य करने की संस्कृति जापान के जीवन का रहन-सहन का उत्तम स्तर माना जाता था।

29. (b) भारत में आधे से अधिक उत्पादित चावल पश्चिम बंगाल, उत्तर प्रदेश, पंजाब एवं आन्ध्र प्रदेश राज्यों में होता है।

30. (c) भारत में दालों का सबसे बड़ा उत्पादक राज्य मध्य प्रदेश है। राजस्थान एवं उत्तर प्रदेश का दालों के उत्पादन में क्रमश: दूसरा एवं तीसरा स्थान है।

31. (c) राष्ट्रीय पर्यावरण अभियान्त्रिकी संस्थान महाराष्ट्र राज्य के नागपुर शहर में अवस्थित है।

32. (a) विन्ध्य क्षेत्रों में चूना पत्थर के भण्डार पाए जाते हैं। यह प्राचीन युग की परतदार चट्टानों से निर्मित है, जिसमें लाल बलुआ पत्थर बहुतायत से मिलता है। विन्ध्य पर्वतमाला पश्चिम से पूर्व की ओर भटनेर, कैमूर एवं पारसनाथ की पहाड़ियों के रूप में गुजरात से लेकर झारखण्ड तथा बिहार तक विस्तृत है। इसकी औसत ऊँचाई 700 से 12,000 मी. है। यह पर्वतमाला उत्तर भारत को दक्षिण भारत से अलग करती है।

33. (c) मध्य प्रदेश राज्य में सर्वाधिक संख्या में वन्य जीव अभयारण्य (नेशनल पार्क एवं अभयारण्य) अवस्थित हैं।

34. (b) बिसरामपुर लौह-अयस्क खनन के लिए प्रसिद्ध है।

35. (b) जिस प्रकार,

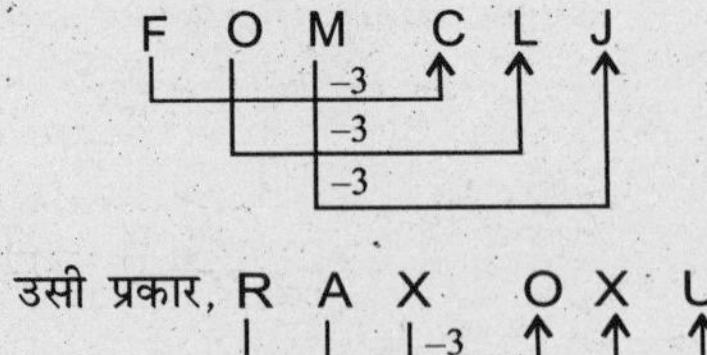

उसी प्रकार, R A X → O X U (−3, −3, −3)

36. (b) जिस प्रकार, 553 : 551 (−2) उसी प्रकार, 447 : 445 (−2)

37. (d) संख्या युग्म '7 – 47' को छोड़कर अन्य सभी संख्या-युग्मों में दूसरी संख्या, पहली संख्या की पूर्ण वर्ग है।

38. (b) अभीष्ट प्रतिशत

$$= \frac{25}{100-25} \times 100 = \left(\frac{25}{75} \times 100\right)\%$$

$$= \frac{100}{3}\% = 33\frac{1}{3}\%$$

39. (b)

$$\because \frac{x}{y} = \frac{3}{4} \therefore \frac{2x+3y}{3x+4y} = \frac{2\times\frac{x}{y}+3}{3\times\frac{x}{y}+4}$$

$$= \frac{2\times\frac{3}{4}+3}{3\times\frac{3}{4}+4} = \frac{\frac{9}{2}}{\frac{25}{4}} = \frac{9\times4}{25\times2} = \frac{18}{25}$$

40. (a) $0.46 \times 0.46 + 0.54 \times 0.54 + 0.92 \times 0.54$

$= (0.46)^2 + (0.54)^2 + 2 \times 0.46 \times 0.54$

$= (0.46 + 0.54)^2 = (1)^2 = 1$

41. (d) (a) बीज एवं बुआई हेतु प्रयुक्त सामग्री का चुनाव करना, (b) भूमि एवं जल प्रबन्ध करना, (c) फसलों के लिए उचित कारण कर्षण क्रियाओं का प्रबन्ध करना ये तीनों विधियाँ **शस्य विज्ञान** के मूलभूत सिद्धान्त हैं।

42. (d)

43. (c) (a) न्यूयार्क-विश्व व्यापार संगठन, (b) वाशिंगटन-विश्व बैंक,(c) जेनेवा-विश्व मौसम संगठन, (d) रोम-विश्व खाद्य संगठन।

44. (a)

(a) एक्स-किरणें एवं गामा-किरणें-ऊर्जा का 9%

(b) दृश्य प्रकाश किरणें - ऊर्जा का 39-41%

(c) अवरक्त किरणें - ऊर्जा का 50-60%

(d) पराबैंगनी किरणें - ऊर्जा का 1%

45. (a)

सूची-I	सूची-II
A. धान	4. 26° से
B. गेहूँ	2. 22° से
C. मक्का	3. 25° से
D. मूँगफली	1. 20° से

46. (b) शरीर क्रियात्मक परिपक्वता के समय फसलों का लगभग 70% पानी समाप्त हो जाता है। तथा शुष्क भार 30% होता है।

47. (b) मूँगफली-आलू-गेहूँ-सोयाबीन C_3 पौधे हैं।

48. (c) पौधों की वृद्धि को प्रभावित करने वाले कारकों की पहचान अब तक 52 हो चुकी है।

49. (b) पौधे श्वसन में कार्बोहाइड्रेट का ऑक्सीकरण करके $6CO_2$ तथा $6H_2O$ निकालते हैं।

50. (b) आर्द्रता प्रतिबल का प्रभाव सबसे अधिक कोशिका फैलाव को प्रभावित करता है उसके बाद कोशिका का विभाजन प्रभावित होता है।

51. (a) पौधे दानों में नाइट्रोजन की आपूर्ति पुरानी पत्तियों से लेते हैं।

52. (b) जब फसलों में फूल आने के बाद वृद्धि रुक जाती है तो उसे परिमिति वृद्धि कहते हैं।

53. (d) फसल खरपतवार प्रतिस्पर्धा कम करने के लिए शाकनाशी का प्रयोग प्रथम सिंचाई के समय किया जाता है।

54. (c) शस्य सूचकांक की गणना जैविक उत्पादन को आर्थिक उत्पाद से भाग देकर की जाती है।

55. (b) पौधों के प्रकाश संश्लेषण में लाल प्रकाश सर्वाधिक उपयोग किया जाता है। पौधों पर पड़ने वाली विकिरण ऊर्जा का 0.42%-1.66% भाग पौधे प्रकाश संश्लेषण में प्रयोग करते हैं।

56. (a) कोशिका वृद्धि एवं कोशिका विभाजन के कारण पौधों में निकली पत्तियों की वृद्धि तेज होती है।

57. (c) एजोफिकेशन में एक प्रकार का राइजोबियम बैक्टीरिया भाग लेता है जो दलहनी फसलों के तनों में पाये जाते हैं। ये जीवाणु इन पौधों में नाइट्रोजन का स्थिरीकरण करते हैं।

58. (b) अधिकतर फसलों के लिए उचित तापक्रम 15° से -40°C होता है।

59. (c) सनई की रेशे वाली फसल 10-12 सप्ताह में तैयार हो जाती है तथा हरी खाद की फसल लगभग 1.5-2 माह में तैयार होती है।

60. (c) (a) जई-5.0-7.5 pH, (b) कपास-6.0-7.5 pH, (c) सेम - 6.0-8.0 pH, (d) आलू - 4.5-6.5 pH.

61. (c) मैग्नीशियम, लोहा, आयोडीन अकार्बनिक पदार्थ है।

62. (b) चारे में पाचक प्रोटीन-(a) नैपियर-9, (b) मक्का साइलेज-3.5, (c) मक्का-1.2, (d) ज्वार-8।

63. (d) सूखा रोग - V + D

रतौंधी - V + A

स्कर्वी - V + C

64. (a) एम.पी. चरी-2, एम.पी. चरी तथा पूरा चरी-1 बहुकटनी है तथा पूसा चरी-1 एक कटनी है।

65. (d)

सूची-I	सूची-II
A. मैग्नीशियम	2. विशेष कार्य क्लोरोफील का निर्माण
B. फास्फोरस	3. प्राइमोरडिया बनाने में सहायक होना
C. पोटेशियम	1. कोशिका निर्माण एवं विभाजन
D. मैंगनीज	4. नत्रजन एवं लोहे की जैविक क्रिया को प्रभावित करता है।

66. (b) पूसा जाइण्ट नेपियर × बाजरा का क्रास है।

67. (d) रानी वन एक स्थानीय प्रजाति है। सी-520 द्विगुणित प्रजाति, जी-27 द्विगुणित प्रजाति तथा विकास एक अमेरिकी प्रजाति है।

68. (b)

69. (d) गन्ने की बुआई फूल निकलने के बाद नहीं करनी चाहिए। क्योंकि इसको प्रयुक्त करने से एक तो जमाव कम होता है दूसरे उत्पादन भी कम हो जाता है।

70. (c) धान की SRI विधि मेडागास्कर से निकाली गयी है। इसमें 5-6 किग्रा बीज प्रति हेक्टेयर बीज की आवश्यकता होती है।

71. (d) सेनिक कीट धान की फसल को बहुत अधिक नुकसान पहुँचाता है। यह घास की बाली को काटकर उसका रस चूसता है।

72. (b) कपास, कुसुम, मण्डुआ में कैप्टान या सेरेशान से शोधन करने के लिए 2ग्रा./किग्रा. की आवश्यकता होती है। जबकि जूल के लिए 5 ग्रा./Kg. Seed की आवश्यकता होती है।

73. (c) सर्वाधिक मक्का की पैदावार रबी के मौसम में होती है। उसके बाद खरीफ के मौसम में तथा सबसे कम जायद के मौसम में होती है।

74. (d) मिस कावी, खदरावी पूसा विशाल आदि किस्में बरसीम की हैं।

75. (c) बाजरे में क्रोनोसोम की संख्या 14 पायी जाती है। यह अफ्रीकी मूल का पौधा है। इसका वानस्पतिक नाम पेन्निसेटम टाइफाइड्स है तथा यह ग्रामिनी कुल का पौधा है।

76. (d) प्रगति और ऋतम्भरा जौ की छिलका रहित प्रजाति नहीं है जबकि गीतांजली तथा करन-3 छिलका रहित प्रजाति है।

77. (b) आलू से फरिना या एल्कोहल, शराब, एसेटिक अम्ल बनाया जाता है। जबकि कागज नहीं बनाया जाता क्योंकि कागज के लिए सेल्यूलोज की आवश्यकता होती है।

78. (d) चने का मूल स्थान दक्षिण पूर्व एशिया है। इसका कुल लेग्यूमिनेसी है तथा क्रोमोसोम संख्या-24 पायी जाती है।

79. (b) आलू के कन्द 30° से - 32°C ताप पर बनना बन्द हो जाते हैं तथा 18°C से -20°C पर आलू के कन्द सर्वाधिक बनते हैं।

80. (c) काफी का उत्पादन तथा क्षेत्रफल दोनों दृष्टि से कर्नाटक का प्रथम स्थान है।

81. (a) (a) पूसा डेलिसियस-गाइनोडायसियस, (b) पूसा मजिस्टी-गाइनोडायलिस, (c) पूसा जाइन्ट-द्विलिंगी, (d) पूसा ड्वार्फ-द्विलिंगी।

82. (a) आलू का सर्वाधिक उत्पादन उत्तर प्रदेश में तथा सबसे कम झारखण्ड में होता है।

83. (b) सेब का फल सेट होते समय Chilling Reguirment की आवश्यकता होती है जो 4.5° से -5.5°C होता है।

84. (b) एन.एस.पी. ऊर्जा भण्डारण, स्थानांतरण एवं आबंधन में उपयुक्त होता है।

85. (a) आँवला को नमक के घोल में 15 दिन तक रखा जा सकता है।

86. (a) नाइट्रोजन उपापचय में मैगनीशियम महत्वपूर्ण भूमिका निभाता है।

87. (c) गाय एवं भैंस का औसत तापमान 101.5° फा. होता है। 98.4° फा. तापक्रम मनुष्य का होता है।

88. (b) एक हेक्टेयर क्षेत्र का बैंगन का बीज 100-150 किग्रा प्राप्त होता है।

89. (a)

90. (d) (a) एपिस फ्लोरिया-भारतीय, (b) एपिस डोरसटा-भारतीय, (c) एपिस सेरना-भारतीय।

91. (b) भेड़ा का प्रजननकरण 7 वर्ष होता है तथा औसत जीवन काल 10-12 वर्ष होता है।

92. (b) एक हेक्टेयर लहसुन की 400-500 किग्रा क्लोव्स की आवश्यकता होती है।

93. (a) एक बकरी को लगभग 0.9-1.0 वर्ग मी. जगह की आवश्यकता होती है।

94. (d)

95. (c) मानसूनी हवाएँ सर्वप्रथम दक्षिण भारत में केरल तट पर एक जून को पहुँचती हैं।

96. (d) गल्ला, गोदामों में अनाजों में लगने वाली प्रमुख फँफूदी-पेनसीलियम तथा एस्परजिलस हैं।

97. (b) प्रकाश संश्लेषण की क्रिया में पौधे भोजन का निर्माण करते हैं। श्वसन क्रिया में फास्फोरिलीकरण में ए.डी.पी. का ए.टी.पी. में परिवर्तन हो जाता है जिससे ऊर्जा निकलता है।

98. (a) 'फैरोमॉन ट्रप' का प्रयोग करके नर शलभ को आकर्षित करके उसे नष्ट किया जाता है।

99. (a) गन्ना, मक्का, सूडान घास, बाजरा C_4 पौधे हैं।

100. (d) **101.** (b) **102.** (c)

103. (b)

गैस		भार प्रतिशत में
(a) नाइट्रोजन	-	75.5270
(b) आक्सीजन	-	23.1340
(c) आर्गन	-	1.2820
(d) कार्बन डाइआक्साइड	-	0.0456

104. (b) पौध अवस्था पर प्रकाश नमी तथा पोषक तत्वों के लिए प्रतिस्पर्धा नहीं होती है।

105. (c) (a) बैरोमीटर-वायुदाब, (c) लाइसीमीटर-वाष्पीकरण, (d) हाइग्रोमीटर-आर्द्रता।

106. (b) **107.** (d) **108.** (a)

109. (b) **110.** (c) **111.** (d)

112. (b) **113.** (c) **114.** (a)

115. (b) **116.** (a) **117.** (c)

118.(c) उत्तर प्रदेश में 12 फसल क्षेत्र हैं। जबकि 9 जलवायु क्षेत्र हैं।

119. (a) पौधों में पर्णरन्ध्रों का खुलना एवं बन्द होना सूर्य प्रकाश पर निर्भर करता है।

120. (d) सिमैजिन खरपतवार नाशी 6 माह से एक वर्ष तक मृदा में रहता है।

❑❑❑

प्रैक्टिस सेट-5

भाग-1: सामान्य अध्ययन

1. निम्नलिखित ऑक्साइडों में से कौन-सा एक पानी में घुलनशील है?

(a) CuO (b) Al_2O_3
(c) Fe_2O_3 (d) Na_2O

2. वायुमण्डलीय दाब पर वह ताप जिस पर कोई ठोस पिघल कर द्रव बन जाता है, उसका गलनांक कहलाता है। किसी ठोस का गलनांक किसका सूचक है?

(a) अन्तराअणुक आकर्षण बलों की प्रबलता
(b) अन्तराअणुक विकर्षण बलों की प्रबलता
(c) आण्विक द्रव्यमान
(d) आण्विक आमाप

3. हृदय सम्बन्धी समस्याओं के निवारण हेतु, किसी सामान्य स्वस्थ व्यक्ति के रक्त में क्या होना चाहिए?

1. कोलेस्टेरॉल का निम्न स्तर
2. उच्च HDL स्तर
3. उच्च VLDL स्तर
4. उच्च LDL स्तर

नीचे दिए गए कूट का प्रयोग कर सही उत्तर चुनिए-

(a) 1 और 2 (b) 1, 2 और 4
(c) 3 और 4 (d) 1, 2 और 3

4. निम्नलिखित तत्वों में से कौन-सा एक, तनु HCl से अभिक्रियाशील न होने से H_2 नहीं बनाएगा?

(a) Hg (b) Al
(c) Mg (d) Fe

5. रोगवाहक और रोगों के निम्नलिखित युग्मों में से कौन-सा/से सही सुमेलित है/हैं?

	रोगवाहक	रोग
1.	एनाफिलीज	मलेरिया
2.	एडीज ऐजिप्टाई	चिकनगुनिया
3.	सेट्सी मक्खी	फाइलेरिया रोग
4.	खटमल	निद्रा-रोग

नीचे दिए गए कूट का प्रयोग कर सही उत्तर चुनिए-

(a) 1, 2 और 3 (b) 1 और 2
(c) 1 और 4 (d) केवल 2

6. कौन-सी संस्था भारत के स्थलाकृतिक मानचित्र बनाती है?

(a) भारतीय भूवैज्ञानिक सर्वेक्षण
(b) भारतीय पुरातत्व सर्वेक्षण
(c) भारतीय सर्वेक्षण विभाग
(d) राष्ट्रीय एटलस एवं थिमैटिक मानचित्रण संगठन

7. निम्नलिखित में से कौन-सी एक अन्तर्राष्ट्रीय सीमा रेखा नहीं है?

(a) ड्रेसडेन रेखा
(b) डूरण्ड रेखा
(c) मैगीनॉट रेखा
(d) 38वीं समानान्तर

8. अमरकण्टक पहाड़ियाँ निम्नलिखित में से किस नदी/किन नदियों का स्रोत हैं?

1. नर्मदा 2. महानदी
3. ताप्ती 4. सोन

नीचे दिए गए कूट का प्रयोग कर सही उत्तर चुनिए-

(a) 1 और 2 (b) केवल 2
(c) 1, 3 और 4 (d) 1, 2 और 4

9. भारत में पहला परमाणु युक्ति विस्फोट किस राज्य में किया गया था?

(a) आंध्र प्रदेश (b) नागालैंड
(c) मणिपुर (d) राजस्थान

10. भारत में, 'करेवा' के रूप में जानी जाने वाली हिमानी वेदिकाएँ निम्नलिखित में से कहाँ मिलती हैं?

(a) सप्त कोसी घाटी
(b) झेलम घाटी
(c) अलकनन्दा घाटी
(d) तीस्ता घाटी

11. भारत के राष्ट्रपति के निर्वाचन से सम्बन्धित निम्नलिखित कथनों में से कौन-सा/से सही है/हैं?

1. पैंतीस वर्ष की आयु से ऊपर का कोई व्यक्ति भारत के राष्ट्रपति के रूप में निर्वाचन के लिए पात्र है।
2. भारत का राष्ट्रपति एक से अधिक अवधि के लिए पुनर्निर्वाचन का पात्र है।
3. कोई व्यक्ति यदि लाभ का पद धारण करता है, तो वह भारत के राष्ट्रपति के लिए निर्वाचन का पात्र नहीं है।

नीचे दिए गए कूट का प्रयोग कर सही उत्तर चुनिए-

(a) 1 और 2 (b) केवल 2
(c) 1, 2 और 3 (d) केवल 3

12. निम्नलिखित मूल अधिकारों में से कौन-सा एक भारत के नागरिकों के पास नहीं है?

(a) भारत के किसी भाग में निवास करने और बस जाने का अधिकार
(b) सम्पत्ति अर्जन, धारण और व्ययन का अधिकार
(c) कोई वृत्ति करने का अधिकार
(d) सहकारी समितियाँ बनाने का अधिकार

13. निम्नलिखित अधिनियमों में से किस एक ने भारतीयों को पहली बार, कम-से-कम सैद्धान्तिक रूप से, ब्रिटिश भारतीय प्रशासन में उच्चतर पदों पर प्रवेश की अनुमति दी?

(a) चार्टर एक्ट, 1813
(b) चार्टर एक्ट, 1833
(c) चार्ल्स वुड्स एजुकेशन डिस्पैच, 1854
(d) इण्डियन काउंसिल्स एक्ट, 1961

14. भारत के संविधान की अनुसूची तथा उसके विषय के निम्नलिखित युग्मों में से कौन-सा एक सही सुमेलित नहीं है?

(अनुसूची)	(विषय)
a. आठवीं अनुसूची	1. भाषाएँ

b.	दूसरी अनुसूची	2. शपथ या प्रतिज्ञान के प्रारूप
c.	चौथी अनुसूची	3. राज्यसभा में स्थानों का आबंटन
d.	दसवीं अनुसूची	4. दल-बदल के आधार पर निरर्हता के बारे में उपबन्ध

15. लोकसभा का अध्यक्ष किसको सम्बोधित लेख द्वारा अपना पद त्याग सकेगा?

(a) भारत का राष्ट्रपति
(b) भारत का प्रधानमन्त्री
(c) भारत का उपराष्ट्रपति
(d) लोकसभा का उपाध्यक्ष

16. आदि शंकराचार्य द्वारा स्थापित चार मठ कहाँ स्थित हैं?

(a) श्रृंगेरी, द्वारका, जोशीमठ, प्रयाग
(b) द्वारका, जोशीमठ, प्रयाग, काँची
(c) जोशीमठ, द्वारका, पुरी, श्रृंगेरी
(d) पुरी, श्रृंगेरी, द्वारका, वाराणसी

17. चुनारगढ़ में अनूप वेदिका है, जिनकी वे हैं–

(a) आदि शंकराचार्य
(b) भर्तृहरि
(c) चैतन्य
(d) रामानंद

18. निम्न कथनों पर विचार कीजिए–

कथन (A) : मुहम्मद तुगलक की प्रतीक मुद्रा (Token Money) योजना असफल सिद्ध हुई।

कारण (R) : मुहम्मद तुगलक का मुद्रा निर्गमन पर उचित नियन्त्रण नहीं था।

सही उत्तर का चयन नीचे दिए गए कूट से कीजिए–

कूट :

(a) A तथा R दोनों सही हैं और R, सही व्याख्या है A की
(b) A तथा R दोनों सही हैं, परन्तु R, सही व्याख्या नहीं है A की
(c) A सही है, किन्तु R गलत है
(d) A गलत है, किन्तु R सही है

19. 'सर्वेन्ट्स ऑफ इण्डिया सोसाइटी' के संस्थापक कौन थे?

(a) मदन मोहन मालवीय
(b) सरोजिनी नायडू
(c) जस्टिस रानाडे
(d) गोपाल कृष्ण गोखले

20. भारत में अंग्रेजों ने प्रथम मदरसा कहाँ स्थापित किया था?

(a) मद्रास में (b) बम्बई में
(c) अलीगढ़ में (d) कलकत्ता में

21. निम्नलिखित में से किसके पक्षधर नेहरू थे, किन्तु गाँधी नहीं थे?

(a) सत्य (Truth)
(b) अहिंसा (Non-Violence)
(c) अस्पृश्यता (Untouchability)
(d) भारी औद्योगीकरण (Heavy Industrialization)

22. सोयाबीन में नत्रजन स्थिरीकरण (Fixing Nitrogen) के लिए जिम्मेदार बैक्टीरिया है–

(a) राइजोबियम लैग्यूमिनोसैरम
(b) राइजोबियम जैपोनिकम
(c) राइजोबियम फैजियोलाई
(d) राइजोबियम ट्राइफोली

23. फसल लोगिंग विधि है–

(a) भूमि उर्वरता मूल्यांकन की
(b) फसलोत्पादन के लिए पोषक तत्वों की आवश्यकता जानने के लिए पौध विश्लेषण
(c) फसलों के नुकसान को जानने की
(d) उर्वरकों की उपयोगिता परीक्षण की

24. भारत के सभी जैवमण्डलीय आरक्षित क्षेत्रों में से चार को UNESCO द्वारा विश्व जालतन्त्र में मान्यता दी गई है। निम्नलिखित में से कौन-सा एक उनमें से नहीं है?

(a) मन्नार की खाड़ी
(b) कंचनजंगा
(c) नन्दा देवी
(d) सुन्दरवन

25. निम्नलिखित पर विचार कीजिए–

1. धान के खेत 2. कोयले का खनन
3. पालतू पशु 4. आर्द्र भूमि

(a) 1 और 4 (b) 2 और 3
(c) 1, 2 और 3 (d) ये सभी

26. निम्नलिखित क्षेत्रों पर विचार कीजिए–

1. पूर्वी हिमालय
2. पूर्वी भूमध्यसागरीय क्षेत्र
3. उत्तर-पश्चिमी ऑस्ट्रेलिया

उपरोक्त कथनों में से कौन-सा/से जैव-विविधता का/के हॉट-स्पॉट है/हैं?

(a) केवल 1 (b) 1 और 2
(c) 2 और 3 (d) ये सभी

27. हिन्दू संवृद्धि दर का सम्बन्ध किस संवृद्धि दर से है?

(a) सकल राष्ट्रीय उत्पाद (GDP)
(b) जनसंख्या (Population)
(c) खाद्यान्न (Foodgrains)
(d) प्रति व्यक्ति आय (Per Capita Income)

28. भारत सरकार की राजकोषीय नीति (Fiscal Policy) का निम्न में से कौन एक उद्देश्य नहीं है?

(a) पूर्ण रोजगार (Full Employment)
(b) मूल्य स्थिरता (Price Stability)
(c) अन्तर्राज्यीय व्यापार का नियमन
(d) धन तथा आय का न्यायोचित वितरण

29. भारत में राष्ट्रीय आय का प्राक्कलन किया जाता है–

(a) योजना आयोग द्वारा
(b) केन्द्रीय सांख्यिकी संगठन द्वारा
(c) भारतीय सांख्यिकी संगठन द्वारा
(d) राष्ट्रीय प्रतिदर्श सर्वेक्षण संगठन द्वारा

30. निम्नलिखित में से किस एक समिति ने उद्योग में लघु क्षेत्र के लिए वस्तुओं का आरक्षण समाप्त करने की संस्तुति की?

(a) आबिद हुसैन समिति
(b) नरसिम्हन समिति
(c) नायक समिति
(d) राकेश मोहन समिति

31. मौद्रिक नीति का निर्माण भारत में कौन करता है?

(a) सेबी (b) आर.बी.आई.
(c) वित्त मन्त्रालय (d) योजना आयोग

32. उत्तर प्रदेश एवं मध्य प्रदेश राज्यों में संयुक्त 'राजघाट नदी घाटी परियोजना' लागू की गई है–

(a) केन नदी पर
(b) सोन नदी पर
(c) चम्बल नदी पर
(d) बेतवा नदी पर

33. उत्तर प्रदेश में विशिष्ट आर्थिक जोन स्थापित किए जा रहे हैं–

(a) आगरा, कानपुर और नोएडा में
(b) आगरा, कानपुर और ग्रेटर नोएडा में
(c) मेरठ, मुरादाबाद, कानपुर और नोएडा में
(d) मुरादाबाद, कानपुर, नोएडा और ग्रेटर नोएडा में

34. उत्तर प्रदेश विभाजित किया गया है–

(a) 11 शस्य-जलवायु क्षेत्रों में
(b) 9 शस्य-जलवायु क्षेत्रों में
(c) 7 शस्य-जलवायु क्षेत्रों में
(d) उपरोक्त में से कोई नहीं

35. एक अनुक्रम दिया गया है, जिसमें से एक पद लुप्त है। दिए गए विकल्पों में से वह सही विकल्प चुनिए, जो अनुक्रम को पूरा करे–

XPK, VNJ, TLH, RJE, ?
(a) PHB (b) OIA
(c) OIB (d) PHA

36. तैराकों की एक पंक्ति में, मनीष बायें छोर से 23वाँ है। रमेश, मनीष से 11 स्थान बायीं ओर है। यदि रमेश दायें छोर से 16वाँ है, तो इस पंक्ति में कितने तैराक हैं ?
(a) 28 (b) 27
(c) 30 (d) 29

37. एक विशिष्ट कोड भाषा में, "FRAME" को "79635" लिखा जाता है तथा "TOWEL" को "21854" लिखा जाता है। इस कोड भाषा में "WORM" को किस प्रकार लिखा जाएगा?
(a) 9376 (b) 8193
(c) 9183 (d) 1593

38. यदि 42 आदमी किसी काम को 15 दिन में पूरा कर सकते हैं तो उसी काम को 21 दिन में पूरा करने के लिए कितने आदमी चाहिए?
(a) 24 (b) 26
(c) 30 (d) इनमें से कोई नहीं

39. 210 मीटर लम्बी ट्रेन जिसकी गति 63 किमी/घंटा है, वो एक सिग्नल पोल को कितने समय में पार कर जाएगी?
(a) 12 सेकेंड (b) 14 सेकेंड
(c) 15 सेकेंड (d) 18 सेकेंड

40. नरेन ने अपनी साईकिल 20% लाभ पर बेच दी। अगर उसने उसे 1,250 ₹ में बेचा होता, तो उसे 25% लाभ हुआ होता। उसने किस मूल्य पर साईकिल खरीदी थी?
(a) ₹ 1,200 (b) ₹ 1,250
(c) ₹ 1000 (d) ₹ 1,100

भाग-2: कृषि

41. धान तथा गेहूँ में कितने-कितने पुंकेसर पाये जाते हैं?
(a) 3, 3 (b) 6, 6
(c) 3, 6 (d) 6, 3

42. परागकोश कितने पराग पुटों में बँटा होता है?
(a) एक (b) दो
(c) तीन (d) चार

43. ''म्यूटेशन रिसर्च'' पुस्तक किसने लिखी थी?
(a) मुलर (b) ओरबेक
(c) स्टेडलर (d) निल्सन-इनले

44. सामान्यतया धान्य फसलों में कमी पायी जाती है-
(a) लाईसिन की (b) मेथियोनाइन की
(c) ट्रिप्टोफेन की (d) प्रोटीन की

45. कॉकसिडा (Coccidia) का सम्बन्ध है-
(a) अकेन्थेसिफाला से
(b) प्रोटोजोआ से
(c) प्रोटिस्टा से
(d) प्रोटोफाइटा से

46. केनौला (Canola) का सम्बन्ध है-
(a) सरसों से (b) कुसुम से
(c) नाइजर से (d) सूरजमुखी से

47. किस पशु में चारा खाने की आदत ब्राउजिंग (Browsing) कहलाती है?
(a) भेड़ (b) ऊँट
(c) बकरी (d) खरगोश

48. टीनिया सोलियम के लार्वा रूप को कहते हैं-
(a) सिस्टीसरकोइडी
(b) कोनूरस
(c) सिस्टीसरकस सेल्यूलोज
(d) सरकोसिस्टिस

49. ट्रिमेटोइस है-
(a) फीता कृमि
(b) गोल कृमि
(c) एक कोशिकीय जीव
(d) पिन् कृमि

50. स्थाई मुरझान बिन्दु (PWP) पर पी.एफ. मान होता है-
(a) 0.0 (b) 2.54
(c) 4.2 (d) 6.0

51. कौन-सा खनिज फॉस्फेट का अच्छा स्त्रोत है?
(a) डोलोमाइट (b) ऐपेटाइट (Apatite)
(c) संगमरमर (d) पाइराइट

52. रक्त का लाल रंग किसके कारण होता है?
(a) हीमोग्लोबिन (b) मायोग्लोबिन
(c) फेरीटिन (d) केलसिक्वेस्ट्रोन

53. पशमीना (Pashmina) है-
(a) अंगोरा बकरी के बाल
(b) भैंस के बाल
(c) कश्मीरी बकरी के बाल
(d) बकरी का मांस

54. आलू का उद्गम स्थल है-
(a) चीन (b) दक्षिण अमेरिका
(c) उष्ण अमेरिका (d) अफ्रीका

55. नीले रंग का टेग किसके लिए निर्गत होता है?
(a) आधारीय बीज (b) पंजीकृत बीज
(c) प्रमाणित बीज (d) केन्द्रक बीज

56. भृंग किस गण में आते हैं?
(a) डिप्टेरा (b) कोलियोप्टेरा
(c) लेपीडोप्टेरा (d) आईसोप्टेरा

57. 'पूसा जय किसान' कायिक क्लोनीय है-
(a) बासमती धान का
(b) भारतीय सरसों का
(c) साईट्रोनेला जावा का
(d) खेसारी का

58. कीटों का वर्गीकरण एवं नामकरण किस नियम एवं शाखा के अन्तर्गत आता है?
(a) आकारिकी (b) शारीरिकी
(c) वर्गीकी (d) पारिस्थितिकीय

59. विनिमय किस अवस्था में होता है?
(a) लेप्टोटीन (b) जाइगोटीन
(c) पेचीटीन (d) डिप्लोटीन

60. किस कीट में चुभाने व चूसने वाले मुख भाग पाये जाते हैं?
(a) हेमीप्टेरा (b) ओरथोप्टेरा
(c) लेपीडोप्टेरा (d) आईसोप्टेरा

61. अगुणित किस प्रकार के युग्मक पैदा करते हैं?
(a) n+1 (b) n–1
(c) n (d) n–1–1

62. आलू के शलभ कीट की क्षति अवस्था है-
(a) सूंडी (b) वयस्क
(c) कृमिकोष (d) इनमें से सभी

63. सुप्रतिष्ठित गन्ने का वानस्पतिक नाम है-
(a) सेकेरम ओफिसीनेरम
(b) सेकेरम बारबेरी
(c) सेकेरम स्पोन्टेनीअस
(d) सेकेरम साइनेन्सिस

64. कौन-सा रसायन विपरीत लिंग के कीट को आकर्षित करता है?
(a) फेरोमॉन्स (b) हॉर्मोन्स
(c) एलोमोन्स (d) केरोमोन्स

65. सफेद भृंगक का वैज्ञानिक नाम है-
(a) हेलिकोवरपा आरमिजेरा
(b) होलोट्राइकिया कोन्सेन्गोनिया
(c) स्पोडोप्टेरा लाइटूरा
(d) बमेसिया टबेसाई

66. निम्न में से कौन-सी 'किसान खाद' है?
(a) अमोनिया सल्फेट
(b) यूरिया

(c) कैल्सियम अमोनियम नाइट्रेट
(d) इनमें से कोई नहीं

67. मूँगफली के उत्पादन में अग्रणी राज्य है-
(a) उत्तर प्रदेश (b) राजस्थान
(c) हरियाणा (d) गुजरात

68. सरसों के तेल में तीखापन (Pungency) किसके कारण होता है?
(a) फीनॉलस
(b) अमीनो अम्ल
(c) ग्लूकोसीनोलेट्स
(d) इरूसिक अम्ल

69. छिलके (Dehulled) वाले चावल को कहते हैं-
(a) सफेद चावल (b) भूरा चावल
(c) लाल चावल (d) ग्रे चावल

70. रोपित धान (Transplanted rice) की बीजदर होती है-
(a) 25-30 कि.ग्रा./हेक्टर
(b) 35-40 कि.ग्रा./हेक्टर
(c) 45-60 कि.ग्रा./हेक्टर
(d) 10-15 कि.ग्रा./हेक्टर

71. धान में नत्रजन उर्वरक उपयोग क्षमता किसके द्वारा बढ़ाई जा सकती है?
(a) सल्फर-कोटेड यूरिया
(b) यूरिया सुपर ग्रेनुल्स
(c) नील हरित शैवाल
(d) (a) व (b) दोनों

72. कपास में अनुकूल उत्पादन लेने के लिये आवश्यक पौध संख्या (प्रति हेक्टर) रखनी चाहिये-
(a) 25000-50000 (b) 30000-60000
(c) 50000-80000 (d) 80000-100000

73. निम्नलिखित रोगों में से कौन सा रोग जुओनोटिक्स (Zoonotics) नहीं है?
(a) एन्थ्रैक्स (b) रेबीज़
(c) टी.बी. (d) ब्लैक क्वार्टर

74. बर्फ के पिघलने पर जल का कुल आयात ....।
(a) बढ़ता है (b) स्थिर रहता है
(c) घटता है (d) इनमें से कोई नहीं

75. तम्बाकू की आदर्श बीजदर होनी चाहिये (किग्रा/हेक्टेयर)
(a) 0.5 (b) 2-3
(c) 3-4 (d) 5-6

76. गेहूँ का पुष्पक्रम (Inflorescence) कहलाता है-
(a) बाली (Ear)
(b) रेसीम (Raceme)
(c) पेनीकल (Panicle)
(d) अम्बेल (Umbel)

77. कौन-से पोषक तत्वों का ग्रुप N_2 स्थिरीकरण में भाग लेता है?
(a) P.S. Mo (b) P.S. Co
(c) P.Mo.Co (d) इनमें से सभी

78. नीचे दिये गये पोषक तत्वों में प्राथमिक पोषक तत्व नहीं है-
(a) N (b) S
(c) K (d) P

79. 'पेलोफास' खाद में P_2O_5 कितना प्रतिशत पाया जाता है?
(a) 12 (b) 11
(c) 16 (d) 18

80. गन्ने में 'पहला झुलसा' किस पोषक तत्व की कमी से होता है?
(a) Zn (b) Mn
(c) Fe (d) P

81. किस तत्व की वजह से मृदा का रंग सफेद है?
(a) आयरन
(b) सिलिका
(c) मैंगनीज ऑक्साइड
(d) इनमें से सभी

82. सर्वप्रथम सूक्ष्मजीव किसने देखा?
(a) लूइस पाश्चर
(b) एन्टनी वान ल्यूवेनहॉक
(c) राबर्ट कोच
(d) जॉन टिन्डल

83. सूक्ष्मजीव जो अधिकतम तापमान पर जीवित रह सकते हैं, है-
(a) मीसोफिल्स (b) थर्मोफिल्स
(c) फाइक्रोफिल्स (d) इनमें से कोई नहीं

84. इन्डोप्लास्मिक रेटीकुलम उपस्थित होता है-
(a) जीवाणु में (b) विषाणु में
(c) शैवाल में (d) इनमें से सभी

85. जीवाणुभोजी विषाणु है-
(a) शैवाल विषाणु (b) जीवाणु विषाणु
(c) कवक विषाणु (d) प्रोटोजोआ विषाणु

86. एल्फा और बीटा ट्यूबुलीन प्रोटीन अवयव है-
(a) एक्टिन फिलामेन्ट्स का
(b) इन्टरमीडिएट का
(c) सूक्ष्म ट्यूब्युल्स का
(d) इनमें से सभी

87. निम्न में कौन-सा समीकरण ठीक है?
(a) DPD = O.P. – T.P.
(b) DPD = O.P. + T.P.
(c) DPD = O.P. + T.P.
(d) इनमें से कोई नहीं

88. सेल का जीवित होना जरूरी नहीं है-
(a) बिन्दु स्राव के लिए
(b) वाष्पोत्सर्जन के लिए
(c) वाष्पन के लिए
(d) इनमें से सभी

89. किस प्रकार के पौधों में रात्रि के समय रन्ध्र खुलते हैं?
(a) CAM पौधों में (b) C_3 पौधों में
(c) C_4 पौधों में (d) इनमें से कोई नहीं

90. एक स्वस्थ वयस्क मनुष्य को रोजाना अपने भोजन CHO लेना चाहिए-
(a) 100-200 ग्राम (b) 400-500 ग्राम
(c) 700-900 ग्राम (d) इनमें से कोई नहीं

91. पौधों में बिन्दु स्राव किसके द्वारा होता है?
(a) रन्ध्रों द्वारा
(b) हाइडाथेड्स द्वारा
(c) (a) व (b) दोनों के द्वारा
(d) इनमें से कोई नहीं

92. पशु मांस एक अच्छा स्रोत है-
(a) सीएचओ का (b) प्रोटीन का
(c) विटामिन का (d) हरित लवक का

93. प्रकाश श्वसन किसके द्वारा रुक जाता है?
(a) 2, 4-डाईनाट्रोफिनाल
(b) CMU और DCMU
(c) a-हाइड्रोक्सी सल्फोनेट्स
(d) इनमें से कोई नहीं

94. सुखड़ी (हड्डी कमजोर) रोग किसकी कमी से होता है-
(a) विटामिन C (b) विटामिन A
(c) विटामिन D (d) विटामिन E

95. ग्लाइकोलिसिस की क्रिया केवल होती है-
(a) आक्सीजन की उपस्थिति में
(b) आक्सीजन की अनुपस्थिति में
(c) (a) व (b) दोनों
(d) इनमें से कोई नहीं

96. निम्न में ग्लिसराइड कौन है?
(a) नारियल तेल (b) मिट्टी का तेल
(c) प्रमुख तेल (d) केटेचोल

97. किस अमीनो एसिड में सल्फर पाया जाता है?
(a) सिस्टीन (b) वेलीन
(c) आईसोलूसिन (d) इनमें से कोई नहीं

98. दुग्ध शर्करा है-
(a) फ्रक्टोस (b) लेक्टोस
(c) माल्टोस (d) सुक्रोस

99. हरित क्रांति मुख्यतः सफल रही-
(a) धान के लिए (b) गेहूँ के लिए
(c) मक्का के लिए (d) चना के लिए

100. भारतीय कृषि अनुसंधान परिषद द्वारा वर्गीकृत सस्य मौसम और पारिस्थितिकी जोन की संख्या क्रमशः है-
(a) 8, 131 (b) 131, 8
(c) 15, 131 (d) 21, 15

101. निम्नलिखित मृदाओं में से किस मृदा की द्रवचालित (Hydraulic conductivity) सबसे कम होती है?
(a) अम्लीय मृदा (b) लवणीय मृदा
(c) दोमट मृदा (d) क्षारीय मृदा

102. बन्ड फोरमर (Bund former) से बनाई जाती है-
(a) कुंड (Furrows)
(b) मेड़ (Rides/bunds)
(c) मृदा को समतल किया जाता है
(d) उपरोक्त सभी

103. Q/I के सम्बन्ध की अवधारणा (Quantity/ Intensity relationship) किसने विकसित की?
(a) मिचर्लिक ने (b) बेकेट ने
(c) स्कोफिल्ड ने (d) मार्टिन ने

104. सोयाबीन का उत्पत्ति स्थल (origin place) है-
(a) भारत (b) चीन
(c) उष्ण अमेरिका (d) जापान

105. भैंस के दूध का रंग होता है-
(a) सफेद
(b) पीलापन लिए हुए सफेद
(c) पीला
(d) लाल

106. विश्व का सर्वाधिक (Highest) दूध उत्पादन करने वाला देश है-
(a) सं. रा. अमेरिका
(b) सी.आई.एस.
(c) स्विटज़रलैंड
(d) भारत

107. ओराइज़ा सेटाइवा (जोकि diploid species है) में क्रोमोसोम की संख्या होती है-
(a) 18 (b) 24
(c) 28 (d) 42

108. मानव में रक्त समूहों की खोज की-
(a) वाल्डेयर ने
(b) डब्ल्यू. फ्लेमिंग ने
(c) एच.जे. मूलर ने
(d) लेन्डस्टेनर ने

109. मांस उत्पादन के लिये पक्षियों का पालन कहलाता है-
(a) लेयर
(b) ब्रोयलर
(c) कल्ड् (culled)
(d) उपरोक्त में से कोई नहीं

110. गेहूँ में कल्ले फुटान (Tillering) के लिये अनुकूल तापमान चाहिये-
(a) 10-15°C (b) 16-20°C
(c) 20-23°C (d) 23-25°C

111. विपणन योग्य फसल उपज और वाष्पीकरण में उपयोग हुए जल के अनुपात को कहते हैं-
(a) जल उपयोग क्षमता
(b) पूर्ण उपयोग क्षमता
(c) क्षेत्र जल उपयोग क्षमता
(d) आर्थिक सिंचाई क्षमता

112. धान की जल भराव की स्थिति में किस खाद को नहीं डालना चाहिए?
(a) अमोनियम क्लोराइड
(b) यूरिया
(c) सोडियम नाइट्रेट
(d) इनमें से कोई नहीं

113. निम्न फसल चक्रों में कौन-सा फसल चक्र मृदा पोषण के स्तर को बढ़ाता है?
(a) ज्वार-गेहूँ (b) धान-गेहूँ
(c) बाजरा-गेहूँ (d) मूँगफली-गेहूँ

114. बूंद सिंचाई किन क्षेत्रों में लाभदायक है?
(a) सूखा क्षेत्र में
(b) नमी क्षेत्र में
(c) उच्च वर्षा क्षेत्र में
(d) इनमें से कोई नहीं

115. निम्न में कौन-सी संयुक्त खाद है?
(a) अमोनियम सल्फेट नाइट्रेट
(b) कैल्सियम अमोनियम नाइट्रेट
(c) सिंगल सुपरफास्फेट
(d) अमोनियम फास्फेट

116. एसआरआई तकनीक प्रयोग की जाती है-
(a) धान में (b) गेहूँ में
(c) मक्का में (d) मूँगफली में

117. टीपीएस तकनीक सम्बन्धित है-
(a) टमाटर से (b) आलू से
(c) गन्ना से (d) इनमें से सभी से

118. भारत में गेहूँ का जीन बैंक कहाँ स्थित है?
(a) आई.ए.आर.आई. नई दिल्ली में
(b) करनाल में
(c) लुधियाना में
(d) कानपुर में

119. अलैंगिक प्रजनन सम्बन्धित है-
(a) स्वनिषेचन से (b) परनिषेचन से
(c) असंगजनन से (d) संगजनन से

120. स्वपरागण सम्बन्धित है-
(a) परनिषेचन से
(b) भिन्नकाल पक्वता से
(c) स्वनिषेचन से
(d) स्वअनिषेच्य उभयलिंगिता से

व्याख्या सहित उत्तर

1. (d) सोडियम ऑक्साइड, सोडियम हाइड्रॉक्साइड का क्षारीय ऐनहाइड्राइड है जो जल में विलेय होकर सोडियम हाइड्रॉक्साइड उत्पन्न करता है। इसका उपयोग चीनी-मिट्टी उद्योग में होता है।

$$Na_2O + H_2O \longrightarrow 2NaOH$$

2. (a) ठोस का गलनांक अन्तराअणुक आकर्षण बलों की प्रबलता का सूचक है। ठोस के तापमान को बढ़ाने पर उसके कणों की गतिज़ ऊर्जा बढ़ जाती है। गतिज ऊर्जा में वृद्धि होने के कारण कण अधिक तेजी से कम्पन करने लगते हैं। ऊष्मा के द्वारा प्रदत्त की गई ऊर्जा कणों के बीच के आकर्षण बल को पार कर लेती है। इस कारण कण अपने नियत स्थान को छोड़कर अधिक स्वतन्त्र होकर गति करने लगते हैं। एक ऐसी अवस्था आती है, जब ठोस पिघल कर द्रव में परिवर्तित हो जाता है किसी ठोस का गलनांक उसके कणों के बीच के आकर्षण बल की सामर्थ्य को दर्शाता है।

3. (a) उच्च घनत्व वाले लिपोप्रोटीन (HDL) हृदय रोगों के निवारण में सहयोग देते हैं। HDL का उच्च स्तर VLDL के निम्न स्तर से सीधे सम्बन्धित है। हृदय रोगों से बचने के लिए कॉलेस्ट्रॉल का निम्न स्तर होना चाहिए। HDL को अच्छा कॉलेस्ट्रॉल भी कहा जाता है यह हृदय रोगों से रक्षा करता है।

4. (a) अभिक्रियाशीलता समूह में Hg का स्थान अन्य सभी क्रियाशील धातुओं की अपेक्षा कम

क्रियाशील होता है इसलिए Hg का मान अभिक्रियाशील न होने से H_2 नहीं बनाएगा।

5. (b) मलेरिया रोग का वाहक एनाफिलीज मच्छर है यह रोग प्लाज्मोडियम के कारण उत्पन्न होता है। फाइलेरिया रोग बाउकेरिया बैनेक्रोफ्टाई के कारण उत्पन्न होता है तथा इस रोग का वाहक मादा क्यूलेक्स होती है। निद्रा-रोग का वाहक सैण्डफ्लाई या ग्लोसिना पैल्पेलिस होता है तथा यह रोग ट्रिपैनोसोमा गैम्बिपन्स के कारण उत्पन्न होता है। चिकनगुनिया का वाहक ऐडीज ऐजिप्टाई नामक मच्छर होता है तथा यह रोग अल्फा विषाणुओं के संक्रमण से उत्पन्न होता है।

6. (c) भारत के स्थलाकृतिक मानचित्र बनाने का कार्य भारतीय सर्वेक्षण विभाग करता है। विज्ञान एवं प्रौद्योगिकी विभाग के अन्तर्गत आने वाला भारतीय सर्वेक्षण, राष्ट्रीय सर्वेक्षण और मानचित्रण संगठन भारत सरकार का सबसे पुराना वैज्ञानिक विभाग है। यह देश के क्षेत्र का पता लगाने और उसका मानचित्रण करने, शीघ्र और समेकित विकास के लिए आधार नक्शे उपलब्ध कराने और प्रगति के लिए सभी संसाधनों के पूर्ण उपयोग और देश की समृद्धि और सुरक्षा सुनिश्चित करने के लिए उत्तरदायी है।

7. (a) डूरण्ड रेखा पाकिस्तान और अफगानिस्तान के बीच वर्ष 1886 में सर मार्टिमर डूरण्ड द्वारा निर्धारित की गई थी। 38वीं समानान्तर रेखा उत्तर कोरिया तथा दक्षिण कोरिया को दो भागों में बाँटती है। मैगीनॉट रेखा जर्मनी तथा फ्रांस के बीच स्थित है। जर्मनी के आक्रमण से बचाव के लिए फ्रांस ने यह रेखा बनाई थी। ड्रेसडेन जर्मनी का एक शहर है।

8. (d) नर्मदा नदी मध्य प्रदेश तथा छत्तीसगढ़ की सीमा के निकट अमरकण्टक नामक पहाड़ी से निकलकर भड़ौच के निकट अरब सागर में जा गिरती है। महानदी छत्तीसगढ़ में अमरकण्टक श्रेणी के दक्षिण में रायपुर जिले से निकलती है और ओडिशा से बहती हुई बंगाल की खाड़ी में जा गिरती है। ताप्ती नदी मध्य प्रदेश के बेतुल जिले में महादेव की पहाड़ियों के दक्षिण से उत्पन्न होती है तथा सूरत के निकट खम्भात की खाड़ी में गिर जाती है। सोन नदी मध्य प्रदेश में अमरकण्टक नामक पहाड़ से निकलकर पटना में गंगा में मिल जाती है।

9. (d)

10. (b) करेवा कश्मीर घाटी के झील निक्षेप हैं। इनमें हिमानी के मोटे निक्षेप तथा हिमोढ़ उपस्थित होते हैं। निक्षेप तथा हिमोढ़ों के अन्दर अन्य पदार्थ भी पाए जाते हैं। जम्मू-कश्मीर में पीर-पंजाल श्रेणी के पार्श्वों में 1500 से 1800 मीटर की ऊँचाई पर करेवा मिलते हैं। कश्मीर घाटी की करेवा में लिग्नाइट प्राप्त होने के संकेत भी मिले हैं।

11. (c) संविधान के अनुच्छेद 58 में राष्ट्रपति पद के लिए योग्यताओं का वर्णन किया गया है। इस अनुच्छेद के अनुसार उम्मीदवार को भारत का नागरिक होना चाहिए। वह 35 वर्ष की आयु पूर्ण कर चुका हो। वह लोकसभा का सदस्य निर्वाचित होने के लिए अर्हित हो। वह संघ सरकार में अथवा किसी राज्य सरकार में अथवा किसी स्थानीय प्राधिकरण में अथवा किसी सार्वजनिक प्राधिकरण में लाभ के पद पर न हो। भारत का राष्ट्रपति एक से अधिक अवधि के लिए पुनर्निर्वाचन का पात्र है।

12. (b) भारतीय संविधान के अनुच्छेद-19 के तहत भारत के नागरिक को भारत के राज्य क्षेत्र के किसी भाग में निर्बाध घूमने और बस जाने या निवास करने का अधिकार प्राप्त है। कोई भी वृति, व्यापार या कारोबार करने का अधिकार प्राप्त है। 44वें संविधान संशोधन अधिनियम 1978 के द्वारा मूल अधिकारों की सूची में से सहमति का अधिकार समाप्त किया गया और इसे केवल विधिक अधिकार बनाया गया। 97वें संविधान संशोधन अधिनियम के द्वारा सहकारी समिति बनाने का अधिकार अनुच्छेद-19 के तहत एक मौलिक अधिकार है। ज्ञातव्य है कि भारतीय संविधान के भाग-3 में अनुच्छेद-12 से अनुच्छेद-35 तक मौलिक अधिकारों का विवरण दिया गया है।

13. (b) 1833 के चार्टर एक्ट में यह उल्लेख किया गया कि सरकारी सेवाओं में प्रत्येक व्यक्ति को बिना किसी भेदभाव के योग्यतानुसार नौकरी दी जाएगी अर्थात् धर्म, जन्म स्थान, वंश, जाति और रंग के आधार पर सरकारी सेवा में प्रवेश के लिए कोई भेदभाव नहीं बरता जाएगा। इस एक्ट के द्वारा सिविल सेवकों के चयन के लिए खुली प्रतियोगिता का आयोजन शुरू करने का प्रयास किया गया।

14. (b) राष्ट्रपति, उपराष्ट्रपति सहित भारत के उच्च पदाधिकारियों के वेतन भत्ते से दूसरी अनुसूची है।

15. (d) संविधान में दी गई तीन परिस्थितियों में लोकसभा अध्यक्ष का कार्यकाल समय से पहले समाप्त हो सकता है

- यदि वह सदस्य सदन का सदस्य नहीं रहा।
- यदि वह लोकसभा उपाध्यक्ष को सम्बोधित अपने हस्ताक्षर सहित लेख द्वारा पद त्याग करे तथा
- यदि लोकसभा के तत्कालीन सभी सदस्य बहुमत से पारित संकल्प द्वारा उसके पद से हटाए। ऐसा संकल्प तब तक प्रस्तावित नहीं किया जाएगा जब तक कि उस संकल्प को प्रस्तावित करने के आशय की कम-से-कम 14 दिन की सूचना न दी गई हो (अनुच्छेद-94)।

16. (c) आदि शंकराचार्य द्वारा स्थापित चार मठ इस प्रकार हैं–

1. शृंगेरी-कर्नाटक (दक्षिण में)
2. द्वारका-गुजरात (पश्चिम में)
3. पुरी-उड़ीसा (पूर्व में)
4. ज्योतिर्मठ/जोशीमठ-उत्तराखण्ड (उत्तर में)

आदि शंकराचार्य ने हिन्दू धर्म के पथ प्रदर्शन के लिए उपरोक्त चार मठों की स्थापना की थी। इनका जन्म 686 ई. में केरल के कलाडी में हुआ था एवं इन्होंने 718 ई. में उत्तराखण्ड के केदारनाथ में महासमाधि ली थी।

17. (b) चुनारगढ़ पूर्वी उत्तर प्रदेश के चुनार में स्थित है। 3400 वर्ग गज में फैले इस गढ़ के अन्दर सोनवा मण्डप, बावन खम्भा, सौर घड़ी तथा भर्तृहरि की समाधि आदि दर्शनीय विरासतें हैं।

18. (a) अलबरूनी, मुहम्मद-बिन-तुगलक की पाँच मुख्य योजनाओं का प्रमुख रूप से उल्लेख करता है जिसमें सांकेतिक मुद्रा जारी कराना भी है। मुहम्मद-बिन-तुगलक ने चीन के 'कुबलई खाँ' और ईरान के 'गाई खातू' से प्रेरणा प्राप्त कर काँसे की मुद्रा का प्रचलन प्रारम्भ किया, किन्तु नकली मुद्रा बाजार को नियन्त्रित नहीं करने के कारण यह प्रयोग भी असफल रहा। इसके कारण हर घर टकसाल में परिवर्तित हो गया और लोग अपने सिक्के बनाने लगे। लोग अपने घरों के ताँबे और काँसे के बर्तनों से सांकेतिक सिक्के निर्मित कर बदले में सुल्तान के खजाने से सोने के सिक्के प्राप्त करने लगे फलत: सांकेतिक मुद्रा का प्रचलन बन्द करना पड़ा। अत: कथन A एवं कारण R दोनों सही हैं एवं कारण R कथन A की सही व्याख्या भी करता है, अत: उत्तर विकल्प (a) होगा।

19. (d) सर्वेन्ट्स ऑफ इण्डिया सोसाइटी की स्थापना गोपाल कृष्ण गोखले ने 1905 ई. में की थी। इसकी स्थापना का उद्देश्य लोगों को इस प्रकार प्रशिक्षित करना था ताकि वे भारत सेवा हेतु राष्ट्रीय मिशनरी के रूप में अपने को समर्पित कर सकें। इसका अन्य उद्देश्य भारतीय नागरिकों के राष्ट्रीय हितों को सभी संवैधानिक तरीकों से प्रोत्साहित करना भी था। इन्होंने इसकी स्थापना के 3 वर्ष बाद 1908 ई. में 'रानाडे इंस्टीट्यूट ऑफ इकोनॉमिक्स' की स्थापना की थी।

20. (d) भारत के प्रथम गवर्नर जनरल वारेन हेस्टिंग्स ने 1781 ई. में कलकत्ता में प्रथम मदरसे की स्थापना की थी। इस मदरसे में फारसी, अरबी तथा मुस्लिम लॉ पढ़ाया जाता था। इसके निकले स्नातक दुभाषिए के रूप में ब्रिटिश राज में कार्य करते थे।

21. (d) सत्य, अहिंसा एवं अस्पृश्यता जैसे गाँधीजी के सिद्धान्तों के पक्षधर जवाहरलाल नेहरू थे। लेकिन भारी औद्योगीकरण के पक्षधर गाँधी जी नहीं थे। आर्थिक सिद्धान्तों में दोनों में गहरे मतभेद

थे। भारत के आर्थिक विकास के लिए गाँधी जी ने लघु तथा कुटीर उद्योगों के विकास पर बल दिया, वहीं नेहरूजी भारी औद्योगीकरण के पक्षधर थे।

22. (b) विभिन्न फसलों में अलग-अलग तरह के बैक्टीरिया पाए जाते हैं, जो नाइट्रोजन स्थिरीकरण के लिए उत्तरदायी होते हैं। ये बैक्टीरिया निम्नलिखित हैं–

फसलें	बैक्टीरिया
सोयाबीन	राइजोबियम जैपोनिकम (Rhizobium Japonicom)
तिनपतिया घास (Clover)	राइजोबियम ट्राइफोली (Rhizobium Trifoli)
लूकर्न (Lucerne)	राइजोबियम मेलिलोती (Rhizobium Moliloti)
गुन्नेरा मैक्रोफाइला Macrophylla)	नोस्टोक मस्कोरम (Nostoc (Gunnera Muscorum)

23. (b) फसल लोगिंग विधि के द्वारा फसलों में विभिन्न पोषक तत्वों की मात्रा का विश्लेषण किया जाता है। इस विधि में तीन महीने के बाद प्रत्येक पाँच सप्ताह के अन्तराल में नमूने इकट्ठे किए जाते हैं। इन नमूनों की जाँच के आधार पर उनमें पोषक तत्वों की मात्रा ज्ञात कर ली जाती है। क्लीमेंट ने 1960 ई. में फसल लोगिंग के द्वारा फसलों में आवश्यक पोषक तत्वों का विश्लेषण किया।

24. (b) कंचनजंगा यूनेस्को की सूची में शामिल नहीं थी, परन्तु वर्ष 2018 में यह भी यूनेस्को की सूची में शामिल कर लिया गया। भारत में कुल 18 जैवमण्डल आरक्षित क्षेत्र (Biosphere Reserves) हैं, जिनमें से 12 (वर्ष 2020 तक) जैवमण्डल आरक्षित क्षेत्रों को यूनेस्को से मान्यता प्राप्त है।

25. (d) धान के खेत, कोयले की खदानें एवं पालतू पशु वातावरण में मीथेन उत्सर्जन के मानवीय स्रोत हैं, जबकि आर्द्र भूमि तथा समुद्र जलीय मीथेन उत्सर्जन के प्राकृतिक स्रोत हैं।

26. (a) कंजर्वेशन इण्टरनेशनल द्वारा जैव विविधता से सम्बन्धित मुख्य पारिस्थितिक उष्ण स्थलों (Hot Spot) की अद्यतन सूची में विश्व के 25 स्थल सूचीबद्ध हैं। इसमें भारत के पश्चिमी घाट सहित पूर्वी हिमालय क्षेत्रों का नाम उल्लेखित है। इसके अलावा भूमध्यसागरीय (Mediterranean) बेसिन और दक्षिणी-पश्चिमी ऑस्ट्रेलिया भी जैव-विविधता के प्रमुख हॉट-स्पॉट स्थलों में शामिल हैं।

27. (a) हिन्दू संवृद्धि दर का सम्बन्ध सकल राष्ट्रीय उत्पाद से है। भारतीय अर्थशास्त्री प्रो. राजकृष्ण ने भारतीय अर्थव्यवस्था की अल्प वार्षिक संवृद्धि दर को हिन्दू विकास दर की संज्ञा दी है। भारत की विकास दर 1950 से 1980 ई. के बीच लगभग 3.5% की स्थिर दर पर थी, जिसे उपेक्षा की दृष्टि से प्रायः हिन्दू संवृद्धि दर कहा गया है।

28. (c) भारत सरकार की राजकोषीय नीति में करों के माध्यम से धन तथा आय का न्यायोचित वितरण, पूर्ण रोजगार तथा मुद्रास्फीति को नियन्त्रित कर मूल्य स्थिरता का उद्देश्य निहित है। इसके अन्तर्गत अन्तर्राज्यीय व्यापार का नियमन नहीं है।

29. (b) भारत में राष्ट्रीय आय का प्राक्कलन केन्द्रीय सांख्यिकी संगठन द्वारा किया जाता है। किसी देश में एक वर्ष में वस्तुओं व सेवाओं का जितना उत्पादन होता है, उस मूल्य के योग को ही मोटे तौर पर राष्ट्रीय आय कहते हैं। विभिन्न उद्देश्य के अनुरूप राष्ट्रीय आय से सम्बन्धित अलग-अलग अवधारणाएँ हैं।

30. (a) लघु उद्योग क्षेत्र में उत्पादन हेतु वस्तुओं के आरक्षण पर, वर्ष 1997 ई. में आबिद हुसैन समिति ने अपनी रिपोर्ट प्रस्तुत की थी। इस पर अपनी संस्तुति में इस समिति ने लघु उद्योगों के लिए वस्तुओं के आरक्षण को समाप्त करने की सिफारिश की थी, क्योंकि इससे लघु उद्योग क्षेत्र को कोई लाभ नहीं पहुँचता है।

31. (b) भारत में मौद्रिक नीति का निर्माण रिजर्व बैंक ऑफ इण्डिया (RBI) करता है। इसे एक वर्ष में दो बार घोषित किया जाता है। मौद्रिक नीति के निर्माण का उद्देश्य अर्थव्यवस्था में विनिमय स्थिरता, कीमत स्थिरता एवं आर्थिक स्थिरता बनाए रखना है। इसे रिजर्व बैंक का वार्षिक नीतिगत विषय के नाम से जाना जाता है। इस प्रकार वित्त मंत्रालय सरकार की राजकोषीय नीति तैयार करता है, जबकि RBI मौद्रिक नीति का निर्माण करता है।

32. (d) राजघाट नदी घाटी परियोजना उत्तर प्रदेश एवं मध्य प्रदेश सरकार की संयुक्त परियोजना है, जो उत्तर प्रदेश के ललितपुर जिले से 22 किमी. दूर बेतवा नदी पर स्थित है।

33. (d) उत्तर प्रदेश के विशिष्ट आर्थिक जोनों (Special Economic Zones–SEZs) की कुल संख्या 11 है। जिनका विवरण इस प्रकार है–

1. नोएडा (निर्यात संवर्द्धन क्षेत्र के) रूप में।
2. मुरादाबाद (हैन्डीक्राफ्ट)–उत्तर प्रदेश राज्य औद्योगिक विकास निगम लि.।
3. नोएडा–विप्रो इन्फोटेक द्वारा
4. गाजियाबाद (बहुउत्पादक)–रिलायन्स एनर्जी जेनरेशन लि.।
5. ग्रेटर नोएडा (फ्री ट्रेड एवं वेयर हाउसिंग–फ्री ट्रेड वेयर हाउसिंग प्रा. लि.।
6. नोएडा (बहुउत्पादक)–M/s एम जी एफ डेवलेपमेन्ट लि.।
7. नोएडा–औद्योगिक विकास विभाग उत्तर प्रदेश।
8. नोएडा–एक्सपोर्ट प्रोमोशन काउन्सिल फॉर हैन्डीक्राफ्ट।
9. ग्रेटर नोएडा–ग्रेटर नोएडा डेवलेपमेन्ट अथॉरिटी।
10. कानपुर–उत्तर प्रदेश राज्य औद्योगिक विकास निगम लि.
11. भदोही–उत्तर प्रदेश राज्य औद्योगिक विकास लि.।

34. (b) उत्तराखण्ड के अलग हो जाने के पश्चात् उत्तर प्रदेश में केवल 9 शस्य-जलवायु क्षेत्र रह गए हैं। इनका विवरण इस प्रकार है–

1. भाबर और तराई क्षेत्र
2. पश्चिमी मैदानी क्षेत्र
3. मध्य पश्चिमी मैदानी क्षेत्र
4. दक्षिण-पश्चिमी अर्द्ध शुष्क क्षेत्र
5. केन्द्रीय मैदानी क्षेत्र
6. बुन्देलखण्ड क्षेत्र
7. विन्ध्य क्षेत्र
8. पूर्वी मैदानी क्षेत्र
9. उत्तर-पूर्वी मैदानी क्षेत्र।

35. (d)

36. (b) $\xrightarrow{11}$ R (12वाँ / 16वाँ) $\xleftrightarrow{10}$ M (23वाँ) $\xleftarrow{4}$

पंक्ति में तैराकों की कुल संख्या

$= (12 + 16 - 1) = 27$

37. (b) जिस प्रकार,

F R A M E
↓ ↓ ↓ ↓ ↓
7 9 6 3 5

तथा T O W E L
↓ ↓ ↓ ↓ ↓
2 1 8 5 4

उसी प्रकार,

W O R M
↓ ↓ ↓ ↓
8 1 9 3

38. (c) 42 आदमी किसी काम को पूरा करते हैं = 15 दिन में

∴ 1 आदमी काम को पूरा करेगा

$= 15 \times 42$ दिन में

∴ 21 आदमी काम को पूरा करेंगे

$= \frac{15 \times 42}{21}$ दिन में

$= 30$ दिन में

आदमियों की संख्या $= \frac{42}{21} \times 15 = 30$

39. (a)

∴ सिग्नल पोल को पार करने में लगा समय

$= \frac{210 \times 18}{63 \times 5}$ सेकेंड = 12 सेकेंड

40. (c) माना साइकिल का क्र.मू. ₹ x है

तब, $x + x$ का 25% = 1250

$x + \frac{x \times 25}{100} = 1250$

$125x = 1250 \times 100$

$x = \frac{1250 \times 100}{125}$ = ₹ 1000

41. (d) धान का वानस्पतिक नाम ओराइजा सटाइवा है। इसमें वसा की मात्रा 2-2.5% तक पायी जाती है। इसमें प्रोटीन की मात्रा 6-7% तक पायी जाती है। धान में पुंकेसर की संख्या 6 पायी जाती है। गेहूँ में पुंकेसर की संख्या 3 पायी जाती है।

42. (b) परागकोश दो परागपुटों में बँटा होता है। पहला परागकरण और दूसरा फिलामेन्ट। परागकण और फिलामेन्ट मिलकर स्टेमेन कहलाता है। जो लेमा और पीलिया के अन्दर बन्द रहते हैं।

43. (d) म्यूटेशन रिसर्च पुस्तक निल्सन-इनले ने लिखी है। यह पुस्तक म्यूटेनशन पर हुए शोध पर लिखी गयी है।

44. (b) सामान्यत: धान की फसल में मिथियोनीन की कमी पायी जाती है। धान में 6-7 प्रतिशत प्रोटीन 2-3% वसा तथा लगभग 65-70% कार्बोहाइड्रेट पाया जाता है।

45. (b) **46.** (a) **47.** (c)

48. (c) **49.** (a) **50.** (c)

51. (b) **52.** (a) **53.** (c) **54.** (b)

55. (c) आधारीय बीज - सफेद

पंजीकृत बीज - परपिल

प्रमाणित बीज - नीला

नाभिकीय बीज - पीला

56. (b) डिप्टेरा - घरेलू मक्खी और मच्छर

कोलियोप्टेरा - भृंग

लेपीडोप्टेरा - मोथ और वटरफ्लाई

आईसोप्टेरा - दीमक

57. (b) पूसा जय किसाना भारतीय सरसों का कार्मिक क्लोनीय है। इस किस्म में तेल की मात्रा अधिक पायी जाती है। यह किस्म मध्यम समय में पककर तैय्यार होता है।

58. (c) आकारिकी - वाह्य आकार का अध्ययन

शारीरिकीय - शरीर क्रिया विज्ञान

वर्गीकी - वर्गीकरण

पारिस्थितिकीय - कीटों के प्रास्थितिकीय का अध्ययन

59. (c)

60. (a) हेमीप्टेरा - चूभोने और चूसने वाले

ओरथोप्टेरा - चबाने और चूसने वाले

लेपीडोप्टेरा - चबाने और चूसने वाले

आइसोप्टेरा - चबाने और चूसने वाले

61. (c) अगुणित युग्मकों की उत्पत्ति जिससे निषेचन के बाद द्विगुणित (2^n) जाइगोट बनते तथा स्पीशीजों में क्रोमोसोम की संख्या अचर रहती है।

62. (a) पोटैटो टयूलर मोथ का सामान्य नाम आलू की सूडी है। यह लिपिडोप्टेरा की ग्लेचिडी कुल में आता है। यह कीट आलू टमाटर बैंगन तथा तम्बाकू को क्षति पहुँचाता है। इस कीट की सूडी क्षति की अवस्था है।

63. (a) गन्ने का सुप्रतिष्ठित नाम सेकेरम ओफिसीनेरम है जिसमें क्रोमासोम की संख्या 2n = 80 पायी जाती है। इस गन्ने में चीनी की मात्रा 8% पायी जाती है तथा गुड़ की मात्रा 10% तक पायी जाती है।

64. (a) फेरोमोन नामक रसायन विपरीत लिंग के कीट को अपनी ओर आकर्षित करता है। यह रसायन जन्तुओं के बाह्य भागों से निकलता हैं इसे दूक्तो हारमोन भी कहते हैं।

65. (b) हेलिकोवरपा आरमिजरा - चने की सूडी

होलोट्राइकिया कोन्सेन्गोनिया - सफेद भृगक

स्पोडोप्टेरा लाइटूरा - कारब वर्ग

बमेसिया टबेसाई - सफेद मक्खी

66. (c) कैल्सियम अमोनिया नाइट्रेट को किसान खाद कहा जाता है। इस खाद को सभी प्रकार की भूमियों में प्रयोग किया जा सकता है। क्योंकि यह उदासीन होता है इसमें नाइट्रोजन की मात्रा लगभग 25% तक होती है।

67. (d) **68.** (c) **69.** (b) **70.** (b)

71. (d) **72.** (c) **73.** (d) **74.** (c)

75. (b) **76.** (a)

77. (d) नाइट्रोजन स्थिरीकरण में फास्फोरस सल्फर मोलीबेडनम कोबाल्ट आदि तत्व भाग लेता है।

78. (b) प्राथमिक तत्व-

1. नाइट्रोजन 2. फास्फोरस, 3. पोटाश द्वितीयक तत्व-

1. कैल्सियम, 2. मैग्नीशियम, 3. सल्फर

79. (c) पेलोफास में P_2O_5 की मात्रा लगभग 16% तक पायी जाती है। यह खंड सभी प्रकार की भूमियों में प्रयुक्त की जा सकती है। इस खाद का मृदा पर विषैला प्रभाव नहीं पड़ता है।

80. (b) गन्ने के खेत में पहला प्लाइट मैंगनीज की कमी से होता है। इस तत्व की कमी से गन्ने की पत्तियों का रंग पीला पड़ जाता है। बाद में वे सूख कर गिर जाती है।

81. (b) मृदा का रंग सिलिका के कारण सफेद होता है। जबकि लौह तत्व की अधिकता से मृदा का रंग लाल होता है तथा कार्बनिक या ह्यूमस की अधिकता के कारण मृदा का रंग काला होता है।

82. (b) सर्वप्रथम सूक्ष्मजीव की खोज एण्टनी वान ल्यूवेनहॉक ने की थी।

83. (c) Thermophiles Bacteria 45-55°C ताप पर वृद्धि कर सकते हैं। खनिज मृदा में बैक्ट्रिया की संख्या कार्बनिक पदार्थ की मात्रा अधिक होने पर अधिक होती है। अधिक अम्लीय और क्षारीय मृदाओं में बैक्ट्रिया की संख्या कम होती है।

84. (c) इण्डोप्लास्मिक रेटीकुलम शैवालों में उपस्थित होता है। यह आन्तरिक भित्ति होती है। जीवाणु में कोशिका भित्ति नहीं पायी जाती है। विषाणु को सजीव और निर्जीव के बीच कड़ी माना जाता है।

85. (b) जीवाणु भोजी विषाणु वे विषाणु होते हैं, जो जीवाणुओं पर अपना विकास करते हैं। ये विषाणु जीवाणु समाप्त कर देते हैं।

86. (d)

87. (a) (i) DPD = O.P. – T.P.

(ii) Moisture = ***** × 100

(iii) V= ****

V = वेस संतृप्ति

S = कुल विनिमय भस्म

T = सी.ई.सी.

88. (c) सेल की जीवित होना जरूरी नहीं होता है। क्योंकि वाष्पन की क्रिया पौधों के रंध्रों के माध्यम के बिना होती है। बिन्दु स्राव के लिए सेल का जीवित होना आवश्यक होता है। वाष्पोत्सर्जन सेल के माध्यम से ही होता है।

89. (a) CMS पौधों में रंध्र रात को खुलते हैं। ये पौधे अधिकतर रेगिस्तानों में उगते हैं। C_3 पौधों से पासोग्लिसिरिक ऐसिड का निर्माण होता है। इन पौधों में गेहूँ, धान, मटर आदि पौधे आते हैं।

90. (b) एक स्वस्थ मनुष्य को रोजाना अपने भोजन CHO लेना चाहिए तथा प्रोटीन की मात्रा 55g की आवश्यकता होती है।

91. (b) बिन्दु स्राव हाइडायोइस द्वारा होता हैं जबकि रंधों के माध्यम से वाष्पोत्सर्जन की क्रिया होती है जो पौधों की एक आवश्यक क्रिया होती है।

92. (b) पशुमांश प्रोटीन का अच्छा स्रोत है। अनाज कार्बोहाइड्रेट का प्रमुख स्रोत है। विटामिन फलों से प्राप्त होती है तथा वसा का मुख्य स्रोत घी है तथा खनिज लवणों का मुख्य स्रोत हरी सब्जियां होती हैं।

93. (b) प्रकाश श्वसन, अप्रकाशिक श्वसन से भिन्न तरीके से आक्सीजन सुग्राही है। प्रकाश श्वसन की O_2 के लिए बहुत ही कम बंधुता है और यह अत्यधिक आक्सीजन सान्द्रता पर संतृप्त हो जाता है। प्रकाश. श्वसन जिन पौधों में C_4 चक्र होता है उनमें प्रकाश श्वसन नहीं होगा।

94. (c) (i) विटामिन C - स्कर्वी रोग
(ii) विटामिन A - रतौंधी रोग
(iii) विटामिन D - रिकेडस रोग
(iv) विटामिन E - वांध्यारोग

95. (c) ग्लाइकोलिसिस की क्रिया ऑक्सीजन की उपस्थिति तथा आक्सीजन की अनुपस्थिति दोनों ही दशाओं में सम्पन्न होती है। आक्सीजन की उपस्थिति में अन्तिम उत्पाद कार्बन डाई आक्साइड तथा पानी होते हैं और इसकी अनुपस्थिति में इथाइल एल्कोहल तथा कार्बन डाई आक्साइड होते हैं। श्वसन की पहली दोनों उभयनिष्ठ अवस्था ग्लाइकोलिसिस कहलाती है।

96. (a)

97. (a) सल्फर का अवशोषक मृदा से सल्फेट आयनों के रूप में होता है। यह सिस्टीन, सिस्टाईन तथा मेथियोनीन जैसे सल्फर युक्त अमीनो अम्ल के निर्माण में भाग लेता है इसके अतिरिक्त सल्फर युक्त विटामिन जैसे बायोटीन थायमिन तथा सह-एन्जाइम के संश्लेषण में सल्फर की आवश्यकता होती है।

98. (b) फ्रक्टोस - फल शर्करा
लेक्टोस - दुग्ध शर्करा
माल्टोज -
सुक्रोस - गन्ने की शर्करा

99. (b) हरित क्रांति की शुरुआत भारत में 1965-66 में शुरू हुई। भारत में हरित क्रान्ति का लाभ सर्वाधिक गेहूँ की फसल को हुआ। हरित क्रान्ति के जन्म दाता N.E. वोरलाग थे। परन्तु भारत में हरित क्रान्ति के जन्म दाता एम.एस. स्वामीनाथ हैं।

100. (d) भारतीय कृषि अनुसंधान परिषद द्वारा वर्गीकृत सस्य मौसम और पारिस्थितिकी जाने की संख्या क्रमश: 21 से 15 है। भारतीय कृषि अनुसंधान परिषद ने यह वर्गीकरण जल की अधिकता, जल की न्यूनता तथा सर प्रणाली के आधार पर किया है।

101. (d) **102.** (b) **103.** (b)

104. (b) **105.** (a) **106.** (d)

107. (b) **108.** (d) **109.** (b) **110.** (b)

111. (a) विपणन योग्य फसल और वाष्पीकरण में उपयोग हुए जल के अनुपात को जल उपयोग क्षमता कहा जाता है।

112. (b) धान में जल भराव की स्थिति में यूरिया खाद नहीं डालना चाहिए क्योंकि यूरिया खाद लीचिंग द्वारा नीचे चली जाती है। सोडियम नाइट्रेट एक क्षारीय उर्वरक है। अमोनियम क्लोराइड अम्लीय प्रकृति के उर्वरक हैं।

113. (d) मूँगफली और गेहूँ फसल चक्र मृदा पोषण स्तर को बढ़ाता है। क्योंकि मूँगफली वायु मण्डल से नाइट्रोजन को जमीन के अन्दर स्थिर करती है जिसे गेहूँ की बुआई करने से गेहूँ उसे नाइट्रोजन का उपयोग कर लेती है।

114. (a) बूँद सिंचाई सूखा क्षेत्र में अधिक लाभदायक होता है साथ ही साथ ऊँचे नीचे स्थानों पर भी यह विधि लाभदायक होती है। इस विधि के द्वारा पानी फसलों के जड़ क्षेत्र में दिया जाता है जिससे पानी की हानि बहुत कम होती है। इसमें 50-70% जल की बचत होती है।

115. (d) अमोनियम फास्फेट एक संयुक्त खाद है। इसमें 46% फास्फोरस तथा 20% नाइट्रोजन की मात्रा पायी जाती है। इस खाद का प्रयोग क्षारीय भूमियों में किया जाता है।

116. (a) एस.आर.आई. तकनीक का प्रयोग धान में किया जाता है। यह धान की पौध उगाने की विधि है। इसमें 8-11 दिन में पौध तैयार हो जाता है।

117. (b) टी.पी.एस. (Tee potato seed) का प्रयोग आलू में किया जाता है। इस विधि में 100-150 ग्राम बीज प्रति हेक्टेयर पर्याप्त होता है और इसका प्रयोग करने से उत्पादन भी अधिक मिलता है।

118. (b) करनाल - गेहूँ जीन बैंक
कानपुर - भारतीय दलहन अनुसंधान केन्द्र
नई दिल्ली - मक्का का जीन
लुधियाना - मक्का कीट पतंगों के नियन्त्रण के लिए

119. (c) इस विधि में पौधों Propagation का जड़, तना तथा पत्ती के द्वारा होता है। अर्थात् पौधों के वानस्पतिक भाग द्वारा किया जाता है।

120. (c) स्वनिषेचन, स्वपरागण से सम्बन्धित है। भिन्न कालपक्वता में जब नर या मादा भाग में से किसी भाग का पहले परिपक्व हो जाना भिन्न कालपक्वता कहते हैं।

❑❑❑

प्रैक्टिस सेट-6

भाग-1: सामान्य अध्ययन

1. निम्नलिखित में से कौन-सी एक गैस शहरी क्षेत्रों में कचरा-भराव क्षेत्रों (लैण्डफिल) से अधिकतर निकलती है?

(a) नाइट्रोजन (b) हाइड्रोजन
(c) मीथेन (d) ऑक्सीजन

2. निम्नलिखित में से कौन-सा एक वायु प्रदूषक मानव रक्त के हीमोग्लोबिन के साथ संयोजित होकर ऑक्सीजन ले जाने की इसकी क्षमता को कम करता है, जिससे श्वासावरोध होता है और मृत्यु भी हो सकती है?

(a) क्लोरोफ्लोरो कार्बन
(b) फ्लाई ऐश
(c) कार्बन मोनोक्साइड
(d) सल्फार डाइ-ऑक्साइड

3. निम्नलिखित में से कौन-सा एक पर्यावरणी परिवर्तन के प्रति सर्वाधिक संवेदनशील है?

(a) उभयचर (b) सरीसृप
(c) स्तनपायी (d) कीट

4. निम्नलिखित में से कौन-सा एक भारत में विद्युत का सबसे बड़ा स्रोत है?

(a) पन-बिजली संयंत्र
(b) नाभिकीय बिजली संयंत्र
(c) ताप-विद्युत संयंत्र
(d) पवन ऊर्जा

5. निम्नलिखित में से कौन-सा एक कार्बन का अपरूप नहीं है?

(a) कोयला
(b) हीरा
(c) लिखिज (ग्रेफाइट)
(d) ग्रैफीन

6. भारत के संविधान के सम्बन्ध में मूलभूत संरचना मत किनसे सम्बद्ध है?

1. न्यायिक पुनरावलोकन की शक्ति
2. केशवानन्द भारती मामले (1973) में निर्णय
3. भारत के संविधान के अनुच्छेद-368 में निर्णय
4. गोलकनाथ मामले (1967) में निर्णय

नीचे दिए गए कूट का प्रयोग कर सही उत्तर चुनिए-

(a) 1, 2 और 3 (b) 1, 2, 3 और 4
(c) 1 और 3 (d) 2 और 4

7. भारत के संविधान में प्रतिष्ठापित निम्नलिखित में से कौन-से मौलिक अधिकार केवल नागरिकों से सम्बन्धित हैं?

1. अनुच्छेद-19 (वाक् स्वातन्त्र्य के अधिकार का संरक्षण)
2. अनुच्छेद-21 (जीवन और दैहिक स्वतन्त्रता का संरक्षण)
3. अनुच्छेद-15 (विभेद का प्रतिषेध)
4. अनुच्छेद-16 (अवसर की समता)

नीचे दिए गए कूट का प्रयोग कर सही उत्तर चुनिए-

(a) 1, 2 और 3 (b) 2, 3 और 4
(c) 1, 3 और 4 (d) 1 और 4

8. भारत का कोई नागरिक अपनी नागरिकता खो देगा, यदि वह-

1. भारतीय नागरिकता का परित्याग करता है।
2. स्वेच्छा से किसी अन्य देश की नागरिकता प्राप्त करता है।
3. किसी अन्य देश के नागरिक से विवाह करता है।
4. सरकार की आलोचना करता है।

नीचे दिए गए कूट का प्रयोग कर सही उत्तर चुनिए-

(a) 1, 2 और 3 (b) 2, 3 और 4
(c) 1 और 2 (d) 1 और 4

9. भारत के संविधान के अनुच्छेद-352 के अन्तर्गत, आपातकाल की घोषणा की जा सकती है, यदि भारत के किसी भाग की सुरक्षा को खतरा हो-

1. युद्ध से
2. विदेशी आक्रमण से
3. सशस्त्र बगावत से
4. आन्तरिक उपद्रव से

नीचे दिए गए कूट का प्रयोग कर सही उत्तर चुनिए-

(a) 1, 2 और 3 (b) 2, 3 और 4
(c) 1, 3 और 4 (d) 1 और 2

10. निम्नलिखित में से कौन-सा एक आदेश, किसी व्यक्ति को गैर-कानूनी रूप से बन्दी बनाए जाने पर, उसकी स्वतन्त्रता सुनिश्चित करने के लिए सर्वोच्च न्यायालय द्वारा जारी किया गया है?

(a) बन्दी प्रत्यक्षीकरण (हैबियस कॉर्पस)
(b) परमादेश (मैण्डेमस)
(c) उत्प्रेषण (सर्टिओरेरि)
(d) अधिकार-पृच्छा (क्वो-वारण्टो)

11. सूची-I को सूची-II से सुमेलित कीजिए और सूचियों के नीचे दिए गए कूट का प्रयोग कर सही उत्तर चुनिए-

	सूची-I (रेल मण्डल)		सूची-II (मुख्यालय)
A.	उत्तर-पूर्वी रेल	1.	कोलकाता
B.	पूर्व-मध्य रेल	2.	बिलासपुर
C.	दक्षिण-पूर्वी मध्य रेल	3.	हाजीपुर
D.	दक्षिण-पूर्वी रेल	4.	गोरखपुर

कूट :

	A	B	C	D
(a)	4	2	3	1
(b)	1	3	2	4
(c)	1	2	3	4
(d)	4	3	2	1

12. निम्नलिखित में से कौन-सी एक गंगा की सहायक नदी नहीं है?
(a) सोन (b) महानन्दा
(c) तीस्ता (d) शारदा

13. पृथ्वी के वायुमण्डल के सम्बन्ध में निम्नलिखित में से कौन से कथन सही हैं?
1. समतापमण्डल में ऊँचाई के साथ तापमान बढ़ता है।
2. मध्यमण्डल में ऊँचाई के साथ तापमान घटता है।
3. वायुमण्डल का न्यूनतम तापमान मध्यमण्डल के ऊपरी भाग में दर्ज किया जाता है।
4. क्षोभसीमा (टोपोपॉज) एक समतापी क्षेत्र है।
नीचे दिए गए कूट का प्रयोग कर सही उत्तर चुनिए-
(a) 1 और 2 (b) 1, 2 और 3
(c) 3 और 4 (d) ये सभी

14. निम्नलिखित में से कौन-सा झीलों का जोड़ा सू नहर द्वारा जुड़ता है?
(a) सुपीरियर और मिशीगन
(b) सुपीरियर और ह्यूरन
(c) ह्यूरन और ओटांरियो
(d) ह्यूरन और एरी

15. सूची-I को सूची-II से सुमेलित कीजिए और सूचियों के नीचे दिए गए कूट का प्रयोग कर सही उत्तर चुनिए

सूची-I (स्थान)	सूची-II (उद्योग)
A. बोंगाईगाँव	1. कागज
B. कोरापुट	2. मशीनी औजार
C. पिन्जौर	3. वायुयान
D. सिरपुर	4. शैलरसायन (पेट्रोकेमिकल)

कूट :

	A	B	C	D
(a)	4	2	3	1
(b)	4	3	2	1
(c)	1	2	3	4
(d)	1	3	2	4

16. वर्ष 1835 के अंग्रेजी शिक्षा अधिनियम के बारे में निम्नलिखित में से कौन-सा कथन सही नहीं है?
(a) इसे मैकॉले की सलाह पर गवर्नर जनरल विलियम बैंटिक द्वारा प्रस्तावित किया गया था।
(b) इसने अंग्रेजी को भारतीय शिक्षा प्रणाली में शिक्षण की भाषा बनाया।
(c) शिक्षण की भाषा के रूप में अंग्रेजी के औपचारिक संस्थानीकरण के साथ ही भारतीय शिक्षा में एक नई दिशा की अवस्था तैयार हो गई।
(d) विद्यमान प्राच्य संस्थानों के लिए, विद्यार्थियों को नई वृत्तिकाएँ देना तथा प्राचीन उच्च ग्रन्थों को प्रकाशन, जारी रखा जाना था।

17. निम्नलिखित में से किन राजवंशों ने विजयनगर राज्य के अधिराजस्व के अधीन शासन किया?
(a) संगम, सालुव, तुलुव तथा अराविदु
(b) संगम, होयसल, अराविदु तथा तुलुव
(c) होयसल, सालुब, पोलिगर तथा संगम
(d) देवगिरि के यादव, होयसल, सालुव तथा अराविदु

18. निम्नलिखित युग्म/युग्मों में कौन-सा/से सही सुमेलित है/हैं?
1. व्यपगम का नियम अनुदान का वह हिस्सा, जिसे अगले वर्ष के लिए अग्रेनीत किया जा सकता है।
2. पूरक अनुदान व्ययों को पूरा करने के लिए अग्रिम अनुदान
3. लेखानुदान वित्तीय वर्ष के दौरान अनुदत्त अतिरिक्त निधियां
नीचे दिए गए कूट का प्रयोग कर सही उत्तर चुनिए-
(a) केवल 1 (b) 1 और 2
(c) 2 और 3 (d) इनमें से कोई नहीं

19. निम्नलिखित में से किसके द्वारा भारत के लिए सेक्रेटरी ऑफ स्टेट का पद सृजित किया गया?
(a) द काउन्सिल्स ऐक्ट 1861
(b) भारत सरकार अधिनियम (द गवर्नमेण्ट ऑफ इण्डिया ऐक्ट) 1858
(c) मॉर्ले-मिण्टो सुधार
(d) मोण्टेग्यू चेम्सफोर्ड सुधार

20. सूची-I को सूची-II से सुमेलित कीजिए और सूचियों के नीचे दिए गए कूट का प्रयोग कर सही उत्तर चुनिए-

सूची-I (लेखक)	सूची-II (पुस्तक)
A. हर्मन कुल्के	1. द देहली सल्तनत : ए पोलिटिकल एण्ड मि. लिट्री हिस्ट्री
B. ब्रजदुलाल चट्टोपाध्याय	2. द एमर्जेन्स ऑफ देहली सल्तनतः 1192-1296AD
C. पीटर जैक्सन	3. द स्टेट इन इण्डिया : 1000-1700
D. सुनील कुमार	4. द मेकिंग ऑफ अली मिडिवल इण्डिया

कूट :

	A	B	C	D
(a)	2	1	4	3
(b)	3	4	1	2
(c)	2	4	1	3
(d)	3	1	4	2

21. सूची-I को सूची-II से सुमेलित कीजिए और सूचियों के नीचे दिए गए कूट का प्रयोग कर सही उत्तर चुनिए-

सूची-I (अधिकारी)	सूची-II (धारित पद)
A. समाहर्त्री	1. महल के रक्षकों की प्रमुख
B. सन्निधात्री	2. राजस्व की प्रधान संग्रहक
C. संस्थाध्यक्षा	3. कोषपाल
D. अन्तरवंशिका	4. बाजार अधीक्षक

कूट :

	A	B	C	D
(a)	2	4	3	1
(b)	2	3	4	1
(c)	1	3	4	2
(d)	1	4	3	2

22. कृत्रिम रूप से मीठा करने वाले निम्नलिखित पदार्थों में कौन-सा रूपान्तरित शर्करा है?
(a) एस्पार्टेम (b) सैकरीन
(c) सुक्रोस (d) ऐलीटेम

23. निम्नलिखित बहुलकों (पॉलीमर) में कौन-सा, प्रोटीन से बना है?
(a) रबर (b) कपास
(c) ऊन (d) जूट (परसन)

24. जैव-विविधता निम्नलिखित माध्यम/माध्यमों द्वारा मानव अस्तित्व का आधार बनी हुई है।
1. मृदा निर्माण
2. मृदा अपरदन की रोकथाम
3. अपशिष्ट का पुनःचक्रण
4. शस्यपरागण
कूट:
(a) 1, 2 और 3 (b) 2, 3 और 4
(c) 1 और 4 (d) ये सभी

25. भारत ने समुद्री जल में हानिकारक शैवाल प्रस्फुटन में हो रही वृद्धि पर चिन्ता व्यक्त की है। इस संवृत्ति का/के क्या कारक तत्त्व हो सकता है/सकते हैं?
1. ज्वारनदमुख से पोषकों का प्रवाह
2. मानसून में भूमि से जल-प्रवाह
3. समुद्रों में उत्प्रवाह
कूट:
(a) केवल 1 (b) 1 और 2
(c) 2 और 3 (d) ये सभी

26. निम्नलिखित कथनों पर विचार कीजिए–
1. उच्चतर अक्षांशों की तुलना में निम्नतर अक्षांशों में जीव-विविधता सामान्यतः अधिक होती है।
2. प्राकृतिक प्रवणताओं (ग्रेडिएण्ट्स) में, उच्चतर अक्षाशों की तुलना में निम्नतर अक्षाशों में जीव-विविधता सामान्यतः अधिक होती है।
उपरोक्त कथनों में से कौन-सा/से कथन सही है/हैं?
(a) केवल 1
(b) केवल 2
(c) 1 और 2
(d) न ही 1 और न ही 2

27. 'इकोनॉमिक एण्ड सोशल कमीशन फॉर एशिया एण्ड द पैसिफिक' का मुख्यालय कहाँ स्थित है?
(a) सिंगापुर (b) मनीला
(c) बैंकाक (d) हांगकांग

28. भारत में राष्ट्रीय आय के संगठन के सम्बन्ध में निम्नलिखित में से कौन-सा एक कथन सही है?
(a) निर्माण क्षेत्र के अंश में कमी हुई है।
(b) सेवा क्षेत्र के अंश में तीव्र वृद्धि हुई है।
(c) कृषि का अंश स्थिर बना हुआ है।
(d) सेवा क्षेत्र के अंश में कमी हुई है।

29. भारत में 'उत्प्रवाही द्रव्य (हॉट मनी)' शब्द किसके सन्दर्भ में प्रयुक्त किया जाता है?
(a) मुद्रा+आरबीआई में आरक्षित निधि
(b) शुद्ध जीडीआर
(c) शुद्ध विदेशी प्रत्यक्ष निवेश
(d) विदेशी पोर्टफोलियो निवेश

30. भारत में क्रेडिट निर्धारण एजेन्सी/एजेन्सियाँ निम्नलिखित में से कौन-सी है/हैं?
(a) CRISIL (b) CARE
(c) ICRA (d) ये सभी

31. इनमें से कौन 14वें वित्त आयोग के अध्यक्ष हैं?
(a) सी. रंगराजन (b) विजय केलकर
(c) वाई वी रेड्डी (d) राकेश मोहन

32. कांसा (ब्रान्ज) मिश्रधातु में होता है, कॉपर (ताम्र) और–
(a) निकेल (b) लौह
(c) टिन (d) एल्युमीनियम

33. उत्तर प्रदेश का मुख्य लोकनृत्य है-
(a) धोबिया (b) राई
(c) शायरा (d) उपर्युक्त सभी

34. बंगाल में निम्नलिखित में से कौन-सा कारखाना डचों ने स्थापित किया था?
(a) बुन्देल (b) चिनसुरा
(c) हुगली (d) श्रीरामपुर

35. निम्नलिखित समीकरण गलत है। इस समीकरण को सही करने के लिए किन दो चिह्नों की आपस में अदला-बदली करना चाहिए?
18 – 2 ÷ 20 + 5 × 16 = 69
(a) + और – (b) + और ×
(c) + और + (d) – और +

36. प्रश्न में दो कथन दिए गए हैं, जिसके आगे दो निष्कर्ष I और II निकाले गए हैं। आपको मानना है कि दोनों कथन सत्य है, चाहे वह सामान्यतः ज्ञात तथ्यों से भिन्न प्रतीत होते हों। आपको निर्णय करना है कि दिए गए निष्कर्षों से कौन-सा/कौन-से निश्चित रूप से कथन द्वारा सही निकाला जा सकता है/सकते हैं, यदि कोई हो।
कथन :
I. सभी केक पेस्ट्री होती हैं।
II. कुछ ब्रेड केक होती हैं।
निष्कर्ष :
I. कोई भी पेस्ट्री ब्रेड नहीं होती।
II. कुछ ब्रेड पेस्ट्री होती हैं।
(a) केवल निष्कर्ष I सही है।
(b) केवल निष्कर्ष II सही है।
(c) दोनों निष्कर्ष I और II सही हैं।
(d) ना तो निष्कर्ष I सही है, ना ही निष्कर्ष II सही है।

37. एक अनुक्रम दिया गया है, जिसमें से एक पद लुप्त है। दिए गए विकल्पों में से वह सही विकल्प चुनिए, जो अनुक्रम को पूरा करे–
MAN, ODR, QGV, SJZ, ?
(a) UMD (b) VNC
(c) UNC (d) VMD

38. एक संख्या को 36 से भाग देने पर शेषफल 19 आता है, तो उसी संख्या को 12 से भाग देने पर शेषफल क्या बचेगा?
(a) 7 (b) 5
(c) 3 (d) 0

39. $\frac{p}{q}$ के रूप में संख्या 0.121212... बराबर होगा–
(a) $\frac{4}{11}$ (b) $\frac{2}{11}$
(c) $\frac{4}{33}$ (d) $\frac{2}{33}$

40. व्यंजक $9x^2 - Kx + 16$ को पूर्ण वर्ग बनाने के लिए K का मान कितना होना चाहिए?
(a) ± 12 (b) ± 24
(c) ± 2 (d) ± 6

भाग-2: कृषि

41. मसूर के सम्बन्ध में क्या सत्य नहीं है?
(a) गुण सूत्र - 14
(b) आई.पी.एल. - अधिक पैदावार
(c) बीजदर - 35-40 किग्रा
(d) मसूर दानों में प्रोटीन की मात्रा - 18%

42. गन्ने की एक हेक्टर बुवाई के लिए कुल कितने किग्रा गन्ने बीज की आवश्यकता होती है?
(a) 7000-7500 किग्रा
(b) 5500-6000 किग्रा
(c) 8000-8500 किग्रा
(d) 5200-5500 किग्रा

43. कौन-सी जौ की माल्ट हेतु प्रजाति नहीं है?
(a) प्रगति (K-508)
(b) गीतांजलि (K-1149)
(c) ऋतम्भरा (K-557)
(d) डी.एल.-88

44. निम्नलिखित में कौन-सी प्रजाति जई की है?
(a) के.-12 (b) नवीन
(c) एल.डी.-491 (d) केण्ट

45. लोबिया की चारे की प्रजाति नहीं है-
(a) रशियन जाइन्ट (b) के.-585
(c) सिरसा-10 (d) आजाद-1

46. बरसीम का बीज प्रति हेक्टर कितना लगता है?
(a) 18-22 किग्रा (b) 25-30 किग्रा
(c) 30-35 किग्रा (d) 15-20 किग्रा

47. मूँगफली की कौन-सी प्रजाति ग्रीष्म काल में उगाई जाती है?
(a) अवतार (b) चित्रा
(c) चन्द्रा (d) अम्बर

48. आलू के कन्द बढ़ने के लिए किस इष्टतम तापक्रम की आवश्यकता होती है?
(a) 17° से - 19° से
(b) 14° से - 16° से
(c) 10° से - 12° से
(d) 22° से - 25° से

49. निम्न में से कौन-सा सुमेलित नहीं है?
(a) वरुणा - सिंचित व असिंचित दशा हेतु
(b) वरदान - असिंचित दशा हेतु
(c) नरेन्द्र-85 - लवणीय भूमि के लिए
(d) के-88 - पीले दाने वाली

50. टोबेको कैटरपिलर का प्रकोप किस फसल में होता है?
(a) जूट (b) गन्ना
(c) a और b दोनों (d) चुकन्दर

51. कौन-सा सुमेलित नहीं है?
(a) अंगमारी-मेन्कोजेब 75 डब्ल्यू.पी.
(b) व्हाइट ब्लिस्टर-रेडीमील 0.2% छिड़काव
(c) डाउनी मिल्डयू-जिनेब
(d) स्मट-इन्डोसल्फान

52. कौन-सा देश विश्व में फल और सब्जियों के उत्पादन में द्वितीय स्थान रखता है?
(a) ब्राजील (b) उत्तरी अमेरिका
(c) चीन (d) भारत

53. किस फल का क्षेत्रफल भारत में सबसे अधिक है?
(a) केला (b) सिटरस
(c) आम (d) अमरूद

54. विश्व में भारत चाय उत्पादन में कौन-सा स्थान रखता है?
(a) प्रथम (b) द्वितीय
(c) तृतीय (d) चतुर्थ

55. मानक के रूप में एक अण्डे का वजन कितने ग्राम होना चाहिए?
(a) 70 ग्राम (b) 58 ग्राम
(c) 68 ग्राम (d) 48 ग्राम

56. यूरोपियन प्रजाति की मधुमक्खी की एक कालोनी में औसत वार्षिक उत्पादन क्या है?
(a) 14 किग्रा (b) 16 किग्रा
(c) 10 किग्रा (d) 8 किग्रा

57. गर्भवती गाय के दाने में किस पदार्थ की अधिकता होनी चाहिए?
(a) वसा (b) प्रोटीन
(c) कार्बोहाइड्रेट (d) शुष्क पदार्थ

58. एक किग्रा टमाटर का बीज कितने टमाटर से मिलेगा?
(a) 250-300 किग्रा
(b) 300-350 किग्रा
(c) 160-210 किग्रा
(d) 200-250 किग्रा

59. शहर में पाली जाने वाली बकरी की नस्ल है-
(a) बीटल (b) सूरती
(c) मारवाड़ी (d) बरबरी

60. इनार्चिंग विधि से किस फल का प्रवर्धन किया जाता है?
(a) आम व अमरूद
(b) आम व अंगूर
(c) अमरूद व लीची
(d) फालसा व अमरूद

61. सामान्यता ग्रीष्म एवं खरीफ ऋतु में वार्षिक पौधे कितने दिन में फूल देते हैं?
(a) 60-70 दिन (b) 70-80 दिन
(c) 70-75 दिन (d) 50-60 दिन

62. मुर्गी कितने समय में अण्डे देना प्रारम्भ करती है?
(a) 15 सप्ताह (b) 20 सप्ताह
(c) 18 सप्ताह (d) 16 सप्ताह

63. मखदूम किसकी प्रजाति है?
(a) काजू की (b) छुआरा की
(c) अखरोट की (d) नारियल की

64. भदावरी भैंस के दूध में कितने प्रतिशत वसा होती है?
(a) 15-18% (b) 8-13%
(c) 13-16% (d) 6-10%

65. कौन-सी प्रजाति संकर नहीं है?
(a) मल्लिका (b) रत्ना
(c) अर्का पुनीत (d) दशहरी

66. भारतवर्ष में ग्रामीण विकास कार्यक्रमों हेतु दूरदर्शन प्रसारण शुरू हुआ-
(a) 1947 में (b) 1957 में
(c) 1967 में (d) 1977 में

67. भारत की कुल आय का कितने प्रतिशत पशुओं से प्राप्त होती है?
(a) 20% (b) 25%
(c) 15% (d) 10%

68. एक सांड गर्भाधान के लिए कितने समय में तैयार होता है?
(a) 2-2½ वर्ष (b) 3-3½ वर्ष
(c) 1½-2 वर्ष (d) इनमें से कोई नहीं

69. निम्न में कौन-सा बिन्दु निर्गत के आर्थिक स्तर को प्रतिदर्शित करता है?
(a) $MR < MC$ (b) $MR > MC$
(c) $MR = AC$ (d) $MR = MC$

70. नीलम एक प्रजाति है-
(a) पपीता की (b) आम की
(c) अंगूर की (d) सेब की

71. धान बीज के अंकुरण के लिये अनुकूलतम मुख्य तापमान बिन्दु है।
(a) 20°C–25°C (b) 18°C–20°C
(c) 37°C–39°C (d) 30°C–32°C

72. जूट की खेती वाले क्षेत्रों में उसकी जगह सामान्य वैकल्पिक फसल है-
(a) गन्ना (b) गेहूँ
(c) कपास (d) धान

73. गेहूँ के साथ मिश्रित खेती के लिये निम्नलिखित में से कौन उपयुक्त होगा?
(a) सरसों (b) ज्वार
(c) कपास (d) पातगोभी

74. मूँगफली की फसल में जब खुटियाँ (Pegs) मिट्टी में वृद्धि करती है, तो वे बनाती हैं-
(a) जड़ें (b) तने
(c) कंद (d) फलियाँ

75. धान में खैरा रोग की रोकथाम के लिये छिड़काव किया जाता है-
(a) बोरेक्स (b) कापर सल्फेट
(c) जिन्क सल्फेट (d) कैल्सियम सल्फेट

76. निम्नलिखित में से किसको आग में सुखाया जाता है?
(a) चबाने का तंबाकू
(b) चुरुट का तंबाकू
(c) बीड़ी का तंबाकू
(d) हुक्के का तंबाकू

77. राष्ट्रीय शर्करा संस्थान (एन.एस.आई.) स्थित है-
(a) लखनऊ में (b) वाराणसी में
(c) कानपुर में (d) नई दिल्ली में

78. निम्नलिखित में से कौन-सी दो फसलें भारत में दलहन उत्पादन का लगभग 75% भाग उपलब्ध कराती हैं?
(a) चना और मूँग (b) चना और अरहर
(c) मूँग और मसूर (d) अरहर और मूँग

79. वानस्पतिक रूप से अनन्नास का फल है-
(a) पोम (b) बेरी
(c) ब्लूस्टार (d) सोरोसिस

80. मूँगफली की खेती में किस संवर्धन की प्राथमिकता देनी चाहिए?
(a) राइजोबियम (b) माइकोराइजा
(c) एजोस्पिरिला (d) फास्फोबेक्टीरिया

81. धान के आधारीय बीज के लिये पृथक्करण दूरी है-
(a) 30 मीटर (b) 50 मीटर
(c) 35 मीटर (d) 3 मीटर

82. सेवन घास का वानस्पतिक नाम है-
(a) लेस्युरस सिन्डिकस (Lasiurus sindicus)
(b) पेनीकम मेक्जिमम (Panicum maximum)
(c) साइनोडोन डेक्टाईलोन (Cymodon dactyion)
(d) सेन्क्रस सिलिएरिस (Cenchrus ciliaris)

83. कोरकोरस केप्सुलेरिस (सफेद जूट) का उत्पत्ति स्थल है-
(a) अफ्रीका (b) इन्डो-बर्मा क्षेत्र
(c) चीन (d) यू.एस.ए.

84. फॉस्फोरस (P) की गणना करने के लिये P_2O_5 को गुणा करना चाहिये-
(a) 3.258 से (b) 2.146 से
(c) 0.437 से (d) 2.29 से

85. धान की फसल के लिये उपयुक्त जलवायु है-
(a) गर्म व उष्ण जलवायु (Warm and humid)
(b) बहुत गर्म व उष्ण जलवायु (hot and humid)
(c) शुष्क व बहुत गर्म जलवायु
(d) ठण्डी व शुष्क जलवायु

86. सीड बॉल (Seed ball) फल है-
(a) कुसुम का (b) सूरजमुखी का
(c) अलसी का (d) चुकन्दर का

87. पशु शरीर में सबसे कठोर पदार्थ है-
(a) अस्थि (b) मांसपेशी
(c) नाखून (d) इनेमल

88. आनुवंशिकी के जनक हैं-
(a) जॉनसन (b) चार्ल्स डार्विन
(c) ग्रेगर जौ. मेन्डल (d) लैमार्क

89. गन्ना रोपाई की नाली विधि (Trench method) भारत के किस क्षेत्र में प्रचलन में है?
(a) उत्तर भारत में (b) पश्चिम भारत में
(c) तटीय क्षेत्रों में (d) जलमग्न क्षेत्रों में

90. किस तेल खली (Oil cakes) में नत्रजन की मात्रा सबसे अधिक होती है-
(a) अरण्डी की खली में
(b) नीम की खली में
(c) मूँगफली की खली में
(d) नारियल की खली में

91. ज्वार की प्रथम संकर किस्म सी.एस.एच.-1 किस वर्ष में विकसित की गई?
(a) 1961 (b) 1962
(c) 1963 (d) 1964

92. पपीते की गाइनोडायोसियस प्रजाति से उत्पन्न होते हैं-
(a) केवल नर पौधे
(b) केवल मादा पौधे
(c) मादा और उभयलिंगी पौधे
(d) नर और उभयलिंगी पौधे

93. एच.टी.एस.टी. पाश्तुरीकरण विधि में कौन जीवाणु मारने के लिये सूचक के रूप में प्रयोग किया जाता है?
(a) एस. लैक्टिस (b) एस. थर्मोफिलस
(c) बी. सबटिलिस (d) एम. ट्यूबरकूलोसिस

94. फाइलोडली रोग का वाहक है-
(a) थ्रिप्स (b) जैसिड
(c) सफेद मक्खी (d) माइट

95. मादा मैंगो लीफ हापर्स अपने अण्डे कहाँ देती है?
(a) पत्ती की ऊपरी सतह पर
(b) पत्ती की निचली सतह पर
(c) पत्ती की मध्य शिरा के अन्दर
(d) पत्ती के किनारे के ऊतकों के अन्दर

96. कृषि लागत एवं मूल्य आयोग निर्धारित करता है-
(a) फुटकर मूल्य (b) समर्थन मूल्य
(c) थोक मूल्य (d) इनमें से कोई नहीं

97. शकरकन्द का निमेटोड है-
(a) हेटरोडेरा सेक्टाई
(b) हेटरोडेरा एवेनी
(c) हेटरोडेरा कजानी
(d) हेटरोडेरा जेई

98. मक्का-आलू-तम्बाकू की सस्य सघनता होगी-
(a) 200% (b) 100%
(c) 300% (d) इनमें से कोई नहीं

99. आलू के हरेपन से होता है-
(a) पोषक गुणवत्ता में वृद्धि
(b) पोषक गुणवत्ता में कमी
(c) रोग प्रतिरोधकता में वृद्धि
(d) रोग प्रतिरोधिता में कमी

100. गुलाबी कीट शत्रु है-
(a) सरसों का (b) कपास का
(c) भिण्डी का (d) चना का

101. अमेरिकन कपास की बीजदर है-
(a) 12 किग्रा/हे. (b) 20 किग्रा/हे.
(c) 30 किग्रा/हे. (d) 35 किग्रा/हे.

102. थर्मोफिलिक जीवाणुओं की वृद्धि किस तापमान पर अधिक होती है?
(a) 5°C–7°C (b) 10°C–20°C
(c) 20°C–40°C (d) 50°C–60°C

103. रत्ना एक प्रजाति है-
(a) गेहूँ की (b) धान की
(c) जौ की (d) मक्का की

104. भारतीय कृषि अनुसंधान परिषद का पहला महानिदेशक कौन था?
(a) डॉ. एम.एस. स्वामीनाथन
(b) डॉ. ओ.पी. गौतम
(c) डॉ. बी.पी. पाल
(d) इनमें से कोई नहीं

105. निम्न में से कौन फसल भूमि संरक्षी फसल नहीं है-
(a) मूंग (b) उर्द
(c) लोबिया (d) मक्का

106. तराई की मृदा में कमी होती है-
(a) जिंक (b) लोहा
(c) गंधक (d) मोलीबिडनम

107. निम्न में कौन-सा कार्बनिक उर्वरक का उदाहरण है?
(a) सोडियम नाइट्रेट
(b) यूरिया
(c) अमोनियम सल्फेट
(d) डाई-अमोनियम सल्फेट

108. प्रति हेक्टेयर तम्बाकू की बीज दर है-
(a) 50-60 ग्राम
(b) 100-150 ग्राम
(c) 250-300 ग्राम
(d) 500-550 ग्राम

109. मृदा कणों का व्यवस्थापन उल्लेख करता है-
(a) मृदा का भार (b) मृदा संगठन
(c) मृदा संरचना (d) मृदा गठन

110. निम्न में से कौन फसल-चक्र सघन खेती का है?
(a) बाजरा-गेहूँ-मूँग-1 वर्ष
(b) मक्का-मटर-गन्ना-पेड़ी-3 वर्ष
(c) कपास-मटर-गन्ना-पेड़ी-हरी खाद-3 वर्ष
(d) ज्वार-सरसों-मक्का-गेहूँ-लोबिया-2 वर्ष

111. कौन-सा रसायन बीज शोधन में प्रयोग होता है?
(a) थिरम (b) 2, 4-डी
(c) मैलाथियोन (d) आइसोप्रोटूरॉन

112. 'औरीजा सटाइवा एल' वैज्ञानिक नाम है-
(a) गेहूँ का (b) मक्का का
(c) जई का (d) धान का

113. गेहूँ के प्रमाणित बीज उत्पादन के लिए पृथकक्करण दूरी क्या है?
(a) 50 मीटर (b) 20 मीटर
(c) 10 मीटर (d) 3 मीटर

114. निम्न में से कौन-सी कृषि विधि मृदा अपरदन को सामान्यत: रोकती है?
(a) अन्त:फसली (b) कन्टूर खेती
(c) बहुफसली (d) शुष्क खेती

115. जीवांश का रंग सामान्यत: होता है-
(a) काला/बादामी (b) लाल
(c) नीला (d) इनमें से कोई नहीं

116. हवा के द्वारा मृदा अपरदन मृदा के किस रूप में बदलाव लाकर मृदा को हानि पहुँचाता है-
(a) मृदा संरचना
(b) मृदा परमियोबिलिटी
(c) मृदा रचना
(d) मृदा प्लास्टिसिटी

117. मृदा संरचना कहते हैं-
(a) मृदा कणों की व्यवस्था को
(b) मृदा कणों के आकार को
(c) मृदा कणों की रासायनिक व्यवस्था को
(d) मृदा कणों की भौतिक व्यवस्था को

118. डाई अमोनियम फास्फेट खाद में नाइट्रोजन व फास्फोरस की सही मात्रा क्या होती है?
(a) 12, 36 (b) 18, 46
(c) 18, 56 (d) 16, 46

119. आँवला में नेक्रोसिस होता है-
(a) बोरोन तत्व की कमी के कारण
(b) लौह तत्व की कमी के कारण
(c) एन.पी.के. तत्व की कमी के कारण
(d) ताँबा तत्व की कमी के कारण

120. आम का उत्पत्ति स्थल कहाँ है?
(a) चीन
(b) भारत-बर्मा क्षेत्र
(c) उष्ण कटिबन्धीय अमेरिका
(d) दक्षिणी यू.एस.ए.

व्याख्या सहित उत्तर

1. (c) लैण्डफिल क्षेत्र में बहुत सारी गैसों का एक मिश्रण होता है, जिसमें लगभग 40%-60% तक मीथेन गैस होती है। इसके अलावा कार्बन डाई-ऑक्साइड एवं अन्य दूसरी गैसें भी पाई जाती हैं।

2. (c) कार्बन मोनोक्साइड (CO) एक प्रमुख प्रदूषक गैस है, जो अपूर्ण रूप से ज्वलित ईंधनों; जैसे- पेट्रोल, डीजल आदि, द्वारा उत्सर्जित होती है यह एक विषैली गैस है, जो रक्त के द्वारा ऑक्सीजन प्रवाह की क्षमता को कम कर देती है। इसके परिणामस्वरूप व्यक्ति को साँस लेने में कठिनाई होने लगती है। यहाँ तक कि व्यक्ति की मृत्यु तक हो सकती है।

3. (a) उभयचर प्राणियों के अण्डों के चारों ओर कोई कठोर आवरण नहीं होता है जैसा कि पक्षियों एवं सरीसृप प्राणियों के अण्डों में होता है। उभयचर प्राणियों के अण्डे एक जेलीनुमा पदार्थ से आच्छादित रहते हैं। अगर वातावरण में कभी शुष्कता या निर्जलीकरण की समस्या उत्पन्न हो जाती है, तो सर्वाधिक कुप्रभाव उभयचर प्राणियों के ऊपर ही पड़ेगा। इसके अलावा उभयचर प्राणी अपने प्रजनन के लिए भी नमी युक्त स्थान पर ही निर्भर होते हैं। अत: ये पर्यावरणी परिवर्तन के प्रति सर्वाधिक संवेदनशील हैं।

4. (c) भारत में विद्युत का सबसे बड़ा स्रोत ताप विद्युत संयंत्र है। भारत में विभिन्न स्रोतों से विद्युत उत्पादन का विवरण निम्नलिखित है-

स्रोत	विद्युत उत्पादन
ताप विद्युत (कोयला)	61.51%
नल-बिजली	15.42%
नवीकरणीय ऊर्जा	11.84%
प्राकृतिक गैस	8.61%
परमाणु ऊर्जा	1.9%

5. (d) किसी पदार्थ का दो या दो से अधिक रूपों में पाए जाने वाले गुण को अपरूपता (Allotropy) कहा जाता है। कार्बन के विभिन्न अपररूप प्रकृति में पाए जाते हैं; जैसे कोयला, हीरा, ग्रेफाइट, एमोरफस कार्बन, नैनोट्यूब्स, ग्लासी कार्बन, कार्बन नैनोफोम इत्यादि।

6. (a) भारतीय संविधान के सम्बन्ध में मूलभूत संरचना के मत में न्यायिक पुनरावलोकन, केशवानन्द भारती मामले में निर्णय एवं संविधान के अनुच्छेद-368 पर बाध्यताएँ शामिल हैं। न्यायिक पुनरावलोकन की शक्ति द्वारा मूलभूत संरचना में परिवर्तन किया जा सकता है, जैसे कि केशवानन्द भारती बनाम केरल राज्य मामले (1973) के निर्णय में, गोलकनाथ बनाम पंजाब राज्य मामले (1967) के निर्णय को बदल दिया गया था, जबकि अनुच्छेद-368 में संविधान संशोधन की प्रक्रिया द्वारा संविधान के मूल ढाँचे में परिवर्तन किया जा सकता है।

7. (c) भारत के संविधान के भाग 3 के अनुच्छेद-12-35 में भारतीय नागरिकों के मौलिक अधिकार दिए गए हैं। इसके अन्तर्गत

अनुच्छेद-19 वाक् स्वातन्त्र्य के अधिकार का संरक्षण,

अनुच्छेद-15 विभेद का प्रतिषेध,

अनुच्छेद-16 अवसर की समता आदि केवल भारतीय नागरिकों से सम्बन्धित है, जबकि अनुच्छेद-21 'जीवन और दैहिक स्वतन्त्रता का संरक्षण' का अधिकार विदेशियों को भी प्राप्त है।

8. (c) भारतीय नागरिकता सम्बन्धी अधिनियम संविधान के भाग 2 के अनुच्छेद-5 से 14 में वर्णित है कि

1. यदि कोई व्यक्ति वयस्क है और अपने निर्णय एवं स्वविवेक से अपनी भारतीय नागरिकता को परित्याग कर छोड़ सकता है, किन्तु यदि यह कार्य युद्ध के समय में किया जाए तो इसके लिए केन्द्र सरकार निर्णय लेगी।

2. यदि कोई भारतीय नागरिक स्वेच्छा से किसी देश की नागरिकता को स्वीकार कर लेता है, तो उसकी भारतीय नागरिकता स्वत: समाप्त मानी जाती है।

9. (a) भारतीय संविधान के अनुच्छेद 352 के अन्तर्गत (44वें संविधान संशोधन अधिनियम 1978 के बाद) यह प्रावधान किया गया है कि जब सम्पूर्ण भारत या उसके किसी भाग की सुरक्षा-युद्ध, बाह्य आक्रमण अथवा सशक्त विद्रोह (War or External Aggression or Armed Rebellion) के कारण खतरे में पड़ जाए तो आपातकाल की उद्घोषणा राष्ट्रपति कर सकता है।

10. (a) किसी भी व्यक्ति को बिना किसी अपराध किए यदि बन्दी बनाया जाता है, तो उसकी स्वतन्त्रता को सुनिश्चित करने के लिए सर्वोच्च न्यायालय द्वारा बन्दी प्रत्यक्षीकरण (हैबियस कॉर्पस) जारी किया जाता है।

11. (d)

12. (c) गंगा की प्रमुख सहायक नदियाँ निम्नलिखित हैं-

(i) बाई ओर से रामगंगा, गोमती, घाघरा, गण्डक बागमती, कोशी, महानन्दा, शारदा।

(ii) दाई ओर से यमुना, तमसा, सोन, पुनपुन, तीस्ता नदी, ब्रह्मपुत्र नदी की एक सहायक नदी है, जो ब्रह्मपुत्र में दाई ओर से आकर मिलती है।

13. (d) समतापमण्डल में प्रारम्भ में तापमान स्थिर रहता है, परन्तु 20 किमी की ऊँचाई के बाद तापमान में अचानक वृद्धि होने लगती है। मध्य मण्डल में तापमान में एकाएक गिरावट आ जाती है। मध्य सीमा पर तापमान-90° C तक पहुँच जाता है, जो वायुमण्डल का न्यूनतम तापमान है। क्षोभसीमा, क्षोभमण्डल और समतापमण्डल के बीच संक्रमण का क्षेत्र होता है, जहाँ क्षोभमण्डल के गुण लुप्त होते तथा समताप मण्डल के गुण प्रारम्भ होते नजर आते हैं। लेकिन क्षोभ सीमा में तापमान एक सीमा तक समान होते हैं, इसलिए इसको आइसोथर्म परत भी कहा जाता है।

14. (b) सू नहर उत्तरी अमेरिका में सुपीरियर झील को ह्यूरन झील से मिलाती है। इन झीलों के बीच में सेण्टमेरी प्रपात है। यह वास्तव में दो नहरें हैं, जिनमें से एक संयुक्त राज्य अमेरिका के अधिकार में है और दूसरी कनाडा के।

ये दोनों नहरें 6 मी. गहरी और 1.5 किमी. लम्बी हैं। संयुक्त राज्य अमेरिका के आन्तरिक व्यापार में इस नहर का अधिक उपयोग किया जाता है।

15. (b) बोंगाईगाँव, असम राज्य में स्थित है, यहाँ तेल शोधन एवं पेट्रो केमिकल संयंत्र कारखाने स्थित हैं।

कोरापुट, ओडिशा राज्य में अवस्थित है। यहाँ पर वायुयान (M/G) बनाने का कारखाना है। पिन्जौर, हरियाणा राज्य के पंचकुला जिले में स्थित है। यह मशीनी औजार बनाने का कारखाना है।

सिरपुर, तेलंगाना राज्य में स्थित है। यहाँ पर कागज बनाने का कारखाना है।

16. (d) वर्ष 1835 के अंग्रेजी शिक्षा अधिनियम को मैकॉले की सलाह पर गवर्नर जनरल विलियम बैंटिक द्वारा प्रस्तावित किया गया। इसने अंग्रेजी को भारतीय शिक्षा प्रणाली में शिक्षण की भाषा बनाया।

17. (a) संगम, सालुव, तुलुव तथा अराविदु राजवंशों ने विजयनगर राज्य के अधिराजत्व के अधीन शासन किया।

18. (d)

19. (b) भारत सरकार अधिनियम (द गवर्नमेण्ट ऑफ इण्डिया एक्ट) 1858 द्वारा भारत के लिए सेक्रेटरी ऑफ स्टेट का पद सृजित किया गया।

20. (b) **21.** (b)

22. (c) कृत्रिम रूप से मीठा करने वाले पदार्थों में सुक्रोस रूपान्तरित शर्करा है।

23. (c) ऊन मूलत रेशेदार प्रोटीन है जो विशेष प्रकार की त्वचा की कोशिकाओं से निकलता है। इसके रेशे ऊष्मा के कुचालक होते हैं।

24. (d) मानव अस्तित्व के लिए प्राकृतिक संसाधनों (Natural Resources) की उपलब्धता में मृदा निर्माण, मृदा अपरदन की रोकथाम, अपशिष्ट का पुन: चक्रण तथा शस्यपरागण आदि जैविक घटकों की मुख्य भूमिका होती है। पौधे एवं जानवर मृदा निर्माण को विभिन्न प्रकार से प्रभावित करते हैं। मृदा के लिए प्रभावकारी पौधों की जीवन प्रक्रिया महत्त्वपूर्ण होती है, जिनमें विशेष रूप से मृदा से सटे हुए छोटे पौधे एवं जानवर सम्मिलित हैं। इसी प्रकार अपशिष्ट का पुन:चक्रण व शस्य परागण भी जीव-पादप द्वारा सुनियोजित होते हैं। अत: मानव की आवश्यकता प्रत्यक्ष एवं अप्रत्यक्ष रूप से जैव-विविधता के इन माध्यमों पर निर्भर है।

25. (d) वर्षा-जल बहाव द्वारा पृथ्वी की सतह से अपशिष्ट पदार्थ तथा पोषक तत्त्व प्रवाहित होकर समुद्री जल में मिल जाते हैं। समुद्री उत्प्रवाह द्वारा समुद्री तल से पोषक तत्त्वों का प्रवाह समुद्री सतह की ओर होता है तथा ज्वारनदमुख (Esturies) से भी पोषक तत्त्वों का प्रवाह होता है। समुद्री जल में इन पोषक तत्त्वों की वृद्धि के कारण ही शैवालों के प्रस्फुटन में काफी वृद्धि हुई है।

26. (c) पर्वतीय क्षेत्रों में ऊँचाई के साथ-साथ तापमान एवं वर्षा में कमी आती है, अत: निम्न ऊँचाइयों पर घने वन पाए जाते हैं तथा अत्यधिक ऊँचाई वाले क्षेत्र वनरहित होते हैं। निम्न अक्षांशीय क्षेत्रों में उच्च ताप एवं अत्यधिक वर्षा के कारण वनों तथा पेड़-पौधों का अधिक विकास हुआ है, परिणामस्वरूप यह क्षेत्र जीव-विविधता की दृष्टि से उपयुक्त होती है, जहाँ अधिवास का विकास अत्यधिक होता है।

27. (c) इकोनॉमिक एण्ड सोशल कमीशन फॉर एशिया एण्ड द पैसिफिक की स्थापना वर्ष 1947 में की गई थी। इसका मुख्यालय थाईलैण्ड की राजधानी बैंकॉक में स्थित है। इस कमीशन के सदस्य देशों की संख्या 53 है तथा 9 देश इसके एसोसिएट सदस्य हैं।

28. (b) भारत में राष्ट्रीय आय की गणना करने के तीन संघटक क्षेत्र हैं प्राथमिक, द्वितीयक एवं तृतीयक क्षेत्र। प्राथमिक क्षेत्र के अन्तर्गत कृषि, द्वितीयक क्षेत्र के अन्तर्गत उद्योग-धन्धे एवं तृतीयक क्षेत्र के अन्तर्गत सेवा क्षेत्र आते हैं। वर्तमान में कृषि का अंश स्थिर बना हुआ है, जबकि निर्माण क्षेत्र के अंश में कमी हुई है। हाल के दिनों में सेवा क्षेत्र के अंश में तीव्र वृद्धि हुई है।

29. (d) हॉट मनी वह धन होता है, जिसका प्रवाह एक देश से दूसरे देश में होता है और इसका प्रयोग छोटी अवधि के लाभ लेने के लिए किया जाता है। इसे हॉट मनी इसलिए कहा जाता है, क्योंकि इसका प्रवाह बहुत तेजी के साथ होता है अर्थात् किसी देश के बाजार में इस पूँजी का निवेश भी तेजी के साथ होता है और इसे बाहर भी तेजी के साथ ही निकाला जाता है। इसका प्रवाह सामान्य तौर पर विकसित देशों से विकासशील देशों में होता है। अत: हॉट मनी विदेशी पोर्टफोलियो निवेश (एफपीआई) के सन्दर्भ में प्रयुक्त होता है।

30. (d) क्रेडिट रेटिंग इन्फॉर्मेशन सर्विसेज ऑफ इंडिया लिमिटेड (CRISIL) यह एक वैश्विक रेटिंग, विश्लेषणात्मक, अनुसन्धान, जोखिम और नीति सलाहकार सेवाएँ प्रदान करने वाली कम्पनी है।

क्रेडिट एनालिसिस एण्ड रिसर्च लिमिटेड (CARE) रेटिंग्स ने अप्रैल, 1993 में कार्य शुरू किया और लगभग दो दशकों से, यह अपने आप में भारत की दूसरी सबसे बड़ी क्रेडिट रेटिंग एजेन्सी ऑफ इण्डिया लिमिटेड (ICRA) एक भारतीय स्वतन्त्र और पेशेवर निवेश की जानकारी देने वाली क्रेडिट रेटिंग एजेन्सी है, जो वर्ष 1991 में स्थापित की गई थी।

31. (c) डॉ. वाई.वी. रेड्डी का जन्म 17 अगस्त, 1941 को हुआ। वह भारतीय प्रशासनिक सेवा के 1964 बैच के अधिकारी हैं। वर्ष 2003-2008 तक डॉ. रेड्डी भारतीय रिज़र्व बैंक के गवर्नर के रूप में कार्यरत रहे तथा इन्हें भारत के दूसरे सर्वोच्च नागरिक सम्मान पद्म विभूषण से सम्मानित किया गया। 3 जनवरी, 2013 को इन्हें 14वें वित्त आयोग का अध्यक्ष नियुक्त किया गया।

32. (c) कांस्य मुख्य रूप से ताँबे की एक मिश्र धातु है, जो आमतौर पर 12% टिन के साथ होता है।

33. (d) प्रश्न में उल्लिखित तीनों नृत्य उत्तर प्रदेश के प्रमुख लोकनृत्य हैं। 'धोबिया राग' नृत्य प्रदेश की धोबी जाति द्वारा किया जाने वाला नृत्य है। 'राई' नृत्य बुंदेलखंड की महिलाओं द्वारा कृष्ण जन्माष्टमी पर किया जाने वाला मयूर नृत्य है जबकि 'शायरा' नृत्य बुंदेलखंडी किसानों द्वारा फसल काटने की खुशी में किया जाता है।

34. (b) डच लोग हॉलैण्ड के निवासी थे। भारत में 'डच ईस्ट इण्डिया कम्पनी' की स्थापना 1602 ई. में की गई। 1596 ई. में भारत में आने वाला प्रथम डच नागरिक कारनेलिस डेहस्तमान था। डचों का पुर्तगालियों से संघर्ष हुआ और धीरे-धीरे डचों ने भारत के सभी महत्त्वपूर्ण मसाला उत्पादन के क्षेत्रों पर कब्जा कर पुर्तगालियों की शक्ति को कमजोर कर दिया। भारत में डचों की महत्त्वपूर्ण कोठियाँ थीं-मसुलीपट्टम (1605 ई.) पुलीकट (1610 ई.) सूरत (1616 ई.), विमलीपट्टम, चिनसुरा, कासिम बाजार, कड़ा नगर, पटन बालासोर, नागपट्टनम, कोचीन आदि। डच लोग भारत में मुख्यत: मसालों, नील, कच्चे रेशम, शीशा, चावल एवं अफीम का व्यापार भारत में करते थे।

35. (a) $18 - 2 \div 20 + 5 \times 16 = 69$
विकल्प (a) से,
$\Rightarrow 18 \div 2 - 20 + 5 \times 16 = 69$
$\Rightarrow 9 - 20 + 80 = 69$
$\Rightarrow 89 - 20 = 69$
$\Rightarrow 69 = 69$

36. (b) कथनों के अनुसार

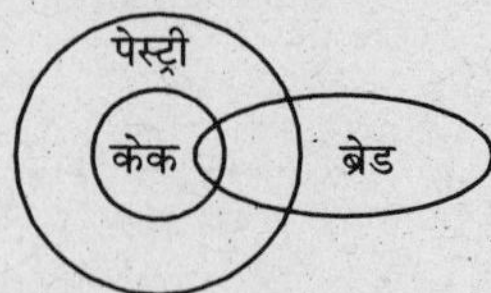

अत: केवल निष्कर्ष II निकलता है।

37. (a)

38. (a) संख्या $= 36\text{K} + 19$
$= 12 \times 3\text{K} + 12 + 7$
$= 12\,(3\text{K} + 1) + 7$
अत: अभीष्ट शेषफल = 7

39. (c) माना $x = 0.121212$ ...(i)
$\therefore\ 100\,x = 12.121212$ ...(ii)
समीकरण (ii) में समीकरण (i) घटाने पर
$99\,x = 12$
$x = \frac{12}{99} = \frac{4}{33}$

40. (b) $9x^2 - Kx + 16$ को पूर्ण वर्ग बनाने के लिए–
$K = 2 \times \pm\,(\sqrt{9}) \times (\pm\sqrt{16})$
$= \pm\,2 \times 3 \times 4 = \pm\,24$

41. (d) मसूर के दानों में प्रोटीन की मात्रा-25% पायी जाती है।

42. (a) गन्ने की एक हेक्टर बुवाई के लिए 70-75 कुन्तल बीज की आवश्यकता पड़ती है।

43. (b) जौ की माल्ट हेतु प्रजाति प्रगति, ऋतम्भरा तथा डी.एल.-88 है जबकि गीतांजलि छिलका रहित प्रजाति है।

44. (c) (a) के.-12-उर्द, (b) नवीन-मटर, (c) एल.डी.-491-गेहूँ (d) केण्ट-जई।

45. (d) (a) रशियन जाइन्ट-चारे वाली, (b) के-585 चारे वाली, (c) सिरसा-10-चारे वाली, (d) आजाद 1-सब्जी वाली।

46. (b)

47. (c) चन्द्रा ग्रीष्म काल में उगायी जाने वाली प्रजाति है।

48. (a) आलू की कन्द की बढ़वार के लिए 17° से 19°C इष्टतम तापमान सर्वोत्तम होता है। इससे अधिक होने पर आलू की पैदावार कम हो जाती है तथा कन्द बनना बन्द हो जाता है।

49. (d) (i) वरुणा - सिंचित व असिंचित दशा हेतु
(ii) वरदान - असिंचित दशा हेतु
(iii) नरेन्द्र-85 - लवणीय भूमि के लिए
(iv) के.-88 - पीले दाने वाली

50. (c) टोबेको कैटरपिलर जूट तथा चुकन्दर दोनों में लगता है।

51. (d) स्मट गेहूँ में लगने वाली बीमारी है जिसमें प्रतिरोधी प्रजाति द्वारा उगाकर नियन्त्रण किया जाता है।

52. (d) भारत फल और सब्जियों में द्वितीय स्थान रखता है।

53. (c) भारत में आय का क्षेत्रफल सर्वाधिक है। जबकि उत्पादन में केला का प्रथम स्थान है।

54. (a) भारत का चाय के उत्पादन और उपभोक्ता दोनों मामले में प्रथम स्थान हैं

55. (b) मानक रूप से एक अण्डे का वजन 58 ग्राम होता है।

56. (b)

57. (b) गर्भवती गाय के दाने में प्रोटीन की अधिकता होनी चाहिए क्योंकि उस समय पशु को प्रोटीन की अधिक मात्रा में आवश्यकता होती है।

58. (c)

59. (d) शहर में पाली जाने वाली बकरी की सर्वोत्तम किस्म बरबरी है क्योंकि इसे बाँधकर पाला जा सकता है।

60. (a) इनाचिंग विधि से आम तथा अमरूद का प्रबंधन किया जाता है जबकि अंगूर, लीची, फालसा का प्रवर्धन क्रमश: हार्ड वुड कटिंग, लेयरिंग तथा बीज द्वारा किया जाता है।

61. (a)

62. (b) मुर्गी लगभग 20 सप्ताह में अण्डे देना शुरू करती है। मुर्गी के अण्डे का भार 58 ग्राम होता है।

63. (c) मखदूम, शालीमार, बायर आदि प्रजाति अखरोट की हैं।

64. (b) भदावरी भैंस के दूध में 8-13% वसा पायी जाती है। जो अन्य पशुओं से सर्वाधिक है।

65. (d) (a) मल्लिका-नीलम × दशहरी (b) रत्ना-नीलम × अल्फांगों, (c) अर्का पुनीत-अल्फांगों × वागन पल्ली, (d) दशहरी - क्रास नहीं।

66. (c) भारत में ग्रामीण विकास कार्यक्रमों हेतु दूरदर्शन प्रसारण 1967 में शुरू हुआ।

67. (d)

68. (b) 3-3½ वर्ष में सांड गर्भाधान के लिए तैयार हो जाता है।

69. (d) जिस बिन्दु पर MR = MC होता है वही सर्वाधिक लाभ का बिन्दु होता है।

70. (b) पपीता - सूर्या
आम - नीलम
अंगूर - अकी चित्रा
सेब - रेड डेलीशियस

71. (a) धान के बीज का अंकुरण के लिए अनुकूलतम मुख्य तापमान 20-25°C होता है। गेहूँ के बुआई के समय अनुकूलतम तापमान 5°C - 15°C तक होना चाहिए।

72. (d) जूट की खेती वाले क्षेत्रों में उसकी जगह सामान्य वैकल्पिक फसल धान होता है। क्योंकि जूट की खेती ऐसे भागों में की जाती है, जहाँ पानी भरा रहता है।

73. (a) सरसों - गेहूँ
ज्वार - अरहर
पत्तागोभी - आलू

74. (d) शकरकंद - जड़
आलू - तना
अरवी - राइजोम
मूँगफली - फलियाँ

75. (c) धान में खैरा रोग जिंक की कमी से होता है। इसमें पौधों की पत्तियां पीली हो जाती हैं जो बाद में गिर जाती हैं। इसकी रोकथाम के लिए जिंक सल्फेट का प्रयोग किया जाता है।

76. (a)

77. (c) लखनऊ-भारतीय गन्ना अनुसंधान संस्थान
वाराणसी-सब्जी अनुसंधान केन्द्र
कानपुर-राजकीय शर्करा संस्थान
नई दिल्ली-मक्का जीन बैंक

78. (b) भारत का पूरे विश्व में दलहन उत्पादन में प्रथम स्थान है। भारत में 75% दलहन में चना और अरहर का है।

79. (d) पोम - सेब
ब्लूस्टार - अनार
बेरी - बेल
सोरोसिस - अनन्नास

80. (a) मूँगफली की खेती में राइजोबियम का प्रयोग करना चाहिए क्योंकि राइजोबियन एक प्रकार की जीवाणुविक कल्चर होता है इसके मूँगफली के साथ प्रयोग करने से वायुमण्डल की नाइट्रोजन को जमीन में स्थिर कर देते हैं। जिससे आगे बोई जाने वाली फसल को बहुत लाभ होता है।

81. (d) धान - 3 मी.
टमाटर - 50 मी.
फूलगोभी - 1000 मी.

82. (a) **83.** (b) **84.** (c)
85. (b) **86.** (c) **87.** (d)
88. (c) **89.** (c) **90.** (c) **91.** (d)

92. (c) गाइनोडायोलिसिस - मादा और उभयलिंगी पौधे

डायोसियस - नर तथा मादा फूल अलग पौधा

मोनोसियस - नर तथा मादा फूल एक पौधा

93. (d) एच.टी.एस.टी. पाश्चुरीकरण में एम. ट्यूवर क्लोसिस जीवाणु को मारने के लिए सूचक रूप में प्रयोग किया जाता है। एस. लैक्टिस का प्रयोग दूध से दही बनाने में किया जाता है।

94. (b)

फाइलोडी	- जैसिड
लीफ फर्ल डिजीज ऑफ चिली	- सफेद मक्खी
खैरा रोग	- जिंक की कमी

95. (b) मादा मैंगो लीफ हापर पती की निचली सतह पर अपने अण्डे देती है। यह कीट आम के पौधों को बहुत नुकसान पहुँचाता है। यह कीट अपने साथ स्टाइकेट सीट छोड़ता है जिससे उसके ऊपर कवक का विकास हो जाता है।

96. (b) समर्थन मूल्य का निर्धारण कृषि लागत एवं मूल्य आयोग द्वारा किया जाता है जबकि इसे लागू करने का काम सरकार का होता है।

97. (a)

हेटरोडेरा सेक्टाई	- शकरकन्द
हेटरोडेरा एवेनी	- जौ
हेटरोडेरा कजानी	- अरहर

98. (c)

99. (b) आलू में हरेपन से उसकी पोषक गुणवत्ता में कमी आ जाती है। यह हरा पन आलू का मिट्टी से बाहर होने से उस पर सूर्य का प्रकाश पड़ने से होता है।

100. (b)

गुलाबी कीट	- कपास
आरा मक्खी	- सरसों
फल मक्खी	- भिण्डी
घड बोरर	- चना

101. (b)

102. (d) थर्मोफिलिक जीवाणु की वृद्धि 50-60°C तापमान पर अधिक होती है।

103. (b) रत्ना - धान

यू.पी. - 365

जौ - डोलमा

मक्का - कंचन

104. (c) लॉर्ड लिनलिथगो के वायसरायकाल में 1926 में Royal Commission on Agriculture का गठन हुआ। इनके सलाह पर 23 मई, 1929 ई. में Imperial Council of Agricultural Research की स्थापना की गई। इसके प्रथम अध्यक्ष मो. हबीबुल्ला तथा प्रथम सचिव एस.ए. हीदारी थे। मार्च 1946 ई. में जोगेन्द्र सिंह के नेतृत्व में 'Imperial' शब्द को 'Indian' में बदलने के लिए निर्णय लिया गया। 1966 ई. में ICAR को पूर्ण स्वायत्ता प्रदान की गई और इसके प्रथम (महानिदेशक) Director General (Chief Executive) डॉ. बी.पी. पाल बनाये गये।

105. (d)

106. (a) तराई मृदा में जिंक की कमी पायी जाती है।

107. (b) यूरिया एक कार्बनिक उर्वरक है जिसका रासायनिक सूत्र $CO(NH_2)_2$ है।

108. (a)

109. (c) मृदा संरचना (Soil Structure) मृदा के प्राथमिक कण (बालू सिल्ट तथा क्ले) और गौण या द्वितीयक कण जो प्राथमिक कणों के पारस्परिक संयोग से बनते हैं, से मिलकर बनी होती है। मृदा में ये कण कई प्रकार से व्यवस्थित होते हैं तथा मृदा के कणों की व्यवस्था (Arrangement) को मृदा संरचना कहते हैं।

110.(a)

111. (a) बीज शोधन (Seed treatment) के लिये प्रयुक्त रसायन हैं-थिरम (Thiram), Captan, Agrosan GN, vitavax, etc.

112.(d)

113.(c) गेहूँ के प्रमाणित बीज (Certified seeds) और आधारीय बीज (Foundation seeds) उत्पादन के लिये पृथक्करण दूरी (Isolation distance)-3 मीटर होना चाहिये।

114.(b) **115.** (a) **116.** (c) **117.** (a)

118.(b) डाइअमोनियम फास्फेट (DAP) दो ग्रेड में पाये जाते हैं, जिसमें नाइट्रोजन एवं फास्फोरस निम्न मात्रा में पाये जाते हैं-(1) 8-46-0 (2) 20-48-0

119.(a) आँवले में 'नेक्रोसिस' (Necrosis) रोग बोरोन तत्त्व की कमी के कारण होता है।

120. (b)

❑❑❑

प्रैक्टिस सेट–7

भाग-1: सामान्य अध्ययन

1. भारत के निम्नलिखित में से किस राज्य के सर्वाधिक क्षेत्र में वन आच्छादित हैं?

(a) महाराष्ट्र (b) छत्तीसगढ़

(c) मध्य प्रदेश (d) आन्ध्र प्रदेश

2. पूर्वी अरुणाचल प्रदेश में सूर्योदय पश्चिमी गुजरात में सूर्योदय से लगभग कितने घण्टे पहले होगा?

(a) एक घण्टा (b) दो घण्टे

(c) तीन घण्टे (d) चार घण्टे

3. निम्नलिखित में से कौन-सी आग्नेय शैल नहीं है?

(a) गैब्रो (b) ग्रेनाइट

(c) डोलोमाइट (d) बेसाल्ट

4. राज्य के कुल क्षेत्रफल के सापेक्ष वन क्षेत्र की प्रतिशतता के सम्बन्ध में, भारत के निम्नलिखित राज्यों पर विचार कीजिए-

1. कर्नाटक 2. ओडिशा

3. केरल 4. आन्ध्र प्रदेश

निम्नलिखित में से कौन-सा अवरोही क्रम है?

(a) 1-2-4-3 (b) 3-1-2-4

(c) 3-2-1-4 (d) 2-3-1-4

5. कोरिऑलिस प्रभाव किसका परिणाम है?

(a) दाब प्रवणता का

(b) पृथ्वी के आनति अक्ष का

(c) पृथ्वी के घूर्णन का

(d) पृथ्वी के परिक्रमण का

6. आभासी मुद्राओं के लिए ढाँचे की जाँच करने हेतु भारत सरकार द्वारा हाल ही में गठित की गई अन्तर-अनुशासनिक (अन्तर्विषयक) समिति का अध्यक्ष, निम्नलिखित में से कौन है?

(a) सचिव, वित्तीय सेवा विभाग

(b) विशेष सचिव, राजस्व विभाग

(c) विशेष सचिव, आर्थिक कार्य विभाग

(d) डिप्टी गवर्नर, भारतीय रिजर्व बैंक

7. भारत के संविधान की 11वीं अनुसूची द्वारा पंचायती राज संस्थाओं को न्यागत किया गया एक विषय, निम्नलिखित में से कौन-सा नहीं है?

(a) गैर-पारम्परिक ऊर्जा संसाधन

(b) सड़कें

(c) उच्च शिक्षा

(d) पुस्तकालय

8. संविधान की निम्नलिखित अनुसूचियों में से कौन-सी 'दल-बदल विरोधी कानून' (Anti Defection Law) से सम्बन्धित है?

(a) 9वीं (b) 10वीं

(c) 11वीं (d) 12वीं

9. संविधान की प्रस्तावना सभी जातीय नागरिकों को निम्न में से कौन-सा एक उपलब्ध कराने के लिए वायदा नहीं करती है?

(a) सामाजिक न्याय (Social justice)

(b) राजनीतिक न्याय (Political justice)

(c) विचार की स्वतन्त्रता (Liberty of thought)

(d) पूजा की समानता (Equality of worship)

10. भारत को एक संविधान देने का प्रस्ताव संविधान सभा द्वारा पारित किया गया था–

(a) 22 जनवरी, 1946 को

(b) 22 जनवरी, 1947 को

(c) 20 फरवरी, 1947 को

(d) 26 जुलाई, 1946 को

11. निम्नलिखित में से कौन-सा एक संविधान के 42वें संशोधन द्वारा नीति-निदेशक तत्वों में नहीं जोड़ा गया है।

(a) शोषण से युवाओं तथा बच्चों की सुरक्षा

(b) समान न्याय तथा नि:शुल्क कानूनी सलाह

(c) सभी नागरिकों के लिए समान आचार संहिता

(d) उद्योगों के प्रबन्धन में श्रमिकों की भागीदारी

12. निम्नलिखित में से किसके बारे में यह माना गया कि वह वर्ष 1857 में, ब्रिटिश सरकार के विरुद्ध षड्यन्त्रकारी संन्यासियों और फकीरों का नेता था?

(a) मंगल पाण्डे

(b) बहादुर शाह II

(c) रानी जीनत महल

(d) नाना साहिब

13. निम्नलिखित में से कौन 18वीं शताब्दी में अवध राज्य का संस्थापक था?

(a) मुर्शीद कुली खान

(b) सआदत खान

(c) अलीवर्दी खान

(d) सरफराज खान

14. यंग बंगाल आन्दोलन का प्रवर्तक निम्नलिखित में से कौन था?

(a) हेनरी विवियन डेरोजियो

(b) डेविड हेअर

(c) द्वारकानाथ टैगोर

(d) प्रसन्न कुमार टैगोर

15. भारत छोड़ो आन्दोलन के बारे में निम्नलिखित में से कौन-सा कथन सही नहीं है?

(a) यह अगस्त, 1942 में शुरू हुआ।

(b) अहमदाबाद टेक्सटाइल मिलों में तीन माह से अधिक समय तक हड़ताल रही।

(c) मुस्लिम लीग और हिन्दू महासभा ने इस आन्दोलन में सक्रिय रूप से भाग लिया।

(d) कम्युनिस्ट पार्टी ने आन्दोलन का समर्थन नहीं किया था।

16. निम्न में से किस वैदिक साहित्य में 'मोक्ष' (Salvation) की चर्चा मिलती है?

(a) ऋग्वेद (b) परवर्ती संहिताएँ

(c) ब्राह्मण (d) उपनिषद्

17. गौतम बुद्ध ने सर्वप्रथम किस स्थान पर अपना उपदेश दिया?

(a) वैशाली (b) बोधगया

(c) राजगृह (d) सारनाथ

18. निम्नलिखित में से किसने मुगल सेना में सबसे अधिक राजपूत एवं मराठा सेनापतियों को रखा था?

(a) शेरशाह ने (b) अकबर ने

(c) जहाँगीर ने (d) औरंगजेब ने

19. निम्नलिखित में से कौन-सी तरंग प्रति फोटॉन अधिकतम ऊर्जा ले जाती है?

(a) X-किरणें (b) रेडियो तरंगें
(c) प्रकाश तरंगें (d) सूक्ष्म-तरंगें

20. निम्नलिखित में से कौन-से रसायन का उपयोग धोने के सोडे के रूप में किया जाता है?

(a) कैल्शियम कार्बोनेट
(b) कैल्शियम बाइकार्बोनेट
(c) सोडियम कार्बोनेट
(d) सोडियम बाइकार्बोनेट

21. निम्नलिखित में से किस घटना के कारण इन्द्रधनुष दिखाई देता है?

(a) प्रकाश का परिक्षेपण
(b) प्रकाश का व्यतिकरण
(c) प्रकाश का विवर्तन
(d) वायुमण्डलीय धूल के कारण प्रकाश का प्रकीर्णन

22. निम्नलिखित में से किसके परावर्तन को प्राप्त कर, चमगादड़ें अपने मार्ग में अवरोधकों की पहचान कर सकती हैं?

(a) अवश्रव्य तरंगें (b) पराश्रव्य तरंगें
(c) रेडियो तरंगें (d) सूक्ष्म-तरंगें

23. हाइड्रोफ्लुओरिक अम्ल का मुख्य उपयोग क्या है?

(a) काँच के निक्षारण (अम्ल लेखन) में
(b) विरंजन कारक के रूप में
(c) अत्यधिक प्रबल ऑक्सीकारक पदार्थ के रूप में
(d) प्रबल कार्बनिक फ्लुओरीन यौगिकों को तैयार किए जाने में

24. निम्नलिखित में से तीन मानकों के आधार पर पश्चिमी घाट-श्रीलंका एवं इण्डो-बर्मा क्षेत्रों को जैव-विविधता के प्रखर स्थलों (हॉट स्पॉट्स) के रूप में मान्यता प्राप्त हुई है।

1. जाति बहुतायतता (स्पीशीज रिचनेस)
2. वानस्पतिक घनत्व
3. स्थानिकता
4. मानवजाति-वानस्पतिक महत्त्व
5. आशंका बोध
6. वनस्पति एवं प्राणी जाति का उष्ण व आर्द्र परिस्थितियों के प्रति अनुकूलन।

कूट:

(a) 1, 2 और 6 (b) 2, 4 और 6
(c) 1, 3 और 5 (d) 3, 4 और 6

25. अण्टार्कटिक क्षेत्र में ओजोन छिद्र का बनना चिन्ता का विषय है। इस छिद्र के बनने का सम्भावित कारण क्या है?

(a) विशिष्ट क्षोभमण्डलीय विक्षोभ की उपस्थिति तथा क्लोरो-फ्लोरो कार्बनों का अन्तर्वाह।
(b) विशिष्ट ध्रुवीय वाताग्र तथा समतापमण्डलीय बादलों की उपस्थिति तथा क्लोरो-फ्लोरो कार्बनों का अन्तर्वाह।
(c) ध्रुवीय वाताग्र तथा समतापमण्डलीय बादलों की अनुपस्थिति तथा मीथेन और क्लोरो-फ्लोरो कार्बनों का अन्तर्वाह।
(d) वैश्विक तापन से ध्रुवीय प्रदेशों में हुई तापमान वृद्धि।

26. यूनाइटेड नेशन्स फ्रेमवर्क कन्वेन्शन ऑन क्लाइमेट चेन्ज (UNFCCC) एक अन्तर्राष्ट्रीय सन्धि है, जिसका गठन–

(a) स्टॉकहोम में वर्ष 1972 में संयुक्त राष्ट्र के मानव पर्यावरण सम्मेलन (यूनाइटेड नेशन्स कान्फ्रेन्स ऑन द ह्यूमन एनवायरमेन्ट) में किया गया।
(b) रियो-डि-जेनेरो में वर्ष 1992 में संयुक्त राष्ट्र संघ के पर्यावरण और विकास सम्मेलन (यू. एन. कॉन्फ्रेन्स ऑन एनवायरमेण्ट एण्ड डेवलपमेण्ट) में किया गया।
(c) जोहान्सबर्ग में वर्ष 2002 में धारणीय विकास पर विश्व शिखर सम्मेलन (वर्ल्ड सम्मिट ऑन सस्टेनेबल डेवलपमेण्ट) में किया गया।
(d) संयुक्त राष्ट्र जलवायु परिवर्तन सम्मेलन (यू. एन. क्लाइमेट चेन्ज कॉन्फ्रेस इन कोपेनहेगन) 2009 में किया गया।

27. निम्नलिखित में से कौन-सा वैश्वीकरण (Globlisation) का मापदण्ड नहीं है?

(a) सार्वजनिक क्षेत्र के प्रतिष्ठानों में विनिवेश
(b) आयात शुल्क में कमी
(c) रुपए को परिवर्तनशीलता बनाना
(d) प्रत्यक्ष विदेशी निवेश को स्वच्छन्दतापूर्वक आने देना

28. भारत में विदेशी मुद्रा भण्डार में सबसे बड़ा हिस्सा जिसका है, वह है–

(a) निर्यात से प्राप्ति की बचतें
(b) अनिवासी भारतीयों की जमा
(c) अन्तर्राष्ट्रीय मुद्राकोष व विश्व बैंक द्वारा दिया गया अनुदान
(d) स्टॉक बाजार में पोर्टफोलियो निवेश

29. राष्ट्रीय विकास परिषद् का मुख्यतः सम्बन्ध होता है–

(a) पंचवर्षीय योजनाओं के अनुमोदन से
(b) ग्राम विकास योजनाओं के क्रियान्वयन से
(c) विकास परियोजनाओं के निर्माण से
(d) केन्द्र-राज्य वित्तीय सम्बन्ध से

30. भारत के वाणिज्यिक बैंकों की ग्राहक सेवा सुधार हेतु बनी कमेटी जानी जाती है–

(a) नरसिम्हन कमेटी
(b) रेड्डी कमेटी
(c) रंगराजन कमेटी
(d) गोइपुरिया कमेटी

31. निम्नलिखित में से कौन-से सुमेलित हैं–

1.	**हरित क्रान्ति**	**–**	**तिलहन उत्पादन में वृद्धि**
2.	**नीली क्रान्ति**	**–**	**कृषि के खाद्यान्न उत्पादन में वृद्धि**
3.	**गुलाबी क्रान्ति**	**–**	**झींगा मछली उत्पादन में वृद्धि**
4.	**श्वेत क्रान्ति**	**–**	**दुग्ध उत्पादन में वृद्धि**

नीचे दिए गए कूटों से सही उत्तर का चयन कीजिए–

(a) 1 तथा 2 (b) 2 तथा 3
(c) 3 तथा 4 (d) 1 तथा 4

32. उत्तर प्रदेश राज्य द्वारा राज्यसभा में भेजे जा सकने वाले प्रतिनिधियों की संख्या है–

(a) 22 (b) 32
(c) 34 (d) 38

33. उत्तर प्रदेश में उगाई गई निम्नलिखित फसलों में से किसकी अवधि न्यूनतम है?

(a) चना (b) मसूर
(c) अरहर (d) मूँग

34. निम्न में से उत्तर प्रदेश के किस जनपद में 'थारू' जनजाति पाई जाती है?

(a) सीतापुर (b) पीलीभीत
(c) खीरी (d) गोरखपुर

35. पाँच मित्र P, Q, R, S और T एक पंक्ति में उत्तर दिशा की ओर मुख करके बैठे हैं। S बैठा है, T और Q के बीच में। Q है R के निकटतम बाईं ओर P है T के निकटतम बाईं ओर। बीच में कौन बैठा है?

(a) S (b) T
(c) Q (d) R

36. A, B, C, D, E और F एक पंक्ति में बैठे हैं तथा E और F पंक्ति के मध्य में बैठे हैं तथा A और B पंक्ति के दोनों छोर पर बैठे हैं। C, A के बाईं ओर बैठा है, तो B के दाईं ओर कौन बैठा है?

(a) A (b) D
(c) E (d) F

37. यदि शब्द 'TRANSFORMATION' के पहले, चौथे, आठवें और तेरहवें अक्षरों से एक ऐसा अंग्रेजी का सार्थक शब्द, जिसमें बाईं ओर से दूसरा अक्षर O

बनाया जा सके तो उसका बाईं ओर से तीसरा अक्षर क्या होगा? यदि एक से अधिक ऐसे शब्द बन सकते हैं, तो उत्तर X होगा और यदि कोई ऐसा शब्द न बन सके तो उत्तर Z होगा।

(a) Z (b) X
(c) T (d) R

38. यदि कोई वस्तु ₹ x में बेची जाए, तो उस पर 4% हानि होती है और यदि उसे ₹ y में बेचा जाए तो 2% का लाभ प्राप्त होता है तो $x : y$ कितना होगा?

(a) 6 : 7 (b) 8 : 9
(c) 2 : 3 (d) 4 : 5

39. एक खिलौने के अंकित मूल्य पर 20% की छूट उसके बिक्री मूल्य में ₹ 20 की कमी कर देती है। तो नया बिक्री मूल्य (₹ में) कितना होगा?

(a) 130 (b) 100
(c) 80 (d) 89

40. एक नल P एक टंकी को 16 मिनट में भर सकता है तथा नल Q एक टंकी को 8 मिनट में खाली कर सकता है। यदि टंकी पहले से आधी भरी हुई हो, तो टंकी को दोनों नलों द्वारा पूरा खाली करने में कितना समय लगेगा?

(a) 4 मिनट (b) 7 मिनट
(c) 8 मिनट (d) 10 मिनट

भाग-2: कृषि

41. मृदा के काया पलट में सहायक होते हैं-

(a) हाथी (b) गाय
(c) केंचुए (d) बिल्ली

42. निम्नलिखित सूचियों को सुमेलित कीजिए और नीचे दिए गए कूट से सही उत्तर को चुनिए-

सूची-I (धान का रोग)	सूची-II (रोग का कारक)
A. झौंका रोग	1. जीवाणु (Bacteria)
B. धारी रोग	2. विषाणु (Virus)
C. खैरा रोग	3. फफूंद (Fungus)
D. टुंगरू रोग	4. जिंक की कमी

कूट:

	A	B	C	D
(a)	4	3	2	1
(b)	1	2	3	4
(c)	3	1	4	2
(d)	1	4	2	3

43. हरी खाद के लिये प्रयुक्त फसल है-

(a) एक दलीय (b) द्विदलीय
(c) तिलहनी (d) इनमें से कोई नहीं

44. भारत में मोठ (Mothbean) का सबसे अधिक उत्पादन करने वाले राज्य हैं-

(a) राजस्थान (b) पंजाब
(c) मध्य प्रदेश (d) उत्तर प्रदेश

45. निम्नलिखित चारों में से कौन सा चारा दलहनी नहीं है?

(a) सनई (b) स्टाइलोहेमाटा
(c) जई (d) रिज़का

46. केन्ट, कोचमेन एवं फ्लेमिंग गोल्ड किस्में सम्बन्धित हैं-

(a) रिजका से (b) जई से
(c) तम्बाकू से (d) बरसीम से

47. केच क्रॉप (Catch crop) का उदाहरण है-

(a) अलसी (b) सरसों
(c) तोरिया (d) मूँगफली

48. निम्नलिखित में से कौन सा सबसे छोटा स्वतंत्र जीवित जीव है-

(a) माइकोप्लाज्मा (b) जीवाणु
(c) कवक (d) वायरस

49. निम्न फसलों में से वह फसल कौन-सी है जो दोनों सूखा व जलाभाव (drought and waterlogging) से प्रभावित होती है?

(a) सीधी बुवाई वाला धान
(b) मक्का
(c) सूरजमुखी
(d) ज्वार

50. नेपियर घास को एक हेक्टर क्षेत्रफल में लगाने हेतु लगभग..........रूट स्लिप्स (Root slips) की आवश्यकता होगी।

(a) 18800 (b) 27800
(c) 33800 (d) 42800

51. मोठ की जड़िया व ज्वाला किस्में कहाँ विकसित की गईं?

(a) जोबनेर (b) जोधपुर
(c) जालौर (d) जबलपुर

52. बोरो या दलुआ (Boro or dalua) धान की बुवाई का उचित समय है-

(a) नवम्बर-दिसम्बर
(b) जून-जुलाई
(c) मई-जून
(d) मार्च-अप्रैल

53. अनुकूल उत्पादन प्राप्त करने के लिये संकर मक्का की बीज दर (किलोग्राम/हेक्टर) चाहिये-

(a) 20-25 (b) 18-20
(c) 30-35 (d) 10-15

54. कम्पोस्ट कहते हैं-

(a) कार्बनिक पदार्थ को
(b) गोबर की खाद को
(c) कृत्रिम या संश्लेषित गोबर की खाद को
(d) मिश्रित उर्वरकों को

55. गेहूँ में यदि एक ही सिंचाई दी जाये तो कब देंगे?

(a) कल्ले निकलने पर
(b) कल्लों की अधिकतम सीमा पर
(c) पौधों की लम्बाई बढ़ने पर
(d) कभी भी दे सकते हैं

56. 'नाबार्ड' (NABARD) की स्थापना का वर्ष है-

(a) 1980 (b) 1982
(c) 1984 (d) 1985

57. मृदा में सबसे अधिक मात्रा में कौन-सा तत्व पाया जाता है?

(a) आयरन (b) कैल्शियम
(c) सिलीकन (d) ऑक्सीजन

58. दूध का pH मान होता है-

(a) 5.5 (b) 6.6
(c) 7.0 (d) 7.3

59. फसल-चक्र के लिए प्रभावी कारक है-

(a) मृदा
(b) जलवायु
(c) सिंचाई का प्रबन्ध
(d) उपरोक्त सभी

60. कृषि के क्षेत्र में नोबेल पुरस्कार विजेता है-

(a) डॉ. नौरमन ई. बोरलॉग
(b) डॉ. खुराना
(c) डॉ. रोजर्स
(d) डॉ. स्वामीनाथन

61. 'भूमि विकास बैंक' किसानों को ऋण उपलब्ध कराया है-

(a) कम अवधि के लिए
(b) मध्यम अवधि के लिए
(c) लम्बी अवधि के लिए
(d) केवल भूमि सुधार के लिए

62. जुताई द्वारा भी सुधार किया जा सकता है-

(a) अम्लीय मृदा में
(b) क्षारीय मृदा में
(c) लवणीय मृदा में
(d) किसी भी मृदा में नहीं

63. निम्नलिखित तत्त्वों में से कौन सा तत्त्व उर्वरक पोषक तत्त्व के रूप में शामिल नहीं है?

(a) कार्बन (b) नत्रजन
(c) गंधक (d) जस्ता

64. रिले क्रॉपिंग (Relay cropping) का अभिप्राय है-

(a) एक ही भूमि में एक वर्ष में एक से अधिक फसलें उगाना
(b) एक ही क्षेत्रफल में एक वर्ष में तीन फसलें उगाना
(c) एक ही क्षेत्रफल में एक वर्ष में चार फसलें इस प्रकार लेना कि पहली फसल की कटाई से पहले दूसरी फसल की बुवाई कर दी जाये
(d) उपरोक्त में से कोई नहीं

65. कैच क्रॉप (Catch crop) उगाने का मुख्य उद्देश्य होता है-

(a) मृदा में फसल अवशेष मिलाना
(b) मृदा को दरारों से बचाना
(c) खरपतवारों को दबाव
(d) बिना किसी अतिरिक्त निवेश के अधिक आय प्राप्त करना

66. मूँगफली की फसल में अन्तरा शस्य क्रियाएं (Interculture) किस अवस्था पर नहीं करना चाहिए?

(a) फूल आने की अवस्था पर
(b) अंकुरण की अवस्था पर
(c) खूँटी बनते समय (Pegging)
(d) इनमें से कोई नहीं

67. वॉटर हार्वेस्टिंग (water harvesting) से अभिप्राय है-

(a) कोलोकेसिया, टेपिओका एवं रतालू फसलों को कटाई के समय पानी देना
(b) गहराई से पम्पों के द्वारा पानी निकालना
(c) फसलों को दिये गये पानी की इकाई
(d) फार्म तालाबों से निकलते हुए फालतू जल का संचय एवं बाद में खेती हेतु इसका प्रयोग

68. पौधों में प्रकाश संश्लेषण के द्वारा भोजन का निर्माण होता है। इस प्रक्रिया के लिये पर्णहरित में किस तत्व की उपस्थिति अनिवार्य होती है?

(a) केल्शियम (b) मैग्नीशियम
(c) लोहा (d) बोरॉन

69. गेहूँ की फसल जो 50 क्विंटल प्रति हेक्टर उत्पादन देती है, नाइट्रोजन, फॉस्फोरस (P_2O_5), व पोटाश (किग्रा./हे.) की क्रमशः कितनी मात्रा भूमि से उदग्रहण (removes) करती है-

(a) 100-150, 70-80 व 125-150
(b) 90-100, 60-70 व 100-110
(c) 120-40-80
(d) 80-30/40-20

70. बोवाइन स्पोन्जीफोर्म एनसिफेलोपेथी/मेड काऊ रोग किसके कारण होता है?

(a) वायरस (b) जीवाणु
(c) प्रिओन्स् (d) कवक

71. कपास में किस सूत्र से जिनिंग प्रतिशत ज्ञात करते हैं-

(a) लिंट का वजन/कॉटन सीड का वजन × 100
(b) लिंट का वजन/सीड कॉटन का वजन × 100
(c) कॉटन सीड का वजन/लिंट का वजन × 100
(d) सीड कॉटन का वजन/लिंट का वजन × 100

72. ट्रेलर या फैलने (spreading type) वाली मूँगफली किस जाति से सम्बन्धित है?

(a) अरैकिस हाइपोजिया उपजाति फेस्टिगेटा
(b) अरैकिस हाइपोजिया उपजाति प्रोकमबेन्स
(c) उपरोक्त दोनों
(d) इनमें से कोई नहीं

73. निम्नलिखित सूचियों को सुमेलित कीजिए और नीचे दिए गए कूट से सही उत्तर को चुनिए-

सूची-I (फसल का नाम)	सूची-II (वानस्पतिक नाम)
A. अंगूर	1. Arachies hypogea
B. प्याज	2. Brassica campestris
C. मूंगफली	3. Allium cepa
D. सरसों	4. Vities vinifera

कूट:

	A	B	C	D
(a)	1	2	3	4
(b)	2	1	3	4
(c)	3	4	2	1
(d)	4	3	1	2

74. अरहर के 200 किग्रा. बीज उपचारित करने के लिए एक लीटर पानी थाइराम 75% डब्ल्यू.डी.पी. ग्राम की आवश्यकता पड़ती है-

(a) 150 (b) 50
(c) 400 (d) 200

75. गेहूँ की सोनालिका किस्म निम्नलिखित में से किस रोग की रोगरोधी है?

(a) भूरा अथवा पत्ती कीट की
(b) पीला अथवा धारीदार कीट की
(c) रतुआ रोग की
(d) काला अथवा तना कीट की

76. लाख में रेजिन का अंश होता है-

(a) 28% (b) 48%
(c) 68% (d) 78%

77. सेरीकल्चर (Sericulture) कहते हैं-

(a) मधुमक्खी पालन की
(b) रेशम कीट को
(c) लाख उद्योग को
(d) मछली पालन को

78. वैधानिक मानक के अनुसार मक्खन में कम से कम वसा का अंश होता है-

(a) 84% (b) 80%
(c) 99% (d) 70%

79. निम्नलिखित सूचियों को सुमेलित कीजिए और नीचे दिए गए कूट से सही उत्तर को चुनिए-

सूची-I (फसल)	सूची-II (वानस्पतिक नाम)
A. अमरूद	1. Carica Papaya
B. पपीता	2. Psillium guajava
C. सपोटा	3. Punica granatum
D. अनार	4. Achras sapota

कूट:

	A	B	C	D
(a)	1	2	3	4
(b)	2	1	4	3
(c)	3	1	2	4
(d)	4	1	2	3

80. एपीकल्चर (Apiculture) कहते हैं-

(a) रेशम पालन को
(b) मधुमक्खी पालन को
(c) लाख पालन को
(d) मछली पालन को

81. चीकू उत्पादन में प्रथम स्थान वाला देश है-

(a) भारत (b) ब्राजील
(c) पाकिस्तान (d) मैक्सिको

82. अरहर का कौन-सा रोग इरियोफिड् माइट के द्वारा ट्रान्समिट होता है-

(a) फाइटोफथोरा स्टेम रोट
(b) सर्कोस्पोरा लीफ स्पोट
(c) यलो मोजेक
(d) स्टेरीलिटी मोजेक

83. एक हेक्टेयर क्षेत्रफल की ऊपरी 15 सेंटीमीटर मृदा का वजन लगभग कितना होता है?
(a) 1×10^6 किग्रा. (b) 1.5×10^6 किग्रा.
(c) 2×10^6 किग्रा. (d) 2.24×10^6 किग्रा.

84. अनुकूल पौध संख्या हेतु चुकन्दर की बीज दर (किग्रा./हेक्टेयर) होनी चाहिये-
(a) 4-8 (b) 8-10
(c) 10-15 (d) 25-30

85. जूट की रेटिंग (Retting) के लिये उपयुक्त तापमान है-
(a) 14° से. (b) 26° से.
(c) 28° से. (d) 34° से.

86. मृदा में द्रव चालिता (Hydraulic conductivity) का सीधा सम्बन्ध है-
(a) केशिका सरंध्रता से (Capillary porosity)
(b) अकेशिका सरंध्रता से (Non-Capillary porosity)
(c) कुल सरंध्रता से (Total porosity)
(d) जलधारण क्षमता से (Water holding capacity)

87. साइजोगोनी (Schizogony) है-
(a) अलैंगिक जनन का रूप
(b) लैंगिक जनन का रूप
(c) अनिषेक जनन (Parthenogenesis)
(d) उपरोक्त में से कोई नहीं

88. टोपिंग (Topping) का तात्पर्य शीर्ष कलिका को अकेले या कुछ छोटी पत्तियों के साथ निकालने की प्रक्रिया, किस फसल में प्रयोग की जाती है?
(a) चना (b) अरण्डी
(c) कपास (d) तम्बाकू

89. बरसीम के अनुकूल उत्पादन हेतु बीजदर (किलोग्राम/हेक्टर) प्रयोग में लानी चाहिए-
(a) 15-20 (b) 20-25
(c) 25-30 (d) 30-40

90. सन् 1912 में नेपियर घास (पेनीसेटम पुरपुरियम) भारत में कहाँ से लाई गई?
(a) जिम्बाब्वे (b) दक्षिण अफ्रीका
(c) मिस्र (d) तनजानिया

91. क्षेत्र क्षमता (Field capacity) पर पी.एफ. (pF) मान होता है-
(a) 0.0 (b) 2.54
(c) 4.2 (d) 6.0

92. आम के निर्यात के लिए भारत की सबसे उपयुक्त किस्म है-
(a) अल्फांसो (b) दशहरी
(c) लंगड़ा (d) चौसा

93. निम्नलिखित में से कौन-सा युग्म सुमेलित नहीं है?
(a) चाय - असम
(b) चावल - बिहार
(c) रबड़ - केरल
(d) गेहूँ - उत्तर प्रदेश

94. धान की रोपाई के लिए सतह से उपयुक्त गहराई होनी चाहिए-
(a) 10 सेमी (b) 20 सेमी
(c) 5 सेमी (d) 15 सेमी

95. गाय की दुधारू नस्ल है-
(a) साहीवाल (b) काकरेज
(c) नागौर (d) थारपारकर

96. जीवांश की सक्रियता से-
(a) मृदा में लवणीयता बढ़ती है
(b) मृदा में कार्बनिक पदार्थ का निर्माण होता है
(c) मृदा में क्षारीयता बढ़ती है
(d) मृदा में अम्लता बढ़ती है

97. सबसे अधिक सिंचाई वाला प्रांत है-
(a) उत्तर प्रदेश (b) पंजाब
(c) आन्ध्र प्रदेश (d) बिहार

98. निम्नलिखित सूचियों को सुमेलित कीजिए और नीचे दिए गए कूट से सही उत्तर को चुनिए-

सूची-I (फसल)	सूची-II (प्रति हेक्टेयर उपज)
A. गन्ना	1. 200 क्विंटल
B. आलू	2. 50 क्विंटल
C. धान	3. 25 क्विंटल
D. बाजरा	4. 800 क्विंटल

कूट:

	A	B	C	D
(a)	1	2	3	4
(b)	4	1	2	3
(c)	3	1	2	4
(d)	4	1	2	3

99. निम्नलिखित में से जिन्होंने कृषि पर जोर दिया था?
(a) निओक्लासिकल अर्थशास्त्रियों ने
(b) क्लासिकल अर्थशास्त्रियों ने
(c) फीजियोकेट अर्थशास्त्रियों ने
(d) उपर्युक्त में से किसी ने भी नहीं

100. बड़ा आकार, ऊँचा कद, रोमन नाक, बड़े लटके कान व पीछे घने बाल वाली बकरी की नस्ल है-
(a) बरबरी (b) नूबियन
(c) जमुनापारी (d) अल्पाइन

101. मुर्गी की भारतीय नस्ल है-
(a) लैगहॉर्न (b) असील
(c) न्यूहेम्पशायर (d) रोड आयलैंड

102. NDRI स्थित है-
(a) दिल्ली में (b) इज्जतनगर में
(c) भुवनेश्वर में (d) करनाल में

103. 'ऑपरेशन फ्लड' (Operation flood) किससे सम्बन्धित है?
(a) कुक्कट विकास से
(b) डेरी विकास से
(c) भूमि संरक्षण से
(d) बाढ़ नियन्त्रण से

104. सबसे अधिक विषैले तत्व प्रतिदिन किस शहर में घुलते हैं?
(a) दिल्ली में (b) मुम्बई में
(c) कोलकाता में (d) चेन्नई में

105. सागौन पाया जाता है-
(a) भूमध्यरेखीय वनों में
(b) मानसूनी वनों में
(c) ज्वारीय वनों में
(d) शुष्क वनों में

106. वनों के प्रबन्धन एवं रख-रखाव का विज्ञान है-
(a) पिशीकल्चर (b) सिल्वीकल्चर
(c) सेरीकल्चर (d) एपिकल्चर

107. वर्ष 1979 में भारत सरकार ने घोषित किया-
(a) सामाजिक वानिकी अधिनियम
(b) वानिकी अधिनियम
(c) वन संरक्षण अधिनियम
(d) इनमें से कोई नहीं

108. 'चिपको' आन्दोलन सम्बन्धित है-
(a) जल की रक्षा से
(b) वृक्ष की रक्षा से

(c) प्राचीन स्मारकों की रक्षा से
(d) वन्य-जीव की रक्षा से

109. महिला समृद्धि योजना कब प्रारम्भ हुई?
(a) 2 अक्टूबर, 1993 को
(b) 2 अक्टूबर, 1994 को
(c) 2 अक्टूबर, 1995 को
(d) 2 अक्टूबर, 1996 को

110. धान की फसल में हिस्सा की रोकथाम के लिए इण्डोसल्फान 35 ई.सी. की कितने लीटर मात्रा को पानी में मिलाकर छिड़काव किया जाना चाहिए-
(a) 1 लीटर (b) 2 लीटर
(c) 3 लीटर (d) 1.5 लीटर

111. भारत में ग्रामीण बैंक कब से प्रारम्भ हुए?
(a) 26 जनवरी, 1976 से
(b) 15 अगस्त, 1976 से
(c) 2 अक्टूबर, 1976 से
(d) इनमें से कोई नहीं

112. धान के बंका कीट की रोकथाम के लिए प्रति हेक्टेयर दस प्रतिशत बी.एच.सी. चूर्ण के कितने किलोग्राम कीटनाशी की आवश्यकता होती है?
(a) 25 कि.ग्रा. (b) 10 कि.ग्रा.
(c) 20 कि.ग्रा. (d) 15 कि.ग्रा.

113. 'दीनदयाल विकास योजना' कि वर्ष में प्रारम्भ हुई?
(a) 1989-90 में (b) 1990-91 में
(c) 1991-92 में (d) 1992-93 में

114. धूल किस माह में कम गिरती है?
(a) जुलाई में (b) नवम्बर में
(c) मई में (d) जून में

115. उत्तर प्रदेश का दुग्ध उत्पादन में स्थान है?
(a) प्रथम (b) द्वितीय
(c) तृतीय (d) चतुर्थ

116. मैदानी भागों में वनों का हिस्सा है-
(a) 5 प्रतिशत (b) 6 प्रतिशत
(c) 7 प्रतिशत (d) 8 प्रतिशत

117. आम का प्रमुख कीट है?
(a) मीली बग (b) चैंपा
(c) पत्ती छेदक (d) जड़ छेदक

118. एस्कार्बिक एसिड की कमी से होने वाला रोग है-
(a) ऑस्टीमलेरिया (b) एन्थ्रेक्स
(c) जीरोफ्थेल्मिया (d) स्कर्वी

119. गैर कृषि सहकारिता के अन्तर्गत आने वाली समिति है-
(a) कृषि विपणन समिति
(b) दुग्ध उत्पादन समिति
(c) खाद बीज समिति
(d) कृषि उत्पादन समिति

120. निम्न फसलों में से कौन सी ऐसी दलहन फसल है, जिसका उपयोग दाल, चारा व हरी खाद के रूप में किया जाता है?
(a) मूँग (b) उड़द
(c) लोबिया (d) मटर

व्याख्या सहित उत्तर

1. (c) भारत के सर्वाधिक वन आच्छादित राज्य बढ़ते से घटते क्रम में क्रमशः मध्य-प्रदेश, छत्तीसगढ़, महाराष्ट्र, आन्ध्र प्रदेश हैं। मध्य प्रदेश के 77522 किमी क्षेत्र में वन आच्छादित हैं।

2. (b) पूर्वी अरुणाचल प्रदेश में सूर्योदय का पहले होने का प्रमुख कारण भारत के पूर्वी देशान्तर 97°25' तथा उत्तरी अक्षांश में 37°6" से 68°7" के फैले होने के कारण एवं पृथ्वी की घूर्णन गति के कारण इस हिस्से पर सूर्य रोशनी का पहला हिस्सा पड़ता है। अरुणाचल प्रदेश को उगते हुए सूरज की धरती भी कहा जाता है। अत: यहाँ सूर्योदय भारत के अन्य हिस्सों से 02 घण्टे पहले होता है।

3. (c) आग्नेय चट्टान (शैल) का निर्माण धरातल के नीचे स्थित तप्त और तरल चट्टानी पदार्थ, अर्थात् मैग्मा के सतह के ऊपर आकर लावा प्रवाह के रूप में निकलकर बाहर आने से पहले सतह के नीचे ठोस रूप से होता है। इन शैलों की उत्पत्ति गैब्रो, ग्रेनाइट तथा बेसाल्ट रूप में होती है।

4. (c) केरल 49.50%, ओडिशा 32.74%, कर्नाटक 18.99% तथा आन्ध्र प्रदेश 15.25% का वनों से घिरा हुआ भाग है। द इण्डियन स्टेट फॉरेस्ट रिपोर्ट 2015 के अनुसार भारत के राज्यों के वन क्षेत्रफल की प्रतिशतता के सम्बन्ध में बढ़ते से घटते क्रम में केरल, ओडिशा, कर्नाटक, आन्ध्र प्रदेश हैं।

5. (c)

6. (c) केन्द्र सरकार ने वर्चुअल या आभासी मुद्राओं की मौजूदा रूपरेखा पर गौर करने के लिए विशेष सचिव, आर्थिक कार्य विभाग की अध्यक्षता में एक अन्तर-अनुशासनात्मक समिति गठित की है, जिसमें आर्थिक मामलों के विभाग, वित्तीय सेवा विभाग, राजस्व विभाग, गृह मन्त्रालय, भारतीय रिजर्व बैंक इत्यादि के प्रतिनिधि शामिल थे।

7. (c) 11वीं अनुसूची को 73वें संविधान संशोधन अधिनियम 1985 के तहत मूल संविधान में जोड़ा गया। यह अनुसूची पंचायती राज से सम्बन्धित हैं, जिसमें पंचायती राज से सम्बन्धी 29 विषय दिए गए हैं। इनमें से उच्च शिक्षा का उल्लेख नहीं है।

8. (b) दसवीं अनुसूची संविधान में 52वें संशोधन, 1985 के द्वारा जोड़ी गई है। इस अनुसूची में दल-बदल से सम्बन्धित प्रावधानों का उल्लेख है।

9. (d) संविधान की प्रस्तावना सभी भारतीय नागरिकों को पूजा की समानता उपलब्ध कराने के लिए वायदा नहीं करती है। संविधान की प्रस्तावना को 'संविधान की कुंजी' कहा जाता है। प्रस्तावना के अनुसार संविधान के अधीन समस्त शक्तियों का केन्द्र बिन्दु स्रोत 'भारत के लोग' हैं। 42वें संविधान संशोधन अधिनियम 1976 द्वारा इसमें समाजवादी, पन्थनिरपेक्ष, और राष्ट्र की अखण्डता शब्द जोड़े गए हैं। प्रस्तावना को न्यायालय द्वारा प्रवर्तित नहीं किया जा सकता है।

10. (b) भारत को एक संविधान देने का प्रस्ताव संविधान सभा द्वारा 22 जनवरी, 1947 को पारित किया गया था। 22 जनवरी, 1947 ई. में उद्देश्य प्रस्ताव की स्वीकृति के बाद संविधान सभा ने संविधान निर्माण हेतु अनेक समितियाँ नियुक्त की। इनमें प्रमुख थी-वार्ता समिति, संघ संविधान समिति, प्रान्तीय संविधान समिति, संघ शक्ति समिति एवं प्रारूप समिति। 19 अगस्त, 1947 ई. को संविधान सभा की प्रारूप समिति का गठन किया गया। डॉ. भीमराव अम्बेडकर प्रारूप समिति के अध्यक्ष बनाए गए। संविधान के निर्माण में 2 वर्ष 11 महीने 18 दिन का समय लगा तथा यह 26 नवम्बर, 1949 ई. को पूर्ण रूप से तैयार किया। इसी तिथि को संविधान सभा द्वारा संविधान को अंगीकृत किया गया। इसी तिथि को भारत सम्पूर्ण प्रभुत्ता सम्पन्न लोकतान्त्रिक गणराज्य घोषित किया गया।

11. (c) 42वें संविधान संशोधन द्वारा नीति-निदेशक तत्वों में सभी नागरिकों के लिए समान आचार संहिता को नहीं जोड़ा गया है। बल्कि यह मूल संविधान से ही है। नीति-निदेशक सिद्धान्त आयरलैण्ड के संविधान से लिया गया है। यह संविधान के भाग 4 में (अनुच्छेद 36 से 51 तक) स्थित है। इसे लागू कराने के लिए न्यायालय नहीं जाया जा सकता है। यह राज्य सरकार के द्वारा लागू करने के बाद ही नागरिक को प्राप्त होता है।

12. (d) नाना साहिब वर्ष 1857 के भारतीय स्वतन्त्रता संग्राम के प्रणेता थे। उनका मूल नाम धोंधूपन्त था। उन्होंने वर्ष 1857 के विद्रोहियों का नेतृत्व किया। ऐसा माना जाता है कि नाना साहिब वर्ष 1857 में ब्रिटिशों के विरुद्ध षड्यन्त्रकारियों, सैन्यासियों और फकीरों के नेता थे।

13. (b) अवध स्वतन्त्रता की घोषणा 1724 ई. में सआदत खाँ बुरहान मुल्क ने की। यह ईरानी शिया

गुट के सदस्य थे, जिन्हें मुगल सम्राट 'मुहम्मदशाह' ने अवध का सूबेदार नियुक्त किया था।

14. (a) यंग बंगाल आन्दोलन के प्रवर्तक एंग्लो इण्डियन हेनरी विलियम डेरोजियो (वर्ष 1809-31) थे। यह आन्दोलन वर्ष 1828 में बंगाल में चलाया गया। इस आन्दोलन का मुख्य उद्देश्य प्रेस की स्वतन्त्रता, जमींदारों द्वारा किए जा रहे अत्याचारों से किसानों की सुरक्षा, सरकारी नौकरियों में ऊँचे वेतनमान के अन्तर्गत भारतीय लोगों को नौकरी दिलवाना था।

15. (c) 'भारत छोड़ो आन्दोलन' 9 अगस्त, 1942 को सम्पूर्ण भारत में महात्मा गाँधी के आह्वान पर प्रारम्भ हुआ। यह भारतीय स्वतन्त्रता की अन्तिम लड़ाई थी। जिसने ब्रिटिश शासन की नींव हिलाकर रख दी। आन्दोलन के दौरान कई कारखानों के कर्मचारियों ने हड़ताल की, जिनमें अहमदाबाद टेक्सटाइल मिल प्रमुख था, जिसने तीन माह से अधिक समय तक हड़ताल रखी। मुस्लिम लीग, हिन्दू महासभा और कम्युनिस्ट पार्टी ने आन्दोलन का समर्थन नहीं किया था।

16. (d) उपनिषद् में मोक्ष की चर्चा मिलती है। उपनिषद् का शाब्दिक अर्थ समीप बैठना अर्थात् ब्रह्म विद्या को प्राप्त करने के लिए गुरु के समीप बैठना है। इस प्रकार उपनिषद् एक ऐसा रहस्य ज्ञान है, जिसे हम गुरु के सहयोग से ही समझ सकते हैं। ब्रह्म विषयक होने के कारण इन्हें ब्रह्मविद्या भी कहा जाता है। उपनिषदों में आत्मा-परमात्मा एवं संसार के सन्दर्भ में प्रचलित दार्शनिक विचारों का संग्रह मिलता है। इन्हें वेदान्त भी कहा जाता है। उपनिषद् की संख्या 300 है लेकिन इनमें से 13 उपनिषद मुख्य हैं।

(a) ऋग्वेद के उपनिषद्–(i) कौषीतिकी (ii) ऐतरेय

(b) सामवेद के उपनिषद्–(i) छान्दोग्य (ii) केन

(c) कृष्ण यजुर्वेद–(i) तैत्तिरीय (ii) श्वेताश्वतरा (iii) मैत्रायणी

(d) अथर्ववेद–मुण्डक (i) प्रश्न (ii) माण्डुक्य

17. (d) गौतम बुद्ध ने सर्वप्रथम सारनाथ में अपना उपदेश दिया था। यहाँ पर बुद्ध ने पाँच ब्राह्मण संन्यासियों को अपना पहला उपदेश दिया था, जिसे बौद्ध ग्रन्थों में धर्मचक्रप्रवर्तन के नाम से जाना जाता है। सारनाथ में ही बुद्ध ने पाँच संन्यासियों के साथ संघ की स्थापना की। इनके नजदीकी शिष्यों में आनन्द, उपालि, सारिपुत्र, मौदगल्यायन, देवदत्त आदि थे, जिनमें सर्वाधिक नजदीक आनन्द थे।

18. (d) मुगल बादशाह औरंगजेब ने मुगल सेना में सबसे अधिक राजपूत एवं मराठा सेनापतियों को रखा था।

19. (a) X-किरणों की तरंग प्रति फोटॉन अधिकतम ऊर्जा ले जाती है। अतः इसका उपयोग जाँच केन्द्रों में हमारे दाँत तथा हड्डियों के चित्रण के लिए किया जाता है।

20. (c) सोडियम कार्बोनेट ($Na_2CO_3.10H_2O$) का उपयोग धोने के सोडा के रूप में किया जाता है।

21. (a) इन्द्रधनुष एक प्राकृतिक घटना है जो वर्षा के पश्चात जल की बूँदों में प्रकाश के परावर्तन, अपवर्तन तथा विक्षेपण के कारण उत्पन्न होता है। इसके परिणामस्वरूप आकाश में प्रकाश का स्पेक्ट्रम दिखाई पड़ता है।

22. (b) चमगादड़ पराश्रव्य ध्वनि उत्पन्न करता है, जब ये तरंगें किसी पृष्ठ से टकराकर वापस प्राप्त होती है, तो ये उसे अन्धेरे में संचरण के लिए सहायक होती है।

23. (a) हाइड्रोफ्लोरिक अम्ल का मुख्य उपयोग काँच के निक्षारण (अम्ल लेखन) में होता है।

24. (c) जैव-विविधता के हॉट-स्पॉट्स के रूप में मान्यता हेतु किसी क्षेत्र की निम्न विशेषताएँ होनी चाहिए–

- शिरायुक्त पौधों (वैस्कुलर प्लाण्ट) की कम-से-कम 1500 स्थानिक प्रजातियाँ हों।
- प्राकृतिक आवास का कम-से-कम 70% पर्यावरण नष्ट हो गया हो (तथा 30 प्रतिशत प्रजातियों के अस्तित्व पर खतरा हो)।

25. (b) विशिष्ट ध्रुवीय वाताग्र तथा समतापमण्डलीय बादलों की उपस्थिति तथा क्लोरो-फ्लोरो कार्बनों अंतर्प्रवाह अण्टार्कटिक क्षेत्र में ओजोन छिद्र के बनने का कारण है।

26. (d) यूनाइटेड नेशन्स फ्रेमवर्क कन्वेन्शन ऑन क्लाइमेट चेन्ज (UNFCCC) एक अन्तर्राष्ट्रीय सन्धि है जिसका गठन जून, 1992 में रियो-डि-जेनेरो (ब्राजील) में संयुक्त राष्ट्र संघ (UNO) के पर्यावरण (Environment) और विकास सम्मेलन (Development Conference) में किया गया था।

27. (a) सार्वजनिक क्षेत्र के प्रतिष्ठानों में विनिवेश, वैश्वीकरण (Globalisation) का मापदण्ड नहीं है। किसी अर्थव्यवस्था को विश्व-अर्थव्यवस्था से जोड़ने की क्रिया ही विश्वव्यापीकरण है। ऐसा करने से उक्त क्षेत्र में निजी कार्यकुशलता तथा बाहरी तकनीकी ज्ञान प्राप्त होते हैं।

28. (d) भारत में विदेशी मुद्रा भण्डार में सबसे बड़ा हिस्सा स्टॉक बाजार में पोर्टफोलियो निवेश है। देश के कुल विदेशी मुद्रा भण्डार के तीन महत्वपूर्ण घटक हैं–

(1) भारतीय रिजर्व बैंक की विदेशी मुद्रा परिसम्पत्तियाँ

(2) RBI के स्वर्ण भण्डार तथा

(3) सरकार की SDR राशि।

29. (a) पंचवर्षीय योजना के निर्माण में राज्यों की भागीदारी होनी चाहिए, इस विचार को स्वीकार करते हुए सरकार के एक प्रस्ताव द्वारा 6 अगस्त, 1952 ई. को राष्ट्रीय विकास परिषद् का गठन किया गया। प्रधानमन्त्री इस परिषद् का अध्यक्ष होता है। योजना आयोग का सचिव ही इस परिषद् का सचिव होता है। भारतीय संघ के सभी राज्यों के मुख्यमंत्री एवं योजना आयोग के सभी सदस्य इसके पदेन सदस्य होते हैं।

30. (d) भारत के वाणिज्यिक बैंकों की ग्राहक सेवा सुधार हेतु बनी कमेटी गोइपुरिया कमेटी के नाम से जानी जाती है। बैंकों में ग्राहक सेवा के गिरते स्तर को सुधारने के तरीके सुझाने के लिए सितम्बर, 1990 में आरबीआई द्वारा भारतीय स्टेट बैंक के तत्कालीन अध्यक्ष श्री एम.एन. गोइपुरिया की अध्यक्षता में एक समिति का गठन किया गया था। समिति ने अपनी रिपोर्ट 5 सितम्बर, 1991 को प्रस्तुत कर दी। इस समिति की मुख्य सिफारिशें निम्नलिखित हैं–

(i) नगद भुगतान को छोड़कर सभी प्रकार के कार्यों के लिए बैंकिंग घण्टों में विस्तार, (ii) बचत खातों पर ब्याज दरों में वृत्ति करना, (iii) बैंक जमा राशियों पर कर लाभ देना प्रारम्भ करना, (iv) बैंक स्टाफ को सभी स्तरों पर दी गई विवेकाधीन शक्तियों का पूर्ण उपयोग करना।

31. (c) कृषि से सम्बन्धित विशेष प्रकार की क्रान्ति निम्नलिखित हैं–

(i) श्वेत क्रान्ति – दुग्ध उत्पादन में वृद्धि से सम्बन्धित है।

(ii) गुलाबी क्रान्ति – झींगा मछली उत्पादन में वृद्धि।

(iii) हरित क्रान्ति – खाद्यान्न उत्पादन से सम्बन्धित है।

(iv) भूरी क्रान्ति – उर्वरक उत्पादन।

(v) पीली क्रान्ति – तिलहन उत्पादन से सम्बन्धित है।

(vi) गोल क्रान्ति – आलू उत्पादन से सम्बन्धित है।

(vii) नीली क्रान्ति – मत्स्य उत्पादन।

(viii) लाल क्रान्ति – टमाटर उत्पादन।

(ix) रजत क्रान्ति – अण्डा उत्पादन।

32. (c) उत्तर प्रदेश के विभाजन के बाद अब 31 राज्यसभा की सीटें उत्तर प्रदेश तथा 3 राज्यसभा की सीटें उत्तराखण्ड में है। राज्यसभा को संसद का उच्च सदन या द्वितीय सदन कहा जाता है। इसकी अधिकतम सदस्य संख्या 250 है जिसमें से 12 सदस्य राष्ट्रपति द्वारा साहित्य, कला, विज्ञान एवं समाजसेवा के क्षेत्रों से लब्ध प्रतिष्ठित लोगों में से मनोनीत किये जाते हैं। यह एक स्थायी सदन है, इसके सदस्यों का कार्यकाल 6 वर्ष होता है। जिसमें से एक-तिहाई सदस्य प्रति 2 वर्षों के बाद अवकाश लेते हैं। राज्यसभा की वर्तमान में सबसे अधिक सीटें उत्तर प्रदेश (31 स्थान) को आवण्टित हैं। उत्तर प्रदेश को लोकसभा की भी सबसे अधिक सीटें (80 सीट) आवंटित हैं।

33. (d) उपरोक्त मामलों की परिपक्वता अवधि इस प्रकार है–

	फसल	**परिपक्वता अवधि**
A.	चना	165–175 दिन
B.	मसूर	130–145 दिन
C.	अरहर	120–270 दिन
D.	मूँग	60–80 दिन

34. (c) थारू उत्तर प्रदेश की सर्वप्रमुख जनजातियों में से एक है। यह जनजाति उत्तर प्रदेश में लखीमपुर खीरी, गोण्डा, बहराइच, गोरखपुर इत्यादि जिलों में पाई जाती है। यह जनजाति उत्तराखण्ड के नैनीताल, बिहार के चम्पारन एवं दरभंगा जिलों में पाई जाती है। यह जनजाति पूर्व में जलपाईगुड़ी (पश्चिम बंगाल) से पश्चिम में कुमाऊं, गढ़वाल तक तथा नेपाल में पूर्व में 'भेजी' से पश्चिम में 'महाकाली' के अंचल तक व्याप्त है। थारू जनजाति का जीवन खेती और पशुपालन पर आधारित है। यह जनजाति किरात वंशज के हैं और कई जातियों तथा उपजातियों में विभाजित है।

35. (a) प्रश्नानुसार, पाँच मित्रों के बैठने का क्रम निम्न प्रकार होगा–

P T S Q R
• • • • •

अत: बीच में S बैठा है।

36. (b) प्रश्नानुसार व्यवस्थित करने पर,

B D E/F F/E C A

अत: B के दाईं ओर D बैठा है।

37. (d) शब्द 'TRANSFORMATION' के पहले, चौथे, आठवें और तेरहवें अक्षर क्रमश: T, N, R तथा O हैं। इनसे बनने वाला सार्थक शब्द TORN है, जिसका बाएँ से तीसरा अक्षर 'R' है।

38. (a) माना वस्तु का क्रय मूल्य = ₹ P

$$\text{तब,}\quad x = ₹\left(\frac{96}{100}\times P\right) = ₹\,\frac{24}{25}p$$

$$y = ₹\left(\frac{112}{100}\times P\right) = ₹\,\frac{28}{25}p$$

$$\therefore\ \text{अभीष्ट अनुपात} = \frac{x}{y} = \frac{\frac{24}{25}p}{\frac{28}{25}p} = \frac{6}{7} = 6:7$$

39. (c) माना खिलौने का अंकित मूल्य = ₹ x

$$\text{तब,}\quad x - \frac{x\times 80}{100} = 20$$

$$\Rightarrow\quad 100x - 8x = 2000$$

$$\Rightarrow\quad x = ₹\,100$$

$$\therefore\ \text{नया बिक्री मूल्य} = ₹\left(\frac{100\times 80}{100}\right)$$

$$= ₹\,80$$

40. (c) दोनों नलों द्वारा टंकी को खाली करने/भरने में लगा समय

$$= \left(\frac{1}{16}-\frac{1}{8}\right) = -\frac{1}{16}$$

अत: टंकी को नल खाली करते हैं (क्योंकि चिह्न ऋणात्मक है)

∴ आधी टंकी को खाली करने में लगा समय

$$= \left(16\times\frac{1}{2}\right)\text{ मिनट} = 8\text{ मिनट}$$

41. (c) केंचुए (Earthworm) को प्राकृतिक हलवाहा (Nature's Ploughman), किसानों का सच्चा मित्र कहा गया है। केंचुआ मृदा में कार्बनिक पदार्थों को मिलाकर, मृदा संरचना में सुधार करता है। यह मृदा में बीट करके मृदा को सरन्ध्र बनाता है जिससे जल एवं वायु धारण क्षमता में वृद्धि होती है। अत: केंचुए मृदा के काया पलट में सहायक होते हैं।

42. (c) धान के फसल में झौंका रोग (Blast)-Pyricularia oryzac नामक फफूँद (Fungus) के कारण होता है। धारी रोग (leaf streak)-Xsanthomonas campestris Pv. oryzicola नामक जीवाणु (bacteria) से, खैरा रोग जिंक की कमी से तथा टुंगरू रोग विषाणु (Virus) के कारण लगता है।

43. (b) **44.** (a) **45.** (c) **46.** (b)

47. (c) **48.** (a) **49.** (b) **50.** (b)

51. (a) **52.** (a) **53.** (a)

54. (a) **कम्पोस्ट**-पौधों के अवशेष पदार्थों, पशुओं का बचा हुआ चारा, कूड़ा करकट आदि पदार्थों के बैक्टीरिया तथा फजाई के द्वारा विशेष दशाओं में विच्छेन से बने पदार्थ कम्पोस्ट कहलाता है।

55. (a) गेहूँ में सीमित सिंचाई उपलब्धता में यदि केवल एक ही सिंचाई उपलब्ध हो तो इसे शिखर जड़ निकलने की अवस्था से कल्ले निकलने की अवस्था के बीच डालनी चाहिये।

56. (b) नाबार्ड (NABARD) ''राष्ट्रीय कृषि एवं ग्रामीण विकास बैंक'' की स्थापना 12 जुलाई, 1982 को की गई थी।

57. (d) मृत में सर्वाधिक मात्रा में आक्सीजन पाया जाता है–

आक्सीजन	-	47.33%
सिलिकॉन	-	27.74%
आयरन	-	4.50%
कैल्सियम	-	3.47%

58. (b) ताजे निकाले दूध का pH 6.5 तथा 6.7 के बीच में होती है।

59. (d) फसल-चक्र के लिए प्रभावी कारक हैं-(a) जलवायु (b) मृदा (c) प्रबन्ध (सिंचाई, खाद-उर्वरक, रसायन की उपलब्धता) (d) आर्थिक पक्ष।

60. (a) कृषि क्षेत्र में नोबेल पुरस्कार डॉ. नीरमन ई. बोरलाग को 1970 में शांति के लिये (For peace) दिया गया।

61. (c) ''भूमि विकास बैंक'' की स्थापना का प्रमुख उद्देश्य कृषकों को भूमि पर विकास कार्यों जैसे-फार्म पर सिंचाई के लिए कुओं का निर्माण, फार्म पर नालियाँ एवं घर का निर्माण, पम्पिंग सैट लगवाने, ट्रैक्टर, पावर टिलसे स्प्रेयर्स, डस्टर्स, कम्बाईन्स, थ्रैसर आदि मशीनों के क्रय के लिए **दीर्घकालीन** स्वीकृत करना है। भूमि विकास कृषक को पुराने कर्जों से मुक्ति दिलाते हैं।

62. (c) लवणीय मृदाओं (Saline soils) को (1) गहरी जुलाई (deep ploughing) (ii) अवमृत गहरी जुताई (Sul soiling) द्वारा सुधारा जा सकता है।

63. (a) **64.** (c) **65.** (d) **66.** (c)

67. (d) **68.** (b) **69.** (a) **70.** (c)

71. (b) **72.** (b)

73. (c)

फल		वानस्पतिक नाम
अंगूर	-	Vities vinifera
प्याज	-	Allium cepa
मूंगफली	-	Arachies hypogea
सरसों	-	Brassica campestris

74. (a) अरहर के बीज को बोने से पहले फफूँदी नाशक दवाओं जैसे थायराम या कैप्टान से 2.5 ग्राम दवा प्रति किलो बीज की दर से उपचारित करना चाहिये।

75. (a) गेहूँ की सोनालिका, प्रताप, मालविका, सुजाता मालवीय-55 आदि किस्में भूरी गेरूई अनवा भूरा पत्ती किट्ट (Brown or orange or Leaf Rust or wheat) के लिये रोग रोधी है।

76. (c) लाख लक्ष कीट की लक्ष ग्रन्थियों से द्रव रूप में निकलता है। जो सूखकर सख्त तथा ठोस बन जाता है। इसमें 68% रेजिन 10% रंगीन पदार्थ, 6.0% मोम, 5.5% गोंद तथा 4.0% शर्करा आदि पाया जाता है।

77. (b) सेरीकल्चर-रेशम कीट पालन
एपीकल्चर-मधुमक्खी पालन
पीसीकल्चर-मछली पालन

78. (b) मक्खन (Butter) में 80 प्रतिशत से कम वसा तथा 20 प्रतिशत से अधिक अन्य पदार्थ जैसे पानी, नमक, तथा ऐजेन्टो रंजक नहीं होने चाहिए। पानी की मात्रा 16% से अधिक नहीं होनी चाहिए।

79. (c)

फल	**वानस्पतिक नाम**
अमरूद	Psillium guajava
पपीता	Carica Papaya

सपोटा	Achras sapota
अनार	Punica granatum

80. (b) **81.** (b) **82.** (d) **83.** (d)
84. (b) **85.** (d) **86.** (c) **87.** (a)
88. (d) **89.** (c) **90.** (b) **91.** (b)
92. (a) **93.** (b)

94. (c) धान की बौनी प्रजातियों की रोपाई 3-4 सेमी. से अधिक गहराई पर नहीं करनी चाहिये अन्यथा कल्ले (Tillering) कम निकलते हैं और फसल देर से पकती है जिसके फलस्वरूप उपज में कमी आ जाती है।

95. (a) गाय की दुधारू नस्ल-साहीवाल, लाल सिंधी, गिर, देवनी आदि।

96. (d) जीवांश पदार्थ Organic matter के विच्छेदन से कार्बनिक साइट्रिक, ब्यूटरिक, कैप्रोइक अम्ल बनते हैं, जो क्षारीय मृदा के पी-एच को कम करते हैं।

97. (b) सर्वाधिक सिंचित क्षेत्र पंजाब में पाया जाता है। यहाँ 90.8% क्षेत्र पर सिंचाई सुविधा उपलब्ध है।

98. (b) **99.** (c)

100. (c) जमुनापारी बकरी का आकार बड़ा, कद, ऊँचा, टाँगे लम्बी, माथा उठा हुआ, चौड़ा, कान बड़े लटके हुए, सींग 24-30 सेमी लम्बे, उठी हुई रोमन नाक तथा जाँघों पर पीछे की ओर घने बाल होते हैं। शरीर का रंग सफेद होता है।

101. (b) मुर्गी की भारतीय नस्ल है-असील (Aseal) बुसरा (Busra) कड़क नाथ (Kadaknath)

102. (d) NDRI नेशनल डेरी रिसर्च इंस्टीट्यूट-करनाल (हरियाणा) में स्थित है, इसकी स्थापना 1955 में की गई थी।

103. (b) **104.** (c)

105. (a) सागौन विषुवत रेखीय ऊष्ण आर्द्र या सदाबहार बन (Eqatorial Hot-wet or Evergreen Forests) में पाया जाता है।

106. (b) **सिल्वीकल्चर**-वनों के संरक्षण एवं सम्वर्द्धन से सम्बन्धित कृषि।

पीसीकल्चर-मछली पालन की व्यापारिक स्तर पर की जाने वाली कृषि। **एपिकल्चर-मधुमक्खी**-पालन, **सेरलीकल्चर**-रेशम कीट पालन

107. (d) **108.** (b)

109. (a) महिला समृद्धि योजना (Mahila Samridhi Yozna)-इस योजना का शुभारम्भ 2 अक्टूबर 1993 को देशभर के लगभग 1.32 लाख ग्रामीण क्षेत्र में स्थापित डाकघरों के माध्यम से चलाया जा रहा है।

110. (a) पान के खेत में हिस्पा की रोकथाम इण्डोसल्फान 35 ई.सी. का 1.25 लीटर अथवा इण्डोसल्फान 50 ई.सी. का 1.00 लीटर मात्रा पानी घोलकर छिड़काव करना चाहिये।

111. (d) सर्वप्रथम 5 क्षेत्रीय ग्रामीण बैंक 2 अक्टूबर, 1975 को खोला गया।

112. (a) धान का बका या पत्ती लपेटने वाला कीट (Leaf roller) के रोकथाम बी.एच.सी. 10 प्रतिशत धूलि का 25 से 30 कि.ग्रा. प्रति हैक्टर बुरकना चाहिये।

113. (c) **114.** (a)

115. (a) देश में दूध उत्पादन के सन्दर्भ में चार शीर्ष उत्पादक राज्यों की स्थिति है-उत्तर प्रदेश, पंजाब, राजस्थान एवं महाराष्ट्र।

116. (c) **117.** (a)

118. (d) एस्कार्बिक एसिड (विटामिन सी) की कमी से स्कर्वी रोग होता है।

119. (b) **120.** (c)

❑❑❑

प्रैक्टिस सेट-8

भाग-1: सामान्य अध्ययन

1. निम्नलिखित में से कौन-सा यन्त्र, निम्न वोल्टता की प्रत्यावर्ती धारा को उच्च वोल्टता वाली प्रत्यावर्ती धारा में और इसके विलोमतः परिवर्तित करता है?
(a) जनित्र (जेनरेटर)
(b) मोटर
(c) ट्रांसफॉर्मर
(d) कम्पित्र

2. तेज गर्मी के मौसम में मुख्यतया रेगिस्तान में घटित होने वाली 'दृष्टिभ्रम' की घटना किस सिद्धान्त पर आधारित होती है?
(a) परावर्तन
(b) व्यतिकरण
(c) प्रकीर्णन
(d) पूर्ण आन्तरिक परावर्तन

3. किस स्थान पर पृथ्वी का चुम्बकीय क्षेत्र क्षैतिज होता है?
(a) चुम्बकीय याम्योत्तर
(b) चुम्बकीय निरक्ष
(c) भौगोलिक ध्रुव
(d) कर्क रेखा

4. काँच (ग्लास) क्या है?
(a) द्रव
(b) कोलाइड
(c) अक्रिस्टलीय रवाहीन ठोस (नॉन-क्रिस्टलाइन एमॉरफस सॉलिड)
(d) क्रिस्टलीय ठोस

5. रदरफोर्ड के अल्फा-कण प्रकीर्णन प्रयोग के कारण निम्न में से किसकी खोज हुई?
(a) इलेक्ट्रॉन (b) प्रोटॉन
(c) न्यूक्लियस (d) हीलियम

6. सूची-I को सूची-II के साथ सुमेलित कीजिए और सूचियों के नीचे दिए गए कूट का प्रयोग कर सही उत्तर चुनिए-

	सूची-I (खनिज)		सूची-II (प्रमुख राज्य)
A.	मैंगनीज	1.	उत्तराखण्ड
B.	जिप्सम	2.	कर्नाटक
C.	चूना पत्थर	3.	राजस्थान
D.	मैग्नेसाइट	4.	ओडिशा

कूटः

	A	B	C	D
(a)	1	3	2	4
(b)	1	2	3	4
(c)	4	2	3	1
(d)	4	3	2	1

7. भारत में उत्तर से दक्षिण की ओर स्थित टाइगर रिजर्व का सही क्रम निम्नलिखित में से कौन-सा है?
(a) कॉर्बेट-सिम्लीपाल-सरिस्का-पेरियार
(b) पेरियार-सरिस्का-सिम्लीपाल-कॉर्बेट
(c) कॉर्बेट-सरिस्का-सिम्लीपाल-पेरियार
(d) पेरियार-सिम्लीपाल-सरिस्का-कार्बेट

8. निम्नलिखित हिमालय की नदियों में से कौन-सी नदी हिमालय के उस पार से नहीं निकलती है?
(a) सिन्धु (b) सतलुज
(c) गंगा (d) ब्रह्मपुत्र

9. निम्नलिखित भौतिक राशियों में से किसका प्रभाव एक बेलनाकार प्रतिरोधक के प्रतिरोध पर नहीं पड़ता है?
(a) इसमें से गुजरने वाली धारा का
(b) इसकी लम्बाई का
(c) प्रतिरोधक में प्रयुक्त पदार्थ की प्रतिरोधकता का
(d) बेलन की अनुप्रस्थ काट के क्षेत्रफल का

10. भारत के प्रमुख प्रवालभित्ति क्षेत्र, निम्नलिखित में से कौन-से हैं?
1. कच्छ की खाड़ी
2. मन्नार की खाड़ी
3. लक्षद्वीप
4. अण्डमान और निकोबार द्वीप समूह
नीचे दिए गए कूट का प्रयोग कर सही उत्तर चुनिए-
(a) 1 और 3 (b) 2 और 4
(c) 1, 2 और 3 (d) ये सभी

11. राजा कृष्णदेव राय के सम्बन्ध में निम्नलिखित में से कौन-सा कथन सही नहीं है?
(a) वे तेलुगू और संस्कृत के एक बड़े विद्वान थे।
(b) विदेशी यात्री पेस और नुनिज उनके दरबार में आए थे।
(c) उनके साम्राज्य में प्रचलित महान न्याय और निष्पक्षता के लिए बारबोसा ने उनकी प्रशंसा की।
(d) उन्होंने अपनी सर्वश्रेष्ठ कृति 'आमुक्तमलयदा' की रचना संस्कृत में की।

12. 1857 के विद्रोह का निम्नलिखित में से कौन-सा एक कारण नहीं था?
(a) यह अफवाह कि ब्रिटेनवासियों ने बाजार में बिकने वाले आटे में गाय और सूअर की हड्डियों का चूर्ण मिलाया था।
(b) यह भविष्यवाणी कि प्लासी युद्ध की शताब्दी पर, 23 जून, 1857 को ब्रिटिश शासन का अन्त होगा।
(c) ब्रिटिश शासन से सामान्य जन में असन्तोष।
(d) यह भविष्यवाणी कि ब्रिटिश शासन के अन्त के साथ कलियुग का अन्त होगा और रामराज्य फिर से आएगा।

13. सविनय अवज्ञा आन्दोलन के दौरान, निम्नलिखित में से किस रियासत ने कांग्रेस का समर्थन नहीं किया?
(a) भावनगर (b) मैसूर
(c) जूनागढ़ (d) काठियावाड़

14. अकबर के दरबार के सुलेखकार का नाम क्या है, जिसे 'जरीन कलम' या 'स्वर्ण कलम' के नाम से सम्मानित किया गया था?

(a) अबुल फजल (b) तानसेन
(c) मुहम्मद हुसैन (d) मुहम्मद कासिम

15. 'बादशाहनामा' का लेखक निम्नलिखित में से कौन है?
(a) अब्दुल हमीद लाहौरी
(b) अबुल फजल
(c) शाहजहाँ
(d) सदुल्लाह खान

16. निम्न में से सही युग्म का चुनाव कीजिए-
(a) खजुराहो - चन्देल
(b) एलोरा गुफाएँ - शक
(c) महाबलीपुरम - राष्ट्रकूट
(d) मीनाक्षी मन्दिर - पल्लव

17. 1907 ई. में मुस्लिम लीग का वार्षिक अधिवेशन कहाँ हुआ था?
(a) ढाका में (b) कराची में
(c) अलीगढ़ में (d) लखनऊ में

18. सूची-I को सूची-II के साथ सुमेलित कीजिए और सूचियों के नीचे दिए गए कूट का प्रयोग कर सही उत्तर चुनिए।
सूची-I (भारत के संविधान के संशोधन)
A. 52वाँ संशोधन
B. 73वाँ संशोधन अधिनियम, 1992
C. 61वाँ संशोधन अधिनियम, 1998
D. 86वाँ संशोधन
सूची-II (विषय)
1. मतदान आयु 21 वर्ष से अधिनियम, 1985 कम करके 18 वर्ष करना
2. शिक्षा का अधिकार
3. पंचायती राज
4. दल-बदल के आधार पर अधिनियम, 2006 अयोग्यता
कूट:

	A	B	C	D
(a)	4	1	3	2
(b)	4	3	1	2
(c)	2	3	1	4
(d)	2	1	3	4

19. विधायी शक्तियों का केन्द्र तथा राज्यों के मध्य वितरण संविधान की निम्न अनुसूचियों में से किस एक में है?
(a) छठी (b) सातवीं
(c) आठवीं (d) नवीं

20. निम्नलिखित में से कौन एक तृतीय क्रियाकलाप है?
(a) वानिकी (b) विनिर्माण
(c) कृषि (d) विपणन

21. भारत में कर्मचारियों के महँगाई भत्ते के निर्धारण का आधार है-
(a) राष्ट्रीय आय
(b) उपभोक्ता मूल्य सूचकांक
(c) जीवन निर्वाह स्तर
(d) प्रति व्यक्ति आय

22. नरसिंह समिति का सम्बन्ध है-
(a) उच्च शिक्षा सुधारों से
(b) कर रचना सुधारों से
(c) बैंकिंग संरचना सुधारों से
(d) नियोजन क्रियान्वयन सुधारों से

23. 'स्मार्ट मनी' शब्द का प्रयोग होता है-
(a) इन्टरनेट बैंकिंग में
(b) क्रेडिट कार्ड में
(c) बैंक में बचत खाता में
(d) बैंक में चालू खाता में

24. निम्नलिखित में से कौन-सा स्थल वनस्पति संरक्षण हेतु स्वस्थान (In Situ) पद्धति नहीं है?
(a) जीवमण्डल आरक्षित क्षेत्र (बायोस्फीयर रिजर्व)
(b) वानस्पतिक उद्यान
(c) राष्ट्रीय पार्क
(d) वन्यप्राणी अभयारण्य

25. प्रकृति एवं प्राकृतिक संसाधन अन्तर्राष्ट्रीय संरक्षण संघ (IUCN) द्वारा प्रकाशित 'रेड डाटा बुक्स' में निम्नलिखित सूची/सूचियाँ सम्मिलित की जाती है/हैं–
1. जीव-विविधता के प्रखर स्थलों (हॉट-स्पाट्स) में विद्यमान स्थानिक पौधों और पशु जातियों की सूची।
2. संकटग्रस्त पौधों और पशु जातियों की सूची।
3. विभिन्न देशों में प्रकृति एवं प्राकृतिक संसाधन संरक्षण हेतु संरक्षित स्थलों की सूची।
कूट:
(a) 1 और 3 (b) केवल 2
(c) 2 और 3 (d) केवल 3

26. 'कार्बन क्रेडिट' के सम्बन्ध में निम्नलिखित में से कौन-सा कथन सही नहीं है?
(a) कार्बन क्रेडिट प्रणाली क्योटो प्रोटोकॉल के संयोजन में सम्पुष्ट की गई थी।
(b) कार्बन क्रेडिट उन देशों या समूहों को प्रदत्त की जाती है, जो ग्रीनहाउस गैसों का उत्सर्जन घटाकर उसे उत्सर्जन अभ्यंश के नीचे ला चुके होते हैं।
(c) कार्बन क्रेडिट का लक्ष्य कार्बन डाइ-ऑक्साइड उत्सर्जन में हो रही वृद्धि पर अंकुश लगाना है।
(d) कार्बन क्रेडिट का क्रय-विक्रय संयुक्त राष्ट्र पर्यावरण कार्यक्रम के द्वारा समय-समय पर नियत मूल्यों के आधार पर किया जाता है।

27. भारत में प्रथम उद्योग जिसका विकास हुआ, वह है-
(a) कुटीर उद्योग
(b) सीमेन्ट उद्योग
(c) आयरन और स्टील उद्योग
(d) अभियान्त्रिकी उद्योग

28. आर.बी.आई. के 'खुले बाजार संचालन' (ओपन मार्केट ऑपरेशन) से आशय है-
(a) शेयरों का क्रय और विक्रय
(b) विदेशी मुद्रा की नीलामी
(c) ऋण-पत्रों में व्यवसाय
(d) सोने का सौदा

29. निम्नलिखित में से किन समाचार-पत्रों ने भारतीय स्वतन्त्रता संग्राम के काल में क्रान्तिकारी आतंकवाद की वकालत की थी?
1. संध्या 2. युगान्तर
3. काल
नीचे दिए गए कूट का प्रयोग करते हुए सही उत्तर चुनिए-
(a) 1, 2 (b) 1, 3
(c) 2, 3 (d) 1, 2, 3

30. सूची-I को सूची-II से सुमेलित कीजिए एवं सूचियों के नीचे दिए गए कूट से सही उत्तर का चयन कीजिए-

	सूची-I		सूची-II
A.	अबुल कलाम आजाद	1.	बॉम्बे क्रॉनिकल
B.	फिरोजशाह मेहता	2.	अल-हिलाल
C.	एनी बेसेण्ट	3.	यंग इण्डिया
D.	महात्मा गांधी	4.	न्यू इण्डिया

कूट:

	A	B	C	D
(a)	2	1	4	3
(b)	1	2	3	4
(c)	2	1	3	4
(d)	3	2	1	4

31. निम्नलिखित घटनाओं को कालानुक्रमानुसार व्यवस्थित कीजिए और नीचे दिए गए कूट का प्रयोग करते हुए सही उत्तर चुनिए-
1. जलियाँवाला बाग हत्याकाण्ड
2. चौरी-चौरा की घटना

3. चम्पारन आन्दोलन
4. मोपला विद्रोह

(a) 1, 2, 3, 4 (b) 2, 1, 3, 4
(c) 3, 1, 4, 2 (d) 3, 1, 2, 4

32. उत्तर प्रदेश में प्रथम बायो-टेक पार्क अवस्थित है-

(a) इलाहाबाद में
(b) लखनऊ में
(c) दुधवा राष्ट्रीय पार्क में
(d) सारनाथ में

33. उत्तर प्रदेश की सबसे लम्बी नहर है-

(a) घाघरा नहर
(b) केन नहर
(c) निचली गंगा नहर
(d) शारदा नहर

34. सोनभद्र जनपद में निम्नलिखित धातुओं में से कौन-सी पायी जाती है? नीचे दिए कूट से सही उत्तर ज्ञात कीजिए-

1. यूरेनियम 2. एण्डालूसाइट
3. पायराइट 4. डोलोमाइट

कूटः

(a) 1, 2 एवं 3 (b) 2, 3 एवं 4
(c) 1, 3 एवं 4 (d) 1, 2, 3 एवं 4

35. निम्नलिखित प्रश्न में दिए गए विकल्पों में से संबंधित संख्या को चुनिए।

354 : 351 : : 478 : ?

(a) 481 (b) 447
(c) 475 (d) 477

36. निम्नलिखित प्रश्न में दिए गए विकल्पों में से संबंधित अक्षर/अक्षरों को चुनिए।

PTY : DHM : : SQZ : ?

(a) IEO (b) GEN
(c) GFN (d) IFP

37. निम्नलिखित प्रश्न में दिए गए विकल्पों में से विषम शब्द युग्म को चुनिए।

(a) टेबल टेनिस – इनडोर
(b) क्रिकेट – आउटडोर
(c) फुटबॉल – आउटडोर
(d) इनडोर – शतरंज

38. 25 मी./से. की गति से चल रही रेलगाड़ी 50 मिनट में कितने किमी. की दूरी तय करेगी?

(a) 75 किमी. (b) 60 किमी.
(c) 35 किमी. (d) 68 किमी.

39. दो बर्तनों में अम्ल और पानी का क्रमशः 3 : 1 तथा 5 : 3 के अनुपात में घोल बनाया गया है। इन घोलों से एक नया मिश्रित घोल अम्ल तथा पानी को 2 : 1 के अनुपात में तैयार करने के लिए दोनों प्रकार के घोलों को परस्पर किस अनुपात में मिलाना चाहिए?

(a) 1 : 2 (b) 2 : 1
(c) 2 : 3 (d) 3 : 2

40. एक घड़ी के मिनट की सूई की कोणीय चाल है–

(a) $\frac{\pi}{180}$ rad/d (b) $\frac{\pi}{1800}$ rad/s

(c) $\frac{\pi}{60}$ rad/s (d) $\frac{\pi}{360}$ rad/s

भाग-2: कृषि

41. इनमें से कौन सामाजिक संस्था है?

(a) ग्राम पंचायत (b) ग्रामीण पाठशाला
(c) विवाह (d) सहकारी संस्था

42. प्रसार में किस प्रकार का सम्पर्क सर्वाधिक प्रभावशाली होता है?

(a) सामुदायिक सम्पर्क
(b) व्यक्ति सम्पर्क
(c) समूह सम्पर्क
(d) इनमें से कोई नहीं

43. विश्व में कपास की प्रथम संकर किस्म एच. 4 किस के द्वारा सूरत में विकसित की गई?

(a) सी.टी. पटेल (b) बी.पी. पॉल
(c) के.सी. मेहता (d) आर.एस. परौदा

44. सिंचाई की कूँड विधि (furrow method) में-

(a) केवल कूँड के 1/4वें हिस्से को गीला करना चाहिये
(b) केवल कूँड के 4/5वें हिस्से को गीला करना चाहिये
(c) केवल कूँड के 1/2वें हिस्से को गीला करना चाहिये
(d) केवल कूँड के 3/4वें हिस्से को गीला करना चाहिये

45. यदि एक पौधा पुरानी पत्तियों में इन्टरवेनल क्लोरोसिस (Interveinal chlorosis) दर्शाता है और यह धीरे-धीरे नई पत्तियों में पहुंचता है, यह लक्षण किस पोषक तत्त्व की कमी को इंगित करता है?

(a) मैग्नीशियम (b) कैल्शियम
(c) फॉस्फोरस (d) ताँबा

46. बासमती चावल के 1000 - दानों का वजन कितने ग्राम होता है?

(a) 15 (b) 21
(c) 24 (d) 30

47. डी.ए.पी. (DAP) में नाइट्रोजन, फॉस्फोरस व पोटाश की मात्रा पायी जाती है-

(a) 46-18-0 (b) 18-46-0
(c) 0-18-46 (d) 0-46-18

48. सोयाबीन के बीज में क्रमशः तेल व प्रोटीन की मात्रा होती है-

(a) 20% और 20%
(b) 40% और 40%
(c) 40% और 20%
(d) 20% और 40%

49. कोशिका का कौन-सा अंग ''आत्मघाती थैलियां'' कहलाता है-

(a) लाइसोसोम
(b) माइटोकॉन्ड्रिया
(c) अन्तप्रद्रव्यी जालिका
(d) गोल्जी बॉडी

50. मक्का में सिंचाई की दृष्टि से मुख्य क्रांतिक अवस्था है-

(a) सिल्किंग स्टेज (Silking stage)
(b) टॅसेलिंग स्टेज (Tasseling stage)
(c) बूट स्टेज (Boot stage)
(d) डफ् स्टेज (Dough stage)

51. निम्नलिखित फसलों व उनकी किस्मों के युग्मों में से कौन सा सही सुमेलित नहीं है?

(a) जौ : क्लीपर
(b) कपास : सुजाता
(c) लोबिया : पुसा फाल्गुनी
(d) मूँग : यू.पी.ए.एस. 120

52. डेपोग विधि (Dapog method) में धान की नर्सरी रोपाई के लिए कितने दिन में तैयार हो जाती है?

(a) 11-14 दिनों में
(b) 14-17 दिनों में
(c) 17-20 दिनों में
(d) 20-23 दिनों में

53. दूरदर्शन निम्न में से किस प्रसार की शिक्षण सामग्री है?

(a) दृश्य सामग्री
(b) श्रव्य-दृश्य सामग्री
(c) श्रव्य सामग्री
(d) इनमें से कोई नहीं

54. 'लेखपाल', सचिव होता है-
(a) भूमि प्रबन्धन समिति का
(b) ग्राम पंचायत का
(c) न्याय पंचायत का
(d) विकास खण्ड पंचायत का

55. राष्ट्रीय प्रसार सेवाएं शुभारम्भ होने का वर्ष है-
(a) 1950 (b) 1953
(c) 1957 (d) 1983

56. चरी-बरसीम-धान-मटर फसल चक्र चलाने के लिए कितने खेतों की आवश्यकता होगी?
(a) 2 (b) 1
(c) 4 (d) 3

57. युवक मंगलदल युवा संगठन है-
(a) भारत का (b) पाकिस्तान का
(c) बांग्ला देश का (d) नेपाल का

58. निम्न में से सूचक फसल कौन है?
(a) बाजरा (b) ज्वार
(c) गोभी (d) प्याज

59. भारत के राष्ट्रीय योजना आयोग का अध्यक्ष कौन होता है?
(a) प्रधानमंत्री (b) राष्ट्रपति
(c) उप राष्ट्रपति (d) योजना मंत्री

60. दाना हेतु ज्वर का प्रति हेक्टेयर बीज दर क्या है?
(a) 12 कि.ग्रा. (b) 16 कि.ग्रा.
(c) 22 कि.ग्रा. (d) 20 कि.ग्रा.

61. जब भूमि का ढलान अधिकतर ऊँचा-नीचा हो तब सिंचाई का कौन-सा तरीका अधिक क्षमतावान होता है?
(a) सतह तरीका
(b) छिड़काव तरीका
(c) भूमि के अन्दर पानी
(d) इनमें से कोई नहीं

62. छिड़काव सिंचाई की विधि की डिजाइन जलापूर्ति के लिए होती है-
(a) पौधों के जड़-क्षेत्र को पानी देने के लिए
(b) पौधों के ऊपरी भाग पर पानी देने के लिए
(c) पत्तियों को पानी देने के लिए
(d) सम्पूर्ण पौधे के लिए

63. निम्न में से किस एक फसल को छोड़कर एक घण्टे से अधिक पानी नहीं ठहरने देना चाहिए?
(a) मक्का (b) बाजरा
(c) धान (d) चाय

64. मोस्टर शिक्षण सामग्री है-
(a) प्रोजेक्टेड दृश्य सामग्री
(b) नॉन प्रोजेक्टेड दृश्य सामग्री
(c) श्रव्य सामग्री
(d) श्रव्य-दृश्य सामग्री

65. निम्न उपकरणों में से कौन-सा उपकरण सिंचाई संबंधी कार्य में नहीं लाया जाता है?
(a) फावड़ा
(b) खुर्पी
(c) कल्टीवेटर
(d) समतल करने वाला पाटा

66. परिणाम प्रदर्शन प्रसार शिक्षा के किस सिद्धान्त पर आधारित है?
(a) देखो और विश्वास करो
(b) करके सीखो
(c) आत्मनिर्भर बनो
(d) स्वयं की मदद करो

67. श्री एफ.एल. ब्रायनी ने निम्न में से किस परियोजना का शुभारम्भ किया?
(a) गुड़गाँव अग्रगामी परियोजना
(b) इटावा अग्रगामी परियोजना
(c) श्रीनिकेतन
(d) जमुना पार पुनर्निर्माण योजना

68. सामुदायिक विकास योजना का शुभारम्भ किया-
(a) उत्तर प्रदेश सरकार ने
(b) म. प्र. सरकार ने
(c) भारत सरकार ने
(d) राजस्थान सरकार ने

69. समूह बनता है-
(a) दो या दो से अधिक लोगों से
(b) एक व्यक्ति से
(c) सैंकड़ों व्यक्तियों से
(d) हजारों व्यक्तियों से

70. कोप्रोफेजी (Coprophagy) सामान्य आदत है-
(a) हाथी की (b) खरगोश की
(c) बिल्ली की (d) घोड़े की

71. स्ट्रैंगेल्स् (Strangles) आर्थिक रूप से किस का मुख्य रोग है?
(a) घोड़े
(b) मवेशी
(c) भेड़ और बकरी
(d) कुत्ते

72. वर्ष 1965 में बाजरे की संकर किस्म एच. बी. 1 किस के वरण से तैयार की गई?
(a) टिफ्ट-23-ए × बिल-3 बी
(b) टिफ्ट-23-ए × जे-88
(c) टिफ्ट-23-ए × जे-104
(d) कोई नहीं

73. चने में निपिंग (Nipping) से क्या तात्पर्य है-
(a) राइजोबियम कल्चर से बीच को उपचारित करना
(b) गिरने से बचाने के लिये शाखाओं को बांधना
(c) सब्जी बनाने के लिये हरी पत्तियाँ तोड़ना
(d) अधिक शाखाएं प्रोत्साहित करने के लिये शीर्ष कलिका हटाना

74. कुत्ते के काटने के कितने दिन बाद पोस्ट बाइट एन्टी रेबीज़ टीकाकरण किया जाता है?
(a) 0, 3, 6, 14, 28 और 60वें दिन पर
(b) 0, 3, 7, 14, 28 और 60वें दिन पर
(c) 0, 3, 7, 14, 28 और 90वें दिन पर
(d) 0, 7, 28 और 60वें दिन पर

75. अदसाली (Adsali) गन्ने की रोपाई कब की जाती है?
(a) जुलाई-अगस्त (b) जनवरी-फरवरी
(c) फरवरी-मार्च (d) अक्टूबर-नवम्बर

76. भारतीय ऊँट में पाया जाता है-
(a) सिंगल हम्प (Single hump)
(b) डबल हम्प (Double hump)
(c) ट्रिपल हम्प (Triple hump)
(d) कोई हम्प नहीं

77. टिल्थ (Tilth) का सम्बन्ध है-
(a) मृदा पुंज का आकार (Shape of the soil aggregate)
(b) मृदा कणो का नाप वितरण (Size distribution of the soil aggregate)
(c) मृदा पुंज की व्यवस्था (Arrangement of the soil aggregates)
(d) उपरोक्त सभी

78. बर्ड फ्लू किसके कारण फैलता है?
(a) एवियन् एडीनोवायरस
(b) एवियन् इन्फलुएन्जा वायरस
(c) एवियन् पॉक्सवायरस
(d) एवियन् ल्यूकोसिस वायरस

79. एक हेक्टेयर भूमि में गन्ना रोपाई के लिये कितने सेट्स (Budded Setts) की आवश्यकता होगी?

(a) 30000-35000 (b) 35000-400000
(c) 40000-45000 (d) 50000-55000

80. परिवार है-
(a) विशिष्ट प्रयोजनातर्गत बना समूह
(b) प्राथमिक समूह
(c) द्वितीयक समूह
(d) औपचारिक समूह

81. वायु का वेग मापने हेतु किस उपकरण का उपयोग किया जाता है?
(a) थर्मामीटर (b) बैरोमीटर
(c) अनीमोमीटर (d) थर्मोग्राफ

82. अन्तर्राष्ट्रीय बीज परीक्षण संस्थान की स्थापना हुई थी-
(a) 1920 में (b) 1924 में
(c) 1932 में (d) 1905 में

83. इनमें से कौन-सा फारमर्स सीड है?
(a) नाभिकीय बीज (b) प्रजनक बीज
(c) आधार बीज (d) प्रमाणित बीज

84. बीज के भण्डारण हेतु कितने प्रतिशत नमी होनी चाहिये?
(a) 10-15%
(b) 15-20%
(c) 20-25%
(d) उपर्युक्त में कोई नहीं

85. प्रोटीन संश्लेषण का कोशिका में स्थान होता है-
(a) लाइसोसोम्स (b) राइबोसोम्स
(c) पैरोक्सीसोम्स (d) माइटोकॉण्ड्रिया

86. सेल मैमब्रेन बनी होती है-
(a) प्रोटीन से
(b) फास्फोलिपिड और कार्बोहाइड्रेट से
(c) कार्बोहाइड्रेट से
(d) लिपिड और प्रोटीन से

87. प्रकाश संश्लेषण अधिक है-
(a) नारंगी प्रकाश में
(b) हरे प्रकाश में
(c) नीले और लाल प्रकाश में
(d) पीले प्रकाश में

88. प्रकाश 'सश्लेषण में सर्वप्रथम कौन-सा स्टेबल (टिकाऊ) इन्टरमीडिएट पदार्थ बनता है?
(a) ग्लूकोज
(b) फार्मेल्डिहाइड
(c) फॉस्फोग्लिसरिक एसिड
(d) फॉस्फोग्लिसरेल्डिहाइड

89. पौधों में स्टोमेटल वाष्पोत्सर्जन संख्या समय-
(a) पूर्णतः बन्द हो जाता है
(b) पूर्णतः चालू रहता है
(c) अंशतः चालू रहता है
(d) उपर्युक्त में कोई नहीं

90. जल की मात्रा का उपयोग तथा सिंचाई किये गये क्षेत्र के आपसी अनुपात को कहा जाता है-
(a) जल की ड्यूटी (b) जल/क्षेत्र अनुपात
(c) सिंचाई अनुपात (d) इनमें से कोई नहीं

91. निम्न संरक्षण के तरीकों में से कौन-सा तरीका गृह स्तर पर सबसे अधिक सस्ता है-
(a) जेली बनाना (b) कैनिंग
(c) जमाना (d) धूप में सुखाना

92. आम की कौन-सी प्रजाति गुच्छा रोग की अवरोधी है?
(a) पॉपी से
(b) मलिका
(c) दशहरी
(d) उपर्युक्त में कोई नहीं

93. पपेन निकाला जाता है-
(a) पॉपी से (b) पपीता से
(c) रबड़ से (d) चीड़ से

94. आलू के मोजैक रोग का कारण है-
(a) विषाणु
(b) फफूंदी
(c) बैक्टीरिया
(d) उपर्युक्त में कोई नहीं

95. फाइटोफ्थोरा इन्फेस्टैन्स के कारण होने वाली बीमारी को चिन्हित कीजिये-
(a) आलू का अगेती झुलसा
(b) आलू का पछेती झुलसा
(c) बाजरे का अरगट
(d) अरहर का उखटा

96. निम्न में से कौन-सा फल ''फलों का राजा'' है?
(a) अनार (b) सेब
(c) आम (d) केला

97. गेरुई रोग होता है-
(a) बीज द्वारा (b) बैक्टीरिया द्वारा
(c) फफूंदी द्वारा (d) विषाणु द्वारा

98. निम्नलिखित में से कौन-सा जोड़ा सही है-
(a) धान - सफेद गिडार
(b) आलू - दीमक
(c) गन्ना - गन्धी
(d) चना - फली बेधक

99. पर्यावरणीय प्रदूषण होता है-
(a) O_3 से (b) CO से
(c) CO_2 से (d) N_2 से

100. गेहूँ में करनाल बन्ट होता है-
(a) बैक्टीरिया से
(b) फफूंदी से
(c) जिंक की कमी से
(d) विषाणु से

101. अरहर में प्रति हेक्टेयर नत्रजन कितना डालते हैं?
(a) 15-20 कि. ग्रा.
(b) 45-60 कि.ग्रा.
(c) 35-45 कि. ग्रा.
(d) 65-75 कि. ग्रा.

102. आई-आर 8 (IR-8) धान की किस्म भारत में कहाँ से प्रचलन में आई थी?
(a) ताइवान (b) फिलीपीन्स
(c) इन्डोनेशिया (d) यू.एस.ए.

103. रिले क्रोपिंग सिस्टम (Relay cropping system) का उदाहरण है-
(a) मक्का-सरसों-बाजरा+लोबिया
(b) मक्का-आलू-गेहूँ-मूँग
(c) उड़द-गेहूँ-मूँग
(d) बाजरा-सरसों-मूँग

104. धान के ग्रासी स्टन्ट रोग (Grassy stunt disease) का वाहक होता है-
(a) ग्रीन लीफ हॉपर
(b) ब्राउन प्लान्ट हॉपर
(c) सफेद मक्खी
(d) धान मत्कुण

105. निम्नलिखित युग्मों में से गलत युग्म का चयन कीजिए?

	शाकनाशी समूह		सामान्य नाम
(a)	फिनॉक्सी एसिड्स	:	2, 4, 5-टी
(b)	यूरिया	:	आइसोप्रोटूरॉन
(c)	एसिटामाइड	:	बुटाक्लोर
(d)	कार्बामेट्स	:	डाइनोसेब

106. अम्लीय मृदाओं में उगाई जाने वाली फसलों के लिये कौन सा आयरन् चीलेट (Fe-chelate) सबसे उपयुक्त है-
(a) Fe-EDTA (b) Fe-EDDHA
(c) Fe-DTPA (d) Fe-HEDTA

107. नागफनी (Opuntia delleni) के उन्मूलन के लिये किस कीट को भारत लाया गया?
(a) क्राईसोमेला स्पीशीज़
(b) डेक्टाइलोपियस टोमेन्टोसस्
(c) जाइगोग्रामा बाईकोलोराटा
(d) नियोचेटिना स्पीशीज़

108. धान की रोपाई (Transplanting) के कितने दिन बाद प्रोपेनिल (स्टाम्प एफ-34) खरपतवार नाशी का प्रयोग करना चाहिये?
(a) 2-4 दिन बाद
(b) 6-8 दिन बाद
(c) 10-14 दिन बाद
(d) 2 सप्ताह बाद

109. मृदा विन्यास (soil texture) किसके द्वारा बदला जा सकता है?
(a) उर्वरकों का प्रयोग करके
(b) खाद का प्रयोग करके
(c) भूपरिष्करण (Tillage) द्वारा
(d) इनमें से कोई नहीं

110. सनई (Sunhemp) की रेटिंग के लिये उपयुक्त तापमान है-
(a) 14-21° से. (b) 21-27° से.
(c) 30-34° से. (d) 35-38° से.

111. धान के एक हेक्टर क्षेत्रफल में रोपाई के लिये कितने क्षेत्रफल में नर्सरी तैयार करना चाहिए-
(a) 100 वर्गमीटर (b) 500 वर्गमीटर
(c) 1000 वर्गमीटर (d) 1500 वर्गमीटर

112. गन्ने में चीनी का कितना प्रतिशत पाया जाता है?
(a) 7-8% (b) 9-10%
(c) 13-14% (d) 11-12%

113. धान के पुआल में नाइट्रोजन कितना पाया जाता है?
(a) 0.36% (b) 0.75%
(c) 0.85% (d) 1.00%

114. कौन-सा फल उष्ण कटिबन्ध से सम्बन्धित है?
(a) नींबू (b) लीची
(c) आम (d) सेब

115. सेब के पौधे कितनी दूरी पर लगाये जाते हैं?
(a) 6-7 मी. (b) 10-11 मी.
(c) 11-12 मी. (d) 12-13 मी.

116. बाग में दीमक से बचाव हेतु प्रयोग किया जाता है–
(a) अण्डी खली (b) महुआ खली
(c) सरसों खली (d) नीम खली

117. कौन कृषि वित्त की पूर्ति का स्रोत है-
(a) साहूकार (b) अढ़तिया
(c) सम्बन्धी (d) सरकार

118. प्रसार शिक्षा का उद्भव हुआ-
(a) संयुक्त राज्य अमेरिका में
(b) जापान में
(c) इंग्लैण्ड में
(d) भारत में

119. ऋतुमयी भैंस में गर्भाधान का उत्तम स्थान चिन्हित कीजिए-
(a) वल्वा
(b) वेजाइना
(c) सरविक्स
(d) ओविडक्ट

120. फीड का एन. एफ. ई. ...... से बना होता है-
(a) डाइजस्टेबल प्रोटीन
(b) घूलनशील कार्बोहाइड्रेट
(c) डाइजस्टेबल क्रुड फाइबर
(d) डाइजस्टेबल वसा

व्याख्या सहित उत्तर

1. (c) ट्रांसफॉर्मर वह युक्ति है, जो निम्न विभवान्तर को उच्च विभवान्तर व उच्च विभवान्तर को निम्न विभवान्तर में परिवर्तित कर देती है। इस कार्य के लिए दो प्रकार के ट्रांसफॉर्मर उपयोग में लिए जाते है

1. उच्चायी ट्रांसफॉर्मर, 2. अपचायी ट्रांसफॉर्मर

उच्चायी ट्रांसफार्मर में द्वितीयक कुण्डली में फेरों की संख्या $N_S > N_P$ और अपचायी ट्रांसफॉर्मर में, $N_S < N_P$।

2. (d) रेगिस्तान में गर्मियों में घटित होने वाला दृष्टिभ्रम, प्रकाश के पूर्ण आन्तरिक परावर्तन के कारण होता है। गर्मी के दिनों मे रेत के अधिक गर्म होने के कारण, रेत (अथवा सतह) के निकट की वायु अधिक गर्म होकर विरल हो जाती है तथा ऊपर की वायु अपेक्षाकृत ठण्डी होने के कारण सघन होती है।

अत: जब किसी ऊँचे पेड़ से आता हुआ प्रकाश सघन माध्यम से विरल माध्यम में गमन करता है, तो वस्तु से आने वाली प्रकाश की किरण अभिलम्ब से दूर होती जाती है और जब आपतन कोण का मान क्रान्तिक कोण से अधिक हो जाता है, तो प्रकाश किरण का पूर्ण आन्तरिक परावर्तन हो जाता है तथा प्रकाश किरण वापस ऊपर लौट जाती है। चूँकि ऊपर वाली परतें अधिकाधिक सघन हैं, अत: ऊपर उठती हुई किरण अभिलम्ब की ओर झुकती जाती हैं और दूरस्थ प्रेक्षक के लिए प्रकाश भूमि पृष्ठ के नीचे से आता हुआ प्रतीत होता है। अत: प्रेक्षक यह मान लेता है कि यह प्रकाश ऊँची वस्तु के समीप जल से भरे किसी तालाब या पोखर से परावर्तित होकर उस तक पहुँच रहा है।

3. (b) पृथ्वी का चुम्बकीय क्षेत्र, चुम्बकीय निरक्ष पर क्षैतिज दिशा में होता है।

4. (c) काँच एक अक्रिस्टलीय रवाहीन ठोस है। यह विभिन्न क्षारीय धातुओं के सिलिकेटों का एक अक्रिस्टलीय पारदर्शक या आंशिक पारदर्शक समांगी मिश्रण है।

5. (c) रदरफोर्ड के अल्फा-कण प्रकीर्णन प्रयोग के कारण न्यूक्लियस (नाभिक) की खोज हुई। परमाणु का केन्द्र धनावेशित होता है, जिसे नाभिक कहते हैं।

6. (d) ओडिशा में सर्वाधिक 44% मैंगनीज भण्डार हैं। राजस्थान 99% जिप्सम उत्पादन के साथ देश में शीर्ष पर है। कर्नाटक चूना पत्थर के मुख्य उत्पादक राज्यों में से एक है। उत्तराखण्ड में सर्वाधिक 69% मैग्नेसाइट का भण्डार है।

7. (c) भारत में स्थित टाइगर रिजर्व का क्रम (उत्तर से दक्षिण) निम्नलिखित है

टाइगर रिजर्व	राज्य
कार्बेट	उत्तराखण्ड
सरिस्का	राजस्थान
सिम्लीपाल	ओडिशा
पेरियार	केरल

8. (d) ब्रह्मपुत्र नदी का उद्भव तिब्बत के दक्षिण में मानसरोवर के निकट चेनायुंग दुंग नामक हिमवाह से होता है। यह 2900 किमी लम्बी नदी है, इसके छोटे हिस्से के लगभग 800 किमी का बहाव भारत में है, जबकि ब्रह्मपुत्र नदी का शेष बहाव चीन और बांग्लादेश में होता है।

9. (a) एक बेलनाकार प्रतिरोधक का प्रतिरोध

$$R = \rho \frac{L}{A}$$

जहाँ ρ = प्रतिरोधक के पदार्थ की प्रतिरोधकता
L = प्रतिरोधक की लम्बाई
A = बेलन के अनुप्रस्थ काट का क्षेत्रफल

इस व्यंजक से यह स्पष्ट है कि बेलनाकार प्रतिरोधक का प्रतिरोध इसमें से गुजरने वाली धारा पर निर्भर नहीं करता है।

10. (d) उपरोक्त चारों प्रवालभित्ति क्षेत्रों में से भारत में अण्डमान और निकोबार द्वीप समूह कोरल जैव-विविधता में सर्वोच्च स्थान रखता है।

11. (d) 'आमुक्तमलयदा' राजा कृष्णदेव राय द्वारा तेलुगू में रचित महाकाव्य है। राजा कृष्णदेव राय का सम्बन्ध विजयनगर साम्राज्य के तुलुव वंश से है।

12. (b) 1857 की क्रान्ति का होना भारतीय साम्राज्य में अंग्रेजों के प्रति असन्तोष की भावना से सम्बन्धित था। इस सन्दर्भ में किसी भविष्यवाणी को इस क्रान्ति से जोड़कर नहीं देखा जा सकता है। अत: यह भविष्यवाणी की प्लासी युद्ध की शताब्दी पर 23 जून, 1857 को ब्रिटिश शासन का अन्त होगा, एक गलत कारण है।

13. (c) जूनागढ़ रियासत ने भारतीय राष्ट्रीय आन्दोलन का सहयोग नहीं किया। सविनय अवज्ञा आन्दोलन या भारत छोड़ो आन्दोलन दोनों ही आन्दोलन में जूनागढ़ रियासत ने कांग्रेस का समर्थन नहीं किया।

14. (c) अकबर के दरबार में मुहम्मद हुसैन एक सुप्रसिद्ध सुलेखकार के रूप में प्रसिद्ध थे। ये कश्मीर से आए थे तथा मुगल राजकुमारों को शिक्षा प्रदान की। इन्हें 'जरीन कलम' या 'स्वर्ण कलम' के नाम से जाना जाता था।

15. (a) 'बादशाहनामा' या 'पादशाह नामा' अब्दुल हमीद लाहौरी द्वारा लिखित पुस्तक है, जिसमें मुगल शासक शाहजहाँ के समय की शासन शैली को बताया गया है।

16. (a) उपर्युक्त में से सही युग्म का विकल्प (a) है क्योंकि खजुराहो मन्दिर का निर्माण चन्देल शासक ने किया था। अन्य मन्दिरों के निर्माता/वंश इस प्रकार हैं-

मन्दिर		वंश/शासक
खजुराहो	-	चन्देल
एलोरा गुफाएँ	-	राष्ट्रकूट
महाबलीपुरम	-	चोल
मीनाक्षी मन्दिर	-	पाण्ड्य

17. (b) 1907 ई. में मुस्लिम लीग का वार्षिक अधिवेशन कराची में हुआ था।

18. (b) 52वें संशोधन अधिनियम, 1985 का सम्बन्ध दल-बदल के आधार पर योग्यता से है। 73वें संशोधन अधिनियम, 1992 का सम्बन्ध पंचायती राज से है। 61वें संशोधन अधिनियम, 1988 में मतदान आयु 21 वर्ष से कम करके 18 वर्ष की गई है, जबकि 86वें संशोधन अधिनियम, 2006 का सम्बन्ध शक्षा के अधिकार से है।

19. (b) विधायी शक्तियों का केन्द्र तथा राज्यों के मध्य वितरण संविधान की सातवीं अनुसूची के तहत किया गया है। भारत में केन्द्र-राज्य सम्बन्ध संघवाद की ओर उन्मुख है तथा संघवाद की इस प्रणाली को कनाडा के संविधान से लिया गया है। भारतीय संविधान में केन्द्र तथा राज्य के मध्य विधायी, प्रशासनिक तथा वित्तीय शक्तियों का विभाजन किया गया है, लेकिन न्यायपालिका को विभाजन की परिधि से बाहर रखा गया है। भारतीय संविधान की सातवीं अनुसूची में केन्द्र एवं राज्यों के मध्य शक्तियों के बँटवारे से सम्बन्धित तीन सूचियाँ दी गई हैं-

(i) संघ सूची-99 विषय
(ii) राज्य सूची-61 विषय
(iii) समवर्ती सूची-52 विषय

संघ सूची में उन विषयों को शामिल किया गया है, जो राष्ट्रीय महत्त्व के हैं तथा जिन पर कानून बनाने का अधिकार केन्द्रीय विधायिका अर्थात् संसद को है। इस सूची में कुल 88 विषयों को शामिल किया गया है जिनमें प्रमुख हैं-रक्षा, विदेशी मामले, युद्ध, अन्तर्राष्ट्रीय सन्धि, अणु शक्ति, सीमा शुल्क, जनगणना, विदेशी ऋण, डाक एवं तार प्रसारण, टेलीफोन, विदेशी व्यापार, रेल तथा वायु एवं जल परिवहन आदि।

राज्य सूची में उन विषयों को शामिल किया गया है जो स्थानीय महत्त्व के हैं तथा जिन पर कानून बनाने का अधिकार राज्य विधान मण्डल को है; लेकिन कुछ परिस्थितियों में संसद भी कानून बना सकती है। इस सूची में शामिल विषयों की संख्या 61 है जिनमें प्रमुख हैं-लोक सेवा, कृषि, वन, कारागार, भू-राजस्व, लोक व्यवस्था, पुलिस, स्थानीय शासन, क्रय, विक्रय, सिंचाई आदि।

समवर्ती सूची में शामिल विषयों पर संसद व राज्य विधान मण्डल द्वारा कानून बनाया जाता है और यदि दोनों कानून में विरोध हो तो संसद द्वारा निर्मित कानून लागू होगा। इस सूची में शामिल विषयों की संख्या 52 हैं उनमें प्रमुख हैं-राष्ट्रीय जलमार्ग, परिवार नियोजन, जनसंख्या नियन्त्रण, समाचार-पत्र, कारखाना, शिक्षा, आर्थिक तथा सामाजिक योजना।

20. (d) उपर्युक्त में से विपणन तृतीयक क्रियाकलाप है।

21. (b) भारत में कर्मचारियों के महँगाई भत्ते के निर्धारण का आधार उपभोक्ता मूल्य सूचकांक है।

22. (c) नरसिंह समिति का सम्बन्ध बैंकिंग संरचना सुधारों से है।

23. (b) 'स्मार्ट मनी' शब्द का प्रयोग क्रेडिट कार्ड में प्रयोग होता है।

24. (b) वनस्पति उद्यान, वनस्पति संरक्षण हेतु स्वस्थान पद्धति में शामिल नहीं है। भारत के भू-जलवायु (Geo-cimatic) पर्यावरण में अनेक विविधताएँ देखी गई हैं। भारत का वन आवरण भारी मात्रा में घटता जा रहा है। इसके अतिरिक्त वनों में वृक्षों का घनत्व अन्य देशों की अपेक्षा कम है। इसके फलस्वरूप वन्य जीवों के प्राकृतिक वास (Wild life sanctuary) भी घटते जा रहे हैं। इनके संरक्षण हेतु स्वस्थान पद्धति की सूची में राष्ट्रीय उद्यान, वन्य जीव अभयारण्य तथा जीवमण्डल आरक्षित क्षेत्र (Biosphere reserve) शामिल है।

25. (b) रेड डाटा बुक्स अर्थात् लाल सूची में केवल संकटग्रस्त पौधों एवं पशुओं की प्रजातियों की सूची को सम्मिलित किया जाता है।

26. (d) कार्बन क्रेडिट की अवधारणा को जलवायु परिवर्तन पर जापान में सम्पन्न हुए क्योटो प्रोटोकाल में सम्पुष्ट किया गया था। इसका मुख्य लक्ष्य वायुमण्डल में अत्यधिक उत्सर्जित हो रही ग्रीनहाऊस गैसों (कार्बन डाइ-ऑक्साइड, कार्बन मोनो-ऑक्साइड इत्यादि) पर अंकुश लगाना था।

27. (a) भारत में सर्वप्रथम कुटीर उद्योग का विकास हुआ था।

28. (a) आर.बी.आई. (RBI) के खुले बाजार संचालन का आशय शेयरों के क्रय-विक्रय से है।

29. (d) उपर्युक्त तीनों समाचार-पत्रों ने भारतीय स्वतन्त्रता संग्राम के काल में क्रान्तिकारी आतंकवाद की वकालत की थी।

संस्था	स्थान	संस्थापक
युगान्तर 1906 ई.	कलकत्ता	बारीन्द्र कुमार घोष, भूपेन्द्र नाथ दत्त
भारत स्वशासन समिति तथा इण्डिया हाउस (1905 ई.)	लंदन	श्याम जी कृष्ण वर्मा
अंजुमाने मोहिब्बाने वतन	लाहौर	सरदार अजीत सिंह
इण्डियन सोसाइटी	पेरिस	मैडम कामा
हिन्दुस्तान एसोसिएशन ऑफ द पैसिफिक कोस्ट	पोर्टलैण्ड	सोहन सिंह भाकना
गदर एवं युगान्तर आश्रम	सैन फ्रान्सिस्को	सोहन सिंह भाकना, लाला हरदयाल
हिन्दुस्तान सोशलिस्ट रिपब्लिकन एसोसिएशन (दिसम्बर 1928)	दिल्ली	चन्द्रशेखर आजाद
विद्रोही संगठन	चटगाँव	सूर्यसेन
भारतीय गणतन्त्र सेना	चटगाँव	सूर्यसेन
भारत नौजवान सभा	पंजाब	मंगल सिंह, छबीलदास और यशपाल
लाहौर छात्र संघ	पंजाब	सुखदेव तथा भगत सिंह

30. (a) सही सुमेलन इस प्रकार है-

सूची-I	सूची-II
A. अबुल कलाम आजाद	अल-हिलाल
B. फिरोजशाह मेहता	बॉम्बे क्रॉनिकल
C. एनी बेसेण्ट	न्यू इण्डिया
D. महात्मा गांधी	यंग इण्डिया

31. (c)

घटनाएँ	कालक्रम
1. जलियाँवाला बाग हत्याकाण्ड	13 अप्रैल, 1919 ई.
2. चौरी-चौरा घटना	5 फरवरी, 1922 ई.
3. चम्पारन आन्दोलन	1917 ई.
4. मोपला विद्रोह	1921 ई.

32. (b) उत्तर प्रदेश की राजधानी लखनऊ में देश का तीसरा एवं उत्तर प्रदेश का पहला बायोटैक्नोलॉजी पार्क स्थापित किया गया है।

33. (d) उत्तर प्रदेश की सबसे लम्बी नहर शारदा नहर है। इसकी लम्बाई 12,368 किमी. है। निचली गंगा नहर की लम्बाई 8,800 किमी. है। निचली गंगा नहर वर्तमान में उत्तराखंड राज्य में है।

34. (c) उत्तर प्रदेश का देश के खनिज उत्पादन में 2.6% का योगदान है। खनिज उत्पादन में उत्तर प्रदेश का 10वाँ स्थान है।

35. (c) जिस प्रकार, $354 - 3 = 351$
उसी प्रकार, $478 - 3 = 475$

36. (b) जिस प्रकार,

P T Y → D H M
16 20 25 → 4 8 13
(−12, −12, −12)

उसी प्रकार,

S Q Z → G E N
19 17 26 → 7 5 14
(−12, −12, −12)

37. (d) सभी विकल्पों में खेल और खेल से जुड़ा स्थान बताया गया है। जबकि विकल्प (d) में खेल का स्थान पहले और खेल बाद में बताया गया है। अतः विकल्प (d) इनडोर-शतरंज विषम शब्द युग्म है।

38. (a) अभीष्ट दूरी = (25 × 50 × 60) मी.
= 75000 मी. = 75 किमी.

39. (a) माना $x = \frac{3}{1}, y = \frac{5}{3}$ तथा $z = \frac{2}{1}$

तब, अभीष्ट अनुपात

$$= \frac{\text{पहले बर्तन से ली गई मात्रा}}{\text{दूसरे बर्तन से ली गई मात्रा}}$$

$$= \frac{\frac{y}{1+y} - \frac{z}{1+y}}{\frac{z}{1+x} - \frac{x}{1+x}} = \frac{\frac{\frac{5}{3}}{\left(1+\frac{5}{3}\right)} - \frac{2}{\left(1+\frac{5}{3}\right)}}{\frac{2}{(1+3)} - \frac{3}{(1+3)}}$$

$$= \frac{\frac{5}{8} - \frac{6}{8}}{\left(-\frac{1}{4}\right)} = \left(\frac{1}{8} \times 4\right) = 1 : 2$$

40. (b) घड़ी की मिनट की सुई की कोणीय चाल

$= \frac{2\pi}{60 \times 60}$ रेडियन/सेकण्ड

$= \frac{\pi}{1800}$ रेडियन/सेकण्ड

41. (c) सामाजिक संस्थायें (Social Institutions): ऑगबर्न तथा निमकॉफ के अनुसार सामाजिक संस्थायें संगठित एवं निश्चित विधियाँ हैं जो मानव की आधारभूत आवश्यकताओं की पूर्ति करती हैं। अभी नियमित मानव कार्यों को सामाजिक संस्थायें नहीं कहा जा सकता, केवल उन्हीं संगठन या संस्थाओं को जो अनन्त काल से चले आ रहे हैं साधारणत: सामाजिक संस्थायें कहते हैं। इन सामाजिक संस्थाओं का उद्देश्य कुछ आधारभूत आवश्यकताओं की पूर्ति करना है, जैसे-सुरक्षा, भोजन और निवास आदि।

उपरोक्त परिभाषा के आधार पर, वे संस्थायें जो अनन्तकाल से मानव की आधारभूत आवश्यकताओं की पूर्ति करती हैं, सामाजिक संस्थायें कही जाती हैं। भारत के ग्रामीण क्षेत्रों में नीचे लिखे संगठन अनन्तकाल से मनुष्य की आधारभूत आवश्यकताओं की पूर्ति करते आ रहे हैं। अत: इन्हें ही सामाजिक संस्थायें कहते हैं, जैसे-(1) परिवार (Family), (2) जाति (Caste), (3) विवाह (Marriage)

42. (b) प्रसार में सबसे अधिक प्रभावशाली विधियाँ व्यक्तिगत सम्पर्क (Individual Approach or personal contact) वाली होती है। विराट सम्पर्क/सामुदायिक सम्पर्क (Community/Mass Approach) वाली विधि अपेक्षाकृत बहुत कम प्रभावशाली होती है, इससे ज्यादा समूह (Group Approach) को प्रभावित करने वाली विधियाँ प्रभावशाली होती हैं।

कम प्रभावशाली-विराट सम्पर्क वाली विधियाँ

ज्यादा प्रभावशाली-समूह को प्रभावित करने वाली विधियाँ

अधिक प्रभावशाली-व्यक्तिगत सम्पर्क वाली विधियाँ।

43. (a) **44.** (d) **45.** (a) **46.** (b)
47. (b) **48.** (d) **49.** (a) **50.** (b)
51. (d) **52.** (a)

53. (b) दूरदर्शन प्रसार की श्रव्य दृश्य सामग्री है। दृश्य श्रव्य सामग्री (Audio Visual Aids)-फिल्म, दूरदर्शन (Television), ड्रामा, फिल्म पट्टी एवं फिल्म स्लाइड।

श्रव्य सामग्री (Audio Aids) :- रेडियो, टेलीफान

दृश्य सामग्री (Visual Aids) :- फोटोग्राफ, पोस्टर, श्याम पट, फ्लैश कार्ड, फलानील की ग्राफ, सूचना पट, चार्ट व ग्राफ, कठपुतली आदि।

54. (d)

55. (b) सामुदायिक विकास कार्यक्रम (CDP) की सफलता को देखते हुए लोगों के द्वारा और अधिक CDP की माँग की गई। इसी आलोक में वित्तीय संसाधन के सीमित होने एवं तकनीकी प्रशिक्षित लोगों की कमी के कारण 2 अक्टूबर 1953 को राष्ट्रीय प्रसार सेवा (National Extension Services-NES) की शुरूआत की गई। NES योजना का मुख्य कार्य आवश्यक स्टाफ की आपूर्ति करना तथा लोगों को एक छोटी रकम मुहैया करना है ताकि स्व-सहायता (self-help) के आधार पर विकास कार्य किया जा सके।

56. (a) सस्य योजना (Cropping Scheme) के अन्तर्गत जितने वर्ष का फसल चक्र (Crop rotation) होगा उसको लागू करने के लिए फार्म पर उतने ही खेतों की आवश्यकता होती है। उदाहरणत: एक वर्षीय फसल चक्र के लिए एक खेत, दो वर्षीय फसल चक्र के लिए दो खेत और चार वर्षीय फसल चक्र के लिए चार खेतों की आवश्यकता होगी, क्योंकि फसल चक्र की हर फसल हर वर्ष लेनी होती है। चरी-बरसीम-धान-मटर की फसल चक्र दो वर्षीय फसल चक्र है अत: इसके लिये दो खेतों की आवश्यकता होगी।

57. (a) युवक मंगल दल (Yuwal Mangal Dal) भारत का युवा संगठन है। सन् 1951 ई. में शिमला संयुक्त राष्ट्रों द्वारा जो गोष्ठी की गई उसमें इस दृष्टिकोण पर पर्याप्त बल दिया गया तथा देश के हित में यह सोचा गया कि इस प्रकार की एक युवक मंगल संस्था का संगठन किया जाये। इसका उद्देश्य 'काम करके सीखना' के सिद्धान्त पर आधारित है।

58. (c) सूचक फसल (Indicator crop) कुछ पौधों में किसी तत्व विशेष की कमी के लक्षण बहुत ही स्पष्ट रूप से दिखाई देते हैं, जिन्हें देखकर तत्व की कमी का ज्ञान बड़ी सफलतापूर्वक हो सकता है, ऐसे पौधों को सूचक पौधे कहते हैं। जैसे-

अल्प तत्व		सूचक पौधे
नाइट्रोजन, कैल्शियम, आयरन	-	फूलगोभी, पत्तागोभी
फास्फोरस	-	तोरिया
पोटेशियम, मैग्नीशियम	-	चुकन्दर
मैंगनीज	-	चुकन्दर, जई
बोरान	-	सुरजमुखी

59. (a) भारत के राष्ट्रीय योजना आयोग का अध्यक्ष भारत का प्रधानमंत्री (Prime Minister) होता है। योजना आयोग (Planning Commision) की स्थापना सन् 1950 में पंचवर्षीय योजनओं को चलाने के लियें की गई जिसने देश की आर्थिक, सामाजिक दशा में सुधार करने के लिये 1951 ई. में प्रथम पंचवर्षीय योजना तैयार की।

60. (a) दाना हेतु ज्वार का बीज दर 12-15 किग्रा प्रति हेक्टेयर है जबकि चारे की फसल के लिए बीज दर 30-35 किग्रा. है।

61. (b) ऊँची-नीची व ढालुआँ स्थलाकृति तथा रेगिस्तानी क्षेत्रों में सिंचाई की उपयुक्त विधि छिड़काव/बौछारी सिंचाई (Sprinkler Irrigation) है।

62. (b) छिड़काव सिंचाई विधि में पानी की बौछार या वर्षा या फुहारा के रूप में पौधों के ऊपर डाला जाता है।

63. (c)

64. (b) नान प्रोजेक्टेड दृश्य सामग्री (Non-projected Visual Aids)- मोस्टर, चार्ट, फोटोग्राफ, बोर्ड।

65. (c)

66. (b) प्रदर्शन का तात्पर्य करके दिखाने (Showing by doing) से होता है। करके एवं देखकर सीखना (Learning by seeing and doing) ही इसका मूलभूत सिद्धांत है। अर्थात् प्रदर्शन-देखकर विश्वास करो तथा करके सीखो (Seeing is believing and learing by doing) के सिद्धान्त पर आधारित है।

67. (a) श्री एफ. एल. ब्रायनी (F.L. Brayne) ने गुड़गाँव जिले के डिप्टी कमिश्नर का पद सन् 1920 में ग्रहण किया। Mr. Brayne वहाँ की जनता की दयनीय दशा अज्ञानता और फिजूलखर्ची इत्यादि बातों से बहुत ही दुःखी हुए और उन्होंने अनुभव किया कि हम पदाधिकारियों का यह कर्त्तव्य हैं कि इन गरीब लोगों की उन्नति की ओर ध्यान दें। इस विचार से प्रेरित होकर F.L. Brayne ने 1920 में एक विकास योजना चलाई जो गुड़गाँव योजना के नाम से प्रसिद्ध है।

68. (c) सामुदायिक विकास योजना का कार्यक्रम (Community Development Programme) 2 अक्टूबर, 1952 को भूतपूर्व राष्ट्रपति स्वर्गीय डॉ. राजेन्द्र प्रसाद के करकमलों द्वारा शुभारम्भ हुआ। इस योजना का शुभारम्भ भारत सरकार के द्वारा किया गया।

69. (a) समूह (Group) में मनुष्यों की अधिकाधिक संख्या बीस (20) होती है।

70. (b) **71.** (a) **72.** (a) **73.** (d)

74. (c) **75.** (a) **76.** (a) **77.** (d)

78. (b) **79.** (b) **80.** (b)

81. (c) अनिमोमीटर (Anemometer) नामक उपकरण वायु की शक्ति तथा वेग (Velocity) को मापता है।

82. (a) विभिन्न देशों की बीज परीक्षण विधियों में समानता लाने के उद्देश्य से 1921 में अन्तर्राष्ट्रीय बीज परीक्षा संघ (International seed testing association - I.S.T.A.) की स्थापना की गयी।

83. (d) **84.** (d)

85. (b) कोशिका में प्रोटीन का संश्लेषण राइबोसोम्स (Ribosomes or microsome) पर होता है। राइबोसोम्स का मुख्य कार्य प्रोटीन संश्लेषण है। प्रोटीन संश्लेषण की क्रिया RNA द्वारा सम्पन्न होती है।

86. (d) सेल मैमब्रेन (cell membrane or cytomemberane or plasmamebrane or plasmalema) लिपोप्रोटीन (lipoprotien lipids and protiens) की बनी होती है तथा इसके तीन स्पष्ट भाग होते हैं। इस कला के बाहर और अन्दर की तरफ प्रोटीन की एकाणुक (monomolecular) दो सतह होती हैं तथा इन प्रोटीन की सतहो के बीच में फास्फोलिपिड की एक द्विआणुविक सतह होती है।

87. (c) सर्वाधिक प्रकाश संश्लेषण की क्रिया लाल रंग के प्रकाश में होती है तथा उसके बाद नीले रंग की प्रकाश में होती है।

88. (c) प्रकाश संश्लेषण की कैल्विन चक्र (C_3 पौधे में) में प्रथम स्निर सृष्ट (First stable product) फॉस्फोग्लिसरिक एसिड (PGA) होती है। जबकि हैच-स्लैक चक्र (C_4 पौधे) में प्रथम स्थिर सृष्ट ऑक्जेलोएसीटेट होता है।

89. (a) **90.** (c) **91.** (d) **92.** (d)

93. (b) हरे व कच्चे पपीते पर कटान लगाकर निकाले दूध को सुखाने पर जो पदार्थ बनता है, वह पपेन कहलाता है। यह बहुत से औद्योगिक कार्यों में, जैसे-मांस को नरम बनाने बियर बनाने, तथा उनको मुलायम करने आदि में प्रयोग होता है इसका मुख्य उपयोग दवा बनाने में होता है।

94. (a) आलू के मोजेक रोग (Mosaics) विषाणुओं (Virus) द्वारा फैलते हैं। इनमें पत्तियों पर नसें उभरती हैं और बाद में पीली पड़ जाती हैं। पत्तियों का रंग हल्का होने लगता है। बाद में पत्तियों का आकार छोटा हो जाता है तथा रोगग्रस्त पौधों में आलू भी छोटे आकार के लगते हैं। यह विषाणु प्रायः एफिड (माहू) द्वारा फैलाये जाते हैं।

95. (b) फाइटोफ्थोरा इन्फेस्टान (Phytopthora infestans) नामक फंगस के कारण आलू की पछेती झुलसा रोग (Late blight of Potato) लगता है। इस रोग में पत्तियों की नसों, तनों और डण्ठलों पर छोटे भूरे रंग के धब्बे उभरते हैं जो बाद में काले पड़ जाते हैं और पौधे का पूरा भाग सड़-गल जाता है। रोकथाम में देरी होने पर आलू के कन्द भी भूरे बैंगनी रंग में बदलने के बाद गलने लगते हैं।

96. (c) आम भारत का राष्ट्रीय फल है एवं "फलों का राजा" कहलाता है।

97. (c) गेरूई रोग (Rest) का कारक फफूंदी (Fungus) है।

98. (d) फली बेधक, कीट चना में लगता है। इसकी गिडर फलियों में छेद करके अपने सिरे को फलियों के अन्दर डालकर दोनों को खाती है।

99. (b) पर्यावरण को प्रदूषित करने वाली गैसें कार्बन मोनोऑक्साइड (CO), सल्फर डाइआक्साइड (SO_2), नाइट्रोजन के आक्साइड, कार्बन डाइआक्साइड (CO_2), हाइड्रोकार्बन आदि हैं।

100. (b) गेहूँ का करनाल बन्ट रोग (Karnal Bunt or Wheat) कारक फफूँदी (Fungus) है। इसके लिये उत्तरदायी Fungus-Neovossia indica है। इस रोग में किसी विशेष बाली में कुछ दाने ही काले चूर्ण में बदलते हैं। इसके बीजाणु मिट्टी में पाये जाते हैं। नम वातावरण में रोग अधिक फैलता है।

101. (a) दलहनी फसल होने के नाते अरहर के पौधे स्वयं ही अपनी नाइट्रोजन की आवश्यकता को अपनी जड़ों में पाई जाने वाली ग्रन्थियों में उपस्थित राइजोबियम जीवाणुओं की सहायता से वातावरण की नत्रजन को लेकर पूरा कर लेते हैं। प्रारम्भ के 30 दिन तक जब तक कि राइजोबियम जीवाणुओं का कार्य तीव्र गति से प्रारम्भ नहीं हो जाता है, पौधों को भूमि से ही नत्रजन लेनी होती है। अतः कमजोर व बलुई भूमियों में जिनमें जीवांश की मात्रा कम हो, प्रति हैक्टर करीब 20-30 किलोग्राम नाइट्रोजन डालना आवश्यक होता है।

102. (b) **103.** (b) **104.** (b)

105. (d) **106.** (d) **107.** (b)

108. (b) **109.** (d) **110.** (b)

111. (c) **112.** (b)

113.(a) धान के पुआल में नाइट्रोजन 0.40% फॉस्फोरिक एसिड 0.26% तथा पोटाश 1.16% पाया जाता है।

114. (c) उष्ण कटिबन्ध फल-आम, केला, पपीता, अन्नास, कटहल, चीकू या सपोटा आदि हैं।

115. (a) सेब के प्रबल पौधे (Vigorous plants) को 4-6 मीटर तथा अतिप्रबल पौधे (Very vigorous) को 6.0 × 8.0 मीटर पर लगाया जाता है।

116. (d)

117. (d) कृषि वित्त प्राप्ति के दो स्रोत हैं।-(1) संस्थागत अभिकरण जिसमें (a) सरकार (b) सहकारी समितियाँ (c) वाणिज्य एवं क्षेत्रीय ग्रामीण बैंक तथा (d) निगम शामिल हैं। (2) गैर संस्थागत अभिकरण में (a) साहूकार (b) व्यापारी एवं आढ़तिया (c) जमींदार एवं भूस्वामी तथा (d) सम्बन्धी मित्र आदि शामिल हैं।

118. (a) प्रसार शब्द का प्रयोग सर्वप्रथम 1873 में इंग्लैण्ड के कैम्ब्रिज विश्वविद्यालय द्वारा किया गया था।

वर्तमान रूप में कृषि-प्रसार का कार्य सर्वप्रथम अमेरिका से प्रारम्भ हुआ जहाँ 1908 में प्रेसीडेन्ट रूजवैल्ट ने एक ग्रामीण जीवन आयोग (Country Life Commission) इस बात की जानकारी करने के लिये नियुक्त किया कि किस प्रकार ग्रामीण जनता को नगरों में जाने से रोका जाये तथा कृषि और ग्रामीण विकास के कार्यों में लगाया जाये।

119. (c) वीर्य को पशुओं को गर्भित करने के लिए सरविक्स (cervix) के मध्य में पहुँचाया जाता है।

120. (b) फीड (चारा) का NFE घुलनशील कार्बोहाइड्रेट (soluable Carbohydrate) होता है। कार्बोहाइड्रेट का यह भाग साधारण शर्करा, स्टार्च तथा अर्धसैल्यूलोज (Hemicellulose) का बना होता है।

❑❑❑

प्रैक्टिस सेट–9

भाग-1: सामान्य अध्ययन

1. 14वीं सदी ई. पूर्व का एक अभिलेख जिसमें वैदिक देवताओं का वर्णन है, प्राप्त हुआ है-
(a) एकबटाना से (b) बोगजकोई से
(c) बेबीलोन से (d) बिसोटन से

2. निम्नलिखित अभिलेखों में से किसमें अशोक का अभिलेख भी पाया गया है?
(a) महाक्षत्रप रूद्रदामन का जूनागढ़ अभिलेख
(b) गौतमीपुत्र शातकर्णी से संबंधित नासिक प्रशस्ति
(c) खारवेल का हाथीगुफा अभिलेख
(d) उपरोक्त में से किसी में नहीं

3. निम्नलिखित में से किसने हूण शासक मिहिरकुल को पराजित किया था?
(a) बुद्धगुप्त (b) यशोधर्मन
(c) शशांक (d) प्रभाकरवर्धन

4. अंग्रेजी ईस्ट इंडिया कम्पनी द्वारा लड़े गये निम्नलिखित युद्धों में से कौन-सा सर्वाधिक निर्णायक था?
(a) बक्सर की लड़ाई
(b) प्लासी की लड़ाई
(c) प्रथम आंग्ल-सिख युद्ध
(d) प्रथम आंग्ल-मैसूर युद्ध

5. अंग्रेजों ने रैयतवाड़ी व्यवस्था सर्वप्रथम आरंभ की थी-
(a) बंगाल प्रेसीडेंसी में
(b) आगरा में
(c) बम्बई प्रेसीडेंसी में
(d) मद्रास प्रेसीडेंसी में

6. भारतीय राष्ट्रीय कांग्रेस के निम्नलिखित अधिवेशनों में से किसकी अध्यक्षता विजय राघव चेरियार ने की थी?
(a) लखनऊ अधिवेशन (1916)
(b) नागपुर अधिवेशन (1920)
(c) गया अधिवेशन (1922)
(d) उपर्युक्त में से कोई नहीं

7. निम्नलिखित में से कौन एक कैबिनेट मिशन का सदस्य नहीं था?
(a) पैथिक लॉरेन्स
(b) जॉन साइमन
(c) स्टैफोर्ड क्रिप्स
(d) ए.वी. अलेक्जेण्डर

8. निम्नलिखित राज्यों में से कौन-सा राज्य बांग्लादेश से अपनी सीमा नहीं बनाता है?
(a) असम (b) नागालैंड
(c) मेघालय (d) मिजोरम

9. निम्नलिखित में से कौन-सी पर्वत शृंखला सबसे लम्बी है?
(a) रॉकी (b) आल्पस
(c) हिमालय (d) एण्डीज

10. निम्नलिखित स्थानों में से कहाँ पर भागीरथी एवं अलकनन्दा नदियां मिलती हैं?
(a) देव प्रयाग (b) कर्ण प्रयाग
(c) विष्णु प्रयाग (d) रुद्र प्रयाग

11. निम्नलिखित राज्यों में से किसमें अधिकतम औसत वार्षिक वर्षा होती है?
(a) अरुणाचल प्रदेश में
(b) सिक्किम में
(c) केरल में
(d) जम्मू एवं कश्मीर में

12. भारत के निम्नलिखित क्षेत्रों में से किसमें भू-तापीय ऊर्जा स्रोत नहीं पाए गए हैं?
(a) गोदावरी डेल्टा (b) गंगा डेल्टा
(c) हिमालय (d) पश्चिमी तट

13. निम्नलिखित राज्यों में से किसमें भारत की जनगणना 2011 में अनुसूचित जनजाति के लोगों की संख्या सर्वाधिक अंकित की गई?
(a) ओडिशा (b) राजस्थान
(c) महाराष्ट्र (d) मध्य प्रदेश

14. भारत की जनगणना 2011 के अनुसार, देश के मिलियन (दस लाखीय) नगरों की सूची में अंतिम स्थान पर है-
(a) सूरत (b) कोटा
(c) मंगलोर (d) इलाहाबाद

15. निम्नलिखित पंचवर्षीय योजनाओं में से किसमें 'गरीबी हटाओ' विषय वस्तु पर आधारित गरीबी उन्मूलन कार्यक्रमों को सर्वप्रथम प्रारंभ किया गया था?
(a) तृतीय पंचवर्षीय योजना
(b) चतुर्थ पंचवर्षीय योजना
(c) पाँचवीं पंचवर्षीय योजना
(d) छठवीं पंचवर्षीय योजना

16. निम्नलिखित में से कौन कृषि वित्त का प्रमुख सिद्धान्त है?
(a) उद्देश्य
(b) व्यक्ति
(c) उत्पादकता नियोजन
(d) उपरोक्त सभी

17. निम्नलिखित में से कौन सुमेलित नहीं है?

	क्रांति	**संबंधित क्षेत्र**
(a)	सुनहरी	उद्यान
(b)	श्वेत	दूध
(c)	नीली	कुक्कुट पालन
(d)	हरित	कृषि

18. 'पूसा सिंधु गंगा' एक प्रजाति है-
(a) गेहूँ की (b) धान की
(c) मसूर की (d) चना की

19. भारतीय संविधान का अभिभावकत्व (Guardianship) निहित है-
(a) राष्ट्रपति में
(b) लोकसभा में
(c) सर्वोच्च न्यायालय में
(d) मंत्रिमण्डल में

20. भारत का संघीय न्यायालय निम्नलिखित में से किस वर्ष में स्थापित किया गया था?
(a) 1935 (b) 1937
(c) 1946 (d) 1947

21. निम्नलिखित में से भारत के संविधान का कौन-सा अनुच्छेद कानून के समक्ष समानता से सम्बन्धित है?

(a) अनुच्छेद 16 (b) अनुच्छेद 15
(c) अनुच्छेद 14 (d) अनुच्छेद 13

22. निम्नलिखित में से कौन-सा भारत में संविधान द्वारा प्रदत्त छह मूल अधिकारों में से नहीं है?
(a) समानता का अधिकार
(b) विरोध का अधिकार
(c) शोषण के विरुद्ध अधिकार
(d) धर्म की स्वतंत्रता का अधिकार

23. भारतीय संविधान का निम्नलिखित में से कौन-सा एक अनुच्छेद अस्पृश्यता का उन्मूलन करता है तथा किसी भी रूप में इसके आचरण का निषेध करता है?
(a) अनुच्छेद 17 (b) अनुच्छेद 16
(c) अनुच्छेद 15 (d) अनुच्छेद 28

24. बलुई और लवणीय क्षेत्र एक भारतीय पशु जाति का प्राकृतिक आवास है। उस क्षेत्र में उस पशु के कोई परभक्षी नहीं हैं किन्तु आवास ध्वंस होने के कारण उसका अस्तित्व खतरे में है। यह पशु निम्नलिखित में कौन-सा हो सकता है?
(a) भारतीय वन्य भैंसा
(b) भारतीय वन्य गधा
(c) भारतीय वन्य शूकर
(d) भारतीय गजल (कुरंग)

25. हाल के वर्षों में मानव गतिविधियों के कारण वायुमण्डल में कार्बन डाइ-ऑक्साइड की सान्द्रता में बढ़ोत्तरी हुई है, किन्तु उसमें से बहुत-सी वायुमण्डल के निचले भाग में नहीं रहती, क्योंकि–
1. वे बाह्य समतापमण्डल में पलायन कर जाती हैं।
2. समुद्रों में पादपप्लवक प्रकाश संश्लेषण कर लेते हैं।
3. ध्रुवीय बर्फ-छत्रक वायु का प्रग्रहण कर लेते हैं।
उपरोक्त कथनों में से कौन-सा/से कथन सही है/हैं?
(a) 1 और 2 (b) केवल 2
(c) 2 और 3 (d) केवल 3

26. निम्नलिखित पर विचार कीजिए–
1. प्रकाश संश्लेषण
2. श्वसन
3. जैव पदार्थों का अपक्षय
4. ज्वालामुखी क्रियाएँ
उपरोक्त में से कौन-सी क्रियाएँ पृथ्वी के कार्बन चक्र में कार्बन डाइ-ऑक्साइड जोड़ती हैं?
(a) 1 और 4 (b) 2 और 3
(c) 2, 3 और 4 (d) ये सभी

27. समुद्री खरपतवार निम्नलिखित में से किसका महत्वपूर्ण स्रोत है?
(a) गंधक (Sulphur) का
(b) क्लोरीन (Chlorine) का
(c) ब्रोमीन (Bromine) का
(d) आयोडीन (Iodine) का

28. फोटोग्राफी की प्लेट पर निम्नलिखित में से किसकी परत चढ़ाई जाती है?
(a) सिल्वर ऑक्साइड
(b) सिल्वर ब्रोमाइड
(c) सिल्वर क्लोराइड
(d) सिल्वर आयोडाइड

29. निम्नलिखित में से कौन-सा प्राकृतिक बहुलक नहीं है?
(a) ऊन (b) चमड़ा
(c) नाइलॉन (d) रेशम

30. इन्सुलिन होता है-
(a) स्टेरॉयड (b) कार्बोहाइड्रेट
(c) प्रोटीन (d) वसा

31. निम्नलिखित में से कौन-सा यौगिक, मानव शरीर में संग्रहीत नहीं रहता है?
(a) ग्लाइकोजन (b) एमीनो अम्ल
(c) वसा (d) टोकोफेरॉल

32. निम्नलिखित राज्यों में से किसमें दलहनों का उत्पादन सर्वाधिक है?
(a) उत्तर प्रदेश (b) मध्य प्रदेश
(c) बिहार (d) राजस्थान

33. निम्नलिखित में से कौन एक 'रबी' फसल है?
(a) कपास (b) मक्का
(c) अरहर (d) सरसों

34. भारतीय शाकभाजी अनुसंधान संस्थान स्थित है-
(a) कानपुर में (b) नई दिल्ली में
(c) वाराणसी में (d) इलाहाबाद में

35. निम्नलिखित प्रश्न में दिए गए विकल्पों में से संबंधित शब्द युग्म को चुनिए। सेना : सैनिक :: ? : ?
(a) मण्डली : कलाकार
(b) प्रधानाचार्य : विद्यालय
(c) पहिया : कार
(d) मंत्री : परिषद्

36. एक विशिष्ट कोड भाषा में, "FULTE" को "UOFGV" लिखा जाता है। इस कोड भाषा में "LAMPS" को किस प्रकार लिखा जाएगा?
(a) ONKPT (b) OZNPS
(c) OSNPZ (d) OZNKH

37. किसी निश्चित कोड भाषा में '÷', '+' को प्रदर्शित करता है, '–', '×' को प्रदर्शित करता है, '+', '÷' को प्रदर्शित करता है और '×', '–' को प्रदर्शित करता है। निम्नलिखित प्रश्न का उत्तर ज्ञात करें।
$16 \times 20 \div 5 - 20 + 4 = ?$
(a) 11 (b) 37
(c) 25 (b) 21

38. 3 सेमी. त्रिज्याओं वाले दो समान वृत्तों के बीच की दूरी 10 सेमी. है, तो अनुप्रस्थ उभयनिष्ठ स्पर्श रेखा की लम्बाई है–
(a) 4 सेमी. (b) 6 सेमी.
(c) 8 सेमी. (d) 10 सेमी.

39. यदि $x - \frac{1}{x} = 2$ हो, तो $x^4 + \frac{1}{x^4}$ का मान होगा-
(a) 4 (b) 2
(c) 12 (d) 34

40. $\frac{3^{502} - 3^{500} + 16}{3^{500} + 2}$ का मान है-
(a) 8 (b) 16
(c) 2 (d) 4

भाग-2: कृषि

41. मिश्रित कृषि का अर्थ है-
(a) फसलोत्पादन व पशुपालन साथ-साथ करना
(b) विभिन्न ऋतुओं की दो या अधिक फसलें उगाना।
(c) एक ऋतु की दो या तीन फसलें साथ उगाना।
(d) उपरोक्त में कोई नहीं

42. सूर्य के प्रकाश की गुणता, तीव्रता व अवधि प्रभावित करती है-
(a) प्रकाश संश्लेषण
(b) वाष्पोत्सर्जन
(c) फसल उत्पादन
(d) उपरोक्त सभी

43. निम्न में से कौन-सा अल्प प्रकाशपेक्षी पौधा है-
(a) सोयाबीन
(b) गेहूँ
(c) सूरजमुखी
(d) उपरोक्त में से कोई नहीं

44. **मानव में सार्स (Severe Acture Respiratory Syndrome) का सम्बन्ध है-**
(a) इन्फेक्टिशयस ब्रांकायटिस ऑफ पोल्ट्री से
(b) ब्लू टंग ऑफ शिप से
(c) स्ट्रेनजेल ऑफ होर्स से
(d) इन्फेक्शियस ब्रोवाइन राइनोट्रेकायटिस ऑफ केटल से

45. **निम्नलिखित आवश्यक पोषक तत्वों के युग्मों में से कौन से तत्व ऋणायन (Anions) के रूप में पौधों के द्वारा अवशोषित किये जाते हैं-**
(a) बोरॉन, क्लोरीन, ताँबा, लोहा एवं मैंगनीज
(b) ताँबा, लोहा, फॉस्फोरस, सल्फर एवं जिंक
(c) पोटेशियम, मैंगनीज़, मोलीब्डिनम, फॉस्फोरस एवं जिंक
(d) बोरॉन, क्लोराइड, मोलीब्डिनम, फॉस्फोरस एवं सल्फर

46. **एक अन्त:फसल तंत्र (Inter-cropping) में उपज लाभ किसके विकास के कारण होता है?**
(a) टेम्पोरल काम्प्लिमेनटेरिटी (Temporal complimentarity)
(b) स्पैशिअल काम्प्लिमेनटेरिटी (Spatial complimentarity)
(c) दोनों (a) व (b)
(d) प्रतिस्पर्धा सम्बन्ध

47. **तम्बाकू में शीर्ष कलिका हटाने (Topping) व डि-सकरिंग का मुख्य उद्देश्य है-**
(a) पौधे की ऊँचाई कम करना
(b) शाखाएं बढ़ाना
(c) पोषक तत्व व ऊर्जा का फ्लोअर हेड से पत्तियों की तरफ बढ़ाने हेतु
(d) पौधों को गिरने से बचाना

48. **निम्नलिखित खरपतवारनाशियों में से माइकोहरबीसाइड कौन सा है?**
(a) डाइक्वाट (Diquat)
(b) मेट सल्फूरोन मिथाइल (Met sulfuron methyl)
(c) कोलेगो (Collego)
(d) ब्रोमेसिल (Bromacil)

49. **निम्नलिखित को सुमेलित करें-**

	सूची-I पशु	सूची-II गुणसूत्रों की संख्या (2n)
A.	**गाय और बकरी**	**1. 54**
B.	**भेड़**	**2. 46**
C.	**मानव**	**3. 46**

कूट :

	A	B	C
(a)	3	1	2
(b)	1	2	3
(c)	1	3	2
(d)	2	3	1

50. **निम्नलिखित में से कौन-सा खरपतवार खरीफ ऋतु का नहीं है?**
(a) चिनोपोडियम एल्बम
(b) एमेरेन्थस विरिडिस
(c) इकाइनोक्लोआ कोलोनम
(d) कोमेलिना बेंगालेनसिस

51. **दूध में किस की जांच के लिये ब्रोमोथाइनोल परीक्षा किया जाता है-**
(a) थनैला रोग
(b) विकसित अम्लता
(c) लवण असंतुलन
(d) माइक्रोबियल लोड

52. **निम्नलिखित वायरसों में से कौन-से वायरस मुख्य रूप से जनतुओं में गठाने (Tumors) उत्पन्न करते हैं-**
(a) रेट्रोवायरसेस (Retroviruses)
(b) एडीनोवायरसेस (Adenoviruses)
(c) पॉक्सवायरसेस (Poxviruses)
(d) मिक्सोवायरसेस (Myxoviruses)

53. **निम्न में से कौन-सा एक सही सुमेलित नहीं है?**
(a) फ्लोकुलेशन (Flocculation) : मृदा कणों का जम जाना
(b) डिस्परसर (Disoperson) : मृदा कणों का दूर-दूर हो जाना
(c) कोहेजन (Cohesion) : मृदा कणों का आपस में लगाव
(d) संरचना : मृदा कणों का आपेक्षित वितरण

54. **घाघ के अनुसार 'अम्बाझार चलै पुरवाई' कैसे मौसम का पूर्वानुमान है-**
(a) शुष्क मौसम का
(b) वर्षा आगमन का
(c) हिमपात का
(d) तुषारापात का

55. **धान की फसल में जिंक की कमी होने पर रोग हो जाता है-**
(a) गेरुई (किट्ट) (b) कंडवा
(c) अंगमारी (d) खैरा

56. **जब केवल तीन सिंचाईयाँ उपलब्ध हों, गेहूँ की फसल में निम्न तीन अवस्थाओं में सिंचाई करनी चाहिए-**
(a) क्राउन जड़ें निकालने, गांठ बनने व दूध बनने पर
(b) क्राउन जड़ें निकालने, कल्ले फूटने व बालियाँ निकालने पर
(c) कल्ले फूटने, बालियाँ निकलने व दानों के कड़ा होने पर
(d) तने में गांठ बनने, बालियाँ निकलने व दानों के कड़ा होने पर

57. **गेहूँ की फसल में मंडूसी (गेहूँसा) खरपतवार के नियंत्रण के लिए प्रयोग किए जाने वाला खरपतवारनाशी है-**
(a) 2, 4-डी (b) आइसोप्रोटूरोन
(c) बेसालिन (d) सिमेजीन

58. **बहुत अधिक पोषण क्षमता वाली दलहनी फसल (40 प्रतिशत प्रोटीन व 20 प्रतिशत तेल) है-**
(a) चना (b) उड़द
(c) मूँग (d) सोयाबीन

59. **"प्रगति" निम्न में से किस फसल की उन्नतिशील किस्म हैं-**
(a) फील्ड पी (b) गार्डन पी
(c) चना (d) मूँग

60. **तिलहनी फसलों में कौन-सी एकमात्र ऐसी फसल है, जो ऋण एवम् दीप्तिकाल से प्रभावित नहीं है और वर्ष के किसी भी माह में बोई जा सकती है-**
(a) सूरजमुखी (b) कुसुम
(c) तिल (d) अंडी

61. **बरसीम है एक-**
(a) चारे वाली फसल
(b) दलहनी फसल
(c) शिकारी फसल
(d) उपरोक्त सभी

62. **तम्बाकू की खेती में निम्न में से कौन-सी फसल कटाई की विधि अपनाई जाती-**
(a) कटिंग (b) पिकि
(c) प्राईमिंग (d) इनमें से कोई नहीं

63. **टीजर साँड को रखते हैं-**
(a) पशु-समूह को चलायमान रखने हेतु
(b) कमजोर पशुओं की रक्षा हेतु
(c) गाय को गर्भित करने हेतु
(d) गाय में मदकाल का पता लगाने हेतु

64. **गाय की दुकाजी नस्ल है-**
(a) साहीवाल (b) सिन्धी
(c) देवनी (d) हरियाना

65. **निम्न में से कौन-सी गाय की संकर नस्ल है-**
(a) जर्सी (b) ब्राउन स्विस
(c) करन स्विस (d) होलस्टीन

66. भैंस की कौन-सी नस्ल अधिकतम वसा वाला दूध देती है-

(a) मुर्रा (b) भदावरी

(c) मेहसाना (d) जाफराबादी

67. अपरीक्षित युवा साँड छाँटने का एकमात्र सर्वोत्तम आधार है-

(a) वंशावली (b) बनावट

(c) आकार (d) नस्ल

68. खरीदी गई गाय अच्छी दुग्ध उत्पादक सिद्ध होगी, यदि-

(a) उसकी पतली त्वचा व कोणाकृतिक बनावट है

(b) सुविकसित, मुलायम, अधिक क्षमता की अयन है

(c) अधिक टेढ़ी-मेढ़ी उभरी हुई दुग्ध शिराएँ हैं।

(d) उपरोक्त सभी

69. 400 कि.ग्रा. भार वाली गाय के लिए प्रतिदिन शुष्क पदार्थ की आवश्यकता है-

(a) 10 कि.ग्रा. (b) 15 कि.ग्रा.

(c) 20 कि.ग्रा. (d) 2.5 कि.ग्रा.

70. गाय के निर्वाह के लिए प्रति 1000 kg शारीरिक भार पर पाचनशील क्रूड प्रोटीन की आवश्यकता है-

(a) 0.70 कि.ग्रा. (b) 1.40 कि.ग्रा.

(c) 2.10 कि.ग्रा. (d) 2.80 कि.ग्रा.

71. दुग्ध ज्वर में गाय का तापक्रम होता है-

(a) सामान्य

(b) सामान्य से कम

(c) सामान्य से अधिक

(d) विषम

72. अफरा रोग सम्बन्धित है-

(a) रयुमन में गैस इकट्ठी होने से

(b) अधिक भोजन खाने से

(c) अधिक पानी पीने से

(d) जीवाणु संक्रमण से

73. निम्न में से कौन-सा कृमिनाशक पदार्थ है-

(a) सोडियम सल्फेट

(b) कॉपर सल्फेट

(c) अमोनियम क्लोराइड

(d) फिनॉल

74. गाय के शुद्ध दूध का अपेक्षित घनत्व होता है-

(a) 1.012 (b) 1.020

(c) 1.028 (d) 1.030

75. गाय के दुग्ध दोहन की सर्वोत्तम विधि है-

(a) पानी से भीगे हाथ द्वारा

(b) तेल से भीगे हाथ द्वारा

(c) दूध के झागों से भीगे हाथ द्वारा

(d) सूखे हाथ द्वारा

76. सामान्य पौधे में कितने प्रतिशत पानी उपलब्ध रहता है?

(a) 75-80 (b) 85-90

(c) 90-95 (d) 70-75

77. एक हैक्टर खोंच-स्तर खंड मृदा का औसतन भार होता है-

(a) 1.24 मिलियन किग्रा.

(b) 1.84 मिलियन किग्रा.

(c) 2.24 मिलियन किग्रा.

(d) 2.84 मिलियन किग्रा.

78. मृदा रंग के मनसेल अंकन 2.5 YR 5/6 में 2.5 YR प्रदर्शित करता है-

(a) वर्ण

(b) मान

(c) क्रोमा

(d) उपरोक्त में से कोई नहीं

79. अन्तरफसलीय सिस्टम में अनुकूलतम उत्पादन लेने के लिये कौन-सा उर्वरक शेडयूल काम में लेना चाहिए?

(a) मुख्य फसल व अंत:फसल की पूर्ण संतुत मात्रा

(b) मुख्य फसल की पूर्ण संतुत मात्रा व अंत:फसल की आधी संतुत मात्रा

(c) मुख्य फसल व अंत:फसल (intercrop) की आधी संतुत मात्रा

(d) केवल मुख्य फसल की पूर्ण संतुत मात्रा (Full recommended dose)

80. कपास में अधिकतम संख्या में कलिका व बोल्स किस कारण से गिरते हैं?

(a) मृदा में नत्रजन की कमी के कारण

(b) मृदा में फॉस्फोरस की कमी के कारण

(c) मृदा में मैग्नीशियम की कमी के कारण

(d) कली निर्माण अवस्था पर मृदा में जल की कमी के कारण

81. किस प्रकार के स्प्रेअर से खरपतवारनाशी का भाव (Drift) के रूप में ज्यादा नुकसान होता है?

(a) हाई वॉल्यूम स्प्रेअर (High volume sprayer)

(b) अल्ट्रा-लो वॉल्यूम स्प्रेअर (Ultra low volume sprayer)

(c) हेन्ड स्प्रेअर (Hand sprayer)

(d) लो वॉल्यूम स्प्रेअर (Low volume sprayer)

82. मृत्तिका की क्रिस्टल लेटिस् में एक अणु के द्वारा दूसरे अणु का प्रतिस्थापन बिना किसी बदलाव के कहलाता है-

(a) आयन विनिमय

(b) आइसोमेरिज्म (Isomerism)

(c) आइसोमोरफिक प्रतिस्थापन

(d) पॉलीमोफिज्म्

83. तम्बाकू की फसल में निम्नलिखित क्रियाओं के कालक्रम (Chronological order) के अनुसार व्यवस्थित करें-

(a) टोपिंग-डीसकरिंग-प्राइमिंग

(b) डीसकरिंग-टोपिंग-प्राइमिंग

(c) प्राइमिंग-डीसकरिंग-टोपिंग

(d) प्राइमिंग-टोपिंग-डीसकरिंग

84. सिवेज स्लज (Sewage sludge) पानी से सिंचित फसलों में किस तत्त्व की मात्रा प्रदूषक/दूषित के रूप में भोजन में अवशेष के रूप में पाई जाती है?

(a) क्रोमियम (b) लेड

(c) जस्ता (d) केडमियम

85. चुकन्दर की फसल पक कर (matures) तैयार होती है-

(a) अप्रैल-मई में

(b) जून-जुलाई में

(c) सितंबर-अक्टूबर में

(d) जनवरी-फरवरी में

86. भारत में मवेशियों में किस रोग का हाल ही में उन्मूलन (eradicated) कर दिया गया है-

(a) काला ज्वर (Black quarter)

(b) खुरपका-मुंहपका (FMD)

(c) पशु प्लेग (Rinder pest)

(d) गलघोंट (HS)

87. एक एकड़ धान के खेत में कितने किलोग्राम सिंगल सुपर फॉस्फेट की आवश्यकता होगी यदि फॉस्फोरस (P_2O_5) की दर 60 किलोग्राम प्रति हेक्टर रखना हो और सिंगल सुपर फॉस्फेट में फॉस्फोरस की मात्रा 16 प्रतिशत हो-

(a) 250 कि.ग्रा. (b) 200 कि.ग्रा.

(c) 150 कि.ग्रा. (d) 100 कि.ग्रा.

88. क्ले मिट्टी में कौन-से धनायन (Cation) की अधिशोषण (adsorption) की क्षमता अन्य के मुकाबले में कम होती है?

(a) हाइड्रोजन (b) कैल्शियम
(c) लोहा (d) सोडियम

89. प्रयोगशाला में मृदा मोनोलिथ द्वारा अध्ययन करते हैं-
(a) मृदा रंग (b) मृदा वायु
(c) मृदा नमी (d) मृदा प्रोफाइल

90. अधिकांश भारतीय मृदाओं में कार्बनिक पदार्थ की मात्रा है-
(a) 1 प्रतिशत से कम
(b) 1 से 2 प्रतिशत
(c) 2 से 5 प्रतिशत
(d) 5 प्रतिशत से अधिक

91. 0.000001 ग्राम सक्रिय हाईड्रोजन आयन प्रति लीटर वाले पोटैशियम क्लोराइड निस्तार की मृदा पी-एच होगी-
(a) 5 (b) 6
(c) 7 (d) 8

92. सामान्यतः ऊष्ण कटिबन्धीय मृदाओं का C : N मान होता है-
(a) 5 : 1 (b) 10 : 1
(c) 13 : 11 (d) 20 : 1

93. एक मृदा के संतृप्त निसार में 200 ppm कैल्शियम है। निस्सार में कैल्शियम की मिली तुल्यांक/लीटर सांद्रता होगी-
(a) 5 (b) 10
(c) 20 (d) 40

94. निम्न में किस मृदा कोलाइड में अधिकतम धनायन क्षमता (100-300 C mol/kg) है-
(a) केओलिनाइट
(b) इलाइट
(c) मीन्टमोरिलोनाइट
(d) ह्यूमस

95. मृदाओं का अभय प्रतिरोधन निम्न में किसके परिवर्तन में अवरोध पैदा करता है-
(a) कार्बनिक पदार्थ की मात्रा
(b) अध्ययन
(c) पी-एच
(d) मृदा-संरचना

96. मृदा में नाइट्राइट-नाइट्रोजन को नाइट्रेट नाइट्रोजन में परिवर्तन करने वाला जीवाणु है-
(a) नाइट्रोसोमोनास (b) नाइट्रोसोकोक्कस
(c) नाइट्रोबैक्टर (d) क्रोमोबैक्टर

97. नाइट्रोजन का अकार्बनिक अवस्था से कार्बनिक अवस्था में परिवर्तन कहलाता है-
(a) अमोनीकरण (b) नाइट्रीकरण
(c) मिनरेलाइजेशन (d) इम्मोबिलाइजेशन

98. निम्न में कौन-सी फसल हरी खाद के रूप में 120-130 किग्रा. नत्रजन/हैक्टर भूमि प्रदान कर सकती है-
(a) सनई (b) ढैंचा
(c) लोबिया (d) सैंजी

99. फसलों व सिंचाई की क्रांतिक अवस्थाओं (critical stage of irrigation) के युग्मों में एक गलत जोड़े को छाँटिए-
(a) बाजरा : बाली अवस्था (Earhead)
(b) कपास : फूल आने से पहले (Pre-flowering)
(c) गेहूँ : मुकूट जड़ बनते समय (CRI stage)
(d) मूँगफली : फली विकास के समय (Pod development)

100. निम्नलिखित को सुमेलित करें-

	सूची-I क्रांति		सूची-II सम्बन्ध
A.	सफेद क्रांति	1.	मात्स्यिकी
B.	नीली क्रांति	2.	कृषि
C.	पीत क्रांति	3.	दूध
D.	हरित क्रांति	4.	तिलहन

कूट :

	A	B	C	D
(a)	3	4	2	1
(b)	2	3	1	4
(c)	4	2	1	3
(d)	3	1	4	2

101. निम्नलिखित युग्मों में से कौन सा एक युग्म सही सुमेलित नहीं है?

	फसल	बीजदर (किलोग्राम/हेक्टर)
(a)	गेहूँ	100
(b)	उड़द	20
(c)	मक्का	18
(d)	सरसों	10

102. पौधों की वृद्धि के लिये मृदा नमी उपलब्ध होने की ऊपरी सीमा (upper limit) है-
(a) स्थायी मुरझान बिन्दु (PWP at 15 bars)
(b) क्षेत्र धारिता (Field capacity at 1/3 bars)
(c) आर्द्रताग्राही गुणांक (Hygrosocpic coefficient at 31 bars)
(d) मैट्रिक सक्शन (Matric suction)

103. रागी (Ragi) का वानस्पतिक नाम है-
(a) इलुसाइन कोरेकाना (Eleusine coracana)
(b) इकाईनोक्लोआ फ्रुमेन्टेसिया (Echinochloa frumentacea)
(c) पेनीकम मिलिएसियम (Panicum miliacium)
(d) उपरोक्त में से कोई नहीं

104. निम्नलिखित फसलों में से किस फसल में नत्रजन स्थरीकरण (Nitrogen fixation) के लिये दोतरफा सहजीवी सम्बन्ध (Double symbiotic relationship) पाया जाता है-
(a) फेजियोलस वल्गेरिस (राजमा)
(b) केजेनस कजान (अरहर)
(c) सेसबेनिया रोसट्रेटा (ढैंचा)
(d) ग्लाइसिन मेक्स (सोयाबीन)

105. गेहूँ में क्राउन रूट्स (Crown roots) प्रकट होती है-
(a) मृदा सतह से ऊपर
(b) मृदा सतह से नीचे किन्तु बीज के ऊपर
(c) मृदा सतह एवं बीज के नीचे
(d) बीज के नीचे

106. फंक्शनल एलिलोपैथी (Functional Allelopathy) में -
(a) पौधे से हानिकारक पदार्थ (वास्तविक रूप में) स्रावित होते हैं।
(b) एक प्रीकरसर पदार्थ स्रावित होते हैं जोकि सूक्ष्मजीवों के द्वारा सक्रिय पदार्थों में बदल दिया जाता है।
(c) किसी भी प्रकार के हानिकारक पदार्थ स्रावित नहीं होते।
(d) लेग्यूम पौधे की ग्रंथियों से नत्रजन स्रावित होती है।

107. गन्ने का सबसे भयंकर रोग (most serious disease) है-
(a) रेड स्ट्राइप (Red stripe)
(b) लाल गलन (Red rot)
(c) उकठा (Wilt)
(d) कण्डुवा (Smut)

108. नियंत्रित परिस्थितियों में मृदा के एक कॉलम में अन्त:श्रवण (Percolation) एवं निक्षालन (Leaching) का मापन .... के द्वारा किया जाता है।
(a) अन्त:स्यंदन मीटर (Infiltrometer)
(b) इवेपोरिमीटर (Evaporimeter)
(c) साइक्रोमीटर (Psychrometer)
(d) लाइसीमीटर (Lysimeter)

109. यूरिया उर्वरक में अधिकतम बाइयूरेट स्तर की आज्ञा है-

(a) 5 प्रतिशत (b) 4 प्रतिशत
(c) 3 प्रतिशत (d) 2 प्रतिशत

110. सुपर फास्फेट में फास्फोरस के अतिरिक्त कौन दो पोषक तत्व पाए जाते हैं-

(a) Ca. N (b) Ca. K
(c) Ca. S (d) Ca. Fe

111. डाई अमोनियम उर्वरक का ग्रेड है -

(a) 18-46-0 (b) 11-52-0
(c) 16-20-0 (d) 20-20-0

112. जिप्सम में पोषक तत्व होते हैं-

(a) 19.5% Ca, 12% S
(b) 22.9% Ca, 15.4% S
(c) 33.9% Ca, 17% S
(d) 22% Ca, 18.6% S

113. 23.0 पतिशत पोषक तत्व वाले जिंक उर्वरक का नाम है-

(a) जिंक ऑक्साइड
(b) जिंक कार्बोनेट
(c) जिंक सल्फेट मोनोहाइड्रेट
(d) जिंक सल्फेट हैप्टाहाइड्रेट

114. पादप पोषक तत्वों का कौन-सा निम्न जोड़ा विरोधी प्रभाव (antagonistic effect) प्रदर्शित करता है-

(a) कैल्सियम तथा गंधक
(b) कैल्सियम तथा फास्फोरस
(c) नाइट्रोजन तथा पाटैशियम
(d) जिंक तथा फास्फोरस

115. भारत में सिंचाई का मुख्य स्रोत है-

(a) नहर (b) कुँआ
(c) तालाब (d) नलकूप

116. भारत में सिंचाई की विधियाँ हैं-

(a) 3 (b) 4
(c) 2 (d) 5

117. वह जल जो आवश्यक से अधिक हो, वह कर चला जाए उसे कहते हैं-

(a) निष्पंदन
(b) सीपेज
(c) अपवाह
(d) परकोलेसन

118. भू-परिष्करण की आधुनिक विचारधारा है-

(a) परम्परागत भू-परिष्करण
(b) न्यूनतम भू-परिष्करण
(c) शून्य भू-परिष्करण
(d) उपरोक्त में कोई नहीं

119. देसी हल में हरीश की लम्बाई होती है....

(a) 3.5-4 मी.
(b) 3-3.5 मी.
(c) 4-4.5 मी.
(d) 5 मी. से अधिक

120. हैरी यन्त्र है-

(a) प्राथमिक भू-परिष्करण
(b) न्यूनतम भू-परिष्करण
(c) उपरोक्त दोनों
(d) उपरोक्त में कोई नहीं

व्याख्या सहित उत्तर

1. (b) एशिया माइनर स्थित बोगजकोई से 14वीं शताब्दी ई. पूर्व के कुछ ऐसे अभिलेख मिले जिनमें ऐसे राजाओं का उल्लेख आया है जिनके नाम आर्यों जैसे थे और जो इंद्र, मित्र, वरुण एवं नासत्य देवताओं का आह्वान करते वर्णित हैं।

2. (a) जूनागढ़ अभिलेख शक शासक रूद्रदामन के संबंध में जानकारी का प्रमुख स्रोत है। इस अभिलेख में हमें सौराष्ट्र प्रान्त में स्थित सुदर्शन झील का इतिहास ज्ञात होता है। इसके अनुसार इस झील का निर्माण चन्द्रगुप्त मौर्य के समय में सौराष्ट्र के प्रान्तपति पुष्यगुप्त ने करवाया था। तत्पश्चात् अशोक के समय में यवन राज तुषास्फ ने इस झील से नहरें निकलवाई थीं।

3. (b) मंदसौर अभिलेख के अनुसार 532 ई. के आस-पास मालवा शासक यशोधर्मन ने हूण शासक मिहिरकुल को पराजित किया तथा उत्तर भारत में अपना प्रभुत्व स्थापित करने के उपलक्ष्य में विजय स्तंभ का निर्माण करवाया।

4. (a) **ईस्ट इंडिया कंपनी** द्वारा लड़ा गया सबसे निर्णायक युद्ध बक्सर का युद्ध (22 अक्टूबर, 1764) था क्योंकि इसने प्लासी युद्ध (1757) के निर्णयों पर निर्णायक मुहर लगा दी थी। इस युद्ध में अंग्रेजी सेना का नेतृत्व हेक्टर मुनरो ने किया था।

5. (d) भू-राजस्व वसूली हेतु रैय्यतवाड़ी व्यवस्था सर्वप्रथम मद्रास प्रेसीडेंसी के अंतर्गत तमिलनाडु के बारामहल जिले में अंग्रेजों द्वारा लागू की गई थी। इस व्यवस्था के जन्मदाता टॉमस मुनरो और कैप्टन रीड थे। यह व्यवस्था बम्बई के कुछ हिस्सों, पूर्वी बंगाल, असम तथा कुर्ग (कर्नाटक) में लागू की गई। इस व्यवस्था ने कृषक भू-स्वामित्व की स्थापना की। इस व्यवस्था के अंतर्गत ब्रिटिश भारत का 51% हिस्सा सम्मिलित था।

6. (b) भारतीय राष्ट्रीय कांग्रेस के नागपुर अधिवेशन (1920) की अध्यक्षता सी विजय राघव चेरियार ने की थी। लखनऊ अधिवेशन (1916) की अध्यक्षता अंबिका चरण मजूमदार ने की थी। 1922 के गया अधिवेशन की अध्यक्षता देशबन्धु चितरंजन दास ने की थी।

7. (b) कैबिनेट मिशन 24 मार्च, 1946 को भारत में पहुंचा था। इसके अध्यक्ष भारत सचिव पैथिक लॉरेंस तथा अन्य दो सदस्य स्टैफोर्ड क्रिप्स तथा ए.वी. अलेक्जेण्डर थे। इस मिशन का उद्देश्य भारतीयों को सत्ता हस्तान्तरण के बारे में विचार करना था।

8. (b) असम, त्रिपुरा, मिजोरम, मेघालय और पश्चिम बंगाल भारतीय राज्य बांग्लादेश के साथ अपनी-अपनी सीमा बनाते हैं जबकि नागालैंड का पड़ोसी देश बर्मा है। बर्मा (म्यांमार) के साथ सीमा बनाने वाले भारतीय राज्यों में अरुणाचल प्रदेश, नागालैंड मिजोरम तथा मणिपुर शामिल है।

9. (d) एण्डीज विश्व की सबसे लंबी पर्वतमाला है जो दक्षिण अमेरिका में स्थित है। यह लगभग 7200 किमी. लंबी हैं एण्डीज के उत्तर-पश्चिम में अटाकामा मरुस्थल है एण्डीज पर्वतमाला की सबसे ऊंची चोटी एकांकागुआ है। लम्बाई के आधार पर विश्व की चार शीर्ष पर्वत श्रेणियों का क्रम निम्न है-1. एंडीज (7200 किमी.), 2. रॉकी (4,800 किमी.), 3. हिमालय (2400 किमी.), 4. आल्पस 1200 किमी.)।

10. (a) देव प्रयाग में भागीरथी एवं अलकनंदा नदियाँ मिलती हैं जबकि कर्णप्रयाग में गंगा और पिंडर नदियाँ मिलती हैं। रुद्रप्रयाग में गंगा और मन्दाकिनी का संगम होता है एवं विष्णु प्रयाग में गंगा और धौली का संगम होता है।

11. (c) केरल राज्य की औसत वार्षिक वर्षा सर्वाधिक है। प्रश्नगत राज्यों की औसत वार्षिक वर्षा इस प्रकार है-

केरल	-	3055 मिमी.
अरुणाचल प्रदेश	-	2781 मिमी.
सिक्किम	-	2739 मिमी.
जम्मू-कश्मीर	-	1011 मिमी.

12. (b) भारत में अब तक कुल सात क्षेत्रों में भू-तापीय ऊर्जा के स्रोत पाये गए हैं जो यथावत् हैं-हिमालय, सोहना, पश्चिमी तट, खम्भात, सोन-नर्मदा-ताप्ती डेल्टा, गोदावरी और महानदी डेल्टा।

13. (d) जनगणना 2011 के अनुसार शीर्ष तीन अनुसूचित जनजाति जनसंख्या वाले राज्य क्रमशः मध्य प्रदेश (1,53,16,784) महाराष्ट्र (1,05,10,213) और ओडिशा (95,90,756) हैं।

14. (b) भारत की जनगणना, 2011 के अनुसार देश के मिलियन नगरों की सूची में कोटा, 1001, 694 की जनसंख्या के साथ अंतिम स्थान पर है। 2011 की जनगणना के अनुसार 10 लाखी नगरों की संख्या 35 से बढ़कर 53 हो गई है। ज्ञातव्य है कि दिए गए विकल्प में मंगलौर की जनसंख्या (476000) सबसे कम है, परन्तु वह भारत के दस लाखी शहरों की सूची में शामिल नहीं है।

15. (c) पांचवीं पंचवर्षीय योजना 1 अप्रैल, 1974 को प्रारम्भ हुई तथा यह 31 मार्च 1979 को समाप्त होनी थी। यह योजना जनता पार्टी सरकार द्वारा एक वर्ष पूर्व ही समाप्त घोषित कर दी गई। इस योजना का मुख्य उद्देश्य 'गरीबी का उन्मूलन और आत्म निर्भरता' था।

16. (d) कृषि वित्त, ग्रामीण विकास एवं कृषि से संबंधित गतिविधियों से जुड़े कार्यों के सम्पादन से संबंधित ऐसी वित्त व्यवस्था है जो उसके आपूर्ति, थोक, वितरण, प्रसंस्करण और विपणन के वित्त पोषण के लिए समर्पित एक विभाग के रूप में जाना जाता है। किसानों की ऋण आवश्यकताओं को निम्नलिखित तथ्यों के आधार निर्धारित किया जा सकता है।

1. **समय के आधार पर**-लघु अवधि, मध्यम अवधि और लम्बे समय तक की अवधि के लिए ऋण।

2. **उद्देश्य के आधार पर**-उत्पादक आवश्यकता, खपत की जरुरत और अनुत्पादक आवश्यकता।

17. (c) नीली क्रांति मत्स्य उत्पादन से संबंधित है। विभिन्न कृषि क्रांतियां इस प्रकार हैं-

हरित क्रांति - गेहूँ उत्पादन
श्वेत क्रांति - दुग्ध उत्पादन
सुनहरी क्रांति - उद्यान या फल उत्पादन
लाल, क्रांति - टमाटर उत्पादन
भूरी, क्रांति - उर्वरक उत्पादन
रजत क्रांति - अंडा उत्पादन

18. (a) पूसा सिन्धु गंगा गेहूँ की एक प्रजाति है।

19. (c)

20. (a) 1935 के भारत सरकार अधिनियम द्वारा एक संघीय न्यायालय की स्थापना की गई तथा संघीय न्यायालय के विरुद्ध अन्तिम अपील प्रिवी कौंसिल को प्राप्त थी।

21. (c) अनुच्छेद 14 के अनुसार राज्य देश के किसी भी व्यक्ति को विधि के समक्ष समता या विधियों के समान संरक्षण से वंचित नहीं करेगा।

22. (b) संविधान द्वारा प्रदत्त छह मूल अधिकार हैं-

(i) समानता का अधिकार (अनुच्छेद 14-18)

(ii) स्वतन्त्रता का अधिकार (अनुच्छेद 19-22)

(iii) शोषण के विरुद्ध अधिकार (अनुच्छेद 23-24)

(iv) धर्म की स्वतन्त्रता का अधिकार (अनुच्छेद 25-28)

(v) संस्कृति और शिक्षा सम्बन्धी अधिकार (अनुच्छेद 29-30)

(vi) संवैधानिक उपचारों का अधिकार (अनुच्छेद 32)

23. (a) अनुच्छेद 17 के अन्तर्गत अस्पृश्यता का अन्त किया गया है और उसका किसी भी रूप में आचरण निषिद्ध कया गया है। अस्पृश्यता से उपजी किसी निर्योग्यता को लागू करना अपराध होगा जो विधि के अनुसार दण्डनीय होगा।

24. (b) गुजरात के कच्छ का रन क्षेत्र बलुई और लवणीय क्षेत्र है, जो कच्छ के रन वन्यजीव अभयारण्य (Wildlife sanctuary) के रूप में प्रसिद्ध है। इस अभयारण्य क्षेत्र में भारतीय वन्यजीव गधे का विशाल संख्या में निवास है। इस अभयारण्य की स्थापना भारत सरकार के वन्यजीव अधिनियम के अधीन वर्ष 1972 में की गई थी। विगत कुछ वर्षों से भारतीय वन्यजीव गधे का अस्तित्व खतरे में आ गया है जिसका मुख्य कारण उनके प्राकृतिक आवास का खत्म होना है।

25. (b) मानव द्वारा तकनीकी विकास के कारण कार्बन डाइ-ऑक्साइड का अधिक मात्रा में उत्सर्जन हुआ है। इस उत्सर्जित कार्बन डाइ-ऑक्साइड का सान्द्रण वायुमण्डल के निचले भाग में न होकर ऊपरी परत में हुआ है, क्योंकि वायुमण्डल के निचले भाग में उपस्थित कार्बन डाइ-ऑक्साइड की मात्रा को पादपों (समुद्री व स्थलीय पादप) द्वारा प्रकाश संश्लेषण (Photosynthesis) की क्रिया में अवशोषित (Absorbed) कर लिया जाता है।

26. (c) प्रकाश संश्लेषण वह क्रिया है, जिसमें पौधे अपने हरे रंग वाले अंगों; जैसे-पत्ती द्वारा, सूर्य के प्रकाश की उपस्थिति में, वायु से कार्बन डाई-ऑक्साइड तथा भूमि से जल लेकर जटिल कार्बनिक खाद्य पदार्थों जैसे कार्बोहाइड्रेट्स का निर्माण करते हैं तथा ऑक्सीजन गैस (O_2) बाहर निकालते हैं अर्थात् प्रकाश संश्लेषण की क्रिया को छोड़कर अन्य सभी क्रियाएँ जो प्रश्न में निहित हैं पृथ्वी के कार्बन-चक्र में कार्बन डाई-ऑक्साइड को जोड़ती हैं।

27. (d) समुद्री खरपतवार समुद्र के नितल में स्थित बहुकोशीय शैवाल हैं। इसके अन्तर्गत लाल, भूरे तथा हरे शैवाल की कुछ प्रजातियाँ आती हैं। समुद्री खरपतवारों के उपयोग के अनुसार भी वर्गीकृत किया जाता है। जैसे-खाद्य, चिकित्सीय उर्वरक, फिल्टरण या औद्योगिक उपयोग के समुद्री खरपतवार।

28. (b)

29. (c) नाइलॉन ऐसे छोटे कार्बनिक अणुओं के बहुलकीकरण प्रक्रिया द्वारा बनाया जाता है, जो प्राकृतिक रूप से उपलब्ध नहीं है। यह एक पॉली एमाइड रेशे का उदाहरण है, जिसमें एमाइड समूह प्रत्येक इंकाई पर होता है तथा बार-बार दोहराया जाता है। नाइलॉन मानव द्वारा संश्लिष्ट किया गया पहला रेशा था। इसका निर्माण सर्वप्रथम सन् 1935 ई. में किया गया था तथा व्यापारिक स्तर पर पहली बार सन् 1939 ई. में महिलाओं के लिए जुराबें इससे बनाई गईं थीं। नाइलॉन का उपयोग मछली पकड़ने के जाल में, पैराशूट के कपड़े में, टायर, दाँत ब्रश, पर्वतारोहण के लिए रस्सी आदि में होता है।

30. (c) इन्सुलिन की खोज 1921 ई. में बैटिंग एवं बेस्ट ने की थी। यह अग्नाशय के एक भाग लैंगरहैंस की द्वीपिका के β-कोशिका द्वारा स्रावित एक प्रकार का हॉर्मोन है, जो रक्त में शर्करा की मात्रा को नियंत्रित करता है। इन्सुलिन के अलपस्रावण से मधुमेह नामक रोग हो जाता है।

31. (d)

32. (b) दलहन का उत्पादन तीन शीर्ष राज्य क्रमशः मध्य प्रदेश, महाराष्ट्र, और राजस्थान हैं। भारत में दलहन अनुसंधान केन्द्र कानपुर में स्थित है।

33. (d) सरसों रबी फसल है। भारत में मुख्य रूप से तीन फसल ऋतुएँ पाई जाती हैं। 1. **रबी**-जैसे गेहूँ, जौ, चना, मटर, सरसों। 2. **खरीफ**-अरहर, मक्का, धान, गन्ना और 3. **जायद**-जूट, राई आदि।

34. (c) भारतीय शाकभाजी अनुसंधान संस्थान वाराणसी में स्थित है जबकि दलहन अनुसंधान केन्द्र कानपुर में अवस्थित है।

35. (a) जिस प्रकार सेना का सम्बन्ध सैनिकों से होता है। उसी प्रकार मण्डली का सम्बन्ध कलाकार से होगा।

36. (d)

जिस प्रकार,	उसी प्रकार,
F ⟶ U	L ⟶ O
L ⟶ O	A ⟶ Z
U ⟶ F	M ⟶ N
T ⟶ G	P ⟶ K
E ⟶ V	S ⟶ H
विपरीत वर्ण	विपरीत वर्ण

37. (a) यदि

$\div \longrightarrow +$
$- \longrightarrow \times$
$+ \longrightarrow \div$
$\times \longrightarrow -$

तब $6 \times 20 \div 5 - 20 + 4$

चिन्ह परिवर्तन करने पर

$6 - 20 + 5 \times 20 \div 4$

$\Rightarrow 6 - 20 + 5 \times 5$

$\Rightarrow 6 \times 20 + 25$

$\Rightarrow 31 - 20$

$\Rightarrow 11$

38. (c) $AB = \sqrt{(5)^2 - (3)^2} = 4$ सेमी.

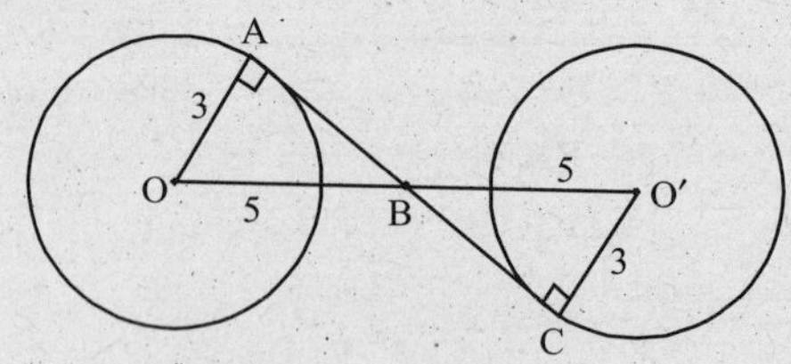

इसी प्रकार $BC = 4$ सेमी.

$\therefore AC = (AB + BC) = (4 + 4) = 8$ सेमी.

39. (d) $\therefore x^2 + \frac{1}{x^2} = \left(x + \frac{1}{x^2}\right)^2 + 2$

$= 2^2 + 2 = 6$

$\Rightarrow x^4 + \frac{1}{x^4} = \left(x^4 + \frac{1}{x^2}\right)^2$

$= 36 - 2 = 34$

40. (a) $\frac{3^{502} - 3^{500} + 16}{3^{500} + 2}$

$= \frac{3^{500} \times 3^2 - 3^{500} + 16}{3^{500} + 2}$

$= \frac{3^{500}(9 - 1) + 16}{3^{500} + 2}$

$= \frac{3^{500} \times 8 + 16}{3^{500} + 2}$

$= \frac{8 \times (3^{500} + 2)}{3^{500} + 2} = 8$

41. (c) मिश्रित कृषि (Mixed Cropping) जब किसी खेत में दो या दो से अधिक फसलें, बिना किसी पंक्ति या विन्यास या अनुपात के साथ-साथ उगाई जाती हैं तब उसे मिश्रित कृषि कहते हैं। फसलोत्पादन व पशुपालन साथ-साथ करना मिश्रित खेती (Mixed Farming) कहलाता है।

42. (d) प्रकाश की गुणता, तीव्रता व अवधि, पौधे की लगभग सभी शारीरिक व जैव रासायनिक (Physical and biological) गुणों को प्रभावित करती है जिससे फसल उत्पादन भी प्रभावित होता है। प्रकाश की गुणता के अन्तर्गत नीले व हरे रंग के प्रकाश में कम या लाल या नारंगी रंग के प्रकाश में पौधे की क्रियायें सुचारु रूप से होती हैं। प्रकाश की अवधि से पौधों में फूल व फल आने के समय प्रभावित होती है। प्रकाश की तीव्रता (Intesity) का प्रभाव अधिकतर पौधों में प्रकाश संश्लेषण की क्रिया को सुचारू रूप से चलाने के लिए 100 केण्डिल प्रकाश की आवश्यकता होती है। प्रकाश जब-जब पौधों पर पड़ता है तो वे इसे उष्मीय ऊर्जा में परिवर्तित कर देते हैं जो इसके वाष्पोत्सर्जन को प्रभावित करता है।

43. (d) **44.** (a) **45.** (d) **46.** (c)

47. (c) **48.** (c) **49.** (a)

50. (a) **51.** (a) **52.** (a) **53.** (d)

54. (a)

55. (d) जिंक की कमी से धान की फसल में खैरा रोग होता है।

56. (a) गेहूं की खेती में यदि केवल तीन सिंचाई ही उपलब्ध हो तो पहली सिंचाई मुख्य शिखर जड़ बनने के समय (Crown root initiation stage-बौने के 21 से 25 दिन बाद) दूसरी सिंचाई तनों में गांठ बनने के समय (Late jointing stage-बोने के 65-75 दिन बाद) व तीसरी सिंचाई दानों में दूध पड़ने के समय (Milking stage-बोने के 110 से 115 दिन बाद) करनी चाहिये।

57. (b) गेहूँ का मुख्य खरपतवार गेहूँ के पौधे से मिलता-जुलता है, जिसे गेहूँ का मामा या गेहूँसा या फेलेरिस माइनर कहते हैं, को नियन्त्रित करने के लिये आइसोप्रोप्यूरान रसायन को 0.75 किग्रा. (सक्रिय अवयव) की मात्रा 1000 लीटर पानी में प्रति हैक्टेयर प्रयोग करना चाहिए।

58. (d) सोयाबीन एक दलहनी कूल का पौधा है इसमें लगभग 40% प्रोटीन व 20% तेल पाया जाता है।

59. (c) 'प्रगति' काबुली चना (Gram) की एक प्रजाति है।

60. (a)

61. (d) बरसीम हरे चारे की एक आदर्श फसल है। यह दलहनी कुल (Leguminaceae Family) की फसल होने के कारण वायुमण्डल की नाइट्रोजन भूमि में संचित करते हैं।

62. (c) प्राइमिंग विधि (Priming Method) तम्बाकू की निचली पत्तियाँ सबसे पहले पककर तैयार होती हैं, उसके पश्चात् क्रमश: ऊपर की पत्तियाँ और अन्त में सबसे ऊपर की पत्तियाँ पकती हैं। इस प्रकार सभी पत्तियों के पकने का समय एक नहीं होता है। अच्छे गुण वाला तम्बाकू प्राप्त करने के लिए जैसे-जैसे पत्तियाँ पकती जाती हैं। पौधों से अलग करते जाते हैं। इस प्रकार की कटाई करने को प्राइमिंग विधि से तम्बाकू की कटाई करना कहते हैं।

63. (d) टीजर बुल (Teaser bull) वह बंध्य सांड़ है जिनमें कामेच्छा तो ज्यों का त्यों बनी रहती है लेकिन वे मादा को गर्भित नहीं कर सकते। इन पशुओं में नसबन्दी के द्वारा रक्त वाहिकाओं एवं नाड़ियों को नहीं काटा जाता बल्कि शुक्र वाहिकाओं को काट दिया जाता है।

64. (d) गाय की दुकाजी नस्ल 'हरियाणा' की है जबकि साहीवाल, सिन्धी व देवनी दुधारू नस्ल की गायें हैं।

65. (c) करन स्विश भारतीय साहीवाल और अमरीका से मंगाए गए ब्राउन स्विश नस्ल की सांड़ों के हिमीकृत वीर्य से राष्ट्रीय डेरी अनुसंधान संस्थान करनाल पर विकसित की गई है। यह नस्ल अब हरियाणा में कई स्थानों पर पाली जा रही है।

66. (b) सबसे अधिक वसा का प्रतिशत भदावरी भैंस के दूध में पाया जाता है।

मुर्रा - 6.90%

भदावरी - 13%

जाफराबादी - 9.10%

67. (d) **68.** (d)

69. (a) प्रति 100 किग्रा. शरीर भार पर शुष्क पदार्थ की मात्रा 2.5 किग्रा.।

70. (a)

71. (b) साधारणत: दुग्ध ज्वर (Milk Fever) रोग में बुखार नहीं होता, वरन् शारीरिक तापक्रम कभी-कभी नार्मल से भी कुछ कम हो जाता है।

72. (a) जुगाली करने वाले पशु में अधिक गीला हरा चारा खाने में उसके पेट में दूषित गैसें, जैसे-कार्बन-डाइ-आक्साइड, हाइड्रोजन सल्फाइड, नाइट्रोजन तथा अमोनिया आदि एकत्रित होकर, उसका पेंट तान देती हैं। जिससे पशु बहुत बेचैन हो उठता है। इस रोग को अफरा (Tympany) कहते हैं। रुमेन में हवा भरने से फेफड़ों पर अनावश्यक दबाव पड़ने के कारण पशु श्वाँस-प्रश्वाँस क्रिया में कष्ट का अनुभव करते हैं।

73. (b)

74. (d) गाय के दूध का आपेक्षिक घनत्व $\rightarrow$ 1.030

75. (c)

76. (b) पौधों का लगभग 80 से 90 प्रतिशत भाग जल में बना है।

77. (c) **78.** (a) **79.** (d) **80.** (d)

81. (b) **82.** (c) **83.** (a) **84.** (d)

85. (a) **86.** (c) **87.** (c) **88.** (d)

89. (d) मृदा मोनोलिथ (Soil Minolith) : यह महत्वपूर्ण मृदा प्रोफाइल के स्थाई अभिलेख (recards) होते हैं। ये मृदा प्रोफाइल को धातु या लकड़ी के बक्सों में मृदा में पाई जाने वाली अवस्था में ही सुरक्षित रखकर बनाये जाते हैं।

90. (a)

91. (b) 0.000001 (10^{-6}) ग्राम सक्रिय हाइड्रोजन आयन प्रति लीटर वाले मृदा विलयन का pH 6 होगा।

92. (b) कृषि योग्य मृदा में कार्बन नाइट्रोजन अनुपात (C : N ratio) को परिसर (range) 8 : 1 से 15 : 1 तक होते हैं, औसत 10 और 12:1 होते हैं

93. (c)

94. (d) विभिन्न मृदा कोलाइड की धनायन विनिमय क्षमता निम्न है-

केओलिनाइट	-	3-15
इलाइट	-	20-40
मोन्टमोरिलोनाइट	-	60-100
ह्यूमस	-	100-300

95. (c) उभय प्रतिरोधक वे पदार्थ हैं जिनकी उपस्थिति में किसी विलय के pH मान को परिवर्तित करने के लिये किसी अम्ल या क्षार की आवश्यकता से अधिक मात्रा प्रयोग में आती है। कोई भी विलयन जब थोड़ी मात्रा में अम्ल या क्षार मिलाने पर pH के परिवर्तन में प्रतिरोध दिखाता है तो उसके इस कार्य को उभय-प्रतिरोधी क्रिया (Buffer action) कहते हैं।

96. (c) मृदा मेंनाइट्राइट-नाइट्रोजन का नाइट्रेट-नाइट्रोजन में परिवर्तन नाइट्रोबैक्टर जीवाणु द्वारा होता है। जबकि अमोनिया से नाइट्राइट के परिवर्तन में नाइट्रोसोमोनास, नाइट्रोसोकोकस आदि जीवाणु भाग लेते हैं।

97. (d) वह प्रक्रम जिसके द्वारा नाइट्रोजन कार्बनिक रूपों में परिवर्तित होती है, तत्व स्थिरीकरण अर्थात् इम्मोबिलाइजेशन (Immobilization) कहलाती है तथा नाइट्रोजन का धीरे-धीरे अकार्बनिक रूप में मुक्त होना खनिजन (mineralization) कहलाता है।

अत: Immobilization प्रक्रम में कार्बनिक पदार्थों जिसमें विशेषकर नाइट्रोजन की कमी होती है, सूक्ष्मजीवी विच्छेन की प्रक्रम के दौरान अकार्बनिक नाइट्रोजन की अधिकांश मात्रा कार्बनिक रूप में परिवर्तित हो जाती है।

98. (d) हरी खाद द्वारा नाइट्रोजन की प्राप्ति प्रति हैक्टर (किलोग्राम में) निम्न है-

(1) सनई-84.1 kg/ha.

(2) ढेंचा-77.2 kg/ha.

(3) लोबिया 56.3 kg/ha.

(4) सैजी-134.6 kg/ha.

99. (d) **100.** (d) **101.** (d) **102.** (b)

103. (a) **104.** (c) **105.** (b) **106.** (b)

107. (b) **108.** (d)

109. (d) यूरिया का उर्वरक (नियन्त्रण) अध्यादेश 1957 के अनुसार यूरिया में बाइयूरेट (biuret), कुल भार का अधिकतम 1.5 प्रतिशत होना चाहिये। व्यापारिक यूरिया में 1.2% बाइयूरेट होता है। पर्ण फुहार (Foliar spray) के रूप में प्रयोग किया जा रहे यूरिया विलयन में बाइयूरेट की मात्रा 1 प्रतिशत से अधिक नहीं होनी चाहिए।

110.(c) सुपर फास्फेट में फास्फोरस के अतिरिक्त कैल्शियम (Ca) और सल्फर (S) पोषक तत्व पाये जाते हैं। इसमें अशुद्धि के रूप में प्रमुख रूप से सिलिका तथा अल्प मात्रा में फ्लोरीन भी पायी जाते हैं। सुपर फास्फेट का रसायनिक संगठन निम्न हैं-

$Ca(H_2PO_4)_2\ H_2O$, $CaSo_4\ 2H_2\ O$ and $CaSO_2\ 3H_2O$

111.(a) डाई अमोनियम फास्फेट का निर्माण निम्न दो ग्रेडों में किया जाता है-

(I) 18-46.0 (N-18%, P-46%)

(II) 20-48.0 (N-20%, P-48%)

112.(d) जिप्सम ($CaSO_4$) रासायनिक रूप से जिप्सम कैल्शियम सल्फेट है जिसमें 23.2% कैल्शियम, 18.6% सल्फर तथा 20.0% भारानुसार जल होता है।

113.(d) विभिन्न जिंक उर्वरकों में जिंक प्रतिशत मात्रा है-

1. जिंक ऑक्साइड (ZnO)-78%
2. जिंक कॉर्बोनेट ($ZnCO_3$)-52% or Chalamin
3. जिंक सल्फेट मोनोहाइड्रेट ($ZnSO_4H_2O$)-35%
4. जिंक सल्फेट हैप्टाहाइड्रेट ($ZnSO_4\ 7H_2O$)-23%

114. (d) **115.** (a)

116.(b) सिंचाई की निम्न चार विधियाँ हैं- (a) Surface irrigation system (सतही सिंचाई विधि) (b) Subsurface irrigation method (भूमिगत सिंचाई विधि) (c) Drip irrigation system and (d) Sprinkler irrrigation system.

117.(c) अपवाह (Run off) वह जल जो आवश्यकता से अतिरिक्त हो, बहकर चला जाय अपवाह कहलाता है।

118.(b) **119.** (d)

120. (b) हैरो (Harrow) द्वितीय भू-परिष्करण यन्त्र है। द्वितीय भू-परिष्करण यन्त्र-कल्टीवेटर्स, हैरो, हो (Hoes), पैडी वीडर (Paddy Weeder), फावड़ा तथा खुरपी (Spad and Khurpies), पटेला, लैवलर आदि हैं।

❑❑❑

प्रैक्टिस सेट-10

भाग-1: सामान्य अध्ययन

1. निम्नलिखित में से कौन-सा एक सही सुमेलित नहीं है?
(a) चांग ला-जम्मू-कश्मीर
(b) रोहतांग-हिमाचल प्रदेश
(c) बोमडी ला-अरुणाचल प्रदेश
(d) से ला-उत्तराखण्ड

2. निम्नलिखित में से किसको 'रहस्यमयी झील' (Mystery lake) कहा जाता है?
(a) जोर पोखरी झील
(b) डोडीताल झील
(c) रूपकुण्ड झील
(d) रेड हिल्स झील

3. केरल का कुट्टानाड या कुट्टानाडु प्रसिद्ध है-
(a) मीठे पानी की झील के लिए
(b) भारत का न्यूनतम ऊँचाई वाला क्षेत्र
(c) एक प्रवालद्वीप के लिए
(d) भारत के सबसे पश्चिम में स्थित बिन्दु के लिए

4. निम्नलिखित पहाड़ियों में से कौन-सी पूर्वी घाट एवं पश्चिमी घाट के मिलन स्थल को बनाती हैं?
(a) अन्नामलाई पहाड़ियाँ
(b) अक्षाबु पहाड़ियाँ
(c) बिलिगिरि रंगा पहाड़ियाँ
(d) इलायची पहाड़ियाँ

5. नीचे दिए गए कूट से निम्नलिखित पहाड़ियों का दक्षिण से उत्तर की ओर बढ़ते हुए सही अवस्थिगत अनुक्रम चुनिए-
1. सतमाला पहाड़ियाँ
2. कैमूर पहाड़ियाँ
3. पीर पंजाल पहाड़ियाँ
4. नागा पहाड़ियाँ
कूट :
(a) 2, 3, 1, 4 (b) 1, 2, 4, 3
(c) 1, 2, 3, 4 (d) 4, 3, 2, 1

6. कलिंग नरेश खारवेल किस वंश से सम्बन्धित था?
(a) चेदि (b) कदम्ब
(c) हर्यक (d) कलिंग

7. बुद्ध ने अपने जीवन की अन्तिम वर्षा ऋतु कहाँ बिताई थी?
(a) श्रावस्ती में (b) वैशाली में
(c) कुशीनगर में (d) सारनाथ में

8. पाल वंश (Pala dynasty) का संस्थापक कौन था?
(a) धर्मपाल (b) देवपाल
(c) गोपाल (d) रामपाल

9. बाबर ने सर्वप्रथम 'पादशाह' (Padshah) की पदवी धारण की थी-
(a) फरगना में (b) काबुल में
(c) दिल्ली में (d) समरकन्द में

10. शिवाजी का जन्म कब हुआ था तथा कब उन्होंने छत्रपति की उपाधि धारण की?
(a) 1626, 1675 में
(b) 1625, 1671 में
(c) 1627, 1661 में
(d) 1627, 1674 में

11. बोर्ड ऑफ कन्ट्रोल (Board of Control) की स्थापना किस अधिनियम के अन्तर्गत की गई?
(a) रेग्यूलेटिंग अधिनियम, 1773
(b) सेटलमेन्ट अधिनियम, 1781
(c) चार्टर अधिनियम, 1813
(d) पिट्स इण्डिया अधिनियम, 1784

12. निम्नलिखित में से कौन काकोरी काण्ड मुकदमें में सरकारी वकील था?
(a) मोहनलाल सक्सेना
(b) जगत नारायण मुल्ला
(c) कृष्ण बहादुर
(d) प्रभात चन्द

13. भारत के संविधान की उद्देशिका में कितने प्रकार के न्याय की व्यवस्था की गई है?
(a) दो (b) तीन
(c) एक (d) चार

14. भारतीय संविधान में ''स्वतंत्रता का अधिकार'' का चार अनुच्छेदों द्वारा प्रावधान किया गया है, जो हैं-
(a) अनु. 19-वाक् स्वातंत्र्य आदि विषयक कुछ अधिकारों का संरक्षण
(b) अनु. 20-अपराधों की दोषसिद्धि के सम्बन्ध में संरक्षण
(c) अनु. 21-प्राण और दैहिक स्वतंत्रता का संरक्षण
(d) अनु. 22-कुछ दशाओं में गिरफ्तारी और निरोध से संरक्षण

15. यदि उपाध्यक्ष लोक सभा की अध्यक्षता कर रहे हों तो उन्हें एक अधिकार प्राप्त है कि वह-
(a) लोक सभा के विचार-विमर्श में भाग ले सकते हैं।
(b) सदस्य के रूप में सदन के समक्ष किसी प्रस्ताव पर मतदान कर सकते हैं।
(c) मत बराबरी की अवस्था में मतदान कर सकते हैं।
(d) अध्यक्ष की अनुपस्थिति में संसद की संयुक्त बैठक की अध्यक्षता करने का अधिकार नहीं रखते हैं।

16. निम्नलिखित में से कौन एक राज्य के विधान मण्डल के किसी सदस्य की निरर्हता से संबंधित किसी प्रश्न का विनिश्चय करने हेतु अन्तिम सत्ता है-
(a) राज्यपाल
(b) विधान सभा का अध्यक्ष
(c) मुख्यमंत्री
(d) उच्च न्यायालय

17. संविधान के किस अनुच्छेद के अन्तर्गत भारत के राष्ट्रपति को अध्यादेश जारी करने की शक्ति प्रदत्त है?
(a) अनुच्छेद 360 (b) अनुच्छेद 123
(c) अनुच्छेद 200 (d) अनुच्छेद 356

18. 'माही सुगन्धा' किस फसल की प्रजाति है?

(a) धान (Rice)
(b) गेहूँ (Wheat)
(c) सूर्यमुखी (Sunflower)
(d) सरसों (Mustard)

19. 'गंगा वाराणसी' एक प्रजाति है-
(a) अमरुद की (b) आँवला की
(c) आम की (d) खरबूजे की

20. भारत में धीमी कृषि विकास गति के लिए निम्नलिखित में से कौन प्रभावी कारण है?
(a) ग्रामीण निर्धनता
(b) शहरी निर्धनता
(c) कुशल श्रमिक
(d) शहर से गांवों की ओर पलायन

21. भारत में राष्ट्रीय विकास परिषद् कब गठित की गई थी?
(a) 26 जनवरी, 1950 को
(b) 2 अक्टूबर, 1950 को
(c) 6 अगस्त, 1951 को
(d) 6 अगस्त, 1952 को

22. भारत की अर्थव्यवस्था के सन्दर्भ में निम्नलिखित घटनाओं में से कौन सर्वप्रथम घटित हुई?
(a) बीमा कम्पनियों का राष्ट्रीयकरण
(b) भारतीय स्टेट बैंक का राष्ट्रीयकरण
(c) बैंकिंग नियंत्रण अधिनियम का नियमन
(d) प्रथम पंचवर्षीय योजना का प्रारंभ

23. भारत में एन.एस.एस.ओ. द्वारा बेरोजगारी के आकलन के लिए निम्नलिखित में से कौन-सी विधि प्रयुक्त नहीं की जा रही है?
(a) चालू मासिक प्रास्थिति
(b) चालू दैनिक प्रास्थिति
(c) चालू साप्ताहिक प्रास्थिति
(d) प्रायिक प्रधान प्रास्थिति

24. वर्ष 2004 की सुनामी ने लोगों को यह महसूस करा दिया कि गरान (मैंग्रोव) तटीय आपदाओं के विरुद्ध विश्वसनीय सुरक्षा बाड़े का कार्य कर सकते है। गरान सुरक्षा बाड़े के रूप में किस प्रकार कार्य करते हैं?
(a) गरान अनूप होने से समुद्र और मानव बस्तियों के बीच एक ऐसा बड़ा क्षेत्र खड़ा हो जाता है, जहाँ लोग न तो रहते हैं, न जाते हैं।
(b) गरान भोजन और औषधि दोनों प्रदान करते हैं, जिनकी प्राकृतिक आपदा के बाद लोगों को जरूरत पड़ती है।
(c) गरान के वृक्ष घने व लम्बे होते हैं, जो चक्रवात और सुनामी के समय उत्तम सुरक्षा प्रदान करते हैं।
(d) गरान के वृक्ष अपनी सघन जड़ों के कारण तूफान और ज्वार-भाटे से नहीं उखड़ते।

25. भारत में Bt बैंगन के प्रवेशन पर लोगों के विरोध के कारण क्या हैं?
1. Bt बैंगन की रचना इसके जीनोम में मृदा कवक के जीन का प्रवेश कराकर की गई है।
2. Bt बैंगन के बीज टर्मिनेटर बीज हैं, जिसके कारण किसानों को प्रत्येक मौसम के पहले बीज कम्पनियों से बीज खरीदना पड़ता है।
3. एक आशंका है कि Bt बैंगन के उपभोग का स्वास्थ्य पर विपरीत प्रभाव पड़ सकता है।
4. यह भी चिन्ता है कि Bt बैंगन के प्रवेशन से जैव-विविधता पर विपरीत प्रभाव हो सकता है।
कूटः
(a) 1, 2 और 3 (b) 2 और 3
(c) 3 और 4 (d) उपरोक्त सभी

26. परिवेशीय वातावरण में पाए जाने वाले निम्नलिखित पर विचार कीजिए–
1. कालिख
2. सल्फर हेक्साफ्लोराइड
3. जलवाष्प
उपरोक्त में से कौन-सा/से वातावरण तापन में योगदानकर्ता है/हैं?
(a) 1 और 2 (b) केवल 3
(c) 2 और 3 (d) ये सभी

27. निम्नलिखित तत्वों में से कौन जब वायु तथा अंधेरे में रखा जाता है, तो स्वतः दीप्त हो उठता है?
(a) लाल फॉस्फोरस
(b) श्वेत फॉस्फोरस
(c) सिन्दूरी फॉस्फोरस
(d) बैंगनी फॉस्फोरस

28. श्वसन में ऊर्जा उत्पादित होती है-
(a) ए.डी.पी. के रूप में
(b) ए.टी.पी. के रूप में
(c) एन.ए.डी. के रूप में
(d) CO_2 के रूप में

29. विटामिन बी$_{12}$ में निम्नलिखित में से कौन-सी धातु मौजूद है?
(a) कोबाल्ट (b) लौह
(c) जस्ता (d) मैग्नीशियम

30. निम्नलिखित में से कौन-सा रोग कवक-जनित है?
(a) प्रत्यूर्जता (b) वर्णान्धता
(c) एड्स (d) गंजापन

31. डी.एन.ए. में मौजूद शर्करा होती है-
(a) ग्लूकोज
(b) फ्रक्टोज
(c) डिऑक्सीराइबोस
(d) राइबोस

32. भारतीय घास एवं चारा अनुसन्धान (Fodder Research) संस्थान स्थित है-
(a) बीकानेर में (b) जबलपुर में
(c) भोपाल में (d) झांसी में

33. उत्तर प्रदेश गन्ना अनुसन्धान कौंसिल अवस्थित है-
(a) मेरठ में (b) कानपुर में
(c) लखनऊ में (d) शाहजहाँपुर में

34. भारतीय वनस्पति शोध संस्थान अवस्थित है-
(a) कानपुर में (b) धामपुर में
(c) रामपुर में (d) लखनऊ में

35. दी गई अक्षर श्रृंखला से लुप्त अक्षर युग्म (?) ज्ञात कीजिए:
CYD, FTH, IOL, LJP, ?
(a) OET (b) LET
(c) OEK (d) OFT

36. यदि '+' का अर्थ '×', '–' का अर्थ, '÷', '×' का अर्थ '–' और '÷' का अर्थ '+' हो, तो :
$9 + 8 \div 8 - 4 \times 9 = ?$
(a) 26 (b) 17
(c) 11 (d) 65

37. जिस प्रकार, 'घर', 'आश्रय' से सम्बन्धित है, उसी प्रकार, 'साबुन' किससे सम्बन्धित है?
(a) स्नानघर से (b) सुगन्ध से
(c) सफाई से (d) धोबी से

38. $x^4 + x^2 + 1$ का एक गुणनखण्ड है-
(a) $x^2 - x + 1$ (b) $x^2 - x - 1$
(c) $x^2 + 1$ (d) $x^2 + x - 1$

39. निम्न में कौन-सी संख्या एक पूर्ण वर्ग संख्या है?
(a) 548543251 (b) 548543241
(c) 548543213 (d) 548543215

40. यदि 10 मोमबत्तियों का क्रय मूल्य 8 मोमबत्तियों के विक्रय मूल्य के बराबर हो, तो लाभ/हानि प्रतिशत है-
(a) 20% लाभ (b) 25% हानि
(c) 25% लाभ (d) 20% हानि

भाग-2: कृषि

41. आयरन पायराइट्स का रासायनिक सूत्र है-
(a) $FeSO_4$ (b) FeS_2
(c) FeSO (d) $Fe_2(SO_4)_3$

42. रॉक फास्फेट का प्रयोग करते हैं-
(a) लवणीय मृदा में
(b) क्षारीय मृदा में
(c) अम्लीय मृदा में
(d) उदासीन मृदा में

43. अन्त: शिराओं में क्लोरोसिस किसकी कमी से होती है?
(a) N (b) Mg
(c) S (d) Fe

44. किन्नो संकर प्रजाति है-
(a) नीबू की (b) नारंगी की
(c) मैन्ड्रिन की (d) लेमन की

45. फल सब्जियों का संरक्षण करने हेतु स्थायी संरक्षक मिलाया जाता है-
(a) सोडियम क्लोराइड
(b) पोटैशियम मेटाबाइसल्फेट
(c) पोटैशियम सल्फेट
(d) शर्करा

46. फूलगोभी में व्हिप टेल रोग किसकी कमी से फैलता है?
(a) नाइट्रोजन (b) बोरॉन
(c) मॉल्बिडेनम (d) जिंक

47. 'एग्रीकल्चर' शब्द किस भाषा से लिया गया है?
(a) ग्रीक (b) लैटिन
(c) अरबी (d) फ्रेंच

48. मोथा किस परिवार से सम्बन्धित है?
(a) क्रुसीफेरी (b) टिलीएसी
(c) साइप्रेसी (d) ग्रेमिनेसी

49. निम्नलिखित में कौन-सी फसल अल्प प्रदीप्तिकाली है?
(a) मक्का, लोबिया, बाजरा
(b) गेहूँ, सरसों, चना
(c) मूँग, सोयाबीन, बाजरा
(d) गेहूँ सोयाबीन बाजरा

50. C_4 पौधों का क्रम क्या है?
(a) सूडान घास–गन्ना–धान–बाजरा
(b) गन्ना–मक्का–सूडान घास–बाजरा
(c) गन्ना–कपास–धान–बाजरा
(d) कपास–मक्का–बाजरा–गन्ना

51. सूची-I एवं सूची-II को सुमेलित कीजिए तथा दिए गए कूट से सही उत्तर का चयन कीजिए-

	सूची-I		सूची-II
A.	ज्वार	1.	450 मिमी – 700 मिमी
B.	सोयाबीन	2.	500 मिमी – 700 मिमी
C.	कपास	3.	450 मिमी – 650 मिमी
D.	मूँगफली	4.	700 मिमी – 1300 मिमी

कूट :

	A	B	C	D
(a)	3	1	2	4
(b)	4	2	3	1
(c)	1	4	2	3
(d)	3	1	4	2

52. संकर नस्ल की बछिया की प्रथम व्यात की आयु सामान्यत: होती है-
(a) 20 माह (b) 24 माह
(c) 32 माह (d) 36 माह

53. आनुवंशिकीय वरण का प्रयोग सामान्यत: किया जाता है-
(a) दुधारु गाय के चयन में
(b) शुष्क गाय के चयन में
(c) बछियों के चयन में
(d) सांड के चयन में

54. गाय में गर्भाशय-ग्रीवा की लंबाई होती है-
(a) 4.0 सेमी (b) 6.0 सेमी
(c) 10.0 सेमी (d) 15.0 सेमी

55. विश्व में महीन ऊन उत्पादन के लिए प्रसिद्ध भेड़ की नस्ल है-
(a) रैमबुलट (b) साउथडाइन
(c) लिकन (d) मेरिनो

56. भैंस की किस नस्ल में हंसिया के आकार के एवं चपटे सींग पाए जाते हैं?
(a) मुर्रा (b) सूरती
(c) जाफराबादी (d) नीली

57. सांड के वीर्य का pH मान होता है-
(a) 5.0 (b) 6.5
(c) 7.5 (d) 8.0

58. वातावरण का स्तर जिसका तापक्रम एक समान रहता है, कहते हैं-
(a) स्ट्रैटोस्फीयर (b) एक्सोस्फीयर
(c) थर्मोस्फीयर (d) ट्रोपोस्फीयर

59. कम्पोस्ट है-
(a) मोटा खाद (b) सान्द्र खाद
(c) हरी खाद (d) जैविक उर्वरक

60. फसल पैदा करने की मृदा की छिपी क्षमता को कहते हैं-
(a) उत्पादकता
(b) उर्वरता
(c) उत्पादकता और उर्वरता दोनों
(d) इनमें से कोई नहीं

61. गंधक आवृत यूरिया में नत्रजन होता है-
(a) 33% (b) 40%
(c) 21% (d) 26%

62. पौधों के लिए आवश्यक खनिज तत्वों की संख्या है
(a) 20 (b) 16
(c) 13 (d) 21

63. निम्नलिखित में कौन सुमेलित नहीं है?

	फसल		बीज दर किग्रा में
(a)	धान	–	30–40
(b)	बाजरा	–	4–5
(c)	मूँगफली	–	80–100
(d)	सूरजमुखी	–	30–40

64. धान के खेत से कौन-सी गैस निकलती है?
(a) CH_4 (b) NH_3
(c) H_2S (d) CO_2

65. पौधों के लिए आवश्यक सूक्ष्म तत्व कौन है?
(a) सल्फर (b) मैगनीशियम
(c) कार्बन (d) बोरॉन

66. पोटैशियम क्लोराइड में K पाया जाता है-
(a) 48% (b) 60%
(c) 18% (d) 44%

67. निम्न में से कौन सुमेलित नहीं है?

	फसल		प्रजाति
(a)	गेहूँ	–	सी–306
(b)	जौ	–	ज्योति
(c)	ज्वार	–	पी. एच. बी. 10
(d)	बाजरा	–	एच. बी. 5

68. रेड डेलीसियस प्रजाति है-
(a) सेब की (b) अमरूद की
(c) आम की (d) पपीता की

69. किसान मित्र एक कर्मचारी है-
(a) केन्द्र सरकार का
(b) निगम का
(c) राज्य सरकार का
(d) इनमें से कोई नहीं

70. अंधी गुड़ाई की संस्तुति है-
(a) गेहूँ के लिए
(b) मक्का के लिए
(c) मूँगफली के लिए
(d) गन्ना के लिए

71. मक्के के पौधे में-
(a) टैसे पहले निकलते हैं
(b) सिल्क पहले निकलते हैं
(c) इनमें से दोनों साथ-साथ निकलते हैं
(d) इनमें से कोई नहीं

72. प्रभात एक अल्प-अवधि की प्रजाति है-
(a) मूँग की (b) उरद की
(c) अरहर की (d) चना की

73. गन्ना के सम्बन्ध में क्षेत्र, उच्च उत्पादकता एवं शर्करा की संख्या में कौन-सा राज्य अग्रणी है?
(a) महाराष्ट्र (b) बिहार
(c) उत्तर प्रदेश (d) आन्ध्र प्रदेश

74. निम्नलिखित में से कौन आलू का उत्पाद नहीं है?
(a) एसीटिक अम्ल (b) कागज
(c) शराब (d) फेनीना

75. अमरूद उत्पादन में उत्तर प्रदेश का स्थान है-
(a) द्वितीय (b) प्रथम
(c) तृतीय (d) पंचम

76. आलू की TPS प्रजाति निम्न में से कौन है?
(a) जे. एच. 222
(b) चिप्सोना-II
(c) आनन्द
(d) एच. पी. एस.-1/113

77. VAM क्या है?
(a) विषाणु (b) जीवाणु
(c) शैवाल (d) कवक

78. पौधों में जिंक का मुख्य कार्य क्या है?
(a) नत्रजन का संश्लेषण करना
(b) फास्फोरस का संश्लेषण करना
(c) ट्रिप्टोफॉस संश्लेषण के लिए आवश्यक
(d) बोरान की सक्रियता को बढ़ाना

79. भारत में फूलों के बीच उत्पादन का क्षेत्रफल क्या है?
(a) 600-800 हैक्टेयर
(b) 400-600 हैक्टेयर
(c) 800-1000 हैक्टेयर
(d) इनमें से कोई नहीं

80. कौन-सा कारक नाइट्रीफिकेशन को प्रभावित नहीं करता?
(a) वायु (b) बीज
(c) तापक्रम (d) नमी

81. मृदा क्षरण प्रक्रिया का सही क्रम क्या है?
(a) रिल – सीट – गली
(b) गली – सीट – रिल
(c) सीट – रिल – गली
(d) सीट – गली – रिल

82. जिंक सल्फेट को निम्न में किसके साथ मिलाकर प्रयोग नहीं करना चाहिए?
(a) डी. ए. पी.
(b) कम्पोस्ट खाद
(c) अमोनियम क्लोराइड
(d) यूरिया

83. कीटनाशक निम्न में से किस तन्त्र को विशेष रूप से प्रभावित करते हैं?
(a) उत्सर्जन तंत्र (b) पाचन तंत्र
(c) तंत्रिका तंत्र (d) रक्त संचार तंत्र

84. कृषि विज्ञान केन्द्रों की सफलता का श्रेय किसको दिया गया?
(a) डा. परोदा को
(b) डा. चन्द्रिका प्रसाद को
(c) डा. मोहन सिंह मेहता को
(d) डा. मंगला राय को

85. मूंग के बाद धान की रोपित फसल में नाइट्रोजन की कितनी मात्रा बचाई जा सकती है?
(a) 20-25 किग्रा/हे.
(b) 30-40 किग्रा/हे.
(c) 45-50 किग्रा/हे.
(d) 50-60 किग्रा/हे.

86. मक्का-आलू-गन्ना-सूरजमुखी की सस्य चक्र गहनता होती है-
(a) 100 प्रतिशत (b) 150 प्रतिशत
(c) 200 प्रतिशत (d) 250 प्रतिशत

87. कौन-सा सूखा अवरोधी फसल है?
(a) धान (b) ज्वार
(c) चना (d) गेहूँ

88. भारतवर्ष में कुल बुवाई हेतु क्षेत्रफल की रिपोर्ट है-
(a) 325 मी. हे. (b) 230 मी. हे.
(c) 145 मी. हे. (d) 130 मी. हे.

89. 'केन्द्रीय बकरी शोध संस्थान' स्थित है-
(a) मकदूम में (b) हिसार में
(c) बैंगलोर में (d) भोपाल में

90. पशु-आहार जिसमें 18 प्रतिशत से अधिक कच्चा रेशा पाया जाता है, उसे कहते हैं-
(a) दाना (b) आहार पूरक
(c) चारा (d) खनिज

91. निम्न में से कौन-सा खाद्य मानक सम्पूर्ण पाचक तत्व, पाचक क्रूड़ प्रोटीन, प्राप्य ऊर्जा, कैलशियम, फॉस्फोरस तथा केरोटीन पर आधारित है?
(a) मोरीसन का मानक
(b) कुहन का मानक
(c) आर्म्सबाई का मानक
(d) थियर का मानक

92. दूध में स्ट्रेप्टोकोक्कस थर्मोफिलस द्वारा कितना लैक्टिक अम्ल पैदा किया जाता है?
(a) 0.6% (b) 1.0%
(c) 1.5% (d) 2.0%

93. निम्न में से कौन-सा दुग्ध क्रय करने का ढंग सबसे अच्छा है?
(a) आयतन के अनुसार
(b) भार के अनुसार
(c) दुग्ध की वसा की मात्रा के अनुसार
(d) दुग्ध की वसा एवं वसा-रहित ठोस की मात्रा के अनुसार

94. एक होल्सटीन-फ्रीजियन संकर नस्ल की गाय प्रतिदिनि 15 लीटर दूध दे रही है। 15 प्रतिशत डी.सी.पी. वाले उत्पादन आहार की उसे कितनी आवश्यकता होगी?
(a) 3.0 किग्रा (b) 5.0 किग्रा
(c) 6.0 किग्रा (d) 7.5 किग्रा

95. क्लासिकल मेन्डेलियन डाईहाईब्रिड अनुपात होता है-
(a) 8 : 4 : 3 : 1
(b) 9 : 3 : 3 : 1
(c) 8 : 3 : 3 : 2
(d) 4 : 3 : 3 : 6

96. निम्न में से किस हरी खाद वाली फसल के तने पर ग्रन्थियाँ (Nodules) पाई जाती है?

(a) ससबेनिया एकुलिएटा
(b) ससबेनिया केनाबीना
(c) क्रोटोलेरिया जून्सियाँ
(d) एसकाईनोमिनी एफ्रास्पेरा

97. उर्वरक (नियंत्रण) अध्यादेश, 1957 के अनुसार यूरिया में बाइयूरेट (Biuret) की मात्रा...........प्रतिशत से अधिक नहीं होनी चाहिए।
(a) 1.0 (b) 1.5
(c) 2.0 (d) 2.5

98. हृदय रोगियों के लिए कौन-सा वानस्पतिक तेल लाभकारी होता है?
(a) मूँगफली का तेल
(b) सरसों का तेल
(c) सोयाबीन का तेल
(d) कुसुम का तेल

99. जल स्तर (water lable) की गहराई किस यंत्र के द्वारा मापी जाती है?
(a) लाइसीमीटर (b) ओडोमीटर
(c) पीजोमीटर (d) इवेपोरीमीटर

100. सिंगल सुपर फॉस्फेट में गंधक का प्रतिशत है-
(a) 8 (b) 12
(c) 16 (d) 20

101. अखिल भारतीय गन्ना अनुसंधान कार्यक्रम (AICRP on Sugarcane) कब शुरू किया गया?
(a) 1959 (b) 1960
(c) 1970-71 (d) 1985-86

102. अरण्डी (रिसिनस कोम्यूनिस) का उत्पत्ति स्थल है-
(a) भारत (b) उष्ण अफ्रीका
(c) उष्ण अमेरिका (d) उष्ण एशिया

103. केपसुलेरिस प्रकार (सफेद जूट) की जूट का बुवाई का उपयुक्त समय है-
(a) मार्च-अप्रैल (b) अप्रैल-मई
(c) जुलाई-अगस्त (d) नवम्बर-दिसम्बर

104. दो मुख्य फसल ऋतुओं के मध्य एक कम समय में तैयार होने वाली फसल कहलाती है-
(a) नकदी फसल
(b) अन्त: फसल
(c) केम्पेनियम क्रॉप
(d) केच क्रॉप

105. निम्नलिखित सूची-I तथा सूची-II को सुमेलित कीजिए और नीचे दिए गए कूट में से सही उत्तर चुनिए-

	सूची-I (किण्वित दुग्ध पदार्थ)		सूची-II (जामन)
A.	किण्वित क्रीम	1.	लैक्टोबेसिलस बल्गेरिकस
B.	एसिडोफिलस दूध	2.	लैक्टोकोक्कस लैक्टिस
C.	योगहर्ट	3.	लैक्टोबेसिलस एसिडोफिलस
D.	बुल्गेरियन दूध	4.	स्ट्रेप्टोकोक्कस थर्मोफिलस + लैक्टोबेसिलस बल्गेरिकस

कूट :

	A	B	C	D
(a)	1	2	3	4
(b)	4	3	2	1
(c)	2	3	4	1
(d)	3	4	1	2

106. 'स्ट्रिप कप परीक्षण' किस बीमारी में किया जाता है?
(a) क्षय रोग (b) गलघोंटू
(c) दुग्ध ज्वर (d) थनैला रोग

107. मक्खन में सुगन्ध के लिए उत्तरदायी पदार्थ है-
(a) डाईएसिटिल (b) साइट्रेट
(c) साइट्रिक अम्ल (d) लैक्टिक अम्ल

108. प्रशीतन इकाई में दूध को किस तापमान पर ठण्डा एवं भण्डारित किया जाता है?
(a) 4-5 डिग्री से.
(b) 8-10 डिग्री से.
(c) 10-12 डिग्री से.
(d) 12-15 डिग्री से.

109. दूध के माध्यम से मनुष्यों में फैलने वाली बीमारी है-
(a) थनैला रोग (b) मेट्राइटिस रोग
(c) टाइफाइड ज्वर (d) दुग्ध ज्वर

110. बछड़ो में खरैरा किया जाता है-
(a) चार के तिनकों को अलग करने के लिए
(b) किननियों को अलग करने के लिए
(c) स्वच्छ रखने के लिए
(d) रक्त का संचारन कम करने के लिए

111. दुहाई-बाड़े के फर्श की सफाई के लिए क्लोरीन के घोल का प्रयोग करना चाहिए-
(a) 100.0 पी.पी.एम.
(b) 200.0 पी.पी.एम.
(c) 400.0 पी.पी.एम.
(d) 500.0 पी.पी.एम.

112. दुहाई से पूर्व अयन को पोछने के लिए हाइपाक्लोराइट के घोल का प्रयोग करना चाहिए-
(a) 50.0 पी.पी.एम.
(b) 100.0 पी.पी.एम.
(c) 200.0 पी.पी.एम.
(d) 500.0 पी.पी.एम.

113. डेयरी पशुओं का उत्पादन जीवन होता है-
(a) 10.0 वर्ष (b) 12.0 वर्ष
(c) 14.0 वर्ष (d) 15.0 वर्ष

114. प्रदीप्तिकालिता (Photoperiodism) के आधार पर धान एक पौधा है-
(a) दीर्घप्रदीप्तिकाली
(b) अल्पप्रदीप्तिकाली
(c) उदासीन
(d) इन्टरमीडिएट

115. फेलेरिस माइनर के 1000-दानों का वजन होता है (ग्राम)-
(a) 2 (b) 4
(c) 22 (d) 40

116. स्टीवेन्सन स्क्रीन (Stevenson screen) का संबंध है-
(a) जीवाणु विज्ञान से
(b) जैव-प्रौद्योगिकी से
(c) एग्रो मीटियोरोलॉजी से
(d) रिमोट सेन्सिंग से

117. मक्का – गेहूँ + चना – मूँग फसल चक्र की फसल सघनता होगी-
(a) 200 प्रतिशत (b) 250 प्रतिशत
(c) 300 प्रतिशत (d) 400 प्रतिशत

118. सी आइलेन्ड (Sea Island) कपास संबंधित है-
(a) गोसिपियम आरबोरियम से
(b) गोसिपियम हरबेसियम से
(c) गोसिपियम हिरसुटम से
(d) गोसिपियम बारबाडेन्स से

119. पादप पोषण में तत्त्वों की अनिवार्यता की कसौटी (criteria of essentiality) किसने प्रतिपादित की?
(a) डी.जे. निकोलस
(b) आरनोन एवं स्टांउट
(c) जे.एस. कंवर (d) राजेन्द्र प्रसाद

120. बाजरे में वसा की मात्रा............प्रतिशत होती है।
(a) 2 (b) 3
(c) 4 (d) 5

व्याख्या सहित उत्तर

1. (d)

2. (c) रूपकुण्ड (कंकाल झील) भारत के उत्तराखण्ड राज्य में स्थित एक हिम झील है, जो अपने किनारे पर पाए गए पांच सौ से अधिक कंकालों के कारण प्रसिद्ध है।

3. (b) **4.** (c) **5.** (b)

6. (a) **7.** (c)

8. (c) पालवंश का संस्थापक गोपाल (750 ई.) था। इस वंश की राजधानी मुंगेर थी। गोपाल बौद्ध धर्म का अनुयायी था। इसने ओदन्तपुरी विश्वविद्यालय की स्थापना की थी। धर्मपाल, देवपाल, नयपाल, महिपाल, नारायणपाल आदि पालवंश के प्रमुख शासक थे।

9. (b) बाबर ने 1504 में काबुल पर अधिकार कर लिया और परिणामस्वरूप उसने 1507 में 'पादशाह' की उपाधि धारण की। 'पादशाह' से पूर्व बाबर 'मिर्जा' की पैतृक उपाधि धारण करता था।

10. (d) 20 अप्रैल, 1627 ई. को पूना के निकट शिवनेर के दुर्ग में शिवाजी का जन्म हुआ। इनके पिता का नाम शाहजी भोंसले और माता का नाम जीजाबाई था। शिवाजी के गुरु का नाम समर्थ रामदास था।

14 जून, 1674 ई. को शिवाजी ने काशी के प्रसिद्ध विद्वान् गंगाभट्ट से अपना राज्याभिषेक रायगढ़ में करवाया तथा 'छत्रपति' की उपाधि धारण की।

11. (d) रेग्यूलेटिंग एक्ट की विसंगतियों, कम्पनी के कुशासन, अन्याय, अत्याचार के कारण कम्पनी की गिरती साख को बचाने के लिए पिट्स इंडिया एक्ट, 1784 पारित किया गया। इस अधिनियम के तहत इंग्लैण्ड सरकार का विभाग बनाया गया, जिसे नियंत्रण बोर्ड (बोर्ड ऑफ कन्ट्रोल) कहते थे। इसमें 6 सदस्य थे।

12. (b)

13. (b) भारत के संविधान की उद्देशिका में तीन प्रकार के न्याय की व्यवस्था की गई है। ये हैं–सामाजिक, आर्थिक और राजनैतिक न्याय।

14. (a) भारत के संविधान के अनुच्छेद 19-22 में स्वतंत्रता का अधिकार प्रदान किया गया है।

अनु. 19-वाक्-स्वातंत्र्य आदि विषयक कुछ अधिकारियों का संरक्षण।

अनु. 20-अपराधों के दोषसिद्धि के संबंध में संरक्षण।

अनु. 21-प्राण और दैहिक स्वतंत्रता का संरक्षण।

अनु. 22-कुछ दशाओं में गिरफ्तारी और निरोध से संरक्षण।

15. (c) लोकसभा अध्यक्ष की तरह उपाध्यक्ष भी लोकसभा के सदस्यों द्वारा चुना जाता है। अध्यक्ष का पद रिक्त होने पर उपाध्यक्ष, उनके कार्यों को करता है। उल्लेखनीय है कि उपाध्यक्ष, अध्यक्ष के अधीनस्थ नहीं होता है। यह प्रत्यक्ष रूप से संसद के प्रति उत्तरदायी होता है। उपाध्यक्ष, संसद के दोनों सदनों की संयुक्त बैठक में अध्यक्ष की अनुपस्थिति में पीठासीन होता है। अध्यक्ष की तरह उपाध्यक्ष भी जब पीठासीन होता है, वह पहली बार मत नहीं दे सकता। केवल मत बराबर होने की दशा में मतदान करता है। जब उपाध्यक्ष पीठासीन होता है तो वह लोकसभा के विचार-विमर्श में भाग नहीं ले सकता है, बल्कि वह अध्यक्ष की ही तरह कार्य करता है।

16. (a) संविधान के अनुच्छेद 192 में सदस्यों की निरर्हताओं से संबंधित प्रश्नों पर विनिश्चय से संबंधित है। अनुच्छेद 192 (1) के अनुसार यदि यह प्रश्न उठता है कि किसी राज्य के विधान मंडल के किसी सदन का कोई सदस्य अनुच्छेद 191 के खंड (1) में वर्णित किसी निरर्हता से ग्रस्त हो गया है या नहीं तो यह प्रश्न राज्यपाल को विनिश्चय के लिए निर्देशित किया जायेगा और उसका विनिश्चय अंतिम होगा।

17. (b) संविधान के अनुच्छेद-123 में राष्ट्रपति को संसद के विश्रांतिकाल में अध्यादेश प्रख्यापित करने की शक्ति प्रदान की गई है। किसी अध्यादेश की अधिकतम अवधि छह महीने, संसद की मंजूरी न मिलने की स्थिति में छह हफ्तों की होती है। (संसद के दो सूत्रों के मध्य अधिकतम अवधि छह महीने होती है।) हालांकि संविधान संशोधन हेतु अध्यादेश जारी नहीं किए जा सकता है।

18. (a) **19.** (b)

20. (c) भारत में धीमी कृषि विकास के लिए कुशल श्रमिक का अभाव प्रमुख कारण है जिसके कारण से कृषि में आधुनिक तकनीकी का पूर्ण इस्तेमाल नहीं हो पा रहा है। ग्रामीण निर्धनता, कृषि का प्रमुख कारण न होकर गौण (Secondary) कारण है।

21. (d) राष्ट्रीय विकास परिषद् का गठन 6 अगस्त, 1952 को किया गया था। इसका गठन प्रथम पंचवर्षीय योजना में भारत सरकार की कार्यकारिणी की सिफारिश के बाद किया गया। यह एक गैर-संवैधानिक निकाय है। राष्ट्रीय विकास परिषद्, संसद के नीचे सबसे बड़ा निकाय है, जो सामाजिक और आर्थिक विकास में संबंधित नीति मामलों के प्रति उत्तरदायी है।

राष्ट्रीय विकास परिषद् में निम्नलिखित सदस्य होते हैं :

1. भारत का प्रधानमंत्री (इसके अध्यक्ष या प्रमुख के रूप में)
2. सभी केन्द्रीय कैबिनेट मंत्री (1967)
3. सभी राज्यों के मुख्यमंत्री
4. सभी केन्द्रशासित राज्यों के मुख्यमंत्री/प्रशासक
5. नीति आयोग के सदस्य।

22. (c) भारत की अर्थव्यवस्था के संदर्भ में सर्वप्रथम घटित होने वाली घटना बैंकिंग नियंत्रण अधिनियम का नियमन 1949 थी। शेष सभी इसके बाद हुई हैं।

23. (a) योजना आयोग द्वारा बेरोजगारी के अनुमान के संबंध में नियुक्त विशेषज्ञ कमेटी-भगवती कमेटी (1973) ने बेरोजगारी की माप के लिए तीन धारणाओं–सामान्य (मूल) स्थिति (usual status), चालू साप्ताहिक स्थिति (current weekly status) तथा चालू दैनिक स्थिति (current daily status) की संस्तुति की। एन.एस.एस.ओ. जो भारत में प्रत्येक 5 वर्ष के पश्चात् बेरोजगारी संबंधी आंकड़े एकत्रित करता है, अपने 27वें चक्र (1973) से बेरोजगारी की माप के लिए इन तीन धारणाओं का प्रयोग कर रहा है। चालू मासिक प्रस्थिति का प्रयोग NSSO द्वारा नहीं किया जाता है।

24. (d) **मैंग्रोव वृक्ष** अर्थात् गरान की जड़ें काफी सघन, मजबूत एवं पृथ्वी की सतह से काफी नीचे तक होती हैं। इसी कारण से ये तूफान, ज्वार-भाटे सहित अन्य आपदाओं के समय नहीं उखड़ते एवं तटीय क्षेत्रों को संरक्षण प्रदान करते हैं।

25. (c) **बीटी बैंगन:** यह एक जैनेटिकल मोडीफाइड (जी.एम.) बीज है, जिसमें **बेसिलस थुरेनजेसिस** नामक बैक्टीरिया का उपयोग किया जाता है। भारत में बीटी बैंगन के प्रवेश पर लोगों के विरोध का कारण जैव-विविधता एवं स्वास्थ्य पर प्रतिकूल प्रभाव पड़ने को लेकर उठाई गई शंकाएँ हैं।

26. (a) **कालिख (SOOT)** इसका निष्कासन अधिकतर डीजल इंजन द्वारा होता है, जो वातावरण तापन में अधिकतर योगदान करता है के कारण बर्फ (Snow and Ice) जो ऊँचाई पर पाई जाती है, सूर्य से परावर्तित ऊष्मा को रोकती है जिसके फलस्वरूप बर्फ पिघलती है। इसके कारण वातावरण तापन में वृद्धि होती है।

SF_8 (सल्फर हेक्साफ्लोराइड) वातावरण तापन (Global Warming) के लिए खतरनाक है। यदि 100 वर्ष को अवधि को लिया जाए, तो यह कार्बन डाई-ऑक्साइड (CO_2) की तुलना में 22,800 गुना अधिक वातावरण तापन में योगदान करता है।

27. (b) फॉस्फोरस एक अभिक्रियाशील तत्त्व है इस कारण यह मुक्त अवस्था में नहीं पाया जाता है। फॉस्फोरस के 5 अपररूप हैं :

1. श्वेत या पीला फॉस्फोरस
2. लाल फॉस्फोरस
3. सिंदूरी फॉस्फोरस
4. काला फॉस्फोरस
5. बैंगनी फॉस्फोरस

श्वेत फॉस्फोरस मोम जैसा पदार्थ होता है। इसमें लहसुन जैसी गंध होती है तथा प्रकाश में छोड़ देने पर धीरे-धीरे पीला हो जाता है। जब इसे वायु तथा अंधेरे में रखा जाता है तो यह स्वत: ही दीप्त हो उठता है। वायु से बचाने के लिए श्वेत फॉस्फोरस को जल में रखा जाता है।

28. (b) सजीव कोशिकाओं में भोजन के ऑक्सीकरण के फलस्वरूप ऊर्जा उत्पन्न होने की क्रिया को कोशिकीय श्वसन कहते हैं। यह एक कैटाबोलिक क्रिया है जो ऑक्सीजन की उपस्थिति या अनुपस्थिति दोनों ही अवस्थाओं में सम्पन्न हो सकती है। इस क्रिया के दौरान मुक्त होने वाली ऊर्जा को ATP नामक जैव अणु में संगृहीत करके रख लिया जाता है जिसका उपयोग सजीव अपनी जैविक क्रियाओं में करते हैं।

29. (a) विटामिन B_{12} का महत्त्वपूर्ण घटक कोबाल्ट नामक खनिज लवण है। इसका (B_{12}) का रासायनिक नाम सायनोकोबालमिन है। विटामिन B_{12} वृद्धि के लिए आवश्यक होता है तथा इसकी कमी से तंत्रिका तंत्र की कार्यिकी में गड़बड़ी हो जाती है।

30. (d) गंजापन एक कवक जनित रोग है तथा एलर्जी एक स्थिति है, जिसमें प्रतिरक्षा प्रणाली बाहरी तत्त्वों पर असामान्य प्रतिक्रिया करती है। यह कई प्रकार की होती है। एड्स विषाणु जनित रोग है तथा वर्णान्धता एक आनुवांशिक रोग है।

31. (c) डी.एन.ए. जीवित कोशिकाओं के गुणसूत्रों में पाए जाने वाले तंतुनुमा अणु को डी-ऑक्सीराइबोन्यूक्लिक अम्ल या DNA कहते हैं। इसमें आनुवंशिक कूट संबंध रहता है। DNA अणु की संरचना घुमावदार सीढ़ी की तरह होती है। DNA में चार न्यूक्लियोटाइड पाए जाते हैं, जिन्हें (A.T.G.C.) कहते हैं। इन न्यूक्लियटोटाइड से युक्त डिऑक्साइडों से युक्त डिऑक्सीराइबोस शर्करा भी पाई जाती है। इन न्यूक्लियोटाइडों से एक फास्फेट अणु भी जुड़ा रहता है।

32. (d)

33. (d) शोध कार्यों में गति लाने के उद्देश्य से महामहिम राज्यपाल उत्तर प्रदेश द्वारा दिसम्बर 1976 में उत्तर प्रदेश गन्ना शोध परिषद् की स्थापना की स्वीकृति प्रदान कर दी गई। फलत: वर्ष 1977 में गन्ना शोध संगठन को सोसाइटीज रजिस्ट्रेशन एक्ट 1860 के अंतर्गत पंजीकृत करके एक स्वशासी संस्था 'उत्तर प्रदेश गन्ना शोध परिषद्' का गठन किया गया। जिसका मुख्यालय शाहजहांपुर रखा गया।

34. (d) भारतीय वनस्पति शोध संस्थान लखनऊ में स्थित एक संस्थान है। यह सीएसआईआर के अंतर्गत है एवं आधुनिक जीव विज्ञान एवं टेक्नोलॉजी के क्षेत्रों से जुड़ा है। इसके निदेशक डॉ. राजेश तूली हैं।

35. (a) दी गई अक्षर शृंखला निम्नवत् है :

$$\begin{array}{l} C \xrightarrow{+3} F \xrightarrow{+3} I \xrightarrow{+3} L \xrightarrow{+3} O \\ Y \xrightarrow{-5} T \xrightarrow{-5} O \xrightarrow{-5} J \xrightarrow{-5} E \\ D \xrightarrow{+4} H \xrightarrow{+4} H \xrightarrow{+4} P \xrightarrow{+4} T \end{array}$$

यहाँ, अक्षर युग्म के पहले अक्षर में 3 अक्षरों की वृद्धि तथा दूसरे अक्षर में 5 अक्षरों की कमी तथा तीसरे अक्षर में 4 अक्षरों की वृद्धि करके सम्बन्धित अक्षर युग्म ज्ञात किया गया है।

अत: शृंखला का लुप्त अक्षर युग्म OET होगा।

36. (d) दिया गया व्यंजक $9 + 8 \div 8 - 4 \times 9$

प्रश्नानुसार, गणितीय चिह्नों को परिवर्तित करने पर,

$9 \times 8 + 8 \div 4 - 9 = ?$

$= 9 \times 8 + 2 - 9 = 72 + 2 - 9 = \boxed{65}$

37. (c) जिस प्रकार, घर से आश्रय मिलता है। उसी प्रकार, साबुन से सफाई होती है। अत: विकल्प (c) सही है।

38. (a) $x^4 + x^2 + 1 = x^4 + x^2 + 1 + x^2 - x^2$

$= x^4 + 2x^2 + 1 - x^2$

$= (x^2 + 1)^2 - x^2$

$= (x^2 + 1 - x)(x^2 + 1 + x)$

अभीष्ट गुणनखण्ड $= x^2 - x + 1$

39. (b) $\sqrt{548543241} = 23421$

40. (c) अभीष्ट लाभ प्रतिशत

$= \frac{10 \text{ ș } 8}{8} \times 100$

$= \left(\frac{1}{4} \text{ ṅ } 100\right) = 25\%$

41. (b) आयरन पायराइट्स का सूत्र है FeS_2 है। इसका प्रयोग लवणीय तथा क्षारीय मृदा के सुधार के लिए किया जाता है।

42. (c) रॉक फॉस्फेट एक क्षारीय उर्वरक है जिसके कारण इसका प्रयोग अम्लीय मृदा में किया जाता है।

43. (d) अन्त: शिराओं में क्लोरोसिस आयरन की कमी से होता है। मैगनीशियम की कम से शिराएं पीली हो जाती है। नाइट्रोजन की कमी से पौधों में हरिमा हीन आ जाती है।

44. (c)

45. (b) फल तथा सब्जियों का संरक्षण करने के लिए पोटैशियम मेटाबाइ सल्फेट के प्रयोग किया जाता है तथा कभी-कभी शर्करा का प्रयोग भी किया जाता है।

46. (c) फूलगोभी में विध्य तेल रोग मॉलीब्डेनम की कमी से होता है। नाइट्रोजन की कमी से वटनिंग रोग लगता है। बोरान की कमी से Hollow Stamb नामक रोग लगता है।

47. (a) एग्रीकल्चर शब्द लैटिन भाषा से लिया गया है। यह दो शब्द एग्रीकल्चर से मिलकर बना है।

48. (c)

क्रूसीफेरी	–	सरसों
साइप्रेसी	–	मोथा
तिलेसी	–	तिल
गेमिनी	–	धान, गेहूँ

49. (b)

अल्प प्रदीप्त काली	–	धान
दीप्त प्रदीप्त काली	–	गेहूँ
डेन्यूडल	–	मक्का

50. (b) C_4 पौधों का क्रम

गन्ना–मक्का–सूडान घास–बाजरा

51. (a)

सूची-I	सूची-II
A. ज्वार	3. 450 मिमी – 650 मिमी
B. सोयाबीन	1. 450 मिमी – 700 मिमी
C. कपास	4. 700 मिमी – 1300 मिमी
D. मूँगफली	2. 500 मिमी – 700 मिमी

52. (b) संकर गायें बहुत ही कम उम्र (24-25 माह) में प्रथम बच्चा देती हैं, जबकि देशी गायें लगभग 40-58 माह में प्रथम बच्चा देती हैं।

53. (d) आनुवंशिकीय वरण (जिनोटाइपिक चयन Genotypic selsection) इसको सन्तति परीक्षण (Progeny test) भी कहते हैं। यह विधि अधिकतर साँडों (Bull) के चयन में ही प्रयुक्त होती है, जो उनमें पैदा हुई बछियों के औसत लेखा पर निर्भर है।

54. (c) गर्भाशय-ग्रीवा (Cervix) एक छेददार रबर की कार्क की आकार का बना हुआ 8-10 सेमी लम्बा तथा 2.5 सेमी के व्यास का मसीला भाग है। इसमें 15-25 लम्बे पुटक तथा 4 गोल पुटक (folds) होते हैं।

55. (d) मेरिनो (Merino)–इनका जन्म स्थान स्पेन है। अब सारे विश्व में फैल गई है। ये भेड़ें बारीक ऊन के लिए प्रसिद्ध है। 7-13 किग्रा ऊन प्रति वर्ष प्राप्त होती है।

56. (b) सूरती (Surti) शरीर का आकार उत्तम और कुछ मध्यम होता है। पेट आगे की ओर पतला और पीछे की ओर चौड़ा होता है। सिर लम्बा और चौड़ा, सींगों के बीच में गोल और पीठ सीधी होती है। आँखें उभी हुई रहती हैं और सींग दराती (हंसिया–Sickle-shaped) जैसे लम्बे और चपटे होते हैं।

57. (b) साँड का वीर्य–यह अपारदर्शक, एक समान, क्रीम के रंग जैसा सफेद तरल पदार्थ होता है। अच्छे ताजे वीर्य को आँख से देखने पर उसमें समुद्र की भाँति लहरें उठती दिखाई पड़ती हैं। औसतन एक

बार में साँड 5 मिलीलीटर वीर्य देता है। वीर्य का pH 6.7 (Range 6.5-7.5) होता है।

58. (a) स्ट्रैटोस्फीयर (समताप मंडल) में निचली सीमा से 20 किलोमीटर ऊँचाई तक तापमान अपरिवर्तित रहता है।

59. (a) कम्पोस्ट एक मोटा खाद (Bulky manure) है।

60. (a)

61. (a) यूरिया – 46%M
गंधक आवृत यूरिया – 33%M
अमोनियम सल्फेट – 20%
कैल्शियम अमोनियम नाइट्रेट – 26%M

62. (b) पौधों के आवश्यक खनिज तत्व की संख्या 16 होती है जिसमें C, H, O, N, P, K, Ca, Mg, S, Fe, Al, Mn, Zn, Mo, Co, Cl है।

63. (d) धान – 30-40 Kg/ha
बाजरा – 4-5 Kg/ha
मूँगफली – 80-100 Kg/ha
सूरजमुखी – 10-12 Kg/ha

64. (a)

65. (d) सल्फर – द्वितीयक पोषक तत्व
कार्बन – प्राथमिक पोषक तत्व
मैगनीशियम – द्वितीय पोषक तत्व
बोरान – सूक्ष्म पोषक तत्व

66. (b) पोटैशियम क्लोराइड में पोटाश की मात्रा 60% पायी जाती है। यूरिया में 46%N पायी जाती है तथा अमोनियम सल्फेट में 46% P पाया जाता है।

67. (c) गेहूँ – सी–306
जौ – ज्योति
बाजरा – एच. बी. 5

68. (a) सेब – रेड डेलिसियस
अमरूद – सरदार
आम – दशहरी
पपीता – सूर्या

69. (c)

70. (d) अंधी गुड़ाई की संस्तुति गन्ने के लिए की जाती है। इसमें फसल की बुआई के पश्चात् खाली पड़ी भूमि की जुताई या गुड़ाई कुदाल के द्वारा की जाती है।

71. (a) मक्के के पौधे में सबसे पहले टैसे निकलता है। टैसे मक्का का नर भाग होता है। मक्का के मादा भाग को सिल्क कहा जाता है जो टैस के बाद निकलता है।

72. (c) मूँग – सम्राट
उरद – यू. पी. 19
अरहर – प्रभात
चना – अवरोजी

73. (a) गन्ना के क्षेत्र उच्च उत्पादकता एवं शर्करा मिल की संख्या में महाराष्ट्र राज्य अग्रणी है।

74. (b) आलू से कागज नहीं बनाया जा सकता क्योंकि इसमें रेशा नहीं पाया जाता है।

75. (c) अमरूद उत्पादन में उत्तर प्रदेश का स्थान तीसरा है। जबकि आम में प्रथम है।

76. (d) आलू की प्रजाति एच. पी. एस. 1/113 है। आलू की टी. पी. एस. से एक हेक्टेयर के लिए बीज दर 100 ग्राम की आवश्यकता होती है।

77. (d) VAM एक प्रकार का कवक है। जिसका पूरा नाम वैस्कुलर अरवास्कुलर माइकोराइजा है। यह पौधों की जड़ों के अन्दर पाई जाती है।

78. (c) पौधों में जिंक का मुख्य कार्य ट्रिप्टोफॉस संश्लेषण के लिएं आवश्यक है। इसके साथ-साथ जिंक पौधों में हारमोन का निर्माण भी करता है।

79. (b) भारत में फूलों के उत्पादन का क्षेत्र 400-600 हेक्टेयर है। भारत में फूल उत्पादन में कर्नाटक राज्य अग्रणी है।

80. (b) नाइट्रीकरण को प्रभावित करने वाले कारकों में वायु तापक्रम नमी आते हैं जबकि बीज नाईट्रीफिकेशन को नहीं प्रभावित करता है।

81. (a) मृदा क्षण प्रक्रिया का सही क्रम–
रिल – सीट – गली – अवनलिका

82. (a) जिंक सल्फेट को डी. ए. पी. के साथ नहीं मिलना चाहिए। क्योंकि यह क्रिया करके अनुपलब्ध हो जाता है।

83. (c) कीटनाशक मुख्य रूप से कीटों के नाड़ी तन्त्र को प्रभावित करता है। परन्तु यह कीटनाशी के प्रकृति पर निर्भर करता है।

84. (c) **85.** (a)

86. (c) **87.** (b)

88. (c) देश का कुल भौगोलिक क्षेत्रफल 3287.3 लाख हेक्टेयर (328.73 मी. है) है। इसमें से 93.1% भूमि के उपयोग सम्बन्धी आँकड़े उपलब्ध हैं। वर्ष 1999-2000 में कुल बुवाई वाली भूमि लगभग 1412.3 लाख हेक्टेयर (141.23 मी. हेक्टेयर) थी।

89. (a) 'केन्द्रीय बकरी शोध संस्थान' (CIRG–Central Institute of Research on Goat)–मकदूम (Makdoom) (उत्तर प्रदेश) में स्थित है। स्थापना 1979।

90. (c) वे चारे जिसमें रेशे (Crude fibre) की मात्रा 18 प्रतिशत से अधिक तथा सम्पूर्ण पाचक तत्वों (TND) की मात्रा कम हो मोटे चारे (Roughages) कहलाते हैं : जैसे–भूसा, घास इत्यादि।

91. (a) मोरीसन के खाद्य मानक (Murrison's standard) सम्पूर्ण पाचक तत्व (TDN), पाचक प्रोटीन (DPC), प्राप्य ऊर्जा (Net Energy), कैल्शियम, फास्फोरस तथा कैरोटीन की मात्रा पर पशु की आवश्यकतानुसार आधारित है और विभिन्न प्रकार के पशुओं का आहार नियत करने के लिए सर्वश्रेष्ठ माने जाते हैं।

92. (c) Streptococcus Lactis दूध में लगभग 1.4 प्रतिशत Lactic acid पैदा कर देता है।

93. (d)

94. (b) होल्सटीन–फ्रीजन गाय के दूध में वसा 3.5% होता है।

प्रति लीटर दूध उत्पादन जिसमें वसा 4% हो को DCP 0.045 Kg देना चाहिए।

$\therefore$ 15 लीटर दूध पर DCP की मात्रा

$0.045 \times 15 = 0.675$ Kg. DCP.

आहार में DCP की मात्रा 15% है।

$\therefore$ 0.150 Kg. DCP 1 Kg. आहार से मिलता है।

$\therefore$ 675 Kg. DCP $\frac{1}{15} \times .675$ Kg. आहार से मिलेगा।

$= 1 \times 4.5 = 4.5$ Kg.

95. (b) **96.** (d) **97.** (b) **98.** (d)

99. (c) **100.** (b) **101.** (c) **102.** (b)

103. (a) **104.** (d) **105.** (c)

106. (d) 'स्ट्रिप कप परीक्षण' (Strip cup test) थनैला रोग (Mastitis) के निदान (Dignosis) में किया जाता है।

107. (a)

108. (a) कई संग्रह केन्द्रों का दूध एक प्रतिशत इकाई (Chilling Unit) पर एकत्र किया जाता है जहाँ दूध को 4.4^0C से कम तापक्रम पर ठण्डा किया जाता है।

109. (c) दूध के माध्यम से मनुष्यों में फैलने वाली बीमारी है–(1) टी.बी. (MYcobacterium tuberculosis), (2) तरंगित ज्वर (Undulant fever–Brucella melitensis), (3) खुरपकला (Food and Mouth disease) के virus मनुष्य में जठरयन्त्र (Gastro intestinal) अशान्ति पैदा करते हैं। (4) आन्त्र ज्वर (Typhoid Fever–Salmonells typhosa), (5) अपान्त्र ज्वर (Paratyphoid fever–Samonella paratyphi), (6) पेचिस (Dysentry–Bacillus dysenteriac), (7) प्रबलास (Diphteria–Diptiteria Bacilli, (8) लोहित ज्वर (Scarlet Fever–Streptococcus scarlatine, (9) हैजा Cholera–Vibrio species, (10) यूपिक गल कोष (Septic sore throat–Streptococcus epidermicus तथा (11) जठर–आंत्र शोथ (Gastro enteritis)।

110. (c) **111.** (b) **112.** (b) **113.** (a)

114. (b) **115.** (a) **116.** (c) **117.** (c)

118. (d) **119.** (b) **120.** (d)

❑❑❑

प्रैक्टिस सेट–11

भाग-1: सामान्य अध्ययन

1. सूची-I को सूची-II से सुमेलित कीजिए तथा नीचे दिए गए कूट से सही उत्तर चुनिए-

सूची-I		सूची-II
A. फतेहपुर सीकरी	1.	इल्तुतमिश
B. जौनपुर सिटी	2.	सिकन्दर लोदी
C. आगरा सिटी	3.	अकबर
D. जामा मस्जिद बदायूँ	4.	फिरोजशाह तुगलक

कूट :

	A	B	C	D
(a)	3	4	2	1
(b)	1	2	4	3
(c)	4	3	1	3
(d)	4	3	2	1

2. निम्नलिखित में से वैदिक साहित्य का सही क्रम कौन-सा है?
   (a) वैदिक संहिताएं, ब्राह्मण, आरण्यक, उपनिषद
   (b) वैदिक संहिताएं, उपनिषद, आरण्यक, ब्राह्मण
   (c) वैदिक संहिताएं, आरण्यक, ब्राह्मण, उपनिषद
   (d) वैदिक संहिताएं, वेदाङ्ग आरण्यक, स्मृतियाँ

3. निम्नलिखित स्तूपों का सही तैथिक क्रम (कालानुक्रम) क्या है?
   (a) भरहुत, साँची, अमरावती, धमेख
   (b) अमरावती, साँची, भरहुत, धमेख
   (c) साँची, अमरावती, भरहुत, धमेख
   (d) धमेख, भरहुत, अमरावती, साँची

4. निम्नलिखित में से कौन एक सुमेलित है?
   (a) प्रथम आंग्ल-मैसूर युद्ध : हैदर अली पराजित हुआ था।
   (b) द्वितीय आंग्ल-मैसूर युद्ध : हैदर अली ने अंग्रेजों को पराजित किया।
   (c) तृतीय आंग्ल-मैसूर युद्ध : टीपू सुल्तान युद्ध जीता और उसने अपना भू-भाग वापिस ले लिया।
   (d) चतुर्थ आंग्ल-मैसूर युद्ध : टीपू पराजित किया गया और के मध्य दिवंगत हुआ।

5. सूची-I को सूची-II के साथ सुमेलित कीजिए तथा सूचियों के नीचे दिए गए कूट का प्रयोग कर सही उत्तर चुनिए-

सूची-I (संगठन)	सूची-II (संस्थापक)
A. लैण्ड होल्डर्स सोसाइटी	1. एस.एन. बैनर्जी
B. ब्रिटिश इंडिया सोसाइटी	2. आनन्द मोहन बोस
C. इण्डियन सोसाइटी	3. विलियम एडम्स
D. इण्डियन एसोसिएशन	4. द्वारकानाथ टैगोर

कूट :

	A	B	C	D
(a)	4	3	2	1
(b)	4	2	3	1
(c)	3	2	4	1
(d)	4	1	2	3

6. अमृतसर के भारतीय राष्ट्रीय कांग्रेस अधिवेशन 1919 के प्रस्ताव के अनुसार महात्मा गांधी द्वारा कांग्रेस का नया संविधान लिखने हेतु निम्नलिखित में से किन्हें उनके सहयोग हेतु चुना गया?
   1. बी.जी. तिलक
   2. एन.सी. केलकर
   3. सी.आर. दास
   4. आई.बी. सेन

   नीचे दिए हुए कूट से सही उत्तर चयन कीजिए-
   कूट :
   (a) 2 एवं 4
   (b) 1 एवं 2
   (c) 3 एवं 4
   (d) 1 एवं 3

7. निम्न में से किसने महात्मा गांधी को आदेशित किया था कि वह भारत में प्रथम वर्ष 'खुले कान पर मुँह बन्द कर' व्यतीत करें?
   (a) दादाभाई नौरोजी
   (b) बालगंगाधर तिलक
   (c) फिरोजशाह मेहता
   (d) गोपाल कृष्ण गोखले

8. निम्न में से कौन-सा सुमेलित नहीं है?
   (a) अवध किसान सभा - जवाहर लाल नेहरू
   (b) पैट्रियाटिक एसोसिएशन -सर सैय्यद अहमद खान
   (c) ऑल इण्डिया किसान सभा -आचार्य नरेन्द्र देव
   (d) रैडिकल डेमोक्रेटिक पार्टी -एम.एन. रॉय

9. दीर्घकालीन कृषि ऋण प्रदान किया जाता है-
   (a) प्राथमिक सहकारी सोसाइटी बैंक द्वारा
   (b) जिला सहकारी बैंक द्वारा
   (c) भूमि विकास बैंक द्वारा
   (d) राज्य सहकारी बैंक द्वारा

10. 'लघु कृषक-विकास योजना' आरम्भ की गई-
    (a) वर्ष 1947 में (b) वर्ष 1973 में
    (c) वर्ष 1980 में (d) वर्ष 1961 में

11. किसानों हेतु किसान क्रेडिट कार्ड (के.सी. सी.) योजना किस वर्ष आरंभ की गई?
    (a) वर्ष 1998-1999 में
    (b) वर्ष 1998-1999 में
    (c) वर्ष 2000-2001 में
    (d) वर्ष 1982 में

12. नाबार्ड अस्तित्व में आया-
    (a) वर्ष 1979 में
    (b) वर्ष 1980 में
    (c) वर्ष 1981 में
    (d) वर्ष 1982 में

13. **निम्नलिखित समुद्री धाराओं में कौन हिन्द महासागर की धारा नहीं है?**
(a) अगुलहास धारा
(b) मोजाम्बिक धारा
(c) दक्षिण हिन्द महासागरीय धारा
(d) बेंगुएला धारा

14. **सूची-I को सूची-II से सुमेलित कीजिए तथा नीचे दिए गए कूट से सही उत्तर का चयन कीजिए-**

सूची-I (विश्व के द्वीप)	सूची-II (स्वामित्व वाला देश)
A. एल्यूशियन द्वीप	1. रूस
B. बियर द्वीप	2. डेनमार्क
C. ग्रीनलैण्ड	3. नार्वे
D. फ्रैंज जोसेफ द्वीप	4. यू.एस.ए.

कूट :

	A	B	C	D
(a)	4	3	2	1
(b)	1	2	3	4
(c)	3	1	4	2
(d)	2	4	1	3

15. **निम्न में से कौन-सा युग्म सुमेलित नहीं है?**
(a) शिपकी ला-हिमाचल प्रदेश
(b) लिपुलेख-सिक्किम
(c) नाथूला-सिक्किम
(d) जोजीला-जम्मू एवं कश्मीर

16. **भारत की निम्नलिखित मिट्टियों में से कपास की खेती के लिए कौन-सी सर्वाधिक उपयुक्त है?**
(a) रेगुर मिट्टी
(b) लैटेराइट मिट्टी
(c) जलोढ़ (अल्यूवियल) मिट्टी
(d) लाल मिट्टी

17. **भारत के निम्न जलप्रपातों में से कौन गोवा में स्थित है?**
(a) धुँआधार प्रपात
(b) दूधसागर प्रपात
(c) नोखालीकई प्रपात
(d) लैण्डसिंग प्रपात

18. **'ट्रिटिकेल' निम्न में से किन दो के बीच का संकर (क्रास) है?**
(a) जौ एवं राई (b) गेहूँ एवं जई
(c) गेहूँ एवं जौ (d) गेहूँ एवं राई

19. **निम्नलिखित में से कौन C4 पौधा है?**
(a) धान (b) सोयाबीन
(c) मक्का (d) गेहूँ

20. **निम्न में से कौन नागरिकता के अर्जन हेतु शर्तों को नियत करने के लिए सक्षम है?**
(a) चुनाव आयोग
(b) राष्ट्रपति
(c) संसद एवं राज्यों की विधान सभाएं
(d) संसद

21. **उपराष्ट्रपति को उसके पद से निम्न में से किसके प्रस्ताव के द्वारा हटाया जा सकता है?**
(a) राज्य परिषद के
(b) लोकसभा के
(c) कैबिनेट के
(d) मंत्रिपरिषद के

22. **शब्द 'धर्म निरपेक्ष' भारत के संविधान की प्रस्तावना में किस संविधान संशोधन द्वारा जोड़ा गया?**
(a) 25वें संविधान संशोधन
(b) 42वें संविधान संशोधन
(c) 44वें संविधान संशोधन
(d) 52वें संविधान संशोधन

23. **भारतीय संविधान का कौन-सा भाग संविधान की आत्मा कहलाता है?**
(a) मूल अधिकार
(b) राज्य की नीति के निदेशक तत्त्व
(c) संविधान की उद्देशिका
(d) सांविधानिक उपचारों का अधिकार

24. **निम्नलिखित रक्षित क्षेत्रों पर विचार कीजिए-**
1. बाँदीपुर 2. भीतरकणिका
3. मानस 4. सुन्दरवन
उपरोक्त में से कौन-से बाघ-आरक्षित क्षेत्र घोषित हैं?
(a) 1 और 2 (b) 1, 3 और 4
(c) 2, 3 और 4 (d) ये सभी

25. **राष्ट्रीय जैव-विविधता प्राधिकरण (NBA) भारत में कृषि संरक्षण में किस प्रकार सहायक है?**
1. NBA जैव चोरी को रोकता है तथा देशी और परम्परागत आनुवांशिक संसाधनों का संरक्षण करता है।
2. NBA कृषि पादपों के आनुवंशिक संशोधन पर चल रहे वैज्ञानिक अनुसन्धान को प्रत्यक्षतः मॉनीटर करता है और इसका निरीक्षण करता है।
3. NBA की अनुशंसा के बिना आनुवंशिक/जैविक संसाधनों सम्बन्धित बौद्धिक सम्पदा अधिकार हेतु आवेदन नहीं किया जा सकता है।
कूट:
(a) केवल 1 (b) 2 और 3
(c) 1 और 3 (d) ये सभी

26. **बड़े पैमाने पर चावल की खेती के कारण कुछ क्षेत्र सम्भवतया वैश्विक तापन में योगदान दे रहे हैं। इसके लिए कौन-से कारण/कारणों को उत्तरदायी ठहराया जा सकता है?**
1. चावल की खेती से सम्बद्ध अवायवीय परिस्थितियाँ मीथेन के उत्सर्जन का कारक हैं।
2. जब नाइट्रोजन आधारित उर्वरक प्रयुक्त किए जाते हैं, तब कृष्ट मृदा से नाइट्रस ऑक्साइड का उत्सर्जन होता है।
कूट:
(a) केवल 1
(b) केवल 2
(c) 1 और 2
(d) न तो 1 और न ही 2

27. **निम्नलिखित में से कौन संसद के संयुक्त सत्र की अध्यक्षता करने हेतु अधिकृत है?**
(a) भारत का राष्ट्रपति
(b) भारत का उप-राष्ट्रपति
(c) भारत का प्रधानमंत्री
(d) लोक सभा का अध्यक्ष

28. **लिक्विड पेट्रोलियम गैस (LPG) के मुख्य अवयव हैं-**
(a) मीथेन, इथेन और हेक्सेन
(b) मीथेन, पेटेन और हेक्सेन
(c) इथेन, प्रोपेन और ब्यूटेन
(d) मीथेन, कार्बन मोनोक्साइड और हाइड्रोजन

29. **निकट दृष्टि-दोष की रोग मुक्ति होती है-**
(a) उत्तल लेंस द्वारा
(b) अवतल लेंस द्वारा
(c) सिलिंडरी लेंस द्वारा
(d) उपर्युक्त में से कोई नहीं

30. **खगोलीय दूरदर्शी से बना प्रतिबिंब होता है-**
(a) काल्पनिक और छोटा
(b) काल्पनिक और बड़ा
(c) वास्तविक और छोटा
(d) वास्तविक और बड़ा

31. **खारे पानी को शुद्ध पानी में परिवर्तित करने की प्रक्रिया को कहते हैं?**
(a) प्रस्वेदन
(b) उत्फुल्लन
(c) विद्युत पृथक्करण
(d) उत्क्रम परासरण

32. **सूची-I को सूची-II के साथ सुमेलित कीजिए तथा सूचियों के नीचे दिए गए कूट का प्रयोग कर सही उत्तर चुनिए-**

सूची-I (नदी घाटी परियोजना)	सूची-II (नदी)
A. तिलैया बाँध	1. दामोदर
B. पंचेत हिल बाँध	2. चम्बल

C. राणा प्रताप सागर बाँध — 3. बराकर
D. माताटीला बाँध — 4. बेतवा

कूट :

	A	B	C	D
(a)	3	1	2	4
(b)	2	3	4	1
(c)	1	2	3	4
(d)	4	1	2	3

33. निम्न में से कौन-सा युग्म सुमेलित नहीं है?
(a) विन्ध्याचल-मिर्जापुर
(b) देवांशरीफ-बाराबंकी
(c) हस्तिनापुर-मेरठ
(d) शृंगवेरपुर-फैज़ाबाद

34. निम्न में से कौन-सा युग्म सुमेलित नहीं है?

	शहर	हवाई अड्डा
(a)	कानपुर	- चकेरी
(b)	वाराणसी	- बाबतपुर
(c)	लखनऊ	- अमौसी
(d)	आगरा	- फुरसतगंज

35. निम्नलिखित आकृति में त्रिभुज अध्यापकों को, वर्ग व्यापारियों को और वृत्त समाजसेवियों को दर्शाता है। कौन-सी संख्या उन अध्यापकों को दर्शाती है, जो समाजसेवी हैं ?

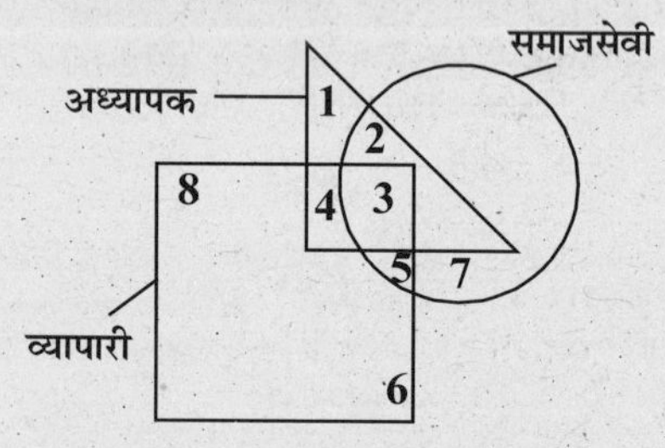

(a) 3 (b) 2
(c) 4 (d) 5

36. दी गई संख्या शृंखला में लुप्त पद (?) ज्ञात कीजिए।

19, 28, 39, 52, ?, 84

(a) 39 (b) 52
(c) 67 (d) 84

37. निम्नलिखित शब्दों को शब्दकोश में दिए गए क्रम के अनुसार लिखिए –

1. Guarantee 2. Group
3. Grotesque 4. Guard
5. Groan

(a) 1, 3, 5, 2, 4 (b) 2, 5, 1, 4, 3
(c) 2, 3, 5, 1, 4 (d) 5, 3, 2, 1, 4

38. एक क्रिकेट टीम 6 मैच जीती और 4 मैच हारी। टीम द्वारा जीते गए मैचों का भिन्न है–

(a) $\frac{2}{3}$ (b) $\frac{1}{5}$
(c) $\frac{2}{5}$ (d) $\frac{3}{5}$

39. दो संख्याओं का अनुपात 4 : 5 है और उनका म० स० 8 है तो उनका लघुतम समापवर्त्य कितना होगा?

(a) 130 (b) 140
(c) 150 (d) 160

40. एक संख्या के वर्ग में $(12)^3$ जोड़ने पर 3409 प्राप्त होता है वह संख्या है–

(a) 46 (b) 41
(c) 43 (d) 1681

भाग-2: कृषि

41. यदि मरकरी (Hg) का स्तर अचानक गिर जाता है, तो–
(a) अधिकतम गर्मी होती है
(b) तूफानी दशा होती है
(c) भारी वर्षा होती है
(d) स्वच्छ मौसम होता है

42. जायद मक्का के लिए संस्तुत उर्वरक (एन.पी.के.) की मात्रा होती है–
(a) 100 : 50 : 50 एन. पी. के./हेक्टेयर
(b) 30 : 40 : 40 एन. पी. के./हेक्टेयर
(c) 120 : 60 : 60 एन. पी. के./हेक्टेयर
(d) 40 : 20 : 20 एन. पी. के./हेक्टेयर

43. समोच्च के साथ आवंटित सिड़ी में पानी देने को कहते हैं–
(a) सिड़ीदार सिंचाई
(b) समोच्च सिंचाई
(c) नियंत्रित सिंचाई
(d) बेसिन सिंचाई

44. बुवाई के बाद आलू की उपयुक्त सिंचाई की आवश्यकता है–
(a) 25 सेमी (b) 45 सेमी
(c) 50 सेमी (d) 10 सेमी

45. निम्नलिखित में से कौन-सी फसल में संकुल (Composite) व सिन्थेटिक (Synthetic) किस्में प्रचलन में हैं?
(a) धान (b) गेहूँ
(c) मक्का (d) कपास

46. अच्छी प्रकार से गेहूँ का दाना भरने के लिए तापक्रम की आवश्यकता होती है–
(a) 20-25^0 से. (b) 20-23^0 से.
(c) 23-25^0 से. (d) 16-20^0 से.

47. ज्वार के 1000-दानों का वजन होता है (ग्राम)–
(a) 20-25 (b) 25-30
(c) 30-35 (d) 70-72

48. कौन-से मृदा गण (Soil order) में डायनोस्टिक होराईजन्स (Diagnostic horizons) नहीं पाए जाते?
(a) मोलीसोल्स (b) एन्टीसोल्स
(c) एन्डीसोल्स (d) एरीडीसोल्स

49. एक ही खेत में नारियल, काली मिर्च एवं हल्दी की साथ-साथ फसल लेने की क्रिया कहलाती है–
(a) रिले क्रॉपिंग
(b) इन्टर क्रॉपिंग
(c) मल्टीपल क्रॉपिंग
(d) मल्टीस्टेरोइड क्रॉपिंग

50. यूरिया में नत्रजन किस रूप में उपलब्ध होती है?
(a) अमोनिकल (b) एमाइड
(c) नाइट्राइट (d) नाइट्रेट

51. उत्तर प्रदेश में किस फसलों को तीनों ऋतुओं में बोया जाता है?
(a) उड़द (b) ज्वार
(c) मूँग (d) मक्का

52. धान की नर्सरी तैयार करने की आर्द्र विधि (Wet method) में रोपाई के लिए पौध तैयार हो जाती है–
(a) 14 दिन में
(b) 15-20 दिनों में
(c) 20-25 दिनों में
(d) 25-30 दिनों में

53. यदि एक मृदा का स्थूलता घनत्व (Bulk density) 1.16 मि.ग्रा./मी.^{3} एवं कण घनत्व 2.62 मि.ग्रा./मी.^{3} है, तो इसकी मृदा सरन्ध्रता प्रतिशत होगी?
(a) 26.2 (b) 2
(c) 3 (d) 4

54. बाजरे की रोपाई (Transplanting) हेतु बीज दर (किग्रा./हे.) चाहिए–
(a) 1 (b) 2
(c) 3 (d) 4

55. फसल की उपज में प्रति यूनिट पानी, जो फसल के वाष्पन-वाष्पोत्सर्जन में इस्तेमाल होता है, जाना जाता है–
(a) जल वितरण क्षमता के रूप में
(b) जल उपभोग क्षमता के रूप में

(c) जल प्रयोग क्षमता के रूप में
(d) कॉनवेंस क्षमता के रूप में

56. फसल का सम्पूर्ण शुष्क उत्पादित पदार्थ कहलाता है-
(a) शुष्क पदार्थ उपज
(b) बायोलॉजिकल उपज
(c) फसल उत्पादन
(d) आर्थिक उत्पादन

57. उत्तर प्रदेश में कुल समस्याग्रस्त भूमि है-
(a) 10.57 मी. हे. (b) 13.57 मी. हे.
(c) 23.00 मी. हे. (d) 15.47 मी. हे.

58. समोच्च मेड़बन्दी एवं सिड़ीदार साधन हैं-
(a) सस्य साधन (b) यांत्रिक साधन
(c) जैविक साधन (d) इनमें से कोई नहीं

59. थिरम का प्रयोग किया जाता है-
(a) बीज शोधन में
(b) बुवाई के समय कूँड़ में
(c) टॉप ड्रेसिंग के रूप में
(d) कीटनाशक के रूप में

60. एल. ई. आर. की आवश्यकता होती है-
(a) अन्तरासस्यन प्रणाली में
(b) आनुक्रमिक प्रणाली में
(c) मिश्रित खेती प्रणाली में
(d) एक फसल प्रणाली में

61. 'केन्द्रीय शुष्क कृषि अनुसंधान संस्थान' स्थापित है-
(a) नई दिल्ली में (b) हैदराबाद में
(c) देहरादून में (d) पूणे में

62. वर्षा के दिनों में बादलों की चमक और सूरज-
(a) एक साथ प्रारम्भ होती है
(b) गरज के पश्चात् चमक प्रारम्भ होती है
(c) चमक के पश्चात् गरज प्रारम्भ होती है
(d) अधिक न गरज और न ही चमक होती है

63. देश में प्रतिदिन मौसम का पूर्वानुमान प्राप्त होता है-
(a) पूणे से (b) दिल्ली से
(c) मुम्बई से (d) कोलकाता से

64. शरदकालीन गन्ने की बुवाई का उचित समय है-
(a) जनवरी (b) मार्च
(c) अक्टूबर (d) नवम्बर

65. ऑर्गेनिक कार्बन किसका मापक है?
(a) मृदा में उपलब्ध नत्रजन का (Available N in soil)
(b) मृदा में उपलब्ध फॉस्फोरस का (Available P in soil)
(c) मृदा में उपलब्ध पोटाश का (Available K in soil)
(d) मृदा में उपलब्ध मैग्नीशियम का (Available Mg in soil)

66. अस चावल (Aus rice) की बुवाई का समय है-
(a) नवम्बर-दिसम्बर
(b) जून-जुलाई
(c) मई-जून
(d) मार्च-अप्रैल

67. सूखे (Drought) के दौरान ज्वार के पौधे में धूरिन (Dhurin) का संश्लेषण किस भाग में होता है?
(a) जड़ (b) तना
(c) पर्ण (d) सभी भागों में

68. भारत में प्रथम संकर मक्का गंगा-1 विकसित की गई-
(a) 1957 में (b) 1961 में
(c) 1964 में (d) 1965 में

69. आवश्यक पौध संख्या हेतु ज्वार की बीज दर (किलोग्राम प्रति हेक्टर) चाहिए-
(a) 9-10 (b) 12-15
(c) 15-18 (d) 18-20

70. निम्नलिखित में से फॉस्फोरस की घुलनशीलता (Phosphate solubility) को बढ़ाता है-
(a) क्लोस्ट्रिडियम (b) स्यूडोमोनॉस
(c) एजोटोबेक्टर (d) नाइट्रोसोमोनास

71. भारत में प्रथम शुष्क खेती अनुसंधान स्टेशन (First dry farming station), मंजरी किस वर्ष में स्थापित किया गया था?
(a) 1923 (b) 1933
(c) 1934 (d) 1935

72. खच्चर किसके बीच का संकरण है-
(a) घोड़ा × गधा
(b) घोड़ा × जेब्रा
(c) गधा × जेब्रा
(d) उपरोक्त में से कोई नहीं

73. किसके उपयोग से मृदा संरचना (Soil structure) में सुधार होता है?
(a) यूरिया
(b) सुपर फॉस्फेट
(c) म्यूरेट ऑफ पोटाश
(d) जिंक सल्फेट

74. सोयाबीन की उचित बीज दर है (किलोग्राम/हेक्टर)-
(a) 50-60 (b) 70-80
(c) 80-90 (d) 100-110

75. भूमि प्रबन्ध प्रणाली जिसमें कृषि एवं वनीय फसलें संयुक्त रूप में एक ही भू-भाग पर उगाई जाती हैं, कहलाती हैं-
(a) संरक्षित खेती पद्धति
(b) ले फार्मिंग पद्धति
(c) एले क्रॉपिंग पद्धति
(d) एग्रोफॉरेस्ट्रीय पद्धति

76. उत्पादन का सक्रिय साधन है-
(a) भूमि (b) श्रम
(c) पूँजी (d) उपर्युक्त सभी

77. आर्थिक एवं व्यावहारिक दोनों दृष्टि से फसल उत्पादन वाली भूमि जानी जाती है-
(a) उपजाऊ भूमि (b) आर्थिक भूमि
(c) सुरक्षित भूमि (d) एरेबुल भूमि

78. 'सकल बोया गया क्षेत्रफल' के अन्तर्गत आता है-
(a) शुद्ध बोया गया क्षेत्रफल + एक बार से अधिक बोया गया क्षेत्रफल
(b) शुद्ध बोया गया क्षेत्रफल + परती भूमि
(c) शुद्ध बोया गया क्षेत्रफल + परती भूमि + वन आच्छादित भूमि
(d) उपर्युक्त में से कोई नहीं

79. किस प्रकार के उर्वरक की पूर्ति के लिए भारत आयात पर निर्भर करता है?
(a) नाइट्रोजन्स उर्वरक
(b) फॉस्फेटिक उर्वरक
(c) पोटैशिक उर्वरक
(d) उपर्युक्त सभी पर

80. ग्रामीण निर्धनता दूर करने का कार्यक्रम है-
(a) जे. आर. वाई.
(b) आर. एल. ई. जी. पी.
(c) आई. आर. डी. पी.
(d) उपर्युक्त सभी

81. किस प्रकार की सहकारी खेती में भूमि स्वामित्व सामूहिक होता है तथा खेती व्यक्तिगत स्तर पर की जाती है?
(a) सहकारी संयुक्त खेती
(b) सहकारी सामूहिक खेती
(c) सहकारी काश्तकारी खेती
(d) सहकारी उन्नत खेती

82. अल्प-विकसित देशों की विकास रणनीति में किस 'सन्तुलन' को अपनाया जाना चाहिए?
(a) संगमगामी सन्तुलन
(b) प्रतिगामी सन्तुलन
(c) मौद्रिक सन्तुलन
(d) उपर्युक्त सभी

83. मैदानी क्षेत्रों में राजमा की खेती की जाती है–
(a) खरीफ में (b) रबी में
(c) जायद में (d) इनमें से कोई नहीं

84. 'राष्ट्रीय विकास परिषद्' का गठन कब हुआ था?
(a) अगस्त 1947 में
(b) अगस्त 1950 में
(c) अगस्त 1952 में
(d) अगस्त 1960 में

85. उस 'गरीबी उन्मूलन कार्यक्रम' को बताइए जिसमें बैंक महत्वपूर्ण भूमिका निभाते हैं-
(a) एम. एन. पी. (b) आई. आर. डी. पी.
(c) आर. बी. वाई. (d) जे. आर. वाई.

86. विस्तृत C : N अनुपात वाले कार्बनिक अवशेषों का विच्छेदन (Decomposition), संकुचित C : N अनुपात वाले कार्बनिक अवशेषों की तुलना में.........गति से होता है।
(a) तीव्र
(b) धीमी
(c) स्थिर
(d) पहले तीव्र गति से उसके बाद में धीमी

87. कपास की फसल में पहली सिंचाई देर (बुवाई के 40-45 दिन बाद) से करने पर श्रेष्ठ मानी गई है, क्योंकि यह-
(a) सिमपोडियल शाखाओं को बढ़ावा देती है
(b) अधिक वानस्पतिक वृद्धि को रोकती है
(c) पुष्पन अवस्था को जल्दी बढ़ावा देती है
(d) मोनोपोडियल शाखाओं को बढ़ावा देती है

88. कपास की अन्तरजातीय (Interspecific) किस्म वारालक्ष्मी का विकास कहाँ पर किया गया (सन् 1976 में)-
(a) उदयपुर (b) नागपुर
(c) धारवाड़ (d) सूरत

89. पोटाश डालने से-
(a) पौधों की रोगरोधिता क्षमता बढ़ जाती है
(b) पौधे की जल भराव के प्रति रोधिता बढ़ जाती है
(c) पौधों की पाले (Frost) के प्रति रोधिता बढ़ जाती है
(d) इनमें से कोई नहीं

90. भारत में धान की नर्सरी तैयार करने की डेपोग विधि किस देश से प्रचलन में लाई गई?
(a) इन्डोनेशिया (b) ताइवान
(c) इजराइल (d) फिलीपीन्स

91. रेशे के लिए जूट की कटाई की अनुकूल अवस्था है-
(a) एक महीने की फसल
(b) फूल आने पर
(c) छोटी फली आने पर
(d) फली पकने पर

92. भारतीय बौना गेहूँ (Indian dwarf wheat) है-
(a) ट्रिटिकम ड्यूरम
(b) ट्रिटिकम एस्टिवम
(c) ट्रिटिकम स्फेरोकोकम
(d) ट्रिटिकम स्पेल्टा

93. काली कपास मृदा (Black cotton soil) में कौन-सा खनिज प्रचुर मात्रा में पाया जाता है?
(a) मोन्टमोरिलोनाइट
(b) केओलिनाइट
(c) इलाइट
(d) क्लोराइट

94. भारत का कौन-सा राज्य सरसों के उत्पादन में अग्रणी है-
(a) गुजरात (b) उत्तर प्रदेश
(c) पंजाब (d) राजस्थान

95. कौन-से क्ले मिनरल में पोटाश प्रचुर मात्रा में पाया जाता है?
(a) मोन्टमोरिलोनाईट
(b) केओलिनाईट
(c) इलाईट
(d) क्लोराईट

96. आर.बी.आई. का राष्ट्रीयकरण हुआ था-
(a) 1945 में (b) 1947 में
(c) 1949 में (d) 1939 में

97. भारत में सहकारिता आन्दोलन शुरू हुआ-
(a) 1914 में (b) 1947 में
(c) 1904 में (d) 1935 में

98. कृषक की 'अल्प-अवधि साख की आवश्यकता' का निर्धारण निम्नलिखित को ध्यान में रख कर किया जाता है-
(a) विभिन्न फसलों के अन्तर्गत क्षेत्रफल
(b) चालू वर्ष में किया गया फसल व्यय
(c) फसलोत्पादन के लिए संस्तुत व्यय कारकों की आवश्यक मात्रा
(d) संस्तुत व्यय कारकों की आवश्यक मात्रा–चालू वर्ष में किया गया फसल व्यय

99. छिपी हुई अथवा अदृश्य बेरोजगारी में-
(a) सीमान्त भौतिक उत्पादकता शून्य हो जाती है
(b) औसत भौतिक उत्पादकता शून्य हो जाती है
(c) कुल भौतिक उत्पादकता शून्य हो जाती है
(d) उपर्युक्त में से कोई नहीं

100. भारत का सबसे बड़ा राष्ट्रीयकृत वाणिज्यिक बैंक है-
(a) रिजर्व बैंक ऑफ इंडिया
(b) सेन्ट्रल बैंक ऑफ इंडिया
(c) स्टेट बैंक ऑफ इंडिया
(d) बैंक ऑफ इंडिया

101. कृषि श्रमिकों के लिए 'न्यूनतम मजदूरी अधिनियम' कब पारित किया गया?
(a) 1947 में (b) 1951 में
(c) 1948 में (d) 1956 में

102. भारत में गठित सबसे पहली सहकारी समितियाँ थीं-
(a) साख समितियाँ (b) विपणन समितियाँ
(c) कृषि समितियाँ (d) गृह समितियाँ

103. जब एक वस्तु के उत्पादन स्तर में हुई वृद्धि या कमी का दूसरी वस्तु के उत्पादन स्तर पर कोई प्रभाव नहीं पड़ता है, तो उसे कहते हैं-
(a) न्यूनतापूरक सम्बन्ध
(b) पूरक सम्बन्ध
(c) प्रतिस्पर्धी सम्बन्ध
(d) उपर्युक्त में से कोई नहीं

104. निम्नलिखित किस्मों में से धान की कौन-सी किस्म डवार्फ उत्परिवर्तित है-
(a) आई.आर.-8 (b) जया
(c) पूसा-2-21 (d) जगन्नाथ

105. फसल के रूप में सोयाबीन अमेरिका से भारत में किस वर्ष में लाई गई?
(a) 1901 (b) 1947
(c) 1960 (d) 1969

106. आर. एम. ओ.-40 किस्म है-
(a) मूँग की (b) उड़द की
(c) होर्सबीन की (d) मोठबीन की

107. बौने गेहूँ में बुवाई की गहराई निर्भर करती है-
(a) रेडिकल की लम्बाई पर
(b) कोलियोप्टाइल की लम्बाई पर
(c) तापमान पर
(d) आर्द्रता पर

108. अच्छे उत्पादन हेतु अरहर की बीज दर (किलोग्राम/हेक्टर) होनी चाहिए–

(a) 10-12 (b) 12-15
(c) 15-17 (d) 20-25

109. 'A' वैल्यू अवधारणा ('A' value concept) किसने व्यक्त की?
(a) एस. पी. एल. सोरेन्सन
(b) बेकेट
(c) स्कोफील्ड
(d) फाइड एवं डीन

110. निम्न में से किस परिस्थिति में चाकू सीने में गहराई तक प्रवेश करवाते हैं-
(a) ब्लड स्पलेशिंग (b) इम्परफेक्ट ब्लडिंग
(c) बेक ब्लडिंग (d) उपरोक्त सभी

111. गन्ने की फसल में खरपतवार नियंत्रण के लिए कौन से खरपतवार नाशियों का प्रयोग किया जाता है?
(a) सीमाजिन (b) एट्राजिन
(c) एलाक्लोर (d) उपरोक्त सभी

112. मक्का के पौधे में-
(a) सिल्क पहले आते हैं (Silk appears first)
(b) टेसल पहले आते हैं (Tassels appears first)
(c) दोनों एक समय पर आते हैं
(d) इनमें से कोई नहीं

113. तिल (Sesame) किस कुल से सम्बन्धित है-
(a) चिनोपोडिएसी (b) पेपिलीयोनेसी
(c) लग्यूमिनोसी (d) पैडालिएसी

114. पूँजी बचत का परिणाम है और इसका संचयन निर्भर करता है-
(a) बचत करने की शक्ति पर
(b) बचत करने की इच्छा पर
(c) बचत करने की सुविधा पर
(d) उपर्युक्त सभी पर

115. ए. मार्शल के अनुसार 'उत्पत्ति ह्रास नियम' लागू होता है-
(a) उद्योगों में (b) कृषि में
(c) सेवा सेक्टर में (d) उपर्युक्त सभी में

116. किस अर्थशास्त्री ने कहा कि 'अर्थशास्त्र आर्थिक कल्याण का अध्ययन है'?
(a) ए. मार्शल
(b) ए. सी. पीगू
(c) एडम स्मिथ
(d) उपर्युक्त में से किसी ने भी नहीं

117. टमाटर किस फल समूह में आता है?
(a) ड्रूप
(b) बेरी
(c) पोम
(d) उपर्युक्त में से किसी में नहीं

118. विटामिन जो नींबू और संतरे जैसे खट्टे खाद्य पदार्थों में पाया जाता है-
(a) विटामिन सी (b) विटामिन ए
(c) विटामिन बी (d) विटामिन डी

119. निम्नलिखित में से कौन-सी 'मिश्रित खेती' की प्रमुख विशेषता है?
(a) नकदी और खाद्य दोनों फसलों की साथ-साथ खेती
(b) दो या दो से अधिक फसलों को एक ही खेत में उगाना
(c) पशुपालन और फसल उत्पादन को एक साथ करना
(d) उपर्युक्त में से कोई नहीं

120. कृषि विज्ञान केन्द्र को कहते हैं-
(a) कृषि ज्ञान केन्द्र भी
(b) प्रक्षेत्र विज्ञान केन्द्र भी
(c) गाँव ज्ञान केन्द्र भी
(d) जिला उद्योग केन्द्र भी

व्याख्या सहित उत्तर

1. (a)

फतेहपुर सीकरी	-	अकबर
जौनपुर सिटी	-	फिरोजशाह तुगलक
आगरा सिटी	-	सिकन्दर लोदी
जामा मस्जिद बदायूँ	-	इल्तुतमिश

2. (a) वैदिक साहित्य का सही क्रम-वैदिक संहिताएँ, ब्राह्मण आरण्यक तथा उपनिषद् है।

3. (a) स्तूप का शाब्दिक अर्थ है किसी वस्तु का ढेर या थूहा। इसका प्रारम्भिक उल्लेख ऋग्वेद में मिलता है। महात्मा बुद्ध की मृत्यु के बाद उनके अस्थि अवशेषों पर 8 स्तूपों का निर्माण हुआ। इनका निर्माण अजातशत्रु तथा इस क्षेत्र के गणराज्यों ने करवाया। स्तूपों में भरहूत का स्तूप सर्वाधिक प्राचीन स्तूप है। इसका निर्माण दो शताब्दी ईसा पूर्व के करीब म.प्र. के सतना जिले में कराया गया था। सांची स्तूप सबसे विशाल और श्रेष्ठ है इसका निर्माण सम्राट अशोक ने कराया था। फिर अमरावती आन्ध्र प्रदेश तथा धमेख स्तूप सारनाथ का निर्माण कराया गया था।

4. (d) **प्रथम आंग्ल-मैसूर युद्ध (1767-69 ई.)**- हैदर अली की कूटनीतिक जीत हुई।

द्वितीय आंग्ल-मैसूर युद्ध (1780-84 ई.)- पोटोनोवो, पोलिलूर तथा सोलिंगापुर स्थानों पर हैदरअली पराजित हुआ। 7 दिसम्बर 1782 को उसकी मृत्यु हो गयी।

तृतीय आंग्ल-मैसूर युद्ध (1790-92 ई.)- टीपू सुल्तान की पराजय और श्रीरंगपट्टनम की संधि हुई।

चतुर्थ आंग्ल-मैसूर युद्ध (1799 ई.)-टीपू पराजित किया गया और युद्ध के मध्य दिवंगत हुआ।

5. (a)

लैण्ड होल्डर्स सोसाइटी	-	द्वारकानाथ टैगोर (1838 ई.) कलकत्ता
ब्रिटिश इंडिया सोसाइटी	-	विलियम एडम्स (1839 ई.) लंदन
इंडियन सोसाइटी	-	आनन्द मोहन बोस (1872 ई.) लंदन
इंडियन एसोसिएशन	-	एस.एन. बनर्जी (1876 ई.) कलकत्ता

6. (c) अमृतसर के भारतीय राष्ट्रीय कांग्रेस अधिवेशन 1919 (मोतीलाल नेहरू की अध्यक्षता में) के प्रस्ताव के अनुसार महात्मा गाँधी द्वारा नया संविधान लिखने हेतु सी.आर. दास और आई.बी. सेन को उनके सहयोग हेतु चुना गया था।

7. (d) गोपाल कृष्ण गोखले ने महात्मा गाँधी को आदेशित किया था कि वह भारत में प्रथम वर्ष "खुले कान पर मुँह बन्द" कर व्यतीत करें।

8. (c)

(i) अवध किसान सभा	-	1920 ई. जवाहर लाल नेहरू (प्रतापगढ़)
(ii) यूनाइटेड इंडिया पैट्रियाटिक एसोसिएशन	-	सर सैयद अहमद खान।
(iii) आल इंडिया किसान सभा	-	1936 ई. लखनऊ एन. जी. रंगा तथा स्वामी सहजानन्द द्वारा
(iv) रेडिकल डेमोक्रेटिक पार्टी	-	1940 ई. कलकत्ता एम. राय द्वारा।

9. (c) भूमि विकास बैंक ग्रामीण साख की दीर्घकालीन आवश्यकता की पूर्ति करते हैं।

10. (b) लघु कृषक विकास योजना का प्रारम्भ 28 अप्रैल, 1973 को किया गया था। गरीब तथा छोटे किसानों की सहायता के लिए लघु कृषक विकास एजेंसी (एस.एफ.डी.ए.) का गठन केन्द्र सरकार द्वारा 1969 में किया गया।

11. (a) किसानों हेतु किसान क्रेडिट कार्ड योजना वर्ष 1998-1999 में लागू की गई।

12. (d) 12 जुलाई 1982 को नाबार्ड अस्तित्व में आया यह कृषि क्षेत्र में साख की सर्वोच्च संस्था है।

13. (d) निम्नलिखित समुद्री धाराओं में "बेंगुएला" दक्षिणी अटलांटिक महासागर में बहने वाली ठण्डी धारा है जबकि अगुलहास और मोजाम्बिक पूर्वी अफ्रीकी तट के समीप हिन्द महासागर में बहने वाली गरम धारा तथा दक्षिणी हिन्द महासागरीय ठण्डी धारा है।

14. (c)

सूची-I (विश्व के द्वीप)	**सूची-II (स्वामित्व वाला देश)**
एल्युशियन द्वीप	यू.एस.ए.
बियर द्वीप	नार्वे
ग्रीन लैण्ड	डेनमार्क
फ्रैज जोसेफ	रूस

15. (b) महान हिमालय के महत्वपूर्ण दर्रे–

दर्रे		**राज्य**
शिपकीला, बारालाचा	–	हिमाचल प्रदेश
लिपुलेख, थागाला, नीतिला	–	उत्तराखण्ड
लाथुला, जेलेप्ला	–	सिक्किम
जोजिला, बुर्जिला	–	जम्मू-कश्मीर
बोमडिला	–	अरुणाचल प्रदेश

16. (a) भारत की मिट्टियों में कपास की खेती के लिए रेगुर (काली) मिट्टी सर्वाधिक उपयुक्त है। (भारत में यह महाराष्ट्र, गुजरात तथा पश्चिमी मध्य प्रदेश) में पायी जाती है।

17. (b) भारत के जलप्रपातों में से अखालम, केसरवाल, तमडी सुरला, दूधसांगर-मंदोवी नदी पर स्थित है जबकि धुँआधार-मध्यप्रदेश, नोखालीकई-चेरापूंजी, मेघालय तथा लैण्डसिंग जलप्रपात मेघालय में स्थित है।

18. (d) 'ट्रिटिकेल' गेहूँ एवं राई के बीच की संकर किस्म है। इसका उपयोग जानवरों के चारे के रूप में किया जा रहा है। इस फसल को मैन मेड क्रॉप भी कहा जाता है।

19. (c) 'मक्का' को C_4 पौधा कहा जाता है।

20. (d) भारतीय संविधान के अनुच्छेद-11 में यह स्पष्ट किया गया है कि संसद को नागरिकता के बारे में विधि बनाने की संपूर्ण शक्ति होगी। इस शक्ति के प्रयोग में संसद ने नागरिकता अधिनियम, 1955 अधिनियमित किया है जिसमें नागरिकता के अर्जन और समाप्ति के बारे में विस्तार से उपबंध किया गया है।

21. (a) संविधान के अनुच्छेद-67 (ख) के अनुसार उपराष्ट्रपति को राज्य परिषद अथवा राज्य सभा के ऐसे प्रस्ताव के द्वारा अपने पद से हटाया जा सकेगा। जिसे राज्य सभा के तत्कालीन समस्त सदस्यों के बहुमत से पारित किया है और जिससे लोकसभा सहमत है। किंतु इस खण्ड के प्रयोजन के लिए कोई प्रस्ताव तब तक प्रस्तावित नहीं किया जाएगा जब तक कि उस संकल्प को प्रस्तावित करने के आशय की सूचना कम से कम 14 दिन पूर्व न दे दी गई हो।

22. (b) 'धर्मनिरपेक्ष' शब्द 1950 में लागू मूल संविधान का अंग नहीं था। यह शब्द 1976 के 42वें संविधान संशोधन (3-1-1977 से लागू) द्वारा भारत के संविधान की प्रस्तावना में जोड़ा गया।

23. (d) संवैधानिक उपचारों के अधिकार को संविधान की आत्मा कहा गया है।

24. (b) बाँदीपुर, मानस एवं सुन्दरवन बाघ आरक्षित क्षेत्र घोषित किए गए हैं। भारत में 47 बाघ आरक्षित क्षेत्र हैं, जिनमें "प्रोजेक्ट टाइगर" चलाया जा रहा है। वर्ष 2014 में पीलीभीत (उत्तर प्रदेश) तथा बोर (महाराष्ट्र) में बाघ आरक्षित क्षेत्र बनाए गए हैं। वर्तमान (वर्ष 2020) में भारत में कुल 50 बाघ आरक्षित क्षेत्र है जबकि भीतर कणिका राष्ट्रीय उद्यान ओलिव रिडले समुद्री कछुए सहित सफेद मगरमच्छ, भारतीय अजगर आदि का मुख्य निवास स्थल है।

25. (d) राष्ट्रीय जैव-विविधता (National Biodiversity) अधिनियम के तहत राष्ट्रीय जैव विविधता प्रांधिकरण (NBA) का गठन किया गया है जो भारत में कृषि संरक्षण में सहायक है। प्रश्न में दिए गए सभी विकल्प सत्य हैं।

26. (c) चावल की खेती करने से अवायवीय परिस्थितियाँ मीथेन (CH_4) गैस के उत्सर्जन का कारक है। जब नाइट्रोजन आधारित उर्वरक प्रयुक्त किए जाते हैं, तब कृष्य मृदा से नाइट्रस ऑक्साइड (N_2O) का उत्सर्जन होता है। ये दोनों वैश्विक तापन (Global Warming) में योगदान देते हैं।

27. (d) भारतीय संविधान के अनुच्छेद-118(4) के अंतर्गत संसद के दोनों सदनों के संयुक्त सत्र की अध्यक्षता करने हेतु लोक सभा का अध्यक्ष अधिकृत है। इसकी अनुपस्थिति में ऐसा व्यक्ति पीठासीन होगा जिसका खंड (3) के अधीन बनाई गई प्रक्रिया के नियमों के अनुसार अवधारण किया जाए।

28. (c) तरलीकृत पेट्रोलियम गैस (LPG) हाइड्रोकार्बन गैसों का एक ज्वलनशील मिश्रण है जिसे ईंधन के रूप में प्रयोग किया जाता है। एल.पी. जी. मुख्यतः प्रोपेन, ब्यूटेन तथा इथेन का मिश्रण है।

29. (b) निकट दृष्टि-दोष से पीड़ित व्यक्ति निकट की वस्तुएं तो स्पष्ट देख लेता है लेकिन एक निश्चित दूरी से अधिक दूरी पर रखी वस्तुओं को स्पष्ट नहीं देख पाता। इस दोष के निवारण के लिए व्यक्ति के चश्मे में अवतल लेंस का प्रयोग किया जाता है।

30. (b) खगोलीय दूरदर्शी से बना अंतिम प्रतिबिम्ब आभासी और बड़ा होता है।

31. (b) खारे पानी को शुद्ध पानी में परिवर्तित करने की प्रक्रिया को उत्क्रम परासरण कहते हैं।

32. (a)

सूची-I (नदी घाटी परियोजना)	**सूची-II (नदी)**
तिलैया बाँध	बराकर
पंचेत हिल बाँध	दामोदर
राणा प्रताप सागर बाँध	चम्बल
माताटीला बाँध	बेतवा

33. (d) शृंगवेरपुर गंगा नदी के किनारे फर्रुखाबाद में स्थित पौराणिक शृंग ऋषि के मंदिर के लिए विख्यात है। इसके अतिरिक्त विन्ध्याचल-मिर्जापुर, देवांशरीफ-बाराबंकी तथा हस्तिनापुर-मेरठ में स्थित है।

34. (d)

हवाई अड्डा		**जिला**
चौधरी चरण सिंह अन्तर्राष्ट्रीय हवाई अड्डा	–	लखनऊ
लाल बहादुर शास्त्री बाबतपुर हवाई अड्डा	–	वाराणसी
चकेरी हवाई अड्डा, हिरवां	–	कानपुर
खेरिया हवाई अड्डा	–	आगरा
फुरसतगंज हवाई अड्डा	–	रायबरेली

35. (b) प्रश्नानुसार, अभीष्ट क्षेत्र त्रिभुज और वृत्त में विद्यमान होना चाहिए। संख्या 2 उन अध्यापकों को दर्शाती है, जो समाजसेवी हैं।

36. (c) प्रश्नानुसार,

$$19 + 9 = 28$$
$$28 + 11 = 39$$
$$39 + 13 = 52$$
$$52 + 15 = \boxed{67}$$
$$67 + 17 = 84$$

37. (d) शब्दकोश के अनुसार शब्दों का क्रम निम्नवत् है :

5. Groan, 3. Grotesque, 2. Group, 1. Guarantee, 4. Guard.

38. (d) खेले गए मैचों की संख्या $= (6 + 4) = 10$

$\therefore$ अभीष्ट भिन्न $= \frac{6}{10} = \frac{3}{5}$

39. (d) माना संख्याएँ क्रमशः $4x$ व $5x$ हैं

तब इनका ल० स० $= 20x$

पहली संख्या × दूसरी संख्या = ल.स. × म.स.

$4x \times 5x = 20x \times 8$

$\Rightarrow x = 8$

$\therefore$ ल.स. $= 20 \times 8 = 160$

40. (b) माना वह संख्या $= x$

$\therefore x^2 + 12^3 = 3409$

$\Rightarrow x^2 + 1728 = 3409$

$\Rightarrow x^2 = 1681$

$\Rightarrow x = \sqrt{1681} = 41$

41. (b) **42.** (c) **43.** (a) **44.** (d)
45. (c) **46.** (c) **47.** (b) **48.** (b)
49. (d) **50.** (b) **51.** (d) **52.** (c)
53. (c) **54.** (b)

55. (b) फसल की उपज में प्रति यूनिट पानी जो फसल के वाष्पन-वाष्पोत्सर्जन में इस्तेमाल होता है, उसे जल उपभोग क्षमता के रूप में जाना जाता है।

56. (b) फसल का सम्पूर्ण शुष्क उत्पादित पदार्थ बायोलॉजिकल उपज कहलाता है।

57. (b) उत्तर प्रदेश की कुल 26045 हजार हेक्टेयर भूमि कृषि के योग्य है, जिसमें 16,731 हजार हेक्टेयर भूमि में कृषि की जाती है। प्रदेश की कुल 11,605 हजार हेक्टर भूमि झारियता से ग्रसित है, 793 हजार हेक्टेयर भूमि ऊपर है, 623 हजार हेक्टेयर भूमि बीहड़ भूमि के अन्तर्गत आती है। 1723 हजार हेक्टेयर भूमि परती है।

58. (b) समोच्च मेड़बन्दी (Contour bunding) और सिड़ीदार (terracing) भूमि संरक्षण का यांत्रिक साधन (mechanical measures) है।

59. (a) थिरम एक कवकनाशी रसायन है, जिसका उपयोग बीज शोधन (Seed treatment) में किया जाता है।

60. (a) LER (land Equivalent Ratio) एक समान प्रबंध में अंतरासस्यन से प्राप्त उपज के बराबर एकल फसल (गुछ फसल) के उत्पादन के लिए कितनी सापेक्षिक भूमि क्षेत्र की जरूरत है, LER कहलाता है अर्थात् अंतरासस्य के उपज के बराबर शुद्ध फसल के द्वारा उत्पादन करने के लिए भूमि की जरूरत अनुपात ही LER है।

LER विभिन्न अंतरासस्यन के उत्पादन दक्षता मापने की एक इकाई है जो उत्पादन को भू-क्षेत्रफल के रूप में बदलकर मापता है। यह अंतरासस्यन का मिश्रण के जैविक दक्षता का वास्तविक आकलन करता है।

61. (b) 'केन्द्रीय शुष्क कृषि अनुसंधान संस्थान' (CRIDA–Central Research Institute for Dryland Agriculture).

62. (c) **63.** (a)

64. (c) शरदकालीन गन्ने की बुआई अक्टूबर में करते हैं। इस गन्ने की कटाई भी अगले वर्ष अक्टूबर के अन्तिम सप्ताह में लगभग करते हैं।

65. (a) **66.** (c) **67.** (a) **68.** (b)
69. (b) **70.** (b) **71.** (a) **72.** (a)
73. (b) **74.** (b)

75. (d) एग्रोफॉरेस्ट्री (कृषि वानिकी) कृषि वानिकी वृक्ष उगाना, सस्य उत्पादन तथा पशुपालन का सह जीवन है। 'यह आश्रय देने वाली भूमि प्रबन्ध की वह पद्धति है, जो भूमि की उपज बढ़ाती है, सस्यों को वन-पौधों तथा पशुओं को साथ-साथ या तदन्तर, भूमि के उसी भाग पर मिलती है और स्थानीय आबादी की कृषि क्रियाओं के साथ उचित प्रबन्धन रीति लागू करती है।

76. (c) पूँजी (Capital) उत्पादन का प्रमुख सक्रिय कारक है।

77. (d)

78. (a) देश के कुल भौगोलिक क्षेत्र में से चार श्रेणियों के भूमि–(1) वन-भूमि/जंगल + (2) कृषि के लिए उपलब्ध न होने वाला क्षेत्र + (3) परती भूमि के अतिरिक्त अकृषि भूमि + (4) परती भूमि का क्षेत्र घटाने पर जो भूमि का क्षेत्र शेष रह जाता है, वह शुद्ध कृषित क्षेत्र (Net cropped area) कहलाता है। शुद्ध कृषित क्षेत्र में वर्ष में एक से अधिक बार कृषित किए जाने वाले क्षेत्र को सम्मिलित करने पर प्राप्त भूमि का क्षेत्र सकल कृषित क्षेत्र (Gross cropped area) कहलाता है।

79. (d) भारत यूरिया के मामले में शत-प्रतिशत आत्मनिर्भर है जबकि डी.ए.पी. के मामले में इसकी आत्मनिर्भरता 95% है। DAP उत्पादन के लिए रॉक फॉस्फेट सल्फर आदि कच्चे माल का आयात किया जाता है। 2003-04 में N.P.K. का आयात अनुमानतः 12.32 लाख टन है।

भारत अभी भी नाइट्रोजनी उर्वरकों की अपनी खपत का 80% व फॉस्फेटी उर्वरकों की खपत का 70% ही उत्पादन कर पाता है। पोटाशी उर्वरक के लिए भारत पूरी तरह आयात पर निर्भर है।

80. (d)

81. (c) सहकारी काश्तकारी खेती में भूमि का स्वामित्व सामूहिक होता है तथा खेती व्यक्तिगत स्तर पर की जाती है।

खेती का प्रकार विधि	स्वामित्व भूमि का	कृषि कार्य
सहकारी उन्नत खेती	व्यक्तिगत	व्यक्तिगत
सहकारी संयुक्त खेती	व्यक्तिगत	सामूहिक
सहकारी काश्तकारी खेती	सामूहिक	व्यक्तिगत
सहकारी सामूहिक खेती	सामूहिक	सामूहिक

82. (c) **83.** (c)

84. (c) राष्ट्रीय विकास परिषद् (National Development council) राज्यों की योजना निर्माण में भागीदारी को दृष्टिगत रखते हुए सरकार ने 6 अगस्त, 1952 को राष्ट्रीय विकास परिषद् का गठन किया। राष्ट्रीय विकास परिषद् का अध्यक्ष प्रधानमंत्री तथा योजना आयोग का सचिव इसका सचिव होता है। सभी राज्यों के मुख्यमंत्री एवं योजना आयोग के सदस्य इसके सदस्य होते हैं।

85. (b) **86.** (b) **87.** (b) **88.** (c)
89. (a) **90.** (d) **91.** (c) **92.** (c)
93. (a) **94.** (d) **95.** (c)

96. (c) आर.बी.आई. (रिजर्व बैंक ऑफ इंडिया) की स्थापना 1 अप्रैल, 1935 को भारतीय रिजर्व बैंक अधिनियम 1934 के साथ हुई। इस बैंक का राष्ट्रीयकरण 1 जनवरी 1949 को हुआ तथा RBI के प्रथम गवर्नर Osporne A. Smith थे।

97. (c) भारत में सहकारी आंदोलन की शुरुआत 1904 ई. में सहकारी साख समिति अधिनियम (Coperative Credit Societies Act) से हुआ।

98. (b)

99. (a) प्रच्छन्न या छिपी हुई बेरोजगारी (Disguised unemployment) छिपी हुई बेरोजगारी से तात्पर्य श्रमिकों की उस स्थिति से है जिसमें नाममात्र का रोजगार उपलब्ध होता है, लेकिन उपलब्ध रोजगार उत्पादकता की वृद्धि में सहायक नहीं होता है। प्रो. रेग्नार नर्कसे (Prof. Ragnar Nurkse) के शब्दों में इन श्रमिकों की सीमान्त उत्पादकता शून्य होती है।

100. (c)

101. (c) भारत सरकार ने श्रमिकों के लिए न्यूनतम मजदूरी नियत करने के लिए न्यूनतम मजदूरी अधिनियम 1948 (Minimum Wages Act, 1948) पारित किया जिसका प्रमुख उद्देश्य श्रमिकों की आय में वृद्धि करके उन्हें उचित जीवन स्तर प्रदान करना था।

102. (a) भारत में सहकारिता बहुत समय से प्रचलित है। पूर्व में सहकारिता वर्तमान रूप में नहीं होकर अन्य रूपों जैसे–संयुक्त परिवार प्रणाली, पंचायत, चिट फण्ड्स, निधि आदि के रूप में प्रचलित थी। भरत में सहकारी आन्दोलन का प्रारम्भ वर्तमान रूप में मुख्यतया कृषकों को साहूकारों के शोषण से बचाने के लिए किया गया। अकाल आयोग 1901 ने कृषकों को ऋण उपलब्ध कराने के लिए दिए गए सुझाव पर सरकार ने एडवर्ड ला की अध्यक्षता में नियुक्त समिति की राय ली। इस समिति ने वर्ष 1901 में सहकारी समितियाँ स्थापित करने का सुझाव दिया एवं एक विधेयक बनाया जो 25 मार्च, 1904 को सहकारी ऋण समिति कानून के रूप में पारित किया गया। इस प्रकार आधुनिक काल में सहकारिता का जन्म भारत वर्ष 1904 में हुआ। इस कानून का उद्देश्य लघु

कृषकों को आवश्यक मात्रा में ऋण सुविधा उपलब्ध कराना था।

103. (a) सम्पूरक/न्यूनतापूरक (Supplementary relationship-Enterprises) जब विभिन्न उद्यम उत्पादन साधनों के लिए न तो स्पर्धा करते हैं और न ही एक-दूसरे की उत्पादन वृद्धि में सहायक होते हैं बल्कि उनको लेने से फार्मे आय में वृद्धि होती है तो ऐसे उद्यमों को सम्पूरक उद्यम कहते हैं। सम्पूरक उद्यमों (Supplementary Enterprises) की अवस्था में एक उत्पादन की मात्रा में की गई वृद्धि अथवा कमी दूसरे उत्पाद के उत्पादन स्तर पर कोई प्रभाव नहीं आता है।

104. (d) **105.** (c) **106.** (d) **107.** (b)

108. (b) **109.** (d) **110.** (c) **111.** (d)

112. (b) **113.** (d)

114. (d) कृषि पूँजी संचय कृषकों द्वारा फार्म पर संचित पूँजी की राशि फार्म से प्राप्त उत्पाद की कीमत एवं उन पर होने वाली उत्पादन लागत के अतिरिक्त निम्न कारकों पर निर्भर करती है–

1. कृषकों की पूँजी–संचय करने की शक्ति
2. कृषकों में पूँजी–संचय करने की इच्छा
3. पूँजी संचय करने की सुविधाओं की उपलब्धि

115. (b) प्रो. मार्शल ने ह्रासमान प्रतिफल के सिद्धान्त को निम्न शब्दों में परिभाषित किया–

"यदि साथ-साथ कृषि कला में उन्नति नहीं होती है तो भूमि पर नियोजित श्रम एवं पूँजी की मात्रा में वृद्धि करने से सामान्यत: कुल उत्पादन अनुपात में कम वृद्धि होती है।"

नोट–रिकार्डो, मार्शल, पीगू आदि प्रतिष्ठित अर्थशास्त्रियों ने इस नियम को केवल कृषि में कार्यशील माना था, किन्तु आधुनिक अर्थशास्त्री इसे सभी क्षेत्रों पर लागू करते हैं।

116. (d) पॉल सेम्यूलसन, पीटरसन, स्टिगलर आदि आधुनिक अर्थशास्त्रियों के मत में अर्थशास्त्र दुर्लभ साधनों तथा आर्थिक कल्याण (Economics welfare) का अध्ययन है।

→ 'मार्शल' के अनुसार अर्थशास्त्र भौतिक कल्याण (Material welfare) में वृद्धि करना है।

→ 'पीगु' हमारी जाँच का क्षेत्र सामाजिक कल्याण (Social welfare) के उस भाग तक सीमित हो जाता है जिसे प्रत्यक्ष या अप्रत्यक्ष रूप से मुद्रा का मापदण्ड से सम्बद्ध किया जा सकता है।

→ 'एडम स्मिथ'–अर्थशास्त्र धन का विज्ञान है। (Economics is the science of wealth).

117. (b) टमाटर का फल 'बेरी' कहलाता है। इसके खाए जाने वाला भाग पैरीकार्ष एवं प्लेसन्टा है।

118. (a)

119. (c) मिश्रित खेती में फसल उत्पादन के साथ-साथ गाय-भैंस के अलावा भेड़, बकरी अथवा मुर्गी पालन भी किया जाता है।

120. (a)

❑❑❑

प्रैक्टिस सेट-12

भाग-1: सामान्य अध्ययन

1. भारतीय राष्ट्रीय कांग्रेस के निम्नलिखित अधिवेशनों में से किस एक की अध्यक्षता जवाहरलाल नेहरू ने सर्वप्रथम की थी?
(a) लाहौर अधिवेशन, 1929
(b) कलकत्ता अधिवेशन, 1928
(c) लखनऊ अधिवेशन, 1936
(d) रामगढ़ अधिवेशन, 1940

2. निम्नलिखित वैदिक देवताओं में किसे उनका पुरोहित माना जाता था?
(a) अग्नि (b) बृहस्पति
(c) द्यौस (d) इन्द्र

3. सूची-I को सूची-II से सुमेलित कीजिए और नीचे दिए गए कूट से सही उत्तर का चयन कीजिए-

सूची-I (गुप्त मंदिर)	सूची-II (स्थान)
A. ईंट निर्मित मंदिर	1. एरण
B. दशावतार मंदिर	2. देवगढ़
C. शिव मंदिर	3. भीतरगांव
D. विष्णु मंदिर	4. भूमरा

कूट :

	A	B	C	D
(a)	4	2	1	3
(b)	3	2	4	1
(c)	2	1	3	4
(d)	1	3	2	4

4. सूची-I को सूची-II से सुमेलित कीजिए और नीचे दिए गए कूट से सही उत्तर का चयन कीजिए-

सूची-I (रचना)	सूची-II (लेखक)
A. तबकात-ए अकबरी	1. अल उत्बी
B. तबकात-ए नासिरी	2. मिनहाजुद्दीन सिराज
C. तारीख-ए फिरोजशाही	3. निजामुद्दीन
D. तारीख-ए यामीनी	4. जियाउद्दीन बरनी

कूट :

	A	B	C	D
(a)	3	2	4	1
(b)	2	1	4	3
(c)	1	3	2	4
(d)	3	4	1	4

5. निम्नलिखित अधिनियमों में से प्रथम बार किसमें गवर्नर जनरल ऑफ बंगाल के पद हेतु प्रावधान किया गया था?
(a) रेग्यूलेटिंग अधिनियम, 1773
(b) पिट का भारत अधिनियम, 1784
(c) 1813 का चार्टर अधिनियम
(d) 1833 का अधिनियम

6. 1916 के भारतीय राष्ट्रीय कांग्रेस के लखनऊ अधिवेशन का अध्यक्ष कौन था?
(a) एनी बेसेण्ट
(b) आर.बी. घोष
(c) जी.के. गोखले
(d) अम्बिका चरण मजूमदार

7. निम्नलिखित घटनाओं पर विचार कीजिए और घटनाओं का सही कालानुक्रम का चयन नीचे दिए गए कूट से कीजिए-
1. गांधी-इरविन समझौता
2. भगत सिंह की फांसी
3. भारतीय राष्ट्रीय कांग्रेस का कराची अधिवेशन (1931)
4. द्वितीय गोलमेज सम्मेलन

कूट :
(a) 1, 2, 3, 4 (b) 4, 3, 2, 1
(c) 4, 2, 3, 1 (d) 2, 4, 3, 1

8. 1929 में नागपुर में संपन्न 'ऑल इंडिया ट्रेड यूनियन कांग्रेस' की अध्यक्षता किसने की थी?
(a) जवाहरलाल नेहरू ने
(b) आचार्य नरेंद्र देव ने
(c) सुभाष चन्द्र बोस ने
(d) युसूफ मेहरअली ने

9. निम्नलिखित में से किसे विश्व का 'चीनी का कटोरा' कहा जाता है?
(a) हवाई द्वीप समूह
(b) क्यूबा
(c) भारत
(d) फिलीपीन्स

10. 'आजाद हिंद फौज दिवस' किस तिथि को मनाया गया था?
(a) 12 नवंबर, 1945 को
(b) 11 नवंबर, 1945 को
(c) 5 नवंबर, 1945 को
(d) 10 नवंबर, 1945 को

11. सूची-I को सूची-II से सुमेलित कीजिए तथा नीचे दिए गए कूट से सही उत्तर चुनिए-

सूची-I (कोयला क्षेत्र)	सूची-II (अवस्थिति)
A. कुजबास	1. यूनाइटेड किंगडम
B. रेड बेसिन	2. रूस
C. ब्रिस्टल	3. ऑस्ट्रेलिया
D. न्यू साउथ वेल्स	4. चीन

कूट :

	A	B	C	D
(a)	1	3	2	4
(b)	2	4	1	3
(c)	3	2	4	1
(d)	4	3	1	2

12. निम्नलिखित में से कौन-सा युग्म सही नहीं है?
(a) रूर औद्योगिक प्रदेश : जर्मनी
(b) फ्लैंडर्स औद्योगिक प्रदेश : बेल्जियम तथा फ्रांस
(c) स्कॉटलैंड औद्योगिक क्षेत्र : स्वीडन
(d) न्यू इंग्लैंड औद्योगिक क्षेत्र : यू.एस.ए.

13. निम्न में से कौन एक मंदाकिनी नदी के किनारे अवस्थित नहीं है?
(a) गौरीकुंड (b) रामबाड़ा
(c) गोविन्द घाट (d) गुप्तकाशी

14. राजस्थान का लगभग एकाधिकार है-
(a) तांबा में (b) अभ्रक में
(c) जस्ता में (d) डोलोमाइट में

15. सूची-I को सूची-II से सुमेलित कीजिए तथा नीचे दिए गए कूट से सही उत्तर चुनिए-

सूची-I (तेलशोधक कारखाना)	सूची-II (राज्य)
A. तटिपाका	1. गुजरात
B. कोयली	2. तमिलनाडु
C. नागापट्टीनम	3. आंध्र प्रदेश
D. नुमालीगढ़	4. असम

कूट :

	A	B	C	D
(a)	2	1	4	3
(b)	3	1	2	4
(c)	4	3	1	2
(d)	1	2	4	3

16. मटर की पत्तीविहीन जाति है?
(a) अर्केल (b) आजाद मटर-1
(c) अपर्णा (d) एल-116

17. निम्नलिखित में से कौन संसद की लोक लेखा समिति की बैठकों में उपस्थित रहता है?
(a) भारत के महान्यायवादी
(b) भारत के महाधिवक्ता
(c) भारत के नियंत्रक-महालेखा परीक्षक
(d) उपरोक्त में से कोई नहीं

18. निम्नलिखित में से किसने सुझाव दिया था कि भारत की स्वतंत्रता के बाद भारतीय राष्ट्रीय कांग्रेस को एक राजनैतिक दल के रूप में भंग कर दिया जाना चाहिए?
(a) सी. राजगोपालाचारी
(b) जय प्रकाश नारायण
(c) आचार्य कृपलानी
(d) महात्मा गांधी

19. सूची-I को सूची-II से सुमेलित कीजिए तथा नीचे दिए गए कूट का प्रयोग करके सही उत्तर चुनिए-

सूची-I (भारतीय संविधान का अनुच्छेद)	सूची-II (विषय वस्तु)
A. 54	1. मुख्यमंत्री की नियुक्ति
B. 75	2. राज्यपाल की नियुक्ति
C. 155	3. प्रधानमंत्री की नियुक्ति
D. 164	4. राष्ट्रपति का निर्वाचन

कूट :

	A	B	C	D
(a)	1	2	3	4
(b)	4	3	2	1
(c)	2	1	3	4
(d)	1	2	4	3

20. निम्नलिखित में से कौन-सा एक व्यय भारत की संचित निधि पर भारित नहीं है?
(a) भारत के मुख्य न्यायधीश के वेतन और भत्ते।
(b) भारत के नियंत्रक-महालेखा परीक्षक के वेतन और भत्ते।
(c) भारत के प्रधानमंत्री के वेतन और भत्ते।
(d) संघ लोक सेवा आयोग के अध्यक्ष के वेतन और भत्ते।

21. निम्न ग्रामीण अवस्थापना क्षेत्रों में से कौन केन्द्रीय सरकार की भारत निर्माण योजना में आच्छादित नहीं है?
(a) सिंचाई
(b) जल आपूर्ति
(c) सफाई का प्रबन्ध
(d) निवास

22. निम्नलिखित में से किस राज्य में ताँबा का सबसे अधिक भण्डार है?
(a) बिहार (b) झारखण्ड
(c) कर्नाटक (d) राजस्थान

23. निम्नलिखित में से कौन सा कथन सही नहीं है?
(a) RBI देश का केन्द्रीय बैंक है।
(b) RBI केन्द्रीय एवं राज्य सरकारों का बैंकर है।
(c) RBI देश के विदेशी विनिमय निधि का अभिरक्षक है।
(d) RBI की स्थापना 1949 में हुई थी।

24. निम्नलिखित कथनों पर विचार कीजिए-
1. जैव-विविधता हॉट-स्पॉट केवल उष्ण कटिबन्धीय प्रदेशों में स्थित है।
2. भारत में चार जैव-विविधता हॉट-स्पॉट अर्थात् पूर्वी हिमालय, पश्चिमी हिमालय, पश्चिमी घाट तथा अण्डमान एवं निकोबार द्वीप हैं।
उपरोक्त कथनों में से कौन-सा/से कथन सही है/हैं?
(a) केवल 1
(b) केवल 2
(c) 1 और 2
(d) न तो 1 और न ही 2

25. वर्तमान में और आसन्न भविष्य में वैश्विक तापन के प्रशमन में भारत की सम्भावित रूप से क्या सीमाएँ हैं?
1. उचित वैकल्पिक प्रौद्योगिकियाँ पर्याप्त रूप से उपलब्ध नहीं हैं।
2. भारत अनुसन्धान और विकास में विशाल धनराशि का निवेश नहीं कर सकता।
3. अनेक विकसित देशों ने भारत में, पहले ही, प्रदूषण फैलाने वाले अनेक उद्योग स्थापित कर रखे हैं।
कूट:
(a) 1 और 2 (b) केवल 2
(c) 1 और 3 (d) ये सभी

26. निम्नलिखित पर विचार कीजिए-
1. काली गर्दन वाला सारस (कृष्णग्रीव सारस)
2. चीता
3. उड़न गिलहरी (कन्दली)
4. हिम तेन्दुआ
उपरोक्त में से कौन-से भारत में प्राकृतिक रूप में पाए जाते हैं?
(a) 1, 2 और 3 (b) 1, 3 और 4
(c) 2 और 4 (d) उपरोक्त सभी

27. नाभिकीय रिएक्टर में निम्नलिखित में से किसे मंदक के रूप में प्रयोग किया जाता है?
(a) थोरियम (b) भारी पानी
(c) रेडियम (d) सादा पानी

28. निम्नलिखित में से कौन-सा हास्य-गैस (लॉफिंग गैस) के रूप में प्रयुक्त होता है?
(a) नाइट्रस ऑक्साइड
(b) नाइट्रोजन डाईऑक्साइड
(c) नाइट्रोजन ट्राईऑक्साइड
(d) नाइट्रोजन ट्रेटाऑक्साइड

29. निम्नलिखित में से किस युग्म की बीमारियों का कारण विषाणु है?
(a) मलेरिया और पोलियो
(b) पोलियो और बर्ड फ्लू
(c) पोलियो और तपेदिक
(d) तपेदिक और इनफ्लुएंजा

30. निम्नलिखित में से कौन-सी एक वायु प्रदूषक गैस है और जीवाश्म ईंधन के ज्वलनस्वरूप उत्पन्न होती है?
(a) हाइड्रोजन
(b) नाइट्रोजन
(c) ऑक्सीजन
(d) सल्फर डाईऑक्साइड

31. निम्नलिखित में से किसके प्रयोग से आँखों के निकट दृष्टि दोष को दूर किया जा सकता है?

(a) अवतल लेन्स द्वारा
(b) उत्तल लेन्स द्वारा
(c) बेलनाकार लेन्स द्वारा
(d) उपरोक्त में किसी से नहीं

32. उत्तर प्रदेश के निम्नलिखित जनपदों में से कौन क्षेत्रफल की दृष्टि से सबसे छोटा है?
(a) वाराणसी (b) जौनपुर
(c) इलाहाबाद (d) गाजीपुर

33. उत्तर प्रदेश का मुख्य लोकनृत्य है-
(a) धोबिया (b) राई
(c) शायरा (d) उपर्युक्त सभी

34. निम्नलिखित उत्तर प्रदेश के जनपदों में 'भोक्सा' जनजाति कहां पाई जाती है?
(a) बिजनौर और आगरा में
(b) बहराइच और लखीमपुर में
(c) मिर्जापुर और सोनभद्र में
(d) ललितपुर और जालौन में

35. $(25)^{2.5} : 5^3$ का अनुपात निम्नलिखित में से किसके समान है?
(a) 5 : 3 (b) 5 : 6
(c) 1 : 25 (d) 25 : 1

36. 2000 सैनिकों के लिए एक किले में 20 दिन का पर्याप्त भोजन था, लेकिन कुछ सैनिक दूसरे किले में स्थानांतरित कर दिए गए एवं भोजन 25 दिन तक चला। कितने सैनिकों को स्थानांतरित किया गया?
(a) 400 (b) 450
(c) 525 (d) 500

37. एक नल A किसी टैंक को 10 घंटे में भर सकता है, जबकि एक अन्य नल B उसी टैंक को 16 घंटे में खाली कर सकता है। यदि दोनों नल एक साथ खोल दिए जाएँ, तो टैंक को भरने में कितना समय लगेगा?
(a) 26.67 घंटे (b) 25.5 घंटे
(c) 30 घंटे (d) 32 घंटे

38. यदि समीकरण $y^2 - 2y - 1 = 0$ के मूल α, β हैं, तो $\alpha^3\beta + \alpha\beta^3$ का क्या मान होगा?
(a) − 8 (b) 8
(c) − 6 (d) + 6

39. दिलीप एक टी.वी. उसके मूल्य से 20% छूट पर खरीदता है और उसके मूल्य से 20% अधिक पर बेचता है। बताएँ कि उसे कितना प्रतिशत लाभ हुआ?
(a) 40 (b) 50
(c) 60 (d) 70

40. यदि 'A' का अर्थ '+' है, 'B' का अर्थ '×' है, 'C' का अर्थ '÷' है, 'D' का अर्थ '−' है, तो निम्नलिखित समीकरण का मान बताइए−
9 A 2 B 6 D 4 C 2
(a) 16 (b) 19
(c) 27 (d) 30

भाग-2: कृषि

41. साँड़ के बंध्याकरण की उम्र होती है-
(a) 2 वर्ष (b) 1.5 वर्ष
(c) 1 वर्ष (d) 3 वर्ष

42. सर्वाधिक प्रदूषित शहर है-
(a) कोलकाता (b) लखनऊ
(c) नई दिल्ली (d) बंगलौर

43. रानीखेत रोग किस विषाणु द्वारा फैलता है?
(a) फाउल हर्पस
(b) पैरामिक्सो वायरस
(c) एवीपोक्स
(d) पिकार्नाविरिडी एण्टोरोवायरस

44. लाल अतिसार रोग किसके द्वारा फैलता है?
(a) जीवाणु (b) विषाणु
(c) कवक (d) प्रोटोजोआ

45. 'अल्पाइन' प्रजाति है-
(a) बकरी की (b) भेड़ की
(c) गाय की (d) मुर्गी की

46. केनिंग के पिता कहे जाते हैं-
(a) के. सी. मेहता को
(b) एन. एप्पेर्ट्स को
(c) आर. सी. मुखर्जी को
(d) इनमें से कोई नहीं

47. शून्य भूपरिष्करण क्या है?
(a) भूमि की कम-से-कम जुताई
(b) पूर्व फसल के अवशेषों को नष्ट किए बिना फसल की बुवाई करना
(c) खेत में बीज बोने तक किए गए कार्य
(d) फसल से अधिकतम शुद्ध लाभ की खेती करना

48. सस्य वैज्ञानिक का कर्त्तव्य नहीं होता है-
(a) खेत के अन्दर उपयुक्तता और अन्तिम परिणाम का खोजना
(b) विभिन्न वैज्ञानिकों के बीच समन्वय करना
(c) फसलों की पैदावार के विभिन्न कारकों को समझना
(d) विभिन्न कारकों का समन्वय कर शोध करना

49. जैव मण्डल में ऊष्मिक प्रवाह के आकलन को कहा जाता है-
(a) ऊष्मिक ऊर्जा
(b) ऊष्मा बजट
(c) प्रकाश संतृप्ति बिन्दु
(d) विकिरण

50. सब्जी की प्रतिदिन प्रति व्यक्ति आवश्यकता है-
(a) 185 ग्राम (b) 285 ग्राम
(c) 250 ग्राम (d) 300 ग्राम

51. नरेन्द्र आँवला-6 (NA-6) प्रजाति निम्न में से किसके चयन से विकसित की गई है?
(a) चकैया (b) हाथीझूल
(c) बनारसी (d) नरेन्द्र आँवला-4

52. उत्तर भारत में गन्ने की फसल के लिए संस्तुत उर्वरक (N : P : K) की मात्रा है-
(a) 150 : 60 : 60 किग्रा/हेक्टेयर
(b) 150 : 60 : 40 किग्रा/हेक्टेयर
(c) 180 : 80 : 60 किग्रा/हेक्टेयर
(d) 180-200 : 80 : 60 किग्रा/हेक्टेयर

53. निम्न युग्मों में कौन-सा सुमेलित नहीं है?
(a) सेब − मेलस पुमीला
(b) एप्रीकोट − प्रूनस ऐरोनिएसी
(c) एवोकाडो − पेरसी अमरीकाना
(d) आलमण्ड − एक्टिनीडिया डेलिसिओसा

54. अरहर की फसल में दाना तथा भूसा का अनुपात है-
(a) 1 : 4 से 6 (b) 1 : 6 से 8
(c) 1 : 3 से 4 (d) 1 : 4 से 5

55. सूची-I का मिलान सूची-II से कीजिए और दिए गए कूट से सही उत्तर चुनिए-

सूची-I (सब्जी)	सूची-II (समुद्रतलीय ऊँचाई)
A. फूलगोभी	1. 1400 मीटर
B. मूली	2. 50 मीटर
C. भिण्डी	3. 1000 मीटर
D. टमाटर	4. 1600 मीटर

कूट :

	A	B	C	D
(a)	3	4	1	2
(b)	4	3	2	1
(c)	3	4	2	1
(d)	1	2	3	4

56. गन्ने का तना छेदक कीट कौन-सा है?
(a) होमोप्टेरा
(b) काइ्रप्टेरों इनफसकेटलस स्नेल
(c) टेट्रास्टीकस पाइरीला
(d) ट्राइपोरंजा निवेला

57. नाइट्रस ऑक्साइड के प्रयोग का उद्देश्य क्या है?
(a) पशुओं को बेहोश करने हेतु
(b) दूध घटाने हेतु
(c) वसा की मात्रा घटाने हेतु
(d) जीवाणुओं की मात्रा रोकने हेतु

58. फ्लेम फोटोमीटर प्रयोग किया जाता है गणना करने के लिए-
(a) उपलब्ध पोटाश
(b) उपलब्ध फॉस्फोरस
(c) उपलब्ध नत्रजन
(d) इनमें से कोई नहीं

59. प्रशिक्षण एवं सम्पर्क पद्धति आरम्भ की गई-
(a) डी. बेनोर द्वारा
(b) एम. जैक्सन द्वारा
(c) एम. एन्डरसन द्वारा
(d) ओ. पी. धामा द्वारा

60. देश में 50% से अधिक भूमिहीन मजदूर अपनी आय किस स्रोत से प्राप्त करते हैं?
(a) कृषि मजदूरी से
(b) कृषि एवं पशुपालन से
(c) पशुपालन से
(d) पशुपालन एवं मुर्गीपालन से

61. उत्तर प्रदेश में कृषि उत्पादन मंडी अधिनियम कब लागू हुआ?
(a) 1963 में (b) 1964 में
(c) 1965 में (d) 1966 में

62. दुग्ध संरचना में निम्न में से किस तत्व का सबसे अधिक प्रतिशत होता है?
(a) वसा (b) प्रोटीन
(c) पानी (d) कुल ठोस पदार्थ

63. कौन-से पौधे निष्प्रभावी दीप्तिकाली है?
(a) मक्का – मूँगफली – मटर – चुकन्दर
(b) बाजरा – गन्ना – अलसी – गेहूँ
(c) सूरजमुखी – टमाटर – कपास – सोयाबीन
(d) मोंठ – धान – जौ – बरसीम

64. फसल की कटाई किस परिपक्वता पर की जा सकती है?
(a) शरीर की परिपक्वता
(b) फलों की परिपक्वता
(c) फसल सूखने पर
(d) फलों के गिरने पर

65. सूची-I का मिलान सूची-II से कीजिए और दिए गए कूट से सही उत्तर चुनिए-

	सूची-I		सूची-II
A.	जौ	1.	गठवाँ
B.	कपास	2.	जंगली जई
C.	सरसों	3.	कंघी
D.	तम्बाकू	4.	हुलहुल

कूट :

	A	B	C	D
(a)	2	3	1	4
(b)	2	3	4	1
(c)	4	1	2	3
(d)	1	2	3	4

66. हरियाणा नस्ल किस प्रकार की है?
(a) दुधारू (b) द्विकाजी
(c) भारवाही (d) इनमें से कोई नहीं

67. मधुमक्खी द्वारा लीची के परागण में लगभग कितनी वृद्धि होती है?
(a) 30-40% (b) 20-25%
(c) 15-20% (d) 30-35%

68. सूची-I का मिलान सूची-II से कीजिए और दिए गए कूट से सही उत्तर चुनिए-

	सूची-I		सूची-II
A.	अवरोधी	1.	विलम्ब से बुवाई
B.	उदय	2.	काबुली चना
C.	पूसा 267	3.	समय से बोने हेतु
D.	के-5	4.	हरे रंग के दाने

कूट :

	A	B	C	D
(a)	4	2	3	1
(b)	3	1	4	2
(c)	3	1	2	4
(d)	2	3	1	4

69. सेब के फल सेट होते समय कम-से-कम तापक्रम होना चाहिए-
(a) 10°C (b) 4.5°C-5.5°C
(c) 8°C-10°C (d) 2°C-3°C

70. सूची-I का मिलान सूची-II से कीजिए और दिए गए कूट से सही उत्तर चुनिए-

	सूची-I		सूची-II
A.	कुफरी चन्द्रमुखी	1.	मध्यम प्रजाति
B.	कुफरी सतलज	2.	पछेती प्रजाति
C.	चिपसोना-2	3.	अगेती प्रजाति
D.	कुफरी देवा	4.	निर्यातक प्रजाति

कूट :

	A	B	C	D
(a)	4	2	3	1
(b)	3	1	4	2
(c)	3	1	2	4
(d)	2	3	1	4

71. केले में फलियों को भरने के लिए किस हार्मोन का प्रयोग करते हैं?
(a) जिब्रेलिक एसिड
(b) ऑक्सिन
(c) एन. ए. ए.
(d) 2-4D

72. सल्फर डाइऑक्साइड और नाइट्रोजन डाइऑक्साइड जब वर्षा जल के साथ सम्पर्क में आते हैं उसे क्या कहते हैं?
(a) क्षारीय वर्षा
(b) जीवाश्म वर्षा
(c) क्षारीय एवं अम्लीय वर्षा
(d) अम्लीय वर्षा

73. लखनऊ-49 प्रजाति को किस अन्य नाम से जानते हैं?
(a) सरदार (b) चित्तिदार
(c) हपसी (d) इनमें से कोई नहीं

74. सिंचाई की नाली के पानी फ्लो को नापते हैं-
(a) टेन्सियोमीटर द्वारा
(b) न्यूट्रोप्रोय मीटर द्वारा
(c) वी-नोच द्वारा
(d) वोल्युमेट्रिक द्वारा

75. प्रक्षेत्र प्रबन्ध का ध्येय होता है-
(a) सकल आय को अधिकतम करना
(b) कुल लागत को न्यूनतम करना
(c) कारकों के प्रयोग को अनुकूलतम करना
(d) उत्पादन के विभिन्न कारकों को निर्धारित करना

76. अन्तःसरण का अभिप्राय क्या है?
(a) वर्षा के पानी का एकत्र होना
(b) द्रव का एक माध्यम से दूसरे माध्यम में प्रवेश करना
(c) पानी का पौधों में प्रवेश करना
(d) खेत के पानी का बाहर जाना

77. सनई की रेशे वाली फसल कितने सप्ताह में तैयार हो जाती है?
(a) 12-15 सप्ताह (b) 15-17 सप्ताह
(c) 10-12 सप्ताह (d) 8-10 सप्ताह

78. सूची-I का मिलान सूची-II से कीजिए और दिए गए कूट से सही उत्तर चुनिए-

	सूची-I		सूची-II
A.	कुहरा	1.	बादल का प्रतिरूप
B.	पाला	2.	शून्य डिग्री सेल्सियस से कम तापक्रम

C.	ओस	3.	धरातल पर संचित जल की बूँदें
D.	बादल	4.	जलवाष्प के ठण्डा होने की प्रक्रिया से उत्पन्न

कूट :

	A	B	C	D
(a)	1	3	4	2
(b)	3	1	2	4
(c)	1	2	3	4
(d)	4	3	1	2

79. भारत में बागाती फसल का क्षेत्र कुल फसल क्षेत्र का कितने प्रतिशत है?
(a) 3.5% (b) 2%
(c) 4% (d) 2.5%

80. भारत में निम्न में से किस फल का उत्पादन सबसे अधिक होता है?
(a) आम (b) केला
(c) नारियल (d) पपीता

81. ताप लहर से क्या होता है?
(a) फसल के बीज का अंकुरण
(b) परागण
(c) पौधों में प्रकाश संश्लेषण
(d) पौधों की जड़ों की वृद्धि एवं क्रियाशीलता

82. गन्ने की बीज दर है-
(a) 60 कुन्तल/हेक्टेयर
(b) 80 कुन्तल/हेक्टेयर
(c) 100 कुन्तल/हेक्टेयर
(d) 120 कुन्तल/हेक्टेयर

83. प्रकाश संश्लेषण में होने वाली प्रक्रियाओं की शृंखला को कहते हैं-
(a) फोटॉन (b) कार्बन पथ
(c) अवक्रमण (d) प्रतिदीप्ति

84. गेहूँ में सी. आर. आई. अवस्था आती है-
(a) 10-15 दिन बुवाई के बाद
(b) 20-25 दिन बुवाई के बाद
(c) 35-40 दिन बुवाई के बाद
(d) 45-50 दिन बुवाई के बाद

85. C_3 पौधों का सही क्रम क्या है?
(a) गन्ना – धान – बाजरा – मक्का
(b) मूँगफली – आलू – गेहूँ – सोयाबीन
(c) आलू – धान – बाजरा – गेहूँ
(d) धान – गन्ना – सोयाबीन – बाजरा

86. निम्न में कौन-सी तिलहनी फसल है?
(a) मूँगफली (b) आलू
(c) तम्बाकू (d) चना

87. पौधों में बीजों का मुड़े हुए अंकुरण देखा जाता है-
(a) हाइपोकोटाइल के कारण
(b) हाइपोजीएल के कारण
(c) जड़ बढवार कारण
(d) मिट्टी और प्रकाश के कारण

88. निम्न में से किसको साधारणतः हरी खाद के लिए प्रयोग करते हैं?
(a) बाजरा (b) जौ
(c) ढैंचा (d) अरहर

89. जीवाणुओं का कौन-सा समूह फॉस्फेट की घुलनशीलता बढ़ाता है?
(a) राइजोबियम (b) क्लास्ट्रीडियम
(c) एजेटोबैक्टर (d) स्यूडोमोनास

90. कौन-सी फसल उत्तेरा खेती में उगाई जाती है?
(a) सोयाबीन (b) मसूर
(c) मटर (d) राई

91. भारत की कुल गाय की संख्या है-
(a) 195 मिलियन (b) 197 मिलियन
(c) 201 मिलियन (d) 215 मिलियन

92. निम्न में कौन-सी ठंडक वाली फसल से सम्बन्धित नहीं है?
(a) फूलगोभी (b) गाँठगोभी
(c) भिण्डी (d) पत्तागोभी

93. गायों की संख्या में भारत की स्थिति है-
(a) प्रथम (b) द्वितीय
(c) तृतीय (d) चतुर्थ

94. एक हेक्टेयर फूलगोभी की बुवाई के लिए कितने बीज की आवश्यकता होती है?
(a) 500-650 ग्राम
(b) 800-1000 ग्राम
(c) 950-1050 ग्राम
(d) 1000-1500 ग्राम

95. भारत में 1999-2000 में बकरी की संख्या थी-
(a) 100 मिलियन
(b) 115.3 मिलियन
(c) 133.6 मिलियन
(d) 137 मिलियन

96. निम्न में से कौन-सा जानवर जुगाली वाला नहीं है?
(a) गाय (b) बकरी
(c) सुअर (d) भेड़

97. फल मुख्यतः साधन है-
(a) खनिज का
(b) विटामिन का
(c) कार्बोहाइड्रेट का
(d) इनमें से सभी

98. डी. डी. टी. है-
(a) स्पर्शी विष (b) आमाशय विष
(c) धूमक विष (d) इनमें से सभी

99. विटामिन बी$_2$ प्राप्त होती है-
(a) पपीता में (b) केला में
(c) लीची में (d) इनमें से सभी

100. रोगार जाना जाता है-
(a) मेटासिस्टॉक्स के रूप में
(b) डाइमिथोएट के रूप में
(c) फासड्रिन के रूप में
(d) इनमें से कोई नहीं

101. पाला नुकसानदायक है-
(a) आम के लिए (b) लीची के लिए
(c) पपीते के लिए (d) इनमें से सभी

102. डाइमिथोएट बहुत प्रभावशाली होता है-
(a) भुनगों के विपरीत
(b) फल मक्खी के विपरीत
(c) माँहू के विपरीत
(d) इनमें से सभी

103. सदाबहार पौधे लगाने का सबसे अच्छा समय है-
(a) शरद ऋतु (b) बसन्त ऋतु
(c) वर्षा ऋतु (d) ग्रीष्म ऋतु

104. VAM क्या है?
(a) विषाणु (b) जीवाणु
(c) शैवाल (d) कवक

105. मृदा में जीवाश्म पदार्थ की मात्रा ज्ञात करने के लिए जीवांश कार्बन की मात्रा को किस कारक से गुणा करते हैं?
(a) 1.524 (b) 1.724
(c) 1.800 (d) 1.874

106. 'मानसून' शब्द किस भाषा से लिया गया है?
(a) लैटिन (b) अरबी
(c) फारसी (d) ग्रीक

107. एस. ए. आर. की गणना कर सकते हैं-
(a) $Na^+ / \frac{\sqrt{Ca^{2+} + Mg^{2+}}}{2}$ द्वारा
(b) $Na^+ / \sqrt{Ca^{2+} + Mg^{2+}}$ द्वारा
(c) $Na^+ / \frac{\sqrt{Ca^{2+} + K^{2+}}}{2}$ द्वारा
(d) $Ca^2 + Mg^{2+} / \sqrt{Na^+}$ द्वारा

108. कास्ट आयरन में कार्बन का प्रतिशत होता है-
(a) 6 (b) 2
(c) 4 (d) 2.5

109. इन्जन का बी. एच. पी. प्रदर्शित करता है-
(a) सिलिन्डर में शक्ति
(b) फ्लाई पहिया में शक्ति
(c) फ्रिक्शनल शक्ति
(d) पी. टी. ओ. पुली पर शक्ति

110. जेल्डाल विधि का प्रयोग करते हैं-
(a) मृदा में सम्पूर्ण फॉस्फोरस की मात्रा ज्ञात करने में
(b) मृदा में कुल पोटाश की मात्रा ज्ञात करने में
(c) मृदा में कुल नत्रजन की मात्रा ज्ञात करने में
(d) मृदा में कुल कार्बनिक कार्बन की मात्रा ज्ञात करने में

111. टमाटर की बीज दर है-
(a) 200-250 ग्राम
(b) 300-850 ग्राम
(c) 400-500 ग्राम
(d) 500-600 ग्राम

112. P_2O_5 को P में बदलने के लिए P_2O_5 में किससे गुणा करते हैं?
(a) 2.29 (b) 1.20
(c) 0.44 (d) 0.83

113. जब दो प्रजातियों को अन्तर्वर्ती क्रम में संकरण किया जाता है तो कहलाता है-
(a) बैक क्रॉसिंग (b) ट्रिपल क्रॉसिंग
(c) किस क्रॉसिंग (d) डबल क्रॉसिंग

114. अधसाली गन्ने की रोपाई किस महीने में करते हैं?
(a) अक्टूबर-नवम्बर
(b) जुलाई-अगस्त
(c) फरवरी-मार्च
(d) जून-जुलाई

115. नॉरिन-10 एक बौना जिन है-
(a) धान का (b) ज्वार का
(c) गेहूँ का (d) कपास का

116. 'Extension' शब्द प्रथम बार कहाँ प्रयोग किया गया?
(a) यू. एस. एस. आर. में
(b) यू. एस. ए. में
(c) यू. के. में
(d) आस्ट्रेलिया में

117. निम्नलिखित में लागत का कारक है-
(a) बहुफसली कार्यक्रम
(b) बीज बोने की विधियाँ
(c) निराई-गुड़ाई करने के बाद खाद देने का समय
(d) निराई-गुड़ाई व खाद देने की मात्रा

118. पशुपालन में प्रथम क्रान्ति की शुरुआत कब हुई थी?
(a) 1980 के दशक में
(b) 1960 के दशक में
(c) 1970 के दशक में
(d) 1990 के दशक में

119. रिसेशन फार्मिंग (Recession Farming) क्या है?
(a) असामान्य परिस्थितियों में आंशिक उपज प्राप्त करना
(b) बाढ़ का पानी निकल जाने के बाद फसल पैदा करना
(c) ऊर्जा प्राप्ति करने के लिए शीघ्र बढ़ने वाले पौधों की खेती करना
(d) कृषित फसलों के बाद दो वर्ष चारागाह रखना

120. वीर्य को कितने तापक्रम पर संग्रहीत करते हैं?
(a) 5°C से - 69°C
(b) 10°C से - 59°C
(c) 5°C से - 59°C
(d) 10°C से - 69°C

व्याख्या सहित उत्तर

1. (a)

2. (b) बृहस्पति को वैदिक देवताओं का पुरोहित माना जाता था।

3. (b) सही सुमेलन इस प्रकार है-

सूची-I (गुप्त मंदिर)	सूची-II (स्थान)
(A) ईंट निर्मित मंदिर	1. भीतरगांव
(B) दशावतार मंदिर	2. देवगढ़
(C) शिव मंदिर	3. भूमरा
(D) विष्णु मंदिर	4. एरण

अत: विकल्प (b) सही सुमेलित है।

4. (a) सही सुमेलन इस प्रकार है-
(A) तबकात-ए-अकबरी - निजामुद्दीन
(B) तबकात-ए-नासिरी - मिनहाजुद्दीन सिराज
(C) तारीख-ए-फिरोजशाही - जियाउद्दीन बरनी
(D) तारीख-ए-यामिनी - अल उत्बी
इस प्रकार विकल्प (a) सही है।

5. (a) रेग्यूलेटिंग अधिनियम, 1773 के, पूर्व भारतीय प्रशासन में सबसे गंभीर दोष यह था कि बंगाल, मद्रास और बम्बई प्रेसीडेंसियां एक दूसरे से पृथक एवं स्वतंत्र थी और इनका सीधा संबंध इंग्लैंड में स्थित निदेशक मंडल से था। रेग्यूलेटिंग एक्ट में इस दोष को दूर कर बंगाल के गवर्नर को अंग्रेजी क्षेत्र का गवर्नर-जनरल वारेन हेस्टिंग्स को बनाया गया था।

6. (d) 1916 के भारतीय राष्ट्रीय कांग्रेस के लखनऊ अधिवेशन की अध्यक्षता अम्बिका चरण मजूमदार ने की थी। यह अधिवेशन 'लखनऊ समझौता' या 'कांग्रेस-लीग योजना' के नाम से प्रसिद्ध है। इसमें मुस्लिम लीग व कांग्रेस के बीच समझौता हो गया और कांग्रेस ने मुसलमानों के लिए पृथक निर्वाचक मंडल की मांग को भी औपचारिक रूप से स्वीकार कर लिया था।

7. (a) प्रश्नगत घटनाओं का सही कालानुक्रम इस प्रकार है-

घटनाएं	कालानुक्रम
गांधी-इरविन समझौता	5 मार्च, 1931
भगत सिंह की फांसी	23 मार्च, 1931
भारतीय राष्ट्रीय कांग्रेस का कराची अधिवेशन	26-29 मार्च, 1931
द्वितीय गोलमेज सम्मेलन	7 सितंबर- 1 दिसंबर, 1931

अत: प्रश्नगत विकल्पों में सही विकल्प (a) है।

8. (a) वर्ष 1929 में नागपुर में संपन्न 'ऑल इंडिया ट्रेड यूनियन कांग्रेस' (A.I.T.U.C.) की अध्यक्षता जवाहरलाल नेहरू ने की थी। नागपुर अधिवेशन में ही साम्यवादियों एवं सुधारवादियों में मतभेद के कारण 'ऑल इंडिया ट्रेड यूनियन कांग्रेस' का विभाजन भी हुआ। इस अधिवेशन में नेहरू रिपोर्ट की आलोचना की गई, अत: दक्षिण पंथी इससे अलग हो गए और उन्होंने एन.एम. जोशी और वी.वी. गिरि के नेतृत्व में 'इंडियन ट्रेड यूनियन फेडरेशन (I.T.U.F.) का गठन किया।

9. (b) क्यूबा को विश्व का चीनी का कटोरा कहा जाता है क्योंकि यहां का मुख्य उत्पाद गन्ना है जिसका प्रयोग चीनी के निर्माण में होता है।

10. (a) 'आजाद हिंद फौज दिवस' 12 नवंबर, 1945 को मनाया गया था जबकि 5 नवंबर से 11 नवंबर, 1945 तक आजाद हिंद फौज के सिपाहियों

आर.के. सहगल, शाहनवाज तथा गुरुबक्श सिंह ढिल्लन पर लाल किले में मुकदमा चलाया गया था।

11. (b) सूची-I में दिए गए कोयला क्षेत्र का सूची-II में दिए गए देशों से सुमेलन इस प्रकार है-

कोयला क्षेत्र	देश
कुजबास	रूस
रेड बेसिन	चीन
ब्रिस्टल	यूनाइटेड किंगडम
न्यू साउथ वेल्स	ऑस्ट्रेलिया

12. (c) उपर्युक्त विकल्पों में स्कॉटलैंड औद्योगिक क्षेत्र स्वीडन में न होकर यूनाइटेड किंगडम में स्थित है। अन्य विकल्प सही सुमेलित हैं।

13. (c) गौरीकुंड, रामबाड़ा एवं गुप्तकाशी मंदाकिनी नदी के किनारे अवस्थित हैं जबकि गोविंद घाट अलकनंदा एवं लक्ष्मण गंगा नदी के किनारे अवस्थित है।

14. (c) जस्ता का लगभग संपूर्ण उत्पादन राजस्थान से होता है। अत: जस्ता के उत्पादन में राजस्थान का लगभग एकाधिकार है।

15. (b) सूची-I में दिए गए तेलशोधक कारखाने का सूची-II में दिए गए राज्यों से सुमेलन इस प्रकार है-

तटिपाका - आंध्र प्रदेश
कोयली - गुजरात
नागापट्टीनम - तमिलनाडु
नुमालीगढ़ - असम

16. (c) अपर्णा मटर की पत्तीविहीन प्रजाति है।

17. (c) भारत का नियंत्रक एवं महालेखा-परीक्षक लोक लेखा समिति का एक 'मित्र एवं मार्गदर्शक' होता है। वह इस समिति की बैठकों में भाग लेता है एवं समिति की सहायता करता है। उल्लेखनीय है कि लोक लेखा समिति सबसे पुरानी वित्तीय समिति है जिसमें 15 लोक सभा के एवं 7 राज्य सभा के सदस्य होते हैं। वर्ष 1967 से चली आ रही प्रथा के अनुसार विपक्ष के किसी सदस्य को इस समिति का सभापति नियुक्त किया जाता है।

- लोक लेखा समिति को कभी-कभी प्राक्कलन समिति की 'जुड़वा बहन' भी कहा जाता है।

18. (d) उपरोक्त सुझाव महात्मा गांधी द्वारा दिया गया था।

19. (b)

अनु. 164 : राज्य के मुख्यमंत्री एवं मंत्रिपरिषद की नियुक्ति
अनु. 155 : राष्ट्रपति द्वारा राज्यपाल की नियुक्ति
अनु. 75 : राष्ट्रपति द्वारा प्रधानमंत्री एवं मंत्रिपरिषद् की नियुक्ति
अनु. 54 : भारत के राष्ट्रपति का निर्वाचन

20. (c) संविधान के अनु. 266 में भारत की संचित निधि का प्रावधान है। भारत के मुख्य न्यायाधीश सहित अन्य न्यायाधीशों के वेतन भत्ते, नियंत्रक एवं महालेखा परीक्षक के वेतन भत्ते, संघ लोक सेवा आयोग के वेतन, भत्ते, इस संचित निधि से दिए जाते हैं। संचित निधि से व्यय करने हेतु लोक सभा की स्वीकृति की आवश्यकता नहीं होती है। संसद सदस्यों के वेतन भत्ते संबंधित प्रावधान अनु. 106 में उल्लिखित हैं तथा प्रधानमंत्री को वेतन संसद सदस्य के रूप में ही मिलता है।

21. (c) 16 दिसंबर, 2005 को ग्रामीण क्षेत्रों के लिए भारत निर्माण योजना को प्रारम्भ किया गया। इस योजना के 6 घटक हैं-सिंचाई, सड़क, आवास, ग्रामीण टेलीफोन, ग्रामीण विद्युतीकरण, जलापूर्ति। उल्लेखनीय है कि इस योजना की घोषणा वर्ष 2005-06 के केंद्रीय बजट में की गई थी।

22. (d) मध्य प्रदेश में तांबे का उत्पादन मात्रात्मक दृष्टि से अधिक है। परंतु मूल्य की दृष्टि से राजस्थान का स्थान प्रथम है। तांबा के अनुमानित भण्डार एवं उत्पादन दोनों ही दृष्टि से मध्य प्रदेश, राजस्थान एवं झारखंड का भारत में क्रमश: प्रथम, द्वितीय व तृतीय स्थान है।

23. (d) (रिजर्व बैंक ऑफ इंडिया) भारत का केंद्रीय बैंक हैं यह देश के विदेशी विनिमय निधि का अभिरक्षक है तथा केंद्रीय एवं राज्य सरकारों का बैंकर है। इसकी स्थापना रिजर्व बैंक ऑफ इंडिया अधिनियम, 1934 के तहत 1 अप्रैल, 1935 को ₹ 3 करोड़ की अधिकृत पूंजी से हुई थी। इसका राष्ट्रीयकरण 1 जनवरी, 1949 को किया गया। रिजर्व बैंक ऑफ इंडिया का मुख्यालय मुंबई में है।

24. (d) जैव-विविधता (Biodiversity) से तात्पर्य सभी तरह के जीव-जन्तुओं और पौधों की अलग-अलग प्रजातियों की कुल संख्या से है। जैव-विविधता हॉट-स्पॉट केवल उष्ण कटिबन्धीय प्रदेशों में स्थित नहीं हैं, बल्कि यह उपोष्ण कटिबन्धीय क्षेत्रों में (Temperate region) भी पाया जाता है; जैसे-कैलिफोर्निया, फ्लोरिडा राज्य, जापानी द्वीप समूह इत्यादि। भारत में पश्चिमी हिमालय एवं अण्डमान निकोबार द्वीप जैव-विविधता हॉट-स्पॉट नहीं हैं।

25. (a) जलवायु परिवर्तन पर जो वार्ता हुई थी, उसमें यह बात उभरकर सामने आई कि विकासशील (Developing) एवं अविकसित (Undeveloped) देशों के लिए आवश्यक धन खर्च करना मुश्किल है। यह धन खर्च करना है, ताकि इससे पर्यावरण को नुकसान नहीं हो। विकासशील देशों को वैकल्पिक प्रौद्योगिकी, अनुसंधान एवं विकास में धन खर्च करने के साथ-साथ अपनी अर्थव्यवस्था को बचाए रखने की समस्या भी सर्वोपरि है।

भारत के दृष्टिकोण से वर्तमान और आसन्न भविष्य में वैश्विक ताप के प्रशमन में उचित वैकल्पिक प्रौद्योगिकी पर्याप्त रूप से उपलब्ध नहीं है। इसके अलावा भारत अनुसन्धान एवं विकास में विशाल धनराशि का निवेश नहीं कर सकता।

26. (b) काली गर्दन वाले सारस तिब्बत के पठार एवं भारत के जम्मू-कश्मीर क्षेत्र में पाए जाते है। उड़न गिलहरी भारत के गुजरात में प्राकृतिक रूप से मिलती है साथ ही यह चीन, इण्डोनेशिया, म्यांमार, श्रीलंका, ताइवान एवं थाईलैण्ड में भी पाई जाती है। हिम तेन्दुआ भारत के जम्मू-कश्मीर, हिमाचल प्रदेश, उत्तराखण्ड, सिक्किम एवं अरुणाचल प्रदेश आदि राज्यों में पाया जाता है।

27. (b) नाभिकीय रियक्टर में नाभिकीय अभिक्रिया में रेडियोएक्टिव पदार्थो (यूरेनियम, थोरियम एवं प्लूटोनियम) का प्रयोग किया जाता है। इस अभिक्रिया के दौरान उत्पन्न न्यूट्रॉन की गति को नियंत्रित करने के लिए भारी जल का प्रयोग किया जाता है। ड्यूटीरियम ऑक्साइड को 'भारी जल' (D_2O) कहा जाता है क्योंकि इसमें ड्यूरेनियम (D) होता है, जो हाइड्रोजन का एक समस्थानिक है। नाभिकीय रिएक्टरों में मंदक के रूप में भारी जल (D_2O) तथा ग्रेफाइट का प्रयोग किया जाता है, जबकि शीतलक के रूप में सोडियम और पोटेशियम की द्रवित मिश्रधातु का उपयोग होता है। जब ग्रेफाइट का उपयोग मंदक के रूप में होता है, तब रिएक्टर को 'परमाणु पाइल' कहते हैं, किंतु भारी जल का मंदक के रूप में उपयोग होने पर वह 'स्वीमिंग पुल रिएक्टर' कहलाता है। नाभिकीय रिएक्टर में यूरेनियम या प्लूटोनियम का उपयोग ईंधन के रूप में किया जाता है, जबकि कैडमियम छड़ का उपयोग नियंत्रक छड़ के रूप में होता है। विश्व का सबसे पहला नाभिकीय रिएक्टर इटली के वैज्ञानिक प्रोफेसर एनरिको फर्मी के निर्देशन में शिकागो विश्वविद्यालय में बनाया गया था।

28. (a) नाइट्रस ऑक्साइड गैस को अल्प मात्रा में सूंघने पर हंसी उत्पन्न होती है। इसी गुण के कारण नाइट्रस ऑक्साइड को 'हंसी उत्पन्न करने वाली गैस' कहते हैं। चीड़-फाड़ या दांत उखड़ते समय बेहोश करने के लिए ऑक्सीजन के साथ नाइट्रस ऑक्साइड (N_2O) का मिश्रण निश्चेतक के रूप में प्रयोग किया जाता है। नाइट्रस ऑक्साइड की खोज का श्रेय प्रीस्टले को प्राप्त है।

29. (b) **विषाणु जनित रोग**

पोलियो, चेचक, खसरा, चिकन पाक्स, एड्स, डेंगू, इन्फ्लूएंजा, (बर्ड फ्लू) पीलिया अथवा जॉन्डिस, दिमागी बुखार अथवा मैनिनजाइटिस।

- 'हाइड्रोफोबिया' अथवा 'रेबीज' नामक रोग विषाणु जनित है जो केंद्रीय तंत्र को मुख्य रूप से प्रभावित करता है।
- 'अतिसार' नामक रोग 'रोटावायरस' नामक विषाणु से होता है।

मानवों में जीवाणु (Bacteria) जनित रोग- टॉयफायड (Typhoid), प्लेग (Plague), हैजा (Cholera), डिप्थीरिया (Diptheria), टिटनेस (Tetanus/Lock Jaw), निमोनिया (Pneumonia), सिफलिस (Syphilis)।

तपेदिक रोग माइक्रोबियम ट्यूबरकुलोसिस द्वारा होता है। यह एक जीवाणु जनित रोग है। इस रोग से बचाव हेतु बचपन में B.C.G. (Bacillus Calmette Gruerin) का टीका लगाया जाता है।

प्रोटोजोआ जनित रोग

रोग		प्रोटोजोआ
स्लीपिंग सिकनेस (निद्रा रोग)	-	ट्रिपेनोसामा
कालाजार	-	लेशमानिया डोनोवेनी
पेचिश	-	एंटअमीबा हिस्टोलिका
पायरिया	-	एंटअमीबा जिंजिवेलिस

- मलेरिया, मादा एनाफिलीज मच्छर के काटने से होता है। इस मच्छर को 'प्लाज्मोडियम वाइवैक्स' नामक प्रोटोजोअन परजीवी प्राथमिक होस्ट (Primary host) के रूप में प्रयुक्त करता है जहां से यह मानव में प्रवेश करता है।

30. (d) सल्फर डाईऑक्साइड एक वायू प्रदूषक गैस है जो जीवाश्म ईंधन के ज्वलन के फलस्वरूप उतपन्न होती है।

31. (a)

- निकट दृष्टि दोष (मायोपिया) में पास की वस्तु तो स्पष्ट दिखाई पड़ती है परन्तु, दूर की वस्तु स्पष्ट दिखाई नहीं पड़ती। निकट दृष्टि दोष में अवतल लेंस अथवा अपसारी लेंस (Concave Lens) का प्रयोग किया जाता है।
- दूरदृष्टि दोष (हाइपरमैट्रोपिया) में दूर की वस्तु स्पष्ट दिखाई पड़ती है परन्तु, पास की नहीं। इस दोष के निवारण हेतु उत्तल लेंस अथवा अभिसारी लेंस (Convex Lens) का प्रयोग किया जाता है।

32. (a) प्रश्न में दिए विकल्पों के जिले और उनका क्षेत्रफल निम्नानुसार है-

जिला	क्षेत्रफल (वर्ग किमी.)
वाराणसी	1,535
जौनपुर	4,038
इलाहाबाद	5,482
गाजीपुर	3,377

स्पष्टत: दिए गए जिलों में वाराणसी का क्षेत्रफल सबसे कम हैं अत: सही विकल्प (a) होगा।

33. (d) प्रश्न में उल्लिखित तीनों नृत्य उत्तर प्रदेश के प्रमुख लोकनृत्य हैं। 'धोबिया राग' नृत्य प्रदेश की धोबी जाति द्वारा किया जाने वाला नृत्य है। 'राई' बुंदेलखंड की महिलाओं द्वारा कृष्ण जन्माष्टमी पर किया जाने वाला मयूर नृत्य है जबकि 'शायरा' नृत्य बुंदेलखंडी किसानों द्वारा फसल काटने की खुशी में किया जाता है।

34. (a) बुक्सा या भोक्सा जनजाति उत्तर प्रदेश के बिजनौर और आगरा में पायी जाती है।

35. (d) $\frac{25^{2.5}}{5^3} = \frac{(25)^2 \times (25)^{0.5}}{5^3}$

$= \frac{(25)^2 \times (25)^{1/2}}{25 \times 5} = \frac{25}{1} = 25:1$

36. (a) माना स्थानांतरित सैनिकों की संख्या $= x$

प्रश्नानुसार,

$2000 \times 20 = (2000 - x) \times 25$

$\Rightarrow \quad 1600 = 2000 - x$

$\Rightarrow \quad x = 400$ सैनिक

37. (a) नल A द्वारा 1 घंटे में टंकी का भरा गया भाग $= \frac{1}{10}$

नल B द्वारा 1 घंटे में टंकी का खाली किया गया भाग $= \frac{1}{16}$

$\therefore$ दोनों नलों को एक साथ खोल देने पर 1 घंटे में टंकी का भरा गया भाग

$= \left(\frac{1}{10} - \frac{1}{16}\right) = \frac{6}{160} = \frac{3}{80}$

पूरी टंकी को भरने में लगा समय $= \frac{80}{3}$ $= 26.67$ घंटे

38. (a) $\because \alpha + \beta = 2, \alpha\beta = -1$

$\alpha^3 \beta + \beta^3 \alpha = \alpha\beta (\alpha^2 + \beta^2)$

$= \alpha\beta [(\alpha + \beta)^2 - 2\alpha\beta]$

$= (-1) [(2)^2 - 2 \times (-1)]$

$= -1 [4 + 4] = -8$

39. (b) मान लिया कि टी.वी. का मूल्य $=$ ₹ 100

$\therefore$ क्रय मूल्य $=$ ₹ 80

तथा विक्रय मूल्य $=$ ₹ 120

$\therefore$ लाभ $= (120 - 80) =$ ₹ 40

$\therefore$ लाभ प्रतिशत $= \frac{40}{80} \times 100 = 50\%$

40. (b) दिया गया व्यंजक, 9A2B6D4C2

प्रश्नानुसार, अक्षरों को गणितीय चिह्नों में परिवर्तित करने पर,

$9 + 2 \times 6 - 4 \div 2 = ?$

$= 9 + 2 \times 6 - 2 = 9 + 12 - 2$

$= 21 - 2 = \boxed{19}$

41. (a) साँड के बंध्याकरण की उम्र 2 वर्ष होती है जबकि सींगरोधन एक वर्ष में किया जाता है। गाय की परिपक्व अवस्था 2.5 वर्ष यूरोपियन प्रजाति की तथा 3 वर्ष देशी प्रजाति के लिए होती है।

42. (a)

43. (b) 'रानीखेत' मुर्गी में लगने वाली बीमारी है। यह बीमारी विषाणु द्वारा फैलती है। इस विषाणु का नाम पैरामिक्सो वायरस है।

44. (d)

जीवाणु	–	एन्थेक्स
विषाणु	–	रेण्डरपेस्ट
कवक	–	खान
प्रोटोजोआ	–	लाल अतिसार

45. (a)

बकरी	–	जमुनापारी, अल्पाइन
भेड़	–	गुरेज
गाय	–	साहीवाल
मुर्गी	–	गिर्नाका

46. (b) केनिंग फलों एवं सब्जियों को डिब्बों में भरने को कहा जाता है। इस विधि की खोज प्रथम विश्वयुद्ध के समय मित्र राष्ट्रों की सेनाओं को खाद्य पदार्थ युद्ध स्थल तक भेजने के लिए एन एप्पेर्टस ने की थी।

47. (a) भूमि की कम-से-कम जुताई करके फसलों को उगाना ही शून्य भूपरिष्करण कहलाता है। शून्य भूपरिष्करण जब फसल की बुआई के लिए खेत तैयार नहीं हो पाता है तब खेत की बिना जुताई किए या कम-से-कम जुताई करके फसल को बो दिया जाता है जैसे धान के खेत में लिनटिल की फसल उगाना।

48. (b) सस्य वैज्ञानिक का कार्य खेत के अन्दर उपयुक्त और अन्तिम परिणाम खोजना, फसलों की पैदावार के विभिन्न कारकों को समझाना, कारकों के बीच समन्वय स्थापित करना होता है।

49. (b)

50. (d) सब्जी की प्रतिदिन प्रति व्यक्ति आवश्यकता 300 ग्राम होती है जिसमें 200 ग्राम हरी पत्ती वाली तथा 100 ग्राम कन्द वाली सब्जी की आवश्यकता होती है।

51. (a)

चकैया	–	NA-6
बनारसी	–	NA-4
हाथीझूल		

52. (a) उत्तर भारत में गन्ने की फसलों के लिए 150kg N, 60kg P_2O_5 तथा 40 Kg K की आवश्यकता होती है।

53. (d)

सेब	–	मेलस पुमीला
एप्रीकोट	–	प्रूनस ऐरोनिएसी
एवोकाडो	–	पेरसी अमरीकाना
आलमण्ड	–	

54. (b) अरहर का वानस्पतिक नाम केजानस केजान है। इसमें दाना तथा भूसा का अनुपात 1 4 से 8 होता है।

55. (a) सही सुमेलित क्रम इस प्रकार है–

	सूची-I (सब्जी)		सूची-II (समुद्रतलीय ऊँचाई)
A.	फूलगोभी	1.	1000 मीटर
B.	मूली	2.	1600 मीटर
C.	भिण्डी	3.	1400 मीटर
D.	टमाटर	4.	50 मीटर

56. (b) होमोप्टेरा – कीट ऑर्डर
काइरप्टेरों इनफसकेटलस स्नेल – तना बेधक
टेट्रास्टीकस पाइरीला – पत्ती चूसक
ट्राइपोरंजा निवेला – अगोला बेधक

57. (a) नाइट्रस ऑक्साइड का प्रयोग पशुओं को बेहोश करने के लिए किया जाता है। गोशाला को जीवाणु विहीन करने के लिए फीनाल का प्रयोग किया जाता है।

58. (a) उपलब्ध पोटाश – फ्लेम फोटोमीटर
उपलब्ध फॉस्फोरस – ओल्सन विधि
उपलब्ध नाइट्रोजन – जेल्डाल विधि

59. (a) भारत में प्रशिक्षण एवं सम्पर्क पद्धति 1979 में डी. बेनोर द्वारा शुरू की गई थी जिसका उद्देश्य किसानों से सम्पर्क स्थापित करके उन्हें उचित प्रशिक्षण प्रदान करना था।

60. (a) भारत में लगभग 65% जनसंख्या की आय का स्रोत कृषि मजदूरी से है।

61. (b) मण्डी व्यवस्था को सुचारू रूप से चलाने के लिए उत्तर प्रदेश सरकार ने सन् 1964 में कृष्णी मण्डी उत्पादन अधिनियम लागू किया।

62. (c) वसा – 4.5%
प्रोटीन – 4.5%
पानी – 90%
कुल ठोस पदार्थ – 14%

63. (c) निष्प्रभावी दीप्तिकाली वे पौधे हैं जिनके फूलने-फलने पर प्रकाश का प्रभाव नहीं पड़ता है। जैसे–टमाटर, सूर्यमुखी, मक्का आदि।

64. (a) फसल की कटाई शरीर क्रियात्मक परिपक्वता पर की जा सकती है। इस अवस्था पर फसलों की कटाई करने पर फसलों को आर्थिक क्षति नहीं होती।

65. (b) सही सुमेलित क्रम इस प्रकार है–

सूची-I	सूची-II
A. जौ	1. जंगली जई
B. कपास	2. कंघी
C. सरसों	3. हुलहुल
D. तम्बाकू	4. गठवाँ

66. (b) दुधारू – साहीवाल
द्विकाजी – हरियाणा
भारवाही – कागरेज

67. (b)

68. (c) सही सुमेलित क्रम इस प्रकार है–

सूची-I	सूची-II
A. अवरोधी	1. समय से बोने हेतु
B. उदय	2. विलम्ब से बुवाई
C. पूसा 267	3. काबुली चना
D. के-5	4. हरे रंग के दाने

69. (b) सेब में फल लगाने के लिए Chilling Requirment की आवश्यकता होती है। यह तापमान लगभग 4.5-5.5°C होता है। इससे कम तापमान पर सेब में फल नहीं लगते हैं।

70. (b) सही सुमेलित क्रम इस प्रकार है–

सूची-I	सूची-II
A. कुफरी चन्द्रमुखी	1. अगेती प्रजाति
B. कुफरी सतलज	2. मध्यम प्रजाति
C. चिपसोना-2	3. निर्यातक प्रजाति
D. कुफरी देवा	4. पछेती प्रजाति

71. (a) केले में फलियों को भरने के लिए पोटाश की आवश्यकता होती है जिब्रेलिक एसिड के प्रयोग द्वारा भी केले के फलियों को भरने में सहायक होता है। NAA के प्रयोग से फलों को गिरने से रोका जाता है।

72. (d) सल्फर डाईऑक्साइड तथा नाइट्रोजन डाइऑक्साइड जब वर्षा जल के सम्पर्क में आते हैं तो आपस में क्रिया करके हाइड्रोजन सल्फाइड बनाते हैं। जो वर्षा के जल के साथ पृथ्वी पर गिरता है। इसे ही अम्लीय वर्षा कहते हैं।

73. (a)

74. (c) वी-नोच लोहे का बना एक यन्त्र होता है जिस पर पैमाना बना रहता है। इसे सिंचाई की नाली से जोड़ दिया जाता है। इसमें से पानी जब गुजरता है, तो पानी के फ्लो को पैमाने पर देख कर पढ़ लिया जाता है।

75. (c) प्रक्षेत्र प्रबन्ध का अन्ततः उद्देश्य होता है किसानों को अधिकतम लाभ प्राप्त कराना, तथा कारकों का अनुकूलतम प्रयोग करना छोटा है।

76. (c) अन्तःसरण का अभिप्राय जल का कम सान्द्रता से अधिक सान्द्रता की ओर बढ़ना। जैसे–पिचके हुए अंगूर में पानी का प्रवेश करना तथा पानी का पौधों में प्रवेश करना।

77. (c) सनई की रेशे वाली फसल 10-12 सप्ताह में तैयार हो जाती है। सनई से हरी खाद बनाने के लिए सनई को डेढ़ से 2 माह में खेत में जुताई कर दी जाती है।

78. (c) सही सुमेलित क्रम इस प्रकार है–

सूची-I		सूची-II
A. कुहरा	1.	बादल का प्रतिरूप
B. पाला	2.	शून्य डिग्री सेल्सियस से कम तापक्रम
C. ओस	3.	धरातल पर संचित जल की बूँदें
D. बादल	4.	जलवाष्प के ठण्डा होने की प्रक्रिया से उत्पन्न

79. (b) भारत में बगानी फसलों के अन्तर्गत कुल फसल क्षेत्र का लगभग 1.95% है।

80. (b) भारत में फल उत्पादन में केले का प्रथम स्थान है तथा क्षेत्रफल में आम का प्रथम स्थान है।

81. (a) ताप लहर से फसल के बीज का अंकुरण होता है। ताप लहर का तात्पर्य जब बीज का अंकुरण प्रारम्भ होता है तो उस समय बीज को आवश्यक ताप की आवश्यकता होती है उसे ही ताप लहर कहा जाता है।

82. (b) गन्ने की प्रति हेक्टेयर बुआई के लिए 70-75 g/ha बीज की आवश्यकता होती है। गन्ने को वर्ष में तीन बार बोया जा सकता है–अधशाली–जुलाई, स्प्रिग–फरवरी, मार्च, अक्टम–अक्टूबर में।

83. (b) फोटॉन–सौर्य उर्जा का स्रोत

कार्बन पथ-प्रकाश संश्लेषण में प्रक्रियाओं की श्रृंखला

प्रतिदीप्ति–कुछ जन्तुओं में पाया जाने वाला चमकीला पदार्थ

84. (b) गन्ने में सी. आर. आई. अवस्था 20-25 दिन के बाद आती है। इस अवस्था के बाद सिंचाई करने से फसल की पैदावार कम हो जाती है।

85. (b) C_3 पौधे वे पौधे होते हैं जो फॉस्फोग्लिसिरिक एसिड का निर्माण करते हैं जैसे–मूँगफली, आलू, गेहूँ, सोयाबीन आदि।

86. (a) मूँगफली – तिलहनी फसल
तम्बाकू – नकदी फसल
चना – दलहनी फसल
आलू – कन्द वाली फसल

87. (b) पौधों में बीजों का जुड़ा हुआ अंकुरण हाइपोजीएल के कारण होता है। हाइपोनियल में बीजपत्र भूमि के ऊपर आ जाते हैं। जिससे अंकुरण मुड़ा हुआ देखा जाता है।

88. (c) बाजरा – स्माल मिलेट
जौ – अनाजी फसल
ढैंचा – हरी खाद
अरहर – दलहनी फसल

89. (d) स्यूडोमोनास फॉस्फोरस की घुलनशीलता को बढ़ाता है जिससे पौधे को फॉस्फोरस आसानी से उपलब्ध हो जाता है। राइजोबियम कल्चर का प्रयोग दलहनी फसलों की बीजों में प्रयोग क्रिया जाता है जिससे ये जीवाणु नाइट्रोजन की दलहनी पौधों की जड़ों में स्थिर करते हैं।

90. (b) उत्तेरा खेती में मसूर उगाई जाती है। इस खेती में खड़ी फसल में दूसरी फसल के बीज को बो दिया जाता है।

91. (c) भारत में कुल गाय की संख्या 201 मिलियन है।

92. (c) फूलगोभी – ठंडी ऋतु वाली
पत्तागोभी – ठंडी ऋतु वाली
गाँठ गोभी – ठंडी ऋतु वाली
भिण्डी – गर्मी ऋतु वाली

93. (a)

94. (a) फूलगोभी – 500-650 ग्राम
मिर्च – 1-1.5 किग्रा
पत्तागोभी – 500-600 ग्राम
सीताफल – 6 किग्रा

95. (b) भारत में 1999-2000 में बकरी की कुल संख्या 115.3 मिलियन थी। दुग्ध उत्पादन में बकरी का योगदान कुल उत्पादन का लगभग 3% है।

96. (c) गाय – जुगाली करने वाला जानवर
बकरी – जुगाली करने वाला जानवर
सुअर – जुगाली नहीं करता है
भेड़ – जुगाली करने वाला जानवर

97. (d) फल में खनिज, विटामिन, मिनरल, कार्बोहाइड्रेट आदि पाया जाता है।

98. (d) डी. डी. टी. एक स्पर्शी विष है, आमाशय विष है तथा धूमक विष है। इसका प्रयोग भंडारण में किया जाता है।

99. (a) सभी पीले फलों में विटामिन B_2 पाया जाता है। आम, पपीता आदि इसके प्रमुख स्रोत हैं।

100. (b) रोगार को डाइमेथियोएट के रूप में जाना जाता है। यह एक सिस्टिमिक कीटनाशी है। इसका प्रयोग खेतों में फली बेधक फल मक्खी बना बेधक के विरुद्ध किया जाता है।

101. (d) पाला ग्रीष्म ऋतु में उगने वाली सभी फसलों के लिए नुकसानदेह होती है। जैसे–आम, पपीता, लीची आदि।

102. (d) डाइमिथोएट एक सिस्टमिक कीटनाशी है। इसे रोगोर भी कहा जाता है। इसका प्रयोग भुनगों, फल मक्खी तथा माहू के विपरीत किया जाता है।

103. (b) सदाबहार पौधे लगाने का सबसे अच्छा समय वसन्त ऋतु होती है।

104. (d) VAM एक प्रकार का कवक है जो पौधों की जड़ों के पास पाया जाता है। यह फॉस्फोरस की घुलनशीलता बढ़ा कर पौधों को फॉस्फोरस उपलब्ध कराता है।

105. (b) मृदा में जीवांश पदार्थ की मात्रा ज्ञात करने के लिए जीवांश कार्बन की मात्रा को 1.724 से गुणा करते हैं।

106. (b)

107. (a) सोडियम एक्सचेन्जेबिल रेशियों की गणना

$$\frac{Na^+}{\sqrt{\frac{Ca^+ + Mg}{2}}}$$ द्वारा किया जाता है।

108. (d) कास्ट आयरन में 2.5% कार्बन पाया जाता है। कास्ट आयरन से विभिन्न प्रकार के कृषि यन्त्र बनाए जाते हैं।

109. (d) इन्जन का बी. एच. पी., पी. टी. ओ. पुली पर शक्ति को प्रदर्शित करता है।

110. (c) जेल्डाल विधि का प्रयोग मृदा में कुल नाइट्रोजन की मात्रा ज्ञात करने में की जाती है। ओल्सन विधि से फॉस्फोरस की मात्रा ज्ञात की जाती है। फ्लेम फोटो मीटर से पोटाश की मात्रा ज्ञात की जाती है।

111. (c) टमाटर – 400-500 ग्राम
फूलगोभी – 500-600 ग्राम
मिर्च – 1-1.5 किग्रा
प्याज – 80-10 किग्रा

112. (c) P_2O_5 को P में बदलने के लिए P_2O_5 में 44 से गुणा करते हैं।

113. (c) जब दो प्रजातियों को अन्तर्वर्ती क्रम में संकरण किया जाता है तो उसे क्रिस क्रॉसिंग कहा जाता है। रोग रोधी प्रजाति को प्राप्त करने के लिए कई पीढ़ी तक उसको उगाया जाता है।

114. (b) अधसाली – जुलाई, अगस्त
औटम – अक्टूबर-नवम्बर
स्प्रिंग – फरवरी-मार्च

115. (c) धान – डी. जी. वो जीन
गेहूँ – नारिन-10

116. (b) Extension शब्द का प्रथम बार प्रयोग अमेरिका में किया गया था जबकि Extension Education का प्रारम्भ सर्वप्रथम ब्रिटेन में किया गया था।

117. (d) लागत कारक के अन्तर्गत निराई-गुड़ाई व खाद देने की मात्रा आदि आती है। लागत कारक उन सभी तथ्यों को जोड़ा जाता है। जिससे फसलों का उत्पादन होता है।

118. (c) पशुपालन में प्रथम क्रान्ति की शुरुआत उस समय मानी जाती है जब 196 में दुग्ध क्रान्ति की शुरुआत हुई। प्रथम दुग्ध क्रान्ति 1966 में शुरू हुई इसके बाद 1970 में द्वितीय दुग्ध क्रान्ति शुरू हुई।

119. (b) रिसेशन फार्मिंग को दियारा फार्मिंग भी कहा जाता है। जिसमें बाढ़ के बाद पानी निकल जाने पर खेती की जाती है।

120. (a) वीर्य को 5 से-69°C तापमान पर तरल नाइट्रोजन में रखा जाता है। इससे कम या अधिक तापमान पर रखने से वीर्य में शुक्राणु निष्क्रिय हो जाते हैं।

❑❑❑

प्रैक्टिस सेट-13

भाग-1: सामान्य अध्ययन

1. 'घरी' अथवा गृहकर लगाने वाला दिल्ली का प्रथम सुल्तान कौन था?
   (a) बलबन
   (b) अलाउद्दीन खलजी
   (c) मुहम्मद बिन तुगलक
   (d) फिरोजशाह तुगलक
2. किस मध्ययुगीन सुल्तान को आगरा शहर की नींव डालने एवं उसे सल्तनत की राजधानी बनाने का श्रेय जाता है?
   (a) इल्तुतमिश
   (b) मुहम्मद बिन तुगलक
   (c) फिरोजशाह तुगलक
   (d) सिकन्दर लोदी
3. इब्नबतूता भारत में किसके शासन-काल में आया?
   (a) बहलोल लोदी
   (b) फिरोज तुगलक
   (c) गयासुद्दीन तुगलक
   (d) मुहम्मद बिन तुगलक
4. निम्नलिखित यूरोपीय व्यापारिक कम्पनियों में से किसने सूरत में सर्वप्रथम अपना कारखाना स्थापित किया?
   (a) डचों ने (b) अंग्रेजों ने
   (c) फ्रान्सीसियों ने (d) पुर्तगालियों ने
5. किसके शासन काल में भारत में अंग्रेजी शिक्षा आरम्भ की गई?
   (a) लॉर्ड विलियम केवेंडिश बैंटिंक
   (b) लॉर्ड हार्डिंग
   (c) लॉर्ड मिंटो
   (d) लॉर्ड डलहौजी
6. भारतीय राष्ट्रीय कांग्रेस से सम्बन्धित निम्नलिखित घटनाओं पर विचार कीजिए-
   1. 1929 का भारतीय राष्ट्रीय कांग्रेस का लाहौर अधिवेशन
   2. गांधी-इर्विन समझौता
   3. भारतीय राष्ट्रीय कांग्रेस का कराची अधिवेशन
   4. राजगुरु की फांसी

   नीचे दिए गए कूट से इन घटनाओं का सही कालानुक्रम का चयन कीजिए -
   (a) 1, 2, 4, 3 (b) 2, 1, 3, 4
   (c) 4, 3, 2, 1 (d) 1, 2, 3, 4
7. निम्नलिखित में से किसने महात्मा गांधी के खिलाफत आन्दोलन में भागीदारी की भर्त्सना की थी?
   (a) मोहम्मद अली
   (b) शौकत अली
   (c) अबुल कलाम आजाद
   (d) एम.ए. जिन्ना
8. निम्नलिखित युग्मों में से कौन सुमेलित नहीं है?
   (a) राजा राममोहन राय - ब्रह्म समाज
   (b) स्वामी दयानन्द सरस्वती - आर्य समाज
   (c) स्वामी विवेकानन्द - रामकृष्ण मिशन
   (d) महादेव गोविन्द रानाडे - थियोसोफिकल सोसायटी
9. सूची-I तथा सूची-II से सुमेलित कीजिए तथा सही उत्तर का चयन नीचे दिए कूट से कीजिए-

सूची-I (दर्रा)	सूची-II (राज्य)
A. बनिहाल	1. हिमाचल प्रदेश
B. नाथूला	2. जम्मू व कश्मीर
C. नीति	3. सिक्किम
D. शिप्किला	4. उत्तराखंड

कूट :

	A	B	C	D
(a)	1	2	3	4
(b)	2	3	4	1
(c)	3	4	2	1
(d)	4	3	2	1

10. सूची-I तथा सूची-II से सुमेलित कीजिए तथा सही उत्तर का चयन सूचियों के नीचे दिए कूट से कीजिए-

सूची-I (ताँबा के क्षेत्र)	सूची-II (राज्य)
A. चन्दरपुर	1. महाराष्ट्र
B. हासन	2. आन्ध्र प्रदेश
C. खम्मान	3. राजस्थान
D. खेत्री	4. कर्नाटक

कूट :

	A	B	C	D
(a)	1	4	2	3
(b)	2	3	4	1
(c)	4	2	3	1
(d)	3	1	2	4

11. निम्नलिखित देशों में से कौन अपने चीनी उत्पादन का सर्वाधिक प्रतिशत निर्यात करता है?
    (a) भारत (b) मॉरीशस
    (c) मैक्सिको (d) चीन
12. भारत में निम्नलिखित में से कौन नवीकरणीय ऊर्जा स्त्रोत सर्वाधिक संभाव्यता वाला है?
    (a) सौर शक्ति
    (b) जैव पुंज शक्ति
    (c) लघु जल विद्युत शक्ति
    (d) अपशिष्ट से अर्जित
13. नागार्जुन सागर स्थित है-
    (a) गोदावरी नदी पर
    (b) कृष्णा नदी पर
    (c) पेनगंगा नदी पर
    (d) तुंगभद्रा नदी पर
14. निम्नलिखित में से कौन शीतोष्ण कटिबंधीय मरुस्थल है?
    (a) अरब मरुस्थल
    (b) अटाकामा मरुस्थल
    (c) कालाहारी मरुस्थल
    (d) पैटागोनियन मरुस्थल
15. भारत में निम्नलिखित में से किस फसल के अन्तर्गत सर्वाधिक क्षेत्रफल है?

(a) गेहूँ (b) गन्ना
(c) मक्का (d) धान

16. ग्यारहवीं पंचवर्षीय योजना की अवधि थी-
(a) 2006-11 (b) 2007-12
(c) 2008-13 (d) 2009-14

17. 'बैंक दर' से अभिप्राय उस ब्याज दर से है जो-
(a) बैंकों द्वारा जमाकर्ताओं को दी जाती है।
(b) बैंकों द्वारा ऋण लेने वालों से ली जाती है।
(c) अंतर-बैंकीय ऋणों पर ली जाती है।
(d) भारतीय रिजर्व बैंक द्वारा व्यापारिक बैंकों को दिये जाने ऋणों वाले पर ली जाती है।

18. आयात प्रक्रिया आरम्भ होती है-
(a) मेट की रसीद से
(b) सामुद्रिक बीमा से
(c) इण्डेण्ट से
(d) जहाजी बिल से

19. ड्यूटी-ड्रॉ-बैंक का आशय है-
(a) आयात शुल्क की अधिक दर
(b) निर्यातकों को आयात शुल्क की वापसी
(c) निर्यात के मामले में बाधायें
(d) निर्यातकों को निर्यात शुल्क की वापसी

20. निम्नलिखित शब्दों में से कौन से शब्द 42वें संवैधानिक संशोधन द्वारा प्रस्तावना में जोड़े गये हैं?
1. समाजवाद
2. ग्राम स्वराज
3. पंथ निरपेक्षता
4. सम्पूर्ण प्रभुत्व सम्पन्न
सही उत्तर का चयन नीचे दिये कूटों के उपयोग से कीजिए -
कूट :
(a) 1, 2, 3 (b) 1, 3, 4
(c) 1, 2, 4 (d) 2, 3, 4

21. संविधान के निम्नलिखित अनुच्छेदों में से किस एक के अन्तर्गत संघ की कार्यपालिका शक्तियाँ राष्ट्रपति में निहित हैं?
(a) अनुच्छेद 51 (b) अनुच्छेद 52
(c) अनुच्छेद 53 (d) अनुच्छेद 54

22. भारत का संविधान निम्नलिखित अनुच्छेदों में से किस एक के अन्तर्गत एक निर्वाचन आयोग का प्रावधान करता है?
(a) अनुच्छेद 321 के अन्तर्गत
(b) अनुच्छेद 322 के अन्तर्गत
(c) अनुच्छेद 323 के अन्तर्गत
(d) अनुच्छेद 324 के अन्तर्गत

23. पंचायती राज व्यवस्था की स्थापना के लिए अनुशंसा की गई थी-
(a) भारत सरकार अधिनियम 1935 द्वारा।
(b) क्रिप्स मिशन 1942 द्वारा।
(c) भारत का स्वतंत्रता अधिनियम 1947 द्वारा।
(d) 1957 की बलवन्त राय मेहता समिति की रिपोर्ट द्वारा।

24. निम्नलिखित में से कौन-सा एक प्राणी समूह संकटापन्न जातियों के संवर्ग के अन्तर्गत आता है?
(a) महान भारतीय सारंग, कस्तूरी मृग, लाल पाण्डा और एशियाई वन्य गधा
(b) कश्मीरी महामृग, चीतल, नील गाय और महान भारतीय सारंग
(c) हिम तेन्दुआ, अनूप मृग, रीसस बन्दर और सारस (क्रेन)
(d) सिंहपुच्छी मैकाक, नील गाय, हनुमान लंगूर और चीतल

25. निम्नलिखित राज्यों में से किसमें/किनमें सिंह-पुच्छी वानर (मैकाक) अपने प्राकृतिक आवास में पाया जाता है?
1. तमिलनाडु 2. केरल
3. कर्नाटक 4. आन्ध्र प्रदेश
कूट:
(a) 1, 2 और 3 (b) केवल 2
(c) 1, 3 और 4 (d) ये सभी

26. घासस्थलों में वृक्ष पारिस्थितिक अनुक्रमण के अंश के रूप में किस कारण घासों को प्रतिस्थापित नहीं करते हैं?
(a) कीटों एवं कवकों के कारण
(b) सीमित सूर्य के प्रकाश एवं पोषक तत्वों की कमी के कारण
(c) जल की सीमाओं एवं आग के कारण
(d) उपरोक्त में से कोई नहीं

27. निम्नलिखित में से कौन-सा सुमेलित नहीं है?
(a) ऐन्टिफ्रीज यौगिक - एंथिलीन ग्लाइकाल
(b) ऐन्टिनॉक एजेन्ट - टेट्राएथिल लेड
(c) ऐन्टि ऑक्सीडेन्ट - B-कैरोटीन
(d) ऐन्टि बायोटिक्स - क्विनीन

28. निम्नलिखित युग्म में से कौन-सा साधारण टॉर्च सेल के टर्मिनलों को बनाता है?
(a) जिंक - कार्बन
(b) कॉपर - जिंक
(c) जिंक - कैडमियम
(d) कार्बन - कॉपर

29. निम्नलिखित में से कौन-सा सुमेलित नहीं है?
(a) ज्वरनाशी - पैरासीटेमॉल
(b) प्रतिफेनकारक - पॉलीएमाइड्स सिलिकोन्स
(c) पूर्तिरोधी - ऐस्पिरिन
(d) अस्थिक्षयरोधी - कैल्सिफेरॉल (विटामिन डी)

30. निम्नलिखित में से कौन-सा विश्व का सबसे बड़ा पुष्प है?
(a) कमल (b) सूर्य मुखी
(c) रैफ्लेसिया (d) ग्लोरी लिली

31. वकमिन्स्टर फुलेरीन क्या है?
(a) कार्बन यौगिक का एक रूप जिसमें 60 कार्बन परमाणुओं का गुच्छ होता है जो परस्पर पंचभुज या घटभुज से बने बहु फलकीय संरचना से जुड़े होते हैं।
(b) फ्लुओरीन का एक बहुलक
(c) कार्बन का एक समस्थानिक जो C^{14} से भारी होता है।
(d) इनमें से कोई नहीं

32. सूची-I को सूची-II से सुमेलित कीजिए तथा सूचियों के नीचे दिए कूट से सही उत्तर का चयन कीजिए-

सूची-I (संस्थान)	सूची-II (स्थान)
A. सेंट्रल ड्रग इंस्टीट्यूट	**1. इलाहाबाद**
B. सेंट्रल लेप्रोसी इंस्टीट्यूट	**2. कानपुर**
C. मोतीलाल नेहरू राष्ट्रीय प्रौद्योगिकी संस्थान	**3. आगरा**
D. इण्डियन इंस्टीट्यूट ऑफ शुगर टेक्नोलॉजी	**4. लखनऊ**

कूट :

	A	B	C	D
(a)	1	2	3	4
(b)	3	1	4	2
(c)	4	3	1	2
(d)	2	4	3	1

31. निम्नलिखित में से किसे सर्वप्रथम केन्द्रीय विश्वविद्यालय घोषित किया गया?
(a) अलीगढ़ मुस्लिम विश्वविद्यालय, अलीगढ़
(b) डॉ. भीमराव अम्बेडकर विश्वविद्यालय, लखनऊ
(c) बनारस हिन्दू विश्वविद्यालय, वाराणसी
(d) इलाहाबाद विश्वविद्यालय

34. उत्तर प्रदेश में आंवले का सर्वाधिक उत्पादन देने वाला जिला है-
(a) रायबरेली (b) प्रतापगढ़
(c) सुल्तानपुर (d) जौनपुर

35. वह छोटी से छोटी संख्या ज्ञात कीजिए जिसमें संख्याएँ 27, 42, 63, 84 से भाग देने पर हर दशा में 21 शेष बचे-

(a) 760 (b) 745
(c) 777 (d) 767

36. पाँच कक्षाओं (I से V) में छात्रों की औसत संख्या 29 है। यदि कक्षा I, III और V में छात्रों की औसत संख्या 30 है, तो कक्षा II और IV में छात्रों की कुल संख्या होगी-

(a) 45
(b) 55
(c) 50
(d) निश्चित नहीं की जा सकती

37. 120 से 90 पाने हेतु जितने प्रतिशत का ह्रास करना है, वह है-

(a) 30% (b) 25%
(c) 20% (d) $33\frac{1}{3}\%$

38. यदि किसी सांकेतिक भाषा में MOTHERS को OMVGGPU लिखा जाता है, तो उसी भाषा में आप BROUGHT को किस प्रकार लिखेंगे?

(a) DQPTIFV (b) DQPITFV
(c) DPQTIFV (d) DPQTIVF

39. दी गई श्रेणी में लुप्त संख्या ज्ञात करो। 2, 9, 25, 82, 335, ?

(a) 1326 (b) 1584
(c) 1682 (d) 1985

40. यदि जोड़ के स्थान पर ↓, घटाने के स्थान पर ↑, भाग के स्थान पर ↗, गुणा के स्थान पर ↖, बराबर के स्थान पर ← हो, तो कौन-सा विकल्प सही है ?

(a) 24 ↗ 6 ↓ 6 ↖ 4 ↑ 20 ← 0
(b) 24 ← 6 ↑ 6 ↖ 4 ↓ 20
(c) 24 ← 6 ↓ 6 ↗ 4 ↑ 20
(d) 24 ↗ 6 ↑ 6 ↖ 4 ↓ 20 ← 0

भाग-2: कृषि

41. 'हार्वेस्ट' इंडेक्स नाम दिया था इन्होंने-

(a) आर्नोन (b) डोनाल्ड
(c) बकमैन (d) इनमें से कोई नहीं

42. मिट्टी में CO_2 की सांद्रता पायी जाती है-

(a) 0.65% (b) 0.25%
(c) 0.50% (d) 0.85%

43. मृदाओं में उच्चतम कार्बनिक पदार्थ होता है, इसमें-

(a) ए-हॅराइजन (b) बी-हॅराइजन
(c) सी-हॅराइजन (d) इनमें से कोई नहीं

44. फास्फोरस की कमी के लक्षण पहले प्रकट होते हैं, इस पर-

(a) पुराने पत्तों पर
(b) नए पत्तों पर
(c) पत्तों किनारों (Margin) पर
(d) इनमें से कोई नहीं

45. मिट्टी निर्माण इसमें प्रभावित नहीं होता-

(a) जल (b) हवा
(c) तापक्रम (d) पेड़-पौधे

46. बोरोन की कमी सामान्यतः होती है, इसमें-

(a) लाल मिट्टी
(b) काली कपास मिट्टी
(c) लेटराइट मिट्टी
(d) जलोढ मिट्टी

47. भारत में अधिकतम क्षेत्रफल धारण करने वाला मिट्टी समूह है-

(a) काली मिट्टी (b) लेटराइट मिट्टी
(c) जलोढ मिट्टी (d) पहाड़ी मिट्टी

48. pH माप इसके बारे में एक जानकारी देता है-

(a) सक्रिय अम्लता
(b) रिजर्व अम्लता
(c) अवशिष्ट अम्लता
(d) इन सभी की

49. मानव निर्मित अपरदन (Erosion) प्राथमिक तौर पर होता है, इसके द्वारा-

(a) जल और लोग (b) वायु और पशु
(c) जल और वायु (d) पशु और लोग

50. किसमें Mg की उपलब्धता कम होती है?

(a) जैविक मिट्टी (b) इसेप्टी मिट्टी
(c) खारी मिट्टी (d) अम्ल मिट्टी

51. मिट्टी के रंग की माप होती है-

(a) लिटमस पेपर द्वारा
(b) मन्सेल कलर चार्ट द्वारा
(c) टेन्सियोमीटर द्वारा
(d) क्रोमैटोग्राफी द्वारा

52. मिट्टी में जैविक पदार्थ की उच्च मात्रा अच्छी नहीं होती है, इसके लिए-

(a) पौध के विकास
(b) सूक्ष्म जीवणुवीय कार्यकलाप
(c) सड़क निर्माण
(d) मिट्टी वातन

53. वायु अपरदन के दौरान मृदा कणों का उच्चतम संचलन होता है, इस कारण-

(a) निलम्बन (b) उत्परिवर्तन
(c) पृष्ठ सर्पण (d) पृष्ठ तनाव

54. भारत में काली कपास मिट्टी निकली है इससे-

(a) चूना पत्थर (b) ग्रेफाइट
(c) क्वार्ट्ज (d) असिताश्म

55. क्रोटोविना है-

(a) खनिज
(b) शैल
(c) मिट्टी पदार्थ पर विष्ठा से भरा पशु बिल
(d) इनमें से कोई नहीं

56. धान की फसल नाइट्रोजन प्राप्त करती है, इस रूप में-

(a) NO_2 (b) N_2
(c) NH_4 (d) NO_3

57. मिट्टी में ताप प्रवाह (Heat Flow) होता है, इसके द्वारा-

(a) विकिरण (b) चालन
(c) संवहन (d) जल संचलन

58. फसलें हेर-फेर इसके नियंत्रण में प्रभावशाली होता है-

(a) साइनोडैम (b) कसकुट्टा
(c) पाइना पोसियम (d) साइप्रस

59. सेडोमोनास स्ट्रिआटा जैव-उर्वरकों में उपयोग होने वाला महत्वपूर्ण जीवाणु है, क्योंकि-

(a) यह सल्फर यौगिकों को ऑक्सीकृत करता है
(b) अघुलनशील फॉस्फेट यौगिकों का घुलनशील बनाता है
(c) नाइट्रोजन को स्थिर करता है
(d) मृदा जैव पदार्थ को अवक्रमणित (Degrade) करता है

60. मक्का सम्बन्धित है, इससे-

(a) C_4 पौधे
(b) C_3 पौधे
(c) स्वयं पराग सिंचित पौधे
(d) दिया उदासीन पौधे

61. सल्फर कम करने वाले जीवाणु हैं, (Sulpher reducing bacterial)-

(a) Thiobaillus sp.
(b) Desulfovibro sp.
(c) Bacillus sp.
(d) इनमें से कोई नहीं

62. निम्नलिखित में से कौन-सा रेशा पौधों के पुनरोत्पादी (Reproductive part) हिस्से से प्राप्त होता है?

(a) कपास (b) जूट
(c) सनहेम्प (d) जई

63. चावल में खैरा रोग इस कारण होता है-

(a) कैल्शियम की कमी
(b) जिंक की कमी

(c) नाइट्रोजन की कमी
(d) Mn की कमी

64. प्रकाश की निराई के लिए पौध वृद्धि को कहा जाता है-
(a) फोटोट्रोपिज्म (b) ऑटो ट्रॉपिज्म
(c) फोटोपिरियड (d) इनमें से कोई नहीं

65. जौ की लवण प्रतिरोधी किस्म है-
(a) राज किरण (b) खचिंआ म्यूटेंट
(c) खचिंआ (d) बिलारा-2

66. उगाने के लिए गन्ने के शीर्ष भाग (Top portion) का चयन करना चाहिए क्योंकि इसमें प्रचुर मात्रा में पाया जाता है-
(a) सुक्रोज (b) ग्लूकोज
(c) गेलेक्टोज (d) माल्टोज

67. आर्केल, अर्ली बजर, बोनविले एवं अर्ली दिसम्बर किसकी उन्नत किस्में हैं?
(a) मसूर (b) मटर
(c) चना (d) कुसुम

68. नोबल केन (Noble Cane) का वैज्ञानिक नाम है-
(a) सेकेरम ऑफीसीनेरम
(b) सेकेरम स्पोनटेनियम
(c) सेकेरम बारबेरी
(d) सेकेरम साइनेस

69. डी. एन. ए. का डबल हेलिक्स मॉडल प्रतिपादित किया-
(a) वॉटसन ने (b) हर्से एवं चेस ने
(c) विल्किन्स ने (d) वॉटसन एवं क्रिक ने

70. जौ की किस्म जो भूसी रहित (Huskless) है-
(a) मंजुला (b) के के 141
(c) डोलमा (d) आर एस 16

71. उड़द का उद्गम स्थल है-
(a) भारत (b) उष्ण अमेरिका
(c) चीन (d) इण्डोनेशिया

72. तराई क्षेत्र की मृदा में किसकी कमी होती है?
(a) नाइट्रोजन की (b) फॉस्फोरस की
(c) गंधक की (d) जस्ते की

73. पूसा सदाबहार, पूसा मौसमी एवं पूसा नवबहार उन्नत किस्में हैं-
(a) जई की (b) बरसीम की
(c) रिजका की (d) ग्वार की

74. किस माँस में मायोग्लोबिन की मात्रा अधिक होती है?
(a) पोर्क (b) बीफ
(c) चिकन (d) खरगोश का माँ

75. निम्न में से कौन-सा शाकनाशी अचयनित (non-selective) वर्ग का है?
(a) एलाक्लोर (b) बुटाक्लोर
(c) पैराक्वॉट (d) एट्राजीन

76. लेडी बर्ड विटल है एक-
(a) परभक्षी
(b) परजीवी
(c) दोनों (a) और (b)
(d) इनमें से कोई नहीं

77. निम्नलिखित में से कौन सिंचाई की सर्वाधिक प्रभावी विधि है?
(a) छिड़काव सिंचाई
(b) टपकाव सिंचाई
(c) नहर सिंचाई
(d) जलप्लावन सिंचाई

78. अधिकतम वनस्पति तेल पाया जाता है, इस एक फसल से-
(a) टेरागिरा (b) सरसों
(c) मूँगफली (d) सोयाबीन

79. मक्का में अस्थाई जड़ों को कहा जाता है-
(a) मूसला जड़
(b) प्रजतक जड़
(c) आकस्मिक जड़
(d) इनमें से कोई नहीं

80. शुष्क भूमि क्षेत्र में निम्नलिखित में से कौन फसल हेर-फेर उपयुक्त है?
(a) चावल-चना
(b) तिल-चना
(c) सरसों-कुकुरबिट
(d) गेहूँ-कुकुरबिट

81. शुष्क भूमि में कृषि के लिए निम्नलिखित में से कौन उपयुक्त है?
(a) टेरामिरा (b) हरा चना
(c) काबुली चना (d) उड़द

82. ईख है एक-
(a) माध्यमिक प्रकाश अवधि
(b) दीर्घ दिवस प्रकाश अवधि
(c) लघु दिवस प्रकाश अवधि
(d) इनमें से सभी

83. किस चरण में गंधी कीट पौधों पर आक्रमण करता है?
(a) सी आर आई से चिपचिपा चरण
(b) ज्वाइंटिंग से मिल्किंग चरण
(c) पुष्पण से मिल्किंग चरण
(d) किसी भी चरण में

84. प्याज में तीखापन होता है इसकी उपस्थिति के कारण-
(a) फॉस्फेटिक यौगिक
(b) नाइट्रोजेनस यौगिक
(c) मैग्नेशियम यौगिक
(d) एलाइल मिथाइल डाइसल्फाइड

85. अग्नाशयी रस में एन्जाइम होता है इस रूप में-
(a) ट्राइप्सिन
(b) काइमोट्रिप्सिन
(c) कार्बोक्सी पेप्टिडेस
(d) उपरोक्त सभी

86. साँड़ के वीर्य के प्रत्येक मि.ली. में शुक्राणु गाढ़ापन होता है -
(a) $5000–10000\times10^{-6}$
(b) $50–100\times10^{-6}$
(c) $5–10\times10^{-6}$
(d) $1200–2000\times10^{6}$

87. आई.वी.आर.आई. (IVRI) स्थित है, यहाँ
(a) नई दिल्ली (b) भापोल
(c) इज्जतनगर (d) उदयपुर

88. निम्नलिखित में से कौन-सा रोग वायरसों के कारण होता है?
(a) एफ. एम. डी. (b) थनेली (Mastitis)
(c) ऐन्थ्रेक्स (d) टी.बी.

89. पशु में कैल्शियम का रेंज होता है-
(a) 5-6 मी.ग्रा.% (b) 6-8 मी.ग्रा%
(c) 8-9 मी.ग्रा% (क) 9-12 मीण्ग्रा%

90. प्रोपिओनिक अम्ल होता है एक-
(a) वाष्पशील वसादार अम्ल
(b) अमिनो अम्ल
(c) फॉस्फेलिपिड
(d) कार्बोहाइड्रेट

91. साँड़ में प्रति स्खलन शुक्राणु की मात्रा होती है-
(a) 3-5 मी लि
(b) 5-10 मी लि
(c) 10-15 मी लि
(d) 15-20 मी लि

92. किस नस्ल के चौपाए में वसा का अधिकतम % होता है-
(a) जर्सी (b) होलस्टैन
(c) ब्रॉन स्विस (d) आयर्शोर

93. प्रथम आमाशय (Rumen) में अधिकतम संख्या में पाए जाने वाले सूक्ष्म जीव कौन से है?
(a) प्रोटोजोआ (b) बैक्ट्रिया
(c) कवक (d) सभी समान मात्रा में

94. जुगाली करने वाले पशुओं को सांद्र आहार खिलाने पर बढ़ता है बी. एफ. ए.-
(a) एसिटिक अम्ल
(b) ब्युटिरिक अम्ल

(c) प्रोपायोनिक अम्ल
(d) लैक्टिक अम्ल

95. दुग्ध ज्वर होता है इस कारण-
(a) कैल्शियम (b) लोहा
(c) विटामिन के (d) विटामिन सी

96. ग्लाइकोजेन को यह भी कहा जाता है-
(a) ग्लाइकोप्रोटीन
(b) पशु खेतसार (स्टार्च)
(c) लिग्निन
(d) प्रोटीन

97. बेरसीम का मूल स्थान है-
(a) चीन (b) मिश्र
(c) भारत (d) नेपाल

98. सीर्सा सं. 8 इसकी किस्म है-
(a) बेरसीम (b) जई
(c) ल्युसर्न (d) सरसों

99. सेब मुख्यतः उपजाया जाता है-
(a) बीजों से
(b) कटिंग से
(c) स्तरीकरण से
(d) कलम करना (Grafting) से

100. केले के लिए रोपण का श्रेष्ठ मौसम है-
(a) वसन्त (b) शरद् (Autumn)
(c) वर्षा (d) जाड़ा

101. आम के फूल आने के समय फरवरी-मार्च के दौरान का एक सामान्य नाशक जीव (Pest) है, यह-
(a) लाल चींटियाँ
(b) शूट बोरर
(c) टिट्ठा (Hopper)
(d) पीत कीट (Mealy bug)

102. कोशिकाओं के पावर हाउस का अर्थ होता है-
(a) मिटोकोंड्रिया (b) न्यूक्लियस
(c) रिबोसम्स (d) प्लास्ड्सि

103. प्रोटीन संश्लेषण होता है
(a) प्लास्टिड्स कोशिकाओं
(b) मिटोकांड्रिया कोशिकाओं में
(c) रिबोसोम्स कोशिकाओं में
(d) लाइसोसम्स कोशिकाओं में

104. मिटोसिस को इस नाम से भी जाना जाता है-
(a) रिडक्शन डिवीजन
(b) प्रोमोटिपिक डिवीजन
(c) हेटरोटाइपिक डिवीजन
(d) इनमें से कोई नहीं

105. चावल का जीवाण्विक पत्त अंगमारी (Blight) इस कारण होता है-
(a) एक्सथोमोनाज माल्यासेरम
(b) एक्सथोपोनाज कम्पेस्ट्रिस पीवी ओरिजे
(c) स्युडोमोनाज रुबिलीनस
(d) कोरिबैक्टेरियम ट्रिटिसी

106. निम्नलिखित में से कौन डाउनी फफूँदी कवक है-
(a) पोरोनैस्पोरा प्यूरेसिटिका
(b) एरिसिफ ग्रामिनिस
(c) पुसिनिया ग्रामिनस ट्रिटिसो
(d) अनसिनुआ नेक्टर

107. गाय को अच्छी तरह से सब आँका जा सकता है, जब वह है-
(a) सूखी (b) पूर्ण उत्पादन में
(c) बछड़ी (d) पाँच वर्ष की

108. बछड़े में पेट का कौन-सा भाग पूर्णतः विकसित होता है?
(a) प्रथम अमाशय (b) तृतीय अमाशय
(c) चतुर्थ अमाशय (d) द्वितीय अमाशय

109. मृदाओं में 'जैविक कार्बन' और 'जैविक पदार्थ' का अनुपात होता है-
(a) 1.0 – 1.7 (b) 1.0 – 1.9
(c) 1.7 – 1.0 (d) 2 – 70

110. चावल में नाइट्रोजन उर्वरक उपयोग क्षमता बढ़ाई जा सकती है, इसके उपयोग से-
(a) सल्फर कोटेड यूरिया
(b) सल्फर कोटेड यूरिया ओर यूरिया सुपर कणिकायें
(c) शैवाल
(d) यूरिया सुपर कणिकाएँ

111. चावल में प्रोटीन का प्रतिशत होता है-
(a) 1.5–3.0 (b) 6.0–7.0
(c) 4.0–5.0 (d) 10.0–11.0

112. चीनी का उत्पादन अधिकतम होता है, यहाँ-
(a) ब्राजील (b) क्यूबा
(c) भारत (d) पाकिस्तान

113. जवाहर रोजगार योजना किसके द्वारा आरम्भ की गई?
(a) इंदिरा गांधी
(b) अटल बिहारी वाजपेयी
(c) राजीव गांधी
(d) इनमें से कोई नहीं

114. गैस के रूप में नाइट्रोजन की क्षति को कहा जाता है-
(a) नाइट्रिफिकेशन (b) गतिहीन करना
(c) डाइनाइट्रिकेशन (d) खनिजीकरण

115. भारत में कृषि जनगणना की जाती है प्रत्येक-
(a) 10 वर्ष में (b) 5 वर्ष में
(c) 15 वर्ष में (d) 20 वर्ष में

116. पेंसिलिन का आविष्कार किसने किया?
(a) ए. फ्लेमिंग (b) रोनाल रॉश
(c) एच. खुराना (d) एल. पॉलिंग

117. सोरधम को इस कारण ऊँट की फसल माना जाता है-
(a) सूखे का प्रतिरोधी
(b) गहरी जड़ प्रणाली
(c) सतही जड़ प्रणाली
(d) पुष्टिकर सर्व-समावेशता

118. गर्मी में उपजायी जाने वाली फसल कही जाती है-
(a) रबी (b) खरीफ
(c) ऊँट (Zaid) (d) इनमें से कोई नहीं

119. कट कृमि इसके लिए प्रमुख कीट है-
(a) गेहूँ (b) निम्बू वंश
(c) आलू (d) मूँगफली

120. आम में काला टिप होता है इस कारण-
(a) ग्लोमेरेला सिंगुलेटा
(b) जिंक की कमी
(c) ईंट भट्टी से उत्सर्जित धुआँ और सल्फर डाइ ऑक्साइड
(d) इनमें से कोई नहीं

व्याख्या सहित उत्तर

1. (b) 'घरी' (गृहकर) एवं चराई कर अलाउद्दीन खिलजी ने लगाए थे। अलाउद्दीन खिलजी अपनी बाजार नियंत्रण व्यवस्था के लिए प्रसिद्ध है। अलाउद्दीन खिलजी पहला मध्यकालीन शासक है जिसने सार्वजनिक वितरण प्रणाली प्रारम्भ की। इसके अंतर्गत उसने कम कीमत पर खाद्यान्न एवं अन्य आवश्यक वस्तुएं जनता को उपलब्ध कराया।

2. (d) सिकंदर लोदी ने 1504 ई. में आगरा शहर की स्थापना की एवं 1506 ई. में आगरा को दिल्ली सल्तनत की राजधानी बनाया तथा यहां बादलगढ़ नामक किला बनवाया।

3. (d) इब्नबतूता मोरक्को का निवासी था जो मोहम्मद बिन तुगलक के काल में सन् 1334 में भारत आया। उसने 'रेहला' नामक पुस्तक की रचना की थी। सन् 1341 में मोहम्मद बिन तुगलक ने उसे चीन में अपना दूत बनाकर भेजा था।

4. (b) जहांगीर ने सूरत में अंग्रेजों को व्यापारिक कोठी खोलने की अनुमति प्रदान की। उसकी अनुमति से सन् 1613 में अंग्रेजों ने सूरत में प्रथम फैक्ट्री खोली।

● अंग्रेजों ने दक्षिण भारत में अपना पहला कारखाना 1611 ई. में मसूलीपट्टम में स्थापित किया था।

● अंग्रेजों ने बंगाल में अपनी प्रथम कोठी (गोदाम) 1651 ई. में हुगली में तत्कालीन बंगाल के सूबेदार शाहजहां के द्वितीय पुत्र शाहशुजा की अनुमति से बनाई थी।

● व्यापार हेतु भारत आने वाले यूरोपीय लोगों में पुर्तगाली सर्वप्रथम आए। यूरोपीय लोगों का भारत आने का क्रम–पुर्तगाली → डच → अंग्रेज → फ्रांसीसी। उल्लेखनीय है कि फ्रांसीसी भारत में सबसे बाद में आए एवं सबसे बाद में गए।

5. (a) लॉर्ड विलियम बैंटिक (सन् 1828-35) के काल में शिक्षा को लेकर प्राच्य शिक्षा के समर्थकों व आंग्ल-शिक्षा के समर्थकों के बीच विवाद था। अत: विवाद से निपटने हेतु विलियम बैंटिक ने लॉर्ड मैकाले को भाषा के विवाद पर रिपोर्ट प्रस्तुत करने को कहा। मैकाले ने सन् 1835 में अपना स्मरण-पत्र (मैकाले मिनट) प्रस्तुत किया। बैंटिक ने इसे स्वीकार कर लिया जिसके अनुसार अंग्रेजी भाषा को ही प्रशासन व उच्च शिक्षा का आधार माना गया।

6. (a) भारतीय राष्ट्रीय कांग्रेस का लाहौर अधिवेशन : 1929 ई., गांधी-इरविन समझौता : 5 मार्च, 1931; भगत सिंह, राजगुरु की फांसी : 23 मार्च, 1931; भारतीय राष्ट्रीय कांग्रेस का कराची अधिवेशन : 26 मार्च, 1931

7. (d) मोहम्मद अली जिन्ना ने खिलाफत आंदोलन में गांधीजी की भागीदारी की आलोचना की। उल्लेखनीय है कि भारत में खिलाफत आंदोलन सन् 1919 से सन् 1924 तक चला। तुर्की में ओटोमान साम्राज्य के शासक अब्दुल हमीद द्वितीय (सन् 1876-1909) ने अपनी सुल्तान खलीफा की हैसियत से एक इस्लामिक आंदोलन चलाया। प्रथम विश्व युद्ध में ब्रिटेन द्वारा तुर्की पर हमला करने एवं तुर्की के टुकड़े हो जाने पर इस आंदोलन की आग भारत में भी फैली। तुर्की के खलीफा साम्राज्य के लिए भारत में भी सहानुभूति थी। भारत में सितम्बर, 1919 में खिलाफत आंदोलन प्रारम्भ हुआ। भारत में इसका नेतृत्व अली बंधुओं शौकत अली, मोहम्मद अली, अबुल कलाम आजाद, डॉ. एम.ए. अंसारी और हसरत मोहानी इत्यादि ने किया।

8. (d) ब्रह्म समाज की स्थापना सन् 1828 में राजा राममोहन राय ने बंगाल में की। आर्य समाज की स्थापना 10 अप्रैल, 1875 को स्वामी दयानंद सरस्वती द्वारा बम्बई में की गई। रामकृष्ण मिशन की स्थापना 1 मई, 1897 को स्वामी विवेकानन्द द्वारा की गई। थियोसोफिकल सोसायटी की स्थापना न्यूयॉर्क में कर्नल आल्कॉट और मैडम ब्लावट्स्की द्वारा की गई। भारत में इसका प्रसार मैडम एनी बेसेंट द्वारा किया गया। महादेव गोविंद रानाडे ने पूना सार्वजनिक सभा और प्रार्थना समाज की स्थापना में अपना सहयोग दिया था।

केशवचंद्र सेन ने ब्रह्म समाज, जिसकी स्थापना 20 अगस्त, 1828 को राजा राममोहन राय ने की थी, से अपने आपको अलग करके 'आदि ब्रह्म समाज' की स्थापना की। यही आगे चलकर 'भारतीय ब्रह्म समाज' कहलाया।

9. (b) **भारत के प्रमुख दर्रे**

जम्मू कश्मीर
बनिहाल दर्राचांग्ला दर्रा
फोतु दर्रा खारदेगु दर्रा
लुंगालाचा दर्रामारसिमिक दर्रा

हिमाचल प्रदेश
रोहतांग दर्रालामखागा दर्रा
कुंजुम दर्राइद्राहार दर्रा

उत्तराखंड
नामा दर्रा सिन ला
ट्रेल दर्रा

सिक्किम
नाथुलाजेलेप ला
गोएचा लाडोंगखाला

अरुणाचल प्रदेश
सेला दर्रा

10. (a) भारत में तांबा के उत्पादन में क्रमश: झारखंड, राजस्थान, मध्य प्रदेश, आंध्र प्रदेश, महाराष्ट्र, कर्नाटक आदि राज्य मुख्य हैं। झारखंड में सिंहभूम व हजारीबाग जिलों की मोसाबानी, घाटशिला तथा धोबानी आदि मुख्य खानें हैं। राजस्थान में झुंझनूं, भीलवाड़ा, अलवर व सिरोही जिलों की खेतड़ी-सिंघाना, खोंदरीबा, खत्री, बाल्दा आदि मुख्य तांबा उत्पादक खानें हैं। राजस्थान के जावर खान से जस्ते के साथ तांबा भी निकाला जाता है। मध्य प्रदेश में बालाघाट जिले में देश की सबसे बड़ी खुली खदान मलजखंड स्थित है। महाराष्ट्र के कोल्हापुर व चंदरपुर भी तांबा उत्पादक क्षेत्र हैं। कर्नाटक में चीतल, दुर्ग, हासन, रामचुर आदि तांबा उत्पादक जिले हैं तथा आंध्र प्रदेश के गुंटूर जिले में अग्निमुण्डला ताम्रपेटी में खम्मान तांबा उत्पादक क्षेत्र मुख्य है।

11. (a) भारत उच्च कोटि की चीनी निर्यात कर अंतर्राष्ट्रीय बाजार से निम्न कोटि की चीनी आयात करता है। भारत चीनी उत्पादन का 60% से अधिक भाग निर्यात करता है। विश्व में गन्ने के क्षेत्रफल में ब्राजील तथा उत्पादन में भारत का प्रथम स्थान है। भारत विश्व का 11.8%, ब्राजील 11.5%, चीन 6.0%, यू.एस.ए. 5.6%, ऑस्ट्रेलिया 5.8% गन्ने का उत्पादन करते हैं। वैसे विश्व में चीनी का सबसे बड़ा निर्यातक देश क्यूबा तथा आयातक देश यू.एस.ए. (28%) है।

12. (a) ऊर्जा के परम्परागत स्रोत कोयला, पेट्रोलियम पदार्थ, नाभिकीय पदार्थ, जल आदि की सीमित मात्रा को देखते हुए गैर-परम्परागत व नवीकरणीय ऊर्जा पर सरकार विशेष जोर दे रही है। इसी क्रम में सौर ऊर्जा, पवन ऊर्जा, जल ऊर्जा, जैव ऊर्जा आदि पर कई परियोजना देशभर में संचालित हैं। सौर ऊर्जा शक्ति के अधिक लाभकारी होने से तथा हमारे देश में लगभग 330 दिन (वर्षभर में) सौर किरणें उपलब्ध होने से यह अधिक व्यापक हो रही है। 11 जनवरी, 2010 को नई दिल्ली में विज्ञान भवन में प्रधानमंत्री द्वारा 'जवाहरलाल नेहरू राष्ट्रीय सौर ऊर्जा मिशन' संक्षेप में राष्ट्रीय सौर ऊर्जा मिशन का उद्घाटन किया गया। इस मिशन का उद्देश्य है वर्ष 2022 तक 20 गीगा वाट ऊर्जा का उत्पादन करना लक्षित है। 2022 तक ग्रामीण क्षेत्रों में दो करोड़ सौर प्रकाशीय प्रणालियां लगाना इसमें निहित है।

13. (b) नागार्जुन सागर परियोजना आंध्र प्रदेश में 'नदीकोड' गांव के पास स्थित है। यह परियोजना कृष्णा नदी पर निर्मित है। यह परियोजना सन् 1963-64 में बनकर पूर्ण हुई थी। इस परियोजना का मुख्य उद्देश्य सिंचाई सुविधा उपलब्ध करवाना है। यह आन्ध्र प्रदेश के मध्यवर्ती क्षेत्रों को सिंचाई सुविधा उपलब्ध करवाती है।

14. (d) पैटागोनियन मरुस्थल का विस्तार अर्जेंटाइना व चिली देशों में 41 डिग्री से 54 डिग्री दक्षिणी अक्षांशों के मध्य स्थित है जबकि अरब मरुस्थल कर्क रेखा के दोनों ओर अरब देशों में फैला हुआ है। अटाकामा मरुस्थल मकर रेखा के दोनों ओर चिली (द. अमेरिका) देश में प्रशांत के तट के समान्तर फैला हुआ है। यह विश्व का सबसे शुष्क मरुस्थल है और कालाहारी मरुस्थल भी मकर रेखा के दोनों ओर अफ्रीका महाद्वीप के बोत्सवाना देश में स्थित है। शीतोष्ण कटिबंध में दक्षिणी अमेरिका का पैटागोनियन मरुस्थल स्थित है।

15. (d) वर्ष 2009-11 के दौरान धान (चावल) 41.8 मिलियन हेक्टेयर क्षेत्रफल पर, गेहूं 28.5 मिलियन हैक्टेयर, मक्का 8.3 मिलियन हेक्टेयर, गन्ना 4.2 मिलियन हेक्टेयर क्षेत्रफल पर उगाया गया है।

16. (b) 11वीं पंचवर्षीय योजना की अवधि वर्ष 2007-12 थी।

12वीं पंचवर्षीय योजना का काल वर्ष 2012-17 है।

17. (d) बैंक दर से अभिप्राय उस ब्याज दर से है, जो भारतीय रिजर्व बैंक द्वारा व्यापारिक बैंकों को दिए जाने वाले ऋणों पर ली जाती है।

18. (c) दो पक्षों–आयातकर्ता व निर्यातकर्ता या क्रेता और विक्रेता के बीच इकरारनामा या समझौता 'इण्डेन्ट' कहा जाता है। आयात की प्रक्रिया इसी से शुरू होती है।

19. (b) निर्यातकों पर सरकार जो सीमा शुल्क लगाती है उसे साल के अंत में वापस कर दिया जाता है। इसके लिए अलग-अलग कर अधिनियमों के तहत सरकार अलग-अलग क्षेत्रों में ड्यूटी ड्रॉ बैंक की अलग-अलग दरें तय करती है।

20. (b) 42वें संविधान संशोधन द्वारा प्रस्तावना में पंथ निरपेक्ष, समाजवादी तथा राष्ट्र की एकता एवं अखण्डता शब्द जोड़े गए।

21. (c) अनुच्छेद 53(1) के तहत संघ की कार्यपालिका शक्ति राष्ट्रपति में निहित है तथा वह इसका प्रयोग संविधान के अनुसार स्वयं या अपने अधीनस्थ अधिकारियों द्वारा करता है।

22. (d) चुनाव आयोग का गठन अनुच्छेद 324 के अन्तर्गत किया गया है। पूर्व में यह एक सदस्यीय संगठन था। अक्टूबर, 1993 में एक अध्यादेश द्वारा दो निर्वाचन आयुक्त नियुक्त किए गए। वर्तमान में यह 3 सदस्यीय है।

23. (d) सन् 1957 की बलवंत राय समिति की रिपोर्ट द्वारा पंचायती राज व्यवस्था की स्थापना के लिए अनुशंसा की गई थी।

24. (a) संकटापन्न जातियों के संवर्ग में महान भारतीय सारंग, कस्तूरी मृग, लाल पाण्डा और एशियाई वन्य गधा प्राणी समूह आते हैं।

25. (a) सिंह-पुच्छी वानर मकाऊ या मैकाक (Lion tail Macaque): वानरों की एक प्राचीनतम प्रजाति है जो तीन दक्षिण भारतीय राज्यों कर्नाटक, केरल व तमिलनाडु में फैले पश्चिमी घाट के सदाबहार वनों (Evergreen forest) में पाया जाता है। यह भारत की प्रमुख लुप्तप्राय वानर प्रजाति है।

26. (b) पारिस्थितिक अनुक्रमण (Ecological Replace): दरअसल अनुक्रमण सैकड़ों या हजारों वर्षों में वानस्पतिक समुदायों की रचना और आकार में आने वाली विभिन्नताओं को व्यक्त करता है। इस क्रिया में समुदाय और पर्यावरण में पारस्परिक क्रिया से जो परिवर्तन उत्पन्न होते हैं, उसके फलस्वरूप क्रमशः एक समुदाय दूसरे के द्वारा प्रतिस्थापित (Substitute) होते रहते हैं।

27. (d) सिनकोना नामक पौधे से प्राप्त कुनैन (क्विनीन) एक मलेरियारोधी औषधि है।

28. (a) साधारण टार्च सेल के टर्मिनलों के निर्माण में जिंक एवं कार्बन का प्रयोग किया जाता है। इसमें जिंक से एनोड का एवं कार्बन से कैथोड का निर्माण किया जाता है।

29. (c) एस्प्रिन को सैलिसिलिक एसिड के नाम से भी जाना जाता है जो एक दर्द निवारक औषधि है। इसे ज्वरनाशक के रूप में भी प्रयुक्त किया जाता है।

30. (c) दक्षिण-पूर्वी देशों में रैफ्लेसिया नामक पुष्प विश्व का सबसे बड़ा पुष्प है।

31. (a) बकमिन्स्टर फुलेरीन एक कार्बन यौगिक का एक रूप जिसमें 60 कार्बन परमाणुओं का गुच्छ होता है जो परस्पर पंचभुज या षड्भुज से बने बहु फलकीय संरचना से जुड़े होते हैं।

32. (c) सेंट्रल ड्रग इंस्टीट्यूट – लखनऊ
सेंट्रल लेप्रोसी इंस्टीट्यूट – आगरा
मोतीलाल नेहरू राष्ट्रीय प्रौद्योगिकी संस्थान – इलाहाबाद
इंडियन इंस्टीट्यूट ऑफ शुगर टेक्नोलॉजी – कानपुर

33. (c) बनारस हिंदू विश्वविद्यालय को सर्वप्रथम केन्द्रीय विश्वविद्यालय घोषित किया गया। इस विश्वविद्यालय की स्थापना सन् 1916 में की गई थी।

34. (b) आंवले का सर्वाधिक उत्पादन प्रतापगढ़ जिले में होता है।

35. (c) 27, 42, 63, 84 का ल. स. = 756
प्रश्नानुसार,
अभीष्ट सं. = 756 + 21 = 777

36. (b) I से V तक की कक्षाओं के छात्रों की संख्या का कुल योग = 29 × 5 = 145

पुनः I, III और V के कक्षाओं के छात्रों की संख्या कुल योग = 30 × 3 = 90

कक्षा II और IV में कुल छात्रों की संख्या = 145 – 90 = 55

37. (b) 120 – 90 = 30

$\therefore$ ह्रास प्रतिशत = $\frac{30}{120} \times 100\% = 25\%$

38. (d) जिस प्रकार,

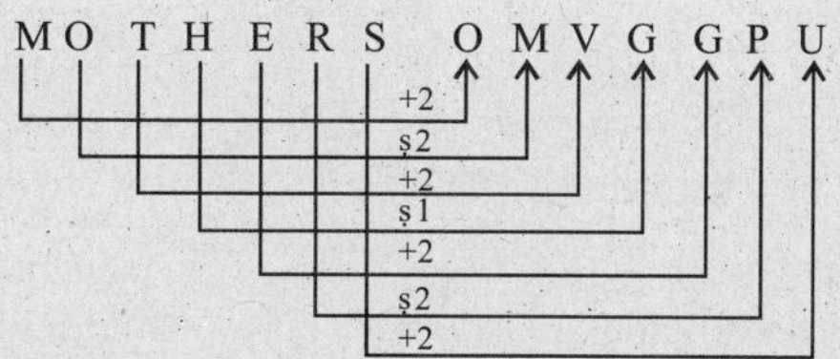

उसी प्रकार,

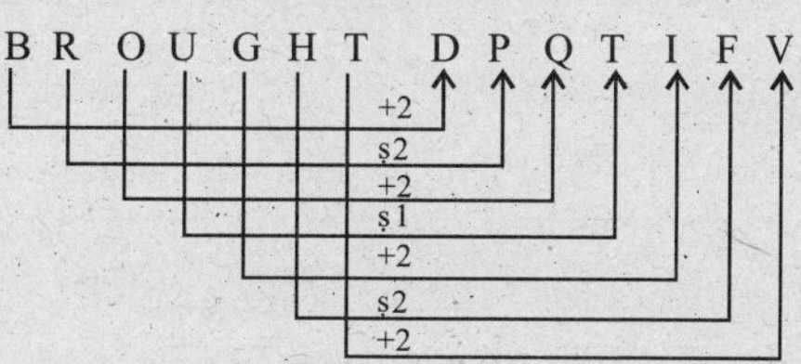

39. (c) दी गई अंक श्रृंखला निम्नलिखित है:

2 9 25 82 335 1682
+7 +16 +57 +253 +1347
ń2+2 ń3+9 ń4+25 ń5+82

40. (d) विकल्प (d) के प्रयोग से,

व्यंजन = 24 ↗ 6 ↑ 6 ↖ 4 ↓ 20 ← 0

$\Rightarrow$ 24 ÷ 6 – 6 × 4 + 20 = 0

$\Rightarrow$ 4 – 6 × 4 + 20 = 0

$\Rightarrow$ 24 – 24 = 0

$\therefore$ 0 = 0

41. (b) 'हार्वेस्ट इंडेक्स' नाम डोनाल्ड (1982) के द्वारा दिया गया।

42. (b) मृदा वायु में कार्बन डाइऑक्साइड की मात्रा 0.15 से 0.65 प्रतिशत तक होती है। ऊपरी मृदा में (In surface soil) में CO_2 की मात्रा 0.25% होती है।

CO_2 Percentage by Volume		
Soil air (Surface)	–	0.25%
Sandy Soil air	–	0.30%
Loumy Soil air	–	0.62%
Clay soil air	–	0.66%
Manured soil air	–	1.85%

43. (d) मृदाओं में उच्चतम कार्बनिक पदार्थ 'ओ' हेराइजन ('O'-horizon → Organic Horizon) में होता है। यह खनिज मृदा की ऊपरी सतह बनाते हैं। जो प्रायः जंगल की मृदाओं में पाए जाते हैं।

44. (a) फॉस्फोरस (P) की कमी के लक्षण पुरानी पत्तियों पर प्रकट होता है। N.K. Mg तथा Mo की कमी का लक्षण भी-सर्वप्रथम पुरानी पत्तियों पर ही दिखाई पड़ता है क्योंकि ये तत्व पौधों के अन्तर गतिशील (Mobile) पाए जाते हैं, जो कि निचली पत्तियों से ऊपरी पत्तियों में चला जाता है।

45. (b) **46.** (c)

47. (c) भारत में सर्वाधिक क्षेत्रफल जलोढ मिट्‌टी (Alluvial Soil) की है।

स्थान → 1. जलोढ मिट्‌टी 5,70,000 वर्ग किलोमीटर
2. काली मिट्‌टी
3. लेटेराइट मिट्‌टी
4. वन एवं पर्वतीय मृदाएँ

48. (a) pH माप के द्वारा मृदा के केवल सक्रिय अम्लता (active acidity) का पता लगाया जा सकता है।

49. (d) भू-क्षरण (Soil erosion) मुख्यतः दो प्रकार से होता है। (a) प्राकृतिक क्षरण (Natural Erosion also known as Normal erosion of Geological erosion), (b) मनुष्यकृत क्षरण (Man mad erosion). मनुष्यकृत क्षरण–इसे त्वरित क्षरण (accelerated erosion) या असामान्य क्षरण, (Abnormal erosion) भी कहते हैं। इस क्षरण के मुख्य कारक (Primary cause) निम्नलिखित हैं–

(i) वनों का विनाश एवं अवैज्ञानिक प्रबन्ध, (ii) चारागाहों का विनाश, (iii) अनियन्त्रित चराई, (iv) विवर्तन कृषि (Shifting cultivation) और (v) दोषपूर्ण एवं अवैज्ञानिक कृषि प्रणालियाँ। त्वरित क्षरण दो प्रकार का होता है (1) जल क्षरण और (2) वायु क्षरण।

50. (d) अम्लीय मृदाओं में मैग्नीशियम की उपलब्धता कम होती है। मैग्नीशियम की प्राप्यता

उदासीन मृदा में अधिक तथा अम्लीय मृदाओं में क्षारीय मृदाओं की अपेक्षा अधिक शीघ्रता से कम हो जाती है।

51. (b) मृदा रंग, मानक रंग चार्टों से तुलना करके अच्छी तरह निर्धारित किए जाते हैं। मनसेल मृदा रंग चार्ट (Musell soil colour chart) इस कार्य के लिए प्राय: प्रयोग किए जाते हैं। मनसेल रंगक्रम में क्रमबद्ध अंक ओर इन तीनों परिवर्तियों (Variabics), हयू (Hue), मान (Value) एवं क्रोमा (Chroma) के अक्षर पटनाम (designations) होते हैं। उदाहरणार्थ 2.5YR5/6 का अर्थ है कि इसमें 2.5 YR ह्यू है, 8 मान है तथा 6 क्रोमा है।

52. (c)

53. (b) प्रयोगशाला में किए गए प्रयोगों के आधार पर यह ज्ञात हआ है कि 55% से 62% मृदा कण उत्पतन (Saltation) के रूप में 3% से 30% निलम्बन (Suspention) के रूप में और 7% से 25 % पृष्ठ सर्पण (Surface Creep) के रूप में संचालित (Movement) होता है।

अत: उत्पतन (Saltation) के रूप में सर्वाधिक मात्रा में कण संचालित होते हैं।

54. (d) दक्षिण भारत की काली मिट्टियाँ मुख्यत: ग्रेनाइड (granite) से जबकि मध्य भारत में ये मृदाएँ ट्रैप चट्टानों से बनी हैं।

55. (c)

56. (c) पौधे अपनी प्रारम्भिक अवस्था में नाइट्रोजन NH_4 के रूप में तथा धान के पौधे अपने सम्पूर्ण जीवन में मृदा से NH_4 ग्रहण करते हैं। अधिकांश फसलों द्वारा नाइट्रोजन NH_4 के रूप में ग्रहण की जाती है।

57. (b) मृदा में ताप का अभिगन (Heat Flow in soil) चालन (Conduction) द्वारा होता है। मृदा का एक कण अपने पास के कण को ऊष्मा देता है और फिर अपने पास वाले अन्य कणों को ऊष्मा देता है। इस प्रकार मृदा कणों के द्वारा ही ऊष्मा (heat) का चालन एक सिरे से दूसरे सिरे तक हो जाता है।

58. (d) **59.** (b)

60. (a) मक्का C_4 पौधा है। मक्का में पर-परागण (Cross pollination) होता है। यह Short day plant है।

61. (b) सल्फर का अवकरण (Rduction) H_2S में सल्फेट अवकृत करने वाले बैक्टीरिया द्वारा होता है। ये बैक्टीरिया Desulphovibro वंश के होते हैं जिसमें Desulphovibro desulphur cans मुख्य हैं।

62. (a) **63.** (b) **64.** (a) **65.** (b)
66. (b) **67.** (b) **68.** (a) **69.** (d)
70. (c) **71.** (a) **72.** (d) **73.** (d)
74. (b) **75.** (c)

76. (a) लेडी बर्ड बिटल एक परभक्षी कीट है।

77. (b)

78. (c) विभिन्न फसलों में तेल की प्रतिशत मात्रा निम्न है–

तारामीरा	– 30-32%
सरसों	– 37 से 49% तक
मूँगफली	– 40.5%
सोयाबीन	– 20-22%

79. (b)

80. (b) शुष्क असिंचित क्षेत्रों में खरीफ में मक्का, ज्वार, बाजरा, कपास, उड़द, ग्वार, टिल, अण्डी व रबी के मौसम में जौ, चना आदि फसलों को भूमि की किस्म व भूमि में नमी के स्तर के आधार पर उगाया जाता है।

81. (d)

82. (c) ईख एक लघु दिवस प्रकाश अवधि (Short day photoperiod plant) है।

83. (c) गन्धी बग (Gundhi bug) धान में लगने वाला कीट है। इस कीट के बचे तथा वयस्क दोनों ही बालियों से रस चूस लेता है और उसमें दाना नहीं पड़ता। खेत में क्षतिग्रस्त बालियाँ सफेद दिखाई पड़ती हैं। रोकथाम हेतु BHC 10 प्रतिशत चूर्ण के 25 से 30 kg/ha दर से बालियों में फूल आने के समय ही बुरकाव कर देना चाहिए।

84. (d) प्याज में तीखापन (चरपराहट-Pungency) एक उड़ने वाले तेल एलाइल प्रोफाइल डाई-सल्फाइड (Allyl prophyl disulphide) के कारण होता है।

85. (d) अग्नाशयी रस में निम्नलिखित प्रोएन्जाइम एवं एन्जाइम पाए जाते हैं–(i) ट्रिप्सोनोजन (ट्रिप्सन), (ii) काइमोट्रिप्सिनाजन (काइमोट्रिप्सिन), (iii) प्रोकार्बोक्सी-पेप्टाइडेज, (iv) एमाइलेज, (v) लाइपेज, (vi) लेसीनिनेज, (vii) न्यूक्लियेज।

86. (a) साँड़ के वीर्य में शुक्राणु सांद्रता (Sperm concentration) 800000 (8 लाख) प्रति घ.मि. = 0.8 प्रति मिली होता है।

87. (c) IVRI (इण्डियन वेटनरी रिसर्च इंस्टीट्यूट) इज्जत नगर (उत्तर प्रदेश) में स्थित है। इसकी स्थापना 1984 में हुई थी।

88. (a) FMD (Foot and Mouth disease) का रोग कारक विषाणु (virus) ए. ओ. C और एशिया-II है। जबकि थनेली (Mastits), एन्थ्रेक्स तथा टी. बी. (TB) रोग जीवाणु (Bacterial) जनित रोग है।

89. (d) अनेक जन्तुओं (Animals) के रक्त प्लाज्मा में कैल्शियम की सान्द्रता 8-12 मिग्रा. प्रति 100 मिली. होता है। → पशु रक्त में कैल्शियम की प्रतिशत मात्रा-0.009% होता है = 9 mg/Liter.

90. (a) प्रोपियोनिक अम्ल एक वाष्पशील वसीय अम्ल है। एसिटिक, ब्यूटारिक और साक्सिनिक अम्ल भी वाष्पशील वसीय अम्लें हैं। ये सभी कार्बोहाइड्रेट के किण्वन से उत्पन्न होते हैं।

91. (a) औसतन एक बार में सांड 5 मिलीलीटर वीर्य देता है।

आयतन प्रति खलन (Volume per ejectatate)- 3-5 घ.से.

92. (a) विभिन्न गायों की नस्लों के दुग्ध में वसा प्रतिशत

जर्सी → 5.5%
होलस्टीन फ्रीजन → 3.5%
आपर्शोर → 4.1%
ब्राउन रियश → 4%

93. (b) प्रथम अमाशय (Rumen) में बैक्टीरिया की संख्या 10^9-10^{10} प्रति मिली होती है। प्रोटोजोआ की संख्या 10^9 प्रति मिली. होती है।

94. (d)

95. (a) दुग्ध ज्वर (Milk Fever)-यह गाय तथा भैंस की एक उपापचक (metabolic) बीमारी है जो अधिक दूध देने वाली पशुओं को ब्याने के बाद अनियमित समय में हुआ करती है। यह रोग पशुओं में रक्त तथा तन्तुओं में कैल्शियम लवण की कमी के कारण होता है।

96. (b) ग्लाइकोजन को पशु स्टार्च (Glycogen or Animal Starch) के नाम से जाना जाता है। यह जन्तुओं (Animals) में संचित प्रमुख कार्बोहाइड्रेट है। अधिकांश स्तनधारी जन्तुओं में ग्लाइकोजन का संचय मुख्यतया लीवर और मांसपेशियों में होता है।

97. (b)

98. (c) सिरसा नं. 8 (Sirsa no. 8) और सिरसा सं. 9 (Sirsa no. 9) लूसर्न (Lucern) की किस्में हैं।

99. (d) सेब का प्रवर्धन (Propogation) शील्ड कलिकायन तथा जिह्वा ग्राफ्टिंग (Wip and Tongue grafting) विधियों द्वारा किया जाता है।

100. (c) **101.** (c)

102. (a) माइटोकॉन्ड्रिया में श्वसन की क्रिया होती है। अत: ये श्वसन क्रिया के केन्द्र (Centres of respiracry activity) होते हैं, अर्थात् इनमें कार्बनिक पदार्थों का ज्वार (Oxidation) होता है जिससे ऊर्जा निकलती है। जिसे ATP अणुओं के रूप में पौधे अपनी जैविक क्रियाओं को सुचारू ढंग से चलाने के लिए प्रयुक्तकरते हैं। अत: माइटोकॉन्ड्रिया कोशिकाओं क शक्ति गृह (Power house) होते हैं।

103. (c) कोशिकाओं में प्रोटीन संश्लेषण का कार्य राइबोजोम्स (Ribosomes) पर होता है।

104. (b) सूत्री विभाजन (मिटोसिस-Mitosis) शब्द सर्वप्रथम फ्लेमिंग ने 1881 में दिया था उसके बाद इस क्रिया के विभिन्न नाम दिए गए जैसे कैरियोकाइनेसिस (karyokinesis), समकोशिका विभाजन (homotypic cell division) काय कोशिका विभाजन (somatic cell division) तथा वैषुवत विभाजन (equational division) आदि।

105. (b) चावल की जीवाण्विक पत्ता अंगमारी का कारक जैन्थोमोनाश कन्प्रेस्ट्रिस जीव आराइथी है।

106. (a) डाउनी मिल्डयू कारक फफूँद पोरोनेस्थोरा प्यूटेसिटिका है।

107. (b) **108.** (c)

109. (a) मृदाओं में 'जैविक कार्बन' (Organic carbon) और 'जैविक पदार्थ' (Organic matter) का अनुपात 1: 724 होता है।

110. (b)

111. (b) चावल में प्रोटीन 6.4-8.5 प्रतिशत पाया जाता है।

112. (c) **113.** (c)

114. (c) मृदा से गैस के रूप में नाइट्रोजन की क्षति डिनाइट्रिफिकेशन (Dentrification) कहलाता है।

115. (b) प्रथम कृषि जनगणना– 1970-71
द्वितीय कृषि जनगणना – 1976-77
तृतीय कृषि जनगणना– 1980-81
चतुर्थ कृषि जनगणना– 1985-86
पंचम कृषि जनगणना– 1990-91
छठी कृषि जनगणना– 1995-96

116. (a) पेनिसिलिन (Penicillin) की खोज एलेक्जैंडर फ्लेमिंग (ब्रिटेन) ने 1928 में किया।

117. (a) **118.** (c)

119. (c) कट वर्म (Cut worm) आलू की प्रमुख कीट है। इस कीट की सूँडियाँ आलू के पौधों की शाखाओं तथा उगते हुए आलुओं को काट देती है। इसकी सूँडियाँ दिन में ढेलों के नीचे छिपी रहती हैं और रात में फसल को नुकसान पहुँचाती है।

120. (c) Black Tip of Mango–यह रोग ईंट के भट्टों के समीप अधिक होता है। भट्टे से सल्फर डाइऑक्साइड, एसीटिलीन ओर कार्बन मोनोऑक्साइड गैस निकलती है, जिससे फल के निचले सिरे पर पहले भूरा एवं बाद में काला दाग पड़ जाता है। ऐसे फल पकने से पूर्व गिर जाते हैं।

❑❑❑

प्रैक्टिस सेट-14

भाग-1: सामान्य अध्ययन

1. निम्नलिखित में से किस स्थल से हड्डी के उपकरण प्राप्त हुए हैं?
(a) चोपानी-माण्डो से
(b) काकोरिया से
(c) महदहा से
(d) सराय नाहर से

2. भारतीय उप महाद्वीप में कृषि के प्राचीनतम साक्ष्य प्राप्त हुए हैं–
(a) ब्रह्मगिरि से (b) बुर्जहोम से
(c) कोल्डिहवा से (d) मेहरगढ़ से

3. निम्नलिखित में से किस गुप्त शासक ने सर्वप्रथम सिक्के जारी किए?
(a) चन्द्रगुप्त प्रथम ने
(b) घटोत्कच ने
(c) समुद्रगुप्त ने
(d) श्रीगुप्त ने

4. निम्नलिखित में से कौन सिंचाई कर लगाने वाला दिल्ली का प्रथम सुल्तान था?
(a) अलाउद्दीन खलजी
(b) फिरोज शाह तुगलक
(c) बलबन
(d) मुहम्मद बिन तुगलक

5. निम्नलिखित में से किस मध्यकालीन शासक ने 'सार्वजनिक वितरण प्रणाली' प्रारम्भ की थी?
(a) अलाउद्दीन खिलजी ने
(b) बलबन ने
(c) फिरोज शाह तुगलक ने
(d) मुहम्मद बिन तुगलक ने

6. आंग्ल-नेपाल युद्ध जिसके शासनकाल में हुआ था, वह है–
(a) लॉर्ड कॉर्नवालिस
(b) लॉर्ड हेस्टिंग्स
(c) लॉर्ड वेलेजली
(d) वारेन हेस्टिंग्स

7. निम्नलिखित में से किस अधिनियम में कलकत्ता में सर्वोच्च न्यायालय की स्थापना का प्रावधान किया गया था?
(a) रेग्युलेटिंग एक्ट, 1773
(b) पिट का भारत अधिनियम, 1784
(c) चार्टर ऐक्ट, 1813
(d) चार्टर ऐक्ट, 1833

8. 1935 के अधिनियम के उपरान्त, 1937 में हुए चुनावों में गठित कांग्रेस मंत्रिमंडलों का कार्यकाल था–
(a) 20 माह (b) 22 माह
(c) 24 माह (d) 28 माह

9. 'गुलाबी क्रान्ति' सम्बन्धित है–
(a) कपास से (b) लहसुन से
(c) अंगूर से (d) प्याज से

10. निम्नलिखित में से कौन-सा युग्म सुमेलित नहीं है?

	बाघ आरक्षित क्षेत्र		**राज्य**
(a)	बुक्सा	-	बिहार
(b)	दम्फा	-	मिजोरम
(c)	नमेरी	-	असम
(d)	नामदाफा	-	अरुणाचल प्रदेश

11. भारत का निम्नलिखित में से कौन-सा परमाणु संयंत्र IV भूकम्पीय पेटी में अवस्थित है?
(a) कैगा (b) कलपक्कम
(c) नरौरा (d) तारापुर

12. निम्नलिखित में से कौन सुमेलित नहीं है?
(a) मुरी - झारखण्ड
(b) अल्वाय - केरल
(c) धर्मापुरी - उड़ीसा
(d) कोयाली - गुजरात

13. भारत की सर्वाधिक आद्य जनजाति है–
(a) गोंड (b) जार्वा
(c) जुआंग (d) लेप्चा

14. निम्नलिखित में से किस स्थान पर सबसे कम वार्षिक वर्षा होती है?
(a) बेल्लारी (b) जैसलमेर
(c) जोधपुर (d) लेह

15. बीज, जो प्रतिवर्ष बदला जाता है, कहलाता है–
(a) अभिजनक बीज
(b) प्रमाणित बीज
(c) आधारीय बीज
(d) संकर बीज

16. नील हरित शैवाल का उपयोग नत्रजन आपूर्ति हेतु किया जाता है–
(a) बाजरा को (b) मक्का को
(c) धान को (d) गेहूँ को

17. मक्का की पत्तियों के शीर्ष का सफेद होना सूचक है–
(a) Fe की कमी का
(b) Mn की कमी का
(c) N की कमी का
(d) Zn की कमी का

18. भारत का निर्यात का सबसे बड़ा भाग (मूल्य में) भेजा जाता है–
(a) चीन को
(b) सिंगापुर को
(c) संयुक्त अरब अमीरात को
(d) संयुक्त राज्य अमेरिका को

19. भारत में राष्ट्रीय आय समंकों का आकलन किया जाता है–
(a) सी.एस.ओ. द्वारा
(b) एन.एस.एस.ओ. द्वारा
(c) योजना आयोग द्वारा
(d) भारतीय रिजर्व बैंक द्वारा

20. जनगणना 2011 के आँकड़ों के अनुसार भारत में पुरुष और महिला साक्षरता दर का अन्तराल है–
(a) 16.38 प्रतिशत का
(b) 16.68 प्रतिशत का
(c) 17.38 प्रतिशत का
(d) 17.68 प्रतिशत का

21. एक निर्वाचित संविधान सभा द्वारा भारत के संविधान का निर्माण कराने का प्रस्ताव किया गया था–
(a) साइमन कमीशन द्वारा
(b) भारत सरकार अधिनियम, 1935 द्वारा

(c) क्रिप्स मिशन द्वारा
(d) ब्रिटिश कैबिनेट डेलीगेशन द्वारा

22. भारतीय संविधान विभक्त है–
(a) 16 अध्यायों में
(b) 22 अध्यायों में
(c) 24 अध्यायों में
(d) 25 अध्यायों में

23. निम्न में से किस एक कमेटी/आयोग ने संविधान में मूल कर्तव्यों को सम्मिलित करने हेतु संस्तुति की थी?
(a) स्वर्ण सिंह कमेटी
(b) अशोक मेहता कमेटी
(c) बलराम जाखड़ कमेटी
(d) सरकारिया आयोग

24. निम्नलिखित में से कौन-से भारत के कुछ भागों में पीने के जल में प्रदूषक के रूप में पाए जाते हैं?
1. आर्सेनिक 2. सारबिटॉल
3. फ्लोराइड 4. फार्मेल्डिहाइड
5. यूरेनियम
कूट:
(a) 1 और 3 (b) 2, 4 और 5
(c) 1, 3 और 5 (d) उपरोक्त सभी

25. पारितन्त्रों की घटती उत्पादकता के क्रम में उनका निम्नलिखित में से कौन-सा अनुक्रम सही है?
(a) महासागर, झील, घासस्थल, मैंग्रोव
(b) मैंग्रोव, महासागर, घासस्थल, झील
(c) मैंग्रोव, घासस्थल, झील, महासागर
(d) महासागर, मैंग्रोव, झील, घासस्थल

26. पुनर्योगज DNA प्रौद्योगिकी (आनुवंशिक इंजीनियरी) जीनों को स्थानांतरित होने देता है–
1. पौधों की विभिन्न जातियों में
2. जन्तुओं से पौधों में
3. सूक्ष्म जीवों से उच्चतर जीवों में
कूट:
(a) केवल 1 (b) 2 और 3
(c) 1 और 3 (d) ये सभी

27. भारतीय संविधान में राज्य के नीति-निदेशक सिद्धान्तों का विचार लिया गया है–
(a) आयरलैंड के संविधान से
(b) कनाडा के संविधान से
(c) दक्षिण अफ्रीका के संविधान से
(d) ऑस्ट्रेलिया के संविधान से

28. चुम्बकीय अनुनाद बिम्बीकरण (MRI) निम्न परिघटना पर आधारित है–
(a) नाभिकीय चुम्बकीय अनुनाद
(b) इलेक्ट्रॉन स्पिन अनुनाद
(c) इलेक्ट्रॉन अनुचुम्बकीय अनुनाद
(d) मानवीय कोशिकाओं का प्रतिचुम्बकत्व

29. रिक्टर पैमाना मापने के लिए प्रयोग होता है–
(a) ध्वनि की गति
(b) प्रकाश की तीव्रता
(c) भूकम्पी लहरों का आयाम
(d) ध्वनि की तीव्रता

30. जब पानी को 0^oC से 4^oC तक गर्म किया जाता है, तो इसका आयतन–
(a) बढ़ता है
(b) घटता है
(c) पहले बढ़ता है फिर घटता है
(d) अपरिवर्तित रहता है

31. पृथ्वी पर सबसे पुराना जीव कौन-सा है?
(a) हरित नील शैवाल
(b) कवक
(c) अमीबा
(d) युग्लीना

32. उत्तर प्रदेश की प्रमुख फसल है–
(a) मक्का (b) धान
(c) गन्ना (d) गेहूँ

33. निम्नलिखित युग्मों में से कौन एक सुमेलित नहीं है?
(a) आल्हा – बुन्देलखण्ड
(b) बिरहा – पूर्वांचल
(c) चैती – रुहेलखण्ड
(d) कजरी – अवध

34. कथन (A) : भारत का सर्वाधिक जनसंख्या वाला राज्य, उत्तर प्रदेश आर्थिक दृष्टि से एक पिछड़ा हुआ राज्य है।
कारण (R) : राज्य के विभिन्न भागों के विकास-स्तर में स्पष्ट भिन्नता मिलती है।
नीचे दिए गए कूट से सही उत्तर चुनिए–
कूट :
(a) (A) एवं (R) दोनों सही हैं एवं (R), (A) की सही व्याख्या है।
(b) (A) एवं (R) दोनों सही हैं, परन्तु (R), (A) की सही व्याख्या नहीं है।
(c) (A) सही है, परन्तु (R) गलत है।
(d) (A) गलत है, परन्तु (R) सही है।

35. एक धनराशि 18 वर्षों में साधारण ब्याज पर दुगुनी हो जाती है, तो यह कितने वर्षों में स्वतः $3\frac{1}{2}$ गुनी हो जायेगी?
(a) $25\frac{1}{2}$ वर्ष (b) $30\frac{1}{2}$ वर्ष
(c) $34\frac{1}{2}$ वर्ष (d) इनमें से कोई नहीं

36. यदि एक आदमी 10 किमी. प्रति घंटा के बदले 14 किमी. प्रति घंटा चला होता तो उसी समय में वह 20 किमी. दूरी अधिक तय कर लेता। उसके द्वारा वास्तव में तय की गई दूरी है–
(a) 50 किमी. (b) 56 किमी.
(c) 70 किमी. (d) 80 किमी.

37. यदि एक मीनार की छाया उसकी ऊँचाई की $\sqrt{3}$ गुना है, तो उन्नयन कोण होगा–
(a) 60° (b) 30°
(c) 45° (d) 90°

38. यदि K का अर्थ है ÷, R का अर्थ है ×, T का अर्थ है – और J का अर्थ है +, तब 40 T 120 K 60 R 8 J 12 का मान होगा।
(a) 52 (b) 44
(c) 36 (d) 46

39. कौन-से दो चिह्नों को आपस में बदलने पर निम्न समीकरण सही बनेगा ?
$5 + 3 \times 8 - 12 \div 4 = 3$
(a) + व – को (b) – व ÷ को
(c) + व × को (d) + व ÷ को

40. निम्नलिखित में ऐसे कितने '4' हैं, जिनके एकदम पहले 5 हैं तथा एकदम बाद 2 या 3 है ?
5 4 3 7 8 5 4 2 7 6 5 4 5 1 2 4 5
(a) 3 (b) 4
(c) 2 (d) 1

भाग-2: कृषि

41. ग्राम समाज भूमि पर वातावरण प्रदूषण कम करने हेतु वन अथवा फलदार वृक्ष लगाने को कहा जाता है-
(a) प्रक्षेत्र वानिकी (b) सिल्वी पास्चर
(c) कृषि-वानिकी (d) सामाजिक वानिकी

42. एकीकृत ग्राम्य विकास कार्यक्रम की मूल इकाई है-
(a) एक गाँव
(b) एक सामुदायिक विकास खण्ड
(c) एक परिवार
(d) एक जनपद

43. कौन-सा जोड़ा असंगत है?

	फसल	बीज दर (किग्रा/हेक्टेयर)
(a)	चना	80
(b)	तिल	4
(c)	सरसों	10
(d)	सूरजमुखी	12

44. मृदा में यूरिया के अपघटन से मिलता है-
(a) यूरिक अम्ल
(b) अमोरियम कार्बोमेट
(c) अमोनियम कार्बोनेट
(d) एमाइड्स

45. अर्द्ध शुष्क व उपोष्ण पारिस्थितिकी में अनुकूल उत्पादन लेने हेतु अन्तर-फसलीय तंत्र में कौन-सी प्लांटिंग जिओमिट्री (Planting geometry) अपनाना चाहिए-
(a) मुख्य फसल की दो पंक्तियों में अन्तःफसल की सामान्य बुवाई
(b) स्किप रो प्लांटिंग (Skip row planting)
(c) मुख्य फसल की तीन पंक्तियाँ और अन्तःफसल की दो पंक्तियाँ
(d) मुख्य फसल की चार पंक्तियाँ और अन्तःफसल की एक पंक्ति

46. चावल के पुष्पक्रम (inflorescence) को कहते हैं-
(a) पेनीकल (Panicle)
(b) स्पाईकलेट्स
(c) बाली
(d) सिलिकुआ

47. प्रति इकाई क्षेत्रफल अंतःफसल (inter-cropped) की उत्पादकता व उसी क्षेत्रफल से संभावित एकल फसल (Sole crop) की उत्पादकता के अनुपात को क्या कहते हैं?
(a) भौम तुल्यांकी अनुपात (Land equivalent ratio)
(b) स्पर्धा अनुपात (Competitive ratio)
(c) भौम तुल्यांकी गुणांक (Land equivalent coefficient)
(d) फसल निष्पादन अनुपात (Crop performance ratio)

48. धान के पौधे में पेनीकल इनीसिएशन अवस्था (Panicle initiation stage) आती है-
(a) रोपाई के तुरन्त बाद
(b) अधिकतम टिलर्स अवस्था के बाद
(c) बूट लीफ अवस्था के बाद
(d) रोपाई के बाद कभी भी

49. निम्नलिखित को सुमेलित करें-

	पशु		वैज्ञानिक नाम
A.	गाय	1.	बुबेलस बुबेलिस
B.	भैंस	2.	कॉपरा हिरकस
C.	भेड़	3.	बॉस इन्डिकस
D.	बकरी	4.	ओविस एरिस

कूट :

	A	B	C	D
(a)	3	4	1	2
(b)	2	4	1	3
(c)	1	3	4	2
(d)	3	1	4	2

50. सूरजमुखी के तेल में किस प्रक्रिया के कारण दुर्गन्ध (Rancidity) आती है?
(a) रिडक्शन (Reduction)
(b) ऑक्सीडेशन (Oxidation)
(c) एस्टरीफिकेशन (Esterification)
(d) नाइट्रीफिकेशन (Nitrification)

51. सामान्यतया वर्षा की तीव्रता कहाँ पर अधिक पाई जाती है?
(a) उत्तरी गोलार्ध (Northern hemisphere)
(b) दक्षिणी गोलार्ध (Southern hemisphere)
(c) भूमध्य रेखा के आसपास (Near equator)
(d) इनमें से कोई नहीं

52. धान के खेतों में सामान्यतया एकवर्षीय खरपतवार पाया जाता है-
(a) एनागेलिस आरवेनसिस
(b) इकाइनोक्लोआ क्रुसगेलाई
(c) एमेरेन्थस स्पाईनोसस
(d) फेलेरिस माइनर

53. यू.जी. 99, गेहूँ में स्टेम रस्ट (Stem rust) करने वाली कवक है, सर्वप्रथम किस देश में खोजी गई?
(a) युगान्डा (b) पाकिस्तान
(c) अमेरिका (d) यूक्रेन

54. तीनों आवश्यक पोषक तत्व प्रदान करने वाला उर्वरक है-
(a) डी.ए.पी. (b) एम.ओ.पी.
(c) एस.एस.पी. (d) एस.ओ.पी.

55. निम्नांकित में से कौन-सा युग्म असंगत है?

	फसल	रोग
(a)	सरसों	आल्टरनेरिया झुलसा
(b)	उरद	स्टेरिलिटी मोजेक
(c)	सोयाबीन	मैला मोजेक
(d)	मूँगफली	कली सड़न

56. भारत में पहला कृषि विज्ञान केन्द्र प्रतिस्थापित हुआ था-
(a) राजस्थान में (b) उत्तर प्रदेश में
(c) पंजाब में (d) पांडिचेरी में

57. एकीकृत ग्राम विकास कार्यक्रम के अन्तर्गत विकास की मूल इकाई है-
(a) गाँव
(b) सामुदायिक विकास खंड
(c) परिवार
(d) जनपद

58. सूची-I तथा सूची-II का मिलान कीजिए और नीचे दिए कूट से सही उत्तर बताइए-

	सूची-I (फसल)		सूची-II (बीमारी कारक)
A.	गेहूँ	1.	एस्कोकाइटा राबी
B.	मक्का	2.	सरकोस्पोरा किकूची
C.	सोयाबीन	3.	निओवोसिया इन्डिका
D.	चना	4.	हेलमिन्थोस्पोरियम

कूट-

	A	B	C	D
(a)	2	3	4	1
(b)	4	3	1	2
(c)	3	4	2	1
(d)	3	2	1	4

59. जैविक मृदा में जैविक पदार्थ की मात्रा होती है-
(a) 10-15% (b) 16-20%
(c) 20-25% (d) 25% से अधिक

60. भारतवर्ष को कितने सस्य-जलवायु क्षेत्रों में बाँटा गया है?
(a) दस (b) पन्द्रह
(c) बारह (d) छः

61. कौन-सा खरपतवारनाशी दलहनी फसलों में चौड़े पत्ते वाली खरपतवार को नष्ट करने में प्रयोग होता है?
(a) 2, 4-डी (b) 2, 4, 5-टी
(c) 2, 4-डीबी (d) इनमें से कोई नहीं

62. ज्वार में लगने वाली प्रचलित बीमारी है-
(a) बिल्ट (b) ब्लास्ट
(c) लीफ स्पॉट (d) ग्रेन स्मट

63. एशियन शाक-भाजी अनुसंधान विकास केन्द्र कहाँ पर स्थित है-
(a) ताईवान में (b) थाईलैंड में
(c) इण्डोनेशिया में (d) मलेशिया में

64. एनोन म्यूरीकाटा एल वैज्ञानिक नाम है-
(a) सीताफल का (b) रामफल का
(c) चेरीमोया का (d) सावर सॉप का

65. दलहनी फसल जो वातावरणीय नत्रजन को आसानी से स्थिर नहीं करती है-
(a) अरहर (b) मटर
(c) सोयाबीन (d) राजमा

66. अगर केवल तीन सिंचाइयाँ सम्भव हैं तो गेहूद्द में क्रिटिकल स्टेज बतायें-
(a) क्राउन जड़ निकास, फूल बनना तथा दूध बनना

(b) क्रिटिकल जड़ निकास, टिलरिंग, दूध बनना
(c) टिलरिंग, ज्वाइंटिंग, मिल्किंग
(d) क्रिटिकल जड़ बनना, लेट ज्वाइंटिंग तथा डफ स्टेज

67. निम्न में से कौन-सा तत्त्व आवश्यक तो नहीं, परन्तु कुछ पौधों के लिए उपयोगी है?
(a) कॉपर (b) सोडियम
(c) बोरान (d) आयोडीन

68. फॉस्फोरस का सबसे प्रभावी प्रयोग किया जा सकता है-
(a) बुवाई के समय बुरकाव द्वारा
(b) बुवाई के 21 दिन बाद टॉप ड्रेसिंग के द्वारा
(c) बुवाई के समय कूड में प्रयोग द्वारा
(d) पर्णीय छिड़काव द्वारा

69. गेहूँ किस प्रदेश में सबसे अधिक क्षेत्रफल में उगाया जाता है?
(a) उत्तर प्रदेश (b) पंजाब
(c) बिहार (d) मध्य प्रदेश

70. निम्नलिखित में से कौन तत्त्व मृदा में वातावरण द्वारा पहुँचाता है?
(a) फॉस्फोरस (b) पोटाश
(c) जिंक (d) नत्रजन

71. मटर की न्यूनतम अवधि की सब्जी वाली उत्तम प्रजाति कौन-सी है?
(a) आर्किल (b) बोलेविले
(c) आजाद पी (d) असौजी

72. गेहूँ में 'कर्नल बन्ट' की रोकथाम के लिए बीज शोधन हेतु अधिक प्रभावशाली रसायन है-
(a) बी. एच. सी. (b) एग्रोसन जी. एन.
(c) वीटावैक्स (d) कैप्टान

73. मूँगफली का जन्मस्थान है-
(a) भारतवर्ष (b) ब्राजील
(c) अफ्रीका (d) जापान

74. निम्नांकित किस कीड़े के प्रकोप से हॉपर बर्न हो जाता है?
(a) फड़का (b) गन्ने का पाइरिला
(c) भूरा फुदका (d) हरा फुदका

75. गन्ने के टुकड़ों (Sugarcane setts) पर स्थाई जड़ें होती हैं-
(a) सेट रूट्स (Sett roots)
(b) शूट रूट्स (Shoot roots)
(c) प्रोप रूट्स (Prop roots)
(d) उपरोक्त सभी

76. सन् 1950 में चारागाहों को नूतन अवस्था में लाने हेतु सर्वप्रथम किस देश में जीरो टिलेज तकनीक का उपयोग किया गया?
(a) जर्मनी
(b) जापान
(c) यू.के.
(d) संयुक्त राज्य अमेरिका

77. निम्नलिखित को सुमेलित करें-

	उत्पाद		प्रोटीन
A.	दूध	1.	किरेटिन
B.	अण्डे	2.	मायोसीन
C.	माँस	3.	केसीन
D.	ऊन	4.	एल्बूमीन

कूट:

	A	B	C	D
(a)	4	2	3	1
(b)	1	3	4	2
(c)	3	4	2	1
(d)	2	4	3	1

78. धान की खेती के लिए मृदा का उपयुक्त pH मान होना चाहिए-
(a) 4-6 (b) 5-6.5
(c) 6-7 (d) 7-9

79. मक्का में डबल क्रॉस हाइब्रिड तकनीक किसके द्वारा विकसित की गई?
(a) ई.एम. ईस्ट (b) डी.एफ. जोन
(c) जी.एच. शल (d) मेन्डल

80. इंटर-क्रॉपिंग में टेम्पोरल कॉम्प्लिमेंट्रिटी (Temporal complementarity) किसके कारण पहचानी जाती है?
(a) कम्पोनेन्ट क्रॉप्स् की वृद्धि का समय के साथ भिन्न होना
(b) कम्पोनेन्ट क्रॉप्स् की वृद्धि का ऊँचाई के अनुसार भिन्न होना
(c) उपज में भिन्न होना
(d) उत्पादन लागत में भिन्न होना

81. धान के पौधे के कल्लों में रूपहला तना या प्याजी पत्ती (Silvery shoot or onion leaf) लक्षण किस कीट के कारण होते हैं?
(a) धान का हिस्पा (Rice hispa)
(b) गाल मिज (Gall midge)
(c) सफेद मक्खी
(d) धान मत्कुण (Gundhi bug)

82. चने की 'अवरोधी' किस्म किसके प्रति रोधिता रखती है?
(a) विल्ट (b) झुलसा रोग (Blight)
(c) बाढ़ (d) सूखा

83. पारथिनियम हिस्टेरोफोरस (गाजर घास) के नियंत्रण में सहायक कीट का नाम है-
(a) क्राईसोमेला स्पीशीज
(b) डेक्टाइलोपियस टोमेन्टोसस्
(c) जाइगोग्रामा बाईकोलोराटा
(d) नियोचेटिना स्पीशीज

84. पौधे के तने से रेशा शिथिल (Fibre loosening) करने की प्रक्रिया कहलाती है-
(a) क्योरिंग (Curing)
(b) सड़ाना (Retting)
(c) गीला करना (Wetting)
(d) नेटिंग (Netting)

85. भारत के प्रथम पादन संरक्षण सलाहकार कौन थे?
(a) डॉ. सरदार सिंह
(b) डॉ. एस. प्रधान
(c) डॉ. एम. एल. रूनवाल
(d) डॉ. एच. एस. पृथ्वी

86. मानव शरीर में थायमिन (B) की कमी के कारण होती है-
(a) रतौंधी (b) बेरी-बेरी
(c) पेलाग्रा (d) स्कर्वी

87. पादप रोग जनकों का प्रकीर्णन निम्नलिखित में किनके द्वारा प्राप्त होता है-
(a) हवा
(b) हवा, पानी
(c) हवा, पानी, मृदा
(d) हवा, पानी, मृदा, कीट

88. धान के पौधों में जिंक की कमी से होने वाला रोग है-
(a) ब्लाइट रोग (b) एरगट रोग
(c) कण्डवा रोग (d) खैरा रोग

89. मक्का-तोरिया-गेहूँ-मूँग फसल चक्र को कहते हैं-
(a) मिश्रित फसल पद्धति
(b) रिले फसल पद्धति
(c) बहुफसली पद्धति
(d) अंत:फसल पद्धति

90. मोटे खाद्यान्न की खेती की जाती है-
(a) अधिक वर्षा वाले क्षेत्र में
(b) जल जमाव वाले क्षेत्र में
(c) निचली भूमि में
(d) ऊपरवार भूमि में

91. निम्न में से कौन-सी फसल सभी ऋतुओं में बोई जाती है?
(a) गन्ना (b) मूँगफली
(c) मसूर (d) मक्का

92. विभिन्न ऊँचाई के पौधों को एक ही खेत में एक ही साथ पैदा करने को कहते हैं-

(a) बहुल फसलोत्पादन
(b) बहु-स्तरीय फसलोत्पादन
(c) संयुक्त (रिले) फसलोत्पादन
(d) मिश्रित फसलोत्पादन

93. बरसीम एक चारेबाजी फसल है तथा इसे बोने की सिफारिश की जाती है-
(a) मार्च-अप्रैल माह में
(b) जून-जुलाई माह में
(c) अक्टूबर-नवम्बर माह में
(d) जनवरी-फरवरी माह में

94. नत्रजन का सबसे प्रभावशाली स्रोत है-
(a) सूखा रक्त
(b) कच्ची हड्डी का चूरा
(c) मत्स्य खाद
(d) सूखा शोधित स्लज

95. गन्ने की उत्पादकता (Productivity) किस राज्य में सर्वाधिक है?
(a) उत्तर प्रदेश (b) पश्चिम बंगाल
(c) कर्नाटक (d) तमिलनाडु

96. कृषि फसलों में फिनाइल मरम्यूरिक एसिटेट (PMA) रसायन का प्रयोग करते हैं-
(a) कार्बन डाई-ऑक्साइड के उदाहरण (Uptake) को बढ़ाने हेतु
(b) श्वसन को कम करने के लिए
(c) वाष्पोत्सर्जन को कम करने के लिए
(d) वाष्पोत्सर्जन को बढ़ाने के लिए

97. धान में 'डेड हर्ट' व 'ह्वाइट हेड' किस कीट के प्रकोप से होता है?
(a) गाल मिज (Gall midge)
(b) लीफ रोलर
(c) दलीय गिडार (Army worm)
(d) तना छेदक

98. सर्वप्रथम संकर धान किस देश में व्यावसायिक रूप से उगाया गया?
(a) भारत (b) चीन
(c) जापान (d) अमेरिका

99. क्रॉप लॉगिंग (Crop logging) का प्रयोग किस फसल में किया जाता है?
(a) गन्ने में (b) चुकन्दर में
(c) मक्का में (d) चाय में

100. मेड काऊ डिसीज (MCD) के संक्रमण कारक में होता है-
(a) केवल प्रोटीन
(b) केवल न्यूक्लिक अम्ल
(c) प्रोटीन और न्यूक्लिक अम्ल
(d) प्रोटीन और कार्बोज

101. जीवाणुजनित बीमारियों का नियंत्रण......... रसायनों से किया जाता है।
(a) एन्टीबायोटिक्स (b) विषाणुनाशी
(c) कवकनाशी (d) केलथेन

102. अपूर्ण रक्तस्राव मुक्त कारकस (Carcass) को पहचाना जाता है-
(a) डिसर्नेबल शिराएँ (Discernible veins)
(b) गहरा रंगीन माँस
(c) बायें वेन्ट्रिकल में रक्त
(d) उपरोक्त सभी सही हैं

103. निम्न में से कौन-सा खरपतवार संकीर्ण (Narrow) पत्ती वाला नहीं है?
(a) साइनोडोन डेक्टाईलोन
(b) साइप्रस रोटनडस
(c) सिटेरिया ग्लूका
(d) मेलीलोटस इण्डिका

104. कौन-सी फसल (फसलें) सोइल सिक्नेस (Soil sickness) का कारण है?
(a) मक्का (b) ज्वार
(c) अलसी (d) ज्वार व अलसी दोनों

105. बाग में पौधे लगाने की किस विधि से किसान अमरूद के अधिक-से-अधिक पौधे लगा सकता है?
(a) षट्भुजाकार (b) आयताकार
(c) कटूर (d) वर्गाकार

106. सरसों की प्रति हेक्टेयर बीज दर है-
(a) 1-2 किलोग्राम (b) 3-4 किलोग्राम
(c) 5-6 किलोग्राम (d) 7-8 किलोग्राम

107. खड़ी फसल के कटने से पूर्व उसी खेत मे दूसरी फसल के बोने को कहते हैं-
(a) मिश्रित क्रॉपिंग
(b) रिले क्रॉपिंग
(c) इन्टर क्रॉपिंग
(d) बहु फसली क्रॉपिंग

108. मृदा उर्वरता का ह्रास होता है-
(a) लगातार फसलों के उगने से
(b) उर्वरकों के असन्तुलित प्रयोग से
(c) आवश्यकता से अधिक सिंचाई से
(d) दोषपूर्ण जल निकास से

109. निम्न में से कौन सही सुमेलित नहीं है?

	फसल	रोग
(a)	आलू	झुलसा
(b)	गेहूँ	कंडुआ
(c)	ज्वार	अरगट
(d)	तिल	फायलोडी

110. कार्बन पादप वृद्धि के लिए एक अनिवार्य तत्व है। पौधे इसे प्राप्त करते हैं-
(a) मिट्टी से (b) पानी से
(c) हवा से (d) प्रकाश से

111. मोथा का सम्बन्ध है-
(a) ग्रैमिनी कुल से
(b) मालवेसी कुल से
(c) साइपरेसी कुल से
(d) लिलिएसी कुल से

112. सबसे महंगे बीज की श्रेणी है-
(a) आधारीय (b) ट्रुथफुल
(c) प्रमाणित (d) जनक

113. खण्ड विकास परिषद् की अध्यक्षता की जाती है-
(a) ग्राम विकास अधिकारी द्वारा
(b) ब्लॉक प्रमुख द्वारा
(c) खण्ड विकास अधिकारी द्वारा
(d) जिला कृषि अधिकारी द्वारा

114. केले का बीज रहित होने का कारण है-
(a) अबीजधारिता
(b) बीजाण्डरहित होना
(c) वेजिटेटिव अपरागणन फलन
(d) उत्तेजित अपरागणन फलन

115. निम्न युग्मों में से कौन-एक सही सुमेलित नहीं है?

	पशु	प्रजाति
(a)	भैंस	जमुनापारी
(b)	गाय	गंगातीरी
(c)	बकरी	बरबरी
(d)	भेड़	बीकानेरी

116. फूलों के पौधों से प्रारम्भिक अवस्था में अवांछनीय कलियों को निकालने की क्रिया को कहते हैं-
(a) क्लिपिंग (b) नॉचिंग
(c) बडिंग (d) टॉपिंग

117. विज्ञान की उस शाखा को जिसका सम्बन्ध मृदा की उत्पत्ति, वर्गीकरण तथा वर्णन से है, कहते हैं-
(a) इडाफीलॉजी (b) इकोलॉजी
(c) पेडोलॉजी (d) जीओलॉजी

118. पादप-वृद्धि के लिए अनिवार्य तत्वों की संख्या है-
(a) 8 (b) 12
(c) 16 (d) 20

119. मृदा में किस सूक्ष्मजीव की संख्या सर्वाधिक है?
(a) एल्गी (b) बैक्टीरिया
(c) फँगस (d) प्रोटोजोआ

120. नया पंचायतराज अधिनियम (73वाँ संविधान संशोधन) कब से सभी राज्यों पर लागू हुआ-
(a) 24 अप्रैल, 1992
(b) 24 अप्रैल, 1993
(c) 24 अप्रैल, 1995
(d) उपरोक्त में से कोई नहीं

व्याख्या सहित उत्तर

1. (c) सरायनाहर एवं महदहा दोनों स्थलों से हड्डी निर्मित उपकरण प्राप्त हुए हैं। परन्तु यदि संख्या को आधार बनाया जाए तो महदहा से हड्डी निर्मित उपकरण अधिक संख्या में मिले हैं। महदहा नामक स्थल प्रतापगढ़ जिले में स्थित है। इस मध्यपाषाण कालीन स्थल का उत्खनन 1978-80 के मध्य जी.आर. शर्मा के नेतृत्व में किया गया। यहाँ से लघु पाषाण उपकरणों के अतिरिक्त आवास, शवाधान एवं गर्त चूल्हों के साक्ष्य प्राप्त होते हैं। किसी-किसी समाधि में स्त्री-पुरुषों को साथ-साथ दफनाया गया है। उल्लेखनीय है कि भारत में चिरांद ही एक मात्र स्थान है, जहाँ से हड्डी निर्मित उपकरण बड़ी मात्रा में मिले हैं। ये उपकरण हिरन के सींगों से निर्मित हैं, अन्य स्थानों से कम ही मात्रा में ऐसे उपकरण मिले हैं।

2. (d) नवपाषाण कालीन स्थल मेहरगढ़ बलूचिस्तान प्रांत में स्थित है। जहां से स्थायी जीवन के प्रमाण मिले हैं। यहां से उपमहाद्वीप में कृषि के प्राचीनतम प्रमाण मिले हैं, जहां गेहूँ की कृषि की जाती थी।

3. (a) चन्द्रगुप्त प्रथम पहला गुप्त शासक है, जिसने सर्वप्रथम सिक्कों को जारी किया। चंद्रगुप्त प्रथम ने ही 319 ई.पू. में गुप्त संवत् को चलाया था। इसने लिच्छवी राजकुमारी से विवाह किया था।

4. (b) फिरोज तुगलक ने उलेमाओं से स्वीकृति मिलने के पश्चात् एक सिंचाई कर 'हक-ए-शर्ब' लगाया, जो उपज का 1/10 था।

5. (a) अलाउद्दीन खिलजी पहला मध्यकालीन शासक है, जिसने सार्वजनिक वितरण प्रणाली प्रारम्भ की। इसके अंतर्गत उसने कम कीमत पर खाद्यान्न एवं अन्य आवश्यक वस्तुएं जनता को उपलब्ध कराया।

6. (b) 1814-16 ई. के लड़ा गया आंग्ल-नेपाल युद्ध लॉर्ड हेस्टिंग्स के शासन में हुआ। वह स्वयं इस युद्ध का मुख्य सेनापति था। सन् 1816 में सुगौली की संधि से यह युद्ध समाप्त हुआ। उल्लेखनीय है कि सुगौली बिहार राज्य के चम्पारण में स्थित है।

7. (a) वारेन हेस्टिंग्स के समय 1773 के रेग्युलेटिंग एक्ट के अनुसार सन् 1774 में कलकत्ता में सर्वोच्च न्यायालय की स्थापना की गई। एलीजाह एम्पे को इसका मुख्य न्यायाधीश बनाया गया।

8. (d) 1935 के अधिनियम के उपरांत, 1937 में हुए चुनावों ने गठित कांग्रेस मंत्रिमंडल जुलाई, 1937 से नवम्बर 1939 तक कार्यरत रहे। इस प्रकार यह अवधि 28 माह की थी।

9. (d) 'गुलाबी क्रांति' प्याज एवं झींगा उत्पादन से संबंधित है।

10. (a) बुक्सा बाघ आरक्षित क्षेत्र प. बंगाल में अवस्थित है।

11. (c) उत्तर प्रदेश में स्थित नरौरा नामक परमाणु संयंत्र IV भूकम्पीय पेटी में अवस्थित है। कैगा एवं तारापुर III भूकम्पीय पेटी में तथा कलपक्कम II भूकम्पीय पेटी में अवस्थित है।

12. (c) धर्मापुरी तमिलनाडु में स्थित है। तमिलनाडु की इस राजधानी का अस्तित्व 1965 ई. में आया, जो भारत के सबसे लंबे राष्ट्रीय राजमार्ग संख्या-07 पर स्थित है।

13. (b) भारत की सबसे आद्य जनजाति जार्वा है। ये जनजाति अति प्राचीन काल से अण्डमान एवं निकोबार द्वीप समूह में निवास कर रही है। भारत में यह एक संकटग्रस्त जनजाति समूह है।

14. (d) जम्मू-कश्मीर राज्य में स्थित लेह नामक स्थान पर सबसे कम वार्षिक वर्षा होती है।

15. (d) संकरबीज प्रतिवर्ष बदला जाता है।

16. (c) नील हरित शैवाल का उपयोग नवजन आपूर्ति हेतु धान की फसल में किया जाता है।

17. (d) मक्का की पत्तियों के शीर्ष का सफेद होना जिंक (Zn) की कमी का सूचक है।

18. (c) आर्थिक समीक्षा 2010-11 के अनुसार भारत के निर्यात का सबसे बड़ा भाग (मूल्य के आधार पर) संयुक्त अरब अमीरात को भेजा जाता है। यह कुल निर्यात का लगभग 13.4% है। क्रमानुसार अन्य देश-संयुक्त राज्य अमेरिका (10.9%), चीन (6.5%) एवं सिंगापुर (4.2%) है।

19. (a) भारत में राष्ट्रीय आय समंकों (National Income Indicators) का आकलन केंद्रीय सांख्यिकीय संगठन (C.S.O : Central Statical Organization) द्वारा किया जाता है। केन्द्रीय सांख्यिकीय संगठन ने राष्ट्रीय आय हेतु आधार वर्ष 1993-94 को बदलकर 2003-04 कर दिया है। C.S.O. की स्थापना सन् 1951 में की गई थी। यह संस्था योजना मंत्रालय के अंतर्गत कार्य करती है।

20. (b) जनगणना 2011 के आँकड़ों के अनुसार भारत में पुरुष एवं महिला साक्षरता दर का अंतराल 16.68% है। उल्लेखनीय है कि पुरुष साक्षरता दर 82.14% एवं महिला साक्षरता दर 65.40% है।

21. (d) 1946 में कैबिनेट मिशन ने संविधान सभा के गठन की सिफारिश की। 1 जुलाई, 1946 ई. में कैबिनेट मिशन के प्रावधानों के अनुरूप चुनाव हुए। चुनाव अप्रत्यक्ष निर्वाचन द्वारा किया गया। 10 लाख की जनसंख्या पर एक स्थान का आवंटन किया गया।

22. (b) भारतीय संविधान 22 भागों में विभक्त है। जिसमें 395 अनुच्छेद एवं 12 अनुसूचियां हैं।

23. (a) मूल कर्त्तव्यों को भारतीय संविधान में शामिल करने की संस्तुति 1976 में गठित सरदार स्वर्ण सिंह समिति ने की थी। मूल कर्त्तव्य पूर्व सोवियत संघ के संविधान से प्रेरित हैं। 42वें संविधान संशोधन द्वारा भारतीय संविधान में भाग 4 क के रूप में मौलिक कर्त्तव्यों को जोड़ा गया। अनुच्छेद 51 क में 10 मूल कर्त्तव्य का उल्लेख है। 11वां मूल कर्त्तव्य के रूप में बच्चों की शिक्षा को 86वें संविधान संशोधन द्वारा शामिल किया गया।

24. (c) भारत के पीने योग्य जल में प्रदूषक के रूप में; आर्सेनिक, फ्लोराइड एवं यूरेनियम जैसे रासायनिक तत्व पाए जाते हैं। इस प्रकार के प्रदूषित जल की मात्रा सर्वाधिक भारत के उत्तरी राज्यों बिहार, उत्तर प्रदेश, छत्तीसगढ़ एवं मध्य प्रदेश में देखी गई है।

25. (b) पारितंत्रों की घटती उत्पादकता के क्रम में उनका सही अनुक्रम है - मैंग्रोव, महासागर, घासस्थल, झील। पारिस्थितिक तन्त्र की उत्पादकता का अर्थ स्वपोषित (Autotrophic) हरी पत्ती वाले पौधों द्वारा प्रतिसमय इकाई में संचयित या स्थिर ऊर्जा या जैविक पदार्थों की सकल मात्रा होता है। इसे पोषण-स्तर में नेट प्राथमिक उत्पादकता कहते हैं। आर.एच. ह्विटेकर तथा जी.एम. उडवेल ने समस्त भूतल तथा प्रमुख पारिस्थितिक तंत्रों की नेट प्राथमिक उत्पादकता (Productivity) तथा पौधों के बायोमास का मापन किया है, इसके अनुसार समस्त पृथ्वी की नेट प्राथमिक उत्पादकता 320 ग्राम (शुष्क भार) प्रतिवर्ग मीटर प्रतिवर्ष है, जबकि-

- दलदल ज्वारनदमुख, उष्णकटिबन्धीय वर्षा वन-2000 ग्राम (शुष्क भार) प्रति वर्ग मी. प्रतिवर्ष।
- सागरों में 125 ग्राम (शुष्क भार) प्रति वर्ग मी. प्रतिवर्ष।
- टुण्ड्रा अल्पाइन क्षेत्र 140 ग्राम (शुष्क भार) प्रति वर्ग मी. प्रतिवर्ष।
- झाड़ियों व रेगिस्तानी वनस्पतियों में 70 ग्राम (शुष्क भार) प्रति वर्ग किमी. प्रतिवर्ष है।

26. (c) जैव प्रौद्योगिकी का उपयोग अभियान्त्रिकी और प्रौद्योगिकी के डाटा और विधियों को जीवों और जीवन तन्त्रों से सम्बन्धित अध्ययन तथा समस्या के समाधान के लिए किया जाता है। जैव-प्रौद्योगिकी के माध्यम से पौधों तथा सूक्ष्म जीवों के आनुवंशिक पदार्थों में बदलाव किया जाता है। जैव-प्रौद्योगिकी जीनों को पौधों के विविध जातियों में तथा सूक्ष्मजीवों से उच्चतर जीवों में स्थानान्तरित करता है।

27. (a) भारतीय संविधान में नीति निर्देशक सिद्धान्तों को आयरलैंड के संविधान से प्रेरित होकर शामिल किया गया था। राज्य के नीति निर्देशक सिद्धांतों का वर्णन भाग 4 में है। नीति-निर्देशक सिद्धांतों को

न्यायालय द्वारा प्रवर्तित नहीं कराया जा सकता। इसके द्वारा राज्य लोगों के सामाजिक, आर्थिक एवं राजनीतिक न्याय में वृद्धि का प्रयास करता है।

28. (d) चुम्बकीय अनुनाद बिम्बीकरण (MRI : Magnetic Resonance Imaging) तकनीक मानवीय कोशिकाओं के प्रतिचुम्बकत्व पर आधारित है। इसके द्वारा मानवीय शरीर में होने वाली विभिन्न बीमारियों का पता लगाया जाता है।

29. (c) रिक्टर पैमाना भूकंपीय तीव्रता को मापने हेतु प्रयोग किया जाता है। इसमें भूकंपीय लहरों के आयाम की गणना की जाती है। रिक्टर पैमाने में 0–9 की माप होती है और रिक्टर पैमाने पर प्रत्येक अगली इकाई पिछली इकाई की तुलना में 10 गुना अधिक तीव्रता रखता है। उल्लेखनीय है कि समान भूकंपीय तीव्रता वाले स्थानों को मिलाने वाली रेखा को 'Isoseismal Line' कहते हैं एवं एक ही समय पर आने वाले भूकंपीय क्षेत्रों को मिलाने वाली रेखा को 'Homoseismal Line' कहते हैं।

30. (b) यदि पानी को 0^oC से 4^oC के मध्य गर्म किया जाए तो प्रारम्भ में आयतन घटता है। 4^oC तक गर्म करने पर इस ताप (4^oC) पर जल का आयतन न्यूनतम व घनत्व अधिकतम होता है। यही कारण है जब किसी झील में पानी के जम जाने पर भी उसमें रहने वाली मछलियां नहीं मरती हैं।

31. (c) पृथ्वी पर सबसे पुराना जीव अमीबा है। यह एक कोशिकीय प्राणी है।

32. (d) उत्तर प्रदेश की प्रमुख फसल गेहूँ है। उत्तर प्रदेश गेहूँ के उत्पादन में प्रथम स्थान रखता है। साथ ही उत्तर प्रदेश में गेहूँ की खेती अन्य फसलों की अपेक्षा अधिक क्षेत्रफल पर की जाती है।

33. (c) उ.प्र. के प्रमुख लोकगीत हैं- बिरहा (पूर्वांचल), चैती, ढोला, विवाहगीत, रसिया (ब्रज), सोहर, कजरी (अवध), आल्हा (बुन्देलखण्ड), पूरन भगत तथा भर्तृहरि आदि।

34. (b)

35. (d) यदि कोई धन t समय में n_1 गुना हो जाता है, तो n_2 गुना होने में लगा समय

$$= \frac{n_2 - 1}{n_1 - 1} \times t = \frac{3.5-1}{2-1} \times 18$$

$$= \frac{2.5}{1} \times 18 = 45 \text{ वर्ष।}$$

36. (a) माना कि व्यक्ति t समय में x किमी. जाता है।

प्रश्नानुसार,

$$\frac{x}{t} = 10$$

$$\Rightarrow \frac{x}{10} = t \quad ...(i)$$

$$\text{तथा} \quad \frac{x+20}{14} = t \quad ...(ii)$$

समीकरण (i) और (ii) से,

$$\frac{x}{10} = \frac{x+20}{14}$$

$$\Rightarrow 14x = 10x + 200$$

$$\Rightarrow 4x = 200$$

$$\therefore x = \frac{200}{4} = 50 \text{ किमी.}$$

37. (b) $\tan\theta = \frac{\text{लम्ब}}{\text{आधार}} = \frac{h}{\sqrt{3}h} = \frac{1}{\sqrt{3}}$

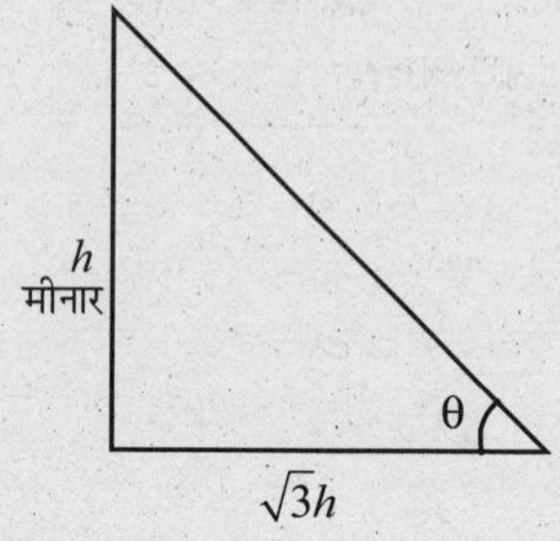

$\tan\theta = \tan 30°$

$\theta = 30°$

38. (c) 40 T 120 K 60 R 8 J 12 = ?

$\Rightarrow ? = 40 - 120 \div 60 \times 8 + 12$

$\Rightarrow ? = 40 - 2 \times 8 + 12$

$\Rightarrow ? = 40 - 16 + 12$

$\Rightarrow ? = 40 + 12 - 16$

$\Rightarrow ? = 52 - 16$

$\therefore ? = 36$

39. (b) $5 + 3 \times 8 - 12 \div 4 = 3$

विकल्प (b) के प्रयोग से,

$5 + 3 \times 8 \div 12 - 4 = 3$

$\Rightarrow 5 + \frac{3 \times 8}{12} - 4 = 3$

$\Rightarrow 5 + 2 - 4 = 3 \Rightarrow 7 - 4 = 3$

$\Rightarrow 3 = 3$

40. (c) दी गई संख्या शृंखला में ऐसे दो 4 हैं, जिनके एकदम पहले 5 हैं तथा एकदम बाद 2 या 3 है।

5<u>4</u>3, 5<u>4</u>2

41. (d) ग्राम समाज भूमि पर वातावरण प्रदूषण कम करने हेतु वन अथवा फलदार वृक्ष लगाने को सामाजिक वानिकी (Social forestry) कहा जाता है। सामाजिक वानिकी शब्द का सबसे पहले प्रयोग वानिकी वैज्ञानिक वेस्टौबी (Westoby) ने 1968 में दिल्ली में नौवीं कॉमनवेल्थ वानिकी कांग्रेस में किया था। उनके शब्दों में–"Social Forestry is a forestry which aims at producing flow of protection and recreation venefits for thd community"। इसके तहत लोगों की आवश्यकताओं की पूर्ति के लिए वृक्षविहीन क्षेत्रों में तथा सामुदायिक भूमि पर वृक्षारोपण किया जाता है।

42. (c) एकीकृत ग्राम्य विकास कार्यक्रम (आई. आर. डी. पी.) के अन्तर्गत लाभार्थियों के चयन में एक परिवार इकाई माना जाता है।

43. (c) सरसों का बीज दर 5 किग्रा/हेक्टेयर है।

44. (c) **45.** (b) **46.** (a)
47. (a) **48.** (b) **49.** (d)
50. (b) **51.** (c) **52.** (b)
53. (a) **54.** (c)

55. (b) स्टरलिटी मोजेक (Sterllity mossaic) रोग अरहर (Redgram or pigeonpea) में लगने वाला वायरस जनित रोग है।

56. (d) प्रथम कृषि विज्ञान केन्द्र की स्थापना 1974 में पांडिचेरी में हुई।

57. (c)

58. (c) (A) गेहूँ के करनाल बंट (Karnal Bunt) रोग का कारक निओवोसिया इन्डिका है। (B) मक्का में Turcicum leaf blight रोग का कारक हेलमिन्थोस्पोरियम (Trichome-taspaeria = Helmentho sporium) है। (C) सोयाबीन में Leaf spot रोग का कारक सरकोस्पोरा है। (D) चना में Blight रोग का कारक एस्कोकाइटा राबी (Myco-sphaerellarabici = Aschochytarabia) है।

59. (d) जैविक मृदा (Organic soil → Histosol) में न्यूनतम जैविक पदार्थ (Organic matter) 20% (यदि क्ले की मात्रा निम्न है) तथा 30% (यदि क्ले की मात्रा 50% से अधिक है) पायी जाती है।

60. (b) भारत को जल अधिकता, जल न्यूनता तथा सस्यन प्रणाली के आधार पर 15 कृषि-जलवायु क्षेत्रों में विभाजित किया गया और फिर आगे समानता लाने के लिए इन 15 कृषि जलवायु क्षेत्रों को 73 उपक्षेत्रों में विभाजित किया गया।

61. (c) दलहनी फसलों में चौड़े पत्ते वाले खरपतवार को नष्ट करने के लिए 2, 4-DB और MCPB खरपतवारनाशी का प्रयोग करते हैं (2, 4-DB and MCPB are employed for controlling broad-leared weeds in legumes.)

62. (d) ज्वार में लगने वाला सबसे हानिकारक रोग दाने का कन्डुआ अर्थात् ग्रेन स्मट (Grain smut) है। इस रोग का कारक Sphacelotheca Sorghi है।

63. (a) एशियन शाक-भाजी अनुसंधान विकास केन्द्र (Asian Vegetable Research Development Centre) ताइवान (Taiwan) में स्थित है।

64. (d) सावर सॉप (Sowar Sop) का वैज्ञानिक नाम एनोन म्यूरीकाटा (Annona muricata L) है।

Sitaphal – Annona Squamosa
Ramphal – A. reticulata
Cherimoya – A. cherimola

65. (d)

66. (d) गेहूँ की खेती में अगर केवल तीन सिंचाई सम्भव हो तो पहली सिंचाई मुख्य शिखर जड़ बनने के समय (Crown root initiation–बोने के 21-25 दिन बाद), दूसरी सिंचाई दानों में गाँठें पड़ने के समय (Late jointing Stage–बोने के 65-75 दिन बाद) व तीसरी सिंचाई दानें में दूध पड़ने के समय (Milking Stage–बोने के 110 से 145 दिन बाद) अवश्य होनी चाहिए।

67. (b) **68.** (c) **69.** (a)

70. (d) जैविक नत्रजन स्थिरीकरण (Biological nitrogen fixation) प्रक्रम में जीवाणु, नील हरित शैवाल (Blue green algage) और कुछ एक्टीनोमाइसीटीज वातावरण की नत्रजन को सीधे पौधों के लिए उपलब्ध रूप में परिवर्तित करके मृदा में स्थिर करते हैं।

71. (d) मटर की विभिन्न प्रजातियों की अवधि निम्न है–

आर्किल – 65-70 दिन (अगेती)
बोनविले – 85 दिन (मध्यम)
आजाद पी – मध्यम
असौजी – 60-65 दिन (अगेती)

72. (c)

73. (b) मूँगफली का जन्मस्थान ब्राजील है।

74. (c) हॉपर बर्न (Hopper burn symptom) धान के फसल में भूरा फुदका (Brown planthopper) के प्रकोप से होता है।

75. (b) **76.** (d) **77.** (c) **78.** (a)

79. (b) **80.** (a) **81.** (b) **82.** (a)

83. (c) **84.** (b) **85.** (d)

86. (b) मानव शरीर में थायमीन (B-1) की कमी के कारण बेरी-बेरी, लकवा, त्वचा की स्पर्श शक्ति का ह्रास, गले की सूजन व शरीर के भार में कमी आदि रोग हो जाता है।

87. (d) पादप रोग जनकों का प्रकीर्णन हवा, पानी, कीट, मृदा, कृषि यन्त्र, बीज, एकान्तरित परपोषी आदि सभी के द्वारा होता है।

88. (d)

89. (c) मक्का–तोरिया–गेहूँ–मूँग फसल चक्र बहुफसली पद्धति (Multiple cropping of Crop rotation) का उदाहरण है।

90. (d) **91.** (d) **92.** (b)

93. (c) बरसीम की बुआई अक्टूबर-नवम्बर माह में की जाती है।

94. (a) नाइट्रोजन प्रतिशत निम्न है–
सूखा रक्त (Dried blood) → 10-12%
अपक्व अरिथपूर्ण (Raw bone meal) → 3-4%
मछली की खाद (Fish manure) → 5.5%
सूखा शोधित स्लज (Dry activated sludg) → 4-7%

95. (d) **96.** (c) **97.** (d) **98.** (b)

99. (a) **100.** (a) **101.** (a) **102.** (d)

103. (d) **104.** (d)

105. (a) षट्भुजाकार विधि में वर्गाकार विधि की समान दूरी से लगभग 15 प्रतिशत वृक्ष अधिक रोपे जाते हैं। यह विधि अधिकतर ऐसे स्थानों पर अपनाई जाती है जहाँ पर कि भूमि का मूल्य अधिक हो तथा खाद पानी अधिकता में उपलब्ध है।

106. (c) सरसों का एक हेक्टेयर शुद्ध फसल बोने के लिये 5-6 किग्रा. बीज पर्याप्त रहता है। जब इन फसलों को अन्य फसलों के साथ मिलवाँ रूप में बोया जाता है तो 1.5 से 2.0 किग्रा. बीज एक हेक्टेयर के लिये पर्याप्त रहता है।

107. (b) खड़ी फसल के कटने के पूर्व उसी खेत में दूसरी फसल के बोने को रिले क्रॉपिंग कहा जाता है।

108. (a) पौधे अपने भोजन का अधिकांश भाग जड़ों द्वारा भूमि से ग्रहण करते हैं। भूमि पौधों के भोजन का भण्डार तो है, लेकिन बार-बार फसल उगाने पर उसमें पौधों के लिये आवश्यक कुछ पोषक तत्वों की कमी हो जाती है जिससे कि वह इतना शीघ्र उपलब्ध नहीं करा पाते जितना शीघ्र वह पौधों द्वारा भोजन के रूप में भूमि से लिये जाते हैं। इस प्रकार यदि भूमि को किसी स्रोत से वे पोषक तत्व न मिलें तो एक ही खेत में बार-बार फसल उगाने के फलस्वरूप भूमि अपनी उर्वरता खो बैठती है।

109. (c) अरगत (Ergot) रोग बाजरा की फसल में लगता है। ज्वार में लगने वाला मुख्य रोग Grain smut है।

110. (c) पौधे अपने हरे भाग मुख्यत: पत्तियों द्वारा, प्रकाश की उपस्थिति में वायुमण्डल से कार्बन का शोषण (CO_2 के रूप में) करते हैं।

111. (c) मोथा का वानस्पतिक नाम साइप्रस रोटन्डस (Cyperus rotundus) है और यह साइपरेसी (Cyperaceae) कुल से सम्बन्धित है।

112. (d) जनक बीज सबसे महंगे बीज की श्रेणी है।

113. (b) खण्ड विकास परिषद् (Block Development Council) का अध्यक्ष (Chairmen) ब्लाक प्रमुख होता है तथा इसका सचिव (Secretary) खण्ड विकास अधिकारी (B.D.O.) होता है।

114. (c) केला त्रिगुणित (Triploid) होने के कारण इसमें वानस्पति अपरागण (Vegetative Parthenocarpy) की क्रिया होती है, इस कारण से इसमें बीज नहीं बन पाते।

115. (a) जमुनापारी सबसे अधिक दूध देने वाली बकरी की प्रजाति है।

116. (d)

117. (c) पेडोलॉजी (Pedology) विज्ञान मृदा के गुण, वर्गीकरण, व्यवहार, शरीर-विज्ञान (Physiology) तथा शरीर रचना विज्ञान (Anatomy) का अध्ययन कराती है तथा इसके अन्तर्गत मृदा निर्माण के उत्तरदायी प्राकृतिक शक्तियों के उत्तरों (responses) का भी वर्णन आता है।

118. (c) आर्नन (Arnon - 1954) के Criteria of essentiality के आधार पर केवल 16 तत्व पौधों के लिये आवश्यक माने गये हैं, ये हैं– कार्बन (C), हाइड्रोजन (H), ऑक्सीजन (O), नाइट्रोजन (N), फास्फोरस (P), पोटैशियम (P), कैल्शियम (Ca), मैग्नीशियम (Mg), सल्फर (S), आयरन (Fe), मैंगनीज (Mn), जिंक (Zn), कॉपर (Cu), ब्रोमीन (B), मोलिब्डेनम (Mo) एवं क्लोरोन (Cl).

119. (b) मृदा में पाये जाने वाले सूक्ष्मजीवों (Micro organisms) में कुल संख्या (Total number) की दृष्टि से सर्वाधिक संख्या (Hightest number) जीवाणु (Bacteria) की होती है जबकि इनके जैवभार (Biomass) के दृष्टिकोण से सर्वाधिक Biomass में फँगस (Fungus) पाये जाते हैं।

Organisms square meter		**Number per Biomas (Kg/HFS)**
Bacteria	10^{13}-10^{14}	450-4500
Fungi	10^{10}-10^{11}	1120-11,200
Algae	10^{9}-10^{10}	50-500
Protozoa	10^{9}-10^{10}	15-150

120. (a) पंचायत राज अधिनियम (73वाँ संविधान संशोधन) जो कि संसद में 1992 में पास हुआ था 24 अप्रैल 1999 को लागू किया गया।

❑❑❑

प्रैक्टिस सेट-15

भाग-1: सामान्य अध्ययन

1. भारत के निम्नलिखित राज्यों को, उन्हें राज्य का स्तर प्रदान किए जाने के आधार पर क्रमबद्ध कीजिए (अद्यतन से प्रारम्भ कर)-
   1. अरुणाचल प्रदेश
   2. नागालैण्ड
   3. सिक्किम
   4. मेघालय

   नीचे दिए गए कूट का प्रयोग कर सही उत्तर चुनिए-
   (a) 2, 4, 3, 1 (b) 2, 1, 4, 3
   (c) 4, 1, 3, 2 (d) 4, 1, 2, 3

2. नदियों द्वारा उनके मार्ग में बनी निम्नलिखित विशेषताओं को, ऊर्ध्वप्रवाह से प्रारम्भ कर, क्रमबद्ध कीजिए-
   1. विसर्प 2. प्रपात
   3. डेल्टा 4. चाप-झील

   नीचे दिए गए कूट का प्रयोग कर सही उत्तर चुनिए-
   (a) 2, 1, 3, 4 (b) 2, 1, 4, 3
   (c) 1, 2, 3, 4 (d) 1, 4, 2, 3

3. सूची-I को सूची-II के साथ सुमेलित कीजिए और सूचियों के नीचे दिए गए कूट का प्रयोग कर सही उत्तर चुनिए-

सूची-I (घटना)	सूची-II (दिनांक)
A. ग्रीष्म संक्रान्ति	1. 21 जून
B. शीत संक्रान्ति	2. 22 दिसम्बर
C. वसन्त विषुव	3. 23 सितंबर
D. शरद विषुव	4. 21 मार्च

कूट :

	A	B	C	D
(a)	1	4	2	3
(b)	1	2	4	3
(c)	3	2	4	1
(d)	3	4	2	1

4. वर्षण का संघटन-संलयन प्रक्रम किस पर अनुप्रयुक्त होता है?
   (a) हिमीकरण स्तर से परे फैले मेघों पर
   (b) उन मेघों पर, जो हिमीकरण स्तर से परे फैले नहीं होते
   (c) सभी प्रकार के मेघों पर
   (d) कपासी वर्षी मेघ पर

5. भारत के निम्नलिखित बाघ संरक्षित क्षेत्रों (टाइगर रिजर्व) को उत्तर से दक्षिण की ओर क्रमबद्ध कीजिए-
   1. इन्द्रावती 2. दुधवा
   3. बाँदीपुर 4. सिमिलीपाल

   नीचे दिए गए कूट का प्रयोग कर सही उत्तर चुनिए-
   (a) 3, 4, 1, 2 (b) 4, 2, 3, 1
   (c) 2, 4, 1, 3 (d) 2, 1, 4, 3

6. सूची-I को सूची-II के साथ सुमेलित कीजिए और सूचियों के नीचे दिए गए कूट का प्रयोग कर सही उत्तर चुनिए-

सूची-I (जन्तु)	सूची-II (संघ)
A. एस्केरिस	1. स्तनी वर्ग (मैमेलिया)
B. मलेरिया-परजीवी	2. सन्धिपाद संघ (आर्थ्रोपोडा)
C. घरेलू मक्खी	3. सूत्रकृमि संघ (नेमाटोडा)
D. गाय	4. आदिजन्तु (प्रोटोजोआ)

कूट:

	A	B	C	D
(a)	3	4	2	1
(b)	3	2	4	1
(c)	1	2	4	3
(d)	1	4	2	3

7 निम्नलिखित में से कौन-सा एक युग्म सही सुमेलित नहीं है?
   (a) चन्दन काष्ठ पौधा - आंशिक मूल परजीवी
   (b) कस्कुटा - परजीवी
   (c) नेपेन्थीज - मांसाहारी
   (d) छत्रक - स्वपोषी

8. शर्करा निर्माण उद्योग के उपोत्पाद खोई का प्रयोग किसके उत्पादन के लिए होता है?
   (a) काँच (b) कागज
   (c) रबड़ (d) सीमेण्ट

9. निम्नलिखित में से कौन-सा, अच्छा स्नेहक है?
   (a) हीरक चूर्ण
   (b) ग्रेफाइट चूर्ण
   (c) गलित कार्बन
   (d) कार्बन और लौह की मिश्रधातु

10. बेकिंग सोडा के सम्बन्ध में निम्नलिखित में से कौन-सा सही नहीं है?
   (a) इसका प्रयोग सोडा-अम्ल अग्निशामक में होता है।
   (b) यह भोजन पकाने की क्रिया को तीव्रतर करने के लिए मिलाया जाता है।
   (c) यह एक संक्षरी क्षरक है।
   (d) यह आमाशय में अम्ल के आधिक्य को निष्प्रभावी करता है।

11. कोई बाजार, जिसमें किसी विशेष उत्पाद के विक्रेता अधिक संख्या में हैं, लेकिन प्रत्येक विक्रेता किंचित भिन्न, परन्तु मिलते-जुलते उत्पाद बेचता है, क्या कहलाता है?
   (a) पूर्ण स्पर्द्धा
   (b) एकाधिपत्य
   (c) एकाधिकारी स्पर्द्धा
   (d) अल्पाधिकार

12. एक वर्ष में किसी देश के सामान्य निवासियों और उनकी सम्पत्ति द्वारा उत्पादित सभी अन्तिम वस्तुओं और सेवाओं के मूल्य को,

चाहे वे घरेलू राज्यक्षेत्र के भीतर परिचालित हों या बाहर, क्या कहते हैं?

(a) सकल राष्ट्रीय आय
(b) निवल राष्ट्रीय आय
(c) सकल घरेलू उत्पाद
(d) निवल घरेलू उत्पाद

13. निम्नलिखित में से कौन सा एक, भारत में केन्द्रीय सरकार के कर राजस्व का स्रोत नहीं है?

(a) आय कर (b) सीमा शुल्क
(c) सेवा कर (d) मोटरयान कर

14. उपादान लागत पर राष्ट्रीय उत्पाद किसके बराबर होता है?

(a) घरेलू उत्पाद + विदेशों से निवल उत्पादन आय
(b) बाजार कीमतों पर राष्ट्रीय उत्पाद – अप्रत्यक्ष कर + उत्पादन
(c) सकल घरेलू उत्पाद – मूल्यह्रास
(d) बाजार कीमतों पर राष्ट्रीय उत्पाद + अप्रत्यक्ष कर + उत्पादन

15. भारत में मुगल शासन के बारे में नीचे दिए कथनों में से कौन-सा कथन असत्य है?

(a) कृषक समुदाय एक संगठित और सजातीय समूह थे।
(b) खाद्यान्नों की प्रचुरता थी।
(c) राज्य द्वारा उन फसलों को प्रोत्साहन दिया जाता था, जो अधिक राजस्व लाती थी।
(d) अधिकतर क्षेत्रों में वर्ष में दो फसलों का उत्पादन होता था।

16. दक्षिण भारत के चार भाषायी क्षेत्रों में कौन-सा असहयोग आन्दोलन (1921-22) से अप्रभावित रहा?

(a) केरल (b) तमिलनाडु
(c) आन्ध्र प्रदेश (d) कर्नाटक

17. हम्पी में विजय नगर के भग्नावशेष किसके द्वारा वर्ष 1800 में प्रकाश में लाए गए?

(a) कर्नल कॉलिन मैकेन्जी
(b) सर जॉन शोर
(c) एण्ड्रयू फ्रेजर
(d) जॉन मार्शल

18. अंग्रेजों की बंगाल में पैठ के विषय में निम्न कथनों में से कौन-सा/से सही है/हैं?

1. जॉब चार्नाक अगस्त, 1690 में सुतानती में आया तथा उसने कलकत्ता की स्थापना की, जो बाद में ब्रिटिश भारतीय साम्राज्य का केन्द्र बना।

2. फ्रांसीसी ईस्ट इण्डिया कम्पनी ने कलकत्ता में फोर्ट विलियम के निकट एक दुर्ग का निर्माण किया।

नीचे दिए गए कूट का प्रयोग कर सही उत्तर चुनिए-

(a) केवल 1
(b) केवल 2
(c) 1 और 2 दोनों
(d) न तो 1, न ही 2

19. वी.एम. दाण्डेकर और नीलकण्ड रथ अपने किस काम के लिए सुप्रसिद्ध थे?

(a) हरित-क्रान्ति के विस्तार के विषय में अध्ययन
(b) नाभिकीय ऊर्जा का पक्ष-समर्थन
(c) उदारीकरण का पक्ष-समर्थन
(d) भारत में निर्धनता के विषय में अध्ययन

20. सूची-I को सूची-II के साथ सुमेलित कीजिए और सूचियों के नीचे दिए गए कूट का प्रयोग कर सही उत्तर चुनिए-

सूची-I	सूची-II
A. पूना पैक्ट	1. सुभाष चन्द्र बोस
B. इण्डियन एसोसिएशन	2. एम. जी. रानाडे
C. पूना सार्वजनिक सभा	3. डॉ. बी.आर. अम्बेडकर
D. फारवर्ड ब्लॉक	4. सुरेन्द्र नाथ बनर्जी

कूट :

	A	B	C	D
(a)	2	1	3	4
(b)	3	4	2	1
(c)	2	4	3	1
(d)	3	1	2	4

21. निम्नलिखित कांग्रेस सम्मेलनों में से किस एक में दादाभाई नौरोजी ने घोषणा की कि भारत के राजनीतिक प्रयासों का लक्ष्य स्वराज है?

(a) कराची सम्मेलन
(b) लाहौर सम्मेलन
(c) लखनऊ सम्मेलन
(d) कलकत्ता सम्मेलन

22. भारत के विभाजन के समय भारतीय राष्ट्रीय कांग्रेस का अध्यक्ष कौन था?

(a) राजेन्द्र प्रसाद
(b) जवाहरलाल नेहरू
(c) जे बी कृपलानी
(d) वल्लभभाई पटेल

23. 'मोपला' किसान संघर्ष कहाँ हुआ?

(a) दार्जिलिंग (b) अण्डमान
(c) मालाबार (d) छोटा नागपुर

24. निम्नलिखित भारतीय प्राणिजात पर विचार कीजिए–

1. घड़ियाल
2. चर्मपीठ कूर्म (लेदरबैक टर्टल)
3. अनूप मृग

उपरोक्त में से कौन-सा/से संकटापन्न है/हैं?

(a) 1 और 2 (b) केवल 3
(c) 1, 2 और 3 (d) इनमें से कोई नहीं

25. पारितन्त्रों में खाद्य-शृंखलाओं के सन्दर्भ में निम्नलिखित कथनों पर विचार कीजिए–

1. खाद्य-शृंखला उस क्रम का निदर्शन करती है, जिससे जीवों की एक शृंखला एक-दूसरे के आहार द्वारा पोषित होती है।
2. खाद्य-शृंखला एक जाति की समष्टि के अन्तर्गत पाई जाती है।
3. खाद्य-शृंखला उस प्रत्येक जीव की संख्याओं का, जो दूसरों के द्वारा खाई जाती हैं, निदर्शन करती है।

उपरोक्त कथनों में से कौन-सा/से कथन सही है/हैं?

(a) केवल 1 (b) 1 और 2
(c) 1, 2 और 3 (d) इनमें से कोई नहीं

26. पारितन्त्र में खाद्य शृंखलाओं के सन्दर्भ में, निम्नलिखित में से किस प्रकार का/के जीव अपघटक जीव कहलाता है/कहलाते हैं?

1. विषाणु 2. कवक
3. जीवाणु

कूट:

(a) केवल 1 (b) 2 और 3
(c) 1 और 3 (d) ये सभी

27. राज्य पुनर्गठन अधिनियम के बारे में निम्नलिखित में से कौन-सा एक कथन सही नहीं है?

(a) अधिनियम का सम्बन्ध राज्यों की सीमाओं का फिर से रेखांकन करने की समस्या से था।
(b) यह वर्ष 1956 में पारित हुआ था।
(c) इसने चौदह राज्यों और छः संघ राज्य क्षेत्रों का सृजन किया।
(d) राज्य की सीमाएँ प्रशासनिक सुविधा के लिए खींची गई।

28. यदि भारतीय संघ में एक नए राज्य का सृजन किया जाना है तो संविधान की किस अनुसूची का संशोधन अवश्य करना होगा?

(a) पाँचवीं अनुसूची
(b) तीसरी अनुसूची

(c) दूसरी अनुसूची
(d) प्रथम अनुसूची

29. संसद में 'लेखा के लिए वोट' आवश्यक होता है-
(a) जब सरकार का व्यय राजस्व प्राप्तियों से अधिक होता है
(b) बड़े कार्यक्रमों की वित्त व्यवस्था हेतु जिसमें बहुत अधिक मात्रा में धन की आवश्यकता होती है
(c) जब सामान्य बजट के समय सीमा के अन्दर पारित होने की आशा नहीं होती
(d) उपर्युक्त में से कोई नहीं

30. भारत के किसी राज्य में विधान परिषद् का सृजन अथवा उसकी समाप्ति की जा सकती है-
(a) किसी राज्य के राज्यपाल की संस्तुति पर राष्ट्रपति द्वारा
(b) संसद द्वारा
(c) राज्य विधानसभा के तत्सम्बन्धी संकल्प पारित करने पर संसद द्वारा
(d) मन्त्रिपरिषद् की संस्तुति पर राज्य के राज्यपाल द्वारा

31. निम्नलिखित में से कौन एक राज्य के नीति के निदेशक-तत्त्वों में नहीं है? राज्य सुनिश्चित करने का प्रयास करेगा कि-
(a) पुरुष और महिलाओं को समान कार्य हेतु समान वेतन
(b) जीविकोपार्जन (livelihood) हेतु पर्याप्त साधनों का समान अधिकार
(c) अस्पृश्यता उन्मूलन (Abolition of Untouchability)
(d) काम हेतु न्यायसंगत और मानवोचित दशाओं में रहें

32. निम्नलिखित कथनों में से कौन 2011 की जनगणना के अनंतिम आंकड़ों के आधार पर उत्तर प्रदेश के लिए सही नहीं है?
(a) यहां देश की जनसंख्या का 16.5 प्रतिशत निवास करता है।
(b) यहां देश के सर्वाधिक बच्चे पाए जाते हैं।
(c) इसकी दशकीय वृद्धि दर 18.4 प्रतिशत है।
(d) इसका लिंग अनुपात 908 है।

33. निम्नलिखित में से किस धार्मिक समुदाय का उत्तर प्रदेश में तीसरा प्रमुख स्थान है?
(a) बौद्ध (b) ईसाई
(c) जैन (d) सिक्ख

34. निम्नलिखित में से कौन-सा उत्तर प्रदेश का राजकीय पुष्प है?
(a) टेसू (b) गुलाब
(c) नील कमल (d) चम्पा

35. पिता की आयु, पुत्र की आयु की 6 गुनी है। 4 वर्ष बाद पिता की आयु, पुत्र की आयु की 4 गुनी हो जाएगी, तो पुत्र और पिता की वर्तमान आयु (वर्षों में) क्रमशः हैं-
(a) 4 और 24
(b) 5 और 30
(c) 6 और 36
(d) 3 और 24

36. यदि $\frac{1}{x}+\frac{1}{y}=u$ और $xy=\frac{1}{v}$ हो, तब $\frac{1}{x^2}+\frac{1}{y^2}$ का मान है-
(a) $\frac{1}{u^2}-\frac{2}{v}$ (b) $u^2-\frac{2}{v}$
(c) u^2-2v (d) $\frac{1}{u^2}-2v$

37. यदि $1\frac{2}{3}\div\frac{2}{7}\times\frac{x}{7}=1\frac{1}{4}\times\frac{2}{3}\div\frac{1}{6}$, तो x का मान ज्ञात कीजिए–
(a) 0.006 (b) $\frac{1}{6}$
(c) 0.6 (d) 6

38. 38 छात्रों की एक कक्षा में अक्षांश का क्रम ऊपर से 18वाँ है, तो उसका क्रम नीचे से कितना है?
(a) 21वाँ (b) 20वाँ
(c) 22वाँ (d) 19वाँ

39. एक शब्द बड़े अक्षरों में दिया गया है। इसके बाद चार शब्द लिखे गए हैं। इनमें से तीन शब्द बड़े अक्षरों वाले शब्द के अक्षरों द्वारा नहीं बनाए जा सकते हैं। उस शब्द को पहचानिए, जो बड़े अक्षरों में लिखे शब्द के अक्षरों द्वारा बनाया जा सकता है।

PHILANTHROPIST
(a) FIST
(b) LARK
(c) HYPOCRISY
(d) PISTON

40. यदि '+' का अर्थ 'घटाना' है, '–' का अर्थ 'गुणा करना' है, '÷' का अर्थ 'योग करना' है और '×' का अर्थ भाग करना' है, तो $10 \times 5 \div 3 - 2 + 3$ का मान है–
(a) 5 (b) 21
(c) 53/3 (d) 18

भाग-2: कृषि

41. पेगिंग (खूंटी बनना) किस फसल से सम्बन्धित है?
(a) मक्का (b) मूँगफली
(c) अरहर (d) सोयाबीन

42. डेयरी पशुओं का उत्पादक जीवन होता है-
(a) 10 वर्ष तक (b) 12 वर्ष तक
(c) 14 वर्ष तक (d) 16 वर्ष तक

43. 'स्वर्णजयन्ती ग्राम स्वरोजगार योजना' कब प्रारम्भ की गयी थी?
(a) अप्रैल, 1999
(b) अप्रैल, 2001
(c) अक्टूबर, 1980
(d) अक्टूबर, 1990

44. स्वच्छ दूध उत्पादन के लिए सूचक-जीवाणु है-
(a) स्ट्रेप्टोकोक्काई
(b) लैक्टोबेसिलाई
(c) कोलीफार्म जीवाणु
(d) स्यूडोमोनास

45. निम्नांकित में से कौन-सा बहुवर्षीय खरपतवार है?
(a) बथुवा (b) सत्यानाशी
(c) हिरनखुरी (d) पथरचट्टा

46. तेज नुकीले सींग पाये जाते हैं-
(a) हेलीकर गाय में
(b) कगायाम गाय में
(c) केनकेथा गाय में
(d) गिर गाय में

47. 'पिछेता झुलसा' बीमारी किस फसल से सम्बन्धित है?
(a) आलू (b) मटर
(c) चना (d) गेहूँ

48. धान का झुलसा रोग जिस तत्व की कमी के कारण होता है, वह है (अंग्रेजी में दिया गया है)
(a) लोहा (b) मैंगनीज
(c) कॉपर (d) जस्ता

49. 'गिल्क फीवर' का मुख्य कारण है-
(a) विषाणु (b) जीवाणु
(c) फफूँदी (d) कैल्शियम की कमी

50. म्यूरियेट ऑफ पोटाश में K_2O की मात्रा होती है-
(a) 35% (b) 45%
(c) 50% (d) 60%

51. मृदा का गहरा रंग लक्षण है-
(a) इसके अधिक उत्पादकता का
(b) इसके कम उत्पादकता का
(c) इसके उत्पादकता में कोई परिवर्तन नहीं
(d) इनमें से कोई नहीं

52. जीवाणु पदार्थ मदद करता है-
(a) मृदा समुच्चय बनाने एवं स्थिर करने में
(b) मृदा की जलधारण क्षमता बढ़ाने में
(c) मृदा क्षरण रोकने में
(d) उपर्युक्त सभी में

53. गेहूँ + सरसों की सह-फसली खेती के लिए सस्तुत कतारों का अनुपात है-
(a) 1 : 1 (b) 3 : 1
(c) 5 : 1 (d) 9 : 1

54. 'शिफ्टिंग' खेती में-
(a) भूमि परिवर्तित होती रहती है किन्तु फसल वही रहती है
(b) फसल परिवर्तित होती रहती है किन्तु भूमि वही रहती है
(c) न तो भूमि में और न ही फसल में परिवर्तन होता है
(d) इनमें से कोई नहीं

55. देश में 'राष्ट्रीय कृषि बीमा योजना' कब लागू की गयी थी?
(a) 1980-81 (b) 1985-86
(c) 1989-90 (d) 1999-2000

56. गलघोटू बीमारी का इन्कूबेशन काल है-
(a) 1-3 दिन (b) 5-7 दिन
(c) 9-10 दिन (d) 12-15 दिन

57. 'सेन्ट्रल स्वायल सैलिनिटी रिसर्च इंस्टीट्यूट' कहाँ पर स्थित है?
(a) जोधपुर (b) देहरादून
(c) करनाल (d) हैदराबाद

58. एक गाय का रंग काला और सफेद है तथा पूंछ का गुच्छा सफेद है। वह गाय है-
(a) होल्सटीन-फीजियन
(b) आयरशायर
(c) रेड-बेन
(d) ब्राउन-स्विस

59. धूमक है-
(a) मेलाथियॉन (b) रोगर
(c) गैमक्सीन (d) मेथाइल ब्रोमाइड

60. भदावरी भैंस के दूध में वसा का अधिकतम प्रतिशत होता है-
(a) 8.0% (b) 9.0%
(c) 11.0% (d) 13.0%

61. 'ऑपरेशन फ्लड III' सम्बन्धित है-
(a) बाढ़ नियंत्रण से
(b) सूखा नियंत्रण से
(c) कुक्कुट विकास से
(d) दुग्ध उत्पादन से

62. श्वेत-गिडार की प्रति वर्ष कितनी पीढ़ियाँ पायी जाती हैं?
(a) एक (b) तीन
(c) पाँच (d) सात

63. निम्नांकित में कौन-सा नाइट्रोफाइंग (नाइट्रीकरण) बैक्टीरिया है?
(a) नाइट्रोसोमानस (b) राइजोबियम
(c) एजेंटोबैक्टर (d) क्लसट्रीडियम

64. प्रति मीट्रिक टन अनाज प्रधूमित करने के लिए एल्यूमीनियम फास्फाइड की 3 ग्राम वाली कितनी टिकिया प्रयुक्त होंगी?
(a) 2-3 (b) 5-7
(c) 8-10 (d) 12-15

65. जब एक रोग बहुत बड़े क्षेत्र में तथा एक साथ बहुत से पशुओं को हो जाता है, तो इस रोग को कहते हैं -
(a) पशु महामारी रोग
(b) स्थानिकमारी रोग
(c) विदेशी रोग
(d) विकीर्ण रोग

66. गेहूँ की फसल में यदि केवल एक सिंचाई उपलब्ध हो, तो किस अवस्था पर सिंचाई करनी चाहिए?
(a) ताजमूल अवस्था में
(b) अधिकतम किल्ले फूटने की अवस्था में
(c) पुष्पावस्था में
(d) उपर्युक्त में से किसी में भी नहीं

67. निम्नलिखित में से कौन-सी द्विकाजी गाय की नस्ल है?
(a) अमृतमहल (b) नागोडी
(c) सिन्धी (d) थारपारकर

68. भारत में उत्पादित कुल दूध का सबसे अधिक भाग प्राप्त होता है-
(a) उत्तर प्रदेश से (b) पंजाब से
(c) राजस्थान से (d) महाराष्ट्र से

69. साँड़ की नाक में छल्ला पहनाना चाहिए-
(a) 6 माह की आयु पर
(b) 8 माह से 1 वर्ष की आयु पर
(c) 1 से 2 वर्ष की आयु पर
(d) 2 वर्ष के बाद की आयु पर

70. भारत के उत्तरी भाग में दुग्ध उत्पादन के लिए निम्न में से कौन-सी सबसे अच्छी भैंस है?
(a) भदावरी भैंस (b) मुर्रा भैंस
(c) तराई भैंस (d) महसाना भैंस

71. हरियाणा गाय की पहचान का प्रमुख लक्षण है-
(a) लम्बा और सँकरा चेहरा
(b) छोटा और सँकरा चेहरा
(c) लम्बा और चौड़ा चेहरा
(d) छोटा और चौड़ा चेहरा

72. प्रोटोजोआ के द्वारा पशुओं में होने वाली बीमारी है-
(a) सर्रा (b) अफारा
(c) गर्भाशय शोध (d) संक्रामक गर्भपात

73. द्वितीयक दीर्घ भोज्य तत्व हैं-
(a) नाइट्रोजन, फास्फोरस, प्रोटैशियम
(b) कैल्शियम, मैग्नीशियम, गंधक
(c) नाइट्रोजन, मैग्नीशियम, लोहा
(d) गंधक, जस्ता, बोरान

74. चूहा-नियंत्रण हेतु 'जहरीला चारा' बनाने के लिए दाने की मात्रा के अनुसार जिंक फास्फाइड की मात्रा रखते हैं-
(a) 0.5% (b) 2.5%
(c) 5% (d) 10%

75. सबसे अधिक अम्लीय उर्वरक है-
(a) कैल्शियम अमोनियम नाइट्रेट
(b) यूरिया
(c) सोडियम नाइट्रेट
(d) अमोनियम सल्फेट

76. पूसा बिन किसके भण्डारण के लिए प्रयोग की जाती है?
(a) फूल (b) फल
(c) सब्जी (d) खाद्यान्न

77. अधिकांश फसलों की बढ़ोत्तरी की गति तब कम हो जाती है और पूर्णरूप से बंद हो जाती है, जब मृदा में ऑक्सीजन की आपूर्ति कम होती है-
(a) 2% से (b) 4% से
(c) 6% से (d) 8% से

78. कौन-सा युग्म सही सुमेलित है-

	जैव उर्वरक	संस्तुत फसलें
(a)	राइजोबियम	गेहूँ
(b)	एजोटोबैक्टर	अरहर

(c) एजोसपाइरिलियम मूँगफली
(d) एजोला धान

79. सामान्य कृषि योग्य मृदा की pH (पी. एच.) होती है-
(a) < 6.0 (b) 6.5 से 8.0
(c) 8.5 से 10.0 (d) > 10.0

80. बेबी कॉर्न जिस फसल से सम्बन्धित है, वह है-
(a) ज्वार (b) मक्का
(c) बाजरा (d) लूसर्न

81. मृदा में किस तत्व की मात्रा सर्वाधिक होती है?
(a) आक्सीजन (b) सिलीकॉन
(c) आयरन (d) एलुमीनियम

82. भूमि-क्षमता वर्गीकरण के अन्तर्गत वर्गीकृत मृदा में कौन सा गलत है-
(a) हरा-वर्ग I (b) पीला-वर्ग II
(c) नीला-वर्ग IV (d) नारंगी-वर्ग III

83. मृदा कणों की रचना विन्यास कहलाता है-
(a) मृदा कणाकार (b) मृदा घनत्व
(c) मृदा संरचना (d) उपर्युक्त सभी

84. पौधों को फास्फोरस का कौन-सा रूप सर्वाधिक मात्रा में उपलब्ध होता है?
(a) PO_4^{3-} (b) $H_2PO_4^-$
(c) HPO_4^{2-} (d) H_3PO_4

85. धान की खेत में उत्सर्जित होने वाला गैस है-
(a) अमोनिया (b) मीथेन
(c) इथेन (d) प्रोथेन

86. निम्न में से किसके द्वारा नाइट्राइड्स (NO_2^-) को नाइट्रेट्स (NO_3^-) में परिवर्तित किया जाता है?
(a) नाइट्रोसोमोनास (b) नाइट्रोकोकस
(c) एजोटोबैक्टर (d) नाइट्रोबैक्टर

87. ब्रेसिका केरिनाटा किस का वानस्पतिक नाम है/जाना जाता है?
(a) करण सरसों
(b) इथोपियन सरसों
(c) (a) और (b) दोनों
(d) गोभी सरसों

88. बीज परीक्षण में 'ट्रेटाजोलियम क्लोराइड' का प्रयोग किस के निर्धारण के लिए किया जाता है?
(a) अंकुरण के लिए
(b) शुद्धता के लिए
(c) जीवन क्षमता के लिए
(d) उपरोक्त में से कोई नहीं

89. भारत में पहला कृषि विज्ञान केन्द्र स्थापित किया गया था
(a) बिहार (b) पान्डीचेरी
(c) राजस्थान (d) हरियाणा

90. फल व सब्जियाँ प्रमुख स्रोत हैं-
(a) वसा तथा कार्बोहाइड्रेट का
(b) जल, नमक तथा शर्करा का
(c) विटामिन, खनिज तथा रेशे का
(d) उच्च केलोरी मान का

91. भारत का प्रथम कृषि विश्वविद्यालय है-
(a) गोवन्दि बल्लभ पंत कृषि एवं तकनीकी विश्वविद्यालय
(b) पंजाब कृषि विश्वविद्यालय
(c) विधान चन्द्र कृषि विश्वविद्यालय
(d) केरल कृषि विश्वविद्यालय

92. मूली में तीखापन होता है-
(a) सोलेनिन से (b) कैपसेसिन से
(c) एलीसिन से (d) आइसोसाइनेट से

93. भारत का अधिकतम गेहूँ उत्पादक राज्य है-
(a) हरियाणा (b) पंजाब
(c) बिहार (d) उत्तर प्रदेश

94. 'हार्वेस्ट इन्डेक्स' अनुपात होता है-
(a) इकोनामिक उपज और बायोमास का
(b) डंठल की उपज और बायोमास का
(c) बायोमास और इकोनामिक उपज का
(d) इनमें से कोई नहीं

95. निम्नलिखित को सुमेल करें-

	रोग कारक		रोग का नाम
A.	जीवाणु	1.	आलू का झुलसा (अगेटा रोग)
B.	विषाणु	2.	गेहूँ का सेहू रोग
C.	निमेटोड	3.	कपास का एन्थ्रेकनोज राग
D.	कवक	4.	तम्बाकू का मुजैक रोग

कूटः

	A	B	C	D
(a)	2	4	3	1
(b)	2	1	3	4
(c)	3	4	2	1
(d)	3	1	2	4

96. 'क्राप लागिंग' का प्रयोग किया गया-
(a) कपास में (b) गन्ना में
(c) गेहूँ में (d) धान में

97. सही कूट का चयन करें

	फसल		प्रमुख खरपतवार
A.	गेहूँ	1.	सावां
B.	धान	2.	कासनी
C.	शरद गन्ना	3.	फेलेरिस माइनर
D.	बरसीम	4.	मौथा

कूट :

	A	B	C	D
(a)	1	3	4	2
(b)	1	3	2	4
(c)	3	1	2	4
(d)	3	1	4	2

98. 'हिडेन हंगर' का सम्बन्ध है-
(a) पानी की कमी से
(b) तत्वों की कमी से
(c) प्रकाश की कमी से
(d) इनमें से कोई नहीं

99. नाबार्ड एक संस्थान है-
(a) सामाजिक (b) राजनैतिक
(c) आर्थिक (d) गैसिक

100. मृदा समुच्चय निर्माण (Soil aggregate formation) में मुख्य ऑर्गेनिक सिमेन्टिंग एजेन्ट का कार्य करते हैं-
(a) वसीय अम्ल
(b) प्रोटीन व प्रोटीन डेरिवेटिव्ज्
(c) पॉलीसेकेराइडस्
(d) कार्बनिक अम्ल

101. LER - 1/LER × मिश्रित अंतर फसल का मूल्य, सूत्र सूचक है-
(a) मॉनिटरी इडवांटेज इन्डेक्स (MAI) का
(b) लैंड इक्वेलेन्ट रेशियो (LER) का
(c) लीफ एरिया इन्डेक्स (LAI) का
(d) आई.ई.आर. (IER) का

102. स्लीपिंग सिकनेस् (Sleeping Sickness) का कारण है-
(a) ट्राइपेनोसोमा इवेंसी (T. evansi)
(b) ट्राइपेनोसोमा गेम्बीएनसिस् (T. gambiensis)
(c) ट्राइपेनोसोमा फीटस् (T. foetus)
(d) ट्राइपेनोसोमा क्रूजी (T. cruzii)

103. माइटोटिक् (Mitotic) कोशिका विभाजन में अपस्थाओं का सही अनुक्रम है-
(a) प्रोफेज- इन्टरफेज- मेटाफेज- एनाफेज- टीलोफेज
(b) इन्टरफेज- प्रोफेज- एनाफेज- मेटाफेज- टीलोफेज

(c) मेटाफेज- एनाफेज- प्रोफेज- टीलोफेज- इन्टरफेज

(d) इन्टरफेज- प्रोफेज- मेटाफेज- एनाफेज- टीलोफेज

104. मृदा संरचना (soil structure) का सम्बन्ध है-

(a) कणों के आकार का वितरण (Particle size distribution)

(b) मृदा कणों की व्यवस्था (Arrangement of soil particles)

(c) मृदा कणों का पुंजन (Aggregate of soil particles)

(d) जल धारण क्षमता (Water holding capacity)

105. कच्चे दूध में साइकोट्रोपिक (Psychotropic) प्रकार के मुख्य जीव समूह हैं-

(a) बैसीलस स्पीशीज

(b) स्ट्रेप्टोकोकस स्पीशीज़

(c) स्यूडोमोनास स्पीशीज़

(d) स्टेफाइलोकोकस स्पीशीज़

106. यदि सीमाजीन प्रयोग करने की दर 3.00 किलोग्राम (सक्रिय तत्त्व) प्रति हेक्टर हो और सीमाजीन में 80 प्रतिशत सक्रिय तत्त्व हो, तो 0.2 हेक्टेयर क्षेत्रफल में कितने किलोग्राम सीमाजीन की आवश्यकता होगी?

(a) 0.50 (b) 0.75

(c) 1.25 (d) 1.87

107. निम्न फसलों में से किस फसल में नील हरित शैवाल का प्रयोग सर्वाधिक लाभकारी है?

(a) मक्का (b) आलू

(c) धान (d) गन्ना

108. एप्रीकेनिया मिलेनोल्युका (Epricania melanoleuca) किसके खिलाफ परजीवी के रूप में प्रयोग किया जाता है?

(a) सुगरकेन स्केल (Sugarcane scale)

(b) राइस मिली बाग (Rice mealy bug)

(c) सुगरकेन पाइरिला (Sugarcane pyrilla)

(d) राइस लीफ हॉपर (Rice leaf hopper)

109. कृषि प्रसार की विधियों में निम्नलिखित में से कौन सम्मिलित नहीं है?

(a) दृश्य दर्शन (b) रूची

(c) आकर्षण (d) सन्तोष

110. प्रसार के साधनों में निम्नलिखित में से कौन सम्मिलित नहीं है?

(a) दृश्य दर्शन (b) समूह चर्चा

(c) शिक्षण (d) आकर्षण

111. प्रधानमंत्री ग्रामोदय योजना में सम्मिलित नहीं है-

(a) बेसिक शिक्षा

(b) पोषाहार, पेयजल तथा स्वास्थ्य

(c) ग्रामीण सड़कें तथा आवास

(d) लघु उद्योग

112. व्यापक फसल बीमा योजना के स्थान पर राष्ट्रीय कृषि बीमा योजना लागू की गयी-

(a) 1997 में (b) 1998 में

(c) 1999 में (d) 2000 में

113. राष्ट्रीय कृषि अनुसंधान परियोजना की स्थापना कब की गई थी?

(a) 2001 (b) 1999

(c) 1995 (d) 1988

114. केन्द्रीय समुद्री मत्स्य अनुसंधान संस्थान कहाँ अवस्थित है-

(a) कोच्चि में (b) करनाल में

(c) मुम्बई में (d) त्रिवेन्द्रम में

115. केन्द्रीय भेड़ एवं ऊन अनुसंधान संस्थान स्थापित है

(a) बीकानेर (b) जसोल

(c) अम्बिकानगर (d) जैसलमेर

116. भारी क्रीम (Heavy Cream) में वसा प्रतिशत कितना होता है-

(a) 30-40 (b) 60-80

(c) 35-50 (d) 40-60

117. मक्खन में जल की अधिकतम मात्रा कितना प्रतिशत होता है-

(a) 20 (b) 16

(c) 18 (d) अनिश्चित

118. दूध का अपवर्तनाक (रिफ्रेक्टिव इंडेक्स) कितना होता है?

(a) 1.3440-1.3480

(b) 1.0240-1.2480

(c) 1.2480-1.2830

(d) 1.2380-1.3240

119. ताजे दूध में अम्लता कितनी होती है?

(a) 0.16-0.28 (b) 0.11-0.16

(c) 1.00-1.28 (d) 0.00-0.10

120. दूध का हिमांक (फ्रीजींग) होता है-

(a) +0.45°C (b) 0.00°C

(c) 1.032°C (d) -0.55°C

व्याख्या सहित उत्तर

1. (a) प्रश्न में दिए गए भारतीय राज्यों को राज्य का स्तर प्रदान किए जाने का क्रम निम्न है-नागालैण्ड (1 दिसम्बर, 1963), मेघालय (20 जनवरी, 1972), सिक्किम (16 मई, 1975), अरुणाचल प्रदेश (22 फरवरी, 1987) इस प्रकार विकल्प (a) सत्य है।

2. (b) भूपटल पर प्रत्येक नदी अपरदन द्वारा क्रमबद्ध या प्रवणित अवस्था को प्राप्त करने का प्रयास करती है।

इसमें रुकावट के कई कारण हो सकते हैं। उदाहरण के लिए-कही एवं प्रतिरोधी चट्टानों की स्थिति या भू-गर्भिक कारणों द्वारा नदी के मार्ग में उत्थान या अवतलन। सर्वप्रथम नदियों द्वारा 'प्रभात' का निर्माण होता है।

इसके निर्माण के लिए नदी के मार्ग में तीव्र एवं खड़े ढाल का होना आवश्यक है। पुन: इसके बाद नदी मैदानी भाग में प्रवेश करती है तो 'विसर्प' का निर्माण करती है। विसर्प के बाद 'चाय-झील' का निर्माण होता है इसके पश्चात अन्तिम रूप से नदी 'डेल्टा' का निर्माण करती है।

3. (b)

4. (a) वर्षण के अन्तर्गत जल की बूँदें गिरती हैं। जल की बूँदों का निर्माण संघनन की प्रक्रिया में बनी छोटी बूँदों के सम्मिलन से होता है। हिमपात वर्षापण के फलस्वरूप हिमकणों की वर्षा होती है। ऐसा तब होता है जब संघनन जमाव बिन्दु से नीचे होता है, जिसके कारण वाष्प से हिम के छोटे-छोटे कण सीधे बन जाते हैं। सामान्यत: ये छोटे कण आपस में मिल जाते हैं तथा विभिन्न आकारों में गिरते हैं।

5. (c) प्रश्न में दिए गए भारत के टाइगर रिजर्व्स का उत्तर से दक्षिण की ओर क्रम इस प्रकार है–

दुधवा	- उत्तर प्रदेश
सिमिलीपाल	- ओडिशा
इन्द्रावती	- आन्ध्र प्रदेश
बाँदीपुर	- कर्नाटक

6. (a)

7. (d) छत्रक (मशरूम) स्वपोषी नहीं परपोषी होते हैं। इनमें पर्णहरित नहीं पाया जाता, इसलिए ये अपना भोजन मृत कार्बनिक पदार्थों से प्राप्त करते हैं।

8. (b) शर्करा निर्माण उद्योग के उपोत्पाद खोई का उपयोग कागज निर्माण में किया जाता है। इसके द्वारा निर्मित कागज सफेद एवं हल्का होता है। देश के विभिन्न भागों में लकड़ी के स्थान पर इसे जलावन के रूप में प्रयुक्त किया जाता है।

9. (b) एक ग्रेफाइट क्रिस्टल में कार्बन परमाणुओं की परतें होती हैं, जिनमें प्रत्येक कार्बन परमाणु अन्य तीन कार्बन परमाणुओं से प्रबल सहसंयोजक बन्ध द्वारा जुड़कर षट्कोणीय वलयों का निर्माण करता है। कार्बन परमाणुओं की विभिन्न परतें एक-दूसरे से दुर्बल वण्डरवाल बलों द्वारा परस्पर आकर्षित होते हैं। इस दुर्बल बल के कारण ये परतें एक-दूसरे पर फिसल सकती है। अतएव ग्रेफाइट मुलायम, ठोस व छूने में फिसलन वाला होता है। इसी वजह से ग्रेफाइट एक उत्तम स्नेहक होता है।

10. (c) बेकिंग सोडा ($NaHCO_3$) एक मृदु, असंक्षारकीय क्षर है। इसका उपयोग औषधियों में पेट की अम्लता दूर करने हेतु प्रत्याम्ल के रूप में होता है। यह भोजन जल्दी पकाने के लिए भी प्रयुक्त होता है।

11. (a) ऐसा बाजार जिसमें अनेक विक्रेता होते हैं और उनके द्वारा विक्रय किए जाने वाले उत्पाद में समानता होते हुए भी गुणवत्ता व विशेषता में अन्तर या भिन्नता पाई जाती है ऐसी स्थिति पूर्ण स्पर्द्धा वाली बाजार की होती है।

12. (a) किसी देश के नागरिकों द्वारा एक निश्चित समयावधि प्रायः 1 वर्ष में उत्पादित वस्तुओं और सेवाओं के अन्तिम मौद्रिक मूल्य को 'सकल राष्ट्रीय आय' कहते हैं। सकल राष्ट्रीय आय के अन्तर्गत देश की सीमा के भीतर विदेशियों द्वारा अर्जित आय को घटा दिया जाता है और विदेशों में भारतीयों द्वारा अर्जित आय को जोड़ दिया जाता है।

13. (d) भारत में केन्द्रीय सरकार के कर राजस्व के स्रोतों में मुख्य रूप से निगम कर, सीमा शुल्क, आय कर, उत्पाद कर, सेवा कर आदि हैं। मोटरयान कर राज्य सरकारों द्वारा आरोपित कर है।

14. (c) उत्पादन लागत पर राष्ट्रीय उत्पाद का निर्धारण सकल घरेलू उत्पाद में से मूल्य में आई कमी को घटाकर किया जाता है।

सकल घरेलू उत्पाद (जी.डी.पी.) या सकल घरेलू आय (जी.डी.आई.) एक अर्थव्यवस्था के आर्थिक प्रदर्शन की एक बुनियादी माप है। यह एक वर्ष में एक राष्ट्र की सीमा के भीतर सभी अन्तिम माल और सेवाओं का बाजार मूल्य है। यह एक अवधि में देश में उत्पादन के द्वारा आय के योग के बराबर है।

सकल घरेलू उत्पाद (जी.डी.पी.) को एकल राष्ट्रीय उत्पाद के विपरीत माना जा सकता है। जी.डी.पी. उस क्षेत्र से सम्बन्धित है, जिसमें आय उत्पन्न होती है। इसके विपरीत, जी.डी.पी. एक क्षेत्र की 'राष्ट्रीयता' के द्वारा उत्पन्न निर्गत के मान का मापन करता है।

15. (c) मुगल काल में भूमि को खेती की बारम्बारता (उपज के आधार पर) के आधार पर पोजल, परती, चाचर एवं बंजर में विभाजित किया गया था। इस काल में खाद्यान्नों की प्रचुरता थी, लेकिन विदेशी यात्रियों द्वारा अकाल पड़ने का उल्लेख किया गया है। राज्य द्वारा उन फसलों को प्रोत्साहन दिया जाता था, जिनसे अधिक राजस्व प्राप्त होता था। उस काल में अधिकांश भागों में दो फसलों का उत्पादन होता था।

16. (b) जनवरी, 1921 से पूरे देश में असहयोग आन्दोलन की लोकप्रियता बढ़ने लगी थी। गाँधीजी ने अली भाइयों के साथ पूरे देश का दौरा किया, सैकड़ों सभाओं में भाषण दिए तथा राजनीतिक कार्यकर्ताओं से मुलाकात की। अनेक छात्रों ने सरकारी स्कूलों और कॉलेजों को छोड़ दिया तथा राष्ट्रीय स्कूलों तथा कॉलेजों में भर्ती हो गए। कलकत्ता के विद्यार्थियों ने राज्यव्यापी हड़ताल की।

सीआर दास ने आन्दोलन को बहुत प्रोत्साहित किया तथा सुभाष चन्द्र बोस 'नेशनल कॉलेज' के प्रधानाचार्य बन गए। बम्बई, उत्तर प्रदेश, बिहार, उड़ीसा और असम में भी इस आन्दोलन के कार्यक्रम पर काफी अमल हुआ, लेकिन मद्रास में इसे सफलता नहीं मिली।

17. (a) हम्पी का भग्नावशेष वर्ष 1800 में कर्नल कॉलिन मैकेन्जी द्वारा प्रकाश में लाया गया था। यह स्थान उत्तर कर्नाटक में है। हम्पी विजयनगर साम्राज्य की राजधानी थी। यहाँ से अनेक भवनों के अवशेष प्राप्त हुए हैं। यहाँ पर विरुपाक्ष मन्दिर भी अवस्थित है।

18. (a) 1690 ई. में कम्पनी अधिकारियों (जॉब चार्नाक के नेतृत्व में) तथा मुगल सरकार के बीच समझौता हो जाने के उपरान्त जॉब चार्नाक को बंगाल में कम्पनी के एजेण्ट के रूप में नियुक्त किया गया। जॉब चर्नाक ने ही सुतानती में अंग्रेजी फैक्टरी की स्थापना की, जहाँ पर कलकत्ता का विकास हुआ, जो वर्ष 1911 तक ब्रिटिश भारतीय साम्राज्य का केन्द्र रहा। फोर्ट विलियम का निर्माण अंग्रेजों ने किया, यहाँ पर फ्रांसीसियों ने किसी भी दुर्ग का निर्माण नहीं किया।

19. (d) वी.एम. दाण्डेकर और नीलकण्ठ रथ को भारत में निर्धनता की समस्या के विषय में विस्तृत अध्ययन हेतु जाना जाता है। इन्होंने कम राष्ट्रीय आय एवं उसके असमान वितरण को भारत के विकास और गरीबी के प्रमुख कारण के रूप में स्पष्ट किया है।

20. (b) सुभाष चन्द्र बोस ने 1939 में फारवर्ड ब्लॉक की कलकत्ता में स्थापना की, आनन्द मोहन बोस और एस एन बनर्जी ने 1876 में कलकत्ता में इण्डियन एसोसिएशन की स्थापना की और हरिजनों के आरक्षण के सन्दर्भ में डॉ बी आर अम्बेडकर और महात्मा गाँधी के बीच एक समझौता हुआ, जिसे 'पूना पैक्ट' के नाम से जाना जाता है।

21. (d) कांग्रेस का 22वाँ सम्मेलन, 1906 में कलकत्ता में आयोजित किया गया, जिसके अध्यक्ष दादाभाई नौरोजी थे। इन्होंने इस सम्मेलन में घोषणा की कि भारत के राजनीतिक प्रयासों का लक्ष्य स्वराज है।

22. (c) भारत का विभाजन (1947) के पूर्व कांग्रेस का 55वाँ अधिवेशन 1946 में मेरठ में आयोजित किया गया था। इसकी अध्यक्षता जे बी कृपलानी ने की थी।

23. (c) 'मोपला' संघर्ष मालाबार क्षेत्र में ब्रिटिशों के खिलाफ 1921 को एक कृषक संघर्ष था। इसका मुख्य कारण कृषिजन्य था, जिसमें केरल के मालाबार में काश्तकारों ने जमीदारों के विरुद्ध विद्रोह कर दिया था।

24. (c) प्रश्न में दिए गए सभी प्राणिजात IUCN की सूची में संकटापन्न प्रजातियों में शामिल है। घड़ियाल मगर परिवार से सम्बन्धित है जिसका जबड़ा मगरमच्छ की तुलना में लम्बा तथा पतला होता है। यह भारतीय वन्य जीव संरक्षण अधिनियम, 1972 के तहत सूचीबद्ध है। लैदरबैक टर्टल कछुओं की प्रजातियों में सबसे बड़े होते हैं। अनूप मृग बाहरसिंगे की एक प्रजाति है, जो उत्तरी तथा मध्य भारत और पश्चिमी नेपाल में पायी जाती है।

25. (a) खाद्य-शृंखला एक जाति की समष्टि के अन्तर्गत ही नहीं पाई जाती है, बल्कि इसका क्षेत्र व्यापक होता है। प्राथमिक उत्पादक (पौधे) के साथ-साथ प्रथम, द्वितीय व तृतीय श्रेणी के उपभोक्ता तथा अपघटनकर्ता (कवक एवं जीवाणु) मिलकर खाद्य-शृंखला को निर्मित करते हैं। खाद्य-शृंखला एक क्रम का निदर्शन करती है न कि जीवों की संख्या का। किसी पारिस्थितिक क्रम में खाद्य-शृंखला विभिन्न प्रकार के जीवधारियों का वह क्रम है, जिसमें जीवों की एक शृंखला एक-दूसरे के आहार द्वारा पोषित होती है और इनमें होकर खाद्य उर्जा का प्रवाह एक ही दिशा में होता रहता है।

26. (b) वैसे जीवीय घटक जो प्रायः उत्पादक तथा उपभोक्ताओं की मृत्यु के पश्चात् उनके शरीर का अपघटन करते हैं तथा उनसे निर्मित साधारण पदार्थों द्वारा अपना भोजन एवं उर्जा प्राप्त करते हैं, अपघटक कहलाते हैं। अपघटकों के अन्तर्गत मृतोपजीवी कवक (Saprophytic Fungi) तथा जीवाणु (Bacteria) शामिल हैं।

27. (d) दिसम्बर, 1953 में फजल अली की अध्यक्षता में एक तीन-सदस्यीय राज्य पुनर्गठन आयोग गठित किया गया, जिसकी रिपोर्ट को वर्ष 1956 में पारित किया गया तथा इसके उपरान्त ही 1 नवम्बर, 1950 करे 14 राज्य तथा 6 केन्द्रशासित प्रदेशों को बनाया गया।

28. (d) यदि भारतीय संघ में एक नए राज्य का सृजन किया जाना है, तो संविधान की प्रथम अनुसूची

में संशोधन अवश्य करना पड़ता है। प्रथम अनुसूची में भारतीय संघ के घटक राज्यों (28 राज्य) एवं संघ शासित (8) क्षेत्रों का उल्लेख हैं भारत के संविधान में बारह अनुसूचियाँ हैं।

29. (c) संसद में लेखा के लिए वोट आवश्यक होता है जब सामान्य बजट के समय सीमा के अन्दर पारित होने की आशा नहीं होती। किसी सरकार के एक वर्ष की अनुमानित आय-व्यय का लेखा-जोखा बजट कहलाता है। सरकार का बजट अब केवल आय-व्यय का विवरण मात्र ही नहीं होता, अपितु यह सरकार के क्रियाकलापों एवं नीतियों का वितरण भी है। यह आधुनिक काल में सामाजिक, आर्थिक परिवर्तन का साधन भी बन गया है।

30. (c) विधान परिषद् राज्यविधान मण्डल का उच्च सदन होता है। यदि किसी राज्य की विधानसभा अपने कुल सदस्यों के पूर्ण बहुमत तथा उपस्थित मतदान करने वाले सदस्यों के दो-तिहाई बहुमत से प्रस्ताव पारित करे तो संसद उस राज्य में विधान परिषद् स्थापित कर सकती है अथवा उसका लोप कर सकती है। वर्तमान में केवल पाँच राज्यों उत्तर प्रदेश, कर्नाटक, जम्मू एवं कश्मीर, महाराष्ट्र तथा बिहार में विधान परिषदें विद्यमान हैं।

31. (c) अस्पृश्यता उन्मूलन (Abolition of untouchability) राज्य के नीति-निदेशक सिद्धान्त के अन्तर्गत नहीं आता है। अस्पृश्यता उन्मूलन संविधान के मौलिक अधिकार में शामिल है। संविधान के अनुच्छेद 17 में इसका उल्लेख किया गया है। सामाजिक समता में अभिवृद्धि करने के लिए संविधान में प्रावधान किया गया है कि अस्पृश्यता की कुरीति को समाप्त किया जाए। अस्पृश्यता से उपजी किसी निर्योग्यता को लागू करना अपराध होगा जो विधि के अनुसार दण्डनीय होगा। अस्पृश्यता का अन्त करने के लिए कानून बनाने का अधिकार संसद को अनुच्छेद 35 द्वारा दिया गया है।

32. (c) 2011 की जनगणना के अनंतिम आंकड़ों के अनुसार उत्तर प्रदेश में भारत की कुल जनसंख्या का 16.49 प्रतिशत निवास करता है। उत्तर प्रदेश में 0-6 आयु समूह की जनसंख्या 2,97,28,235 है जो देश में सर्वाधिक है। इसकी दशकीय वृद्धि दर 20.09% प्रतिशत थी। प्रति 1000 पुरुषों पर महिलाओं की संख्या 908 थी जबकि 2011 की जनगणना के अनुसार लिंगानुपात 912 तथा दशकीय वृद्धि दर 20.23 प्रतिशत हैं इसी प्रकार 0-6 आयु की जनसंख्या 3,07,91,331 है। अतः कथन विकल्प (c) सही नहीं है।

33. (d) 2011 की जनगणना के अनुसार उ.प्र. के धार्मिक समुदायों में सर्वाधिक हिंदू (15,93,12,654) दूसरे स्थान पर मुसलमान (3,84,83,967) और तीसरे स्थान पर सिक्ख है, जिनकी संख्या 6,43,500 है। चौथे, पांचवें और छठें स्थान पर क्रमशः बौद्ध, ईसाई और जैन धर्मों को मानने वाले हैं।

34. (a) उत्तर प्रदेश का राजकीय पुष्प टेसू (Palash) है। राजकीय पशु बारहसिंगा, राजकीय पक्षी सारस (Crane) तथा राजकीय वृक्ष सीता अशोक है।

35. (c) माना पिता और पुत्र की आयु क्रमशः x वर्ष तथा y वर्ष है। तब

प्रश्नानुसार,

$x = 6y$ ...(i)

तथा $(x + 4) = 4(y + 4)$

$\Rightarrow 6y + 4 = 4y + 16$ (समी (i) से)

$\Rightarrow 6y - 4y = 16 - 4$

$\Rightarrow 2y = 12$

$\therefore y = 6$ वर्ष

तथा पिता की आयु $= 6 \times 6 = 36$ वर्ष

36. (c) $\frac{1}{x}+\frac{1}{y} = u$

$\Rightarrow \left(\frac{1}{x}+\frac{1}{y}\right)^2 = u^2$

$\Rightarrow \frac{1}{x^2}+\frac{1}{y^2}+\frac{2}{xy} = u^2$

$\Rightarrow \frac{1}{x^2}+\frac{1}{y^2}+2v = u^2$

$\therefore \frac{1}{x^2}+\frac{1}{y^2} = u^2 - 2v$

37. (d) $\because \frac{5}{3} \div \frac{2}{7} \times \frac{x}{7} = \frac{5}{4} \times \frac{2}{3} \div \frac{1}{6}$

$\Rightarrow \frac{5}{3} \times \frac{7}{2} \times \frac{x}{7} = \frac{5}{4} \times \frac{2}{3} \times \frac{6}{1}$

$\therefore x = \frac{5}{4} \times \frac{2}{3} \times \frac{6}{1} \times \frac{3 \times 2 \times 7}{5 \times 7} = 6$

38. (a) प्रश्नानुसार, अक्षांश का नीचे से क्रम

$= (38 - 18) + 1 = (20 + 1) = 21$वाँ

39. (d) दिए गए शब्द PHILANTHR-OPIST के अक्षरों द्वारा 'PISTON' शब्द बनाया जा सकता है। क्योंकि शब्द PISTON के सभी अक्षर प्रश्न में दिए गए शब्द में मौजूद हैं।

40. (a) दिया गया व्यंजक $10 \times 5 \div 3 - 2 + 3$

प्रश्नानुसार, गणितीय चिह्नों को परिवर्तित करने पर,

$10 \div 5 + 3 \times 2 - 3$

$= 2 + 6 - 3 = 8 - 3 = 5$

41. (b) **42.** (a)

43. (a) स्वर्ण जयन्ती ग्राम स्वरोजगार योजना (SGSY) गाँवों में रहने वाले गरीबों के लिए स्वरोजगार की एक अकेली योजना 1 अप्रैल, 1999 को प्रारम्भ की गई।

44. (a)

45. (c) बथुवा - रबी (शरद) में एक वर्षीय

सत्यनाशी - रबी, एकवर्षीय

पथरचट्टा - खरीफ एक वर्षी

हिरनखुरी - बहुवर्षीय

46. (c) केनकाठा-सींग मजबूत और नुकीले होते हैं।

47. (a) **48.** (d) **49.** (d) **50.** (d)

51. (a) मृदा रंग तथा मृदा उत्पादकता में सीधा सम्बन्ध स्थापित करना कठिन है, किन्तु साधारणतः गहरे रंग की मृदायें अधिक उपजाऊ होती हैं क्योंकि इनमें कार्बनिक पदार्थ की मात्रा अधिक होती है।

52. (d)

53. (d) अंतरा शान्यन (Inter cropping)

गेहूँ + सरसों = 9 : 1

54. (a) **55.** (d)

56. (a) गलघोंटू (Haemorhagic Septicamia) इनक्यूबेशन अवधि-बहुधा एक से तीन दिन में बीमारी के लक्षण प्रकट होते हैं। कभी-कभी यह अवधि 2-5 दिन भी हो सकती है।

57. (c) CSSI → सेण्ट्रल सोशल सैलिनिटी रिसर्च इंस्टीट्यूट → करनाल (हरियाणा) स्थापना वर्ष → 1969

58. (a) होल्स्टीन फ्रीजियन नस्ल के पशुओं का रंग काली व सफेद होता है।

59. (d) धूमक (Fumigunts) मिथाइल ब्रोमाइड, हाइड्रोजन सायनाइड E.D.C.T. फासटोक्सीन नैक्थलीन आदि।

60. (d) भदावरी भैंस के दूध में वसा प्रतिशत 13%।

61. (d) **62.** (a) **63.** (a)

64. (a) एल्यूमिनियम फास्फाइड-बाजार में यह फॉस्टाक्सिन (Phostoxin) या सेल्फॉस के रूप में मिलती है। इसकी एक गोली (3 ग्राम 1 मीट्रिक टन के हिसाब से या 7 गोली (21 ग्राम) प्रति 22 घन मीटर स्थान की दर से कमरे या कुठला में रखकर अच्छी तरह एक सप्ताह तक बन्द रखें।

65. (a) पशु महामारी (Epizootic disease) ऐसे रोग एक बड़े क्षेत्र में एक साथ बहुत से पशुओं में फैलकर एक जैसे लक्षण पैदा करते हैं।

66. (a) **67.** (d)

68. (a) देश में दूध उत्पादन के संदर्भ में चार शीर्ष उत्पादक राज्यों की स्थिति क्रमशः है-(i) उत्तर प्रदेश (ii) पंजाब (iii) राजस्थान (iv) महाराष्ट्र।

69. (b) **70.** (b)

71. (a) हरियाणा गाय → चेहरा लम्बा और पतला, माथा काला हड्डीदार और सिर का गोल भाग उभरा होता है।

72. (a) प्रोटोजोआ जनित रोग-सर्रा (Trypanosomiasis) एनाप्लाज्मोसिस, किलनी ज्वर, लाल अतिसार, नीलेरिएसिस, ट्राइकोमोनिएवनता।

73. (b)

74. (b) चूहा नियंत्रण जिंक फास्फाइड से बने जहरीले चारे जिसमें दो भाग जिंक फास्फाइड दो भाग तेल और 96 भाग दाने से बने चारे की 15 ग्राम की पुड़िया बिलों में डालनी चाहिये।

75. (d)

उर्वरक	**अम्लीयता तुल्यांक**
अमोनियम सल्फेट	110
कैल्शियम अमोनियम नाइट्रेट →	×
यूरिया	80-84
सोडियम नाइट्रेट	×

76. (d)

77. (b) जब मृदा में ऑक्सीजन की सप्लाई 10% से कम होती है तो जड़ों का विकास कम हो जाता है तथा 5% पर पूर्णत: रुक जाता है।

78. (d) **79.** (b) **80.** (b) **81.** (a)

82. (d) नारंगी रंग-वर्ग VI का सूचक है। वर्ग III का सूचक-लाल रंग है।

83. (c) मृदा कणों की रचना विन्यास (Arrangement of soil particles) मृदा संरचना (Soil structure) कहलाता है।

84. (b) पौधे फास्फोरस को H_2PO_4 तथा HPO_4 दोनों ही रूपों में ग्रहण करता है, परन्ड H_2PO_4 का ग्रहण अधिक मात्रा में करता है।

85. (b) **86.** (d)

87. (c) ब्रेसिका केरिनाटा → करण सरसों या इथोपियन सरसों का वैज्ञानिक नाम है। (Brassica carinata-ethiopian mustrud/karan sarson)

88. (c) बीज का 'ट्रेटाजोलियम क्लोराइड' परीक्षण बीज की जीवन क्षमता (Vability test) निर्धारण के लिये किया जाता है।

89. (b) प्रथम कृषि विज्ञान केन्द्र की स्थापना 1974 में पान्डीचेरी में की गई।

90. (c) फल व सब्जियाँ-विटामिन्स, खनिज तथा रेशों का प्रमुख स्रोत है।

91. (a) भारत का प्रथम कृषि विश्वविद्यालय-गोविन्द बल्लभ पंत कृषि एवं तकनीकी विश्वविद्यालय है-जिसकी स्थापना 1960 में की गई थी।

92. (d) मूली में तीखापन का कारण आइसोसाइनेट की उपस्थिति है।

93. (d) योजना आयोग का गठन-1950

94. (a) सस्य विज्ञान के अन्तर्गत प्रकाश संश्लेषण की उपयोगिता को Karvest Index के रूप में व्यक्त किया जाता है।

Harvest Index = Economic yield/Biological yield × 100

95. (c)

96. (b) Crop logging का सर्वप्रथम उपयोग हवाई द्वीप में गन्ना के लिये हुआ था।

97. (d)

98. (b) Hidden Hunger (प्रच्छन्न भूख) Hidden Hunger मृदा विज्ञान में पौधे की वैसी स्थिति को व्यक्त करने के लिये होता है जब पौधों में किसी आवश्यक तत्व की कमी रहने के बावजूद पौधे के बाह्य रूप को देखकर इसकी कमी को आसानी से पता नहीं लगाया जा सकता है। Hidden Hunger की स्थिति में संबंधित पोषक तत्व की आपूर्ति करने पर उत्पादन में बढ़ोतरी होती है।

99. (c) **100.** (c) **101.** (a)
102. (b) **103.** (d) **104.** (b)
105. (c) **106.** (b) **107.** (c)
108. (c) **109.** (a) **110.** (d)
111. (d) **112.** (d)

113. (d) राष्ट्रीय कृषि अनुसंधान परियोजना (NARP) की स्थापना वर्ष 1988 में सातवीं पंचवर्षीय योजना के दौरान किया गया था।

114. (a) केन्द्रीय समुद्र मत्स्य अनुसंधान संस्थान (CMERI–सेण्ट्रल मैराइन फिशरीज रिसर्च इंस्टीट्यूट) कोच्चि (केरल)-स्थापित-1947

115. (c) केन्द्रीय भेड़ एवं ऊन अनुसंधान संस्थान (CSWRI-सेण्ट्रल शीप एण्ड वूल रिसर्च इंस्टीट्यूट)-अंबिकानगर (राजस्थान) स्थापित-1962

116. (d), **117.** (b)

118. (a) दूध का अपवर्तनांक (Refractive indes)-20ºC पर 1.3440-1.3480 होता

119. (b) दूध में अम्लता दो कारणों से होती है स्वाभाविक (Natural) और विकसित (Developed) स्वाभाविक अम्लता का कारण CO_2 साइट्रेट्स, एल्ब्यूमिन, केसीन और फास्फेट्स होते हैं ताजा दूध में यह 0.11 से 0.16 प्रतिशत तक होती है। इस प्रकार कुल अम्लता को अनुमाप्य अम्लता कहते हैं।

120. (d) दूध का हिमांक (Freezing point)– 0.55ºC होता है।

❑❑❑

प्रैक्टिस सेट-16

भाग-1: सामान्य अध्ययन

1. मानव के पाचन तन्त्र में पाचन की प्रक्रिया कहाँ से प्रारम्भ होती है?

(a) ग्रसिका (b) मुख गुहिका
(c) ग्रहणी (d) आमाशय

2. निम्नलिखित में से कौन-सा एक, विभिन्न फसलों के लिए मृदा में विद्यमान एक सूक्ष्म पोषक है?

(a) कैल्शियम (b) मैंगनीज
(c) मैग्नीशियम (d) पोटैशियम

3. निम्नलिखित ईंधनों में से कौन-सा एक, गैस-वेल्डिंग के प्रयोग में आता है?

(a) एलपीजी (b) एथिलीन
(c) मीथेन (d) एसीटिलीन

4. मोबाइल फोन बैटरियों में निम्नलिखित में से कौन-सी एक धातु मुख्यत: उपयोग में लाई जाती है?

(a) ताम्र (कॉपर) (b) जस्ता (जिंक)
(c) निकेल (d) लीथियम

5. सीसा (लेड) पेन्सिलों के निर्माण में, निम्नलिखित में से किसका प्रयोग होता है?

(a) चारकोल (b) ग्रेफाइट
(c) कोक (d) कार्बन कज्जल

6. संयोजी ऊतकों में निम्नलिखित संरचनाओं अथवा कोशिकाओं में से कौन-सा एक उपस्थित नहीं होता है?

(a) उपास्थ्यणु (कॉण्ड्रोसाइट)
(b) तन्त्रिकाक्ष (ऐक्सॉन)
(c) कोलेजन फाइबर
(d) लिम्फोसाइट

7. निम्नलिखित में से किस वाद में उच्चतम न्यायालय ने यह व्यवस्था दी कि संवैधानिक संशोधन भी भारत के संविधान के अनुच्छेद-13 के अधीन विधि है, जिन्हें मूल अधिकारों से असंगत होने पर शून्य घोषित किया जा सकता है?

(a) केशवानन्द भारती वाद
(b) गोलकनाथ वाद
(c) मिनर्वा मिल्स वाद
(d) मेनका गाँधी वाद

8. महात्मा गाँधी के दक्षिण अफ्रीका के अनुभव (1863-1914 ई.) के बारे में निम्नलिखित कथनों में से कौन-सा/से सही है/हैं?

1. दक्षिण अफ्रीका में गाँधीवादी राजनीतिक आन्दोलनों में मुस्लिम व्यापारी सक्रियता से जुड़े हुए थे।

2. वर्ष 1906 में, गाँधी ने केपटाउन में भारतीयों के लिए अनिवार्य रजिस्ट्रीकरण और पासों के अध्यादेश के विरुद्ध अभियान का नेतृत्व किया।

3. गाँधी ने अपना राजनीतिक जीवन केपटाउन में भारतीयों पर अत्यधिक कर लगाए जाने के विरुद्ध संघर्षों से प्रारम्भ किया।

नीचे दिए गए कूट का प्रयोग कर सही उत्तर चुनिए–

(a) 1 और 2 (b) केवल 3
(c) 1, 2 और 3 (d) केवल 1

9. मूल अधिकारों की उपलब्धता के सम्बन्ध में व्यक्तियों के निम्नलिखित में से किस प्रवर्ग के समान व्यवहार नहीं होता है?

(a) सशस्त्र बलों के सदस्य
(b) उन बलों के सदस्य जिन्हें लोक व्यवस्था बनाए रखने का उत्तरदायित्व सौंपा गया है
(c) उन बलों के सदस्य जिन्हें देश की संसूचना प्रणालियों की व्यवस्था के सम्बन्ध में नियोजित किया गया है
(d) उन बलों के सदस्य जिन्हें लोक व्यवस्था बनाए रखने के लिए संसूचना प्रणालियों की व्यवस्था के सम्बन्ध में नियोजित किया गया है

10. निम्नलिखित में से कौन-से समाचार-पत्रों का समुच्चय (सेट), खिलाफत आन्दोलन के कारण शिक्षित भारतीय मुसलमानों के सरोकारों को प्रतिबिम्बित करता था?

(a) कॉमरेड और हमदर्द
(b) कॉमरेड और हिन्दुस्तान टाइम्स
(c) जमींदार और मुस्लिम वॉयस
(d) कॉमरेड, हमदर्द, जमींदार और अल-हिलाल

11. डॉ. द्वारकानाथ कोटणिस की ख्याति का कारण क्या था?

(a) उन्होंने निर्धन व्यक्तियों को सहायता प्रदान की
(b) उन्होंने भारत के दुर्गम प्रदेशों में अस्पताल स्थापित किए
(c) वे एक अग्रणी भारतीय राष्ट्रवादी थे
(d) उन्होंने यू एट्रथ रूट आर्मी को चिकित्सा सहायता प्रदान करते हुए अपने प्राण न्यौछावर कर दिए

12. जब दो वस्तुएँ पूर्ण रूप से परस्पर विनिमेय हैं, तो वे–

(a) पूर्णत: स्थानापन्न हैं
(b) पूर्णत: पूरक हैं
(c) गिफिन वस्तुएँ हैं
(d) वेब्लेन वस्तुएँ

13. किसी वस्तु की कीमत में वृद्धि से क्या अभिप्राय है?

(a) केवल मुद्रा (करेन्सी) के मूल्य में वृद्धि
(b) केवल मुद्रा (करेन्सी) के मूल्य में गिरावट
(c) केवल वस्तु के मूल्य में वृद्धि
(d) मुद्रा (करेन्सी) के मूल्य में गिरावट और वस्तु के मूल्य में वृद्धि

14. निम्न में से कौन-सा कथन सही नहीं है?

(a) वैश्विक व्यापार 1947 से, टैरिफ और व्यापार पर साधारण करार (GATT) द्वारा विनियमित होता था।
(b) वर्ष 1995 में विश्व व्यापार संगठन (WTO) ने GATT का स्थान ले लिया
(c) GATT के अधीन परम मित्र राष्ट्र (मोस्ट फेवर्ड नेशन) सिद्धान्त में यह प्रावधान था कि एक देश के साथ किए गए अधिमानी व्यापार करार को अन्य देशों तक विस्तारित किया जाना चाहिए

(d) WTO के करारों के अन्तर्गत कृषि और टेक्सटाइल क्षेत्रों को समाविष्ट किया जा सका है, जो न्यूनतम विकसित देशों के प्रधान सरोकार हैं

15. निम्नलिखित में से कौन-सा दक्षिण एयिशाई मुक्त व्यापार क्षेत्र (SAFTA) के बारे में सही नहीं है?

(a) यह दक्षिण एशियाई सीमा-शुल्क संघ और साझा बाजार की ओर एक कदम है
(b) यह करार वर्ष 2006 में प्रभावी हुआ
(c) SAFTA व्यापार उदारीकरण की एक व्यवस्था है
(d) SAFTA करार को, किसी सदस्य देश द्वारा SAFTA से बाहर के राज्यों के साथ किए गए किसी भी करार पर अग्रता प्राप्त है

16. 18वीं शताब्दी के केरल में त्रावणकोर राज्य के बारे में निम्नलिखित विशेषताओं में से कौन-सा/से सही है/हैं?

1. 1729 से 1758 ई. तक मार्तण्ड वर्मा त्रावणकोर के शासक थे।
2. त्रावणकोर ने एक सशक्त सेना बनाकर 1741 ई. में डच लोगों को हराया।
3. त्रावणकोर ज्ञान का एक महत्वपूर्ण केन्द्र था।

नीचे दिए गए कूट का प्रयोग कर सही उत्तर चुनिए–

(a) 1 और 2 (b) केवल 2
(c) 1, 2 और 3 (d) केवल 1

17. निम्नलिखित में से कौन-सा समाजवाद का केन्द्रीय सिद्धान्त नहीं है?

(a) ऐतिहासिक भौतिकवाद
(b) द्वन्द्वात्मक भौतिकवाद
(c) विसम्बन्धन और वर्ग-संघर्ष
(d) वैयक्तिक स्वतन्त्रता

18. 'एण्ड देन वन डे : ए मेमॉयर'-यह किसकी आत्मकथा है?

(a) कमल हसन की
(b) शाहरुख खान की
(c) नसीरुद्दीन शाह की
(d) करन जौहर की

19. निम्नलिखित में से कौन-सा/से, संन्यासी और फकीर विद्रोह का/के लक्षण है/हैं?

1. ये विद्रोह इंग्लिश ईस्ट इण्डिया कम्पनी और संन्यासियों और फकीरों के एक समूह के बीच हुई झड़कों की शृंखला को निर्दिष्ट करते हैं।
2. इस विद्रोह का एक कारण तीर्थयात्राओं के मार्गों पर संन्यासियों के अबाध आवागमन पर प्रतिबन्ध लगाना था।
3. 1773 ई. में इस विद्रोह के दौरान, वारेन हेस्टिंग्स ने एक उद्घोषणा करके सभी संन्यासियों को बंगाल और बिहार से निष्कासित कर दिया।
4. ये असहयोग आन्दोलन के समकालीन हैं।

नीचे दिए गए कूट का प्रयोग कर सही उत्तर चुनिए–

(a) केवल 1 (b) 1 और 3
(c) 1, 2 और 3 (d) 2 और 4

20. निम्नलिखित में से कौन-सा एक सही कालानुक्रम है?

(a) कुमारगुप्त-समुद्रगुप्त-चन्द्रगुप्त विक्रमादित्य
(b) कुमारगुप्त-चन्द्रगुप्त विक्रमादित्य-समुद्रगुप्त
(c) समुद्रगुप्त-चन्द्रगुप्त विक्रमादित्य-कुमारगुप्त
(d) समुद्रगुप्त-कुमारगुप्त चन्द्रगुप्त विक्रमादित्य

21. विजयनगर साम्राज्य की स्थापना कौन-सी शताब्दी में हुई थी?

(a) 17वीं शताब्दी (b) 18वीं शताब्दी
(c) 15वीं शताब्दी (d) 14वीं शताब्दी

22. निम्नलिखित युग्मों में से कौन-सा एक सही सुमेलित नहीं है?

(a) भारत सरकार: मार्ले-मिण्टो सुधार अधिनियम, 1919
(b) क्रिप्स मिशन: 1942
(c) भारत सरकार: प्रान्तीय स्वशासन अधिनियम, 1935
(d) कैबिनेट मिशन योजना: 1946

23. बिरजू महाराज कौन-सी नृत्य-शैली के विख्यात नर्तक हैं?

(a) भरतनाट्यम (b) ओडिसी
(c) कुचिपुडी (d) कत्थक

24. निम्नलिखित कथनों पर विचार कीजिए–

1. तारा कछुआ 2. मॉनीटर छिपकली
3. वामन सुअर 4. स्पाइडर वानर

उपरोक्त में से कौन-से भारत में प्राकृतिक रूप में पाए जाते हैं?

(a) 1, 2 और 3 (b) 2 और 3
(c) 1 और 4 (d) ये सभी

25. निम्नलिखित युग्मों पर विचार कीजिए–

1. नॉकरेक जीवमण्डल रिजर्व - गारो पहाड़ियाँ
2. लोकटक झील - बरैल क्षेत्र
3. नामदफा राष्ट्रीय उद्यान - डफ्ला पहाड़ियाँ

उपरोक्त युग्मों में से कौन-सा/से युग्म सही सुमेलित है/हैं?

(a) केवल 1 (b) 2 और 3
(c) 1, 2 और 3 (d) इनमें से कोई नहीं

26. निम्नलिखित युग्मों पर विचार कीजिए–

राष्ट्रीय उद्यान		उद्यान से होकर बहने वाली नदी
1. कॉर्बेट राष्ट्रीय उद्यान	–	गंगा
2. काजीरंगा राष्ट्रीय उद्यान	–	मानस
3. साइलेण्ट वैली राष्ट्रीय उद्यान	–	कावेरी

उपरोक्त युग्मों में से कौन-सा/से युग्म सुमेलित है/हैं?

(a) 1 और 2 (b) केवल 3
(c) 1 और 3 (d) इनमें से कोई नहीं

27. अंकलेश्वर निम्नलिखित में से किस एक के लिए प्रसिद्ध है?

(a) इस्पात संयन्त्र (b) रासायनिक उद्योग
(c) पोत निर्माण (d) कालीन उत्पादन

28. निम्नलिखित कथनों पर विचार कीजिए-

1. श्रीहरिकोटा, केरल के तट से लगा हुआ द्वीप है।
2. श्रीहरिकोटा में सतीश धवन अन्तरिक्ष केन्द्र अवस्थित है।

उपरोक्त कथनों में से कौन-सा/से सही है/हैं?

(a) केवल 1
(b) केवल 2
(c) 1 और 2 दोनों
(d) न तो 1 और न ही 2

29. भू-पर्पटी में सबसे प्रचुर धातु कौन-सी है?

(a) लोह (b) एल्यूमीनियम
(c) मैंगनीज (d) मैग्नीशियम

30. निम्नलिखित किस फसल में नील हरित शैवाल (Blue green algae) मुख्यतः जैव-उर्वरक के रूप में प्रयोग होते हैं?

(a) गेहूँ (b) चना
(c) धान (d) सरसों

31. शहतूश शाल बनाई जाती है-

(a) हंगुल के बालों से
(b) चिकारा के बालों से
(c) चिरु के बालों से
(d) मेरिनो के बालों से

32. उत्तर प्रदेश शासन ने 'संगीत रत्न पुरस्कार' जिनकी स्मृति में प्रारम्भ किया वे हैं-
(a) उस्ताद रशीद अहमद
(b) उस्ताद निसार हुसैन खाँ
(c) उस्ताद बिस्मिल्ला खाँ
(d) पंडित रविशंकर

33. निम्नलिखित में से किस फसल के उत्पादन में उत्तर प्रदेश में प्रथम स्थान पर नहीं है?
(a) गेहूँ (b) जौ
(c) गन्ना (d) चावल

34. अर्जुन बाँध नहर से उत्तर प्रदेश का लाभान्वित जिला है-
(a) एटा (b) इटावा
(c) गोरखपुर (d) हमीरपुर

35. संख्या $[(57)^{25} - 1]$ का अंतिम अंक अर्थात् इकाई के स्थान पर अंक है?
(a) 6 (b) 8
(c) 0 (d) 5

36. यदि किसी धनराशि पर 5% वार्षिक ब्याज की दर से 3 वर्ष के चक्रवृद्धि ब्याज व साधारण ब्याज का अंतर ₹ 15.25 हो तो धनराशि होगी–
(a) ₹ 1320 (b) ₹ 2000
(c) ₹ 1800 (d) ₹ 15.60

37. यदि $x = 7 - 4\sqrt{3}$, तब $\left(x + \frac{1}{x}\right)$ बराबर है :
(a) $3\sqrt{3}$ (b) $8\sqrt{3}$
(c) $14 + 8\sqrt{3}$ (d) 14

38. नीचे दिए गए शब्दों को शब्दकोष (Dictionary) के क्रम में दर्शाना है। इस हेतु सही विकल्प चुनिए।
(i) Apprehensive
(ii) Approachable
(iii) Approbazion
(iv) Appolo
(v) Anniversary
(a) (i), (iv), (ii), (iii), (v)
(b) (iv), (i), (iii), (ii), (v)
(c) (v), (i), (ii), (iii), (iv)
(d) (v), (iv), (i), (ii), (iii)

39. यदि एक दर्पण में देखने से प्रतीत होता है कि घड़ी में उस समय 9 बजकर 30 मिनट हुए है, तो घड़ी में वास्तविक समय क्या है?
(a) 2 बजकर 30 मिनट
(b) 6 बजकर 20 मिनट
(c) 6 बजकर 10 मिनट
(d) 3 बजकर 30 मिनट

40. नीचे वी गई शृंखला में प्रश्नचिह्न (?) के स्थान पर क्या आएगा?
$\frac{1}{81}, \frac{1}{54}, \frac{1}{36}, \frac{1}{24}, ?$
(a) $\frac{1}{32}$ (b) $\frac{1}{9}$
(c) $\frac{1}{16}$ (d) $\frac{1}{18}$

भाग-2: कृषि

41. कॉटन सीड (Cotton seed) में तेल की मात्रा होती है-
(a) 10-15 प्रतिशत
(b) 15-25 प्रतिशत
(c) 25-35 प्रतिशत
(d) 40-42 प्रतिशत

42. गन्ने (Saccharum officinarum) का उद्‌गम स्थल है-
(a) न्यू गिनी (b) भारत
(c) इन्डोनेशिया (d) चीन

43. चावल का उद्‌गम स्थल (origin place) है-
(a) दक्षिण पश्चिम एशिया
(b) यूरोप
(c) दक्षिण अमेरिका
(d) भारत व बर्मा

44. चने का मुख्य हानिकारक कीट है-
(a) फली छेदक
(b) कटुआ लट
(c) चेपा
(d) उपरोक्त में से कोई नहीं

45. पौधों में तत्त्वों की गतिशीलता में कौन-सा पादप हार्मोन सहायक होता है?
(a) जिबरेलिन (b) साइटोकाइनिन
(c) ऑक्सीन (d) ए.बी.ए.

46. क्ले कणों की माप होती है-
(a) 1.0 मिमी
(b) 0.2-0.02 मिमी
(c) 0.02 मिमी से कम
(d) 0.002 मिमी से कम

47. मूँगफली+अरहर-गन्ना फसल चक्र की शस्य गहनता प्रतिशत ज्ञात करता है-
(a) 200% (b) 300%
(c) 150% (d) 250%

48. जब एक पौधे पर नर एवं मादा फूल अलग-अलग होते हैं, कहलाते हैं-
(a) मोनोफ्रोडाइट (b) मोनोसियस
(c) हरमाफ्रोडाइट (d) एपोमिक्सिस

49. धान की सुगन्धित प्रजाति है-
(a) जया (b) बाला
(c) टाइप-3 (d) टाइप-1

50. आम्रपाली क्रॉस है-
(a) नीलम × दशहरी का
(b) दशहरी × लंगडा का
(c) लंगड़ा × दशहरी का
(d) दशहरी × नीलम का

51. 'एग्रोनोमी' शब्द किस भाषा से लिया गया है?
(a) लेटिन से (b) अंग्रेजी से
(c) फ्रेंच से (d) ग्रीक से

52. सीड-प्लॉट तकनीक अपनाते हैं-
(a) प्याज में (b) आलू में
(c) गन्ने में (d) टमाटर में

53. तारामीरा किस परिवार का पौधा है?
(a) क्रुसीफेरी (b) लाइनेसी
(c) कम्पोजिटी (d) ग्रेमिनी

54. लीची का उत्पत्ति स्थल है-
(a) भारत (b) फिलिपीन्स
(c) चीन (d) बर्मा

55. कौन मूँगफली से सम्बन्धित नहीं है?
(a) ब्राजील (b) 2n = 40
(c) पिक बीमारी (d) टिक्का बीमारी

56. ऐसी फार्म प्रणाली जिसमें हवादार वृक्षों या झाड़ियों को कतारों में उगाते हैं जो मृदा की उर्वरता तथा उत्पादकता को बढ़ा देते हैं, कहलाती है-
(a) रिले क्रॉपिंग (b) मल्टिपल क्रॉपिंग
(c) एले क्रॉपिंग (d) मिश्रित क्रॉपिंग

57. भारत में किस फल का उत्पादन सबसे अधिक होता है?
(a) आम (b) केला
(c) पपीता (d) अंगूर

58. जलाभाव की परिस्थिति में धान का पौधा नाइट्रोजन को किस रूप में लेता है?
(a) नाइट्रोजन (b) अमोनियम आयन
(c) नाइट्राइट आयन (d) नाइट्रेट आयन

59. वायरस जो जीवाणु पर वृद्धि करते हैं, कहलाते हैं-
(a) वीरीयोन्स (Virions)
(b) वायरोइड्स (Viroids)
(c) प्रिओन्स (Prions)
(d) फेजेज (Phages)

60. अलसी किस कुल (Family) से सम्बन्धित है?
(a) लिलिएसी (b) लाईनेसी
(c) टिलिएसी (d) पेडालिएसी

61. सुपर राइस (Super rice) की कल्पना किसने की?

(a) जी.एच. शल ने
(b) जी.एस. खुश ने
(c) वी.एल. चोपड़ा ने
(d) योशिदा ने

62. मवेशियों में थनेला (Mastitis) रोग का कारण है-

(a) जीवाणु (b) वायरस
(c) कवक (d) माइकोप्लाज्मा

63. पी.डी.एम. 11 (PDM 11) किस्म है-

(a) उड़द की (b) अरहर की
(c) मूँग की (d) लोबिया की

64. विश्व में कुत्ते की सबसे छोटी (dwarfest) नस्ल है-

(a) चो चो (b) चिहुआ
(c) पग (d) पोमेरियन

65. सामान्यतया मृदा अम्लता को किसके द्वारा ठीक किया जाता है?

(a) जिप्सम से
(b) चूना से
(c) आयरन पाइराइटस से
(d) दोनों (a) व (b) से

66. किस तत्त्व की कमी के कारण रिकेट्स होता है-

(a) केल्शियम (b) विटामिन 'डी'
(c) दोनों (d) दोनों में से कोई भी

67. वर्मीकम्पोस्ट किसके सहयोग से तैयार की जाती है?

(a) फीता कृमि (b) गोल कृमि
(c) फ्लेट वोर्म (d) केंचुआ

68. केला की फसल के लिए उत्तम तापक्रम क्या है?

(a) 30°C (b) 23°C
(c) 21.5°C (d) 26.5°C

69. कौन-सा जैविक उर्वरक नहीं है?

(a) मल्टीफ्लेक्स (b) पी.एस.बी.
(c) वर्मीकम्पोस्ट (d) नेडएफ

70. नरेन्द्र आँवला-6 प्रजाति किसके चयन से विकसित की गई है?

(a) चकैया (b) हाथीझूल
(c) बनारसी (d) नरेन्द्र आँवला-4

71. जल भराव की स्थिति में धान की फसल किस रूप में नत्रजन प्राप्त करती है?

(a) NH_4 आयन (b) नाइट्रेट आयन
(c) NO_2 आयन (d) N_2 आयन

72. लाल मृदा में निम्नलिखित में से किन तत्वों की कमी पाई जाती है?

(a) फास्फोरस व सल्फर
(b) फास्फोरस व नत्रजन
(c) नत्रजन व जिंक
(d) नत्रजन व पोटाशियम

73. कृषि वृद्धि दर में पशुपालन का कितना योगदान है?

(a) 10% (b) 12%-15%
(c) 7%-9% (d) 5%

74. जैविक उर्वरकों का मुख्य कार्य क्या होता है?

(a) रासायनिक प्रक्रिया की वृद्धि करना
(b) दैहिक क्रिया को बढ़ाना
(c) जैविक क्रिया को बढ़ाना
(d) प्रकाश संश्लेषण, क्रिया को बढ़ाना

75. भारत में 30 गायों की दुग्धशाला पर प्रतिदिन कुल कितने दैनिक श्रमिक लगते हैं?

(a) 8 (b) 6
(c) 4 (d) 10

76. एक हैक्टेयर क्षेत्रफल में टमाटर के बीज का कितना उत्पादन होता है?

(a) 100 किग्रा (b) 105-150 किग्रा
(c) 250 किग्रा (d) 150-175 किग्रा

77. भारत में प्रत्येक व्यक्ति के लिए प्रतिदिन कितना दुग्ध उपलब्ध है?

(a) 229 ग्राम (b) 239 ग्राम
(c) 219 ग्राम (d) 246 ग्राम

78. नहरों के किनारों वाली भूमि किस प्रकार की होती है?

(a) अम्लीय एवं क्षारीय
(b) अम्लीय
(c) क्षारीय
(d) इनमें से कोई नहीं

79. भारत अण्डे उत्पादन के क्षेत्र में विश्व में किस स्थान पर है?

(a) प्रथम (b) द्वितीय
(c) तीसरे (d) चौथे

80. 100 ग्राम अण्डे से कितने कैलोरी ऊर्जा प्राप्त होती है?

(a) 175 कैलोरी (b) 180 कैलोरी
(c) 160 कैलोरी (d) 130 कैलोरी

81. निम्नलिखित में कौन बीजों की किस्म नहीं है?

(a) संकर बीज (b) संकुल बीज
(c) जनक बीज (d) उत्परिवर्ती बीज

82. सामान्य दशा में सनई की रेशा कितने दिनों में सड़ जाती है?

(a) 10-12 दिन (b) 8-10 दिन
(c) 6-8 दिन (d) 5-6 दिन

83. बीज के जीवन क्षमता पता करने की विधि नहीं है-

(a) श्वसन परीक्षण
(b) भ्रूण संवर्धन विधि
(c) बीज की सुसुप्तावस्था विधि
(d) इंडिगोकार्माइन विधि

84. निम्न में से कौन-सा कार्बनिक पदार्थ नहीं है?

(a) अशोधित प्रोटीन
(b) कार्बोहाइड्रेट
(c) विटामिन्स
(d) हारमोन्स

85. निक्षालन के द्वारा नत्रजन की हानि सबसे अधिक किस रूप में होती है?

(a) अमोनिया के रूप में
(b) नाइट्रेट के रूप में
(c) नत्रजन के रूप में
(d) जल के घोल के रूप में

86. सनई एवं ढैंचा की हरी खाद से कितने कुन्तल जैव पदार्थ प्रति हेक्टर प्राप्त होता है?

(a) 300-325 कुन्तल
(b) 225-275 कुन्तल
(c) 200-225 कुन्तल
(d) 325-350 कुन्तल

87. कौन मृदा उर्वरता को प्रभावित करने वाला प्राकृतिक कारक नहीं है?

(a) स्थलाकृति (b) मृदा की आयु
(c) हवा (d) मूल पदार्थ

88. निम्नलिखित चारों में से कौन सबसे अधिक पाचक प्रोटीन होता है?

(a) लुसर्न (b) लोबिया
(c) ग्वार (d) बरसीम

89. उत्तर प्रदेश में लगभग कितने लाख हेक्टेयर लवणी एवं क्षारीय मृदा का क्षेत्रफल है?

(a) 15.00 लाख हेक्टेयर
(b) 12.4 लाख हेक्टेयर
(c) 10.4 लाख हेक्टेयर
(d) 14.4 लाख हेक्टेयर

90. H.C.N. की लगभग कितनी मात्रा पशुओं के सेवन के लिए हानिकारक होती है?

(a) 0.25 ग्राम (b) 0.50 ग्राम
(c) 2.50 ग्राम (d) 3.50 ग्राम

91. लवणीय मृदा में घुलनशील लवणों की कुल मात्रा कितने प्रतिशत होती है?

(a) 1%-2% (b) 0.1%-0.2%
(c) 1.5%-2.5% (d) 2%-3%

92. नेपियर घास को किस कारण ग्वार या लोबिया में मिलाकर खिलाना चाहिए?

(a) अशोधित रेशा अधिक होने के कारण
(b) आक्सैलिक अम्ल के कारण
(c) अधिक कार्बोहाइड्रेट होने के कारण
(d) अधिक H.C.N. होने के कारण

93. वाष्पोत्सर्जन को कम करने के लिए एट्राजीन का प्रयोग किया जाता है, क्योंकि यह–
(a) पौधे की वृद्धि को कम करता है
(b) पौधे की पत्ती की सतह से प्रकाश रिफ्लेक्ट नहीं करता।
(c) रूंध्रों के खुलने व बन्द होने की क्रिया को प्रभावित करता है।
(d) पर्ण सतह पर एक पतली परत बनाता है

94. निम्नलिखित युग्मों में से कौन सा एक युग्म सही सुमेलित नहीं है?

फसल	1000-दानों का वजन (ग्राम)
(a) बाजरा	5-7
(b) गेहूँ	20-22
(c) मूँग	34-36
(d) सूरजमुखी	60-62

95. मृदा उर्वरता को अच्छी तरह बनाये रखने के लिये किस फसल चक्र (Crop rotation) को अपनाना चाहिए?
(a) मक्का-तोरिया-गेहूँ
(b) धान-गेहूँ-लोबिया
(c) धान-आलू-मूँग
(d) सोयाबीन-गेहूँ-मूँग

96. निम्नलिखित खरपतवारों व फसलों के युग्मों में कौन सा युग्म सही सुमेलित नहीं है?
(a) स्ट्राइगा : ज्वार
(b) अमरबेल (Cuscuta) : रिजका
(c) टाइफा (Typha) : गन्ना
(d) ओरोबेन्ची (Orobanche) : तम्बाकू

97. सकल फसलित क्षेत्रफल व शुद्ध फसलित क्षेत्रफल के अनुपात (Ratio of gross to net cropped area) का गुणांक कहलाता है-
(a) फसल सघनता (Cropping intensity)
(b) बहुविध फसलता (Multiple cropping)
(c) अधिक फसल सघनता (High cropping intensity)
(d) इनमें से कोई नहीं

98. अर्द्धसूत्रक (Meiosis) में निर्माण होता है-
(a) समजात क्रोमोसोमों के बीच पदार्थों का आदान-प्रदान
(b) प्रत्येक क्रोमोसोम जोड़े के एक सदस्य से युग्मक में पदार्थ का वितरण
(c) उपरोक्त दोनों
(d) कोई नहीं

99. पोटाशिक उर्वरकों को अधिक मात्रा में फसलों को देने से किन पोषक तत्त्वों का अवशोषण कम हो जाता है-
(a) मैग्नीशियम एवं कैल्शियम
(b) बोरॉन एवं मैंगनीज
(c) नत्रजन एवं फॉस्फोरस
(d) जस्ता एवं ताँबा

100. निम्नलिखित में सूची-I को सूची-II सेसुमेलित करें एवं कूट की सहायता से सही उत्तर का चयन करें-

सूची-I (पशु)	सूची-II (मादा) (Female)
A. भेड़	**1. सो (Sow)**
B. बकरी	**2. जेनेट (Jennet)**
C. गधा	**3. नेनी (Nanny)**
D. सूअर	**4. इव (Ewe)**

कुट :

	A	B	C	D
(a)	2	3	1	4
(b)	4	3	2	1
(c)	4	3	1	2
(d)	3	2	4	1

101. मृदा के पी.एच. मान में बदलाव के प्रति अच्छी तरह अवरोध करने की क्षमता कहलाती है-
(a) सी.ई.सी. (Cation exchange capacity)
(b) बफरिंग केपेसिटी (Buffering capacity)
(c) क्षार संतृप्ता प्रतिशतता (Percentage base saturation)
(d) अनायन एक्सचेंज केपेसिटी (Anion exchange capacity)

102. मूँग की किस्म जो वर्षा व गर्मियों की ऋतु दोनों में बोई जाती है-
(a) टाइप-1
(b) टाइप-44 (पूसा बैशाखी)
(c) के-851
(d) वर्षा

103. हाथी घास की कौन-सी प्रजाति बहुवर्षीय है?
(a) पूसा जाइन्ट
(b) NB-21
(c) पूसा जाइन्ट नेपियर
(d) नेपियर-1

104. धान की SRI विधि में कितने दिन की नर्सरी पौधों की रोपाई की जाती है?
(a) 8-10 दिन (b) 12-15 दिन
(c) 25-30 दिन (d) 30-35 दिन

105. साइलेज के किण्वीकरण में यूरिया की हानि कितने प्रतिशत से अधिक नहीं होनी चाहिए?
(a) 20% - 22% (b) 15% - 18%
(c) 10% - 12% (d) 8% - 10%

106. गेहूँ के अंकुरण के लिए न्यूनतम एवं फसल वृद्धि के लिए इष्टतम तापक्रम कितने डिग्री सेल्सीयस रहना चाहिए?
(a) 3.5°से - 5.5°से तथा 20°से - 22°से
(b) 5.6°से - 7.5°से तथा 16°से - 18°से
(c) 8°से - 10°से तथा 30°से - 35°से
(d) 10°से - 12°से तथा 25°से - 30°से

107. कृषक भारती पत्रिका कहाँ से प्रकाशित होती है?
(a) जी.बी. पन्त कृषि एवं प्रौद्योगिकी विश्वविद्यालय, पन्तनगर
(b) च.शे.आ. कृषि एवं प्रौद्योगिकी विश्वविद्यालय, कानपुर
(c) नरेन्द्र देव कृषि एवं प्रौद्योगिकी विश्वविद्यालय, फैजाबाद
(d) सरदार वल्लभभाई पटेल कृषि एवं प्रौद्योगिकी विश्वविद्यालय, मेरठ

108. गेहूँ दो सिंचाई उपलब्ध होने पर कौन-सी क्रान्ति अवस्था पर सिंचाई करनी चाहिए?
(a) कल्ले फूटने एवं फूल आने पर
(b) मुख्य जड़ बनना एवं दुधिया अवस्था पर
(c) मुख्य जड़ बनना एवं फूल आने पर
(d) गाँठ बनने एवं दाना सख्यत होते वक्त

109. धान की कौन-सी प्रजाति ऊँची भूमियों के लिए उपयुक्त नहीं है?
(a) नरेन्द्र धान-1 (b) रेणु
(c) सरजू-52 (d) नरेन्द्र धान-118

110. खैरा बीमारी का कौन-सा लक्षण नहीं है?
(a) पत्तियों पर गहरे भूरे रंग के धब्बे
(b) जड़ों की वृद्धि पर प्रतिकूल प्रभाव
(c) बीमारी अधिक होने पर पौधों की वृद्धि रुकरना
(d) पौधों के तनों का मुड़कर गिर जाना।

111. कौन-सी प्रजाति कीड़ों एवं बीमारी के प्रति सहिष्णु नहीं है?
(a) पन्त धान-10 (b) गोविन्द
(c) नरेन्द्र धान-2 (d) साकेत-4

112. मक्का की रबी की खेती के लिए उत्तम प्रजाति है-
(a) शरदमणि (b) आजाद उत्तम
(c) नवीन (d) गंगा-5

113. एक हेक्टेयर धान की रोपाई के लिए कितने नर्सरी क्षेत्रफल की आवश्यकता होती है?

(a) 1000 वर्ग मी.
(b) 750 वर्ग मी.
(c) 500 वर्ग मी.
(d) 250-400 वर्ग मी.

114. कौन-सी बीमारी बाजरा की नहीं है?

(a) हरित बाल रोग (b) अर्गट
(c) उखैटा (d) गेरुई

115. कौन-सी प्रजाति सब्जी मटर की नहीं है?

(a) आर्किल (b) आजाद मटर-3
(c) पंत मटर-2 (d) अपर्णा

116. कौन-सी प्रमुख खाद्यान्न फसल में कल्ले (Tillers) नहीं निकलते-

(a) मक्का (b) गेहूँ
(c) जो (d) धान

117. लेसमेनियेसिस् (Leishmaniasis) रोग का संचरण किसके द्वारा होता है?

(a) सेन्ड फ्लाई (b) होर्न फ्लाई
(c) स्टेबल फ्लाई (d) मार्च फ्लाई

118. साधारणतया दुग्धशाला के एल्यूमिनियम निर्मित बर्तनों को साफ/स्वच्छ किया जाता है-

(a) सोडियम हाइड्रोक्साइड से
(b) सोडियम सल्फाइट से
(c) सोडियम मेटासिलिकेट से
(d) फॉस्फोरिक एसिड से

119. धान के खेतों से कौन सी गैस का उत्सर्जन होता है?

(a) मीथेन
(b) हाइड्रोजन सल्फाइड
(c) कार्बन डाई-ऑक्साइड
(d) अमोनिया

120. पौधे का सामान्य स्वरूप किसके (Normal form of plant is maintained by) द्वारा रखा जाता है-

(a) पानी
(b) गैस
(c) ठोस
(d) इनमें से कोई नहीं

व्याख्या सहित उत्तर

1. (b) मानव के पाचन तन्त्र में पाचन की क्रिया मुख गुहिका से ही प्रारम्भ हो जाती है। मुख गुहिका में ऊपर की ओर तालु पार्श्वों में गालों द्वारा तथा नीचे की ओर जीभ द्वार घिरा रहता है। मनुष्य में 32 दाँत पाए जाते हैं जिनसे भोजन को चबाया जाता है। भोजन को चबाने के दौरान ही उसमें लार मिल जाती है अर्थात् पाचन की क्रिया मुख गुहिका से ही प्रारम्भ हो जाती है।

2. (b) विभिन्न फसलों के लिए मृदा में विद्यमान एक सूक्ष्म पोषक मैंगनीज है। इसकी कमी से पौधों की पत्तियों में हरिम हीनता तथा ऊतकक्षयी हो जाता है। जबकि इसका कार्य पौधों में क्लोरोफिल (पर्णहरित) संश्लेषण तथा प्रकाश-संश्लेषण में इलेक्ट्रॉन अभिगमन है।

3. (d) गैस-वेल्डिंग में एसीटिलीन का प्रयोग किया जाता है। इसे ऑक्सी-फ्यूल वेल्डिंग या गैस-वेल्डिंग भी कहते है। इसे वर्ष 1903 में फ्रांसीसी वैज्ञानिक एडमॉण्ड फूके एवं चार्ल्स पीकार्ड ने ऑक्सीजीन एवं एसीटिलीन की सहायता से विकसित किया। इसका ज्वलन ताप लगभग 3500°C होता है।

4. (d) लीथियम को मोबाइल की शुष्क बैटरियों में मुख्यत: प्रयोग किया जाता है।

5. (b) लेखन लेड पेन्सिलों के निर्माण में लकड़ी एवं ग्रेफाइट का प्रयोग होता है।

6. (b) संयोजी ऊतकों में तन्त्रिकाक्ष (एक्सॉन) उपस्थित नहीं होता।

7. (b) गोलकनाथ बनाम पंजाब राज्य वाद में सर्वोच्च न्यायालय ने यह व्यवस्था दी थी कि संविधान संशोधन भी अनुच्छेद-13 के अन्तर्गत 'विधि' की परिभाषा में शामिल है। अनुच्छेद-13 के अनुसार, ''राज्य ऐसी कोई विधि नहीं बनाएगा जो मूल अधिकारों को छीनती या न्यून करती हो और ऐसी प्रत्येक विधि उल्लंघन की मात्रा तक शून्य होगी।'' अत: गोलकनाथ वाद के निर्णयानुसार कोई भी संविधान मूल अधिकारों से असंगत होने पर शून्य घोषित किया जा सकेगा।

8. (d) दक्षिण अफ्रीका में गाँधीवादी राजनीतिक आन्दोलनों में मुस्लिम व्यापारी सक्रिय रूप से जुड़े हुए थे। वर्ष 1906 में महात्मा गाँधी ने टान्सवाल में भारतीयों के लिए अनिवार्य रजिस्ट्रीकरण और पासों के अध्यादेश, जिसे 'ब्लैक एक्ट' भी कहा गया, के विरुद्ध अभियान का नेतृत्व किया था।

9. (a) अनुच्छेद-33 संसद को यह अधिकार देता है कि वह सशस्त्र बलों, अर्द्धसैनिक बलों, पुलिस बलों, खुफिया एजेन्सियों एवं अन्य में मूल अधिकारों पर युक्तियुक्त प्रतिबन्ध लगा सके। इस व्यवस्था का उद्देश्य उनके समुचित कार्य करने एवं उनके बीच अनुशासन बनाए रखना है। अनुच्छेद-33 के अन्तर्गत विधि निर्माण का अधिकार सिर्फ संसद को है न कि राज्य विधानमण्डल को। इस तरह के किसी कानून को न्यायालय में चुनौती इस आधार पर नहीं दी जा सकती है कि वह मूल अधिकार का उल्लंघन करता है।

10. (a) खिलाफत आन्दोलन (वर्ष 1919-24) भारत में मुख्यत: मुसलमानों द्वारा चलाया गया राजनीतिक-धार्मिक आन्दोलन था। इस आन्दोलन का उद्देश्य तुर्की में खलीफा के पद की पुन: स्थापना कराने के लिए अंग्रेजों पर दबाव बनाना था। इस दौरान मोहम्मद अली जौहर ने 'कॉमरेड' एवं 'हमदर्द' नामक समाचार-पत्र सम्पादित किए। मोहम्मद अली ने ही दिल्ली में जामिया मिलिया इस्लामिया विश्वविद्यालय की स्थापना की।

11. (d) डॉक्टर द्वारकानाथ कोटणिस की ख्याति वर्ष 1937 में जापान एवं चीन के युद्ध के दौरान चीनी ए ट्रथ रूट आर्मी की ओर से घायल चीनी सैनिकों की सहायता करते हुए अपने प्राण न्यौछावर करने को लेकर है। वर्ष 1937 में जब जापान ने चीन पर आक्रमण किया तो चीन के तत्कालीन जनरल छू ते ने भारतीय राष्ट्रीय कांग्रेस के अध्यक्ष जवाहरलाल नेहरू से चीनी घायल सैनिकों के उपचार हेतु चिकित्सकों का एक दल भेजने का अनुरोध किया था। नेहरूजी की पहल पर डॉ. कोटणिस के नेतृत्व में 5 डॉक्टरों का एक दल इण्डियन मेडिकल मिशन टू चाइना' के तहत भेजा गया।

12. (a) वेब्लेन वस्तु (अंग्रेजी + Vebien good) से आशय उन सामग्रियों से है जिनके लिए उपभोक्ताओं की पसन्द या नापसन्द उस वस्तु विशेष की कीमत में बढ़ोतरी या गिरावट से तय होती हो। अर्थशास्त्र की मांग आपूर्ति नियम की श्रृंखला में वेब्लेन उस दशा को दर्शाता है जब उपभोक्ता द्वारा किसी वस्तु की कीमत गिरने को उसकी सामाजिक स्थिति (वैभव प्रतीक) में गिरावट मान लिया जाता है। मांग के नियम के अनुसार, यदि किसी वस्तु के मूल्य में वृद्धि होती है तो उसकी मांग घट जाती है।

इसी प्रकार, यदि मूल्य में कमी हो जाती है तो मांग बढ़ जाती है। लेकिन रॉबर्ट गिफिन नामक प्रसिद्ध अर्थशास्त्री ने सिद्ध किया कि अत्यन्त निकृष्ट वस्तुओं के सम्बन्ध में यह नियम लागू नहीं होता। निकृष्ट वस्तुओं के सम्बन्ध में यदि मूल्य घटता है तो उनकी मांग भी घट जाती है। पूर्णत: स्थानापन्न दो वस्तु एक-दूसरे में पूर्णत: विनिमय होते हैं।

13. (d) किसी वस्तु की कीमत में वृद्धि से अभिप्राय है कि उस वस्तु के मूल्य में वृद्धि हुई है, क्योंकि वस्तु के मूल्य में वृद्धि कोई जरूरी नहीं कि मुद्रा के मूल्य में गिरावट के परिणामस्वरूप हुई हो। यह वृद्धि वस्तु की मांग में वृद्धि या उत्पादन कम होने के परिणामस्वरूप भी सम्भव है।

14. (c) गैट के अधीन परम मित्र शब्द की संकल्पना अन्तर्राष्ट्रीय अर्थव्यवस्था एवं रणनीति के अन्तर्गत किसी देश द्वारा किसी अन्य देश को दिया गया एक स्तर या पद है। इसके अन्तर्गत अन्तर्राष्ट्रीय

व्यापार में किसी देश द्वारा किसी अन्य देश को दिए गए परम मित्र राष्ट्र के दर्जे में व्यापारिक सुविधाएँ मुहैया कराई जाती हैं। परम मित्र राष्ट्र का दर्जा पाने वाला देश व्यापार के सन्दर्भ में कम टैरिफ और उच्च आयात कोटा प्राप्त करता है।

15. (d) दक्षिण एशियाई मुक्त व्यापार समझौता (साफ्टा) 12वें सार्क शिखर सम्मेलन के दौरान 6 जनवरी, 2004 को हस्ताक्षरित हुआ था। यह समझौता 1 जनवरी, 2006 से प्रभावी हो गया। इस समझौते का उद्देश्य सार्क देशों में प्रतिस्पर्द्धा को बढ़ावा देने और इसमें शामिल देशों के लिए समान लाभ प्रदान करने के लिए है। इसके अतिरिक्त यह सार्क के भी अल्प विकसित देशों के लिए विशेष वरीयता प्रदान करने के साथ-साथ टैरिफ एवं बाधाओं को कम कर व्यापार तथा आर्थिक सहयोग के स्तर को बढ़ाने के लिए कार्य करता है।

16. (c) मार्तण्ड वर्मा का पूरा नाम अनिझम तिरुनल वीरवाला मार्तण्ड वर्मा था। इनका जन्म 1706 ई. में हुआ था। वे 1929 से 1750 ई. तक त्रावणकोर के शासक थे। उन्होंने डचों द्वारा अतिक्रमण की स्थिति में डचों के बहुत सारे मसाला उत्पादक क्षेत्रों को छीन लिया था। उल्लेखनीय है कि त्रावणकोर ब्रिटिश भारत में दूसरा सबसे समृद्ध राज्य था। इसे शिक्षा की उपलब्धि राजनीति, प्रशासन, लोककार्य एवं समाज सुधार के कार्यों के कारण ज्ञान का महत्त्वपूर्ण केन्द्र कहते थे।

17. (d) ऐतिहासिक भौतिकवाद की पद्धति कार्ल मार्क्स ने दी थी। इसके अन्तर्गत मार्क्स सामाजिक क्षेत्र, अर्थव्यवस्था एवं इतिहास का अध्ययन करते हैं। इसी तरह द्वन्द्वात्मक भौतिकवाद का सिद्धान्त भी मार्क्स द्वारा दिया गया एक वैज्ञानिक मत है, जो सामाजिक परिवर्तन की रूपरेखा को प्रस्तुत करता है। विसम्बन्धन की थ्योरी को ही मार्क्स का विराग सिद्धान्त कहा जाता है। उन्होंने वर्ग-संघर्ष के अन्तर्गत यह माना कि समाज में सर्वदा से दो वर्ग होते हैं। एक पूंजीपति और दूसरा श्रमिक दोनों के मध्य शोषण की परिस्थिति के कारण वर्ग संघर्ष की स्थिति का जन्म होता है।

18. (c) बॉलीवुड के प्रख्यात अभिनेता नसीरुद्दीन शाह ने 12 सितम्बर, 2014 को अपनी आत्मकथा को जारी किया है। इस आत्मकथा का नाम एण्ड देन वन डे : ए मेमॉयर' है। इस पुस्तक में नसीरुद्दीन शाह के उत्तर प्रदेश के मेरठ जिले के एक सामन्ती गांव से नैनीताल के एक कैथोलिक स्कूल और अजमेर होते हुए मुम्बई के फिल्म उद्योग तक की यात्रा का असाधारण वर्णन है। उन्होंने अलीगढ़ मुस्लिम विश्वविद्यालय, नेशनल स्कूल ऑफ ड्रामा और टेलीविजन संस्थान में उनके द्वारा बिताए गए पलों एवं कार्यों का वर्णन है।

19. (c) संन्यासी विद्रोह 1770-80 ई. के बीच हुआ था। 1770 ई. में बंगाल में पड़े भीषण अकाल ने इस प्रान्त को अराजकता और कष्टों से भर दिया था। दूसरी ओर तीर्थ स्थलों की यात्रा पर लगे प्रतिबन्ध ने संन्यासियों को इतना क्षुब्ध कर दिया कि वे विद्रोह पर उतर आए।

इन संन्यासियों में अधिकांश शंकराचार्य के अनुयायी थे जो हिन्दू नागा और गिरि सशस्त्र संन्यासी थे। इन संन्यासियों ने जनता के साथ मिलकर अंग्रेज कोठियों पर छापा बोला और खजाने को लूट लिया था। वारेन हेस्टिंग्स ने लम्बे सैन्य अभियान के बाद इस विद्रोह को कुचलने में सफलता पाई थी।

20. (c) गुप्तवंशी शासकों का कालक्रम निम्नलिखित है-समुद्रगुप्त (335-375 ई.), चन्द्रगुप्त II विक्रमादित्य (375-415 ई.), कुमारगुप्त (415-555 ई.)।

21. (d) विजयनगर साम्राज्य की स्थापना 1336 ई. में हरिहर और बुक्का द्वारा हुई। विजयनगर को प्रारम्भिक शासकों ने साम्राज्य की राजधानी बनाया। कृष्णदेव राय विजयनगर का प्रसिद्ध शासक था, जो 1509 ई. में सत्तासीन हुआ।

22. (a) भारत सरकार अधिनियम 1919 मोन्टेग्यू-चेम्सफोर्ड रिपोर्ट के रूप में जाना जाता है। मार्ले-मिन्टो रिपोर्ट 'भारत सरकार अधिनियम 1919' का नाम है। क्रिप्स मिशन मार्च 1942 ई. में तथा कैबिनेट मिशन 1946 ई. में भारत आया। प्रान्तीय स्वशासन की नींव 1935 ई. के भारत सरकार अधिनियम द्वारा पड़ी।

23. (d) बिरजू महाराज 'कत्थक' नृत्य शैली के विख्यात नर्तक हैं। कत्थक उत्तर भारत की एक नृत्य-शैली है।

24. (a) स्पाइडर वानर को छोड़कर अन्य भारत में प्राकृतिक रूप से पाए जाते हैं। तारा कछुआ भारत के शुष्क क्षेत्रों में स्थित जंगलों में पाया जाने वाला एक मध्यम आकार का कछुआ है। भारत के अलावा यह पाकिस्तान व श्रीलंका में भी पाया जाता है। मॉनीटर छिपकली एक विशालकाय (Mammoth) रैप्टाइल है, जो भारत के अलावा श्रीलंका, थाईलैण्ड, मलेशिया में भी प्राकृतिक रूप से पाई जाती है। वामन सुअर एक दुर्लभ सुअर की प्रजाति है। यह भारत के उत्तर-पूर्वी भाग में पाई जाती है। स्पाइडर वानर मुख्यत: दक्षिणी अमेरिका के पनामा, कोस्टारीका, ब्राजील, होण्डुरास आदि देशों में पाया जाता है।

25. (c) नॉकरेक बायोस्फीयर रिजर्व पश्चिमी गारो पहाड़ियों के मध्य मेघालय राज्य में स्थित है। यह पादप तथा जीवों की विविध प्रजातियों के लिए प्रसिद्ध है। लोकटल झील मणिपुर में स्थित भारत की विशालतम ताजे पानी की झील है। नामदफा राष्ट्रीय उद्यान अरुणाचल प्रदेश में स्थित ह

26. (d) जिम कॉर्बेट नेशनल पार्क **(1936)** उत्तराखण्ड के नैनीताल जनपद में अवस्थित भारत का सबसे प्राचीन राष्ट्रीय पार्क (National Park) है। इसके मध्य भाग से रामगंगा नदी गुजरती है। यह पार्क टाइगर रिजर्व भी है।

काजीरंगा नेशनल पार्क असम के गोलाघाट एवं नागोन जिलों में अवस्थित है। यह यूनेस्को की विश्व विरासत सूची में भी शामिल है। यह एक सींग वाले गैण्डे के लिए विश्व प्रसिद्ध है। इसके समीप से ब्रह्मपुत्र नदी बहती है।

27. (b) अंकलेश्वर में प्राकृतिक-गैस भण्डार स्थित है। अंकलेश्वर से गैसोलीन तथा केरोसीन पर्याप्त मात्रा में प्राप्त होता है। यह गुजरात राज्य में है। देश के आन्तरिक भागों में प्राकृतिक गैस का सर्वाधिक उत्पादन गुजरात में होता है।

28. (b) श्रीहरिकोटा आन्ध्र प्रदेश के तटीय भाग से लगा हुआ स्थल है। यहाँ सतीश धवन अन्तरिक्ष केन्द्र अवस्थित है। उपग्रहों का विमोचन यहाँ से होता है।

29. (b) भू-पर्पटी में पाए जाने वाले तत्त्वों में सर्वाधिक मात्रा ऑक्सीजन (49.2%) सिलिकॉन (25.7%) तथा तीसरा स्थान एल्यूमीनियम का है। भू-पर्पटी में एल्यूमीनियम की मात्रा 8.1% होती है।

30. (c) नील हरित शैवाल का प्रयोग मुख्यत: धान फसल के लिए जैव उर्वरक के रूप में होता है। विभिन्न फसलों में जैव उर्वरक के रूप में सूक्ष्म जीवों, जैसे-एजोटोबैक्टर, एजोस्पिरिलम, राइजोबियम, नील हरित शैवाल और फास्फेट सोल्यूबिलाइजिंग बैक्टीरिया का प्रयोग किया जाता है। ये सभी सूक्ष्म जीव विभिन्न प्रक्रियाओं यथा नाइट्रोजन निर्धारण, फॉस्फेट सोल्यूबिलाइजर एवं पौधे वृद्धि तत्त्वों के उत्पादन द्वारा पौधों के वर्धन को प्रोत्साहित करते हैं।

31. (c) शहतूश शाल तिब्बती एंटेलोप (मृग) जिसे चिरु के नाम से भी जाना जाता है, के बालों से बनाई जाती है। शहतूश फारसी भाषा का शब्द है, जिसका शाब्दिक अर्थ 'राजाओं की खुशी' से होता है। चिरु मृग मुख्यत: तिब्बती पठार पर 5000 मी. की ऊँचाई कर पाया जाता है।

32. (c) उत्तर प्रदेश सरकार ने 22 अगस्त, 2006 को शहनाई वादक उस्ताद बिस्मिल्ला खाँ की स्मृति में प्रतिवर्ष 5 लाख रुपये का संगीत रत्न पुरस्कार प्रारम्भ करने की घोषणा की है। एक करोड़ रुपये के पूँजीगत व्यय के साथ संगीत अकादमी के गठन की भी घोषणा उत्तर प्रदेश सरकार द्वारा की गई है।

33. (d) उत्तर प्रदेश का गेहूँ, जौ, गन्ना, आलू और चीनी के उत्पादन में देश में प्रथम स्थान है। तम्बाकू, दालें, सरसों एवं रेपसीड के उत्पादन में दूसरा स्थान तथा चावल उत्पादन में इस राज्य का तीसरा स्थान है।

34. (d) अर्जुन बाँध उत्तर प्रदेश के महोबा जिले के चरखारी में अर्जुन नदी पर बनाया गया है। यह 1957 ई. में पूरी तरह बनकर तैयार हुआ। अर्जुन बाँध की 42 किमी मुख्य नहर से महोबा एवं हमीरपुर जिलों की लगभग 59722 हेक्टेयर भूमि की सिंचाई की जाती है।

35. (a) संख्या $[(57)^{25} - 1]$ में इकाई का अंक
= संख्या $[(57)^{24} \times (57)^1 - 1]$ में इकाई का अंक
= संख्या $[1 \times 57 - 1]$ में इकाई का अंक
= संख्या 56 में इकाई का अंक = 6

36. (b) **ट्रिकी सूत्र से–** चक्रवृद्धि ब्याज एवं साधारण ब्याज में अंतर

$$I_D = \frac{PR^2(300+R)}{(100)^3}$$

(यहाँ $I_D = 15.25, R = 5\%$ वार्षिक)

$$\therefore\ 15.25 = \frac{P\times(5)^2(300+5)}{(100)^3}$$

$$\Rightarrow P = \frac{15.25\times100\times100\times100}{25\times305}$$

$$= ₹\,2000$$

37. (d) $x = 7-4\sqrt{3} \Rightarrow = \frac{1}{x}$

$$= \frac{1}{7 ş 4\sqrt{3}} = \frac{7+4\sqrt{3}}{49 ş 48} = 7+4\sqrt{3}$$

$$\therefore\ x+\frac{1}{x} = (7-4\sqrt{3})+(7+4\sqrt{3}) = 14$$

38. (d) शब्दकोषानुसार शब्दों का क्रम निम्नवत् होगा–

(v) Annivetsary → (iv) Appolo → (i) Apprehehslve → (ii) Approachabe → (iii) Approbazion

39. (a) घड़ी का अभीष्ट वास्तविक समय

= 12 : 00 – 09 : 30

= 02 : 30

40. (c) शृंखला निम्नलिखित है–

$\frac{1}{81}$ $\frac{1}{54}$ $\frac{1}{36}$ $\frac{1}{24}$ $\boxed{\frac{1}{16}}$

–27 –18 –12 –8

41. (b) **42.** (a) **43.** (d)

44. (a) **45.** (c)

46. (d) (i) मोंटी बालू - 1.5 मिमी

(ii) क्ले - 0.03 मिमी से कम

(iii) सिल्ट - 05.002 मिमी

(iv) महीन बालू - 2-.02 मिमी

47. (c) $\frac{\text{कुल फसल संख्या}}{\text{समय वर्षों में}} \times 100$

48. (b) जब नर और मादा फूल पौधे पर अलग-अलग होते हैं तो उसे मोनोसियस कहते हैं जबकि डायोसियस में नर और मादा फूल दो पौधों पर अलग-अलग पाये जाते हैं।

49. (c) जया भारत की पहली क्रास किस्म है जो टाइन्युग सेटिया-1 तथा T-141 से क्रास करके निकाली गयी है। टाइप-3 धान की सुगन्धित प्रजाति है।

50. (d) (i) नीलम × दशहरी = मल्लिका

(ii) दशहरी × नीलम = आम्रपाली

(iii) रूमानी × नीलम = मंजीरा

(iv) वागन पक्की × अलफाजो × अकी अरूण

51. (d) एग्रोनाम ग्रीक भाषा का शब्द है।

52. (b) सीड प्लान्ट तकनीक का प्रयोग आलू में किया जाता है।

53. (a) क्रूसीफेरी - तारामीरा, फूलगोभी

कम्पोजिटी - सूर्यमुखीं

लाइनेसी - लिनसीड (असानी)

ग्रेमिनी - धान गेहूँ

54. (c) लीची का जन्म स्थान चीन है। यह एक सब ट्रोपिकल पतन है। लीची में कैल्शियम अधिक मात्रा में पाया जाता है।

55. (c) मूँगफली का जन्म स्थान ब्राजील है। इसमें क्रोमोसोम की संख्या 20-40 पायी जाती है तथा इसमें टिक्का बीमारी का प्रकोप बहुत अधिक होता है।

56. (c) रिले क्रापिंग में फसल की कटाई के पूर्व ही दूसरी फसल को उगाते हैं। मल्टीपुल क्रापिंग में एक वर्ष में 2 या दो से अधिक फसलों को उगाते हैं।

57. (b) भारत में सर्वाधिक फल का उत्पादन केला का होता है तथा फलों में सर्वाधिक क्षेत्रफल आम का है।

58. (b) **59.** (d) **60.** (b) **61.** (b)

62. (a) **63.** (c) **64.** (b) **65.** (b)

66. (d) **67.** (d)

68. (b) भारत में केले का उत्पादन फलों में सर्वाधिक होता है। इसमें प्रति कैलोरी 116 ग्राम ऊर्जा प्राप्त होती हैं केले की फसल के लिए उत्तम तापक्रम 23°C होता है।

69. (a) मल्टी फ्लेक्स - सूक्ष्म पोषक तत्व

पी.एस.वी. - जैविक उर्वरक

वर्गीकम्पोस्ट - जैविक उर्वरक

नेडएफ - जैविक उर्वरक

70. (d)

71. (a) जल भराव की स्थिति में धान की फसलें नाइट्रोजन का अमोनिया आयन के रूप में ग्रहण करती हैं। परन्तु सामान्य अवस्था में नाईट्रेट रूप में ग्रहण करती है।

72. (b) लाल मृदा में नाईट्रोजन फास्फोरस तथा ह्यूमस, चूने की कमी पायी जाती है। लेटराइट मृदा में फास्फोरस पोटाश तथा चूने की कमी पायी जाती है।

73. (c)

74. (c) जैविक क्रिया का मुख्य कार्य जैविक क्रिया को बढ़ाना होता है।

75. (b)

76. (a) एक हेक्टेयर में टमाटर का बीज 100 Kg प्राप्त होता है। टमाटर का बीज प्राप्त करने के लिए टमाटर को (HCL) के घोल में कुछ समय के लिए रखते हैं। जब टमाटर उसमें घुल जाता है तो बीज को निकाल कर सुखा कर स्टोर कर लिया जाता है।

77. (d) भारत में प्रत्येक व्यक्ति के लिए दूध उपलब्धता 250 ग्राम है। भारत दुग्ध उत्पादन में विश्व में अग्रणी स्थान है। पंजाब राज्य दुग्ध उत्पादन में विश्व में अग्रणी स्थान है। पंजाब राज्य दुग्ध उपलब्धता में पहले स्थान पर है।

78. (c) मौन जल स्तर मृदा सतह के केन्द्रित होने पर समुचित जल विकास नहीं हो पाता जो कि लवण सच में सहायक होता है जल स्तर मृदा सतह के निकट प्राकृतिक से अथवा नहर जलाशय नदी के समीप होने से भी हो सकता है।

79. (d) भारत अण्डा उत्पादन में चौथे स्थान पर है। भारत में आन्ध्र प्रदेश राज्य अन्य राज्यों की अपेक्षा सर्वाधिक अण्डा का उत्पादन करता है।

80. (c) 100 ग्राम अण्डे से 163 कैलोरी ऊर्जा प्राप्त होती है तथा 100 ग्राम मुर्गी के मास से 200 कैलोरी ऊर्जा प्राप्त होती है।

81. (c) सकर बीज, सकल बीज, उत्परिवर्ती बीज, बीज की किस्म है जबकि जनक बीज, बीज का प्रकार है।

82. (c)

83. (c) श्वसन परीक्षण, भ्रूण संवर्धन विधि, इण्डिगो कार्माइन विधि से जीवन क्षमता का पता लगाया जाता है।

84. (c) अशोधित प्रोटीन कार्बोहाइड्रेट तथा हारमोन कार्बनिक पदार्थ है जबकि विटामिन कार्बनिक पदार्थ नहीं है।

85. (b) निक्षालन के द्वारा नाइट्रोजन की सबसे अधिक हानि नाइट्रेट के रूप में होती है।

86. (c)

87. (c) स्थलाकृति, मृदा की आयु, मूल पदार्थ मृदा को प्रभावित करने वाले प्राकृतिक कारक हैं।

88. (d) सबसे अधिक पाचक प्रोटीन लुसन में पायी जाती है जबकि सबसे अधिक पाचक प्रोटीन बरसीम की होती है।

89. (b), **90.** (b), **91.** (b)

92. (b) नेपियर घास को आक्सैलिक अम्ल के कारण गवार व लोबिया में मिलाकर खिलाया जाता है।

93. (c) **94.** (b) **95.** (d) **96.** (c)

97. (a) **98.** (c) **99.** (d) **100.** (b)

101. (b) **102.** (b)

103. (b) (a) पूसा जाइन्ट-एक वर्षीय (b) NB-21 बहुवर्षीय, (c) पूसा जाइन्ट नेपियर-2-3 वर्षीय (d), नेपियर-1-एक वर्षीय।

104. (a) SRI विधि से 8-10 दिन में धान की रोपाई हेतु पौध तैयार हो जाती है।

105. (c) साइलेज के किण्वीकरण में 10%-12% यूरिया की हानि होती है।

106. (a) **107.** (a)

108. (c) गेहूँ की फसल एक सिंचाई उपलब्ध होने पर C.R.I. अवस्था पर करते हैं, दो सिंचाई उपलब्ध होने पर C.R.I. तथा फूल आने की अवस्था पर करते हैं तथा तीन सिंचाई उपलब्ध होने पर C.R.I. गांठ बनते समय तथा दूध बनते समय करते हैं।

109. (c) धान की ऊँची भूमियों के लिए सरजू-52 प्रजाति उपयुक्त नहीं है। जबकि नरेन्द्र धान-1. रेणू तथा नरेन्द्र धान-118 उपयुक्त है।

110. (b) खैरा बिमारी से जड़ों की वृद्धि पर प्रभाव नहीं पड़ता है।

111. (b) धान की कीड़ों-मकोड़ों तथा बीमारी के प्रति सविष्णु प्रजाति गोविन्द है।

112. (a) शरदमणि-रबी, (b) आजाद-खरीफ, (c) नवीन-खरीफ, (d) गंगा-खरीफ।

113. (c) धान की एक हेक्टेयर रोपाई के लिए 500 वर्ग मीटर की आवश्यकता होती है।

114. (c) हरित वली अर्गट तथा गेरूई रोग बाजरा में लगता है। जबकि विल्ट रोग सभी सब्जियाँ में लगता है।

115. (d) **116.** (a) **117.** (a)

118. (c) **119.** (a) **120.** (a)

❑❑❑

प्रैक्टिस सेट-17

भाग-1: सामान्य अध्ययन

1. एक ब्रीडर रिएक्टर वह है-
(a) जिसे विखण्डन होने वाले पदार्थ की आवश्यकता नहीं होती।
(b) जो केवल हैवी वाटर प्रयोग में लाता है।
(c) जो विखण्डन होने वाले पदार्थ को उससे अधिक उत्पन्न करता है जितना वह जलाता है।
(d) उपर्युक्त में से कोई नहीं

2. निम्नलिखित में से कौन मच्छर प्रतिकर्षी के रूप में प्रयोग किया जाता है?
(a) पाइरेथ्रम
(b) रोटिनोन
(c) इफेड्रीन
(d) उपर्युक्त में से कोई नहीं

3. निम्नलिखित में से कौन एक जैव उर्वरक का स्रोत है?
(a) यीस्ट (b) क्लोरेला
(c) एजोला (d) मोल्ड

4. धूम्र पर्दे युद्ध में छिपने एवं शत्रु को छलने के लिए प्रयोग में लाए जाते हैं। धूम्र पर्दे प्रायः किसकी वायु में परिक्षिप्त सूक्ष्म कणों के बने होते हैं?
(a) सोडियम क्लोराइड
(b) सिल्वर आयोडाइड
(c) टाइटेनियम ऑक्साइड
(d) मैग्नीशियम ऑक्साइड

5. बीमारी जिसमें उच्च मात्रा में रक्त में यूरिक अम्ल प्रधान रूप से पाया जाता है वह है-
(a) आर्थराइटिस
(b) गठिया (गाउट)
(c) संधिवात्
(d) रुमेटी (र्‍युमैटिक) हृदय

6. स्वचालित वाहन निर्वातक का सबसे अधिक विषाक्त धातु प्रदूषक है-
(a) तांबा
(b) सीसा
(c) कैडमियम
(d) उपर्युक्त में से कोई नहीं

7. जैव विविधता के सन्दर्भ में भारत में निम्नलिखित में से कौन-सा क्षेत्र 'हॉट स्पॉट' माना जाता है?
(a) अंडमान-निकोबार द्वीप समूह
(b) गंगा का मैदान
(c) मध्य भारत
(d) उपर्युक्त में से कोई नहीं

8. कपास के रेशे प्राप्त होते हैं-
(a) पर्ण से (b) बीज से
(c) तने से (d) मूल से

9. संविधान का कौन-सा संशोधन यह प्रावधानित करता है कि कोई कानून जो राज्य के उन नीति-निदेशक सिद्धान्तों को जो अनुच्छेद 39(b) और (c) में वर्णित हैं, प्रभावी बनाने हेतु पारित किया जाए, इस कारण से निरस्त नहीं किया जाएगा कि वह अनुच्छेद 14 और 19 में प्रदत्त अधिकारों को सीमित करता है?
(a) 25वां संशोधन (b) 28वां संशोधन
(c) 42वां संशोधन (d) 44वां संशोधन

10. निम्नलिखित युग्मों में से कौन-सा सुमेलित नहीं है?
(a) हिन्दू विवाह अधिनियम : 1956
(b) हिन्दू उत्तराधिकार अधिनियम : 1956
(c) 73वां संविधान संशोधन : शहरी क्षेत्रों के स्थानीय निकायों के चुनाव में महिलाओं के लिए स्थानों का आरक्षण
(d) सती (निरोध) अधिनियम : 1987

11. निम्नलिखित में से कौन एक गलत है?
(a) मूल कर्त्तव्य मौलिक अधिकारों का हिस्सा है।
(b) मूल कर्त्तव्य मौलिक अधिकारों का भाग नहीं है।
(c) भारतीय संविधान के भाग-IV (क) में मौलिक कर्त्तव्य गिनाए गए हैं।
(d) अनुच्छेद 51A प्रत्येक भारतीय नागरिक के 10 कर्त्तव्यों की व्याख्या करता है।

12. भारतीय संविधान के निम्नलिखित अनुच्छेदों में से कौन-सा एक लोक नियोजन के विषय में भारत के सभी नागरिकों को अवसर की समानता की प्रत्याभूति प्रदान करता है?
(a) अनुच्छेद 15
(b) अनुच्छेद 16(1) और 16(2)
(c) अनुच्छेद 16(3)
(d) अनुच्छेद 16(3), (4) तथा (5)

13. सूची-I को सूची-II से सुमेलित कीजिए तथा नीचे दिए कूट का प्रयोग करते हुए सही उत्तर चुनिए-

सूची-I	सूची-II
A. भारतीय संविधान भाग-IX	1. संघ क्षेत्र
B. भारतीय संविधान का भाग-VIII	2. नगरपालिका
C. भारतीय संविधान का भाग-IVA	3. पंचायत
D. भारतीय संविधान का भाग-IXA	4. मूल कर्त्तव्य

कूट :

	A	B	C	D
(a)	3	1	4	2
(b)	1	2	3	4
(c)	2	4	1	3
(d)	4	3	2	1

14. भारत में मुद्रा गुणक को परिभाषित किया जाता है।
(a) बृहद् मुद्रा/आधार मुद्रा
(b) बृहद् मुद्रा/आरक्षित मुद्रा
(c) आरक्षित मुद्रा/आधार मुद्रा
(d) आधार मुद्रा/आरक्षित मुद्रा

15. 'राष्ट्रीय विशेष कृषि उपज योजना' मुख्य रूप से सम्बन्धित है-
(a) नगद फसलों से
(b) खाद्यान्न से
(c) सब्जियों से
(d) निर्यात योग्य कृषि उत्पाद से

16. 'भारत में ग्रामीण अवस्थापना विकास कोष कार्यक्रम' को क्रियान्वित करने वाली मुख्य (nodal) संस्था है-
(a) नाबार्ड
(b) राज्य सहकारी बैंक
(c) भारतीय रिजर्व बैंक
(d) भारतीय स्टेट बैंक

17. 'राष्ट्रीय हॉर्टीकल्चर मिशन' किस पंचवर्षीय योजना में आरम्भ किया गया था?
(a) ग्यारहवीं पंचवर्षीय योजना में
(b) दसवीं पंचवर्षीय योजना में
(c) नवीं पंचवर्षीय योजना में
(d) उपर्युक्त में से कोई नहीं

18. निम्नलिखित साहित्य की शास्त्रीय पुस्तकों में से कौन-सी गुप्त काल में लिखी गई थी?
1. अमरकोश 2. कामसूत्र
3. मेघदूत 4. मुद्राराक्षस
नीचे दिए गए कूट से सही उत्तर चुनिए–
(a) केवल 1 तथा 2
(b) केवल 2 तथा 3
(c) केवल 1, 2 और 3
(d) 1, 2, 3 तथा 4

19. प्राचीन भारत में सिंचाई कर को कहते थे-
(a) बिदकभागम (b) हिरण्य
(c) उदरंग (d) उपरिनका

20. कृषकों की सहायता हेतु किस मध्ययुगीन शासक ने ''पट्टा'' एवं ''कबलियत'' की व्यवस्था प्रारम्भ की थी?
(a) अलाउद्दीन खलजी
(b) गियासुद्दीन तुगलक
(c) फिरोजशाह तुगलक
(d) शेरशाह

21. किस मुगल सेनानायक के साथ शिवाजी ने पुरन्दर की सन्धि (1665 ई.) पर हस्ताक्षर किए थे?
(a) जयसिंह (b) जसवन्त सिंह
(c) शाइस्ता खां (d) अफजल खां

22. किस गवर्नर जनरल के समय भारतीय भाषा प्रसार अधिनियम समाप्त किया गया?
(a) लॉर्ड रिपन
(b) लॉर्ड लिटन
(c) लॉर्ड कर्जन
(d) लॉर्ड डफरिन

23. भारतीय राष्ट्रीय आन्दोलन से सम्बन्धित निम्नलिखित घटनाओं को पढ़ें–
1. भारतीय राष्ट्रीय कांग्रेस का कराची अधिवेशन-1931
2. राजगुरु की फांसी
3. गांधी-इरविन समझौता
घटनाओं का सही कालानुक्रम नीचे दिए गए कूट से पता करें–
कूट :
(a) 3 2 1
(b) 1 2 3
(c) 2 3 1
(d) 1 3 2

24. निम्नलिखित में से कौन-सा एक पद, केवल जीव द्वारा ग्रहण किए गए दिकस्थान का ही नहीं, बल्कि जीवों के समुदाय में उसकी कार्यात्मक भूमिका का भी वर्णन करता है?
(a) संक्रमिका (इकोटोन)
(b) पारिस्थितिक कर्मता
(c) आवास
(d) आवास-क्षेत्र

25. 'पारिस्थितिक-संवेदी क्षेत्रों' के सन्दर्भ में निम्नलिखित में से कौन-सा/से कथन सही है/हैं?
1. पारिस्थितिक संवेदी क्षेत्र वे क्षेत्र हैं, जिन्हें वन्यजीव (संरक्षण) अधिनियम, 1972 के अधीन घोषित किया गया है।
2. पारिस्थितिक-संवेदी क्षेत्र को घोषित करने का प्रयोजन है, उन क्षेत्रों में केवल कृषि को छोड़कर सभी मानव क्रियाओं पर प्रतिबन्ध लगाना।
कूटः
(a) केवल 1 (b) केवल 2
(c) 1 और 2 (d) इनमें से कोई नहीं

26. निम्नलिखित पर विचार कीजिए–
1. चमगादड़
2. भालू
3. कृन्तक (रोडेण्ट)
उपरोक्त में से किस प्रकार के जन्तु में शीतनिष्क्रियता की परिघटना का प्रेक्षण किया जा सकता है?
(a) 1 और 2
(b) केवल 2
(c) ये सभी
(d) शीतनिष्क्रियता उपरोक्त में से किसी में भी नहीं प्रेक्षित की जा संकता

27. निम्नलिखित में से देश का सबसे लम्बा आन्तरिक जलमार्ग कौन-सा है?
(a) काकीनाडा - मरक्कम
(b) कोल्लम - कोट्टापुरम
(c) सदिया - धुबरी
(d) इलाहाबाद - हल्दिया

28. नगरीय गलियारे सम्बन्धित है-
(a) नगरीय क्रियाकलापों को विस्तार देने में
(b) नगरीय परिवहन संकटों से
(c) ग्रामीण-नगरीय उपांत से
(d) प्रति नगरीकरण से

29. कोयला के तीन अग्रगण्य उत्पादक अवरोही क्रम में हैं–
(a) छत्तीसगढ़, झारखंड तथा उड़ीसा
(b) झारखंड, छत्तीसगढ़ तथा उड़ीसा
(c) उड़ीसा, छत्तीसगढ़ तथा झारखंड
(d) छत्तीसगढ़, मध्य प्रदेश तथा आन्ध्र प्रदेश

30. निम्नलिखित में से कौन सुमेलित नहीं है?
(a) अमगुरी : पेट्रोलियम
(b) लाजगढ़ : बॉक्साइट
(c) काम्पटी : तांबा
(d) बेलारी : लौह अयस्क

31. रानी लक्ष्मीबाई बांध अवस्थित है-
(a) बेतवा नदी पर (b) केन नदी पर
(c) रिहन्द नदी पर (d) टोंस नदी पर

32. कार्तिक एक लोकनृत्य है-
(a) बुन्देलखण्ड का
(b) अवध का
(c) पूर्वांचल का
(d) रोहिलखण्ड का

33. निम्नलिखित एन.टी.पी.सी. संयंत्रों में कौन गैस आधारित नहीं है?
(a) औरैया (b) आंवला
(c) दादरी (d) टांडा

34. सूची-I को सूची-II से सुमेलित कीजिए तथा सूचियों के नीचे दिए गए कूट का प्रयोग करके सही उत्तर चुनिए-

सूची-I (मेला)	सूची-II (जिला)
A. गोविन्द साहब	1. बहराइच
B. कैलाश मेला	2. सहारनपुर
C. सैयद सालार	3. आजमगढ़
D. शाकुम्भरी देवी	4. आगरा

कूट :

	A	B	C	D
(a)	2	3	1	4
(b)	3	4	1	2
(c)	3	1	4	2
(d)	1	4	2	3

35. प्रसिद्ध पुस्तक ''दि अल्फाबेट'' के लेखक हैं–
(a) ब्यूलर (b) डेविड डिरिन्जर
(c) जी.एस. ओझा (d) सर विलियम जोन्स

36. 34 छात्रों की एक कक्षा का औसत वजन 46.5 किग्रा है। यदि अध्यापक के भार को

मिला लिया जाए तो औसत 500 ग्राम बढ़ जाता है। तो अध्यापक का भार क्या है?

(a) 48 किग्रा (b) 60 किग्रा
(c) 50 किग्रा (d) 64 किग्रा

37. एक आदमी अपने वेतन का 65% खर्च करता है और प्रति मास ₹ 525 की बचत करता है। तो उसकी मासिक आय क्या है?

(a) ₹ 1,200 (b) ₹ 1,500
(c) ₹ 1,800 (d) ₹ 2,100

38. एक गाँव की आबादी 20% प्रतिवर्ष की दर से घट रही है। यदि 2 वर्ष पूर्व उसकी आबादी 10,000 थी, तो वर्तमान आबादी है–

(a) 4600 (b) 6400
(c) 7600 (d) 6000

39. प्रश्न में दिए गए विकल्प से सम्बन्धित शब्द चुनिए–

बुध : ग्रह :: चन्द्रमा : ?

(a) पृथ्वी (b) सूर्य
(c) उपग्रह (d) तारा

40. दी गई श्रृंखला में लुप्त अक्षर (?) का चयन कीजिए–

A, D, G, J M, P, ?

(a) Q (b) R
(c) S (d) T

भाग-2: कृषि

41. पेनिसिलीन प्रभाव डालता है-

(a) कोशिका भित्ती पर
(b) कोशिका झिल्ली पर
(c) आर.एन.ए. पर
(d) इनमें से कोई नहीं

42. सीनोसिटिक कवक तन्तु पाया जाता है-

(a) एस्कोमाइकोटिना में
(b) डयूटरोमाइकोटिना में
(c) मेस्टिगोमाइकोटिना में
(d) इनमें से कोई नहीं

43. कौन-सा रोग कारक एकचक्रीय होता है?

(a) पक्सीनिया (b) अल्टीलेगो
(c) फाइटोफ्थोरा (d) अल्टरनेरिया

44. साइट्रस ट्रिस्टेजा विषाणु किसके द्वारा फैलता है?

(a) माहू (b) फुदका
(c) थ्रिप्स (d) सूत्रकृमि

45. गाय में दुग्ध ज्वर रोग किसकी कमी से होता है।

(a) नाइट्रोजन (b) कैल्सियम
(c) फास्फोरस (d) सोडियम

46. भैंस में औसत गर्भधारण काल कितने दिनों का होता है?

(a) 310 (b) 345
(c) 400 (d) 210

47. दुग्धशाला में दुग्ध उत्पादन का लेख प्रमाण मुख्य किसके लिए किया जाता है?

(a) दूध की शीघ्र बिक्री के लिए
(b) दूध उत्पादन बढ़ाने के लिए
(c) अच्छे उत्पादक के चयन के लिए
(d) दुग्ध गुणवत्ता को सुनिश्चित करने के लिए

48. मेस्टाइटिस रोग पशुओं में किसके कारण होता है?

(a) जीवाणु और विषाणु
(b) विषाणु और कृमि
(c) कवक और शुष्क दोहन
(d) कृमि

49. एक ही जाति के दो भिन्न नस्ल वाले पशुओं के मिल से उत्पन्न प्रजाति जानी जाती है-

(a) क्रॉस ब्रीड के रूप में
(b) मिक्सड ब्रीड के रूप में
(c) एक्सोटिक ब्रीड के रूप में
(d) प्यूर ब्रीड के रूप में

50. टोटा वंश है-

(a) पशु का (b) भेड़ का
(c) भैंस का (d) बकरी का

51. भारत में फल सब्जियों की तुड़ाई के बाद क्षति प्रतिमा है कुल उत्पादन का

(a) 25-30 (b) 40-45
(c) 15-20 (d) 50-55

52. नये पैदा हुए बछड़े को खीस कितने दिनों तक पिलानी चाहिए?

(a) ½ दिन (b) 10 दिनों तक
(c) 4 दिनों तक (d) 1 दिन

53. निम्न में कौन-सा पौधा एनाकार्डियसी परिवार का है-

(a) संतरा (b) पपीता
(c) काजू (d) इनमें से कोई नहीं

54. मेस्टाइटिस रोग किस अंग में होता है?

(a) फेफड़ा (b) दिल
(c) धन (d) मूत्रालय

55. सिरके में कितने प्रतिशत एसिटिक एसिड होता है-

(a) 10 (b) 5
(c) 20 (d) 15

56. निम्न में से चिप्स बनाने के लिए कौन-सी प्रजा योग्य है?

(a) कुफरी बादशाह
(b) चिप सोना वन
(c) कुफरी चन्द्रमुखी
(d) कुफरी सिन्दूरी

57. साधारणतया किस स्पीशीज/जन्तु को रासायनिक विधि (कार्बन डाईऑक्साइड) के द्वारा अचेत किया जाता है?

(a) मवेशी (b) घोड़ा
(c) सूअर (d) भेड़

58. रेम्बलर, एन.डी.आर.आई. सलेक्शन नं.-1, एवं मूपा किसमें हैं-

(a) जई की (b) बरसीम की
(c) रिजका की (d) ग्वार की

59. प्रकाश संश्लेषण में ध्वजपर्ण (Flag leaf) का कितना प्रतिशत तक योगदान होता है?

(a) 52 (b) 40
(c) 35 (d) 20

60. गन्ने की बढ़वार के लिये अनुकूल तापक्रम होना चाहिए-

(a) 15-20° से. (b) 20-25° से.
(c) 26-32° से. (d) 32-35° से.

61. निम्न में से कौन सा सल्फर का ऑर्गेनिक रूप है?

(a) प्यूरिन (b) सिस्टीन
(c) आर.एन.ए. (d) फाइटिन

62. अलसी (Linseed) में प्रोटीन की मात्रा होती है-

(a) 26 प्रतिशत (b) 36 प्रतिशत
(c) 40 प्रतिशत (d) 44 प्रतिशत

63. बोलवार्म (Bollworm) कीट किस फसल से संबंधित है-

(a) मक्का (b) गेहूँ
(c) कपास (d) धान

64. आलू किसका रूपांतरण है?

(a) तने का (b) जड़ का
(c) पर्ण का (d) फूल का

65. गन्ने की फसल से चीनी की अधिक मात्रा लेने के लिये कितने दिन से पहले कुल नत्रजन दे देना चाहिए-

(a) 20 (b) 40
(c) 60 (d) 80

66. सबसे ज्यादा सान्द्रता युक्त तत्त्व प्रदान करने वाला उर्वरक है-

(a) यूरिया
(b) डी.ए.पी.
(c) एनहाइड्रस अमोनिया
(d) सिंगल सुपर फॉस्फेट

67. टमाटर का रंग किसकी उपस्थिति के कारण होता है?

(a) जेन्थोमोनास (b) एन्थोसाइनि
(c) लाइकोपिन (d) केरोटिन

68. फूलगोभी में ह्विपटेल व्याधि किसकी कमी से होती है?
(a) मोलीब्डेनम (b) जिंक
(c) बोरान (d) पोटेसियम

69. सब्जी पौधशाला में डैम्पिग-ऑफ बीमारी को नियन्त्रित किया जा सकता है-
(a) सूर्य की किरणों द्वारा
(b) मृदा में कवकनाशी को मिलाकर
(c) बीज उपचार द्वारा
(d) इनमें से सभी

70. एनीमोमीटर से मापते हैं-
(a) वायु दिशा
(b) वायु गति
(c) सापेक्षिक आर्द्रता
(d) कुल विकिरण

71. वायुमण्डल आवश्यक है-
(a) बादल निर्माण के लिए
(b) वायु के लिए
(c) मौसम परिदृश्य के लिए
(d) इनमें से सभी

72. जल प्रयोग क्षमता सर्वाधिक होती है-
(a) बाढ़ सिंचाई में
(b) छिड़काव सिंचाई में
(c) बॉर्डर सिंचाई में
(d) बूंद-बूंद सिंचाई में

73. अनिषेक फलन पाया जाता है-
(a) आम में (b) कटहल में
(c) आडू में (d) केला में

74. पायराइट मुख्यतः पाया जाता है-
(a) महाराष्ट्र में (b) आन्ध्र प्रदेश में
(c) बिहार में (d) राजस्थान में

75. निम्न में कौन-सा तत्व आवश्यक तो नहीं परन्तु कुछ पौधों के लिये उपयोगी है?
(a) कॉपर (b) सोडियम
(c) बोरॉन (d) आयोडीन

76. मृदा उर्वरता का ह्रास होता है-
(a) लगातार फसलों को उगाने से
(b) उर्वरकों के असन्तुलित प्रयोग से
(c) दोषपूर्ण जलनिकास से
(d) आवश्यकता से अधिक सिंचाई से

77. पायराइट का रासायनिक सूत्र है-
(a) FeS (b) FeS_2
(c) MnS (d) CuS

78. ग्रेनाइट...............चट्टान है।
(a) परतदार (b) आग्नेय
(c) रूपान्तरित (d) इनमें से कोई नहीं

79. केम्पेनियम क्रॉपिंग (Companion cropping) का उदाहरण है-
(a) गन्ना + आलू (b) आलू + सरसों
(c) आलू + मूली (d) गेहूँ + सरसों

80. 'लीसा' (Low energy input sustainable agriculture, LISA) का सम्बन्ध है-
(a) जैविक खेती से
(b) अकार्बनिक खेती से
(c) प्राकृतिक खेती से
(d) इनमें से कोई नहीं

81. निम्न में से कौन भारत का राष्ट्रीय फल है?
(a) सेब (b) नींबू
(c) आम (d) केला

82. निम्न उत्पादों को उनके फलों से सुमेल कीजिये तथा सही उत्तर कोड में से चुनिए-

उत्पादन	फल
A. मारमालेड	1. अमरूद
B. पपेन	2. खट्टे रसदार फल
C. चिप्स	3. पपीता
D. जैली	4. केला

कोड :

	A	B	C	D
(a)	4	1	2	3
(b)	3	2	1	4
(c)	1	2	3	4
(d)	2	3	4	1

83. आँवला के पौधों के उत्पादन हेतु कौन-सी विधि व्यावसायिक रूप में अपनायी जाती है?
(a) बीज (b) रिंग-बडिंग
(c) पैच बडिंग (d) टी-बडिंग

84. गेहूँ का 'खपड़ा कीट' हानिकारक होता है-
(a) लार्वा अवस्था में
(b) ग्रब अवस्था में
(c) निम्फ अवस्था में
(d) मैगट अवस्था में

85. क्रान्ति जाति है-
(a) तोरिया की (b) राई की
(c) सूरजमुखी की (d) मूँगफली की

86. डिस्क हैरो का टिल्ट कोण होता है-
(a) 20° (b) 5°
(c) 45° (d) 0°

87. प्रकाश-संश्लेषण से उत्पन्न पदार्थ हैं-
(a) कार्बन डाई-ऑक्साइड और भोज्य पदार्थ
(b) शर्करा और ऑक्सीजन
(c) कार्बन डाई-ऑक्साइड और ऑक्सीजन
(d) फॉर्मएल्डीहाइड और नाइट्रोजन

88. निम्नलिखित सूचियों को सुमेलित कीजिये और नीचे दिये गये कूट में से सही उत्तर चुनिए-

सूची-I (फूलों के नाम)	सूची-II (वानस्पतिक नाम)
A. चमेली	1. Chrysanthemumspp
B. क्राइजेंथेमम	2. Jasminum auriculatum
C. गुलाब	3. Crinium spp
D. लिली	4. Rosa indica

कूट :

	A	B	C	D
(a)	2	1	4	3
(b)	1	2	3	4
(c)	3	4	1	2
(d)	2	3	1	4

89. यूकेरियोटिक कोश में पायी जाती है-
(a) केन्द्रकीय झिल्ली
(b) केन्द्रकीय झिल्ली नहीं
(c) केन्द्रकीय झिल्ली हो सकती है, नहीं भी हो सकती है
(d) इनमें से कोई नहीं

90. वातावरण का तापक्रम नापने में प्रयोग आने वाले पर्दे को कहते हैं-
(a) क्लार्क का पर्दा
(b) साइमन का पर्दा
(c) थर्मोकॅपल
(d) स्टेवेन्सन का पर्दा

91. हवा द्वारा मृदा-अपरदन किस राज्य में सबसे अधिक होता है?
(a) उत्तर प्रदेश (b) पश्चिम बंगाल
(c) हिमाचल प्रदेश (d) राजस्थान

92. 'जेल्डाल विधि' का प्रयोग करते हैं-
(a) मृदा में सम्पूर्ण नाइट्रोजन की मात्रा ज्ञात करने में

(b) मृदा में सम्पूर्ण फास्फोरस की मात्रा ज्ञात करने में
(c) मृदा में सम्पूर्ण पोटाश की मात्रा ज्ञात करने में
(d) मृदा में सम्पूर्ण जैविक पदार्थ की मात्रा ज्ञात करने में

93. कपास के बीजों से रूई हटाने (Delinting) के लिए प्रयोग करते हैं-
(a) सल्फयूरिक अम्ल
(b) साइट्रिक अम्ल
(c) नाइट्रिक अम्ल
(d) हाइड्रोक्लोरिक अम्ल

94. तिल (Sesamum indicum) की बीजदर (किलोग्राम/हे.) चाहिए-
(a) 2-3 (b) 3-4
(c) 4-5 (d) 5-6

95. सरसों का आलू के साथ अन्तःफसल तंत्र संस्तुत किया जाता है-
(a) रिप्लेसमेन्ट सीरीज में
(b) आडीटिव सीरीज में
(c) रिप्लेसमेन्ट कम आडीटिव सीरीज में
(d) उपरोक्त में से कोई नहीं

96. ओराइजा (Oryza) वंश में कुल कितनी स्पीशीज शामिल हैं?
(a) 14 (b) 22
(c) 24 (d) 30

97. राष्ट्रीय कृषि नीति के अनुसार कृषि में कितने प्रतिशत सालाना वृद्धि दर होनी चाहिए?
(a) 2.5% से अधिक
(b) 3.0% से अधिक
(c) 4.0% से अधिक
(d) 5.0% से अधिक

98. सरसों का अधिकतम उत्पादन लेने के लिये पौधों को किस पौध ज्यामिति (Plant Geometry) पर बोना चाहिए-
(a) 45 × 20 सेमी.
(b) 60 × 30 सेमी.
(c) 90 × 30 सेमी.
(d) 105 × 30 सेमी.

99. गन्ने की रोपाई के कितने माह तक, गन्ने की फसल में खरपतवार स्पर्धा बनी रहती है?
(a) 2 (b) 4
(c) 5 (d) 6

100. सामान्यतया गेहूँ की फसल में क्रमशः नत्रजन, फास्फोरस व पोटाश की संस्तुतित मात्रा (Recommended dose) है-
(a) 80-40-0 (b) 120-60-30
(c) 30-20-0 (d) 40-30-0

101. भारत के कुल कृषित क्षेत्रफल का कितना प्रतिशत क्षेत्रफल चारे वाली फसलों के अन्तर्गत है?
(a) 4.5 (b) 7.5
(c) 10.0 (d) 15.0

102. गेहूँ में किस तत्त्व की पूर्ति करने से पोलन वायबिलिटी (Pollen viability) अच्छी रहती है?
(a) जस्ता (b) मोलिबडेनम
(c) बोरॉन (d) मैग्नीशियम

103. जलप्रिया प्रजाति है-
(a) मक्का की (b) ज्वार की
(c) धान की (d) जौ की

104. श्वास रोग का कारक है खरपतवार-
(a) हिरन खुरी (b) बथुआ
(c) गजरी (d) कृष्ण नील

105. गन्ना + आलू की सहफसली प्रणाली है-
(a) शरदकालीन ऋतु की
(b) जायद ऋतु की
(c) वसंतकालीन ऋतु की
(d) वर्षाकालीन ऋतु की

106. कौन-सी फसल अधिक नत्रजन की मात्रा चाहती है?
(a) आलू (b) गेहूँ
(c) जौ (d) गन्ना

107. प्रति हैक्टेयर आलू के लिये बीज दर है-
(a) 25 कुन्तल/हैक्टेयर
(b) 10 कुन्तल/हैक्टेयर
(c) 15 कुन्तल/हैक्टेयर
(d) 40 कुन्तल/हैक्टेयर

108. भारत में धान की प्रथम विकसित बौनी प्रजाति है-
(a) जया (b) साकेत-4
(c) गोविन्द (d) नरेन्द्र-97

109. कैल्सियम की कमी के लक्षण पौधों पर सर्वप्रथम दिखाई पड़ते हैं-
(a) निचली पत्तियों पर
(b) बीज की पत्तियों पर
(c) अन्त की पत्तियों पर
(d) सभी पत्तियों पर

110. बौछारी सिंचाई उपयुक्त होती है, जहाँ मृदा धारण करती है-
(a) मटियार संरचना
(b) दोमट संरचना
(c) ऊँची-नीची सतह
(d) इनमें से सभी

111. कौन-सा तृणनाशक गेहूँ के चौड़ी पत्ती वाले खरपतवारों को मारने के लिये प्रयोग किया जाता है?
(a) 2, 4 डी.एस.एस.
(b) 2, 4, 5 टी
(c) 2, 4 - डी.बी.
(d) इनमें से कोई नहीं

112. इन्डोसल्फान को...........भी कहा जाता है-
(a) लिनडेन (b) थायोडान
(c) आल्ड्रीन (d) बी.एच.सी.

113. माया प्रजाति है-
(a) आलू की (b) चना की
(c) मटर की (d) राई की

114. निम्न में से कौन सर्वांगी विष है?
(a) मेटासिस्टॉक्स (b) फासफोमीडान
(c) फोरेट (d) इनमें से सभी

115. वह कोशिकांग जो केवल पौधे पाया जाता है, हैं-
(a) माइटोकॉण्ड्रिया (b) गॉल्जी काम्पलेक्स
(c) राइबोसोम्स (d) प्लास्टिड्स

116. प्रोटीन का संश्लेषण होता है-
(a) सेन्ट्रोसोम्स में
(b) राइबोसोम्स में
(c) माइटोकॉण्ड्रिया में
(d) गॉल्जी बाडी में

117. दुग्ध ज्वर किसकी कमी से होता है?
(a) फास्फोरस (b) कैल्शियम
(c) मैग्नीशियम (d) पोटैशियम

118. दुग्ध शर्करा एक प्रकार का है-
(a) ग्लूकोज (b) सुक्रोज
(c) लैक्टोज (d) फ्रक्टोज

119. म्यूरेट ऑफ पोटाश है-
(a) K_2SO_4 (b) KCl
(c) K_2HPO_4 (d) KNO_3

120. मृदा में वायुमण्डलीय नाइट्रोजन का स्थिरीकरण एजोटोबैक्टर करते हैं-
(a) सहजीवी प्रक्रम द्वारा
(b) असहजीवी प्रक्रम द्वारा
(c) दोनों (a) और (b) द्वारा

व्याख्या सहित उत्तर

1. (c) एक ब्रीडर रिएक्टर वह है जो विखण्डन होने वाले पदार्थ को उससे अधिक उत्पन्न करता है जितना वह जलाता है।

2. (a) पाइरेथ्रम का प्रयोग मच्छर प्रतिकर्षी के रूप में किया जाता है।

3. (c)

● एजोला नामक शैवाल एक जैव उर्वरक के रूप में प्रयुक्त होता है।

● क्लोरेला नामक शैवाल से क्लोरेलिन नामक प्रतिजैविक (Antibiotic) तैयार की जाती है।

● यीस्ट एक कवक है जो किण्वन क्रिया के लिए उत्तरदायी है। उल्लेखनीय है कि एनावीना नामक शैवाल नाइट्रोजन स्थिरीकरण करता है।

4. (b) धूम्र पर्दो, जिसका प्रयोग युद्ध क्षेत्र में छिपने एवं शत्रु को छलने के लिए किया जाता है, में सिल्वर आयोडाइड का प्रयोग किया जाता है। उल्लेखनीय है कि कृत्रिम वर्षा कराने हेतु भी सिल्वर आयोडाइड का प्रयोग होता है।

5. (b)

6. (b) स्वचालित वाहन निर्वातक का सबसे अधिक विषाक्त धातु प्रदूषक सीसा (लेड) है। वर्तमान में इसी कारण वाहनों में सीसा रहित पेट्रोल के प्रयोग को बढ़ावा दिया जा रहा है।

7. (d) भारत में जैव विविधता के संदर्भ में तीन 'हॉट स्पॉट' क्षेत्र हैं-

(i) पश्चिमी घाट
(ii) पूर्वी हिमालय क्षेत्र
(iii) इंडो-बर्मा क्षेत्र

8. (b) कपास के बीच से रेशे प्राप्त किए जाते हैं।

9. (c) 42वां संविधान संशोधन अधिनियम, 1976 द्वारा अनु. 39 के खण्ड (ख) एवं (ग) को मूल अधिकारों पर प्राथमिकता प्रदान की गई है। इसके अनुसार निदेशक तत्वों को कार्यान्वित करने हेतु बनाई गई किसी भी विधि को इस आधार पर चुनौती नहीं दी जा सकती कि वह अनु. 14 एवं 19 द्वारा प्रदत्त मूल अधिकारों से असंगत है या उसे छीनती है अथवा न्यून करती है।

42वें संविधान संशोधन से संबंधित प्रमुख तथ्य

● 1976 ई. में पारित इस संविधान संशोधन को 'लघु संविधान' भी कहा जाता है।

● इसके द्वारा प्रस्तावना में पंथ निरपेक्ष, समाजवादी तथा राष्ट्र की एकता एवं अखण्डता शब्द जोड़े गए।

इसके तहत भाग 4 के पश्चात् भाग 4 (क) जोड़ा गया जो मूल कर्त्तव्य के नाम से जाना जाता है। यह पूर्व सोवियत संघ के संविधान से प्रेरित है।

● इसके द्वारा अनु. 74 में संशोधन करके यह स्पष्ट किया गया कि राष्ट्रपति मंत्रिपरिषद् की सलाह मानने हेतु बाध्य है।

● इसके द्वारा कुछ विषयों जैसे शिक्षा, बाट एवं माप, वन एवं वन्य जीवों का संरक्षण, जनसंख्या नियंत्रण आदि को राज्य सूची से हटाकर समवर्ती सूची में डाला गया।

अनु. 323 (क) जोड़कर लोक सेवकों के लिए प्रशासनिक अधिकरणों की स्थापना का प्रावधान किया गया।

● अनु. 352 में "सम्पूर्ण भारत के संबंध में या उसके किसी भाग में" शब्द को जोड़ा गया।

10. (c) 73वां संविधान संशोधन पंचायती राज-व्यवस्था से संबंधित है। इसके द्वारा संविधान में 11वीं अनुसूची जोड़ी गई। इस अनुसूची में 29 विषयों का उल्लेख है जिस पर कानून बनाने की शक्ति पंचायतों को दी गई है।

● 74वां संविधान संशोधन नगर पालिका से संबंधित है। इसके द्वारा संविधान में 12वीं अनुसूची जोड़ी गई। इस अनुसूची में 18 विषयों का उल्लेख है जिस पर विधि बनाने की शक्ति नगरपालिकाओं को है।

11. (a) मूल अधिकारों को संविधान में मूल रूप से शामिल किया गया था। यह संयुक्त राज्य अमेरिका के संविधान से लिया गया है जबकि 42वें संविधान संशोधन द्वारा भाग 4 (क) के रूप में मौलिक कर्त्तव्यों को जोड़ा गया था जो पूर्व सोवियत संघ के संविधान से प्रेरित हैं।

12. (b) मूल अधिकार से संबंधित अनु. 16(1) एवं 16(2) सम्मिलित रूप से लोक नियोजन के सन्दर्भ में भारत के सभी नागरिकों को अवसर की समानता प्रदान करते हैं।

13. (a)

भाग	संबंधित विषय
IV A	मूल कर्त्तव्य
VIII	संघ क्षेत्र
IX	पंचायतें
IX A	नगर पालिकाएं

संविधान के अन्य प्रमुख भाग एवं संबंधित विषय

भाग	विषय
II	नागरिकता
III	मूल अधिकार
IV	नीति-निदेशक तत्व
X	अनुसूचित और जनजाति क्षेत्र
XI	संघ-राज्य संबंध
XIV	संघ एंव राज्यों के अधीन सेवाएं
XV	निर्वाचन
XVIII	आपात उपबंध
XX	संविधान संशोधन

14. (b) मुद्रा गुणक = बृहद् मुद्रा/आरक्षित मुद्रा

15. (d) विशेष कृषि उपज योजना को वर्ष 2004-09 की विदेश व्यापार योजना में घोषित किया गया था, जिसका उद्देश्य फल, सब्जी, फूल, लघु वन उत्पाद, डेयरी उत्पाद आदि के निर्यात को बढ़ावा देना है।

16. (a) भारत में ग्रामीण अवस्थापना कोष कार्यक्रम को क्रियान्वित करने वाली मुख्य (nodal) संस्था नाबार्ड है।

17. (b) वर्ष 2005 में बागवानी उत्पादों को प्रोत्साहन देने हेतु केन्द्र सरकार ने राष्ट्रीय बागवानी मिशन (National Horticulture Mission NHM) प्रारम्भ किया। यह समय 10वीं पंचवर्षीय योजना का था।

18. (d) अमरकोश की रचना अमर सिंह ने की थी। ये चंद्रगुप्त द्वितीय के दरबार के नौ रत्नों में से एक थे। वात्स्यायन ने कामसूत्र की रचना की, मेघदूत की रचना कालिदास ने एवं मुद्राराक्षस की रचना विशाखदत्त ने की थी।

प्रमुख गुप्त कालीन रचनाएं

लेखक		पुस्तक
कालिदास	:	कुमारसम्भवम्, ऋतुसंहार, रघुवंश, मालविकाग्निमित्रम, अभिज्ञानशाकुंतलम, विक्रमोवर्शीयम
विशाख दत्त	:	देवीचन्द्र गुप्तम्
भास	:	चारुदत्त, स्वप्नवासवदत्ता
भारवि	:	किरातार्जुनियम
शूद्रक	:	मृच्छकटिकम्

19. (c) प्राचीन काल में सिंचाई कर को उदरंग कहते थे। हिरण्य नकद रूप में दिया गया कर था जबकि अन्न के रूप में दिया जाने वाला कर मेय कहलाता था।

प्राचीन कालीन अन्य प्रमुख कर

● मौर्य काल में राजकीय भूमि से होने वाली आय सीता कहलाती थी।

● **विष्टि :** निःशुल्क श्रम एंव बेगार

● **प्रणय :** आपातकालीन कर (मौर्यकाल)

● **उपरिकर :** भूमिकर (गुप्त काल)

20. (d) शेरशाह सूरी ने कृषकों की सहायता हेतु 'पट्टा' एवं 'कबूलियत' की व्यवस्था प्रारम्भ की थी। शेरशाह की भूराजस्व व्यवस्था रैयतवाड़ी व्यवस्था पर आधारित थी। यह भूराजस्व व्यवस्था मुल्तान को छोड़कर सम्पूर्ण राज्य में लागू थी। उसने फसलों की सूची 'रे' का प्रचलन करवाया था। शेरशाह ने कृषि भूमि की नाप अहमद खां की सहायता से की। यह नाप गज-ए-सिकन्दरी पर आधारित थी।

21. (a) औरंगजेब के सेनानायक कछवाहा राजा जयसिंह ने शिवाजी को पुरंदर की संधि (22 जून, 1665 ई.) करने हेतु बाध्य किया। इस संधि के समय

मनूसी वहां उपस्थित था। इस संधि के प्रावधानों के तहत शिवाजी को अपने 35 किलों में से 23 जिले मुगलों को देने पड़े। आगे औरंगजेब ने शिवाजी को 'राजा' की उपाधि दी।

22. (a) लार्ड रिपन ने लिटन द्वारा लागू किए गए भारतीय भाषा प्रसार अधिनियम (Vernacular press act) को 1882 ई. में समाप्त किया।

लार्ड रिपन के कार्यकाल की प्रमुख घटनाएं

- 1881 ई. में प्रथम फैक्टरी अधिनियम पारित किया गया।
- यद्यपि लार्ड मेयो के समय प्रथम जनगणना प्रारम्भ हुई वस्तु प्रथम वास्तविक जनगणना 1881 ई. में रिपन के काल में प्रारम्भ हुई।
- रिपन के समय 1882 में प्राथमिक शिक्षा से संबंधित हण्टर कमीशन की नियुक्ति की गई।
- रिपन के समय 1883 में अकाल संहिता का निर्माण किया गया।
- रिपन ने The Duty of Age नामक पुस्तक लिखी।

23.(a) गांधी-इरविन समझौता : 5 मार्च, 1931 ई.
राजगुरु, भगत सिंह को फांसी : 23 मार्च, 1931 ई.
कांग्रेस का कराची अधिवेशन : 29 मार्च, 1931 ई.

24. (b) **पारिस्थितिकी निकेत अथवा 'निक'** (Niche) शब्द का प्रयोग सर्वप्रथम ग्रीनेल्स (1971) ने विभिन्न प्रकार की जातियों एवं उपजातियों की स्थानीय वितरण व्यवस्था को निरूपित करने हेतु किया था। वास्तव में प्रत्येक जाति/उपजाति का उस क्षेत्र में एक निश्चित स्थानीय क्षेत्र सुरक्षित होता है। उसी क्षेत्र की सीमा में ये निवास कर अपना जीवन-यापन करते हैं। यही सुरक्षित क्षेत्र निकेत, निलय या पारिस्थितिक कर्मता कहलाता है।

25. (d) भारत सरकार द्वारा वर्ष 1987 में नाजुक/संवेदी पारिस्थितिक तन्त्रों के संरक्षण एवं प्रबन्धन के लिए एक कार्य योजना प्रारम्भ किया गया। जिसमें आर्द्रभूमियों, मैंग्रोव वनों तथा प्रवालों (Coral) के संरक्षण एवं प्रबन्धन को शामिल किया गया। संवेदी/नाजुक पारिस्थितिक तन्त्रों (Ecosystems) में मनुष्यकृत कार्य प्रतिबन्धित है।

26. (c) शीतनिष्क्रियता: यह एक ऐसी स्थिति है, जिसमें जन्तुओं के शरीर का ताप, श्वसन गति व हृदय गति एवं उपापचय (Metabolic) दर अत्यन्त कम हो जाती है। इस स्थिति को कृन्तक (Rodent), भालू व चमगादड़ तीनों में देखा जाता है।

27. (d) भारत में कुल 5 राष्ट्रीय जलमार्ग हैं-

राष्ट्रीय जल मार्ग संख्या	-लम्बाई
NW-1 : इलाहाबाद से हल्दिया	-1620 km
NW-2 : सादिया से धुबरी	-891 km
NW-3 : कोल्लम से कोट्टपुरम	-205 km
NW-4 : काकीनाडा से मरक्कम	-1100 km
NW-5 : पूर्वी तट नहर	- 623km (प्रस्तावित)

इसके साथ ही NW-6 भी लखीपुर से भागा तक प्रस्तावित है जो बराक नदी पर विकसित किया जाना है जिसकी लम्बाई 121 km होगी। उल्लेखनीय है कि जलमार्गों के विकास हेतु 1986 ई. में भारतीय अंतर्देशीय जलमार्ग प्राधिकरण (Inland waterways Authority of India) का गठन किया गया था जिसका मुख्यालय नोएडा (उत्तर प्रदेश) में है।

28. (a)

29. (b) कोयला उत्पादक राज्यों का अवरोही (Descending) क्रम: झारखण्ड (23.44%) → छत्तीसगढ़ (16.36%) → उड़ीसा (15%)

- **कोयला भण्डारक राज्य**

झारखण्ड → उड़ीसा → छत्तीसगढ़ → पं बंगाल

30. (c) काम्पटी, महाराष्ट्र राज्य में नागपुर के निकट स्थित है जहाँ कोयला पाया जाता है।

लांजगढ़ - उड़ीसा राज्य में कालाहांडी जिले में स्थित है जो बाक्साइट के लिए प्रसिद्ध है।

अमगुरी - असम राज में शिवसागर जिले में स्थित है जो पेट्रोलियम के लिए प्रसिद्ध है।

31. (a) उत्तर प्रदेश में बेतवा नदी पर झांसी के निकट रानी लक्ष्मीबाई बांध अवस्थित है। उल्लेखनीय है कि देश की विभिन्न नदियों को जोड़ने हेतु 'अमृत क्रांति' प्रारम्भ की गई। राजघाट परियोजना के तहत केन एवं बेतवा नदी को आपस में जोड़ा गया है।

अन्य प्रमुख बांध एवं संबंधित नदी

बांध	नदी
पोंग बांध	व्यास नदी
सरदार सरोवर बांध	नर्मदा नदी
टिहरी बांध	भागीरथी नदी
रंजीत सागर बांध	रावी नदी
भाखड़ा नांगल	सतलज नदी
गांधी सागर बांध	चम्बल नदी
राणा प्रताप सागर बांध	चम्बल नदी
हीराकुण्ड बांध	महानदी
गोविंद वल्लभ पंथ सागर बांध	रिहन्द नदी
नागार्जुन सागर बांध	कृष्णा नदी
बगलीहार बांध	चेनाब नदी

32. (a) यह बुन्देलखण्ड क्षेत्र में कार्तिक माह में नर्तकों द्वारा श्रीकृष्ण तथा गोपी बनकर किया जाने वाला नृत्य है।

33. (d) उत्तर प्रदेश में NTPC के 6 विद्युत उत्पादन केन्द्र हैं जिनमें दो (औरैया और दादरी) संयंत्र गैस आधारित और शेष कोयले पर आधारित हैं

NTPC के विद्युत संयंत्र

- दादरी ताप विद्युत परियोजना (गौतमबुद्ध नगर)
- ऊंचाहार ताप विद्युत परियोजना (रायबरेली)
- टांडा ताप विद्युत परियोजना (अम्बेडकर नगर)
- सिंगरौली सुपर ताप विस्तार परियोजना (सोनभद्र)
- औरैया ताप विद्युत केन्द्र (औरैया)
- रिहन्द ताप विद्युत केन्द्र (सोनभद्र)
- आंवला में NTPC का कोई संयंत्र नहीं है। आंवला में उर्वरक संयंत्र कार्यरत है।

34. (c)

मेले	स्थान
• गोविन्द साहब	आजमगढ़
• कैलाश मेला	आगरा
• सैयद सालार	बहराइच
• शाकम्भरी देवी	सहारनपुर

कुछ अन्य प्रमुख मेले

• बल सुन्दरी देवी	अनूपशहर
• कम्पिल	बांदा
• पशुमेला	बलिया
• खिचड़ी मेला	गोरखपुर

35. (b) ब्रिटिश लेखक डेविड डिरिन्जर ने दि अल्फाबेट नामक प्रसिद्ध पुस्तक लिखी है।

36. (d) 34 छात्रों का कुल वजन
$= 34 \times 46.5 = 1581$ किग्रा
अध्यापक सहित 34 छात्रों का कुल वजन
$= 35 \times 47 = 1645$ किग्रा
अध्यापक का वजन
$= (1645 - 1581)$
$= 64$ किग्रा

37. (b) माना कि आदमी की मासिक आय ₹ m है।
∴ बचत $= (100 - 65) = 35\%$
∴ प्रश्नानुसार,
∵ 35% बचत = 525
∴ $100\% = \frac{525 \times 100}{35}$
= ₹ 1500

38. (b) $A = P\left(1 - \frac{r}{100}\right)^n$

$$A = 10000\left(1 - \frac{20}{100}\right)^2$$

$$= 10000 \times \frac{80}{100} \times \frac{80}{100} = 6400$$

39. (c) जिस प्रकार 'बुध' एक ग्रह है। उसी प्रकार, 'चन्द्रमा' एक उपग्रह है।

40. (c) अक्षर-शृंखला का क्रम निम्नवत है:

1	4	7	10	13	16	19
A	D	G	J	M	P	S

(प्रत्येक चरण +3)

41. (a) पेनिसिलीन का प्रयोग कोशिका भित्ति पर नहीं पड़ता है।

42. (c)

43. (a) पबिसीनिया रोग कारक एक चक्रीय होता है। यह गेहूँ की फसल में लगता है। अल्सरनेरिया रोग आलू और सरसों की फसल में लगता है।

44. (a) (i) माहू - साइट्रस ट्रिस्टेजा
(ii) फुदका - भिण्डी का पीली पत्ती रोग
(iii) सूत कृमि - गेहूँ का इयर काफिल

45. (b) गाय में दुग्ध ज्वर रोग कैल्सियम की कमी के कारण होता है। इसमें पशुओं को शरीर का तापमान कम हो जाता है। पशु बेचैन हो जाता है। इसके उपचार के लिए कैल्सियम की गोली दी जाती है।

46. (a) भैंस - 310 दिन
गाय - 280 दिन
भेड़ - 150 दिन
बकरी - 150 दिन

47. (c) दुग्धशाला में दुग्ध उत्पादन का लेख प्रमाण मुख्यतया अच्छे उत्पादक के चयन के लिए किया जाता है।

48. (a) (i) जीवाणु - मेस्टाइटिस
(ii) विषाणु - चिकन पाक्स, खुरपका, मुंहपका
(iii) कवक - खाज
(iv) कृमि - पेचिस

49. (a) एक ही जाति के दो भिन्न नस्ल वाले पशुओं के मिलने से उत्पन्न प्रजाति क्रासब्रीड के रूप में जानी जाती है।

50. (a) टोंडा वंश पशु का है, भैंस वोवाइंन वंश में आता है, बकरी ओटाइ वंश में आती है।

51. (a) भारत में फल एवं सब्जियों की तुड़ाई के बाद कुल क्षति 25 प्रतिशत होता है।

52. (b) नये पैदा हुए बछड़े को खीस 7 दिन तक पिलाते हैं इससे साधारण दूध की अपेक्षा 5 गुना प्रोटीन तथा 15-17 गुना आयरन की मात्रा पायी जाती है। यह बछड़े के शारीरिक प्रतिरोधक क्षमता को बढ़ाती है।

53. (c)

54. (c) मेस्टाइटिस रोग पशुओं के थन में होता है। यह एक जीवाणु द्वारा होने वाला रोग है। इसमें पशुओं के शरीर का तापमान 106-107 सेन्टीग्रेट तक पहुंच जाता है।

55. (b) सिरके में 5% एस्टिक एसिड होता है। सिरके का प्रयोग अचार बनाने में तथा खाने में प्रयोग किया जाता है।

56. (b) **57.** (c) **58.** (c) **59.** (a)
60. (c) **61.** (b) **62.** (b) **63.** (c)
64. (a) **65.** (c) **66.** (c)

67. (c) लाइकोपीन - टमाटर
जैन्थियम - पपीता
एन्थोसाइनिन - सेब
कैरोटीन - पपीता

68. (a) मोलीवेडनम - हीपटेल
जिंक - खैरा रोग
बोरान - फल सड़न रोग

69. (d) डैम्पिंग आफ बीमारी पौधशाला में लगती है। इसमें पौधों का जमीन की सतह का भाग जड़ें सड़ जाती हैं। इसकी रोकथाम के लिए सूर्य की किरणों, मृदा में कवकनाशी मिलाकर तथा बीज उपचार द्वारा किया जाता है।

70. (b) वायु की गति - एनीमोमीटर
सापेक्षिक आर्द्रता - हाइग्रोमीटर
कुल विकिरण - पाइरोमीटर

71. (d) पृथ्वी का वह भाग जहाँ पर जीव जन्तु रहते हैं वायु मण्डल कहलाता है। वायु मण्डल के अन्तर्गत 8 km ऊपर तथा 5 km नीचे तक माना जाता है। वायु मण्डल बादल निर्माण के लिए वायु के लिए तथा मौसम परिदृश्य के लिए आवश्यक है।

72. (d) जल प्रयोग क्षमता सर्वाधिक बूँद-बूँद सिंचाई में होती है। इसमें जल की बचत लगभग 50-70% की होती है। इस विधि द्वारा जल पौधों के जड़ क्षेत्र में दिया जाता है।

73. (d) अभिषेक फलन केला में पाया जाता है। केले का मध्य भाग खाया जाता है। केले का वानस्पतिक नाम म्यूसा पैराडिसिका है। इसका कुल म्यूसेसी है।

74. (d) पाइराइट मुख्यत: राजस्थान में पाया जाता है। पाइराइट का प्रयोग क्षारीय भूमियों के सुधारने के लिए किया जाता है।

75. (b) सोडियम की आवश्यक तत्व तो नहीं लेकिन इसे कुछ पौधों के लिए उपयोगी माना गया है।

76. (a) मृदा फसलों को लगातार उगाने से मृदा उर्वरता का ह्रास होता है। क्योंकि फसलों द्वारा उर्वरकों का उपयोग कर लिया जाता है।

77. (b) FeS_2 – पायराइट
MnS – मैंगनीज सल्फेट
CuS – कापर सल्फेट

78. (b) ग्रेनाइट - आग्नेय
रूपान्तरित - संगमरमर
परतदार - कोयला

79. (a) **80.** (a)

81. (c) भारत का राष्ट्रीय फल आम है।

82. (d)

उत्पाद	**फल**
मारमालेड	खट्टे रसदार फल (citrus fruit)
पपेन	पपीता
चिप्स	केला
जैली	अमरूद

83. (d) आँवला में प्रवर्धन की वानस्पतिक विधियों में शील्ड कलिफाय (Shield Budding - or T/Budding) विधि व्यावसायिक रूप से अपनायी जाती है।

84. (d)

85. (b) क्रान्ति (पी.आर. 15)-राई (Rai) की जाति है। यह किस्म पन्तनगर कृषि विश्वविद्यालय द्वारा विकसित की गई है।

86. (a) Tilt angle : वह कोण जो डिस्क धार के तल और ऊर्ध्वाधर तल के बीच बनता है यह 15-25 तक होता है।

87. (b) **88.** (a) **89.** (a)

90. (d) वातावरण का तापमान स्टीवैन्सन स्क्रीन (Stevens on screen) से ज्ञात किया जाता है। स्टीवेन्स स्क्रीन दो तरफ से बन्द लकड़ी पर टिन का एक बक्सा होता है जिसमें वायु सरलता से प्रवेश कर सके/बकसा सफेद रंग से रँगा होता है जिससे प्रत्यक्ष ताप किरणें पुन: परावर्तित हो जायें और मीटर के तापमापी पर उनका कोई प्रभाव न पड़े।

91. (d) वायु क्षरण द्वारा प्रभावित राज्य सर्वाधिक राजस्थान/क्रम से राजस्थान > उत्तर प्रदेश > पंजाब > मध्य प्रदेश > बिहार।

92. (a) 'जेल्डाल विधि' (Kzeldal's method) द्वारा मृदा में सम्पूर्ण नाइट्रोजन (Total nitrogen insoil) की मात्रा ज्ञात किया जाता है।

93. (a) **94.** (b) **95.** (a) **96.** (c)
97. (c) **98.** (a) **99.** (b) **100.** (b)
101. (a) **102.** (c)

103. (c) मक्का - प्रोटीन शक्ति
धान - जलप्रिया
ज्वार - C & U 1, 2, 4, 6

104. (c) पस्थेनियम खरपतवार द्वारा मनुष्यों में श्वास नामक रोग हो जाता है। इस घास को कांग्रेस घास भी कहा जाता है।

105. (a) आलू + गन्ना की सहफसली पद्धति की सिनरजेनिक पद्धति कहते हैं। इसमें गन्ना और आलू का उत्पादन शुद्ध फसल की अपेक्षा अधिक होता है। इसे शरद काल में उगाया जाता है।

106. (a) आलू अधिकतम नाइट्रोजन चाहने वाली फसल है। एक हेक्टेयर आलू के उत्पादन के लि लगभग 170-80 kg N. 250 kg P. तथा 250 kg K की आवश्यकता होती है।

107. (a) आलू के बीज के लिए व्यास 2.5-3cm के केन्द्र उपयुक्त होते हैं। एक हेक्टेयर बुआई के लिए लगभग 20-25 कुन्तल बीज की आवश्यकता होती है।

108. (a) भारत की प्रथम धान की विकसित प्रजाति जया है, जो वाइचुंग (नेटिव-1) × T-141 के क्रास के निकाली गयी है।

109. (c) कैल्शियम की कमी के लक्षण सर्वप्रथम पौधे की अन्त की पत्तियों पर दिखाई पड़ते हैं क्योंकि कैल्शियम एक इममोवाई तत्व है।

110. (c) बौछारी सिंचाई उन भूमियों में अधिक उपयुक्त होती है जहाँ भूमि ऊँची-नीची होती है।

111. (c) चौड़ी पत्ती वाले गेहूँ के खरपतवारों को नष्ट करने के लिए 2, 4 D, B का प्रयोग करते हैं।

112. (b) इन्डोसल्फान - थायोडान
फास्फैमैडान - डायमेक्रान
फार्मोथियन - एन्थियो
फोरेटो - थिमेट

113. (d)

114. (d) सर्वांग विष-1. श्राडान 2. डेमेटान, सिस्टाक्ट 3. मेटा सिस्टाक्ट 4. डाइमेथियोन 5. फास्फोमेडान 6. फोरेट 7. फास ड्रिन 8. थायो डेमेटान।

115. (d) प्लास्टिड केवल पौधों में पाया जाने वाला कोशिकांग है। माइट्रोकाण्ड्रिया पौधों और जन्तुओं दोनों में पायी जाती है। इसे उर्जा का पावर हाउस कहा जाता है।

116. (b) प्रोटीन का संश्लेषण राइबोसोम द्वारा होता है तथा माइटोकाण्ड्रिया द्वारा उर्जा का उत्पादन होता है। इसे ऊर्जा का पावर हाउस कहा जाता है।

117. (b) पशुओं में दुग्ध ज्वर, कैल्शियम की कमी के कारण होता है। इसमें पशुओं का तापमान गिर जाता है, पशु बेचैन रहता है। यह बीमारी पशुओं के ब्याने के 2-3 दिन के अन्दर होता है। इसके उपचार के लिए कैल्शियम का इन्जेक्शन देते हैं।

118. (c) दुग्ध में पायी जाने वाली शर्करा लैक्टोज होता है। ग्लूकोज अंगूर तथा अन्य फलों में पाया जाता है। फलों में पायी जाने वाली शर्करा फ्रक्टोज होता है।

119. (b)

120. (b) राइजोबियम बैक्ट्रिया सहजीवी प्रक्रम द्वारा नाइट्रोजन का स्थिरीकरण करते हैं जबकि एजोटोबेक्टर अहसजीवी प्रक्रम द्वारा नाइट्रोजन का स्थिरीकरण करते हैं।

❑❑❑

प्रैक्टिस सेट-18

भाग-1: सामान्य अध्ययन

1. अंग/भाग, जो चलन में सहायता करता है, के बारे में निम्नलिखित में से कौन-सा युग्म सही सुमेलित नहीं है?

(a) युग्लीना : फ्लेजेलम (कशाभ)
(b) पैरामीशियम : सिलिया (पक्ष्माभ)
(c) नेरीस : पादाभ
(d) स्टारफिश : नाल-पद

2. फोटोग्राफर के फ्लैशगन से चमकीले प्रकाश का निकलना देखा जाता है। निम्नलिखित में से किस आदर्श गैस की उपस्थिति के कारण यह चमक होती है?

(a) आर्गन (b) जीनॉन
(c) निऑन (d) हीलियम

3. निम्नलिखित में से किस कोशिका अंगक से लाइसोसोम बनता है?

(a) केन्द्रक (b) अन्तर्द्रव्यी जालिका
(c) गॉल्जीकाय (d) राइबोसोम

4. 'ऊष्मा हानि ऊष्मा वृद्धि' का सम्बन्ध, निम्नलिखित में से किससे निरूपित होता है?

(a) तापीय सन्तुलन का सिद्धान्त
(b) रंगों का सिद्धान्त
(c) कैलोरीमिति का सिद्धान्त
(d) वाष्पन का सिद्धान्त

5. सुबह या शाम के वक्त जब सूरज क्षितिज के पास होता है, तो यह लालिमायुक्त प्रतीत होता है। इस अवलोकन के लिए जिम्मेदार परिघटना है-

(a) प्रकाश का परावर्तन
(b) प्रकाश का अपवर्तन
(c) प्रकाश का प्रकीर्णन
(d) प्रकाश का छितराव (फैलाव)

6. करेवास, जो बालू, मृत्तिका, दुमट, सिल्ट और गोलाश्म (उपल) का सरोवरी, निक्षेप है, में निम्नलिखित में से किस फसल की खेती नहीं की जाती है?

(a) केसर (b) बादाम
(c) अखरोट (d) लिंग नट

7. गंगा नदी की निम्न सहायक नदियों पर विचार कीजिए :

1. गण्डक 2. कोसी
3. घाघरा 4. गोमती

उपरोक्त नदियों का पूर्व से पश्चिम की ओर का सही अनुक्रम, निम्नलिखित में से कौन-सा है?

(a) 3, 4, 1, 2 (b) 2, 1, 3, 4
(c) 2, 3, 1, 4 (d) 1, 2, 4, 3

8. 'निर्यात बन्धु योजना' के बारे में, निम्नलिखित कथनों में से कौन-सा सही है?

(a) यह प्रथम पीढ़ी के उद्यमियों को विश्वसनीय सलाह देने की एक योजना है।
(b) यह फसल संरक्षण के लिए एक योजना है।
(c) यह समाज के कमजोर (असुरक्षित) वर्ग के लिए एक योजना है।
(d) यह ग्रामीण गरीबों की निगरानी (मॉनीटरिंग) के लिए एक योजना है।

9. फ्लैगशिप (प्रमुख) सागरमाला कार्यक्रम की तटीय गोदी (लंगरगाह) स्कीम के अन्तर्गत परियोजनाएँ कितने राज्य तक फैली हुई हैं?

(a) आठ (b) दस
(c) बारह (d) चौदह

10. एलिफेण्टा द्वीप के बारे में निम्नलिखित कथनों में से कौन-सा सही है?

(a) एक विशाल हाथीनुमा संरचना वहाँ पाए जाने के बाद ब्रिटिश द्वारा इसे यह नाम दिया गया।
(b) इसमें एक विशाल गुफा है।
(c) विष्णुधर्मोत्तर पुराण में वर्णित विष्णु की एक भव्य नक्काशी के लिए यह सुविख्यात है।
(d) यह पशुपत सम्प्रदाय (पन्थ) से सम्बद्ध है।

11. मणिमेकलाई के लेखक कौन हैं?

(a) कोवालन
(b) सत्तनार
(c) इलांगो अडिगल
(d) तिरुतक्कातेवर

12. विजयनगर साम्राज्य के राजाओं द्वारा धार्मिक प्रयोजनों के लिए उपयोग किए जाने वाले मंच (चबूतरे) को क्या कहा जाता था?

(a) महानवमी दिब्बा
(b) लोटस महल
(c) हजारा रामा
(d) विरूपाक्ष

13. 'फर्र-ए-इजदी' का विचार, जो मुगल राजतन्त्र का आधार था, इनमें से किस सूफी सन्त द्वारा सबसे पहले विकसित किया गया था?

(a) शिहाबुद्दीन सुहरावर्दी
(b) निजामुद्दीन औलिया
(c) इब्न अल-अरबी
(d) बयाजिद बिस्तामी

14. निम्नलिखित कथन पर विचार कीजिए-
''किसानों से इतनी अधिक उगाही की जाती है कि उनके पास अपना पेट भरने के लिए भी मुश्किल से सूखी रोटी बचती है।''
मुगल साम्राज्य में किसानों की दशा के बारे में उपरोक्त कथन इनमें से किस यूरोपीय यात्री का है?

(a) फ्रांसिस्को पेलसर्ट
(b) फ्रैंकोइस बर्नियर
(c) जीन-बैपटिस्ट टवर्नियर
(d) निकोलाओ मैनूची

15. भारत के महान्यायवादी के बारे में, निम्नलिखित कथनों में से कौन-सा/से सही नहीं है/हैं?

1. वह भारत सरकार का पहला विधि अधिकारी होता है।
2. वह एक संसद के विशेषाधिकारों के लिए हकदार होता है।
3. वह सरकार के लिए एक पूर्णकालिक वकील (काउन्सेल) होता है।

4. उसकी अर्हताएँ वही होनी चाहिए, जो सर्वोच्च न्यायालय का एक न्यायाधीश बनने के लिए आवश्यक होती है।

कूट :

(a) 1, 2 और 3 (b) 2 और 4
(c) केवल 3 (d) केवल 1

16. निम्नलिखित में से किस संशोधन अधिनियम के तहत भारत संघ में सिक्किम को सम्मिलित किया गया था?

(a) 35वाँ (b) 36वाँ
(c) 37वाँ (d) 38वाँ

17. असहयोग आन्दोलन के बारे में, निम्नलिखित कथनों में से कौन-सा/से सही है/हैं?

1. कर्नाटक के किसानों की सार्थक भागीदारी इसकी विशिष्टता रही।
2. मद्रास और महाराष्ट्र में गैर-ब्राह्मण निम्न-जातियों की भागीदारी इसकी विशिष्टता रही।
3. असम, बंगाल और मद्रास जैसे स्थानों में श्रमिक असन्तोष की कमी के रूप में इसे चिन्हित किया गया था।
4. वर्ष 1922 में झकझोर देने वाली चौरी-चौरा की घटना का इस आन्दोलन पर बुरा प्रभाव पड़ा, जिसके बाद गाँधीजी द्वारा इस आन्दोलन को अत्यन्त सूक्ष्म पैमाने पर जारी रखने का निर्णय किया गया।

कूट :

(a) केवल 1 (b) 1, 2 और 4
(c) 2 और 3 (d) केवल 2

18. भारत के संविधान के निम्नलिखित में से किस संशोधन में यह विहित किया गया है कि मन्त्रिपरिषद्, लोकसभा अथवा राज्यों की विधानसभा के सदस्यों की कुल संख्या के 15% से अधिक नहीं होगी?

(a) 91वाँ संशोधन (b) 87वाँ संशोधन
(c) 97वाँ संशोधन (d) 90वाँ संशोधन

19. तूफानी चालीसा (रोरिंग फोर्टीज) के बारे में निम्नलिखित कथनों पर विचार कीजिए:

1. वे दक्षिणी गोलार्द्ध के महासागरों में पाए जाने वाले शक्तिशाली पश्चिम पवन है।
2. पूर्व से पश्चिम की ओर होने वाले शक्तिशाली वायु-प्रवाह का कारण, विषुवत् वृत्त से दक्षिणी ध्रुव की ओर विस्थापित हो रही वायु और पृथ्वी के घूर्णन का संयोजन तथा वात-रोधी की तरह कार्य करने वाली भू-संहतियों का आधिक्य होता है।

उपरोक्त कथनों में से कौन-सा/से सही है/हैं?

(a) केवल 1
(b) केवल 2
(c) 1 और 2 दोनों
(d) न तो 1, न ही 2

20. 1857 की क्रान्ति के दौरान चिनहट के युद्ध में ब्रिटिश शासन के विरुद्ध लड़ने वाले विद्रोही का नाम क्या है?

(a) अहमदुल्लाह शाह
(b) शाह मल
(c) मंगल पाण्डे
(d) कुँवर सिंह

21. संविधान सभा के किस सदस्य ने यह समाधान प्रस्तावित किया कि भारत का राष्ट्रीय ध्वज 'समान अनुपात में केसरी, सफेद और गहरे हरे रंग का क्षैतिज तिरंगा' हो, जिसमें बीच में गहरे नीले रंग का एक चक्र हो?

(a) जवाहरलाल नेहरू
(b) बीआर अम्बेडकर
(c) राजेन्द्र प्रसाद
(d) सरदार वल्लभ भाई पटेल

22. भारत की संसद के बारे में निम्नलिखित में से क्या सही नहीं है?

(a) राष्ट्रपति, लोकसभा और राज्यसभा से संसद बनती है।
(b) लोकसभा में मनोनीत सदस्य नहीं होते हैं।
(c) राज्यसभा को भंग नहीं किया जा सकता है।
(d) राज्यसभा के कुछ सदस्य राष्ट्रपति द्वारा नामनिर्देशित (मनोनीत) होते हैं।

23. भारत में निर्वाचनों का अधीक्षण, निदेशन और नियन्त्रण किसमें निहित है?

(a) भारत का सर्वोच्च न्यायालय
(b) भारत की संसद
(c) भारत निर्वाचन आयोग
(d) मुख्य निर्वाचन आयुक्त

24. 'वेटलैण्ड्स इण्टरनेशनल' नामक संरक्षण संगठन के सन्दर्भ में निम्नलिखित में से कौन-सा/से कथन सही है/हैं?

1. यह रामसर अभिसमय के हस्ताक्षरकर्ता देशों द्वारा बनाया गया एक अन्तः सरकारी संगठन है।
2. यह ज्ञान के विकास और संग्रहण के लिए तथा व्यावहारिक अनुभव का बेहतर नीतियों हेतु पक्ष समर्थन करने के लिए क्षेत्र स्तर पर कार्य करता है।

कूट:

(a) केवल 1 (b) केवल 2
(c) 1 और 2 (d) न तो 1 और न ही 2

25. निम्नलिखित युग्मों पर विचार कीजिए–

1. दाम्पा टाइगर रिजर्व - मिजोरम
2. गुमटी वन्यजीव अभयारण्य - सिक्किम
3. सारामती शिखर - नागालैण्ड

उपरोक्त युग्मों में से कौन-सा/से युग्म सुमेलित है/हैं?

(a) केवल 1 (b) 2 और 3
(c) 1 और 3 (d) ये सभी

26. 'भूमण्डलीय पर्यावरण सुविधा' के सन्दर्भ में निम्नलिखित में से कौन-सा/से कथन सही है/हैं?

(a) यह 'जैव-विविधता (Bio diversity) पर अभिसमय' 'जलवायु परिवर्तन (Climate Change) पर संयुक्त राष्ट्र ढाँचा अभिसमय' के लिए वित्तीय क्रियाविधि के रूप में काम करता है।
(b) यह भूमण्डलीय स्तर पर पर्यावरण के मुद्दों पर वैज्ञानिक अनुसन्धान करता है।
(c) यह OECD के अधीन एक अभिकरण है, जो अल्पविकसित देशों को उनके पर्यावरण की सुरक्षा की विशिष्ट उद्देश्य से प्रौद्योगिकी और निधियों का अन्तरण सुकर बनाता है।
(d) 'a' और 'b' दोनों।

27. निम्नलिखित में से किस स्थान पर, रेलवे जोन का मुख्यालय स्थित है?

(a) कानपुर (b) लखनऊ
(c) हाजीपुर (d) न्यू जलपाईगुड़ी

28. निम्नलिखित धातुओं में से किस धातु का उपयोग प्रकाश विद्युत सेलों के तन्तुओं में किया जाता है जो प्रकाश ऊर्जा को विद्युत ऊर्जा में परिवर्तित करता है?

(a) टंग्स्टन
(b) ताम्र
(c) रुबिडियम
(d) एल्युमीनियम

29. भारतमाला परियोजना किससे सम्बन्धित है?

(a) सड़कों के संयोजन (कनेक्टिविटी) को उन्नत करना।
(b) पत्तनों और रेलों को परस्पर जोड़ना।
(c) नदियों को परस्पर जोड़ना।
(d) प्रमुख शहरों को गैस पाइपलाइनों से जोड़ना।

30. धान का टुंगरों विषाणु प्रसारित होता है-
(a) तना छेदक द्वारा
(b) गन्धी बग द्वारा
(c) गालमिज द्वारा
(d) हरी पत्त के फुदके द्वारा

31. निम्नलिखित में कौन सही सुमेलित नहीं है?
(a) गेहूं-गेहुंसा
(b) आलू-पिछौती झुलसा
(c) बाजरा-अर्गट
(d) गन्ना-वुकनी रोग

32. कार्तिक एक लोकनृत्य है-
(a) बुन्देलखण्ड का
(b) अवध का
(c) पूर्वांचल का
(d) रोहिलखण्ड का

33. उत्तर प्रदेश में जैन एवं बौद्ध दोनों का प्रसिद्ध तीर्थ स्थान है-
(a) देवीपाटन (b) कौशाम्बी
(c) कुशीनगर (d) सारनाथ

34. सूची-I को सूची-II से सुमेलित कीजिए तथा सूचियों के नीचे दिए गए कूट का प्रयोग कर सही उत्तर चुनिए-

	सूची-I (औद्योगिक संस्थान)		सूची-II (नगर)
A.	इण्डियन टेलीफोन इन्डस्ट्रीज	1.	कानपुर
B.	ट्रान्सफॉर्मर फैक्टरी	2.	रायबरेली
C.	कृत्रिम अंग निर्माण निगम	3.	झांसी
D.	उर्वरक कारखाना	4.	फूलपुर

कूट :

	A	B	C	D
(a)	2	3	4	1
(b)	4	3	1	2
(c)	2	3	1	4
(d)	4	2	1	3

35. एक घड़ी का अंकित मूल्य ₹ 160 है। एक क्रेता इसे दो क्रमिक कटौतियों के बाद ₹ 122.40 में खरीदता है। यदि एक कटौती 10% है, तो दूसरी कटौती है-
(a) 12% (b) 15%
(c) 18% (d) 10%

36. दो भाइयों की वर्तमान उम्र के मध्य अनुपात 1 : 2 है और 5 वर्ष पूर्व इनकी उम्रों का अनुपात 1 : 3 था। तो 5 वर्ष के बाद उनकी उम्र का अनुपात क्या होगा?
(a) 1 : 4 (b) 2 : 3
(c) 3 : 5 (d) 5 : 6

37. 27, 63, और 72 का लघुत्तम समापवर्त्य (L. C. M.) है-
(a) 1512 (b) 1522
(c) 1532 (d) 1542

38. चार व्यक्ति P, Q, R और S एक टेबल के चारों ओर बैठे हैं। P के सामने R है, तो कौन-सा कथन सही है?
(a) P, Q का पड़ोसी नहीं है।
(b) P, R का पड़ोसी नहीं है।
(c) P, S का पड़ोसी नहीं है।
(d) P, R का पड़ोसी है।

39. यदि बादल को सफेद, सफेद को वर्षा, वर्षा को हरा, हरा को हवा, हवा को नीला और नीला को पानी कहते हैं, तो पक्षी किसमें उड़ते हैं?
(a) बादल (b) सफेद
(c) नीला (d) वर्षा

40. निम्नलिखित श्रेणी में कितने 7 ऐसे है, जो सम संख्या से पहले आए है, परन्तु विषम संख्या के बाद नहीं आए हैं?
4 3 7 5 2 3 7 2 1 3 6 7 5 4 2 7 1 2 2 7 6 5 7 2
(a) एक (b) दो
(c) तीन (d) चार

भाग-2: कृषि

41. निम्न में से कौन सा एक युग्म सही सुमेलित नहीं है?

	फसल	किस्म
(a)	कपास	दिग्विजय
(b)	सोयाबीन	ब्राग (Bragg)
(c)	मूँगफली	ए.के. 12-24
(d)	सूरजमुखी	प्रभात (Prabhat)

42. कार्बनिक पदार्थ में कितने प्रतिशत से नीचे सल्फर होने पर इम्बोबिलाइजेशन (Immobilization) शुरू होता है-
(a) 0.45% (b) 0.60%
(c) 0.30% (d) 0.15%

43. प्रोढ़ भैंस में कुल शरीर भार का रूमेन्थिका (Rumen) कितने प्रतिशत हिस्सा रखती है?
(a) 30-35 (b) 40-45
(c) 20-25 (d) 15-20

44. मृदा में अमोनियम उर्वरकों से नाइट्रोजन व नाइट्रस ऑक्साइड के निर्माण को कहते हैं-
(a) अमोनीकरण
(b) नाइट्रीकरण
(c) विनाइट्रीकरण (Denitrification)
(d) खनिजन (Mineralization)

45. ठोस सतह पर अधिशोषित जल के अणु अन्य जल अणुओं को अपनी ओर आकर्षित करते हैं, इसको .... बल कहते हैं।
(a) आसंजन (Adhesion)
(b) मैट्रिक
(c) संसजन (Cohesion)
(d) उपरोक्त में से कोई नहीं

46. मूँगफली में क्रमशः तेल व प्रोटीन की मात्रा पायी जाती है-
(a) 20% एवं 50%
(b) 26% एवं 45%
(c) 45% एवं 26%
(d) 50% एवं 26%

47. माँस एक अच्छा स्त्रोत है-
(a) प्रोटीन का
(b) लोहे का
(c) विटामिन 'बी' कॉम्पलैक्स का
(d) उपरोक्त सभी का

48. रेनफेड ऑथोरिटी ऑफ इंडिया (Rainfed Authority of India) का मुख्यालय है-
(a) नई दिल्ली में (b) बीकानेर में
(c) हैदराबाद में (d) मुम्बई में

49. पी.एच. मान 4.0 पर किस फॉस्फोरस आयन की प्रधानता (Predominant) होती है-
(a) HPO_4 (b) H_2PO_4
(c) PO_4^{3-} (d) इनमें से कोई नहीं

50. भारतीय पशु चिकित्सा अनुसंधान संस्थान स्थित है-
(a) बरेली में (b) मद्रास में
(c) लखनऊ में (d) कानपुर में

51. 'जवाहर रोजगार योजना' देश में लागू हुई-
(a) अप्रैल, 1988 में
(b) अप्रैल, 1989 में
(c) अप्रैल, 1990 में
(d) अप्रैल, 1991 में

52. आँधी या तूफान आने से पहले बैरोमीटर का पारा-
(a) धीरे-धीरे ऊपर चढ़ता है
(b) शीघ्रता से नीचे गिरता है
(c) शीघ्रता से ऊपर उठता है
(d) अनिश्चित बना रहता है

53. केन्द्रीय मौसम वेधशाला की स्थापना की गई-
(a) कलकत्ता में (b) पूना में
(c) बंगलोर में (d) लखनऊ में

54. मृदा से जल की हानि किस प्रक्रिया द्वारा नहीं होती?
(a) वाष्पीकरण (b) क्रिस्टलन
(c) रिसाव (d) बहाव

55. नाइट्रोजन के अभाव में पौधों की पत्तियाँ-
(a) काली पड़ जाती हैं
(b) हरी-पीली हो जाती हैं
(c) ललोई हरी हो जाती हैं
(d) अप्रभावित रहती हैं

56. निम्नलिखित में से कौन-सा पौधे के लिए आवश्यक मुख्य तत्व नहीं है?
(a) कार्बन (b) नाइट्रोजन
(c) फास्फोरस (d) गन्धक

57. निम्नलिखित में कौन-सी जाति अमरूद की नहीं है?
(a) इलाहाबादी (b) हब्सी
(c) लखनऊ-49 (d) क्वीन

58. गाय की विदेशी नस्ल है-
(a) देवनी (b) अयरशायर
(c) करनस्वीस (d) जरसिन्ध

59. भारत में आलू लाने वाले थे-
(a) आर्य (b) डच
(c) फ्रांसीसी (d) पुर्तगाली

60. अफीम पाया जाता है-
(a) फॉफीया ऐरोबिका से
(b) कैनाबीस सेटाइवा से
(c) थिया सीनेंसीस से
(d) पपावर सोमनीफेरम से

61. मिट्टी की पहचान होती है उसकी-
(a) बनावट का रंग के द्वारा
(b) विकास की आयु के द्वारा
(c) विकास की प्रकृति के द्वारा
(d) वर्तमान प्रयोग के द्वारा

62. भारत में मुख्य सिंचाई का साधन क्या है जो शुद्ध सिंचित क्षेत्र का लगभग 45% के अन्तर्गत आता है?
(a) नहरें
(b) तालाब
(c) कुएं एवं नलकूप
(d) केवल नलकूप

63. भारत में टिड्डी दल अण्डे देती (प्रजनन करती) है-
(a) पंजाब में (b) उड़ीसा में
(c) राजस्थान में (d) उत्तर प्रदेश में

64. फूल गोभी का जो अंश खाया जाता है, उसे कहते हैं-
(a) फूल (b) पुष्प रचना
(c) फल (d) पत्ती

65. कपास के रेशे मिलते हैं-
(a) बीज से (b) छाल से
(c) पत्तियों से (d) जड़ से

66. शरद् ऋतु का फूल है-
(a) एनीमोन कानेशन
(b) क्राइसेन्थिमस केलेन्डल
(c) डेजी डहेलिया
(d) उपरोक्त सभी

67. क्षारीय मृदा में सोडियम क्लोराइड की मात्रा-
(a) बहुत अधिक होती है
(b) बहुत कम होती है
(c) होती ही नहीं है
(d) पर्वतीय क्षेत्र में होती है

68. नींबू का जन्म स्थान है-
(a) पाकिस्तान (b) द. एशिया
(c) चीन (d) भारत

69. शुद्ध घी में 'वेजीटेविल आयल' की मिलावट का पता किससे लगाया जाता है?
(a) वैलेन्टा परीक्षण से
(b) हाफेन परीक्षण से
(c) अम्ल परीक्षण से
(d) निकिल परीक्षण से

70. सिनरजेटिक खेती का उदाहरण है-
(a) गन्ना व आलू (b) मक्का व उर्द
(c) गेहूँ व सरसों (d) उपर्युक्त सभी

71. तम्बाकू के पौधे में प्रत्यारोपण किया गया है-
(a) गेहूँ की ग्लूटेनिन जीन का
(b) जौकी हारडीनिन जीन का
(c) राजमों की फासियोलिन जीन का
(d) उपर्युक्त सभी का

72. 'राष्ट्रीय जैव उर्वरक विकास केन्द्र' स्थापित गया है-
(a) लखनऊ में (b) हैदराबाद में
(c) गाजियाबाद में (d) बंगलोर में

73. 'बी जी ए' जैव उर्वरक का मुख्यतः इस्तेमाल होता है-
(a) मक्का में (b) ज्वार में
(c) चावल में (d) बाजरे में

74. भारत में उत्पादन नहीं हो रहा है-
(a) इन्स्युलिन का
(b) हेपाटाइटिस बी-वैक्सीन का
(c) अल्फा इटरफेरान का
(d) इनमें से किसी का भी नहीं

75. पंचायत विकेन्द्रीकरण का लाभ है-
(a) विकास कार्यों में से प्रथम का चयन
(b) स्थानीय समस्या का गाँव में निगमन
(c) स्थानीय स्तर पर निर्णय
(d) उपर्युक्त सभी

76. रक्षक फसलें (Guard Crops) कहलाती है-
(a) गन्ना + आलू (b) गेहूँ + सरसों
(c) गन्ना + पटसन (d) आलू + मूली

77. विभिन्न ऊँचाइयों वाली फसलें एक साथ उगाई जाने पर कहलाती हैं-
(a) सहचर खेती (b) समानान्तर खेती
(c) बहुखण्डी खेती (d) इनमें से कोई नहीं

78. जिला मौसम विज्ञान विभाग का मुख्यालय 1875 में स्थापित किया गया था-
(a) नई दिल्ली में (b) हैदराबाद में
(c) पुणे में (d) कलकत्ता में

79. म्यूरेट ऑफ पोटाश है-
(a) K_2SO_4 (b) KCl
(c) K_2HPO_4 (d) KNO_3

80. मृदा में वायुमण्डलीय नाइट्रोजन का स्थिरीकरण एजोटोबैक्टर करते हैं-
(a) सहजीवी प्रक्रम द्वारा
(b) असहजीवी प्रक्रम द्वारा
(c) दोनों (a) और (b) द्वारा
(d) इनमें से कोई नहीं

81. .... मुर्गीपालन में प्रोटीन देने वाला सबसे उत्तम स्रोत है-
(a) बोन मील (b) राइस पोलिस
(c) फीश मील (d) केकेस

82. पशु शरीर में लोहे की मात्रा होती है-
(a) 4% (b) 0.4%
(c) 0.04% (d) 0.004%

83. कृषि विज्ञान में 'हरित क्रान्ति' के जनक हैं-
(a) डॉ. एम. एस. स्वामिनाथन
(b) डॉ. एन. ई. बोरलैंग
(c) डॉ. एस. एन. रणधावा
(d) डॉ. ओ. पी. गौतम

84. मृदा-परीक्षण के जनक कौन हैं?
(a) एम. एल. ट्रोग (b) एम. एल. जैक्सन
(c) एस. लारसन (d) इनमें से कोई नहीं

85. एक गाय को एक लीटर दूध बनाने के लिए कितने पानी की आवश्यकता होती है?
(a) 5.5 लीटर (b) 10.0 लीटर
(c) 1.0 लीटर (d) 3.0 लीटर

86. पौधे नाइट्रोजन को किस रूप में लेते हैं-
(a) नाइट्रेट (b) नाइट्राइट
(c) सल्फेट (d) क्लोराइड

87. निम्न में से कौन-सा जल-क्षरण का प्रकार है?
(a) क्षुद्र सरिता क्षरण
(b) परत क्षरण
(c) अवनालिका क्षरण
(d) इनमें से सभी

88. धान में ''खेरा रोग'' किसकी कमी के द्वारा होता है-
(a) मैंगनीज (b) जिंक
(c) कॉपर (d) नाइट्रोजन

89. किस राज्य में सबसे अधिक क्षेत्रफल मृदा क्षरित है?
(a) आन्ध्र प्रदेश (b) महाराष्ट्र
(c) मध्य प्रदेश (d) गुजरात

90. सी. ई. सी. सबसे अधिक होती है-
(a) क्लोराइट में
(b) वर्मीकुलाइट में
(c) केओलीनाइट में
(d) मौन्टमोरीलोनाइट में

91. निम्न में से कौन मृदा में अधिक पाये जाते हैं?
(a) एक्टीनोमाइसिटिज
(b) कवक
(c) जीवाणु
(d) एल्गी

92. अमोनियम सल्फेट नाइट्रेट में कितने प्रतिशत नाइट्रोजन पाया जाता है-
(a) 14 प्रतिशत (b) 26 प्रतिशत
(c) 32 प्रतिशत (d) 38 प्रतिशत

93. लाल मृदा बनती है-
(a) ग्रेनाइट से (b) सिल्ट से
(c) नीज़ से (d) इनमें सभी से

94. कौन-सा महत्वपूर्ण तत्व पौधों के द्वारा अधिक शोषित किया जाता है-
(a) फास्फोरस (b) नाइट्रोजन
(c) पोटैशियम (d) कार्बन

95. आवश्यक पौध संख्या (Required plant population) हेतु चने की बीज दर होनी चाहिये (किग्रा/हेक्टर)-
(a) 50-75 (b) 75-100
(c) 90-110 (d) 100-125

96. एजोला के सक्रिय उपयोग में कौन सा कारक संकुचित करता है?
(a) पानी की कम उपलब्धता
(b) ग्रीष्म ऋतु के दौरान जीवित रहने की दर कम होना
(c) ढुलाई की समस्या
(d) उपरोक्त सभी

97. भारत के राज्य जिनमें गौ-वध की अनुमति मिली हुई है-
(a) तमिलनाडु और कर्नाटक
(b) केरल और पश्चिम बंगाल
(c) उत्तर प्रदेश और बिहार
(d) पंजाब और हरियाणा

98. किस मुख्य माध्यम से पौधों की जड़ों पर फॉस्फोरस व पोटेशियम आयन गति करके पहुँचते हैं?
(a) जड़ अवरोध (Root interception)
(b) समूह प्रवाही (Mass flow)
(c) विसरण (Diffusion)
(d) कोई नहीं

99. सोयाबीन में नाइट्रोजन स्थरीकरण (N fixation) के लिये उत्तरदायी जीवाणु है-
(a) राइजोबियम फेजियोलाई
(b) राइजोबियम ग्लाईसिकम
(c) राइजोबियम जापोनिकम
(d) राइजोबियम लेग्यूमिनोसिरम

100. निम्नलिखित युग्मों में से कौन सा सही सुमेलित नहीं है?
(a) पेडी गॉल फ्लाई : सिल्वर लीफ
(b) राइस बग : प्रतिकूल गंध
(c) धान का तना छेदक : ब्लैक इअर
(d) धान का जिग-जेग लीफ हूपर : ओरेन्ज लीफ

101. अंधी गुड़ाई (Blind hoeing) से तात्पर्य है-
(a) ग्रीष्मकालीन जुताई
(b) खड़ी फसल की पंक्तियों में गुड़ाई
(c) प्राथमिक भूपरिष्करण
(d) अंकुरण से पहले गुड़ाई करना

102. निम्न में से किंस के द्वारा स्टेल फिश (Stale Fish) की पहचान की जाती है?
(a) डार्क ब्राउन एंड स्लिमी गिल्स्
(b) डल एंड श्रंकन आईज (shrunken eyes)
(c) लूज़ स्केल्स् (loose scales)
(d) उपरोक्त सभी

103. बरसीम के बीजों को उपचारित करते हैं-
(a) राइजोबियम मेलिलोटाई से
(b) राइजोबियम ट्राइफोलाई से
(c) राइजोबियम लूपिनाई से
(d) राइजोबियम जापोनिकम से

104. विश्व में निम्नलिखित फसलों में से किस फसल का कृषिगत क्षेत्रफल (Cultivated area) सबसे अधिक है?
(a) चावल का
(b) गेहूँ का
(c) जौ का
(d) बाजरे का

105. गाय के दूध में सॉलिड नॉट फैट का वैधानिक स्तर है-
(a) 8% (b) 8.5%
(c) 9% (d) 9.5%

106. गाय के शुद्ध दूध का आपेक्षिक घनत्व है-
(a) 1.00 (b) 1.020
(c) 1.028 (d) 1.035

107. निम्नलिखित में क्रॉसब्रिड गाय कौन है?
(a) जर्सी (b) ब्राउन स्वीस
(c) करन स्वीस (d) होल्सटिन-फौसीन

108. जुगाली करने वाले पशुओं में उनके पेट का कौन-सा भाग भंडार घर का कार्य करता है-
(a) रेटिकुलम (b) रूमन
(c) ओमेजम (d) अबोमेजम

109. अरहर+मूँग एक उदाहरण है-
(a) सिनर्जेटिक फसली
(b) रिले क्रापिंग
(c) अन्त: फसली
(d) बहु फसली

110. निम्नलिखित धान की प्रजातियों में कौन-सी सुगन्धित प्रजाति है?
(a) साकेत-4 (b) पनतधान-4
(c) बासमती (d) सरजू-52

111. उत्तरी मैदानी क्षेत्रों में आलू की मुख्य फसल की बुवाई का समय क्या है?
(a) 10-15 अक्टूबर
(b) 10-15 नवम्बर
(c) 15-25 अक्टूबर
(d) 15-25 नवम्बर

112. निम्नलिखित में से किस गन्ने के टुकड़े का शोधन हेतु प्रयोग किया जाता है?
(a) डायथेन एम-45
(b) 2, 4-डी
(c) थीरम
(d) आरीटन

113. निम्न फसलों को उनके खरपतवार नियंत्रण अवधि से मिलायें तथा उत्तर कोड में से चुनें-

A.	धान (सीधे बुवाई)	1.	25-30 दिन बुवाई के बाद
B.	धान (रोपाई द्वारा)	2.	15-25 दिन बुवाई के बाद
C.	मूंगफली	3.	15-20 दिन बुवाई के बाद
D.	उर्द	4.	20-25 दिन बुवाई के बाद

कूट :

	A	B	C	D
(a)	1	2	3	4
(b)	3	2	4	1
(c)	3	1	4	2
(d)	4	3	2	1

114. सूरजमुखी फसल की बीज दर क्या है?

(a) 5 कि. ग्रा. प्रति हेक्टेयर

(b) 8-10 कि. ग्रा. प्रति हेक्टेयर

(c) 7 कि. ग्रा. प्रति हेक्टेयर

(d) 11-12 कि. ग्रा. प्रति हेक्टेयर

115. निम्न मटर की प्रजातियों में कौन-सी पर्णरहित है?

(a) अर्किल (b) आजाद, पी-1

(c) अपर्णा (d) एल-116

116. गेहूँ में किसके उपयोग से फेलेरिस माइनर का नियंत्रण संभव है?

(a) 2, 4-डी (b) आइसोप्रोटूरॉन

(c) एट्राजीन (d) ग्रामोक्सोन

117. गन्ने में बन्ची टॉप किसके कारण होता है?

(a) जड़ छेदक

(b) तना छेदक

(c) पर्व छेदक (Internode borer)

(d) शीर्ष तना छेदक (Top shoot borer)

118. एक हेक्टेयर क्षेत्र में वास्तविक आलू के बीज (True potato seed) की बीजदर चाहिये-

(a) 100 ग्राम (b) 200 ग्राम

(c) 300 ग्राम (d) 400 ग्राम

119. एरोईंग (Arrowing) कहते हैं-

(a) गन्ने में कल्लों की फुटान को

(b) गन्ने में पुष्पक्रम निकलने की प्रक्रिया को

(c) गन्ने में धनुष जैसी आकृति को

(d) उपरोक्त में से कोई नहीं

120. मक्का में किस क्रांतिक अवस्था से पहले उर्वरक उपयोग पूर्ण कर लेना चाहिए?

(a) टेसलिंग (Tasseling)

(b) सिल्किंग (Silking)

(c) परिपक्व अवस्था

(d) नी हाई स्टेज (Knee high stage)

व्याख्या सहित उत्तर

1. (c) नेरीस एनेलिंडा का जन्तु है। इसमें पादाभ नहीं पाए जाते।

2. (b) जीनॉन का उपयोग उच्च तीव्रता फोटोग्राफिक फ्लैश ट्यूब में चमकीले प्रकाश के लिए किया जाता है। यह सर्वाधिक अक्रिय यौगिक बनाने वाली गैस है।

3. (c) लाइसोसोम का निर्माण गॉल्जीकाय के द्वारा होता है। इसमें अपघटनी एन्जाइम पाए जाते हैं जोकि कोशिका के अपशिष्ट पदार्थों का विघटन करते हैं।

4. (c) 'ऊष्मा हानि = ऊष्मा वृद्धि' कैलोरीमिति का सिद्धान्त है। इस नियमानुसार, जब दो भिन्न-भिन्न ताप की वस्तुओं जिसमें एक ठोस एवं एक द्रव या दोनों द्रव को आपस में मिलाया जाता है तो अधिक ताप वाली वस्तु से कम ताप वाली वस्तु में ऊष्मा का स्थानान्तरण तब तक होता है, जब तक कि दोनों वस्तुओं का तापमान समान न हो जाए। इस प्रकार कैलोरीमिति का सिद्धान्त उष्मीय ऊर्जा के संरक्षण पर आधारित है।

5. (c) सुबह या शाम के वक्त जब सूरज क्षितिज के पास होता है तो यह लालिमायुक्त प्रकाश के प्रकीर्णन जैसी दिखाई देता है क्योंकि क्षितिज के समीप स्थित सूर्य से आने वाला प्रकाश हमारे नेत्रों से पहले के वायुमण्डल में वायु की मोटी परतों से होकर गुजरता है। क्षितिज के समीप नीले तथा कम तरंगदैर्ध्य के प्रकाश का अधिकांश भाग कणों द्वारा प्रकीर्णित हो जाता है।

6. (d) 'करेवास' कश्मीर घाटी के झील निक्षेप है। इसमें हिमानी के मोटे निक्षेप तथा हिमोढ़ उपस्थित होते है। निक्षेप तथा हिमोढ़ों के अन्दर अन्य पदार्थ भी पाए जाते है। जम्मू-कश्मीर में पीरपंजाल श्रीणी के पार्श्व में 1500 से 1800 मी की ऊँचाई पर मिलने वाली झीलीय निक्षेपों को 'करेवास' के नाम से जाना जाता है। यहाँ पर सेब की खेती के अलावा केसर, बादाम और अखरोट की भी फसल उगाई जाती है। यहाँ पर 'लिंगनाइट' के भी संकेत मिले हैं। लिंग नट (सिंघाड़ा) पानी में पैदा होने वाला एक तिकोने आकार का फल है।

7. (b) गंगा भारत की सबसे महत्वपूर्ण नदी है। जो भारत और बांग्लादेश में मिलाकर 2510 किमी की दूरी तय करती हुई उत्तराखण्ड में हिमालय से लेकर बंगाल की खाड़ी के सुन्दरवन तक विशाल भू-भाग को सींचती है। गंगा में उत्तर की ओर से आकर मिलने वाली प्रमुख सहायक नदियाँ यमुना, रामगंगा, करनाली (घाघरा), ताप्ती, गण्डक, कोसी और काक्षी हैं तथा दक्षिण के पठार से आकर मिलने वाली प्रमुख नदियाँ चम्बल, सोन, बेतवा, केन व दक्षिणी टोस हैं। इनकी सहायक नदियाँ जो पूर्व से पश्चिम की ओर आकर मिलती हैं। क्रमशः कोसी 'जो नेपाल से निकलकर लगभग 260 किमी पश्चात कुरसेला के पास गंगा नदी में मिलती है। इसके बाद 'गण्डक', जो पटना के निकट, 'घाघरा' बलिया और छपरा के बीच और 'गोमती' वाराणसी के निकट सैदपुर के पास कैथी नामक स्थान पर गंगा में मिल जाती है।

8. (a) 9 सितम्बर, 2015 को वाणिज्य एवं उद्योग मन्त्रालय द्वारा 'निर्यात बन्धु योजना' के अन्तर्गत ऑनलाइन सर्टिफिकेट कार्यक्रम 'निर्यात बन्धु @ योर डेस्क टॉप' का शुभारम्भ हुआ। 'निर्यात बन्धु योजना' का उद्देश्य नए और सम्भावित निर्यातकों की उन्मुखीकरण कार्यक्रम, परामर्श सत्र, व्यक्तिगत सुविधा के माध्यम से अन्तर्राष्ट्रीय बाजार तक पहुँच को सुनिश्चित कर भारत से निर्यात को बढ़ावा देना है।

9. (a) सागरमाला परियोजना की घोषणा 15 अगस्त, 2003 को तत्कालीन प्रधानमन्त्री अटल बिहारी वाजपेयी द्वारा की गई थी। इस योजना का मुख्य उद्देश्य देश के सभी बन्दरगाहों को आपस में जोड़ना था। इसे सागरमाला इसलिए कहा गया क्योंकि इस परियोजना के अन्तर्गत देश के सभी प्रमुख और गैर-प्रमुख बन्दरगाहों को नई तकनीक से लैस करना व समुद्री व्यापार को बढ़ावा देना शामिल था। 15 अगस्त, 2014 को नरेन्द्र मोदी ने पुनः इस परियोजना का जीर्णोद्वार करते हुए बन्दरगाहों के विकास पर जोर देने की बात की। इस परियोजना के अन्तर्गत 12 बन्दगाह परियोजनाएँ व 8 समुद्री राज्यों में शामिल परियोजनाएँ व एजेन्सियाँ शामिल हैं।

10. (b) एलिफेण्टा की गुफाएँ महाराष्ट्र के औरंगाबाद जिले में स्थित विशाल गुफा मन्दिर है। एलिफेण्टा नाम इसे पुर्त्तगालियों द्वारा दिया गया था। यह शिव मूर्त्तियों के लिए प्रसिद्ध है, लेकिन शिव के अलावा अर्द्धनारीश्वर, रावण द्वारा कैलाश पर्वत से जाते हुए आदि चित्रों का भी समावेशन दिखता है इसका निर्माण राष्ट्रकूटों द्वारा किया गया था। इसे यूनेस्कों के विश्व धरोहर स्थल में शामिल किया जा चुका है।

11. (b) मणिमेकलाई (मणिमेखलै) महाकाव्य की रचना मदुरा के एक बौद्ध धर्म को मानने वाले व्यापारी 'सीतलै सत्तनार (सधनार) ने की थी। इनमें द्वारा इस काव्य की रचना' शिलप्वादिकारम के बाद भी गई थी। एक मान्यता यह भी है कि जहाँ पर 'शिलप्पनदिमाल' की कहानी खत्म होती है, वहीं से 'मणिमेखलै' की कहानी प्रारम्भ होती है। इस महाकाव्य में मानवता को प्रमुखता से दिखाया गया है।

12. (a) महानवमी दिब्बा, एक चौक संरचना है तथा हम्पी या एक अन्य लोकप्रिय आकर्षण है, जिसे राजा कृष्णदेव राय ने उदयगिरि पर हुई अपनी जीत के बाद बनवाया था। इसका उपयोग विजयनगर

साम्राज्य के राजाओं द्वारा धार्मिक प्रयोजनों के लिए किए जाता था।

13. (a) शिहाबुद्दीन सुहरावर्दी, सुहरावर्दी सम्प्रदाय से सम्बन्धित हैं इसे 'सिलसिला' के नाम से भी जाना जाता है, किन्तु इस सम्प्रदाय में सुदृढ़ संचालन का श्रेय बदरूद्दीन जमारिया को है। 'फर्र-ए-इजदी' का विचार, शिहाबुद्दीन सुहरावर्दी द्वारा दिया गया था, जो मुगल राजतन्त्र का आधार बनी, को विकसित किया गया था।

14. (a) फ्रांसिस्को पेलसर्ट एक डच यात्री था जिसने सत्रहवीं शताब्दी के आरम्भिक दशकों में भारतीय उपमहाद्वीपीय यात्रा की थी। वह यहाँ लोगों में व्याप्क व्यापक गरीबी देखकर आश्चर्यचकित थे। इन्होंने किसानों की अत्यन्त दयनीय दशा का मार्मिक वर्णन करते हुए लिखा है कि "किसानों से इतनी अधिक उगाही की जाती है कि उनके पास अपना पेट भरने के लिए भी मुश्किल से सूखी रोटी बचती है।"

15. (c) संविधान के अनुच्छेद-76 में भारत के महान्यायवादी के पद की व्यवस्था की गई है। यह देश का सर्वोच्च अधिकारी होता है। इसकी नियुक्ति राष्ट्रपति द्वारा की जाती है। इसमें उन योग्यताओं का होना आवंश्यक है, जो सर्वोच्च न्यायालय के किसी न्यायाधीश की नियुक्ति के लिए होती है।

16. (b) भारतीय संविधान का 36वाँ संशोधन संशोधन 1955 में किया गया था। इस संविधान संशोधन के तहत सिक्किम को भारतीय संघ का पूर्ण राज्य का दर्जा देकर दसवीं अनुसूची को समाप्त कर दिया गया।

17. (c) असहयोग आन्दोलन का संचालन 'स्वराज' की माँग को लेकर 1 अगस्त, 1920 को किया गया था। इसका उद्देश्य अंग्रेज सरकार के साथ असहयोग करके कार्यवाही में बाधा उपस्थित करना था। इसका प्रभाव क्षेत्र पश्चिमी भारत, बंगाल, असम तथा उत्तरी भारत में व्यापक रहा। मद्रास और महाराष्ट्र में भी निम्न जातियों की भागीदारी दर्ज की गई। आन्दोलन में समाज के लगभग सभी वर्गों का सहयोग प्राप्त हुआ, हालांकि कर्नाटक के किसानों की भागीदारी नहीं दर्ज की गई।

फरवरी, 1922 को चौरी-चौरा काण्ड के पश्चात्, जिसमें क्रुद्ध भीड़ ने थाने में आग लगा दी थी, गांधीजी ने आन्दोलन को वापस ले लिया था। इस अग्निकाण्ड में लगभग 22 पुलिसकर्मियों की मृत्यु हो गई थी।

18. (a) भारत का संविधान (91वाँ संशोधन) अधिनियम, 2003 द्वारा संविधान के अनुच्छेद-75 और 164 में संशोधन किया गया। इसके अनुसार क्रमशः प्रधानमन्त्री सहित मन्त्रियों और मुख्यमन्त्री सहित मन्त्रियों की कुल संख्या सदन/विधानसभा के कुल संख्या के 15% से अधिक नहीं होगी।

19. (c) दक्षिणी गोलार्द्ध में 40° से 50° अक्षांश के बीच चलने वाली हवा को तूफानी चालीसा या चीखता चालीसा कहा जाता है। यह दक्षिणी गोलार्द्ध के महासागरों में पाए जाने वाली शक्तिशाली पश्चिमी पवन है। पश्चिम से पूरब की ओर होने वाले शक्तिशाली वायु प्रवाह का कारण, विषुवत् वृत्त से दक्षिणी ध्रुव की ओर विस्थापित हो रही वायु और पृथ्वी के घूर्ण का संयोजन तथा वात-रोधी की तरह कार्य करने वाली भू-संहतियों का अभाव होता है।

20. (a) आजादी की लड़ाई के लिए अंग्रेजों के खिलाफ वर्ष 1857 में मेरठ से शुरू हुए विद्रोह की आँच धीरे-धीरे पूरे देश में पहुंची और 30 जून को राजधानी लखनऊ के चिनहट इलाके में अंग्रेजों को परास्त होना पड़ा। इस युद्ध में आजादी के लिए लड़ रहे विद्रोहियों और अंग्रेज सेना के बीच हुए युद्ध में विद्रोहियों की जीत हुई।

21. (c) भारत का राष्ट्रीय ध्वज जिसे तिरंगा भी कहा जाता है। इसे 15 अगस्त, 1947 को भारत की स्वतन्त्रता से कुछ ही दिन पूर्व 22 जुलाई, 1947 को आयोजित भारतीय संविधान सभा की बैठक में अपनाया गया था। संविधान सभा के सदस्य राजेन्द्र प्रसाद द्वारा यह प्रस्तावित किया गया कि भारत का राष्ट्रीय ध्वज समान अनुपात में केसरी, सफेद और गहरे हरे रंग का क्षैतिज तिरंगा हो जिसमें बीच में गहरे नीले रंग का एक चक्र हो।

22. (b) **23.** (c)

24. (c) **वेटलैण्ड्स इण्टरनेशनल:** इसकी स्थापना वर्ष 1954 में इण्टरनेशनल वाइल्डफोल इंक्वायरी (International wildfowl Inquiry) के रूप में की गई थी, जो जलपक्षियों के संरक्षण पर केन्द्रित था, लेकिन बाद में इसका कार्य वेट्लैण्ड्स क्षेत्र पर केन्द्रित हो गया। यह वेटलैण्ड्स के विकास के लिए वैश्विक कार्य में गैर-सरकारी संरक्षण की योजनाओं में योगदान देता है।

25. (c) दाम्पा टाइगर रिजर्व की स्थापना वर्ष 1994 में मिजोरम में की गई थी। इस रिजर्व की 127 किमी सीमा बांग्लादेश से लगती है। गुमटी वन्यजीव अभयारण्य (Wildlife Sanctuary) त्रिपुरा में अवस्थित है। सारामती शिखर नागालैण्ड के पूर्व में बर्मा की सीमा पर अवस्थित है जिसकी ऊँचाई 3826 मी. है।

26. (d) **भूमण्डलीय पर्यावरण (Global Environment) सुविधा:** यह 183 देशों की साझेदारी वाली एक अन्तर्राष्ट्रीय संस्था है जो जैव विविधता, जलवायु परिवर्तन, अन्तर्राष्ट्रीय जलीय क्षेत्र, मृदा अपरदन (Soil Erosion), ओजोन छिद्र एवं जैविक प्रदूषण से सम्बन्धित योजनाओं के लिए धन उपलब्ध कराती है। इस संस्था द्वारा 165 देशों में 3,690 से अधिक योजनाओं के लिए 12.5 मिलियन डॉलर से अधिक की सहायता प्रदान की गई है।

27. (c) हाजीपुर भारतीय रेलवे के 18 जोनों में से एक है। हाजीपुर (बिहार) भारतीय रेल के पूर्व मध्य रेलवे (ईसीआर) का मुख्यालय है। इसकी स्थापना वर्ष 1996 में हुई है। इस जोन के अन्तर्गत दानापुर, सोनपुर, समस्तीपुर, मुगल सराय एवं धनबाद डिवीजन (मण्डल) आता है।

28. (a)

29. (a) भारतमाला परियोजना एक राष्ट्रीय राजमार्ग विकास परियोजना है। इसके तहत नए राजमार्ग के अतिरिक्त इन परियोजनाओं को भी पूरा किया जाएगा जो अब तक अधूरे हैं। इसमें सीमा और अन्तर्राष्ट्रीय संयोजकता वाले विकास परियोजना को शामिल किया गया है। बन्दरगाहों और सड़क, राष्ट्रीय गलियारों को ज्यादा बेहतर बनाना और राष्ट्रीय गलियारों को विकसित करना भी इस परियोजना में शामिल है।

30. (d) धान की फसल में टुंगरों नामक विषाणु हरी पत्ती के फुदके द्वारा (Leathooper-borne rice tungro virus (RTV)) प्रसारित होता है, जिसमें धान पत्तियां मुड़कर चिपक जाती हैं और उसमें लस-लसापन हो जाता है। यदि दवा का छिड़काव नहीं किया गया तो पत्तियां कटकर नीचे गिर जाती हैं और फसल नष्ट हो जाती है।

31. (a) गेहूं में गेहूंसा रोग नहीं होता है बल्कि गण्डो रोग होता है जिसमें बालियां काली हो जाती हैं। पिछैती झुलसा अथवा लेट ब्लाइट नामक रोग आलू में होता है जिसमें उसकी पत्तियां झुलस जाती हैं। अर्गट रोग बाजरे का है और बुकनी रोग गन्ने का है।

32. (a) कार्तिक एक लोकनृत्य है जो बुन्देलखण्ड क्षेत्र के कार्तिक माह में नर्तकों द्वारा श्री कृष्ण तथा गोपी बनकर किया जाने वाला नृत्य है।

33. (b) उत्तर प्रदेश में जैन एवं बौद्धों का प्रसिद्ध तीर्थ स्थान कौशाम्बी जनपद में है, जो वत्सराज की राजधानी थी। यहीं पर महात्मा बुद्ध के लिए एक सेठ ने घोषिता राम विहार बनवाया था तथा महान जैन विचारक महापद्म प्रभु का यह जन्मस्थल भी है, जिसके कारण यह दोनों धर्मों के लिए समान रूप से पूज्यनीय है।

34. (c) इण्डियन टेलीफोन इंडस्ट्रीज रायबरेली में स्थित है, ट्रान्सफॉर्मर फैक्टरी झांसी में अवस्थित है, कृत्रिम अंग निर्माण निगम कानपुर में स्थापित किया गया है जबकि कॉपरेटिव क्षेत्र का उर्वरक कारखाना फूलपुर में इफको के नाम से स्थापित है।

35. (b) माना दूसरी कटौती y है।

$$160 \times \frac{90}{100} \times \frac{y}{100} = 122.40$$

$$= y = \frac{12240 \times 100 \times 100}{90 \times 160 \times 100}$$

$$\therefore \ y = 85$$

∴ प्रतिशत %

$= (100 - 85)\% = 15\%$

36. (c) भाइयों की वर्तमान उम्र $= x$ एवं $2x$ वर्ष

प्रश्नानुसार, 5 वर्ष पूर्व,

$$\frac{x-5}{2x-5} = \frac{1}{3}$$

$$\Rightarrow \quad 3x - 15 = 2x - 5$$

$$\Rightarrow \quad 3x - 2x = 15 - 5$$

$$\Rightarrow \quad x = 10$$

5 वर्ष बाद उसकी उम्र का अनुपात

$= (x + 5) : (2x + 5)$

$= 15 : 25 = 3 : 5$

37. (a)

3	27,	63,	72
3	9,	21,	24
2	3,	7	8
2	3,	7,	4
	3,	7,	2

∴ 27, 63 व 72 का ल.स.

$= 3 \times 3 \times 2 \times 2 \times 3 \times 7 \times 2 = 1512$

38. (b) प्रश्नानुसार,

Q/S

बाएँ P R दाएँ

Q/S

स्पष्ट है कि P, R का पड़ोसी नहीं है।

39. (c) चूँकि पक्षी हवा में उड़ते हैं तथा हवा को नीला कहा गया है। अत: पक्षी 'नीला' में उड़ते हैं।

40. (a) दी गई श्रेणी में ऐसा एक 7 है, जो सम संख्या से पहले आया है और विषम संख्या के बाद नहीं आया है, 2 7 6।

41. (d) **42.** (d) **43.** (c) **44.** (c)

45. (c) **46.** (c) **47.** (d) **48.** (a)

49. (b)

50. (a) भारतीय पशु चिकित्सा विज्ञान अनुसंधान संस्थान (IVRI), इज्जतनगर, बरेली (उ.प्र.)।

51. (b) जवाहर रोजगार योजना 1989-90 में लागू किया गया था। बाद में इस योजना को 1 अप्रैल 1999 में जवाहर ग्राम समृद्धि योजना में समाहित कर दिया गया।

52. (b) आँधी या तूफान आने के पूर्व वायुमण्डलीय दबाव कम हो जाने के कारण बैरोमीटर का पास शीघ्रता से नीचे गिरता है।

53. (b)

54. (b) मृदा से जल की हानि (a) वाष्पीकरण (Evaporation) (c) रिसाव (Sepage) (d) बहाव (Runoff) के द्वारा होता है।

55. (b) **56.** (a)

57. (d) अमरूद की जाति है-इलाहाबादी सफेदा, लखनऊ 49, हब्सी।

58. (b) गाय की विदेश नस्ल आयरशायर है। करनस्वीस गाय की संकर नस्ल है।

59. (d)

60. (d) अफीम (opiuth), morphin, theabin, codein, narcotine, और papaverine आदि opium poppy (papaver somniferum) से प्राप्त किया जाता है।

61. (a)

62. (d) देश में समस्त सिंचित क्षेत्र में सिंचाई साधनों का योगदान-नलकूप तथा कुओं से 57% नहरों से 31%, तालाब से 6%, अन्य 6%

63. (a)

64. (a) फूलगोभी के खाये जाने वाले भाग फूल हैं।

65. (a) **66.** (d)

67. (b) क्षारीय मृदाओं में विनिमेय संकीर्ण सोडियम आयन्स से संतृप्त रहता है लवणों में Na, K, Ka, Mg के कार्बोनेट लवण प्रधान रूप से इन मृदाओं में मिलते हैं। ऋणायन्स में Cl, SO_4, HCO_3 तथा थोड़ी मात्रा में CO_3 मिलते हैं।

68. (b) नींबू वर्षीय फलों की उत्पत्ति दक्षिण एशिया में हुई मानी जाती है। सन्तरा (Mandarium-Citrus reticulate) और माल्टा (Sweet Orange Citrus Sinensis) की उत्पत्ति चीन में, लेमन (citrus limon) और कागजी नींबू (lime-citrus limon) की सम्भवत: मलाया में और ग्रेपफ्रूट (citrus paradise) की उत्पत्ति वेस्टइंडीज मानी जाती है। सिट्रस इन्डिका, सिट्रस लेटीपस सिइस जम्भीरी, सिट्रस पेनीबेसी कुलेरा, सिट्रस रेगुलोसा, सिट्रस लिमोनिया, सिट्रस करना, सिट्रस लिमेटियोडिस, सिट्रस ओरेन्टियम और सिट्रस मेडिका की उत्पत्ति असम (भारत) में हुई।

69. (b) शुद्ध घी में मिलावट (adultration) का पहचान

वेलेन्टा परीक्षण-पशु चर्बी मिलावट का

हैलफिन परीक्षण-बिनौले घी का परीक्षण

बोडाइन परीक्षण-शीशम तेल का परीक्षण

नाइट्रिक अम्ल परीक्षण-वनस्पति घी, पशु चर्बी, मोम का परीक्षण

70. (a) सिनरजेटिक सस्यचन (Synergetic cropping) जब दो अन्तरासस्यन फसलों का प्रति हेक्टेयर उत्पादन उसके शुद्ध फसलों के प्रति हेक्टेयर उत्पादन से ज्यादा हो तो उसे Synergetic cropping कहते हैं जैसे गन्ना+आलू (Sugarcane+Potato)

71. (d)

72. (c) 'राष्ट्रीय जैव उर्वरक विकास केन्द्र' (NBDC- नेशनल बायो फर्टिलाइजर डवलेपमेंट सेन्टर) → गाजियाबाद, (उ.प्र.)

73. (c) बी.जी.ए. (ब्लू ग्रीन एल्गी) जैव उर्वरक का इस्तेमाल धान के खेत में किया जाता है।

74. (a) **75.** (d)

76. (c) रक्षक या सीमान्त फसलें (Guard or Barrior or Outer or Border, Crop) कुछ फसलें खेत के बार्डर के रूप में या जन्तुओं से सुरक्षा हेतु मुख्य फसल के चारों ओर बार्डर के रूप में उगायी जाती है। मुख्य फसल के चारों ओर 10-15 पंक्तियाँ बो देते हैं जैसे गन्ना के चारों ओर सन, अरहर, ढैचा आदि। चने के खेत के चारों ओर कुसुम (बरे) आदि।

77. (c) जब किसी खेत में विभिन्न ऊँचाई, जड़ क्षेत्र तथा पौधकाल की फसलें साथ-साथ पैदा की जाती हैं तब इसे बहुखण्डीय या बहुस्तरीय खेती (Multistoreyed cropping) कहते हैं।

78. (c) **79.** (b)

80. (c) भारतीय मौसम विज्ञान विभाग का मुख्यालय पुणे में स्थित है जिसे 1975 में स्थापित किया गया था।

81. (d)

82. (d) पशु शरीर में लोहा की मात्रा 20-80 Mg/Kg होता है। शरीर में लोहे की सम्पूर्ण मात्रा का 90% से अधिक भाग प्रोटीन के साथ संयुक्त रहता हैं सबसे अधिक महत्वपूर्ण प्रोटीन हीमोग्लोबीन में लोहे की मात्रा 0.34% पायी जाती है।

83. (b) **84.** (d) **85.** (a)

86. (a) पौधों द्वारा नाइट्रोजन का अवशोषण धनीयन अमोनिया एवं ऋणायन नाइट्रेट (NG_4 तथा NO_2) दोनों ही अवस्थाओं में होता है।

87. (d) जल क्षरण (Water erosion) के प्रकार हैं (1) अपस्फुरण क्षरण (splash erosion) (2) पृष्ठ या परत क्षरण (Sheet erosion) (3) क्षुद्र सरिता क्षरण (Rill erosion) (4) अवनलिका क्षरण (Gully erosion) (5) सरिता नाली क्षरण (Stream channel erosion)

88. (b) **89.** (c)

90. (b) C.E.C. (कैटअयन एक्सचेंज कैपीसिटी घटते क्रम में इस प्रकार है-

ह्यूमस > वर्मीकुलाइट > एलोफैन > मॉन्टमोरिल्लोनाइट > इलाइट > क्लोराइट > केलओलिनाइट

91. (c) संख्या की दृष्टि से मुद्रा में सर्वाधिक संख्या जीवाणुओं की होती है उसके बारे में क्रमश: एक्टीनोमारसिटिज > कवक > एल्मी > प्रोटीजोआ > निमाटोड्स > केंचुआ पाया जाता है। जबकि जैवभार (Biomass) के अनुसार सर्वाधिक मात्रा में क्रमश: कवक > जीवाणु = एक्लिोमारसिटिज > केंचुआ > एल्मी > प्रोटोजोआ > निमाटोड्स पाये जाते हैं।

92. (b) अमोनियम सल्फेट नाइट्रेट में 28 प्रतिशत नाइट्रोजन पाया जाता है (जिसमें 19.5% अमोनिकल रूप में तथा 6.5 प्रतिशत नाइट्रेट रूप में होती है) कुल नत्रजन का 73% नाइट्रोजन अमोनिकल रूप में तथा शेष 27% नाइट्रेट के रूप में रहती है।

93. (a) लाल मृदा की उत्पत्ति (Origin of Red Soil) ग्रेनाइट (Granite), नीस (Gneiss) तथा सिस्ट (Schists) आदि खनिजों से हुई है।

अत: प्रश्न में केवल विकल्प (1) सही है क्योंकि अन्य विकल्प (2) में सिल्ट (Silt) दिया गया है-जो कि Soil texture है, विकल्प (3) में नीज (Knees) दिया गया है।

94. (d) पौधों द्वारा सर्वाधिक मात्रा में कार्बन शोषित किया जाता है।

95. (b) **96.** (d) **97.** (b) **98.** (c)

99. (c) **100.** (c) **101.** (d) **102.** (d)

103. (b) **104.** (b)

105. (b) गाय के दूध में वसा रहित ठोस (S.N.F.-Solid Not Fat) 8.50% तथा भैंस के दूध में 9.50% पाया जाता है।

106. (c) 60°F गाय के दूध का आपेक्षित घनत्व 1.028 से 1.030 तक तथा भैंस के दूध का आपेक्षित घनत्व 1.032 होता है।

107. (c) करन स्विस-करन स्विस भारतीय साहीवाल और अमेरिका से मंगाए गए, ब्राउन स्विस नस्ल के सांडों के हिमीकृत वीर्य से राष्ट्रीय डेरी अनुसंधान संस्थान करनाल पर विकसित की गई है। यह नस्ल अब हरियाणा में कई स्थानों पर पाली जाती है।

108. (b) रूमेन में खाद्य पदार्थों को रोके रखने तथा संग्रह करने की क्षमता होती है। इसकी क्षमता 50 गैलन तक होती है और लगभग 130-135 Kg. खाद्य पदार्थों को अपने में धारण कर सकता है।

109. (c) अरहर+मूँग (Arhar + Moong) अंतरा संस्यन/अंत:फसली (Inter cropping) का उदाहरण है। यह Inter cropping के Parallel cropping (समान्तर संस्थान) का एक उदाहरण है, जिसमें असमान वृद्धि प्रवृत्ति वाली तथा आपस में शून्य प्रतियोगिता रखने वाली फसलों को अंतरा सस्यन के रूप में उगाया जाता है।

110. (c)

111. (c) उत्तर भारत के मैदानी क्षेत्रों में आलू की बुवाई का समय निम्न प्रकार है-अंगेती फसल-25 सितम्बर से 10 अक्टूबर तक मुख्य फसल-15 अक्टूबर से 23 अक्टूबर तक।

112. (d) गन्ने के टुकड़ों को एगलाल (0.5%) या एरेटान (Aretan) (0.25%) के घोल में फफूँदी जनित बीमारियों से बचाने के लिये उपचारित किया जाता है।

113. (c)

114. (b) सूरजमुखी फसल का बीज दर 8-10 कि.ग्रा. प्रति हेक्टेयर है।

115. (c) **116.** (b) **117.** (d) **118.** (a)

119. (b) **120.** (a)

❑❑❑

प्रैक्टिस सेट–19

भाग-1: सामान्य अध्ययन

1. गौतम बुद्ध ने अपनी मृत्यु के उपरान्त बौद्ध संघ के नेतृत्व के लिए निम्न में से किसे नामित किया था?

(a) आनन्द (b) महाकस्सप
(c) उपालि (d) इनमें से कोई नहीं

2. पत्थरों में तराशी विश्व की विशालतम बुद्ध प्रतिमा जिसे तालिबान ने वर्ष 2001 में नष्ट कर दिया, वह अफगानिस्तान में अवस्थित थी–

(a) बामियान में (b) कन्धार में
(c) खोस्त में (d) मजारे शरीफ में

3. वैदिक ग्रन्थों के प्रसिद्ध भाष्यकार सायण निम्न में से किस काल में सक्रिय थे?

(a) चोल राज्यकाल
(b) गुप्त राज्यकाल
(c) सातवाहन राज्यकाल
(d) विजयनगर राज्यकाल

4. बहमनी राज्य की स्थापना की थी–

(a) अलाउद्दीन हसन ने
(b) अली आदिलशाह ने
(c) हुसैन निजामशाह ने
(d) मुजाहिदशाह ने

5. सूची-I एवं सूची-II को सुमेलित करें तथा नीचे दिए गए कूटों से सही उत्तर दें–

	सूची-I		सूची-II
A.	आदिलशाही	1.	हैदराबाद
B.	कुतुबशाही	2.	बीजापुर
C.	निजामशाही	3.	गोलकुंडा
D.	शर्की शाही	4.	जौनपुर

कूट :

	A	B	C	D
(a)	1	2	3	4
(b)	2	3	4	1
(c)	3	4	1	2
(d)	2	3	1	4

6. सन् 1907 ई. में भारतीय राष्ट्रीय कांग्रेस का पहला विभाजन हुआ था–

(a) बम्बई (मुंबई) अधिवेशन
(b) कलकत्ता (कोलकाता) अधिवेशन
(c) लाहौर अधिवेशन
(d) सूरत अधिवेशन

7. निम्नलिखित में से कौन कांग्रेस के आधिकारिक इतिहास के रचयिता थे?

(a) सी. राजगोपालाचारी
(b) जे.बी. कृपलानी
(c) पट्टाभि सीतारमैया
(d) सरदार पटेल

8. भारतीय स्वतंत्रता संघर्ष के दौरान निम्न में से किसकी गिरफ्तारी के विरोध में काफी संख्या में निहत्थे लोग अमृतसर के जलियांवाला बाग में 13 अप्रैल, 1919 ई. को इकट्ठा हुए थे?

(a) मदन मोहन मालवीय तथा मोहम्मद अली जिन्ना
(b) महात्मा गांधी तथा अबुल कलाम आजाद
(c) डॉ. सैफुद्दीन किचलू तथा डॉ. सत्यपाल
(d) स्वामी श्रद्धानंद तथा मजरूल हक

9. कल्याणकारी राज्य की संकल्पना का समावेश भारत के संविधान में है–

(a) राज्य के नीति-निदेशक तत्त्व
(b) चौथी अनुसूची
(c) मौलिक अधिकार
(d) प्रस्तावना

10. निम्न में से किस एक की संस्तुति के आधार पर मूल कर्त्तव्यों से संबंधित प्रावधानों को भारत के संविधान में जोड़ा गया था?

(a) बलवंत राय मेहता समिति
(b) आयंगर समिति
(c) स्वर्ण सिंह समिति
(d) ठक्कर आयोग

11. संविधान के 73वें संशोधन ने प्रावधान किया है–

1. पंचायत के नियमित चुनाव कराने के लिए।
2. महिलाओं के लिए सभी स्तरों पर सीटों के आरक्षण के लिए।
3. राज्य वित्त आयोग की संस्तुति के अनुसार पंचायतों को फंड्स का अनिवार्य रूप से हस्तांतरण।
4. 11वीं अनुसूची में दिए विषयों के संबंध में पंचायतों को शक्ति का अनिवार्य रूप से हस्तांतरण।

कूट :

(a) 1 और 2 (b) 1, 2 और 3
(c) 2, 3 और 4 (d) उपर्युक्त सभी

12. सूची-I को सूची-II के साथ सुमेलित कीजिए और सूचियों के नीचे दिए गए कूट का प्रयोग करते हुए सही उत्तर का चयन कीजिए-

सूची-I (संविधान के अनुच्छेद)	सूची-II (विषय)
A. 124	1. आकस्मिक प्रावधान
B. 5	2. विधायी शक्तियों का वितरण
C. 352	3. संघीय न्यायपालिका
D. 245	4. नागरिकता

कूट :

	A	B	C	D
(a)	1	2	3	4
(b)	2	1	4	3
(c)	4	3	2	1
(d)	3	4	1	2

13. निम्न में से किस एक की सिफारिशों के आधार पर संघ एवं राज्यों के बीच वित्तीय वितरण होता है?

(a) वित्त आयोग
(b) अन्तर्राज्यीय काउंसिल
(c) नीति आयोग
(d) सरकारिया आयोग

14. कि.ग्रा./सेमी.² दाब समतुल्य है-
(a) 0.1 बार के (b) 1.0 बार के
(c) 10.0 बार के (d) 100.0 बार के

15. पास्कल इकाई है-
(a) आर्द्रता की (b) दाब की
(c) वर्षा की (d) तापमान की

16. मोटर वाहनों से निकलने वाली निम्न में से कौन-सी एक मुख्य प्रदूषक गैस है?
(a) कार्बन डाइऑक्साइड
(b) कार्बन मोनोऑक्साइड
(c) मार्श गैस
(d) नाइट्रोजन ऑक्साइड

17. निम्न में से किसे शुष्क बर्फ कहते हैं?
(a) निर्जलित बर्फ
(b) पहाड़ों पर जमी बर्फ
(c) ठोस कार्बन डाइऑक्साइड
(d) ठोस कार्बन मोनोऑक्साइड

18. अश्रु गैस है-
(a) अमोनिया
(b) क्लोरीन
(c) हाइड्रोजन कार्बाइड
(d) हाइड्रोजन सल्फाइड

19. शीरा अति उत्तम कच्चा माल है-
(a) एसीटिक एसिड के लिए
(b) ग्लिसरीन के लिए
(c) पावर एल्कोहल के लिए
(d) यूरिया के लिए

20. कुचिपुड़ी नृत्य आरम्भ हुआ-
(a) आन्ध्र प्रदेश में
(b) केरल में
(c) उड़ीसा में
(d) तमिलनाडु में

21. भारत में सोयाबीन का सबसे बड़ा उत्पादक राज्य है-
(a) आंध्र प्रदेश (b) कर्नाटक
(c) मध्य प्रदेश (d) उत्तर प्रदेश

22. निम्नलिखित में से कौन एक तिलहनी फसल है?
(a) मसूर (b) लोबिया
(c) सूर्यमुखी (d) बरसीम

23. इस समय भारत का सबसे बड़ा वस्त्र उद्योग केंद्र है-
(a) अहमदाबाद (b) कानपुर
(c) मुंबई (d) सूरत

24. जैव-विविधता के साथ-साथ मनुष्य के परम्परागत जीवन के संरक्षण के लिए सबसे महत्वपूर्ण रणनीति निम्नलिखित में से किस एक की स्थापना करने में निहित है?
(a) जीवमण्डल निचय (रिजर्व)
(b) वानस्पतिक उद्यान
(c) राष्ट्रीय उपवन
(d) वन्यजीव अभयारण्य

25. ईंधन के रूप में कोयले का उपयोग करने वाले शक्ति संयन्त्रों से प्राप्त 'फ्लाई ऐश' के सन्दर्भ में निम्नलिखित कथनों में से कौन-सा/से सही है/हैं?
1. फ्लाई ऐश का उपयोग भवन निर्माण के लिए ईंटों के उत्पादन में किया जा सकता है।
2. फ्लाई ऐश का उपयोग कंक्रीट के कुछ पोर्टलैण्ड सीमेण्ट अंश के स्थानापन्न (रिप्लेसमेण्ट) के रूप में किया जा सकता है।
3. फ्लाई ऐश केवल सिलिकॉन डाइ-ऑक्साइड तथा कैल्सियम ऑक्साइड से बनी होती है और इसमें कोई विषाक्त (टॉक्सिक) तत्त्व नहीं होते।
नीचे दिए गए कूट का प्रयोग कर सही उत्तर चुनिए-
(a) 1 और 2 (b) केवल 2
(c) 1 और 3 (d) केवल 3

26. भारत में पाए जाने वाले स्तनधारी 'डयूगोंग' के सन्दर्भ में निम्नलिखित कथनों में से कौन-सा/से सही है/हैं?
1. यह एक शाकाहारी समुद्री जानवर है।
2. यह भारत के पूरे समुद्र तट के साथ-साथ पाया जाता है।
3. इसे वन्यजीव (संरक्षण) अधिनियम, 1972 की अनुसूची I के अधीन विधिक संरक्षण दिया गया है।
नीचे दिए गए कूट का प्रयोग कर सही उत्तर चुनिए-
(a) 1 और 2 (b) केवल 2
(c) 1 और 3 (d) केवल 3

27. प्राकृतिक कृषि का अन्वेषक है-
(a) मसानोवा फुकुका
(b) एम.एस. रंधावा
(c) एम.एस. स्वामीनाथन
(d) नॉर्मन बोरलॉग

28. ग्लोबीय तापवृद्धि से संबंधित निम्नलिखित कथनों में से कौन-से सही है?
1. ग्लोबीय तापवृद्धि का सबसे महत्त्वपूर्ण परिणाम यह है कि इससे ध्रुवीय बर्फ की चोटियों के पिघलने से समुद्र की सतह में वृद्धि होगी।
2. यदि ग्लोबीय तापवृद्धि के वर्तमान स्तर पर नियंत्रण नहीं किया गया तो सन् 2070 ई. तक समुद्र की सतह का 1 मीटर तक बढ़ना संभावित है।
3. विश्व के समस्त मूंगे के द्वीप डूब जाएंगे।
4. यह संभावना है कि सन् 2044 ई. तक फिजी डूब जाएगा और समुद्र तल के बढ़ने से इसी वर्ष तक नीदरलैंड पर एक गंभीर संकट छा जाएगा।
कूट :
(a) 1, 2 और 4 (b) 1, 2 और 3
(c) 1, 3 और 4 (d) केवल 4

29. निम्नलिखित सागरों में से किस एक का जल सबसे अधिक खारा है?
(a) बाल्टिक सागर (b) काला सागर
(c) मृत सागर (d) लाल सागर

30. भारत सरकार के बजट के कुल घाटे में किस घाटे का सबसे अधिक योगदान है?
(a) प्राथमिक घाटा (b) राजकोषीय घाटा
(c) राजस्व घाटा (d) आय व्यय घाटा

31. 'गिल्ट-एज्ड' बाजार किससे संबंधित है?
(a) कटे-फटे पुराने करेंसी नोट
(b) सोना-चांदी/सर्राफा
(c) सरकारी प्रतिभूतियां
(d) निगम ऋण-पत्र

32. उत्तर प्रदेश में कौन-सा जिला अवनलिका अपरदन से सर्वाधिक प्रभावित है?
(a) इटावा (b) गोरखपुर
(c) फर्रुखाबाद (d) मेरठ

33. उत्तर प्रदेश का निम्नलिखित में से कौन सा नगर राष्ट्रीय महामार्ग-2 द्वारा नहीं जोड़ा जाता?
(a) आगरा (b) इलाहाबाद
(c) लखनऊ (d) वाराणसी

34. लोकनृत्य 'राहुला' का संबंध यू.पी. के निम्न में से किस एक क्षेत्र से है?
(a) पूर्वी क्षेत्र से (b) पश्चिमी क्षेत्र से
(c) मध्य क्षेत्र से (d) बुंदेलखंड क्षेत्र से

35. कीटों (Insects) के वैज्ञानिक अध्ययन को कहते हैं-
(a) इचथियोलॉजी (b) एंटोमोलॉजी
(c) पैरासिटोलॉजी (d) मेकेकोलॉजी

36. तीन संख्याओं 3240, 3600 और P का महत्तम समापवर्तक 36 है। यदि इनका लघुतम समापवर्त्य $2^4 \times 3^5 \times 5^2$ हो तो संख्या p है-
(a) $2^2 \times 3^3 \times 7^2$ (b) $3^5 \times 5^2 \times 7^2$
(c) $2^2 \times 3^5 \times 7^2$ (d) $2^3 \times 3^5 \times 7^3$

37. 54 विद्यार्थियों की एक कक्षा में हिंदी में औसत अंक 76 हैं दो विद्यार्थियों के अंक

गलती से 60 और 77 पड़ गए थे किंतु वास्तव में अंक क्रमशः 36 और 47 थे। सही औसत क्या है?

(a) 75.5 (b) 77
(c) 75 (d) 76.5

38. एक 200 मी. लम्बी रेलगाड़ी विपरीत दिशा से आती हुई 180 मी. लम्बी रेलगाड़ी को 4 सेकण्ड में पार करती हे यदि लम्बी गाड़ी की चाल 40 मी./से. हो, तो छोटी रेलगाड़ी की चाल क्या होगी?

(a) 65 मी./से. (b) 75 मी./से.
(c) 55 मी./से. (d) 60 मी./से.

39. दी गई संख्या शृंखला में लुप्त पद (?) ज्ञात कीजिए।

4, 9, 16, 25, 36, ?

(a) 49 (b) 56
(c) 21 (d) 94

40. किसी खास भाषा में 'GUST' को '@7$2','SNIP' को '957#' तथा 'GAPE' को 'β$35' के रूप में कोड करते हैं। इसी कोड में 'SING' को कैसे कोड किया जाएगा?

(a) 9$7 # (b) 59 # $
(c) 9β7$ (d) 7$59

भाग-2: कृषि

41. भू-परिष्करण का मुख्य उद्देश्य.............. है-

(a) जुताई करना (b) निराई गुड़ाई करना
(c) समतल करना (d) उपरोक्त सभी

42. 'कुफरी ज्योति' किस फसल की प्रजाति है-

(a) आलू (b) फूलगोभी
(c) टमाटर (d) घिया या लौकी

43. जैली मीटर से परीक्षण किया जाता है-

(a) ग्लूकोज (b) चीनी
(c) पैक्टीन (d) नमी

44. विन्टर बनाना प्रजाति..............है-

(a) सेब (b) अमरूद
(c) केला (d) आम

45. ह्यूमस का रंग होता है........

(a) सफेद (b) काला भूरा
(c) गहरा नीला (d) हल्का पीला

46. राष्ट्रीय खरपतवार शोध संस्थान......... स्थित है-

(a) भोपाल (b) जबलपुर
(c) पूना (d) नई दिल्ली

47. धान के खरपतवार नियन्त्रण के लिए प्रचलित रसायन है-

(a) 2-4 डी (b) एट्रोजीन
(c) बूटा क्लोर (d) आइसोप्रोटॅयूरान

48. कौन-से सूक्ष्म जीव का व्यापारिक रूप से जैव-नियंत्रण में उपयोग किया गया है-

(a) पेनीसिलियम नीटेट्म
(b) बैसिलम सबटिलिस
(c) ट्राइकोडरमा विरडी
(d) स्कलेरोशियम रोल्फसाई

49. निम्नलिखित मृदाओं में से सर्वाधिक धनायन विनिमय क्षमता (CEC) वाली मृदा है-

(a) दोमट (loam)
(b) लोमी सेन्ड (loamy sand)
(c) बुलई दोमट (sandy loam)
(d) मृत्तिका दोमट (clay loam)

50. कुसुम में शीर्षभाग हटाने (Topping) का मुख्य उद्देश्य है-

(a) गिरने से बचाने के लिये
(b) शाखाओं व फूलों को बढ़ावा देने हेतु
(c) जल का ह्रास रोकने के लिए
(d) उपरोक्त सभी

51. पौधे की कम वृद्धि दर के साथ अधिकतम वृद्धि तथा साथ ही पोषक तत्त्व का पौधे में संचय (accumulation) कहलाता है-

(a) सिवीअर डेफीशियन्सी रेंज (Severe deficiency range)
(b) टॉक्सिक रेंज (Toxic range)
(c) मॉडरेट डेफीशियन्सी रेंज (Moderate deficiency range)
(d) सफीशियन्सी रेंज (Sufficiency range)

52. गेहूँ के पीले किट्ट (yellow or stripe rust) का मुख्य लक्षण है-

(a) तने व लीफ सीथ पर लम्बे भूरे फूटे हुये पस्ट्यूल
(b) पत्ती पर पंक्ति के रूप में पीले, छोटे, गोल फूटे हुये यूरेडो-पस्ट्यूल
(c) पत्ती पर भूरे, गोलाकार से अण्डाकार, फूटे हुये यूरेडो-पस्ट्यूल
(d) पत्ती की निचली सतह पर काले, बिखरे हुये टीलियो पस्ट्यूल

53. किसी रोग का समुदाय में प्रतिग्रहण (Acceptance) से अधिक आना किस प्रकार के रोग को इंगित करता है?

(a) स्पोरिक (Sporadic)
(b) एपिडेमिक (Epidemic)
(c) पेन्डेमिक (Pandemic)
(d) एन्डेमिक (Endemic)

54. टेट्राजोलियम टेस्ट से निर्धारित करते हैं-

(a) बीज की शुद्धता का
(b) बीज अंकुरण का
(c) सीड वायबिलिटी (Seed viability)
(d) बीज की गुणवत्ता का

55. पके हुये चावल का कोहेसिवनेस् एवं टेन्डरनेस (Cohesiveness and tenderness) किस पर निर्भर करता है?

(a) एमाईलोज की प्रतिशतता पर
(b) एमाईलोपेक्टिन की प्रतिशतता पर
(c) एमाईलोज एवं प्रोटीन के अनुपात पर
(d) एमाईलोज एवं एमाईलोपेक्टिन के अनुपात पर

56. निम्नलिखित में से कौन-सा एक सही सुमेलित नहीं है?

	अम्ल निर्माण करने वाले उर्वरक	तुल्यांकी अम्लता (Acid equivalent)
(a)	अमोनियम क्लोराइड	128
(b)	यूरिया	60
(c)	अमोनियम सल्फेट नाइट्रेट	93
(d)	अमोनियम सल्फेट	110

57. जल माँग (water requirement) में शामिल होता है-

(a) पानी फसल को देने वाल वाष्प-वाष्पोत्सर्जन में जल का ह्रास
(b) पानी फसल को देने व उपभोग में उपयोग जल का ह्रास
(c) उपभोग जल, स्पेशल कामों के लिये प्रयुक्त जल एवं अन्य आर्थिक जल का ह्रास जिससे बचा न जा सके।
(d) वाष्प-वाष्पोत्सर्जन में प्रयुक्त जल एवं विशेष कामों में आवश्यक जल

58. खैरा रोग किसकी कमी से होता है-

(a) जस्ता (b) बोरान
(c) नाइट्रोजन (d) उपरोक्त सभी

59. अरहर का ग्लानि (उकठा) रोग होता है-

(a) विषाणु द्वारा
(b) जीवाणु द्वारा
(c) कवक द्वारा
(d) प्रोटोजोआ द्वारा

60. पायरिल्ला कीट है-

(a) गेहूँ का (b) धान का
(c) गन्ना का (d) बाजरा का

61. रस्ट (किट्ट) का नियंत्रण.........करते हैं-

(a) सीमैजीन
(b) बूटाक्लोर
(c) इन्डोफिल एम. 45
(d) 2-4-डी

62. वैशाली प्रजाति है-
(a) मटर (b) टमाटर
(c) आलू (d) फूलगोभी

63. बीज उपचार हेतु प्रचलित रसायन है-
(a) 2-4 डी
(b) बूटा क्लोर
(c) कैप्टान
(d) उपरोक्त में कोई नहीं

64. गन्ने के शीर्ष वेधक कीट की रोकथाम करते हैं-
(a) एग्रोसीन जी.एन.
(b) कैरोथेन
(c) इन्डोसल्फान 35 ई.सी.
(d) उपरोक्त में से कोई नहीं

65. वाष्पोत्सर्जन की क्रिया होती है..........
(a) जड़ में (b) तना में
(c) पत्ती में (d) फल में

66. श्वसन की प्रक्रिया में पौधे दिन में गैस अवशोषित करते हैं-
(a) ऑक्सीजन
(b) कार्बन डाई ऑक्साइड
(c) नाइट्रोजन
(d) कार्बन मोनो ऑक्साइड

67. अंकुरित पौधे का भोजन इकट्ठा रहता है-
(a) बीज में (b) बीजपत्र में
(c) भूमि में (d) बीज कवच में

68. फसल चक्र सहायक है.............. ।
(a) उर्वरता बढ़ाने में (b) पैदावार बढ़ाने में
(c) रोग नियन्त्रण (d) उपरोक्त सभी

69. पर्पिल ब्लाच एक भयानक रोग है........।
(a) टमाटर का (b) प्याज का
(c) आलू का (d) फूलगोभी का

70. फूलगोभी में बटनिंग किसकी कमी से होता है..............।
(a) पोटैशियम (b) नाइट्रोजन
(c) कैल्शियम (d) मैग्निसियम

71. ग्रामीण विकास हेतु इटावा पायलेट प्रोजेक्ट का आरम्भ ....हुआ।
(a) 1970 (b) 1948
(c) 1952 (d) 1947

72. समाज कल्याण हेतु सर्वोदय योजना....... शुरू हुई।
(a) 1950 (b) 1947
(c) 1955 (d) 1970

73. प्रयोगशाला से खेत तक कार्यक्रम शुरू हुआ था..............।
(a) 1950 (b) 1979
(c) 1955 (d) 1962

74. नक्शा को .... जाना जाता है।
(a) सजण के रूप में
(b) खेवट के रूप में
(c) जोत वही के रूप में
(d) उपरोक्त में कोई नहीं

75. आम का कोयलिया रोग किसके प्रभाव से होता है-
(a) नाइट्रोजन गैस (b) बोरान
(c) सल्फर (d) मैगनिसियम

76. क्रूसीफेरी कुल की सफेद गरुई रोग ...... होता है।
(a) कवक द्वारा (b) जीवाणु द्वारा
(c) विषाणु द्वारा (d) सूत्र कृमि द्वारा

77. क्षेत्रीय ग्राम्य विकास संस्थान का मुख्य कार्य है-
(a) सुरक्षा प्रदान करना
(b) प्रशिक्षण एवं मार्गदर्शन
(c) धन प्रदान करना
(d) उपरोक्त में कोई नहीं

78. डैम्पिग ऑफ बीमारी............सम्बन्धित है।
(a) फूलगोभी (b) आलू
(c) टमाटर (d) मटर

79. परभनी क्रान्ति .... प्रजाति है।
(a) भिण्डी (b) खरबूजा
(c) टमाटर (d) प्याज

80. अंगूरलता किस फसल की किस्म है?
(a) आलू (b) टमाटर
(c) फूलगोभी (d) प्याज

81. आलू में कंद बनने (Tuberization) हेतु आदर्श तापक्रम चाहिए (° सेल्सियस)-
(a) 14° से. (b) 18° से.
(c) 21° से. (d) 34° से.

82. अंकुरण के दौरान रेडिकल (Radicle) व प्लूमूल (Plumule) का विकास...........से होता है।
(a) भ्रूण (Embryo)
(b) भ्रूणपोष (Endosperm)
(c) हिलम (Hilum)
(d) बीज आवरण

83. लंग्यूम जड़ ग्रन्थियों वाले जीवाणु (Legume root nodule bacteria) जिनकी वृद्धि धीमी होती है, किस जीवाणु कुल में शामिल किए गए हैं?
(a) राइजोबियम
(b) ब्रेडी राइजोबियम
(c) साईनो राइजोबियम
(d) एजो राइजोबियम

84. मुख्यतः मक्का में किस खरपतवारनाशी का प्रयोग किया जाता है?
(a) एट्राजीन (b) एलाक्लोर
(c) सीमाजीन (d) मेट्राईबुजीन

85. पौधों की पत्तियों में ऊतक क्षय कमी के कारण होता है-
(a) Fe के (b) Mg के
(c) Ca के (d) P के

86. सूक्ष्म भोज्य-तत्वों से बनी श्रेणी है-
(a) Fe, Mn, Zn, Cu, Mo, B
(b) Mg, N, P, K, S, Fe
(c) Ca, Mg, P, K, B, Fe
(d) S, N, P, K, B, Al

87. रॉक फॉस्फेट है-
(a) जल विलेय उर्वरक
(b) साइट्रेट विलेय उर्वरक
(c) अविलेय उर्वरक
(d) इनमें से कोई नहीं

88. अमीनो-नाइट्रोजनयुक्त नाइट्रोजन उर्वरक है-
(a) अमोनियम सल्फेट
(b) यूरिया
(c) अमोनियम सल्फेट नाइट्रेट
(d) कैल्शियम अमोनियम नाइट्रेट

89. जिप्समयुक्त फॉस्फेटिक उर्वरक है-
(a) डाईअमोनियम फॉस्फेट
(b) यूरिया फॉस्फेट
(c) नाइट्रोफॉस्फेट
(d) सिंगल सुपर फॉस्फेट

90. मृदा में नमी की अवस्था जिस पर पौधे मुर्झाना शुरू कर दें, उसे कहते हैं-
(a) नमीधारण क्षमता
(b) मुर्झान बिन्दु
(c) आर्द्रताग्राही गुणांक
(d) इनमें से कोई नहीं

91. राइजोबियम सूक्ष्म-जीवाणु की गाँठों में पाए जाते हैं-
(a) अन्न वाली फसलों की
(b) दलहनी फसलों की
(c) तिलहनी फसलों की
(d) रेशे वाली फसलों की

92. किस मृदा की जल धारण क्षमता अधिक होती है?
(a) बलुई मृदा
(b) बलुई दोमट मृदा

(c) दोमट मृदा
(d) मटियार दोमट मृदा

93. कृषि के लिए अधिक उपयुक्त मृदा कौन-सी है?
(a) बलुई दोमट (b) सिल्ट दोमट
(c) मटियार (d) दोमट

94. संगमरमर है-
(a) आग्नेय चट्टान
(b) अवसादी चट्टान
(c) कायांतरित चट्टान
(d) इनमें से कोई नहीं

95. फसल की किस्म में रोधिता जो कि फसल की एक ही किस्म को 4-5 वर्ष तक वृहत् पैमाने पर लगाने पर एक रोगजनक के प्रति रोग रोधिता (disease resistance) और अन्य रोगजनकों के प्रति ग्राही (susceptible) हो जाती है, इस प्रकार की रोधिता कहलाती है-
(a) ऊर्ध्व रोधिता (Vertical resistance)
(b) क्षैतिज रोधिता (Horizontal resistance)
(c) ड्यूरेबल रोधिता (Durable resistance)
(d) व्यापक रोधिता (General resistance)

96. किस कीट के द्वारा धान का टुंग्रो वायरस (tungro virus) रोग फैलता (transmitted) है?
(a) गाल मिज Gall midge)
(b) लीफ रोलर (Leaf roller)
(c) ग्रीन लीफ हापर
(d) धान मत्कण (Gundhi bug)

97. शाकनाशी जिनमें अणुओं में कार्बन और हाइड्रोजन अवयव के रूप में हो, कहलाते हैं-
(a) आर्सेनिक
(b) अम्ल
(c) कार्बनिक शाकनाशी
(d) लवण

98. सब्मर्ज्ड (Submerged) मृदा में कार्बनिक पदार्थों का विच्छेन किसके द्वारा किया जाता है?
(a) जीवाणु (b) एक्टीनोमाइसिट्स
(c) कवक (d) केंचुए

99. सोयाबीन में फ्लूक्लोरेलिन (Fluchloralin) का प्रयोग करते हैं-
(a) फसल उगने से पहले (Pre-emergence)
(b) फसल उगने के बाद (Post-emergence)
(c) मिट्टी में मिलाकर (Pre-plant incorporation)
(d) उपरोक्त में से कोई नहीं

100. सर्वाधिक मात्रा में सीमेन (semen) का परित्याग किया जाता है-
(a) पोल्ट्री के द्वारा (b) सूअर के द्वारा
(c) रेम के द्वारा (d) मवेशी के द्वारा

101. टेन्सियोमीटर का उपयोग किस मेट्रिक पोटेन्शियल (Matrix poential) तक किया जा सकता है?
(a) – 0.8 बार (b) – 0.6 बार
(c) – 0.4 बार (d) – 0.2 बार

102. अधिक उत्पादन के लिए गंधक की आवश्यकता होती है-
(a) धान को (b) बरसीम को
(c) रिजके को (d) मूँगफली को

103. ऊपास 120 (UPAS 120) किस्म है-
(a) गेहूँ की (b) अरहर की
(c) जौ की (d) उड़द की

104. भारत सरकार ने उर्वरक सब्सिडी (Fertilizer subsidy) कब शुरू की?
(a) नवम्बर 1, 1966 (b) नवम्बर 1, 1969
(c) नवम्बर 1, 1977 (d) अक्टूबर 2, 1988

105. समन्वित ग्रामीण विकास कार्यक्रम के तहत विकास की आधारभूत इकाई है-
(a) जनपद
(b) ग्राम
(c) परिवार
(d) सामुदायिक विकास खण्ड

106. उन्नत बीज, उर्वरक और कीटनाशी दवाएं जैसे आदान उपलब्ध कराने के लिए ग्राम पंचायत समिति के स्तर पर एजेन्सी है-
(a) नाबार्ड (b) राष्ट्रीयकृत बैंक
(c) सहकारी समिति (d) बीमा कंपनियाँ

107. सीड प्लांट तकनीक अपनायी जाती है-
(a) गेहूँ में (b) धान में
(c) आलू में (d) बाजरा में

108. केन्द्रीय मृदा लवणता अनुसंधान संस्थान स्थित है-
(a) जोधपुर में (b) देहरादून में
(c) करनाल में (d) बिहार में

109. 'चंचल' एक किस्म है-
(a) टमाटर का (b) बैंगन का
(c) मिर्च का (d) शिमला मिर्च का

110. जैव उर्वरक है-
(a) जीवांश खाद
(b) सूक्ष्म जीवों का कल्चर
(c) हरी खाद
(d) इनमें से कोई नहीं

111. WP संक्षिप्त रूप है-
(a) जलीय लेई का (b) वेटेबिल लेई का
(c) वेटेबिल चूर्ण का (d) इनमें से कोई नहीं

112. माइट्स को नियन्त्रित करने के लिए किस रसायन का प्रयोग किया जाता है?
(a) कीटनाशक (b) अकरीसाइड
(c) सूत्र कृमि नाशक (d) फफूँद नाशक

113. लौह एक महत्वपूर्ण अवयव है-
(a) साइटोक्रोम्स का (b) फेरीडोक्सिन का
(c) सीरोम का (d) इनमें से सभी

114. संतृप्त वसा युक्त अम्ल कौन है?
(a) लिनोलेइक अम्ल
(b) ओलेइक अम्ल
(c) स्टिआरिक अम्ल
(d) अराकिडोनिक अम्ल

115. मध्यकालीन भण्डारण कितने समय के लिए किया जा सकता है?
(a) 100 वर्ष (b) 10 से 15 वर्ष
(c) 3 से 5 वर्ष (d) इनमें से कोई नहीं

116. टमाटर में अम्ल की मात्रा कम होती है इस अवस्था में-
(a) पूर्ण विकसित फल
(b) अविकसित फल
(c) जब रंग प्रकट होता है
(d) इनमें से कोई नहीं

117. उच्च उपज देने वाले टमाटर में श्रेष्ठ घासपात से ढकना (Mulching) होता है-
(a) पुआल घासपात
(b) गैर-घासपात नियंत्रण
(c) प्लास्टिक घासपात
(d) उपरोक्त सभी

118. बंदगोभी कल्टीभरों (Cultivars) को वर्गीकृत किया जा सकता है इसमें-
(a) सफेद बंदगोभी
(b) लाल बंदगोभी
(c) सैभोई (Savoy) बंदगोभी
(d) उपरोक्त सभी

119. फूलगोभी में ह्विपटेल इसकी कमी के कारण होता है-
(a) बोरोन (b) मॉलिब्डेनम
(c) पोटैशियम (d) जिंक

120. बैंगन के गोल या अंडे के आकार के केल्टीभरों को किस किस्म के अधीन वर्गीकृत किया जाता है?
(a) एस्कुलेंटम (b) सर्पेन्टीनम
(c) डिप्रेशम (d) खासिआनम

व्याख्या सहित उत्तर

1. (a) महात्मा बुद्ध ने अपना प्रथम उपदेश सारनाथ (ऋषिपत्तनम् या मृगदाव) में पांच ब्राह्मण संन्यासियों को दिया था, जिसे बौद्ध ग्रंथों में 'धर्मचक्रप्रवर्तन' के नाम से जाना जाता है। सारनाथ में ही बुद्ध ने 5 संन्यासियों के संघ की स्थापना की थी। इनके नजदीकी शिष्यों में आनंद, उपालि, सारिपुत्र, मोदगल्याकन, देवदत्त आदि थे, जिनमें आनंद सर्वाधिक नजदीक थे।

2. (a) विश्व की विशालतम बौद्ध मूर्ति अफगानिस्तान के बामियान क्षेत्र में स्थित थी। इसका निर्माण 200BC में किया गया था जिसका वर्णन ह्वेनसांग ने किया है।

3. (d) विजयनगर साम्राज्य की स्थापना सन् 1336 ई. में दक्षिण भारत में तुगलक सत्ता के विरुद्ध होने वाले विद्रोह के परिणामस्वरूप हुई। विजयनगर साम्राज्य की स्थापना हरिहर एवं बुक्का द्वारा तुंगभद्रा के उत्तरी तट पर स्थित अनेगुण्डी दुर्ग के निकट की गयी। अपने इस साहसिक कार्य में उन्हें ब्राह्मण विद्वान माधव विद्यारण्य तथा वेदों के प्रसिद्ध भाष्यकार 'सायण' से प्रेरणा मिली।

4. (a) मुहम्मद बिन तुगलक के शासन के अन्तिम दिनों में, दक्कन में अमी-ए-सादा (सरदारों) के विद्रोह के परिणामस्वरूप सन् 1347 ई. में बहमनी साम्राज्य की स्थापना हुई। यहां के सरदारों ने इस्माइल को नासिरुद्दीन शाह के नाम से दक्कन का राजा घोषित किया परन्तु वह अयोग्य सिद्ध हुआ जिससे उसे 'हसन' के पक्ष में गद्दी छोड़नी पड़ी जिसकी उपाधि जफर खां थी। 3 अगस्त, 1347 को उसे अबुल मुजफ्फर अलाउद्दीन हसन बहमन शाह के नाम से सुल्तान घोषित किया गया। अलाउद्दीन हसन ने गुलबर्गा को अपनी राजधानी बनाया तथा उसका नाम बदलकर अहसानाबाद कर दिया।

5. (d) बीजापुर नामक स्वतंत्र राज्य की स्थापना सन् 1489 ई. में यूसुफ आदिलशाह ने की थी। यह धार्मिक रूप से सहिष्णु एवं न्यायप्रिय शासक था। बहमनी वंश के कुली कुतुबशाह नामक तुर्की अधिकारी ने गोलकुंडा में कुतुबशाही वंश की स्थापना की। सन् 1394 ई. में फिरोज तुगलक के पुत्र महमूद ने अपने वजीर ख्वाजा जहान को 'मलिक उस शर्क' की उपाधि प्रदान की। उसने दिल्ली पर हुए तैमूर आक्रमण (1398 ई.) के कारण व्याप्त अस्थिरता का लाभ उठाकर जौनपुर में स्वतन्त्र शर्की राजवंश की नींव डाली।

6. (d) सन् 1907 ई. सूरत अधिवेशन में भारतीय राष्ट्रीय कांग्रेस के नरम एवं गरम दलों के बीच मतभेद हो जाने से कांग्रेस पार्टी में विभाजन हो गया जो सन् 1916 ई. के लखनऊ अधिवेशन में पुन: एकजुट हुए। सन् 1907 ई. में सूरत अधिवेशन की अध्यक्षता रास बिहारी बोस ने की थी।

7. (c) कांग्रेस के आधिकारिक इतिहास के लेखक पट्टाभि सीतारमैया हैं।

8. (c) डॉ. सैफुद्दीन किचलू और डॉ. सत्यपाल की गिरफ्तारी का विरोध करने के लिए 13 अप्रैल, 1919 ई. में बैसाखी के दिन अमृतसर के जलियांवाला बाग में एक सभा एकत्रित हुई जिस पर जनरल डायर ने बिना कोई चेतावनी दिए गोलियां चलवा दी थीं जिसमें 1000 से अधिक लोग मारे गए थे तथा 3000 घायल हुए थे।

9. (a) निदेशक तत्त्वों का लक्ष्य एक सच्चे कल्याणकारी राज्य की स्थापना करना है। इसके अलावा आर्थिक शोषण और भारी असमानताओं तथा अन्यायों का अंत भी निदेशक तत्त्वों का उद्देश्य है। अनुच्छेद 38 के अनुसार, ''राज्य ऐसी सामाजिक व्यवस्था, जिसमें सामाजिक, आर्थिक और राजनीतिक न्याय राष्ट्रीय जीवन की सभी संस्थाओं को अनुप्राणित करे, भरसक रूप में स्थापना एवं संरक्षण करके लोक कल्याण की अभिवृद्धि का प्रयास करेगा।''

10. (c) स्वर्णसिंह समिति की रिपोर्ट के आधार पर संविधान के भाग चार अनुच्छेद 50-क के रूप में मूल कर्त्तव्यों को जोड़ा गया है।

11. (d) संविधान के 73वें संशोधन द्वारा यह प्रावधान किया गया है कि पंचायतों का चुनाव नियमित हो, महिलाओं के लिए सभी स्तरों पर सीटों का आरक्षण हो, राज्य वित्त आयोग की संस्तुति के अनुसार पंचायतों को वित्त प्रदान किया जाए तथा 11वीं अनुसूची में दिए गए विषयों के सम्बन्ध में पंचायतों को शक्ति का हस्तांतरण अनिवार्य रूप से किया जाए।

12. (d)

विषय	संविधान के अनुच्छेद
1. आकस्मिक प्रावधान	352
2. विधायी शक्तियों का वितरण	245
3. संघीय न्यायपालिका	124
4. नागरिकता	5

13. (a) वित्त आयोग का गठन केन्द्र तथा राज्य के बीच राजस्व वितरण के उपाय सुझाने के लिए किया गया है। अनुच्छेद 280 के अनुसार राष्ट्रपति द्वारा प्रत्येक 5 वर्ष बाद या आवश्यकता पड़ने पर समय से पूर्व एक वित्त आयोग का गठन किया जाएगा जिसमें अध्यक्ष के अलावा 4 अन्य सदस्य होंगे। प्रथम वित्त आयोग के अध्यक्ष के.सी. नियोगी थे। अब तक 11 वित्त आयोगों ने अपनी रिपोर्ट सौंपी है। 12वें वित्त आयोग के अध्यक्ष सी. रंगराजन हैं।

14. (a) 1 कि.ग्रा./से.मी. 100/1000 = 0.1 बार

15. (b) पास्कल दाब के माप की इकाई होती है।

16. (b) मोटर वाहनों से निकलने वाली गैसों में कार्बन मोनोऑक्साइड एक मुख्य प्रदूषक गैस है। कार्बन मोनोऑक्साइड हीमोग्लोबिन के साथ क्रिया करके एक स्थायी यौगिक बना लेती है जिससे हीमोग्लोबिन ऑक्सीजन को ऊतकों तक नहीं पहुंचा पाता। अत: यह मनुष्य के लिए नुकसानदायक होता है। पौधों में हीमोग्लोबिन नहीं होता। अत: कार्बन मोनोऑक्साइड पौधों के लिए नुकसानदायक नहीं होती।

17. (c) कार्बनडाइऑक्साइड एक रंगहीन, गंधहीन गैस है। वायुमंडल में कार्बनडाइऑक्साइड आयतनानुसार 0.03% पायी जाती है। इसका जलीय विलयन अम्लीय होता है। वायुमंडलीय दाव पर यह 78ºC ताप पर ठोस अवस्था मे परिवर्तित हो जाती है जिसे शुष्क बर्फ कहते हैं।

18. (a) अमोनिया एक तीक्ष्ण गंध वाली गैस है जो वायु से कुछ हल्की होती है। अमोनिया का उपयोग बर्फ बनाने के कारखानों, धुलाई व उर्वरक के रूप में किया जाता है। अमोनिया एक क्षारीय गैस है तथा जल में घुलकर अमोनियम हाइड्रॉक्साइड बनाती है। कृत्रिम रेशे व अश्रु गैस बनाने में भी अमोनिया गैस का प्रयोग किया जाता है।

19. (c) शीरा का उपयोग पावर एल्कोहल में किया जाता है।

20. (a) कुचिपुड़ी नृत्य का आरंभ आंध्र प्रदेश में हुआ था।

21. (c) सोयाबीन में प्रोटीन के अलावा वसा भी पर्याप्त मात्रा में पायी जाती है। सोयाबीन के अधीन कुल क्षेत्र का तीन-चौथाई से भी अधिक मध्य प्रदेश में है तथा कुल उत्पादन में इस राज्य का भारत में प्रथम स्थान है। इसके बाद महाराष्ट्र, राजस्थान तथा कर्नाटक राज्यों का स्थान आता है।

22. (c) सूर्यमुखी, सरसों, राई आदि तिलहनी फसलें हैं; तथा अरहर, मटर, चना, मसूर आदि दलहनी फसलें हैं; लोबिया, बरसीम आदि चारे की फसलें हैं।

23. (a) गुजरात के अहमदाबाद नगर में देश के सबसे अधिक सूती वस्त्रों के कारखाने (72) हैं। मुंबई को 'वस्त्रों की राजधानी' कहा जाता है। यहां कारखानों की संख्या 63 है तथा उत्पादन सर्वाधिक है। सूरत भी वस्त्र उद्योग का एक प्रमुख केंद्र है। उत्तर प्रदेश के कानपुर नगर को उत्तर 'भारत का मैनचेस्टर' कहते हैं। यहां 17 मिलें हैं।

24. (a) **जीवमण्डल (Biosphere) निचय (रिजर्व):** यह एक ऐसा क्षेत्र है, जिसे उसके निवासियों द्वारा प्रस्तावित, राष्ट्रीय समिति द्वारा अनुमोदित और यूनेस्को के "मैन एण्ड बायोस्फीयर (MAB)" कार्यक्रम द्वारा नामित किया जाता है। इनकी स्थापना का प्राथमिक उद्देश्य आर्थिक विकास एवं सांस्कृतिक मूल्यों को बनाए रखते हुए जैव-विविधता (Bio-diversity) का संरक्षण करना है।

25.(a) **फ्लाई ऐश:** इसकी प्राप्ति कोयले का उपयोग करने वाले शक्ति संयन्त्रों से होती है, जो महीन कणों से निर्मित होती है। 'फ्लाई ऐश' में सिलिकान डाइ-ऑक्साइड और कैल्सियम ऑक्साइड और एल्युमीनियम ऑक्साइड अच्छी मात्रा में होता है। साथ ही इसमें विषाक्त तत्व पाए जाते हैं।

'फ्लाई ऐश' का उपयोग भवन निर्माण के लिए ईटों के उत्पादन में किया जा सकता है तथा इसका उपयोग कंक्रीट के कुछ पोर्टलैण्ड सीमेण्ट अंश के स्थानापन्न (रिप्लेसमेण्ट) के रूप में किया जा सकता है।

26. (c) डयूगोंग मध्यम आकार का समुद्री स्तनधारी है, जिसे समुद्री गाय के रूप में जाना जाता है। यह उथले तटीय जल में निवास करते हैं और समुद्री घास व एल्गी का भोजन के रूप में प्रयोग करते है। अत: यह एक शाकाहारी समुद्री जीव है।

भारतीय तटों पर 'ड्यूगोंग' की संख्या कच्छ की खाड़ी, मन्नार की खाड़ी तथा अण्डमान एवं निकोबार द्वीप समूह पर पाई जाती है।

27. (a) प्राकृतिक कृषि का अन्वेषक मसानोवा को माना जाता है।

28. (a) ग्लोबीय ताप वृद्धि के परिणामस्वरूप समुद्री जलस्तर ऊपर उठ जायेगा, फलत: सभी तटीय क्षेत्र जलमग्न हो जायेंगे।

29. (c) इजराइल की मृत सागर झील संपूर्ण संसार में तुर्की की वॉन लेक के बाद सर्वाधिक खारे पानी की झील है जिसकी लवणता 243% है। वान लेक की लवणता 338% है। कैस्पियन सागर विश्व की सबसे बड़ी खारे पानी की झील है।

30. (b)

31. (c) 'गिल्ट एज्ड' बाजार सरकारी प्रतिभूतियों से संबंधित है। इसमें रिजर्व बैंक के माध्यम से 'सरकारी और अर्द्धसरकारी' प्रतिभूतियों का क्रय-विक्रय किया जाता है। चूंकि इन प्रतिभूतियों का मूल्य स्थिर रहता है अत: इसी कारण बैंक एवं अन्य वित्तीय संस्थाएं इन प्रतिभूतियों के प्रति विशेष आकर्षण रखती हैं।

32. (a) उ. प्र. का इटावा जिला अवनलिका अपरदन से सर्वाधिक प्रभावित जिला है। यह यमुना एवं चंबल नदियों के मध्य स्थित है।, इसमें चंबल नदी काफी धुमावदार रूप में बहती है एवं खड्डों का निर्माण करती है, जिससे यहां बीहड़ों का निर्माण होता है जो अवनलिका अपरदन के लिए मुख्य रूप से उत्तरदायी होते हैं।

33. (c) राष्ट्रीय राजमार्ग संख्या-2 लखनऊ नगर को नहीं जोड़ता है। यह दिल्ली से मथुरा-कानपुर-इलाहाबाद-वाराणसी- मोहनिया-बाढी-बारा होते हुए कोलकाता तक जाता है। उत्तर प्रदेश में राष्ट्रीय राजमार्ग संख्या-2 की कुल लंबाई 756 किमी. है।

34. (d) 'राहुला' लोकनृत्य यू.पी. के बुंदेलखंड क्षेत्र से संबंधित है। इस लोकनृत्य में शिक्षाप्रद लोक कथनों/कहावतों/शिक्षाओं का मंचन किया जाता है।

35. (b) एंटोमोलॉजी (Entomology) जंतु विज्ञान की वह शाखा है जिसमें कीट पतंगों का व्यापक अध्ययन किया जाता है।

36. (a) 3240, 3600 व P का म॰ स॰ = 36

$\Rightarrow$ $3240 = 36 \times 90$

$\Rightarrow$ $3600 = 36 \times 100$

तथा $P = 36x$

$\therefore$ 3240, 3600, P = 36 [90, 100, x]

$\therefore$ 3240, 3600 और P का लघुतम समापवर्त्य

$= 36 \times 10 \times 9 \times 10 \times x$

$\therefore$ $=900\,p$

$$\therefore \quad p = \frac{2^4 \times 3^5 \times 5^2 \times 7^2}{900}$$

$$= \frac{2^4 \times 3^5 \times 5^2 \times 7^2}{2^2 \times 3^2 \times 5^2}$$

$= 2^2 \times 3^3 \times 7^2$

37. (c) अभीष्ट सही औसत

$$= \frac{54 \times 76 + 36 + 47 - 60 - 77}{54}$$

$$= \frac{4187 - 137}{54} = \frac{4050}{54} = 75$$

38. (c) माना छोटी रेलगाड़ी की चाल

$= x$ मी./से.

रेलगाड़ियों की सापेक्ष चाल

$= (40 + x)$ मी./से.

तब,

$$4 = \frac{(200 + 180)}{40 + x}$$

$\Rightarrow$ $160 + 4x = 380$

$\Rightarrow$ $4x = 220$

$\therefore$ $x = 55$ मी./से.

39. (a) प्रश्नानुसार, लगातार पूर्ण वर्ग संख्याएँ दी गई हैं।

$4 = 2 \times 2,$

$9 = 3 \times 3,$

$16 = 4 \times 4,$

$25 = 5 \times 5,$

$36 = 6 \times 6,$

$49 = 7 \times 7$

40. (a) प्रश्नानुसार,

(G) U [S] T ⟶ @ [7] ($) 2 ...(i)

[S] N I △P ⟶ 9 △5 [7] # ...(ii)

(G) A △P E ⟶ β ($) 3 △5 ...(iii)

सभी. (i) और (iii) से, $G \rightarrow \$$

सभी. (i) और (ii) से, $S \rightarrow 7$

सभी. (ii) और (iii) से, $P \rightarrow 5$

सभी. (ii) से N I $\rightarrow 9\#$

अत: SING $\rightarrow$ 9\$7#

41. (d)

42. (a) 'कुफरी ज्योति' आलू की प्रजाति है। यह किस्म विशेष रूप से पहाड़ी क्षेत्रों के लिये उपर्युक्त है, इसके आलू सफेद, अण्डाकार तथा उजली आँखों वाले होते हैं।

43. (c) जैलीमीटर (Jelly Meter) के द्वारा जैली में पैक्टीन (Pactin) की मात्रा का परीक्षण किया जाता है। पैक्टीन की मात्रा स्प्रिट या एल्कोहल विधि द्वारा भी ज्ञात किया जाता है।

44. (a) 'विन्टर बनाना' सेब की प्रजाति है जो कि उत्तर प्रदेश में मध्य समय में पकने वाली प्रजाति है। जम्मू व कश्मीर में यह प्रभेद कम ठंडे स्थानों हेतु उपयुक्त है।

45. (b)

46. (b) राष्ट्रीय खरपतवार शोध संस्थान जबलपुर में स्थित हैं। National Research Centre for Weed science at Jabal pur (1988) : इसके प्रथम डाइरेक्टर डॉ. विष्णु मोहन भान हुये।

47. (c) धान के खेत में केवल चौड़ी पत्ती वाले खरपतवारों के नियन्त्रण हेतु 2, 4 डी सोडियम साल्ट 400 ग्राम से 500 ग्राम प्रति हेक्टेयर की दर से प्रयोग किया जा सकता है। घास जाति एवं चौड़ी पत्ती वाले खरपतवारों के नियन्त्रण हेतु ब्यूटाक्लोर 50 ई.सी. (मचेटी) 4-5 लीटर अथवा ब्यूटाक्लोर 5 प्रतिशत दानेदार 40-50 किलोग्राम प्रति हेक्टेयर अथवा बेन्थियोकाब 10 प्रतिशत (सैटर्न) दानेदार 15 किलोग्राम या बेन्थियोकार्य 50 ई.सी. 3 लीटर या पेन्डोमेथालीन 3.3 लीटर का 600-800 लीटर पानी में घोल बनाकर प्रति हेक्टेयर की दर से रोपाई के 3 से 4 दिन के भीतर प्रयोग करना चाहिये।

48. (c) **49.** (d) **50.** (b) **51.** (d)

52. (b) **53.** (b) **54.** (c) **55.** (d)

56. (b) **57.** (c)

58. (a) खैरा रोग जस्ता (Zinc) की कमी से होता है।

59. (c) अरहर का म्लानि (उकठा) (Wilt disease) रोग 'फ्यूजेरियम उडम' नामक कवक (fungus) से फैलता है। यह अरहर का अत्यन्त हानिकारक रोग है। यह कवक फसल काटने के बाद भूमि में जीवित रह सकता है और फिर अगली फसल और प्रकोप करता है। इस प्रकार के खेत में आगामी 3-4 वर्ष तक अरहर की फसल नहीं उगाना चाहिये। ज्वार के साथ अरहर की मिलवां फसल बोने से भी कुछ हद तक उकठा रोग का प्रकोप कम हो जाता है।

60. (c) पायरिल्ला (Pyrilla) गन्ने की फसल का कीट है। इस कीट के प्रौढ़ तथा शिशु दोनों पत्तियों की निचली सतह पर रहकर रस चूसते हैं। यह कीट एक तरह का मीठा पदार्थ भी अपने शरीर से निकालते हैं। जो पत्तियों पर एक पर्त के रूप में फैल जाता है। उसके ऊपर काली फफूँदी उग आती है।

61. (c) रस्ट (किट्ट) अथवा गेरूई (Rust) रोग कवक (Fungus) के द्वारा उगने वाला रोग है। इसकी रोकथाम कवकनाशी रसायन (Fungicides) के द्वारा जैसे डाइथेन एम 45 या इण्डोफिल एम 45 के द्वारा करते हैं।

62. (a) **63.** (c)

64. (c) गन्ने के शीर्ष वेधक अथवा अगोला वेधक (Top borer) कीट के नियन्त्रण के लिये 10 किलोग्राम क्रियाशील फ्यूरेडान 3 जी का खेत में जुलाई के महीने ने प्रयोग करें। तथा सिंचाई करें अथवा 1.5 लीटर इण्डोसल्फान 35 ई.सी. या नुवाक्रान 40 ई.सी. का 1000 लीटर पानी में घोल बनाकर फसल का ऊपर की तरफ से छिड़काव करें।

65. (c) **66.** (b)

67. (b) सभी बीजों में एक अथवा दो बीज पत्र होते हैं जिनमें पर्याप्त मात्रा में भोजन भरा रहता है। परन्तु कुछ बीजों जैसे अरण्डी के बीजों आदि में भोजन भ्रूण की एक विशेष ऊति में एकत्रित रहता है जिसे भ्रूणपोष कहते हैं। यही भोज्य पदार्थ अंकुरित पौधों द्वारा उपयोग किया जाता है।

68. (d) फसल चक्र के लाभ-(1) खेत की उर्वरा शक्ति बनी रहती है। (2) खरपतवार कीटों तथा रोगों के नियन्त्रण में संहायता मिलती है। (3) फसलों की पैदावार बढ़ जाती है। (4) उत्पादों की गुणता में वृद्धि होती है। (5) उपलब्ध साधनों, बीज उर्वरक, पानी तथा श्रम का पूर्ण क्षमता के साथ उपयोग होता रहता है।

69. (b) परपिल ब्लाच (Purpil Blotch) (Caused by Alternaria porri) प्याज में लगने वाला रोग है।

70. (b) बटनिंग (Buttoning) पौधों में छोटे-छोटे फुल (बटन) जैसे के बनने को ही बटनिंग कहते हैं। यह नाइट्रोजन की कमी तथा देर से रोपाई के कारण उत्पन्न होती है तथा साथ ही अधिक दिनों की पौध भी इसके लिए उत्तरदायी होती है। इस विषमता को समय से रोपाई करके तथा उचित मात्रा में खाद एवं उर्वरकों का प्रयोग करके इसकी रोकथाम की जा सकती है।

71. (b) इटावा पायलेट प्रोजेक्ट का आरम्भ 1948 में अल्बर्ड मेयर के द्वारा महेवा (Mahewa) स्थान का केन्द्र मानकर आस-पास के 56 गाँव में चलाई गई।

72. (a) सन् 1950 में गांधी जी के परम शिष्य आचार्य विनोबा भावे ने सर्वोदय योजना का प्रारम्भ बम्बई प्रान्त से किया।

73. (b) भारतीय कृषि अनुसन्धान परिषद् (नई दिल्ली) में वर्ष 1979 में अपने स्वर्ण जयन्ती समारोह के अवसर पर एक नई योजना 'प्रयोगशाला से खेत तक' का शुभारम्भ किया। इस कार्यक्रम का मुख्य उद्देश्य गांवों के रहने वाले सभी कमजोर वर्गों की आर्थिक स्थिति को मजबूत बनाना था।

74. (a)

75. (c) आम का कायलिया अर्थात् काला सिरा रोग (Black Tip) यह रोग ईंट के भट्टों के समीप अधिक होता है। भट्टे में सल्फर डाइआक्साइड एसीटिलीन और कार्बन मोनोक्साइड गैस निकलती है, जिससे फल के निचले सिरे पर पहले भूरा एवं बाद में काला दाग पड़ जाता है। ऐसे फल पकने से पूर्व गिर जाते हैं।

76. (a) क्रूसीफेरी खुल (सरसों, तोरिया आदि) में सफेद गेरुई (White rust) रोग Albugo Candida नामक Fungus (कवक) के कारण होता है।

77. (b)

78. (a) डेम्पिंग ऑफ (Damping off) बीमारी (Caused by-Pythium spp. or Rhizoctonia spp. or phytophora spp.) नर्सरी में लगने वाली सबसे मुख्य बीमारी है। यह रोग फूलगोभी, टमाटर, बैंगन आदि में लगता है।

79. (a) परभनी क्रान्ति भिण्डी की प्रजाति है।

80. (b) अंगूरलता टमाटर की प्रजाति है। यह उत्तर प्रदेश के लिये प्रस्तावित प्रजाति है।

81. (b) **82.** (a) **83.** (b) **84.** (c)

85. (b) Mg की कमी से पत्तियों के बीच का भाग पीला हो जाता है तथा शिराएँ हरी ही रहती हैं। पत्तियाँ सीधी नहीं होती हैं और मृदा धब्बा (Necrosis = dead spot–उत्तक क्षय) सिर्फ पत्तियों के किनारों पर ही अंतिम दशा में मिलता है।

86. (a)

87. (c) रॉक फॉस्फेट (Rock Phosphate) जिसमें 20–40% P_2O_5 पाया जाता है–जल एवं साइट्रिक अम्ल में अविलेय फॉस्फोरिक अम्ल या ट्राइकैल्शियम फॉस्फेट एक उर्वरक है।

88. (a) (1) अमोनियम उर्वरक (Ammonical fertilizer nitogen)–अमोनियम, क्लोराइड, अमोरियम सल्फेट है। (2) अमोनियम एवं नाइट्रेट उर्वरक–अमोनियम नाइट्रेट, कैल्शियम अमोनियम, नाइट्रेट, अमोनियम सल्फेट नाइट्रेट। (3) एमाइड उर्वरक–यूरिया।

89. (d) सिंगल सुपर फॉस्फेट का सूत्र $Ca(H_2PO_4)_2\ H_2O,\ CaSO_4$ होता है। इसमें 3 भाग जिप्सम तथा 2 भाग मोनोकैल्शियम फॉस्फेट होता है।

90. (b) **91.** (b)

92. (d) मृदा जल धारण क्षमता (प्रतिशत में)
बलुई मृदा (Sandy soil) 5.1–6.2%
बलुई लोम (Sandy loam) –7.9%
महीन बलुई लोम–10.2%
लोम (Loam)–11.3%
सिल्टी लोम (Silty loam)–11.9%
क्ले लोम (Clay loam)–11.3%
क्ले (Clay)–7.9%

93. (d)

94. (c) संगमरमर (Marble) एक रूपान्तरित/कायान्तरित (Meta-morphic rock) है जो कि चूना पत्थर (Lime stone) के metamorphosis से निर्मित होता है।

95. (a) **96.** (c) **97.** (c)
98. (a) **99.** (c) **100.** (b)
101. (a) **102.** (d) **103.** (b)
104. (c)

105. (c) समन्वित ग्रामीण विकास कार्यक्रम के तहत विकास की आधारभूत इकाई परिवार है। इस कार्यक्रम में विकास के लिए एक परिवार को चुना जाता है।

106. (c) उन्नत बीज उर्वरक और कीटनाशक दवाएं जैसे आदान-प्रदान उपलब्ध कराने के लिए ग्राम पंचायत के स्तर पर सहकारी समिति जैसी एजेंसी कार्यरत है।

107. (c) आलू – सीड प्लांट तकनीक
गेहूँ – FIRB विधि
धान – SRI पद्धति

108. (c)
करनाल – केन्द्रीय मृदा लवणता अनुसंधान संस्थान
देहरादून – भारतीय वन अनुसंधान संस्थान
जोधपुर – केन्द्रीय शुष्क क्षेत्र अनुसंधान संस्थान
कोलकाता – जूट टेक्नोलॉजिस रिसर्च संस्थान

109. (c) टमाटर – रूबी
बैंगन – पूसा पर्पिल लांग
मिर्च – चंचल
शिमला मिर्च – बैलीफोर्निया वंडर

110. (b) जैव उर्वरक सूक्ष्म जीवों का कल्चर होता है। इसके जीवों को शोधित करके बोया जाता है। ये जीव वातावरण से मुक्त नाइट्रोजन को पौधों की जड़ों में स्थिर करते हैं।

111. (c) WP का पूरा नाम वेटेबिल पाउडर होता है। यह एक प्रकार की दवा के टॉक्सीसिटी को प्रदर्शित करता है। चूर्ण के रूप में प्रयोग की जाने वाली दवा WP के रूप में बनाई जाती है।

112. (b) याइट्स – अकेरीसाइड
टिड्डी – कीटनाशक

कवक – फफूँद नाशक
नेमोहोड् – सूलकृमिनाशक

113. (d) साइटोक्रम – लौह चूर्ण
सीटोक्रोम – लौह चूर्ण
सीरोहेम – लौह चूर्ण

114. (c)

लिनोलिक अम्ल – असंतृप्त वसा अम्ल
ओलिक अम्ल – असंतृप्त वसा अम्ल
स्टिआरिक अम्ल – संतृप्त वसा अम्ल
अराकिडोनिक अम्ल – असंतृप्त वसा अम्ल

115. (b) अल्पकालीन भण्डारण 1-3 वर्ष के लिए किया जाता है। मध्यकालीन भण्डारण 10-15 वर्ष के लिए किया जाता है। दीर्घकालीन भण्डारण 15 वर्ष से अधिक के लिए किया जाता है।

116. (c) **117.** (a)

118. (c) बंदगोभी (Cabbage) की मुख्य रूप से जो जातियाँ उगाई जा रही है, उनको निम्न प्रकार से बाँटा जा सकता है–

1. गोल सिर वाली (Round Head of Ball Head type)
2. चौड़े सिर वाली (Flat Head of Drum Head type)
3. शंकुवार सिर वाली (Conical Head type)
4. सेर्वाय टाइप (Savoy type)

119. (b) फूलगोभी में ह्विपटेल (Whiptale) विषमता मॉलीब्डेनम की कमी के कारण उत्पन्न होती है। इसमें पत्ती पर्ण (Leaf blade) पूरी तरह विकसित नहीं हो पाता है तथा संकरी पत्ती की संरचना (Straplike) बन जाती है।

120. (a) बैंगन (Solanum melongena) की गोल एवं अण्डाकार वाली जातियों को Var-esculentum (एस्कुलेंटम) के अन्दर रखा जाता है।

❑❑❑

प्रैक्टिस सेट-20

भाग-1: सामान्य अध्ययन

1. 'दुलहस्ती पावर स्टेशन' किस नदी पर अवस्थित है?
(a) व्यास (b) चिनाब
(c) रावी (d) सतलुज

2. कौन-सा मसाला भारत में "काला सोना" के रूप में जाना जाता है-
(a) काली मिर्च (b) इलायची
(c) लौंग (d) केसर

3. सर्वोच्च न्यायालय के न्यायाधीशों की नियुक्ति की जाती है, राष्ट्रपति के द्वारा-
(a) राज्यसभा द्वारा अनुमोदित किये जाने पर
(b) लोकसभा की सलाह पर
(c) प्रधानमंत्री की सलाह पर
(d) सर्वोच्च न्यायालय के मुख्य न्यायाधीश से परामर्श के बाद

4. जिस समिति की अनुशंसा पर देश में पंचायती राज लागू किया गया, उसके प्रमुख थे-
(a) जीवराज मेहता (b) बलवंत राय मेहता
(c) श्री मन्नारायण (d) जगजीवन राम

5. निम्न में से किस शासक ने सर्वप्रथम जजिया कर समाप्त किया था?
(a) जैन-उल-आबीदीन
(b) मुहम्मद बिन तुगलक
(c) हुसैन शाह शर्की
(d) अकबर

6. भारतीय राष्ट्रीय कांग्रेस का प्रथम अधिवेशन हुआ था-
(a) मुंबई में (b) कोलकाता में
(c) नागपुर में (d) दिल्ली में

7. किसने यह विचार व्यक्त किया था कि भारत में 'ब्रिटिश आर्थिक नीति' घिनौनी है?
(a) बी.जी. तिलक (b) दादाभाई नौरोजी
(c) कार्ल मार्क्स (d) एडम स्मिथ

8. काफी संख्या में लोग अमृतसर के जलियांवाला बाग में 13 अप्रैल, 1919 ई. को एकत्रित हुए थे, गिरफ्तारी के विरोध में-
(a) स्वामी श्रद्धानंद और मजरुल हक
(b) मदन मोहन मालवीय और मोहम्मद अली जिन्ना
(c) महात्मा गांधी और अबुल कलाम आजाद
(d) डॉ. सैफुद्दीन किचलू और डॉ. सत्यपाल

9. निम्न में से किस स्थान पर एक प्रसिद्ध सिख गुरुद्वारा अवस्थित है?
(a) रूपकुंड (b) हेमकुंड
(c) ताराकुंड (d) ब्रह्मकुंड

10. 'प्लानिंग एंड द पुअर' पुस्तक के लेखक हैं-
(a) डी.आर. गाडगिल
(b) वी.एस. मिनहास
(c) चरण सिंह
(d) रुद्र दत्त

11. लुनोज पेट्रोल उत्पादक क्षेत्र किस राज्य में स्थित है?
(a) असम
(b) मुंबई-हाई
(c) अरुणाचल प्रदेश
(d) गुजरात

12. निम्नलिखित में से किस पदार्थ की विद्युत चालकता सर्वाधिक है?
(a) हीरा (b) चांदी
(c) ग्रेफाइट (d) लकड़ी

13. प्रकाश-संश्लेषण हेतु सर्वाधिक क्रियाशील प्रकाश है-
(a) बैंगनी प्रकाश (b) लाल प्रकाश
(c) नीला प्रकाश (d) हरा प्रकाश

14. रासायनिक रूप में सूखी बर्फ है-
(a) ठोस सल्फर डाइऑक्साइड
(b) आसूत जल से बनी बर्फ
(c) बर्फ तथा साधारण नमक का मिश्रण
(d) ठोस कार्बन डाईऑक्साइड

15. एल्यूमिनियम धातु को प्राप्त किया जाता है-
(a) पिच ब्लेडे से (b) ग्रेफाइट से
(c) बॉक्साइट से (d) अर्जेंटाइट से

16. निम्नलिखित में से कौन-सा कथन सही है?
(a) जलवाष्प निचले वायुमंडल की अति परिवर्ती गैस है।
(b) अधिकतम तापमान की मेखला विषुवत रेखा के सहारे पायी जाती है।
(c) शीत कटिबंध उभय गोलार्द्धों, ध्रुवीय वृत्त एवं ध्रुवों के बीच स्थित है।
(d) जेट वायुधाराएं ऊंचाई की हवाएं हैं, जो धरातलीय मौसमी दशाओं को प्रभावित करती हैं।

17. निम्नलिखित में से कौन-सा पारिस्थितिकी तंत्र पृथ्वी के सर्वाधिक क्षेत्र पर फैला हुआ है?
(a) मरुस्थलीय
(b) घास के मैदान
(c) पर्वतीय
(d) सामुद्रिक

18. निम्नलिखित में से कौन-सी मिट्टी चाय बागानों के लिए उपयुक्त है?
(a) अम्लीय (b) क्षारीय
(c) जलोढ़ (d) रेगुर

19. सुविख्यात ठुमरी गायिका गिरजादेवी का संबंध है-
(a) बनारस घराने से
(b) लखनऊ घराने से
(c) जयपुर घराने से
(d) उपर्युक्त में से किसी से नहीं

20. ब्रिटिश सरकार ने किस तिथि को भारत को पूर्ण स्वशासन देने की घोषणा की थी?
(a) 26 जनवरी, 1946
(b) 15 अगस्त, 1947
(c) 31 दिसंबर, 1947
(d) 30 जून, 1948

21. 1906 से 1920 के मध्य मोहम्मद अली जिन्ना की भूमिका भारत के स्वतंत्रता संघर्ष (Struggle) संग्राम में थी-

(a) अलगाववादी
(b) चरमपंथी
(c) राष्ट्रवादी
(d) राष्ट्रवादी एवं धर्म-निरपेक्ष

22. पहला 'लोकपाल बिल' (Lokpal Bill) भारत की संसद में प्रस्तुत किया गया-
(a) 1971 में (b) 1967 में
(c) 1972 में (d) 1968 में

23. संसदीय सरकार जिस सिद्धांत पर कार्य करती है, वह है-
(a) शक्तियों का विभाजन
(b) अंकुश एवं संतुलन
(c) विधायिका एवं कार्यपालिका में घनिष्ठ संबंध
(d) न्यायपालिका का कार्यपालिका पर नियंत्रण

24. प्रकृति एवं प्राकृतिक संसाधनों के संरक्षण के लिए अन्तर्राष्ट्रीय संघ (इण्टरनेशनल यूनियन फॉर कन्जर्वेशन ऑफ नेचर एण्ड नेचुरल रिसोर्सेज-IUCN) तथा वन्य प्राणिजात एवं वनस्पतिजात की संकटापन्न स्पीशीज के अन्तर्राष्ट्रीय व्यापार पर कन्वेंशन (कन्वेंशन ऑन इण्टरनेशनल ट्रेड इन एण्डेन्जर्ड स्पीशीज ऑफ वाइल्ड फॉना एण्ड फ्लोरा) (CITES) के सन्दर्भ में निम्नलिखित कथनों में से कौन-सा/से सही है/हैं?
1. IUCN संयुक्त राष्ट्र (UN) का एक अंग है तथा CITES सरकारों के बीच अन्तर्राष्ट्रीय करार है।
2. IUCN प्राकृतिक पर्यावरण के बेहतर प्रबन्धन के लिए, विश्व भर में हजारों क्षेत्र-परियोजनाएँ चलाता है।
3. CITES उन सभी राज्यों पर वैध रूप से आबद्धकर है, जो इसमें शामिल हुए हैं, लेकिन यह कन्वेंशन राष्ट्रीय विधियों का स्थान नहीं लेता है।
नीचे दिए गए कूट का प्रयोग कर सही उत्तर चुनिए–
(a) केवल 1 (b) 2 और 3
(c) 1 और 3 (d) 1, 2 और 3

25. 'बर्डलाइफ इण्टरनेशनल' (Birdlife International) नामक संगठन के सन्दर्भ में निम्नलिखित में से कौन-सा/से कथन सही है/हैं?
1. यह संरक्षण संगठनों की विश्वव्यापी भागीदारी है।
2. 'जैव-विविधता हॉटस्पॉट' की संकल्पना इस संगठन से शुरू हुई।
3. यह 'महत्त्वपूर्ण पक्षी एवं जैव-विविधता क्षेत्र' (इम्पॉर्टेण्ट वर्ड एण्ड बॉयो-डायवर्सिटी एरियाज) के रूप में ज्ञात निर्दिष्ट स्थलों की पहचान करता है।
नीचे दिए गए कूट का प्रयोग कर सही उत्तर चुनिए–
(a) केवल 1 (b) 2 और 3
(c) 1 और 3 (d) 1, 2 और 3

26. निम्नलिखित में से कौन-सा एक नेशनल पार्क इसलिए अनूठा है कि वह एक प्लवमान (फ्लोटिंग) वनस्पति से युक्त अनूप (स्वैप) होने के कारण समृद्ध जैव-विविधता को बढ़ावा देता हैं?
(a) भीतरकणिका नेशनल पार्क
(b) केयबुल लामजाओ नेशनल पार्क
(c) केवलादेव घाना नेशनल पार्क
(d) सुल्तानपुर नेशनल पार्क

27. निम्नलिखित राज्यों में से कहां विधान परिषद् (Legislative Council) नहीं है?
(a) उत्तर प्रदेश (b) महाराष्ट्र
(c) कर्नाटक (d) उत्तराखंड

28. भारत में श्वेत क्रांति (White Revolution) का जनक किसको कहा जाता है?
(a) डॉ. नॉरमन बोरलॉग
(b) डॉ. एम.एस. स्वामीनाथन
(c) डॉ. वर्गीस कुरियन
(d) डॉ. विलियम गान्दे

29. 'जैवविविधता' (Bio-Diversity) है-
(a) संपूर्ण प्रजातियों, संपूर्ण जीन व संपूर्ण परितंत्रों का योग
(b) पादपों की विविधता
(c) जंतुओं की विविधता
(d) सांस्कृतिक पर्यावरण का योग

30. राष्ट्रीय ग्रामीण विकास संस्थान (NIRD) स्थित है-
(a) शिमला में (b) हैदराबाद में
(c) देहरादून में (d) नई दिल्ली में

31. निम्नलिखित में से किस जिले में 'मार-मृदा' पाई जाती है?
(a) कानपुर (b) प्रतापगढ़
(c) सीतापुर (d) झांसी

32. उत्तर प्रदेश में परंपरागत भूमि मापन इकाई है-
(a) कनाल (b) मार्ला
(c) बीघा (d) धुर

33. सूची-I एवं सूची-II को सुमेलित कीजिए तथा सूचियों के नीचे दिए गए कूट का प्रयोग कर सही उत्तर का चयन कीजिए-

सूची-I (नगरीय/ग्रामीण)	सूची-II (स्थानीय शासन संस्था)
A. झांसी	1. नगर पालिका परिषद्
B. मछली शहर	2. क्षेत्र समिति
C. टूंडला	3. नगर पंचायत
D. सैफई	4. नगर निगम

कूट :

	A	B	C	D
(a)	1	2	3	4
(b)	4	3	1	2
(c)	2	3	1	4
(d)	3	4	2	1

34. उत्तर प्रदेश की निम्नलिखित नदियों में से किनके उद्गम-स्थल हिमालय में नहीं है?
1. गोमती 2. रामगंगा
3. बेतवा 4. शारदा
नीचे दिए गए कूट से सही उत्तर चुनिए-
कूट :
(a) 1 तथा 2 (b) 2 तथा 3
(c) 1 तथा 3 (d) 3 तथा 4

35. यदि 6 वर्ष के लिए साधारण ब्याज, मूल राशि का 30% हो, तो यह कितने वर्ष बाद मूल राशि के बराबर हो जाएगा?
(a) 10 वर्ष (b) 20 वर्ष
(c) 22 वर्ष (d) 30 वर्ष

36. यदि 18 वस्तुओं का क्रय मूल्य 16 वस्तुओं के विक्रय मूल्य के बराबर है, तो लाभ या हानि है–
(a) 25% लाभ (b) 25% हानि
(c) $12\frac{1}{2}$% हानि (d) $12\frac{1}{2}$% लाभ

37. दो संख्याओं के ल.स. एवं म.स. क्रमशः 1736 एवं 124 हैं यदि इनमें से एक संख्या 248 हो, तो दूसरी संख्या है–
(a) 868 (b) 688
(c) 686 (d) 886

38. यदि M, Z की बहन है और Z, P की पत्नी है। P, A का पुत्र है, तो Z का A से क्या सम्बन्ध है?
(a) पुत्रवधू (b) पुत्री
(c) पत्नी (d) माता

39. यदि '+' का अर्थ '×', '–' का अर्थ '+', '×' का अर्थ '÷', '÷' का अर्थ '–' हो, तो $50 + 100 - 50 \times 10 \div 125$ का मान कितना होगा?
(a) 380 (b) 56
(c) 180 (d) –125

40. क्रिकेट टीम की औसत आयु 27 वर्ष है।

इनमें से 24 वर्ष तथा 27 वर्ष आयु वाले दो खिलाड़ियों के स्थान पर 23 वर्ष तथा 28 वर्ष आयु वाले नए खिलाड़ी आ गए, तो अब टीम की औसत आयु क्या है?
(a) 27 वर्ष (b) 26 वर्ष
(c) 24 वर्ष (d) 28 वर्ष

भाग-2: कृषि

41. निम्नांकित में से किस क्रांति ने तिलहनों के उत्पादन में वृद्धि उत्पन्न की?
(a) हरित क्रांति (b) श्वेत क्रांति
(c) स्वर्ण क्रांति (d) पीली क्रांति

42. कौन-सा भोजन तुरन्त शक्ति प्रदान करता है?
(a) प्रोटीन (b) मक्खन
(c) विटामिन (d) ग्लूकोज

43. भारत में सबसे महत्वपूर्ण खाद्यान्न फसल है–
(a) चावल (b) गेहूँ
(c) मक्का (d) बाजरा

44. विटामिन-सी का सबसे उत्तम स्रोत है-
(a) सेब (b) आँवला
(c) अमरूद (d) दूध

45. निम्नलिखित में से कौन-सा एक 'राष्ट्रीय खाद्य सुरक्षा मिशन' में शामिल नहीं है?
(a) तिलहन (b) गेहूँ
(c) चावल (d) दाल

46. किस भारतीय राज्य को चाय का उत्पादक राज्य नहीं माना जाता?
(a) असम (b) केरल
(c) पश्चिम बंगाल (d) छत्तीसगढ़

47. विश्व के फल उत्पादन में भारत का योगदान है–
(a) 20% (b) 25%
(c) 10% (d) 14%

48. किन पौधों में संयुक्त स्पाइक पुष्पक्रम पाया जाता है?
(a) प्याज में (b) आलू में
(c) गेहूँ (d) खीरा में

49. चाय की पत्तियों में विद्यमान सर्वाधिक महत्त्व का उत्तेजक है–
(a) कैफीन (b) फेनिलऐलेनीन
(c) ब्रुसीन (d) थियोब्रोमीन

50. वनस्पति तेल से वनस्पति घी बनाने में प्रयुक्त गैस है–
(a) हाइड्रोजन (b) ऑक्सीजन
(c) नाइट्रोजन (d) कार्बन डाइऑक्साइड

51. भारत में पहला कृषि विज्ञान केन्द्र प्रतिस्थापित हुआ था-
(a) राजस्थान में (b) पंजाब में
(c) पाण्डिचेरी में (d) उत्तर प्रदेश में

52. प्रसार सेवा कहलाती है 'सहकारी प्रसार सेवा'
(a) अमेरिका में (b) भारत में
(c) मैक्सिको में (d) चीन में

53. भारत में कृषि विश्वविद्यालय के मुख्य कार्य हैं-
(a) तकनीकि जनन, तकनीकि हस्तानान्तरण तथा तकनीकि प्रग्रहण
(b) ध्यानाकर्षण, रुचि जागरण करना तथा कार्यवाही करना
(c) शिक्षण, शोध तथा प्रसार
(d) अनुभूति विचार-विमर्श तथा कार्यवाही

54. अक्टूबर 2, 1952 को प्रवर्तित हुआ था-
(a) राष्ट्रीय प्रसार सेवा
(b) एकीकृत समन्वित ग्राम विकास कार्यक्रम
(c) प्रशिक्षण एवं सम्पर्क प्रणाली
(d) सामुदायिक विकास कार्यक्रम

55. रिमोट सेंसिंग (Remote Sensing) किसके अध्ययन में सहायक हैं?
(a) कृषिगत क्षेत्रफल (b) मृदा लक्षण
(c) भूमिगत जल (d) उपरोक्त सभी

56. सामान्य रोटी वाला गेहूँ (2n = 42) है-
(a) द्विगुणित (Diploid)
(b) चतुर्गुणित (Tetraploid)
(c) षष्टर्गुणित (Hexaploid)
(d) त्रिगुणित (Triploid)

57. उत्तरी भारत में धान-गेहूँ फसल चक्र के कारण किस सूक्ष्म पोषक तत्त्व की सर्वाधिक कमी दर्ज की गई है-
(a) लोहा (b) जिंक
(c) कॉपर (d) बोरॉन

58. मूँग में किस प्रकार का अंकुरण पाया जाता है-
(a) एपीजियल (Epigeal)
(b) हाइपोजियल (Hypogeal)
(c) हाइपो-एपीजियल
(d) एपीहाइपोजियल

59. निम्न में से कौन-से उर्वरक में जल घुलनशील फॉस्फोरस पाया जाता है?
(a) एस.एस.पी. (b) डी.सी.पी.
(c) एम.ए.पी. (d) दोनों (a) व (c)

60. विश्व में गेहूँ का सबसे ज्यादा क्षेत्रफल रखने वाला देश है-
(a) भारत
(b) संयुक्त राज्य अमेरिका
(c) रूस
(d) चीन

61. गेहूँ की उचित बीजदर (किलोग्राम/हेक्टर) है-
(a) 50 (b) 75
(c) 100 (d) 125

62. चावल के पकने के समय तापक्रम होना चाहिए-
(a) 21-37° से. (b) 26.5-29.5° से.
(c) 20-25° से. (d) 15-20° से.

63. किस प्रकार के उर्वरकों के लिए भारत पूर्णरूप से आयात पर निर्भर है?
(a) नाइट्रोजन उर्वरक
(b) फॉस्फोरस उर्वरक
(c) पोटाशिक उर्वरक
(d) उपरोक्त में से कोई नहीं

64. गाय/भैंस में प्रसव के तुरन्त बाद का प्रथम दूध खीस (Colostrum) कहलाता है। उपरोक्त कथन है-
(a) सही है
(b) गलत है
(c) कह नहीं सकते
(d) उपरोक्त में से कोई नहीं

65. सब्जी उत्पादन में भारत का विश्व में कौन-सा स्थान है?
(a) प्रथम (b) द्वितीय
(c) तृतीय (d) इनमें से कोई नहीं

66. कम वर्षा में उगाई जाने वाली फसल है-
(a) सनई (b) ढैंचा
(c) ग्वार (d) इनमें से कोई नहीं

67. कटीली किस फसल का खरपतवार है?
(a) तम्बाकू (b) गेहूँ
(c) बरसीम (d) इनमें से कोई नहीं

68. निम्न में से किसका सुमेल नहीं है
(a) धान → रबी की फसल
(b) तरबूज → जायद की फसल
(c) गेहूँ → रबी की फसल
(d) मक्का → खरीफ की फसल

69. निम्न कथनों में से असत्य कथन चुनिए-
(a) धान और गेहूँ भारत की प्रमुख खाद्यान्न फसलें हैं।
(b) गेहूँ की फसल को पकने के लिए शुष्क मौसम की आवश्यकता होती है।
(c) गाजर एवं मूली जमीन के अन्दर उगने वाली फसलें हैं।
(d) खरपतवार का फसलों के उत्पादन पर कोई प्रभाव नहीं पड़ता है।

70. फलों एवं उनके खाद्य भाग का कौन-सा युग्म सुमेलित नहीं है?

(a) अनार → रसीला टेस्टा
(b) सेब → मांसल पुष्पासन
(c) लीची → मांसल बीज चोल
(d) नारियल → मध्य फल भित्ति

71. चने की खेती में भयंकर समस्या होती है-

(a) अधिक उर्वरक माँग की
(b) खरपतवार की
(c) किट्ट (रस्ट) की
(d) फली बेधक कीट की

72. कौन-सा जोड़ा सही सुमेलित नहीं है?

	फसल चक्र	अवधि
(a)	अगेती धान–तोरिया–गेहूँ–मूँग	1 साल
(b)	चरी–बरसीम–मक्का + लोबिया	2 साल
(c)	ज्वार + अरहर	1 साल
(d)	मक्का + लोबिया–गेहूँ	2 साल

73. तोरिया–गेहूँ फसल चक्र में तोरिया की बुवाई करनी चाहिए-

(a) सितम्बर के प्रथम पखवाड़े में
(b) सितम्बर के दूसरे पखवाड़े में
(c) अक्टूबर के प्रथम पखवाड़े में
(d) अक्टूबर के द्वितीय पखवाड़े में

74. अरहर–गेहूँ सस्यक्रम के लिए अरहर की प्रजाति उपयक्त है-

(a) टी 7 (b) टी 17
(c) बहार (d) उपास 120

75. धान की अच्छी पैदावार के लिए बालीदार किल्लो की संख्या होनी चाहिए-

(a) 150 – 180 प्रति वर्गमीटर
(b) 200 – 250 प्रति वर्गमीटर
(c) 350 – 400 प्रति वर्गमीटर
(d) 450 – 500 प्रति वर्गमीटर

76. अरहर + सोयाबीन सहफसली में सफलतापूर्वक खरपतवार नियंत्रण के लिए निम्न तृणनाशक का प्रयोग किया जा सकता है-

(a) 2, 4-डी (b) पेन्डिमेथेलिन
(c) सिमाजिन (d) आइसोप्रोटुरॉन

77. एक किलोग्राम नाइट्रोजन निम्न के तुल्यांक है-

(a) 2.17 किग्रा यूरिया
(b) 3.22 किग्रा यूरिया
(c) 4.22 किग्रा यूरिया
(d) 1.76 किग्रा यूरिया

78. भारतवर्ष में उर्वरक का औसत उपयोग है-

(a) 96 किग्रा/हे. (b) 115 किग्रा/हे.
(c) 4.22 किग्रा/हे. (d) 148 किग्रा/हे.

79. पैरोडोविक किस फसल की प्रजाति है?

(a) सोयाबीन (b) सूरजमुखी
(c) गन्ना (d) तिल

80. अरहर की फसल में फूल आने की अवस्था पर सिंचाई कर दी जाए तो क्या होगा?

(a) फूल ओर अधिक निकलेंगे
(b) फूल झड़ जाएँगे तथा पैदावार घट जाएगी
(c) कोई भी प्रतिकूल/अनुकूल असर नहीं पड़ेगा
(d) उपर्युक्त में से कोई नहीं

81. बुन्देलखण्ड के लिए उत्तम त्रिवर्षीय फसल चक्र क्या होगा?

(a) ज्वार – अरहर, परती – गेहूँ, तिल – अलसी
(b) मक्का – आलू, भिण्डी – टमाटर, मक्का – गेहूँ
(c) मक्का – बरसीम, ज्वार – बरसीम, धान – चना
(d) ज्वार – अरहर, परती – गेहूँ, ज्वार – बरसीम

82. गाय-भैंस का औसत तापक्रम क्या होता है?

(a) 98.4°F (b) 100°F
(c) 101°F (d) 103°F

83. 0.2 कैलोरी/ग्राम ऊष्मा किस प्रकार की मृदा की होती है?

(a) गोली मृदा की
(b) क्षारीय मृदा की
(c) सूखी मृदा की
(d) कुछ सूखी एवं कुछ नमीयुक्त मृदा की

84. कौन-सा खरपतवार बहु वार्षिक नहीं है?

(a) नरकुल (b) मोंथा
(c) कनकौवा (d) मुर्गकेश

85. क्लोरीन का एक अणु ओजोन के लगभग कितने अणुओं को आजोन परत से बाहर कर सकता है?

(a) 2.0 लाख (b) 1.0 लाख
(c) 1.5 लाख (d) 2.5 लाख

86. पादप रोग का कौन-सा एक स्त्रोत नहीं है?

(a) बीजों से फैलने वाले
(b) पानी के द्वारा
(c) मृदा से फैलने वाले
(d) हवा से फैलने वाले

87. निम्नलिखित में सोयाबीन से सम्बन्धित सुमेलित नहीं है-

(a) तेल – 20-22%
(b) प्रोटीन – 40-42%
(c) उत्पत्ति – चीन
(d) शिलाजीत – 25 ग्राम/हेक्टेयर

88. सैनिक कीट किस फसल को अधिक हानि पहुँचाता है?

(a) ऊर्द (b) अरहर
(c) मूँग (d) धान

89. कपास के बीज शोधन के लिए क्या सही नहीं है?

(a) सान्द्र H_2SO_4-77c.c.-6-12 मिनट
(b) सान्द्र HCl-100c.c.-15 मिनट
(c) सान्द्र H_2SO_4-120c.c.-6-12 मिनट
(d) सान्द्र HCl-150c.c.-10 मिनट

90. भारतीय वैज्ञानिकों ने अमेरिकी वैज्ञानिकों से किस प्रकार के गेहूँ की जाति का बीज प्राप्त किया?

(a) मध्यम बढ़ने वाली
(b) बौनी जाति का
(c) लम्बी जाति का
(d) रोगमुक्त जाति का

91. गन्ने के गुणसूत्र की संख्या होती है-

(a) 2n-80 (b) 2n-82
(c) 2n-124 (d) इनमें से कोई नहीं

92. गन्ने की मृद् रोमि आसिता बीमारी किस फसल को हानि पहुँचाती है?

(a) आलू (b) गेहूँ
(c) तम्बाकू (d) मक्का

93. कृषक भारती पत्रिका कहाँ से प्रकाशित होती है?

(a) गोविन्द वल्लभ पन्त कृषि एवं प्रौ. वि. वि., पन्तनगर
(b) नरेन्द्रदेव कृषि एवं प्रौ. वि. वि., फैजाबाद
(c) चन्द्रशेखर आजाद कृषि एवं प्रौ. वि. वि., कानपुर
(d) सरदार वल्लभ भाई पटेल कृषि एवं प्रौ. वि. वि., मेरठ

94. मूँग फसल के लिए क्या सत्य नहीं है?

(a) विग्ना रेडिएटा
(b) उत्पत्ति स्थान–भारत एवं मध्य एशिया
(c) सम्राट
(d) कार्बोहाइड्रेट्स–20%

95. सब्जियों के सम्बन्ध में क्या सत्य नहीं है?

(a) 58.70 लाख हेक्टर और उत्पादन 0.875 लाख टन
(b) औसत उपज–15 क्विं/हेक्टेयर
(c) लगभग 40 सब्जियाँ उगाई जाती हैं
(d) भारत सब्जियों का सबसे बड़ा उत्पादक देश है

96. पानी में किसी पदार्थ के घुलने से कौन-से आयन उत्पन्न होते हैं?

(a) OH^+ (b) H^+
(c) Ca^+ (d) $CaSO_4$

97. कौन-सा कथन सत्य नहीं है?

(a) 13.24 सेमी वर्षा वाले क्षेत्र में काँटेदार पौधे उगते हैं

(b) 13.25 से 35.1 सेमी वर्षा वाले क्षेत्र में घास के मैदान होते हैं
(c) 36.2 से 61 सेमी वर्षा वाले क्षेत्र में झाड़ीदार पौधे उगते हैं
(d) अधिक वर्षा वाले क्षेत्र में अर्द्ध-शीतोष्ण वन उगते हैं

98. मूँगफली की खेती के लिए मृदा माँग है
(a) बलुई दोमट
(b) मटियार दोमट
(c) चिकनी दोमट
(d) चिकनी मटियार दोमट

99. जैव क्षति क्या होती है?
(a) बीज को अधिक गहराई पर बोने से नष्ट होना
(b) बीज में खरपतवारों के अधिक बीज होना
(c) विभिन्न प्रकार के कीड़ों-मकोड़ों तथा जीवधारियों द्वारा बीज की क्षति
(d) बीज का जमाव के बाद नष्ट हो जाना

100. संघनित जीवाश्म खादों का संबंध निम्न में से किसका है?
(a) जीवाश्म अधिक होता है
(b) इनकी मात्रा कम प्रयोग करनी पड़ती है
(c) अधिक मात्रा में पोषक तत्व होते हैं
(d) इनमें से कोई नहीं

101. निम्नलिखित कथनों में से कौन सत्य नहीं है?
(a) मृदा उर्वरता का परीक्षण रासायनिक विधियों द्वारा किया जाता है
(b) मृदा उत्पादकता का परीक्षण रासायनिक विधियों द्वारा किया जाता है।
(c) उर्वर मृदा का उत्पादक होना आवश्यक नहीं होता
(d) उत्पादक मृदा का उर्वर होना आवश्यक होता है

102. सूची-I का मिलान सूची-II से कीजिए और दिए गए कूट से सही उत्तर चुनिए-

सूची-I	सूची-II
A. प्रोटीन	1. संकोचन एवं विमोचन
B. कार्बोहाइड्रेट	2. पशुओं में दैहिक कार्य
C. दुष्पचनीय तन्तु	3. मांसपेशियों का निर्माण
D. वसा	4. शरीर का ताप नियंत्रण

कूट :

	A	B	C	D
(a)	4	3	1	2
(b)	3	4	2	1
(c)	3	4	1	2
(d)	4	3	2	1

103. निम्नलिखित में कौन-सा युग्म सुमेलित नहीं है?
(a) बैरोमीटर–नमी
(b) वायु दिशा सूचक यन्त्र–वायु की दिशा
(c) पवन वेगमापी–वायु प्रसार की गति
(d) तापलेखी–तापक्रम

104. फसल के दानों को पुष्टिकर बनाने में पौधे के तनों में संचित कार्बोहाइड्रेट का योगदान कितने प्रतिशत होता है?
(a) 20 से 25% (b) 10 से 20%
(c) 5 से 10% (d) 8 से 10%

105. मक्का की जल माँग है-
(a) 15.6 हेक्टेयर सेन्टीमीटर
(b) 20.4 हेक्टेयर सेन्टीमीटर
(c) 25.6 हेक्टेयर सेन्टीमीटर
(d) 12.3 हेक्टेयर सेन्टीमीटर

106. आलू की कौन-सी प्रमुख बीमारी है?
(a) झुलसा (b) सफेद गिरवी
(c) पिछेता झुलसा (d) तुलासिता

107. धान की जलनिधि प्रजाति चाहती है-
(a) जल भराव स्थिति
(b) उच्च भूस्थिति
(c) शुष्क भूस्थिति
(d) इनमें से कोई नहीं

108. धान में खैरा बीमारी का कारण है
(a) बीज जनित बीमारी
(b) मृदा जनित बीमारी
(c) पोषक तत्व की कमी
(d) इनमें से कोई नहीं

109. हिल एवं स्टोलेन सिंचाई की सबसे अधिक क्रांतिक अवस्था है-
(a) गेहूँ के लिए (b) आलू के लिए
(c) राई के लिए (d) गन्ने के लिए

110. म्यूरेट ऑफ पोटाश का प्रयोग उपयुक्त नहीं होता है-
(a) गेहूँ के लिए (b) धान के लिए
(c) चने के लिए (d) मूँगफली के लिए

111. सिंगल सुपर फॉस्फेट मुख्यतया स्रोत है-
(a) सल्फर का (b) फॉस्फेट का
(c) कैल्शियम का (d) इनमें से सभी

112. फसल जिसमें अधिकतम कीट/रोगनाशी रसायन का प्रयोग होता है, हैं-
(a) टमाटर (b) आलू
(c) सब्जी मटर (d) पातगोभी

113. धान की फसल में लेह किया जाता है-
(a) जल हानि कम करने के लिए
(b) खरपतवार नियंत्रण के लिए
(c) (a) और (b) दोनों
(d) इनमें से कोई नहीं

114. भारतीय गाय की औसत उत्पादकता है-
(a) 817 किग्रा/ब्याँत
(b) 987 किग्रा/ब्याँत
(c) 1217 किग्रा/ब्याँत
(d) 1527 किग्रा/ब्याँत

115. निम्न में से कौन मुख्य खनिज पदार्थ जानवर की वृद्धि एवं विकास के लिए आवश्यक है?
(a) नमक (b) फॉस्फोरस
(c) कैल्शियम (d) इनमें से सभी

116. ह्विप टेल किसकी कमी से होता है?
(a) जिंक (b) फॉस्फोरस
(c) मालीब्लेनम (d) बोरॉन

117. निम्न में से किस विटामिन का सभी जानवरों के पाचन क्षेत्र में निर्माण होता है?
(a) विटामिन ए (b) विटामिन बी
(c) विटामिन सी (d) विटामिन के

118. पत्तागोभी किस विटामिन का मुख्य साधन है?
(a) विटामिन सी (b) विटामिन बी
(c) विटामिन डी (d) इनमें से सभी

119. निम्न में से कौन-सा पशु प्रोटीन का साधन है?
(a) खूनी आहार
(b) तालाबी छाँछ एवं माँस के टुकड़े
(c) मछली आहार
(d) इनमें से सभी

120. पत्तागोभी की उर्वरक माँग है-
(a) 60 नाइट्रोजन + 60 फॉस्फेट + 40 पोटाश किग्रा/हेक्टेयर
(b) 100 नाइट्रोजन + 60 फॉस्फेट + 40 पोटाश किग्रा/हेक्टेयर
(c) 120 नाइट्रोजन + 60 फॉस्फेट + 40 पोटाश किग्रा/हेक्टेयर
(d) 150 नाइट्रोजन + 60 फॉस्फेट + 60 पोटाश किग्रा/हेक्टेयर

व्याख्या सहित उत्तर

1. (b) डोडा जिले में दुलहस्ती परियोजना प्रारंभ करने का निर्णय वर्ष 1982 में लिया गया था, अप्रैल 1983 में इसकी आधार शिला तत्कालीन प्रधानमंत्री स्व. श्रीमती इंदिरा द्वारा रखी गई। परियोजना पर वास्तविक कार्य 1989 में प्रारंभ हो सका।

2. (a) काली मिर्च एक लता से प्राप्त होती है। इसका उत्पादन कहवा तथा नारंगी के साथ मिश्रित रूप से तथा अलग से भी किया जाता है। दक्षिणी भारत के किसान इसकी लता अपनी झोपड़ियों पर तथा आम, कटहल आदि के वृक्षों पर चढ़ा देते हैं। भारत में इसकी खेती मालाबार तट पर, पश्चिमी घाट के दोनों ओर के ढलानों पर, उत्तर कोंकण से लेकर दक्षिण में कोचीन तक की जाती है। इसके प्रमुख उत्पादक राज्य केरल, तमिलनाडु और कर्नाटक हैं जिनसे कुल उत्पादन का लगभग 89% प्राप्त होता है।

3. (d) उच्चतम न्यायालय के परामर्श के पश्चात् राष्ट्रपति अपने हस्ताक्षर और मुद्रा सहित अधिपत्र द्वारा उच्चतम न्यायालय के प्रत्येक न्यायाधीश को नियुक्त करेगा और न्यायाधीश तब तक पद धारण करेगा जब तक वह पैसठ वर्ष की आयु प्राप्त नहीं कर लेता है अनुच्छेद 124।

4. (b) 'सामुदायिक विकास कार्यक्रम' व 'राष्ट्रीय प्रचार सेवा, की विफलता के बाद बलवंत राय मेहता की अध्यक्षता में 1957 में एक समिति का गठन किया गया। इस समिति ने अपनी रिपोर्ट लगभग एक वर्ष में केंद्र सरकार को सौंपी। इस समिति की सिफारिश के आधार पर पं. नेहरू जी ने 2 अक्टबर, 1959 को राजस्थान के नागौर जिले में 'प्रजातांत्रिक विकेंद्रीकरण की योजना का श्रीगणेश किया जिसे पंचायती राज कहा गया।

5. (a) 1420 ई. में अलीशाह का भाई शाही खां 'जैन-उल-आबीदीन' के नाम से सिंहासन पर बैठा। वह कश्मीर का सबसे महान् शासक हुआ और उसकी धार्मिक उदारता के कारण बहुत से इतिहासकारों ने उसकी तुलना मुगल बादशाह अकबर से की है। उसके समय में कश्मीर राज्य का अधिकतम विस्तार हुआ तथा कश्मीर की भौतिक और सांस्कृतिक उन्नति हुई। जैन-उल-आबीदीन ने अपनी धार्मिक सहिष्णुता की नीति के तहत हिंदुओं को जजिया से मुक्त कर दिया।

6. (a) दिसंबर, 1885 में बम्बई (मुंबई) में हुए कांग्रेस के प्रथम अधिवेशन में 72 प्रतिनिधियों में प्राय: सभी अंग्रेजी पढ़े-लिखे लोगों में वकील, व्यापारी (बम्बई) और बंगाल के जमींदार आदि थे। इस अधिवेशन में कई मांगें रखी गई- (1) केंद्र और प्रांतों की विधान परिषदों का विस्तार किया जाय, (2) सैनिक खर्च में कटौती, (3) भारतीय प्रशासन की जांच हेतु एक रॉयल कमीशन की नियुक्ति आदि।

7. (c) कार्ल मार्क्स ने विचार व्यक्त किया था कि "भारत में ब्रिटिश आर्थिक नीति घिनौनी है, यह भारत में सामाजिक क्रांति का कारण बनेगी और इंग्लैंड को क्रांति संपन्न करने में अनजाने आ गया औजार है।"

8. (a) डॉ. सैफुद्दीन किचलू और डॉ. सत्यपाल की गिरफ्तारी का विरोध करने के लिए 13 अप्रैल, 1919 ई. को वैशाखी के दिन अमृतसर के जलियांवाला बाग में एक सभा हुई, जिस पर जनरल डायर ने बिना कोई चेतावनी दिए गोलियां चलवा दी थीं, जिसमें लगभग एक हजार लोग मारे गए तथा तीन हजार घायल हुए थे। जलियांवाला बाग हत्याकाण्ड के समय पंजाब का लेफ्टिनेन्ट गवर्नर माइकल ओ. डायर था, इसने जनरल डायर की इस कार्यवाही का समर्थन किया था। इस घटना के विरोध में रवीन्द्रनाथ टैगोर ने अपनी सर की उपाधि वापस कर दी थी। भारतीय सदस्य शंकरन ने इस हत्याकाण्ड के विरोध में वायसराय की कर्मकारिणी परिषद् से इस्तीफा दे दिया था।

9. (b) चमोली जिले के बदरीनाथ के समीप स्थित हेमकुण्ड मात्र धार्मिक आस्था का केंद्र ही नहीं बल्कि प्रकृति के वैभव का एक सुरम्य पर्यटक स्थल भी है। सिख मतावलम्बी मानते हैं कि सिखों के दसवें गुरु गोविन्द सिंह ने पूर्व जन्म में इस स्थान पर घोर तपस्या की थी। इसीलिए सिखों द्वारा हेमकुंड की झील को अपना मान सरोवर माना जाता है। इसी झील के किनारे गुरुद्वारा स्थित है।

10. (b)

11. (d) खम्भात या लुनेज क्षेत्र बड़ोदरा से 60 किमी. पश्चिमी में वाड़सर में स्थित है। यहां वेधन कार्य 1958 ई. में आरम्भ किया गया। यहां के कुओं में रूसी वैज्ञानिकों के अनुसार तेल मय स्तरों की मोटाई देखते हुए कम से कम 3 करोड़ टन तेल विद्यमान है। असम देश का सबसे महत्त्वपूर्ण एवं प्राचीन तेल क्षेत्र मुम्बई तट से 176 किमी. दूर एक महत्वपूर्ण तेल क्षेत्र है। यहां से देश के कुल उत्पादन का 60% खनिज तेल की आपूर्ति होती है।

12. (b) जिन पदार्थों से होकर आवेश का प्रवाह सरलता से होता है उन्हें चालक कहते हैं। लगभग सभी धातुएं अम्ल, क्षार लवणों के जीव विलयन, मानव शरीर आदि विद्युत चालक पदार्थ के उदाहरण हैं। चांदी सबसे अच्छा चालक होता है।

13. (b)

14. (d) ठोस कार्बन डाईआक्साइड के शुष्क बर्फ या शुष्क हिम कहा जाता है। यह गर्म करने पर सीधे ही गैस में परिवर्तित हो जाती हैं। इसका उपयोग मछली या फल आदि के संरक्षण तथा रेफ्रीजरेशन में होता है।

15. (c) एल्यूमिनियम मुक्त अवस्था में नहीं पायी जाती। संयुक्त अवस्था में यह धातु विभिन्न अयस्कों के रूप में पायी जाती है। एल्युमिनियम के मुख्य खनिज, बॉक्साइट, एभ्रो, फेलस्पार, लापिस, ऐलुनाइट आदि। औद्योगिक रूप में ऐल्युमिनियम बॉक्साइड से प्राप्त किया जाता है। बॉक्साइड अयस्क मुख्य रूप से झारखण्ड, उड़ीसा, छत्तीसगढ़ में पाया जाता है।

16. (b) पृथ्वी की जिस अक्षांश रेखा पर सूर्य लंबवत होता है, वहीं सर्वाधिक तापमान मिलता है। इसके फलस्वरूप उसे ही तापीय भूमध्य रेखा कहा जाता है। यह रेखा कर्क तथा मकर रेखा के मध्य परिवर्तित होती रहती है। सूर्य 21 मार्च तथा 23 सितम्बर को भूमध्य रेखा पर लम्बवत चमकता है। फलस्वरूप तापीय भूमध्य रेखा यहीं पर होती है, जबकि 21 जून को तापीय भूमध्य रेखा, कर्क रेखा पर तथा 22 दिसम्बर को मकर रेखा पर रहती है। पृथ्वी सर्वाधिक ताप 21 जून को कर्क रेखा पर होता है।

17. (d) पृथ्वी का कुल क्षेत्रफल 51,0100448 वर्ग किमी. है। सम्पूर्ण पृथ्वी का 70.78% जल तथा 29.22% स्थल है। इस प्रकार स्थल के दो गुने से अधिक क्षेत्रफल पर सामुद्रिक पारिस्थितिकी तन्त्र फैला हुआ है।

18. (a)

19. (a) सुविख्यात ठुमरी गायिका गिरजादेवी का संबंध उत्तर प्रदेश के बनारस घराने से है।

20. (d) ब्रिटेन के प्रधानमंत्री क्लीमेंट एटली ने 20 फरवरी, 1947 को हाउस ऑफ कॉमंस में यह घोषणा की कि अंग्रेज जून, 1948 के पहले ही उत्तरदायी लोगों को सत्ता हस्तांतरित करने के बाद भारत छोड़ कर चले जायेंगे। एटली ने वेवेल के स्थान पर लार्ड माउंटबेटेन को वायसराय नियुक्त किया, जिन्होंने 22 मार्च, 1947 को भारत आकर शीघ्र ही सत्ता हस्तांतरण के लिए पहल शुरू कर दी।

21. (d) मुस्लिम लीग के प्रमुख नेता तथा पाकिस्तान के निर्माता मोहम्मद अली जिन्ना का जन्म 1876 ई. में कराची में हुआ था। उन्होंने बैरिस्टर बनने की शिक्षा इंग्लैंड से प्राप्त की तथा 1896 ई. में भारत लौटे तथा मुम्बई में वकालत प्रारम्भ की। वह प्रारम्भ में कांग्रेस से जुड़ गये तथा उदारवादी विचारधारा से प्रभावित थे। 1906 ई. में जिन्ना ने मुस्लिमों के पृथक प्रतिनिधित्व का विरोध किया था। वे 1914 ई. में कांग्रेस के प्रतिनिधि के रूप में इंग्लैण्ड गये, लीग के 1916 ई. के लखनऊ अधिवेशन की अध्यक्षता इन्होंने की थी। अत: 1906-1920 के मध्य जिन्ना की भूमिका भारतीय स्वतंत्रता संघर्ष में राष्ट्रवादी एवं धर्मनिरपेक्ष थी।

22. (d) भारत की संसद में पहला लोकपाल बिल 1968 में प्रस्तुत किया गया था। केंद्र सरकार के लोकपाल के पद के गठन के लिए अभी तक बहस जारी है। यहां कई राज्यों में लोकायुक्त के पद का गठन भी हो चुका है। ध्यातव्य है कि सर्वप्रथम लोकायुक्त का गठन 1971 में महाराष्ट्र में हुआ था।

23. (c) भारतीय संविधान ने अमेरिका की अध्यक्षीय प्रणाली की बजाए ब्रिटेन के संसदीय तंत्र को ग्रहीत किया है। संसदीय व्यवस्था विधायिका और कार्यपालिका के मध्य समन्वय व सहयोग के सिद्धांत पर आधारित है। जबकि अध्यक्षीय प्रणाली दोनों के बीच शक्तियों के विभाजन के सिद्धांत पर आधारित है।

संसदीय प्रणाली की सरकार को वेस्टमिंस्टर रूप उत्तरदायी सरकार और मंत्रिमंडलीय सरकार के नाम से भी जाना जाता है।

24. (b) **अन्तर्राष्ट्रीय प्रकृति संरक्षण संघः** यह प्राकृतिक संसाधनों के संरक्षण के लिए समर्पित एक अन्तर्राष्ट्रीय संगठन है जो संयुक्त राष्ट्र संघ का भाग नहीं है।

संगठन का घोषित लक्ष्य, विश्व की सबसे विकट पर्यावरण और विकास सम्बन्धी चुनौतियों के लिए व्यावहारिक समाधान ढूँढ़ने में सहायता करना है। यह प्राकृतिक पर्यावरण के बेहतर प्रबन्धन के लिए विश्वभर में हजारों क्षेत्रीय-परियोजनाएँ को संचालित करता है। कन्वेंशन ऑफ इण्टरनेशनल ट्रेड इन एण्डेञ्जर्ड स्पीशीज (CITES) विश्व का सबसे बड़ा वन्यजीव संरक्षण समझौता है।

25. (c) **बर्डलाइफ इण्टरनेशनलः** यह संगठन, संरक्षण संगठनों की विश्वव्यापी भागीदारी है, जो पक्षियों व उनके आवासों तथा वैश्विक जैव-विविधता के संरक्षण हेतु प्रतिबद्ध है। इस संगठन का गठन वर्ष 1992 में हुआ था एवं इसका मुख्यालय कैम्ब्रिज (यूनाइटेड किंगडम) में है।

यह 'महत्त्वपूर्ण पक्षी एवं जैव-विविधता क्षेत्रों' की भी पहचान करता है। इन क्षेत्रों की पहचान का उद्देश्य पक्षियों व अन्य वन्यजीवों के संरक्षण को बढ़ावा देना है।

26. (b) **केयबुल लामजाओ नेशनल पार्कः** यह मणिपुर के विष्णुपुर जिले में स्थित, लोकटक झील का अविभाज्य भाग है। यह प्लवमान वनस्पति से युक्त अनूप (स्वैप) होने के कारण समृद्ध जैव-विविधता को बढ़ावा देता है।

27. (d)

28. (c) भारत में श्वेत क्रान्ति का जनक डॉ. वर्गीस कुरियन को कहा जाता है। डॉ. कुरियन ने 1973 में गुजरात में कोऑपरेटिव मिल्क मार्केटिंग फेडरेशन की स्थापना की थी।

29. (a) किसी पारिस्थितिकी तंत्र में विद्यमान सजीव प्राणियों (पौधे एवं जंतुओं) की विविधता को ही जैव विविधता के रूप में परिभाषित किया गया है। वायोडायवर्सिटी शब्द का प्रयोग सर्वप्रथम अमेरिकी वनस्पतिशास्त्री **वाल्टर जी रोसेन** ने किया था।

30. (b) राष्ट्रीय ग्रामीण विकास संस्थान (NIRD) की स्थापना 1977 में हैदराबाद में की गई थी।

31. (d) बुंदेलखंड क्षेत्र में पाई जाने वाली मिट्टियां को दो व्यापक श्रेणियों में बांटा जा सकता है-(1) काली मिट्टी और (2) लाल मिट्टी।

काली मिट्टी के भी दो भाग होते हैं जिनमें पहले भाग को 'काबड़ मिट्टी' तथा दूसरे भाग को 'मार-मिट्टी' कहते हैं। काबड़ मिट्टी अनाज उत्पादन की दृष्टि से अच्छी मानी जाती है। समय से खेती करने पर ही इस मिट्टी से अच्छी उपज की जा सकती है। मार-मिट्टी भी उर्वर मिट्टी है। यह मिट्टी गेहूं और कपास के लिए उपयुक्त होती है। इसका भी समय प्रबंधन पैदावार लेने के लिए आवश्यक होता है। मार मिट्टी पूरे बुंदेलखंड क्षेत्र के झांसी, ललितपुर, बांदा आदि जिलों में पाई जाती है।

32. (c) उत्तर प्रदेश में परंपरागत भूमि मापन इकाई 'बीघा' है।

33. (b) झांसी की स्थानीय शासन संस्था नगर निगम, मछली शहर की नगर पंचायत, टूंडला की नगर पालिका परिषद तथा सैफई की क्षेत्र पंचायत समिति है। अतः विकल्प (b) सही उत्तर है।

34. (c) गोमती नदी उ.प्र. के पीलीभीत जिले के दलदली क्षेत्र से निकलती है। यह गाजीपुर के समीप कैथी नामक स्थल पर गंगा नदी में मिल जाती है। बेतवा नदी म.प्र. के रायसेन जिले में कुमरा गांव नामक स्थान से निकलकर हमीरपुर के निकट यमुना में मिल जाती है। रामगंगा और शारदा नदियों का उद्गम-स्थल हिमालय है। इस प्रकार अभीष्ट उत्तर विकल्प (c) है।

35. (b)

36. (d) $\because$ 16 वस्तुओं का वि.मू. = 18 वस्तुओं का क्र.मू.

$\Rightarrow$ 1 वस्तु का वि.मू. $= \frac{18}{16}$ वस्तुओं का क्र.मू.

$= \frac{9}{8}$ वस्तु का क्र.मू.

$\therefore$ अभीष्ट लाभ प्रतिशत

$$= \frac{\text{वि. मू.} - \text{क्र. मू.}}{\text{क्र. मू.}} \times 100\%$$

$$= \frac{\left(\frac{9}{8}-1\right)}{1} \times 100\%$$

$$= \frac{100}{8}\% = 12\frac{1}{2}\%$$

37. (a) माना दूसरी संख्या = x, तब,

$\because$ पहली संख्या × दूसरी संख्या = उनका ल.स. × म.स.

$\Rightarrow \quad 248 \times x = 1736 \times 124$

$$x = \frac{1736 \times 124}{248} = 868$$

38. (a) प्रश्नानुसार, सम्बन्ध आरेख बनाने पर,

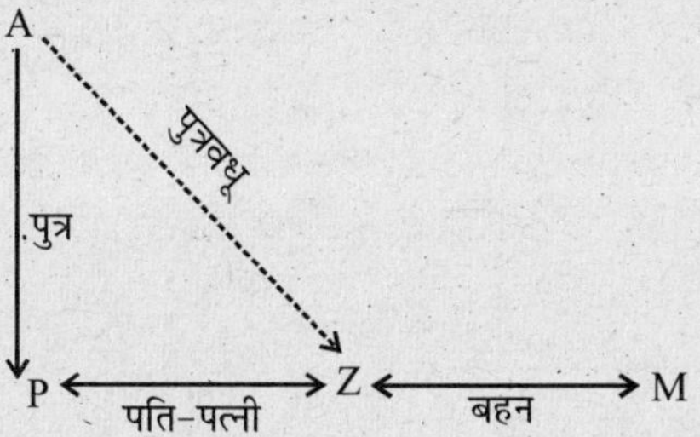

चूँकि Z, P की पत्नी है और P, A का पुत्र है, तो Z, A की पुत्रवधू होगी।

39. (a) दिया गया व्यंजक $50 + 10 - 50 \times 10 \div 125$

प्रश्नानुसार, गणितीय चिह्न परिवर्तित करने पर,

$= 50 \times 10 + 50 \div 10 - 125$

$= 500 + 5 - 125$

$= 505 - 125 = \boxed{380}$

40. (a) प्रश्नानुसार,

पुरानी औसत आयु = 27 वर्ष

जाने वाले की आयु = (24 + 27) = 51 वर्ष

आने वाले की आयु = (23 + 28) = 51 वर्ष

औसत आयु में परिवर्तन = 0 वर्ष

अतः अब टीम की औसत आयु = 27 वर्ष

41. (d) हरित क्रांति का सम्बन्ध खाद्यान्न से है तथा श्वेत क्रांति दुग्ध उत्पादन से, स्वर्ण क्रांति बागवानी से तथा पीली क्रांति तिलहनों के उत्पादन से संबंधित है।

42. (d) ग्लूकोज ($C_6H_{12}O_6$) सबसे सरल हाइड्रोकार्बन है इसी कारण यह तुरन्त शक्ति प्रदान करता है। ग्लूकोज स्वाद में मीठा होता है तथा सजीवों की कोशिका के लिए ऊर्जा का प्रमुख स्रोत है।

43. (a)

44. (b) आँवला विटामिन-सी का सर्वोत्तम स्रोत है। आँवला में विटामिन C की मात्रा 600-700mg प्रति 100 ग्राम तक पायी जाती है।

45. (c) केंद्र द्वारा प्रायोजित "राष्ट्रीय खाद्य सुरक्षा मिशन" 2007-08 में प्रारम्भ किया गया। यह मिशन देश के 17 राज्यों के 3/23 जिलों में कार्यान्वित किया जा रहा है। इसका उद्देश्य देश के कुछ जिलों के क्षेत्र विस्तार और उत्पादकता में वृद्धि के माध्यम से चावल, गेहूँ और दालों के उत्पादन में वृद्धि करना है। इस योजना में तिलहन शामिल नहीं है।

46. (d) भारत में चाय का उत्पादन करने वाले राज्यों में असम, पश्चिम बंगाल, तमिलनाडु, केरल और कर्नाटक प्रमुख हैं। भारत में सर्वाधिक चाय उत्पादन करने वाले राज्यों में असम प्रथम स्थान पर है, तत्पश्चात् पश्चिम बंगाल एवं तमिलनाडु क्रमश: दूसरे एवं तीसरे स्थान पर आते हैं।

47. (d) भारत विश्व फल उत्पादन में 13.6% लगभग 14% हिस्सेदारी के साथ द्वितीय स्थान पर है। चीन 20.9% के साथ प्रथम स्थान पर है।

48. (c) संयुक्त स्पाइक या स्पाइकलेट का स्पाइक अवृन्त और सवृन्त हो सकता है। यह वास्तव में छोटे-छोटे स्पाइक होते हैं, जिसमें कभी-कभी अनेक तथा कभी-कभी केवल एक पुष्प होता है। इस प्रकार का पुष्पक्रम गेहूँ, जौ एवं जई में पाया जाता है।

49. (a) चाय की पत्तियों में विद्यमान सर्वाधिक महत्व का उत्तेजक कैफीन होता है। कैफीन की खोज वर्ष 1819 में जर्मन रसायनशास्त्री फ्रेडरिक फर्डीनेंड रंज ने की थी। उल्लेखनीय है कि कैफीन कॉफी और चाय में पायी जाने वाली एक मनोस्फूर्तिदायक उत्तेजक औज़धि है सामान्यत: 25-35% फीनॉलिक अम्ल, कुछ अमीनो अम्ल (जैसे थियवीन) तथा कुछ अकार्बनिक आयन जैसे Fe^{2+}, Mm^{2} आदि पायी जाती है।

50. (a) वनस्पति तेल से वनस्पति घी बनाने की प्रक्रिया में हाइड्रोजन का प्रयोग किया जाता है। उच्च दाब पर निकेल की उपस्थिति में हाइड्रोजन वनस्पति तेलों से संयोग करके उन्हें वनस्पति घी में परिवर्तित कर देता है, इस प्रक्रिया को तेलों का हाइड्रोजनीकरण कहते हैं।

51. (c) प्रथम कृषि विज्ञान केन्द्र 1974 में पाण्डिचेरी में स्थापित हुआ था।

52. (d) **53.** (c) **54.** (d) **55.** (d)

56. (c) **57.** (b) **58.** (a) **59.** (d)

60. (a) **61.** (c) **62.** (c) **63.** (c)

64. (a) **65.** (b) **66.** (c) **67.** (c)

68. (a) धान खरीफ की फसल है।

69. (d) **70.** (d) **71.** (d) **72.** (a)

73. (a)

74. (d) अरहर-गेहूँ सस्य क्रम के लिए अरहर की उपयुक्त प्रजाति है–UPAS–120, टाइप 21।

75. (d) धान की अच्छी उपज प्राप्त करने के लिए प्रति वर्गमीटर 450 से 500 बालीयुक्त पौधे खेत में होना अनिवार्य है।

76. (b)

77. (a) 1 kg Nitrogen = 2.222 Kg Urea.

78. (a) वर्तमान में (2003-04) में भारत में उर्वरकों की खपत 92.1 किलोग्राम प्रति हेक्टेयर है। पंजाब में इसकी खपत 181 किलोग्राम/हेक्टेयर है, जबकि हरियाणा में 167 किलोग्राम/हेक्टेयर है।

79. (b) पैरोडोविक (Peredovic) सूर्यमुखी (Sunflower) की किस्म है।

80. (b)

81. (a) बुन्देलखण्ड के लिए त्रिवर्षीय फसल चक्र–ज्वार – अरहर, परती – गेहूँ, तिल – अलसी है।

82. (c) गाय–101.5°C, भैंस–101.5°C, भेड़ – 98.5°C, बकरी–98.5°C.

83. (c) सूखी मृदा से 0.2 कैलोरी/ग्राम उष्मा प्राप्त होती है।

84. (d) नरकुल – बहुवर्षीय
मोंथा – बहुवर्षीय
कनकौवा – बहुवर्षीय
मुर्गकेश – एकवर्षीय

85. (b) क्लोरीन के एक अणु ओजोन के लगभग एक लाख अणुओं का ओजोन पर्त से बाहर कर देता है। ओजोन पर्त पृथ्वी से लगभग 25-30 किमी की ऊँचाई पर पाई जाती है इसके नष्ट होने से अल्ट्रावायलेट किरणें पृथ्वी पर पहुँचती है। जिससे चर्म रोग तथा चर्म कैंसर होने की संभावना बढ़ जाती है।

86. (b) पादप रोग बीज मृदा तथा हवा के द्वारा फैलते हैं। पानी के द्वारा पादप रोग नहीं फैलते हैं। जैसे–लूज स्मट, हवा के द्वारा फैलता है। रेडसट बीमारी तने द्वारा फैलती है।

87. (d) तेल – 20-22%
प्रोटीन – 40-42%
उत्पत्ति – चीन
शिलाजीत– 25 ग्राम/हेक्टेयर

88. (d) सैनिक कीट धान की फसल को अधिक हानि पहुँचाता है। यह कीट उस समय अधिक लगता है जब धान की फसल में बालियों में दूध बनने लगता है।

89. (a)

90. (b) भारतीय वैज्ञानिकों ने 1970 के दशक में अमेरिका से बौनी जाति के गेहूँ का आयात किया। जिसमें सुधार करके भारत में हरित क्रान्ति की शुरुआत की गई।

91. (a) गन्ने में गुणसूत्र की संख्या 2n-80 होती है। चने में गुण सूत्र की संख्या 2n – 16 तथा काबुली चने में क्रोमोसोम संख्या 2n – 18 होती है।

92. (c) गेहूँ – Loose Smut
आलू – Late Blite
तम्बाकू – Downy mildew
मक्का – Starp Rof

93. (c) कृषक भारतीय पत्रिका चन्द्र शेखर आजाद कृषि एवं प्रौद्योगिक विश्वविद्यालय कानपुर द्वारा प्रकाशित की जाती है तथा किसान भारतीय पत्रिका पंतनगर से प्रकाशित की जाती है।

94. (d) वानस्पतिक नाम – विग्ना रेडिएटा
उत्पत्ति स्थान – भारत एवं मध्य एशिया
किस्म – सम्राट
कार्बोहाइड्रेट्स – 80%

95. (d) 58.70 लाख हेक्टर और उत्पादन 0.875 लाख टन
औसत उपज – 15g/ha
लगभग 40 सब्जियाँ उगाई जाती हैं
भारत सब्जियों का दूसरा बड़ा उत्पादक देश है पहला स्थान चीन का है।

96. (b) पानी में किसी पदार्थ के घुलने से H^+ आयन उत्पन्न होते हैं।

97. (b) 13.25-35.1 सेमी वर्षा वाले क्षेत्र में घास के मैदान नहीं होते हैं। बल्कि इन क्षेत्रों में झाड़ियाँ उगती हैं।

98. (a) मूँगफली की खेती के लिए बलुई दोमट मिट्टी भूमि अधिक उपयुक्त होती है। मूँगफली मे लगभग 40-45% तक तेल पाया जाता है तथा 26% प्रोटीन पायी जाती है।

99. (c) जैव क्षति विभिन्न प्रकार के कीड़ों-मकोड़ों तथा जीवधारियों द्वारा बीज की क्षति को कहा जाता है।

100. (a) संघनित जीवाश्म खादों में जीवाश्म अधिक होता है साथ-ही-साथ उसमें पोषक तत्वों की मात्रा भी बहुत अधिक होती है।

101. (b) मृदा उर्वरता का परीक्षण रासायनिक विधियों द्वारा किया जाता है तथा मृदा उत्पादकता का परीक्षण रासायनिक विधियों द्वारा नहीं किया जा सकता है। क्योंकि उत्पादकता का तात्पर्य प्रति हेक्टेयर उत्पादन से होता है।

102. (c) सही सुमेलित क्रम इस प्रकार है–

सूची-I	सूची-II
A. प्रोटीन	1. मांसपेशियों का निर्माण
B. कार्बोहाइड्रेट	2. शरीर का ताप नियंत्रण
C. दुष्पचनीय तन्तु	3. संकोचन एवं विमोचन
D. वसा	4. पशुओं में दैहिक कार्य

103. (a)
बैरोमीटर – दाब मापी
वायु दिक्सूचक यन्त्र – वायु की दिशा
पवन वेग मापी – वायु प्रसार की गति
तापलेखी – तापक्रम

104. (a) फसलों के दानों को पुष्टिकर बनाने में पौधे के तनों में संचित कार्बोहाइड्रेट का योगदान (20-25%) होता है। इससे कम कार्बोहाइड्रेट होने पर फसलों का उत्पादन कम हो जाता है।

105. (a) मक्का की जल माँग – 15.6 हेक्टेयर सेन्टीमीटर
गन्ना– 200 सेन्टीमीटर
धान – 150 सेन्टीमीटर

106. (c) आलू – पिछेता झुलसा
एसो – सफेद गिरवी

तुलासिता – सूर्यमुखी
धान – झुलसा

107. (a) धान की जलनिधि प्रजाति अधिक पानी में उगाई जा सकती है। यह जल भराव की स्थिति में भी उगाई जा सकती है। यह प्रजाति 2-3 मीटर पानी में उग सकती है।

108. (c) धान में खैरा रोग जिंक की कमी से लगता है। इसमें सबसे पहले पत्तियाँ पीली होने लगती हैं और बाद में पूरा पौधा गिर जाता है।

109. (b) हिल और स्टोलन सिंचाई की सबसे अधिक क्रान्तिक अवस्था आलू के लिए होता है। इस अवस्था पर यदि सिंचाई न की जाए तो फसल की पैदावार कम जाती है।

110. (c) म्यूरेट ऑफ पोटाश गेहूँ की जड़ों को मजबूत बनाने के साथ-साथ उसके दानों में चमक लाता है। धान की जड़ों को मजबूत बनाता है। मूँगफली में पोटाश उत्पादन को बढ़ा देता है।

111. (d) सिंगल सुपर फॉस्फेट में 16% सुपर फॉस्फेट 24% सल्फर तथा 8.1% पाया जाता है।

112. (a) टमाटर में सबसे अधिक कीटनाशी तथा रोगनाशी रसायनों का प्रयोग किया जाता है।

113. (c) धान की फसल में लेह जल की हानि कम करने के लिए किया जाता है। जिससे खरपतवार का नियन्त्रण भी हो जाता है।

114. (c)

115. (d) जानवरों के वृद्धि और विकास के लिए सभी पोषक तत्वों की आवश्यकता होती है। परन्तु इसमें मुख्य रूप से नमक, फॉस्फोरस, कैल्शियम है। नमक जानवरों के नाड़ी गति को नियन्त्रित करता है तथा कैल्शियम उसक हड्डियों को मजबूत बनाता है।

116. (c)

खैरा रोग	–	जिंक की कमी
हड्डियों का कमजोर	–	फॉस्फोरस की कमी
ह्विप टेल	–	मालीब्डेनम की कमी
फल तिक्डन	–	बोरान की कमी

117. (b) सभी जानवरों के पाचन क्षेत्र में विटामिन B का निर्माण होता है। जन्तुओं को विटामिन A, हरी चारे से तथा विटामिन सी बरसीम आदि चारे से प्राप्त होता है।

118. (a) पत्ता गोभी मुख्य रूप से विटामिन सी का मुख्य स्रोत है। इसमें लगभग 111mg विटामिन-सी पायी जाती है। विटामिन-बी पीले फलों में पायी जाती है। विटामिन डी सूर्य के प्रकाश से प्राप्त होती है।

119. (d) पशु प्रोटीन के साधन के रूप में खूनी आहार, तलाबी छाँछ एवं माँस के टुकड़े तथा मछली के आहार के रूप में पशुओं को दिया जा सकता है।

120. (a) पत्ता गोभी के लिए 60 kg N. 60 kg P तथा 40 kg K की आवश्यकता होती है। इससे कम मात्रा में उर्वरक देने से इसका उत्पादन कम हो जाता है।

❑❑❑